여러분의 합격을 응원하는

해커스경찰의 특별 혜택!

FREE 경찰헌법 **특강**

해커스경찰(police.Hackers.com) 접속 후 로그인 ▶ 상단의 [무료강좌 → 경찰 무료강의] 클릭하여 이용

해커스경찰 온라인 단과강의 **20% 할인쿠폰**

466792A8535B9CEB

해커스경찰(police.Hackers.com) 접속 후 로그인 ▶ 상단의 [내강의실] 클릭 ▶
[쿠폰/포인트] 클릭 ▶ 쿠폰번호 입력 후 이용

* 등록 후 7일간 사용 가능(ID당 1회에 한해 등록 가능)

경찰 합격예측 **온라인 모의고사 응시권 + 해설강의 수강권**

96EACDA3EC6BTZEH

해커스경찰(police.Hackers.com) 접속 후 로그인 ▶ 상단의 [내강의실] 클릭 ▶
[쿠폰/포인트] 클릭 ▶ 쿠폰번호 입력 후 이용

* ID당 1회에 한해 등록 가능

쿠폰 이용 관련 문의 **1588-4055**

단기 합격을 위한 해커스경찰 커리큘럼

입문

탄탄한 기본기와 핵심 개념 완성!

누구나 이해하기 쉬운 개념 설명과 풍부한 예시로 부담없이 쌩기초 다지기

TIP 베이스가 있다면 **기본 단계**부터!

기본+심화

필수 개념 학습으로 이론 완성!

반드시 알아야 할 기본 개념과 문제풀이 전략을 학습하고
심화 개념 학습으로 고득점을 위한 응용력 다지기

기출+예상 문제풀이

문제풀이로 집중 학습하고 실력 업그레이드!

기출문제의 유형과 출제 의도를 이해하고 최신 출제 경향을 반영한
예상문제를 풀어보며 본인의 취약영역을 파악 및 보완하기

동형문제풀이

동형모의고사로 실전력 강화!

실제 시험과 같은 형태의 실전모의고사를 풀어보며 실전감각 극대화

최종 마무리

시험 직전 실전 시뮬레이션!

각 과목별 시험에 출제되는 내용들을 최종 점검하며 실전 완성

PASS

* 커리큘럼 및 세부 일정은 상이할 수 있으며,
자세한 사항은 해커스경찰 사이트에서 확인하세요.

해커스경찰

박철한 경찰헌법 실전문제집

해커스경찰

박철한

약력

현 | 해커스 경찰학원 헌법 강의
해커스 공무원학원 헌법 강의

전 | 합격의 법학원 사법시험 헌법 강의
한양대 겸임교수
한양대, 성균관대, 이화여대, 숙명여대, 조선대 특강강사
박문각 남부행정고시학원 헌법 강의
KG패스원 헌법 강의

저서

박철한 경찰헌법 최신 3개년 판례집, 해커스경찰
박철한 경찰헌법 실전문제집, 해커스경찰
박철한 경찰헌법 실전동형모의고사, 해커스경찰
박철한 경찰헌법 핵심요약집, 해커스경찰
박철한 경찰헌법 기출문제집, 해커스경찰
박철한 경찰헌법 기본서, 해커스경찰
박철한 헌법, 해커스공무원
OLA 올라 헌법 기본서, 경찰공제회
OLA 올라 헌법 핵심 문제풀이, 경찰공제회
박철한 경찰헌법 단계별 핵심지문 OX, 법률저널
박철한 헌법 기출, 법률저널
박철한 핵심 헌법, 법률저널
헌법 기출 오엑스, 훈민정음

머리말

Ⅰ. 헌법 어떻게 해야 고득점이 나올까?

1. 절대회독!!

모든 객관식 시험에서 가장 중요한 것은 회독입니다. 절대회독만이 합격을 앞당깁니다.

2. 단계별 학습방법

헌법은 법 중에서 최상위 법이며 개정을 빈번하게 할 수 없습니다. 따라서 미래의 많은 변화를 담아내야 하므로 추상적이고 이해하기 어렵습니다. 이런 헌법을 공부하기 위해서는 처음부터 모든 것을 담아내지 않고 단계별로 학습하는 방법이 초보 수험생들에게 좋은 길이라고 생각합니다. 그래서 제 문제집은 1단계 기출문제집 → 2단계 (진도별) 실전문제집 → 3단계 실전동형모의고사로 구성되어 있으며, 단계별로 난도가 올라갑니다.

Ⅱ. 이 책의 특징

1. 난도 높은 문제집

극강의 난이도는 아니겠으나 순경시험에서는 충분히 어려운 문제들로 구성되어 있습니다. 이 책만 잘 소화한다면 순경시험에서는 어떤 헌법 문제를 만나더라도 충분히 소화할 수 있을 것입니다.

2. 최신 기출과 판례 · 개정법령 반영

최신 기출과 판례, 개정법령도 공부할 수 있도록 문제에 반영하였습니다. 출간 이후 개정된 내용은 강의에서 지속적으로 핸드아웃으로 따로 제공하고, 카페에도 계속 업데이트하겠습니다.

3. 실전시험에서의 높은 적중률

이번 2025년 1차 순경시험에서 예상문제와 완벽하게 동일하게 출제되기도 하였고, 적중된 문제가 상당히 많습니다(카페 공지 참조). 이 책만 열심히 회독하셔도 순경시험은 고득점을 받을 수 있습니다.

Ⅲ. 카페의 활용

제 네이버 카페(cafe.naver.com/pchconstitution)는 강사분들이 운영하는 많은 경찰수험생 카페들 사이에서 가장 활성화되어 있는 카페 중 하나입니다. 많은 기출자료와 판례자료, 법령자료가 올라가 있고 다양한 문제와 엠피파일도 함께 있으니 꼭 카페에 가입하셔서 다양한 자료를 만나보시기 바랍니다.

더불어 경찰공무원 시험 전문 해커스경찰(police.Hackers.com)에서 학원강의나 인터넷 동영상 강의를 함께 이용하여 꾸준히 수강한다면 학습효과를 극대화할 수 있습니다.

부디 이 책으로 경찰공무원 헌법 과목의 고득점을 달성하고 합격을 향해 한 걸음 더 나아가시기를 바랍니다.

2025년 4월

박철한

목차

제1편 헌법 총론

제1장 헌법의 개념과 흐름 8

제1절 헌법의 개념 14
제2절 헌법의 흐름 19

제2장 국가 25

제1절 헌정사 32
제2절 국가의 3요소 38

제3장 대한민국헌법의 근본원리 46

제1절 헌법 전문 59
제2절 국민주권 · 민주주의 · 법치국가 62
제3절 사회국가 · 문화국가 · 국제평화주의 76

제2편 기본권 총론

제1절 기본권의 주체 100
제2절 기본권의 효력 107
제3절 기본권의 제한 및 한계 116
제4절 기본권의 침해 및 구제 128

제3편 기본권 각론

제1장 포괄적 기본권 134

제1절 행복추구권 146
제2절 평등권 156

제2장 자유권적 기본권 170

제1절 인신의 자유 170
제2절 사생활의 자유 215
제3절 정신적 자유권 236
제4절 경제적 자유권 274

제3장 정치적 기본권 311

제1절 직접참정권 332
제2절 정당제도 336
제3절 선거제도 346
제4절 직업공무원제도 및 공무담임권 356
제5절 지방자치제도 361

제4장 청구권적 기본권 368

제1절 청원권 375
제2절 재판청구권 376
제3절 국가배상청구권 386
제4절 형사보상청구권 388
제5절 범죄피해자구조청구권 391

제5장 사회권적 기본권 393

제1절 인간다운 생활을 할 권리 402
제2절 교육을 받을 권리 406
제3절 근로의 권리와 근로3권 410
제4절 환경권 415
제5절 혼인과 가족제도 420

제6장 국민의 의무 425

해커스경찰

police.Hackers.com

제1편

헌법 총론

제1장 헌법의 개념과 흐름
제2장 국가
제3장 대한민국헌법의 근본원리

제1장 | 헌법의 개념과 흐름

필수 OX

01 관습헌법의 개폐는 헌법개정방식으로만 가능하다. O | X

해설

관습헌법은 성문헌법과 동일한 효력을 가진다. 따라서 관습헌법의 개폐는 헌법개정방식으로만 가능하다. [O]

02 관습헌법을 폐지하기 위해서는 헌법이 정한 절차에 따른 헌법개정이 이루어져야 한다. O | X

해설

관습헌법도 헌법의 일부로서 성문헌법의 경우와 동일한 효력을 가지기 때문에 그 법규범은 최소한 헌법 제130조에 의거한 헌법개정의 방법에 의하여만 개정될 수 있는 것이다. 다만, 이 경우 관습헌법규범은 헌법전에 그에 상반하는 법규범을 첨가함에 의하여 폐지하게 되는 점에서, 헌법전으로부터 관계되는 헌법조항을 삭제함으로써 폐지되는 성문헌법규범과는 구분된다(헌재 2004.10.21, 2004헌마554). [O]

03 헌법재판소의 결정에 따르면 관습헌법도 성문헌법과 마찬가지로 주권자인 국민의 헌법적 결단의 의사의 표현이며 성문헌법과 동등한 효력을 가진다. O | X

해설

관습헌법도 성문헌법과 마찬가지로 주권자인 국민의 헌법적 결단의 의사의 표현이며 성문헌법과 동등한 효력을 가진다(헌재 2004.10.21, 2004헌마554). [O]

04 헌법개정과 위헌법률심판은 불문헌법에서는 인정되지 않는다. O | X

해설

불문헌법은 헌법전이 존재하지 않아 헌법개정이 불가능하며, 헌법이 없으니 헌법에 위반되는 법률도 존재할 수 없다. [O]

05 헌법에 일반적 법률유보조항을 두는 것은 헌법의 최고규범성을 유지하기 위한 것이다. O | X

해설

헌법이 보장하는 기본권을 법률로 제한할 수 있으니 이는 헌법의 규범력을 약화시킬 수 있다. [X]

06 헌법은 다른 법과 달리 외부로부터 효력보장의 강제수단이 없기 때문에 개방적인 특성을 지닌다. O | X

해설

헌법은 다른 법과 달리 외부로부터 효력보장의 강제수단이 없기 때문에 개방성이 아닌 자기보장성이라는 특징을 가진다. [X]

07 헌법은 최고규범성을 유지하기 위해 국가권력의 침해시 이를 구제하기 위한 직접적 강제집행수단을 구비하고 있다. O|X

해설
헌법은 직접적인 강제집행수단이 없기 때문에 국가권력의 침해를 방지하기 위하여 권력분립이나 헌법재판소와 같이 스스로 통제하는 수단을 두고 있다. [X]

08 헌법은 규범통제에서는 해석기준으로 기능하고 합헌적 법률해석에서는 심사기준으로 기능한다. O|X

해설
헌법은 규범통제에서는 심사기준으로, 합헌적 법률해석에서는 해석기준으로 기능한다. [X]

09 규범통제는 원칙적으로 헌법적 근거를 요한다. O|X

해설
합헌적 법률해석은 헌법적 근거가 없어도 최고규범을 근거로 가능하나, 규범통제는 민주적 정당성을 가진 의회가 만든 법률을 제가하여야 하니 헌법적 근거를 요한다. [O]

10 합헌적 법률해석이 합법적 헌법해석이 되어서는 안 된다는 원칙을 헌법수용적 한계라고 한다. O|X

해설
옳은 지문이다. [O]

11 합헌적 법률해석은 규범통제의 과정에서만 문제되며, 대체로 규범통제를 강화하는 기능을 한다. O|X

해설
합헌적 법률해석은 규범통제와는 별개이며, 무리한 합헌적 법률해석은 헌법의 규범력을 오히려 약화시킨다. [X]

12 합헌적 법률해석은 주로 정신적 자유의 규제입법에 적용된다. O|X

해설
합헌적 법률해석은 주로 경제적 자유의 규제입법에 적용된다. [X]

13 합헌적 법률해석이란 어떤 법률이 한 가지 해석방법에 의하면 헌법에 위배되는 것처럼 보이더라도 다른 해석방법에 의하면 헌법에 합치되는 것으로 볼 수 있다면 합헌으로 해석하여야 한다는 사법소극주의적인 법률해석기술이다. O|X

해설
합헌적 법률해석은 사법소극주의적인 법률해석기술이며, 규범통제는 사법적극주의의 태도를 보인다. [O]

14 법적 안정성의 요청에 의한 규범 유지의 필요성 및 법률의 추정적 효력은 합헌적 법률해석의 근거이다. O|X

해설
합헌적 법률해석은 규범통제와 달리 법률을 합헌적으로 해석하여 유지시키므로 법적으로 안정되고, 규범이 유지된다. [O]

15 합헌적 법률해석은 헌법재판소가 헌법과 법률을 해석 적용함에 있어서 입법자의 입법취지대로 해석하여야 한다는 것으로 민주주의와 권력분립원칙의 관점에서 입법자의 입법권에 대한 존중과 규범유지의 원칙에 의하여 정당화된다. O|X

해설

합헌적 법률해석은 법률을 해석 적용하는 것이지 헌법을 입법자의 취지대로 해석하는 것이 아니다. [X]

16 법률에 대한 합헌적 해석의 경우 법률의 목적이나 내용을 본래의 취지보다 다소 제한하거나 보충하는 것은 가능하지만, 전혀 새로운 목적이나 내용을 가지게 하는 것은 허용되지 않는다. O|X

해설

법률에 대한 합헌적 해석의 경우 법률의 목적이나 내용을 본래의 취지보다 다소 제한하거나 보충하는 것은 가능하지만, 제한하거나 박탈하여 새로운 목적이나 내용을 가지게 하는 것은 허용되지 않는다. [O]

17 지방자치단체의 장이 다른 지방자치단체의 장의 동의를 얻어 그 소속 공무원을 전입할 수 있다는 지방공무원법 제29조의3 규정은 해당 지방공무원의 동의가 있을 것을 전제로 하고 있다고 해석하기 어려우므로 지방자치단체의 장의 자의적 판단에 의하여 실질적으로 면직에 버금가는 불리한 인사조치를 할 수 있다는 결론으로 귀착되므로 헌법에 위반된다고 볼 것이다. O|X

해설

헌법재판소는 지방공무원의 동의가 있을 것을 전제로 하여 위 조항을 합헌으로 해석하고 있다(헌재 2002.11.28, 98헌바101). [X]

18 군인사법 제48조 제4항 후단의 '무죄의 선고를 받은 때'의 의미와 관련하여, 형식상 무죄판결뿐 아니라 공소기각재판을 받았다 하더라도 그와 같은 공소기각의 사유가 없었더라면 무죄가 선고될 현저한 사유가 있는 이른바 내용상 무죄재판의 경우도 이에 포함된다고 해석하는 것은 법률의 문의적 한계를 벗어난 것으로서 합헌적 법률해석에 부합하지 아니한다. O|X

해설

군인사법 제48조 제4항 후단의 '무죄의 선고를 받은 때'의 의미와 관련하여, 형식상 무죄판결뿐 아니라 공소기각재판을 받았다 하더라도 그와 같은 공소기각의 사유가 없었더라면 무죄가 선고될 현저한 사유가 있는 이른바 내용상 무죄재판의 경우도 이에 포함된다고 확대 해석함이 법률의 문의적 한계 내의 합헌적 법률해석에 부합한다(대판 2004.8.20, 2004다22377). [X]

19 구 사회보호법 제5조 제1항은 그 요건에 해당하는 경우에는 법원으로 하여금 감호청구의 이유 유무, 즉 재범의 위험성 유무를 불문하고 반드시 감호의 선고를 하도록 한 것임이 위 조항의 문의임은 물론 입법권자의 의지임을 알 수 있으므로 위 조항에 대한 합헌적 해석은 문의의 한계를 벗어난 것이다. O|X

해설

구 사회보호법 제5조 제1항은 전과나 감호처분을 선고받은 사실 등 법정의 요건에 해당되면 재범의 위험성 유무에도 불구하고 반드시 그에 정한 보호감호를 선고하여야 할 의무를 법관에게 부과하고 있으니 헌법 제12조 제1항 후문, 제37조 제2항 및 제27조 제1항에 위반된다(헌재 1989.7.14, 88헌가5). [O]

20 법률이 전부개정된 경우 부칙 규정에 관한 경과규정을 두지 않은 이상 전부개정법률의 시행으로 인하여 실효된다. O|X

해설

위 전부개정법률의 시행으로 인하여 실효된다. 따라서 이 사건 부칙조항이 실효되지 않은 것으로 해석하는 것은 헌법에 위반된다(헌재 2012.5.31, 2009헌바123 등). [O]

21 헌법정신에 맞도록 법률의 내용을 해석 · 보충하거나 정정하는 '헌법합치적 법률해석'은 '유효한' 법률조항의 의미나 문구를 대상으로 하는 것이므로 입법의 공백을 방지하기 위하여 실효된 법률 조항을 유효한 것으로 해석하는 결과에 이르는 것은 '헌법합치적 법률해석'을 이유로도 정당화될 수 없다. O|X

해설
이 사건 부칙조항은 이 사건 전문개정법의 시행으로 인하여 실효되었다. 법률이 전부 개정된 경우에는 기존 법률을 폐지하고 새로운 법률을 제정하는 것과 마찬가지여서, 종전의 본칙은 물론 부칙규정도, 그에 관한 경과규정을 두거나 이를 계속 적용한다는 등의 규정을 두지 않은 이상 위 전부개정법률의 시행으로 인하여 실효된다. 따라서 이 사건 부칙조항이 실효되지 않은 것으로 해석하는 것은 헌법에 위반된다(헌재 2012.5.31, 2009헌바123 등).
▶ 조세감면규제법 내용으로, 실효된 법을 유효하게 해석할 수 없다는 의미이다. [O]

22 국회는 헌법개정안의 공고가 종료된 날로부터 60일 이내에 의결해야 한다. O|X

해설
국회는 헌법개정안이 공고된 날로부터 60일 이내에 의결하여야 하며, 국회의 의결은 재적의원 3분의 2 이상의 찬성을 얻어야 한다(헌법 제130조 제1항). [X]

23 국회는 헌법개정안이 제안된 날로부터 60일 이내에 의결하여야 하며, 국회의 의결은 재적의원 3분의 2 이상의 찬성을 얻어야 한다. O|X

해설
국회는 헌법개정안이 공고된 날로부터 60일 이내에 의결하여야 하며, 국회의 의결은 재적의원 3분의 2 이상의 찬성을 얻어야 한다(헌법 제130조 제1항). [X]

24 대통령의 임기연장 또는 중임변경을 위한 헌법개정은 그 헌법개정 제안 당시의 대통령에 대하여는 효력이 없다. O|X

해설
대통령의 임기연장 또는 중임변경을 위한 헌법개정은 그 헌법개정 제안 당시의 대통령에 대하여는 효력이 없다(헌법 제128조 제2항). [O]

25 국회는 공고된 헌법개정안을 수정의결할 수 있다. O|X

해설
수정의결은 공고절차에 위배된 것으로 허용되지 않는다. [X]

26 헌법개정은 헌법개정안을 국민투표에 부쳐 국회의원선거권자 과반수의 투표와 투표자 과반수의 찬성을 얻고, 대통령이 이를 15일 이내에 공포하여야 확정된다. O|X

해설
헌법개정안이 제2항의 찬성을 얻은 때에는 헌법개정은 확정되며, 대통령은 즉시 이를 공포하여야 한다(헌법 제130조 제3항). [X]

27 제1공화국의 1954년 개정헌법에서는 국민주권주의, 민주공화국, 국민투표에 관한 규정은 개폐할 수 없다고 규정한 바 있다. O|X

해설
제2차 개정헌법 제98조 제6항은 제1조(민주공화국), 제2조(국민주권), 제7조의2(국민투표)의 규정은 개폐할 수 없다고 규정하였다. [O]

28 제5차 개정헌법에 따르면 대통령은 헌법개정을 제안할 수 없다. O|X

해설
제3공화국 헌법은 헌정사에서 유일하게 대통령에게 헌법개정 제안권이 존재하지 않았다. [O]

29 제4공화국은 헌법개정절차를 이원화하였다. O|X

해설
제4공화국은 대통령이 제안한 경우 국민투표를 거치고, 국회의원이 제안한 경우 통일주체국민회의를 통해 확정되었다. [O]

30 제7차 개정헌법에 따르면 헌법개정은 국회재적의원 3분의 1 이상의 발의로 제안될 수 있다. O|X

해설
제7차 개정헌법은 기존 국회재적의원 3분의 1 이상의 발의에서 재적과반수 발의로 변경되었다. [X]

31 1948년 헌법부터 유신헌법에 이르기까지 헌법개정안을 30일 이상 공고하도록 하였으나, 1980년 헌법개정에 의하여 그 공고기간을 20일 이상으로 단축하였다. O|X

해설
헌법개정 공고기간이 30일에서 20일 이상으로 단축된 것은 1980년이 아니라 1972년이다. [X]

32 국회의원 정수를 190명으로 맞추는 것은 헌법개정을 하지 않고서도 채택할 수 있다. O|X

해설
국회의원의 수는 법률로 정하되, 200인 이상으로 한다(헌법 제41조 제2항). 따라서 200인 이상은 법률개정으로 가능하나, 200인 미만의 경우에는 헌법개정을 해야 한다. [X]

33 헌법규범과 헌법현실 간에 괴리가 생긴 경우, 헌법개정은 그 괴리를 좁혀 궁극적으로 규범력을 높이는 기능을 하지만, 헌법변천은 그와 같은 기능을 기대할 수 없다. O|X

해설
헌법변천도 헌법규범과 헌법현실 사이의 간격을 좁혀 헌법의 규범적 기능을 높인다. [X]

34 헌법개정이 의식적인 헌법규정의 변경이라고 한다면, 헌법변천은 무의식적인 헌법규정의 내용변화라고 할 수 있다. O|X

해설
이 지문은 상대적으로 풀어야 한다. 개정이 의식적인 헌법규정의 변경이라고 한다면, 헌법변천은 개정에 비해 무의식적인 헌법규정의 내용변화라고 할 수 있다. [O]

35 불문헌법 국가에서는 헌법의 변천이 불가능하다. O|X

해설
불문헌법에서 불가능한 것은 헌법개정과 위헌법률심사이다. [X]

36 헌법개정의 가능성이 다한 경우에는 헌법을 변천하지 않으면 안 된다. O|X

해설

헌법을 제정 또는 개정할 당시에 모든 사항을 예견할 수 없는 것인바, 어느 정도의 헌법변천은 필요하다 할 것이다. 그러나 이를 무제한적으로 인정할 수는 없으므로 그 한계적인 기능을 하는 것이 바로 헌법개정이다. [X]

37 헌법보장수단으로서의 저항권은 폭력적 수단을 사용해서는 안 된다. O|X

해설

저항권은 원칙적으로 필요 최소한에 그쳐야 한다. 비례의 원칙에 따라 평화적 방법에 의하여야 하며 예외적인 경우에 폭력적 방법도 허용될 수 있다. [X]

38 대법원은 낙선운동을 저항권의 한 형태로 인정하고 있다. O|X

해설

대법원은 낙선운동도 선거운동의 한 형태로 인정하고 있다. 다만, 저항권 자체는 대법원은 부정적이다. [X]

39 방어적 민주주의를 위한 장치로 위헌정당해산제도와 기본권실효제도를 들 수 있는데 이 중 우리는 독일과 달리 위헌정당해산제도만을 도입하고 있다. O|X

해설

독일은 기본권실효제도와 위헌정당해산제도 모두 존재하나, 우리는 독일과 달리 위헌정당해산제도만 존재한다. [O]

40 대법원은 저항권이 일종의 자연법상의 권리로서 이를 인정하는 것이 타당하다 할 것이고 저항권이 인정된다면 재판규범으로서의 기능을 배제할 근거가 없다는 입장을 가지고 있다. O|X

해설

헌법 및 법률에 저항권에 관하여 아무런 규정도 없는(소론 헌법 전문 중 '4·19 의거 운운'은 저항권 규정으로 볼 수 없다) 우리나라의 현 단계에서는 더욱이 이 저항권이론을 재판의 준거규범으로 채용, 적용할 수 없다(대판 1980.5.20, 80도306). [X]

41 국가기관이나 지방자치단체와 같은 공법인도 저항권의 주체가 될 수 있다. O|X

해설

국가기관이나 지방자치단체와 같은 공법인은 저항권의 대상일 뿐 주체가 될 수 없다. [X]

예상문제

제1절 헌법의 개념

01 관습헌법에 관한 설명으로 가장 적절하지 않은 것은? (다툼이 있는 경우 판례에 의함)

① 특정의 법률이 반드시 헌법전에서 규율하여야 할 기본적인 헌법사항을 헌법을 대신하여 규율하는 경우에도 곧바로 경성헌법의 체계에 위반하여 헌법위반에 해당한다고 보아서는 안 되며, 그 내용이 상위의 헌법규범에 배치되는지 여부를 따져보아 위헌성을 가려야 한다.

② 관습헌법도 성문헌법과 마찬가지로 주권자인 국민의 헌법적 결단의 의사 표현이고 성문헌법과 동등한 효력을 가지며, 관습헌법의 요건들은 그 성립의 요건일 뿐만 아니라 효력 유지의 요건이다.

③ 관습헌법의 개폐는 헌법개정방식으로만 가능하다.

④ 관습헌법을 폐지하기 위해서는 헌법이 정한 절차에 따른 헌법개정이 이루어져야 한다.

해설

① 특정의 법률이 반드시 헌법전에서 규율하여야 할 기본적인 헌법사항을 헌법을 대신하여 규율하는 경우에는 그 내용이 상위의 헌법규범에 배치되는지 여부와 관계없이 경성헌법의 체계에 위반하여 헌법위반에 해당하는 것이다(헌재 2004.10.21, 2004헌마554).
▶ 수도는 헌법사항임에도 불구하고 이를 법률로 규율하였다면 다른 것을 따질 것도 없이 위헌이라는 의미이다.

② 관습헌법은 그것을 지탱하고 있는 국민적 합의성을 상실함에 의하여 법적 효력을 상실할 수도 있다. 관습헌법은 주권자인 국민에 의하여 유효한 헌법규범으로 인정되는 동안에만 존속하는 것이며, 관습법의 존속요건의 하나인 국민적 합의성이 소멸되면 관습헌법으로서의 법적 효력도 상실하게 된다. 관습헌법의 요건들은 그 성립의 요건일 뿐만 아니라 효력 유지의 요건인 것이다.

③ 관습헌법은 성문헌법과 동일한 효력을 가진다. 따라서 관습헌법의 개폐는 헌법개정방식으로만 가능하다.

④ 관습헌법도 헌법의 일부로서 성문헌법의 경우와 동일한 효력을 가지기 때문에 그 법규범은 최소한 헌법 제130조에 의거한 헌법개정의 방법에 의하여만 개정될 수 있는 것이다. 다만, 이 경우 관습헌법규범은 헌법전에 그에 상반하는 법규범을 첨가함에 의하여 폐지하게 되는 점에서, 헌법전으로부터 관계되는 헌법조항을 삭제함으로써 폐지되는 성문헌법규범과는 구분된다(헌재 2004.10.21, 2004헌마554).

정답 ①

02 관습헌법에 관한 설명으로 가장 적절하지 않은 것은? (다툼이 있는 경우 헌법재판소 결정에 의함)

① 관습헌법규범은 헌법전에 그에 상반하는 법규범을 첨가함에 의하여 폐지하게 되는 점에서 헌법전으로부터 관계되는 헌법조항을 삭제함으로써 폐지되는 성문헌법규범과는 구분된다.

② 국민은 성문헌법의 제·개정에는 직접 참여하지만, 헌법전에 포함되지 아니한 헌법사항을 필요에 따라 관습의 형태로 직접 형성할 수 없다.

③ 관습헌법이 성립하기 위해서는 기본적 헌법사항에 관한 관행 내지 관례가 존재하고, 그 관행의 반복성·계속성이 있어야 하며, 그 관행이 항상성과 명료성을 가진 것이어야 하며, 그 관행에 대한 국민적 합의가 있어야 한다.

④ 관습헌법은 헌법전에 그에 상반하는 법규범을 첨가함에 의해 폐지될 뿐만 아니라, 그것을 지탱하고 있는 국민적 합의성을 상실함에 의해 법적 효력을 상실할 수 있다.

해설

① 관습헌법규범은 헌법전에 그에 상반하는 법규범을 첨가함에 의하여 폐지하게 되는 점에서 헌법전으로부터 관계되는 헌법조항을 삭제함으로써 폐지되는 성문헌법규범과는 구분된다(헌재 2004.10.21, 2004헌마554).

관습헌법	성문헌법
첨가, 추가	수정, 삭제

② 국민은 최고의 헌법제정권력이기 때문에 성문헌법의 제·개정에 참여할 뿐만 아니라 헌법전에 포함되지 아니한 헌법사항을 필요에 따라 관습의 형태로 직접 형성할 수 있다(헌재 2004.10.21, 2004헌마554).

③ 관습헌법이 성립하기 위해서는 기본적 헌법사항에 관한 관행 내지 관례가 존재하고, 그 관행의 반복성·계속성이 있어야 하며, 그 관행이 항상성과 명료성을 가진 것이어야 하며, 그 관행에 대한 국민적 합의가 있어야 한다(헌재 2004.10.21, 2004헌마554).

④ 형식적인 헌법개정 외에도, 관습헌법은 그것을 지탱하고 있는 국민적 합의성을 상실함에 의하여 법적 효력을 상실할 수 있다(헌재 2004.10.21, 2004헌마554).

관습헌법	방식
개폐	헌법개정만
자연적 소멸	요건 상실

정답 ②

03 관습헌법에 관한 설명으로 가장 적절하지 않은 것은? (다툼이 있는 경우 헌법재판소의 판례에 의함)

① 우리나라는 성문헌법을 가진 나라로서 기본적으로 우리 헌법전(憲法典)이 헌법의 법원(法源)이 되나, 형식적 헌법전에는 기재되지 아니한 사항이라도 이를 관습헌법으로 인정할 소지가 있다.

② 관습헌법사항은 헌법개정의 방법에 의하여 개정될 수 있을 뿐 이러한 방법 이외에 관습헌법이 자연히 사멸하게 되는 등 그 법적 효력이 상실되는 경우는 있을 수 없다.

③ 헌법재판소는 헌법기관의 소재지, 특히 국가를 대표하는 대통령과 민주주의적 통치원리에 핵심적 역할을 하는 의회의 소재지를 정하는 문제는 국가의 정체성을 표현하는 실질적 헌법사항의 하나라고 보았다.

④ 관습헌법이 성립하기 위하여서는, 기본적 헌법사항에 관한 어떠한 관행이 존재하고, 그 관행의 반복·계속성, 항상성, 명료성이 인정되어야 하며, 이러한 관행이 헌법관습으로서 국민들의 승인 내지 확신을 얻어 국민들이 강제력을 가진다고 믿고 있어야 한다.

해설

① 학설은 반대하지만, 헌법재판관들은 전원이 일치하여 관습헌법을 긍정한다(헌재 2004.10.21, 2004헌마554 등).

② 관습헌법은 그것을 지탱하고 있는 국민적 합의성을 상실하게 되면 법적 효력을 상실할 수도 있다. 관습헌법은 주권자인 국민에 의하여 유효한 헌법규범으로 인정되는 동안에만 존속하는 것이며, 관습법의 존속요건의 하나인 국민적 합의성이 소멸되면 관습헌법으로서의 법적 효력도 상실하게 된다. 관습헌법의 요건들은 그 성립의 요건일 뿐만 아니라 효력유지의 요건인 것이다(헌재 2004.10.21, 2004헌마554 등).

③ 헌법재판소는 수도의 핵심 개념으로 국회와 행정을 통할하며 국가를 대표하는 대통령의 소재지가 있는 곳으로 보았다. 국무총리나 대법원장이 아니므로 이를 주의하여야 한다.

④ 판례의 내용 중에서 국민들의 승인이 있어야 한다는 부분이 중요하다. 이 합의가 사라지면 관습헌법도 효력을 상실하기 때문이다(헌재 2004.10.21, 2004헌마554 등).

정답 ②

04 합헌적 법률해석에 관한 설명으로 가장 적절하지 않은 것은? (다툼이 있는 경우 판례에 의함)

① 합헌적 법률해석은 법률에 대한 특정한 해석방법을 위헌적인 것으로 배제함으로써 실질적으로 '해석에 의한 법률의 부분적 폐지'를 의미하므로, 법률에 대하여 실질적인 일부위헌선언을 함으로써 법률을 수정하는 권한은 규범통제에 관한 독점적인 권한을 부여받은 헌법재판소에 유보되어야 한다.

② 구 군인사법 제48조 제4항 후단의 무죄의 선고를 받은 때의 의미와 관련하여, 형식상 무죄판결뿐 아니라 공소기각재판을 받았다 하더라도 그와 같은 공소기각의 사유가 없었더라면 무죄가 선고될 현저한 사유가 있는 이른바 내용상 무죄재판의 경우에 이에 포함된다고 해석하는 것은 법률의 문의적 한계를 벗어난 것으로서 합헌적 법률해석에 부합하지 아니한다.

③ 법률의 합헌적 해석은 그 법률이 위헌으로도 해석되고 합헌으로도 해석되는 경우에 가능한 것이지, 법률의 위헌성이 분명한 경우에는 반드시 위헌선언을 하여야 한다.

④ 법률의 합헌적 해석은 해석론이기 때문에 헌법에 명시적 근거가 있어야 가능한 것은 아니다.

해설

① 합헌적 법률해석은 헌법재판소뿐이 아니라 법원에 부과된 의무이지만, 헌법상의 권력분립원칙에 비추어 볼 때 법률의 구속을 받는 법집행기관인 법원이 스스로 법률을 수정할 권한은 합헌적 법률해석에 관한 헌법재판소의 최종적인 결정권에 의하여 제한되고 통제되어야 함은 당연하다(헌재 2003.4.24. 2001헌마386).

② 구 군인사법 제48조 제4항 후단의 무죄의 선고를 받은 때의 의미와 관련하여, 형식상 무죄판결뿐 아니라 공소기각재판을 받았다 하더라도 그와 같은 공소기각의 사유가 없었더라면 무죄가 선고될 현저한 사유가 있는 이른바 내용상 무죄재판의 경우에 이에 포함된다고 해석하는 것은 법률의 문의적 한계를 벗어난 것이 아니고, 합헌적 법률해석에 부합한다(대판 2004.8.20, 2004다22377).
▶ 형사보상에서처럼 공소기각 되지 않고 끝까지 진행했다면 무죄를 받았을 경우는 무죄재판에 포함된다고 보는 것이다.

③ 법률은 될 수 있으면 합헌적으로 해석하여야 하는 것이지만 법률의 합헌적 해석은 그 법률이 위헌으로도 해석되고 합헌으로도 해석되는 경우에 가능한 것이지 법률의 위헌성이 분명한 경우에 할 수 있는 것이 아니다(헌재 1990.6.25, 90헌가11).

④ 반면 규범통제는 명문의 규정이 있어야만 가능하다.

구분	합헌적 법률해석	규범통제
명문규정	×	○

정답 ②

05 합헌적 법률해석에 관한 설명으로 가장 적절하지 않은 것은? (다툼이 있는 경우 판례에 의함)

① 구 사회보호법 제5조 제1항("보호대상자가 다음 각호의 1에 해당하는 때에는 10년의 보호감호에 처한다. 다만, 보호대상자가 50세이상인 때에는 7년의 보호감호에 처한다.")은 그 요건에 해당하는 경우에는 법원으로 하여금 감호청구의 이유 유무, 즉 재범의 위험성의 유무를 불문하고 반드시 감호의 선고를 하도록 강제한 것임이 위 법률의 조항의 문의임은 물론 입법권자의 의지임을 알 수 있으므로 위 조항에 대한 합헌적 해석은 문의의 한계를 벗어난 것이다.

② 합헌적 법률해석은 입법권을 침해하지 아니하는 범위 내에서 사법부가 최대한의 해석상 재량을 발휘하자는 것으로서 사법적극주의의 전형적인 표현이다.

③ 규범통제는 원칙적으로 헌법적 근거를 요한다.

④ 합헌적 법률해석에 있어서도 해당 법조문의 어의와 완전히 다른 의미로 해석하여서는 아니 되고, 입법권자의 명백한 입법목적을 무시하여서는 아니 되며, 헌법규범의 의미와 내용을 뛰어넘는 해석을 하여서는 아니 된다는 한계가 있다.

해설

① 재범의 위험성의 유무를 불문하고 반드시 감호의 선고를 하도록 강제한 것임이 위 법률의 조항의 문의임은 물론 입법권자의 의지임을 알 수 있으므로 위 조항에 대한 합헌적 해석은 문의의 한계를 벗어난 것이라 할 것이다(헌재 1989.7.14, 88헌가5 등).

▶ 즉, 반드시 감호의 선고를 해야 한다는 것은 기속이니 달리 해석할 수가 없다. 합헌적 법률해석은 다의적 해석이 전제되어야 한다. 따라서 재범의 위험성이 없어도 반드시 보호감호를 선고해야 하니 이는 잘못된 것으로 위헌이다.

② 사법적극주의는 사법부가 적극적으로 나서서 법률의 위헌심사를 하는 것이고 사법소극주의는 사법부가 입법부를 존중하여 최대한 위헌심사를 자제하는 것이다. 따라서 합헌적 법률해석은 사법소극주의와 관련된다.

③ 합헌적 법률해석은 헌법적 근거가 없어도 최고규범을 근거로 가능하나, 규범통제는 민주적 정당성을 가진 의회가 만든 법률을 제가하여야 하니 헌법적 근거를 요한다.

④ 문의적, 법목적적 한계에 해당하는 내용이다.

정답 ②

06 헌법해석 및 합헌적 법률해석에 관한 설명 중 가장 적절한 것은? (다툼이 있는 경우 판례에 의함)

① 조세법률주의가 지배하는 조세법의 영역에서 경과규정의 미비라는 명백한 입법의 공백을 방지하고 형평성의 왜곡을 시정하기 위해 실효된 법률조항을 유효한 것으로 해석하는 것은 헌법정신에 맞도록 법률의 내용을 해석 · 보충하거나 정정하는 '헌법합치적 법률해석'에 따른 해석이다.

② 합헌적 법률해석은 헌법재판소가 헌법과 법률을 해석 적용함에 있어서 입법자의 입법취지대로 해석하여야 한다는 것으로 민주주의와 권력분립원칙의 관점에서 입법자의 입법권에 대한 존중과 규범유지의 원칙에 의하여 정당화된다.

③ 헌법은 규범통제에서는 해석기준으로 기능하고 합헌적 법률해석에서는 심사기준으로 기능한다.

④ 헌법해석상 특정인에게 구체적인 기본권이 생겨 이를 보장하기 위한 국가의 행위의무 내지 보호의무가 발생하였음이 명백함에도 불구하고 입법자가 아무런 입법조치를 취하지 아니한 경우에는 입법자에게 입법의무가 인정된다.

해설

① 헌법정신에 맞도록 법률의 내용을 해석 · 보충하거나 정정하는 '헌법합치적 법률해석' 역시 '유효한' 법률조항의 의미나 문구를 대상으로 하는 것이지, 이를 넘어 이미 실효된 법률조항을 대상으로 하여 헌법합치적인 법률해석을 할 수는 없는 것이어서, 유효하지 않은 법률조항을 유효한 것으로 해석하는 결과에 이르는 것은 '헌법합치적 법률해석'을 이유로도 정당화될 수 없다 할 것이다(헌재 2012.5.31, 2009헌바123 등).

▶ 실효된 조항을 유효한 것으로 해석하는 것은 대법원의 입장이다.

② 합헌적 법률해석은 일단 법률을 해석 적용함에 있어서 적용되는 원칙이다. 즉, 지문에서 헌법과 법률을 해석 적용함에 있어서라고 되어 있어서 이 부분이 틀렸다. 즉, 헌법을 해석 · 적용할 때 지침이 아니라는 의미이다. 또한 합헌적 법률해석은 입법취지대로 해석하는 것이 아니라 헌법에 맞게끔 해석하는 것을 의미한다.

③ 헌법은 규범통제에서는 법률심사의 기준이 되고 합헌적 법률해석에서는 법률해석의 기준이 된다.

④ 헌법해석상 특정인에게 구체적인 기본권이 생겨 이를 보장하기 위한 국가의 행위의무 내지 보호의무가 발생하였음이 명백함에도 불구하고 입법자가 아무런 입법조치를 취하지 아니한 경우에는 입법자에게 입법의무가 인정된다(헌재 2003.6.26, 2000헌마509).

정답 ④

07 헌법해석 및 합헌적 법률해석에 관한 설명으로 가장 적절하지 않은 것은? (다툼이 있는 경우 헌법재판소 판례에 의함)

① 헌법 제12조 제4항 본문에 규정된 "구속"을 형사절차상 구속뿐 아니라 행정절차상 구속까지 의미하는 것으로 해석하는 것은 문언해석의 한계를 넘는 것이다.

② 일반 응시자의 공무담임권과의 관계를 고려할 때 헌법 제32조 제6항의 문언은 엄격하게 해석할 필요가 있고, 위 조항에 따라 우선적인 근로의 기회를 부여받는 대상자는 '국가유공자', '상이군경', 그리고 '전몰군경의 유가족'이라고 보아야 한다.

③ 종업원의 위반행위에 대하여 양벌조항으로서 개인인 영업주에게도 동일하게 처벌하도록 규정하고 있는 보건범죄 단속에 관한 특별조치법 규정에 그 문언상 명백한 의미와 달리 "종업원의 범죄행위에 대해 영업주의 선임감독상의 과실(기타 영업주의 귀책사유)이 인정되는 경우"라는 요건을 추가하여 해석하는 것은 문언상 가능한 범위를 넘어서는 해석으로서 허용되지 않는다.

④ 합헌적 법률해석은 어디까지나 법률조항의 문언과 목적에 비추어 가능한 범위 안에서의 해석을 전제로 하는 것이고, 법률조항의 문구 및 그로부터 추단되는 입법자의 명백한 의사에도 불구하고 문언상 가능한 해석의 범위를 넘어 다른 의미로 해석할 수는 없다.

해설

① 헌법 제12조 제4항 본문에 규정된 "구속"은 사법절차에서 이루어진 구속뿐 아니라, 행정절차에서 이루어진 구속까지 포함하는 개념이다(헌재 2018.5.31, 2014헌마346).

② 조항의 대상자는 조문의 문리해석대로 "국가유공자", "상이군경", 그리고 "전몰군경의 유가족"이라고 봄이 상당하다(헌재 2006.2.23, 2004헌마675 등).

③④ 합헌적 법률해석은 어디까지나 법률조항의 문언과 목적에 비추어 가능한 범위 안에서의 해석을 전제로 하는 것이고, 법률조항의 문구 및 그로부터 추론되는 입법자의 명백한 의사에도 불구하고 문언상 가능한 해석의 범위를 넘어 다른 의미로 해석할 수는 없다. 따라서 이 사건 법률조항을 그 문언상 명백한 의미와 달리 "종업원의 범죄행위에 대해 영업주의 선임감독상의 과실이 인정되는 경우"라는 요건을 추가하여 해석하는 것은 문언상 가능한 범위를 넘어서는 해석으로 허용되지 않는다(헌재 2007.11.29, 2005헌가10).

양벌규정	종업원	선장	대표자
주문	위헌	위헌	합헌

정답 ①

08 합헌적 법률해석에 대한 설명으로 가장 적절한 것은? (다툼이 있는 경우 판례에 의함)

① 합헌적 법률해석이란 법률이 외형상 위헌적으로 보일 경우라도 그것이 헌법의 정신에 맞도록 해석될 여지가 조금이라도 있는 한 이를 쉽사리 위헌이라고 판단해서는 안 된다는 헌법의 해석지침을 말한다.

② 헌법재판소의 헌법해석은 헌법이 내포하고 있는 특정한 가치를 탐색·확인하고 이를 규범적으로 관철하는 작업인 점에 비추어, 헌법재판소가 행하는 구체적 규범통제의 심사기준은 원칙적으로 헌법재판을 할 당시에 규범적 효력을 가지는 현행헌법이다.

③ 합헌적 법률해석은 규범통제의 과정에서만 문제되며, 규범통제를 확립하는 기능을 한다.

④ 법률에 대한 합헌적 해석으로 법률의 목적이나 내용이 본래의 취지보다 다소 제한되거나 보충되는 것은 가능하다.

해설

① 합헌적 법률해석은 법률의 해석지침을 말하는 것으로 헌법규범의 의미, 내용을 찾아내는 헌법해석과 구별된다.

② 헌법재판소가 행하는 구체적 규범통제의 심사기준은 원칙적으로 헌법재판을 할 당시에 규범적 효력을 가지는 현행헌법이다(헌재 2013.3.1. 2010헌바132).

③ 합헌적 법률해석은 해석지침이며, 규범통제는 통제지침으로 서로 다른 영역이다.

④ 법률에 대한 합헌적 해석으로 법률의 목적이나 내용이 본래의 취지보다 다소 제한되거나 보충되는 것은 가능하다(헌재 1997.1.16, 89헌마240). 다소 제한 보충은 가능하나 제한 박탈은 허용되지 않는다.

정답 ④

제2절 헌법의 흐름

01 헌법개정에 대한 설명으로 옳지 않은 것은? (다툼이 있는 경우 판례에 의함)

① 대통령의 발의로 제안된 헌법개정안은 국회의장이 20일 이상의 기간 이를 공고하여야 하며, 국회는 헌법개정안이 공고된 날로부터 60일 이내에 의결하여야 한다.

② 공고기간을 30일 이상에서 20일 이상으로 줄인 것은 제7차 개정헌법 때부터이다.

③ 헌법개정의 한계에 관한 규정을 두지 아니하고 헌법의 개정을 법률의 개정과는 달리 국민투표로 확정하는 현행 헌법상 과연 어떤 규정이 헌법핵 내지는 헌법제정규범으로서 상위규범이고 어떤 규정이 단순한 헌법개정규범으로서 하위규범인지를 구별하는 것이 가능하지 아니하다.

④ 1954년 헌법은 "대한민국의 주권은 국민에게 있고 모든 권력은 국민으로부터 나온다."라고 한 헌법 제2조를 개폐할 수 없다고 규정하였다.

해설

① 국회의장이 아닌 대통령이 공고한다.

> **헌법 제129조** 제안된 헌법개정안은 대통령이 20일 이상의 기간 이를 공고하여야 한다.

② 과거에는 공고기간이 30일 이상이었으나 유신헌법 때부터 20일 이상으로 변경되었다.

▶ 오늘날과 같다면 대부분 유신헌법 때 변경된 것이다.

③ 헌법개정의 한계에 관한 규정을 두지 아니하고 헌법의 개정을 법률의 개정과는 달리 국민투표로 확정하는 현행 헌법상 과연 어떤 규정이 헌법핵 내지는 헌법제정규범으로서 상위규범이고 어떤 규정이 단순한 헌법개정규범으로서 하위규범인지를 구별하는 것이 가능하지 아니하다(헌재 1996.6.13, 94헌바20).

▶ 초창기 학자들은 헌법의 본질적인 부분을 규정한 것이 제정규범이고 이는 상위규범으로 보았고, 개정규범은 본질적이지 않은 부분으로 하위규범으로 보았다. 그러나 오늘날은 제정과 개정을 모두 국민이 하기에 이런 구별을 하지 않는다.

구분	제정규범 / 개정규범	상위 / 하위	이념 · 논리	효력
구별	×	×	○	×

④ 1954년 제2차 개정헌법은 "국민주권주의, 민주공화국, 국민투표에 관한 규정은 개폐할 수 없다."라고 규정한 바 있다.

정답 ①

02 헌법개정에 대한 설명으로 가장 적절한 것은? (다툼이 있는 경우 판례에 의함)

① 1948년 헌법에서부터 현행 헌법에 이르기까지 헌법개정의 발의권은 국회와 대통령에게만 부여되어 오고 있다.

② 제3공화국 헌법은 대통령에게 헌법개정발안권이 존재하지 않았다.

③ 현행헌법은 "국회는 헌법개정안이 제안된 날로부터 60일 이내에 의결하여야 하며, 국회재적의원 3분의 2 이상의 찬성을 얻은 때에 헌법개정은 확정된다."고 규정하고 있다.

④ 관습헌법은 주권자인 국민에 의하여 유효한 헌법규범으로 인정되는 동안에만 존속하는 것이고, 관습법의 존속요건의 하나인 국민적 합의성이 소멸하면 관습헌법으로서의 법적 효력도 상실하게 되므로, 관습헌법의 요건들은 성립의 요건이 아니라 효력 유지의 요건이다.

해설

① 제2차 개헌에서 제6차 개헌까지 민의원 선거인단 50만명 이상이 국민발안을 할 수 있었다.
② 유일하게 제3공화국 헌법에는 대통령에게 헌법개정발안권이 존재하지 않았다.
③ 제안된 날이 아닌 공고된 날을 기준으로 하며, 국회의결이 아닌 국민투표로 확정된다(헌법 제130조 참조).
④ 관습헌법은 주권자인 국민에 의하여 유효한 헌법규범으로 인정되는 동안에만 존속하는 것이며, 관습법의 존속요건의 하나인 국민적 합의성이 소멸되면 관습헌법으로서의 법적 효력도 상실하게 된다. 관습헌법의 요건들은 그 성립의 요건일 뿐만 아니라 효력 유지의 요건이다(헌재 2004.10.21, 2004헌마554).

정답 ②

03 헌법의 제정과 변동에 관한 설명으로 옳은 것은?

① 헌법규범과 헌법현실 간에 괴리가 생긴 경우, 헌법개정은 그 괴리를 좁혀 궁극적으로 규범력을 높이는 기능을 하지만, 헌법변천은 그와 같은 기능을 기대할 수 없다.

② 헌법개정은 헌법개정안을 국민투표에 부쳐 국회의원선거권자 과반수의 투표와 투표자 과반수의 찬성을 얻고, 대통령이 이를 15일 이내에 공포하여야 확정된다.

③ 제안된 헌법개정안은 대통령이 30일간 공고할 수 있다.

④ 헌법개정국민투표의 효력에 관하여 이의가 있는 투표인은 중앙선거관리위원회 위원장을 피고로 하여 헌법재판소에 제소할 수 있다.

해설

① 헌법변천과 헌법개정은 모두 현실과 규범의 괴리를 줄이기 위한 것이다.
▶ 개정을 자주 하게 되면 현재 헌법도 또 개정될 수 있다고 생각하게 되어 헌법에 대한 신뢰가 약해진다. 즉, 규범력이 약해진다. 그래서 자주 개정을 하기보다는 해석을 통해 현실과 조화를 이루려는 변천이 행하여진다.
② 헌법 제130조 제3항을 참조할 때 대통령은 즉시 이를 공포한다고 규정되어 있다.
③ 제안된 헌법개정안은 대통령이 20일 이상의 기간 이를 공고하여야 한다(헌법 제129조).
≪주의 이런 문제를 주의해야 한다. 헌법은 다른 순경시험 과목처럼 기출지문 그대로 반복하기보다는 응용문제를 많이 출제한다. 따라서 20일 이상이니 30일간 공고할 수 있다는 내용은 옳다.
④ 국민투표법 제92조에 근거할 때 제소법원은 헌법재판소가 아닌 대법원이다.

정답 ③

04 헌법의 개정에 관한 설명으로 옳지 않은 것은?

① 1954년 헌법에 의하면 대통령, 민의원 또는 참의원의 재적의원 3분의 1 이상 또는 민의원선거권자 50만인 이상의 찬성으로 헌법개정을 제안할 수 있었다.

② 1954년 헌법과 1960년 헌법은 '민주공화국', '국민주권', '주권제약이나 영토변경 등 중요사항에 관한 국민투표'의 규정에 대하여 개헌금지를 명문으로 규정하였다.

③ 헌법개정안에 대한 국민투표는 국회 의결을 전제로 하여 헌법개정안에 관한 국민의 찬반의사를 묻는 국민투표인 반면, 헌법 제72조에 따라 대통령이 부의한 국민투표는 외교·국방·통일 기타 국가안위와 관련된 중요정책에 대하여 국회의 의사를 묻지 않고 국민에게 직접 찬반의사를 물을 수 있는 국민투표라는 점에서 차이가 있다.

④ 대통령의 임기연장 또는 중임변경을 위한 헌법개정은 그 헌법개정 공고 당시의 대통령에 대하여는 효력이 없다.

해설

① 제2차 개헌에서 제6차 개헌까지는 국민발안제도가 있었다.

② 우리 헌법조문에는 제2차 개헌에서 한계규정이 있었다. 그러나 현재는 삭제되고 없다.
▶ 국제평화주의나 직업공무원제도를 개정금지조항으로 보면 오답이다.

③ 헌법 제72조는 중요정책에 대한 국민투표이며, 헌법 제130조는 중요정책이 아닌 헌법개정에 대한 국민투표이다.

④ 대통령의 임기연장 또는 중임변경을 위한 헌법개정은 그 헌법개정 제안 당시의 대통령에 대하여는 효력이 없다(헌법 제128조 제2항).
▶ 공고 당시가 아니라 제안 당시이다.

정답 ④

05 헌법개정에 대한 설명으로 옳은 것은? (다툼이 있는 경우 판례에 의함)

① 1969년 제6차 개헌에서는 "그 헌법개정 제안 당시의 대통령에 한해서 계속 재임은 3기로 한다."고 규정하였다.

② 헌법개정안에 대한 국민투표권은 헌법개정기관인 국민 전체에게 부여된 권한으로서, 개별 국민은 국민투표권 침해를 이유로 헌법소원을 제기할 수는 없다.

③ 헌법개정안은 대통령이 공고한 후 30일 이내에 국민투표에 부쳐 국회의원선거권자 과반수의 투표와 투표자 과반수의 찬성을 얻어야 한다.

④ 국민투표의 효력에 관하여 이의가 있는 투표인은 투표인 10만인 이상의 찬성을 얻어 중앙선거관리위원회 위원장을 피고로 하여 투표일로부터 20일 이내에 대법원에 제소할 수 있다.

해설

① 대통령의 계속 재임은 3기에 한한다(제6차 개정헌법 제69조 제2항). 제안 당시의 대통령이란 단어는 존재하지 않는다.

② 헌법 제130조의 헌법개정안에 대한 국민투표권은 국민의 기본권에 해당한다(헌재 2004.10.21, 2004헌마554 등). 따라서 국민투표권 침해시 헌법소원을 제기할 수 있다.

③ 헌법 제130조 제2항

> **헌법 제130조** ② 헌법개정안은 국회가 의결한 후 30일 이내에 국민투표에 부쳐 국회의원 선거권자 과반수의 투표와 투표자 과반수의 찬성을 얻어야 한다.

④ 국민투표법 제92조

> **국민투표법 제92조 【국민투표무효의 소송】** 국민투표의 효력에 관하여 이의가 있는 투표인은 투표인 10만인 이상의 찬성을 얻어 중앙선거관리위원회 위원장을 피고로 하여 투표일로부터 20일 이내에 대법원에 제소할 수 있다.

정답 ④

06 헌법개정의 변천사에 대한 설명으로 옳지 않은 것은?

① 1962년 헌법 및 1969년 헌법은 대통령뿐만 아니라 국회의원선거권자 50만인 이상의 국민에게도 헌법개정의 제안을 인정하였다.

② 1954년 헌법, 1960년 6월 헌법 및 1960년 11월 헌법에서는 일부 조항의 개정을 금지하는 규정을 둔 바 있다.

③ 1962년 헌법은 국가재건최고회의의 의결을 거쳐 국민투표로 확정되었다.

④ 제2차 개정 때는 중요정책에 대한 국민투표가, 제5차 개정 때는 헌법개정에 대한 국민투표가 최초로 규정되었다.

해설

① 1962년 헌법 및 1969년 헌법의 경우 국회의원과 국민에게는 제안권이 인정되었으나, 당시 대통령의 경우에는 제안권이 인정되지 않았다.

③ 1962년 제5차 개정 당시 국회는 5.16으로 해산되었기 때문에 국회의결을 거칠 수 없었다.

정답 ①

07 대한민국헌법의 개정에 대한 설명으로 옳은 것은?

① 제2공화국 의원내각제하의 대통령은 헌법개정안을 제안할 수 없었다.

② 헌법개정은 국회재적의원 300명 중 150명 이상의 발의로 제안될 수 있다.

③ 1972년 헌법은 대통령과 국회가 제안한 헌법개정안이 국회의 의결을 거쳐 통일주체국민회의의 의결로 확정되는 방식을 취하였다.

④ 현행 헌법상 헌법개정안은 국회가 의결한 후 30일 이내에 국민투표에 붙여 국회의원선거권자 과반수의 투표와 투표자 과반수의 찬성을 얻어야 한다.

해설

① 우리나라에서 대통령에게 헌법개정 제안권이 없었던 것은 제3공화국이 유일하다.

② 헌법개정은 국회재적의원 과반수 또는 대통령의 발의로 제안된다(헌법 제128조 제1항).
▶ 300명의 과반수는 150명이 아니라 151명이다.

③ 대통령이 제안한 경우에는 국민투표로, 국회가 제안한 경우에는 통일주체국민회의의 의결로 확정되는 이원화된 절차였다.

④ 헌법 제130조 제2항

> **헌법 제130조** ② 헌법개정안은 국회가 의결한 후 30일 이내에 국민투표에 붙여 국회의원선거권자 과반수의 투표와 투표자 과반수의 찬성을 얻어야 한다.

정답 ④

08 헌법의 보장 혹은 보호와 관련된 설명으로 가장 적절하지 않은 것은? (다툼이 있는 경우 판례에 의함)

① 방어적 민주주의는 민주주의의 자기방어적인 성격을 갖는 것으로서 가치상대주의 내지 다원주의에 대한 한계로서 인정될 것이다.

② 국회법 소정의 협의 없는 개의시간의 변경과 회의일시를 통지하지 아니한 입법과정의 하자는 저항권 행사의 대상이 아니라고 헌법재판소는 판시하고 있다.

③ 대법원은 소위 유신헌법 제53조에 근거한 대통령 긴급조치 제1호에 대하여 비록 그 발동 당시 시행 중이던 유신헌법에 위배되지는 아니하나, 현행헌법에 비추어 그 발동요건을 갖추지 못하여 위헌, 위법이라고 판시한 바 있다.

④ 방어적 민주주의를 위한 장치로 위헌정당해산제도와 기본권실효제도를 들 수 있는데 이 중 우리는 독일과 달리 위헌정당해산제도만을 도입하고 있다.

해설

① 방어적 민주주의는 어떤 것도 다수결로 해결할 수 있다는 가치상대적 민주주의를 바탕으로 하지만, 자유민주주의적 기본질서 등 일부 이념에 대해서는 가치구속적이다.

② 저항권이 헌법이나 실정법에 규정이 있는지 여부를 가려볼 필요도 없이 제청법원이 주장하는 국회법 소정의 협의 없는 개의시간의 변경과 회의일시를 통지하지 아니한 입법과정의 하자는 저항권 행사의 대상이 되지 아니한다(헌재 1997.9.25, 97헌가4).

③ 구 대한민국헌법(유신헌법) 제53조에 근거하여 발령된 대통령 긴급조치 제1호는 그 발동 요건을 갖추지 못한 채 목적상 한계를 벗어나 국민의 자유와 권리를 지나치게 제한함으로써 헌법상 보장된 국민의 기본권을 침해한 것이므로, 긴급조치 제1호가 해제 내지 실효되기 이전부터 유신헌법에 위배되어 위헌이고, 나아가 긴급조치 제1호에 의하여 침해된 각 기본권의 보장 규정을 두고 있는 현행 헌법에 비추어 보더라도 위헌이다. 결국 이 사건 재판의 전제가 된 긴급조치 제1호 제1 항, 제3항, 제5항을 포함하여 긴급조치 제1호는 헌법에 위배되어 무효이다(대판 2010.12.16, 2010도5986).

④ 의사발표의 자유, 특히 출판의 자유, 교수의 자유, 집회의 자유, 결사의 자유, 신서, 운편 및 전신·전화의 비밀, 재산권을 자유민주적 기본질서를 공격하기 위해 남용하는 자는 이 기본권들을 상실한다. 상실과 그 정도는 연방헌법재판소에 의하여 선고된다(독일 헌법 제18조), 독일에는 기본권실효제도가 존재하나 우리나라는 기본권실효제도가 규정되어 있지 않다.

정답 ③

09 대통령의 국가긴급권에 관한 설명으로 가장 적절하지 않은 것은?

① 대통령은 국가의 안위에 관계되는 중대한 교전상태에 있어서 국가를 보위하기 위하여 긴급한 조치가 필요하고 국회의 집회가 불가능한 때에 한하여 법률의 효력을 가지는 명령을 발할 수 있다.

② 대통령은 전시·사변 또는 이에 준하는 국가비상사태에 있어서 병력으로써 군사상의 필요에 응하거나 공공의 안녕질서를 유지할 필요가 있을 때에는 법률이 정하는 바에 의하여 계엄을 선포할 수 있다.

③ 계엄법상 대통령은 전시·사변 또는 이에 준하는 국가비상사태 시 사회질서가 교란되어 일반 행정기관만으로는 치안을 확보할 수 없는 경우에 공공의 안녕질서를 유지하기 위하여 비상계엄을 선포한다.

④ 대통령은 내우·외환·천재·지변 또는 중대한 재정·경제상의 위기에 있어서 국가의 안전보장 또는 공공의 안녕질서를 유지하기 위하여 긴급한 조치가 필요하고 국회의 집회를 기다릴 여유가 없을 때에 한하여 최소한으로 필요한 재정·경제상의 처분을 하거나 이에 관하여 법률의 효력을 가지는 명령을 발할 수 있다.

해설

① 대통령은 국가의 안위에 관계되는 중대한 교전상태에 있어서 국가를 보위하기 위하여 긴급한 조치가 필요하고 국회의 집회가 불가능한 때에 한하여 법률의 효력을 가지는 명령을 발할 수 있다(헌법 제76조 제2항).

② 대통령은 전시·사변 또는 이에 준하는 국가비상사태에 있어서 병력으로써 군사상의 필요에 응하거나 공공의 안녕질서를 유지할 필요가 있을 때에는 법률이 정하는 바에 의하여 계엄을 선포할 수 있다(헌법 제77조 제1항).

③ 경비계엄은 대통령이 전시·사변 또는 이에 준하는 국가비상사태 시 사회질서가 교란되어 일반 행정기관만으로는 치안을 확보할 수 없는 경우에 공공의 안녕질서를 유지하기 위하여 선포한다(계엄법 제2조 제3항).
▶ 즉, 비상계엄이 아니라 경비계엄이다.

④ 대통령은 내우·외환·천재·지변 또는 중대한 재정·경제상의 위기에 있어서 국가의 안전보장 또는 공공의 안녕질서를 유지하기 위하여 긴급한 조치가 필요하고 국회의 집회를 기다릴 여유가 없을 때에 한하여 최소한으로 필요한 재정·경제상의 처분을 하거나 이에 관하여 법률의 효력을 가지는 명령을 발할 수 있다(헌법 제76조 제1항).

정답 ③

10 대통령의 국가긴급권에 관한 설명으로 가장 적절하지 않은 것은? (다툼이 있는 경우 대법원 판례 및 헌법재판소 결정에 의함)

① 국회가 재적의원 과반수의 찬성으로 계엄의 해제를 요구한 때에는 대통령은 이를 해제하여야 한다.

② 헌법재판소나 법원은 국가긴급권 발동의 위헌·위법 여부를 사후적으로 심사할 수는 있으나, 국가긴급권이 가지는 고도의 정치적 성격이 그 심사의 한계로서 작용할 수 있다.

③ 국가긴급권의 행사는 헌법질서에 대한 중대한 위기상황의 극복을 위한 것이기 때문에, 본질적으로 위기상황의 직접적인 원인을 제거하는데 필수불가결한 최소한도 내에서만 행사되어야 한다는 목적상 한계가 있지만, 그 본질상 일시적·잠정적으로만 행사되어야 한다는 시간적 한계는 인정되지 않는다.

④ 대통령의 긴급재정·경제명령은 법률과 마찬가지로 위헌법률심판이나 헌법소원심판의 대상이 된다.

해설

① 국회가 재적의원 과반수의 찬성으로 계엄의 해제를 요구한 때에는 대통령은 이를 해제하여야 한다(헌법 제77조 제5항).

② 헌법재판소나 법원은 국가긴급권 발동의 위헌·위법 여부를 사후적으로 심사할 수는 있다. 다만, 국가긴급권은 대통령이 헌법이 부여한 권한 범위 내에서 정치적 책임을 지고 한 판단과 선택으로서 고도의 정치적 성격을 가지므로 광범위한 판단 재량이 인정된다. 따라서 이에 대한 사법심사는 제한될 수밖에 없다.

③ 국가긴급권은 비상적인 위기상황을 극복하고 헌법질서를 수호하기 위해 헌법질서에 대한 예외를 허용하는 것이기 때문에 그 본질상 일시적·잠정적으로만 행사되어야 한다는 시간적 한계가 있다(헌재 2015.3.26, 2014헌가5).

④ 이른바 통치행위를 포함하여 비록 고도의 정치적 결단에 의하여 행해지는 국가작용이라고 할지라도 그것이 국민의 기본권 침해와 직접 관련되는 경우에는 당연히 헌법재판소의 심판대상이 될 수 있을 뿐만 아니라, 긴급재정·경제명령은 법률의 효력을 갖는 것이므로 마땅히 헌법에 기속되어야 할 것이다(헌재 1996.2.29, 93헌마186).

정답 ③

제2장 | 국가

필수 OX

01 우리 국민은 1948년 7월 12일 헌법제정권력을 직접 행사하여 건국헌법을 제정하였다. O | X

해설
우리 제헌헌법은 국민투표를 거치지 않고 국회 의결만으로 제정되었다. [×]

02 1948년 제헌헌법부터 지방자치제도에 관한 헌법규정이 존재하였다. O | X

해설
제헌헌법 제96조와 제97조에서 지방자치를 규정하였다. [O]

03 1954년 개정헌법은 주권의 제약 또는 영토의 변경을 가져올 국가안위에 관한 중대사항은 국회의 가결을 거친 후에 국민투표에 부치게 함으로써 국민투표제를 도입하였다. O | X

해설
1954년 제2차 개정에서는 중요정책에 관한 국민투표제도가 최초로 도입되었다. [O]

04 제헌헌법은 국유화와 사회화에 관한 규정을 두었지만 기본권으로는 자유시장경제를 바탕으로 하는 경제질서를 채택하였다. O | X

해설
자유시장경제를 바탕으로 하는 경제질서는 제2차 개헌 때부터이다. [×]

05 제헌헌법에는 근로자의 노동3권과 이익분배균점권 조항을 두었다. O | X

해설
제헌헌법은 근로자의 노동3권과 이익분배균점권 조항을 두어 사회화 경향이 강했다. [O]

06 제3차 개정헌법(1960년)은 대법원장과 대법관 선거제를 두었으며, 위헌법률심판을 담당하는 헌법재판소를 두었고, 정당 조항을 신설하였으며, 국회 단원제 조항을 두었다. O | X

해설
제3차 개정헌법, 즉 제2공화국 헌법은 헌정사에서 유일하게 국회가 양원제로 운영되었다. [×]

07 제5차 개정헌법은 대통령제, 국회 단원제, 대법원의 위헌법률심사권 등을 규정하였다. O | X

해설
제3공화국 제5차 개정헌법은 대통령제로 복귀하고, 국회도 단원제였으며, 대법원이 위헌심사를 하였다. [O]

08 1962년 헌법은 국민투표제를 최초로 도입하고 국회의원선거에서의 소속정당공천제를 규정하는 특색을 가진다. O|X

해설

국민투표제를 최초로 도입한 것은 1954년 제2차 개정헌법이며, 1962년 제5차 개정헌법은 헌법개정에 대한 국민투표제도를 최초로 도입하였다. [×]

09 1980년의 제8차 개정헌법에서는 인간의 존엄성 존중 조항을 신설하였고 일반법관의 임명권을 대통령에게 부여하였다. O|X

해설

인간의 존엄성은 제5차 개헌 때 신설되었고, 행복추구권이 제8차 개헌 때 신설되었다. 제8차 개헌에서는 일반법관의 임명권은 대법원장에게 부여되었다. [×]

10 제8차 개헌(1980.10.27.)에서는 행복추구권 조항, 적법절차 조항, 사생활의 비밀과 자유 조항, 환경권 조항이 신설되었다. O|X

해설

적법절차는 제8차 개헌이 아닌 제9차 개헌 때 신설되었다. [×]

11 국군의 정치적 중립성 준수에 관한 규정은 군의 정치개입 폐단을 방지하려는 의지를 천명한 것으로 현행 헌법에서 새로이 규정하였다. O|X

해설

국군의 정치적 중립성 준수에 관한 규정은 현행 헌법에서 신설되었다. [O]

12 헌법 제2조 제1항은 대한민국의 국민이 되는 요건은 법률로 정한다고 하여 대한민국 국적의 취득에 관하여 위임하고 있으나, 국적의 유지나 상실을 둘러싼 전반적인 법률관계를 법률에 규정하도록 위임하고 있는 것으로 풀이할 수는 없다. O|X

해설

헌법 제2조 제1항은 "대한민국의 국민이 되는 요건은 법률로 정한다."라고 하여 기본권의 주체인 국민에 관한 내용을 입법자가 형성하도록 하고 있다. 이는 대한민국 국적의 '취득'뿐만 아니라 국적의 유지, 상실을 둘러싼 전반적인 법률관계를 법률에 규정하도록 위임하고 있는 것으로 풀이할 수 있다(헌재 2014.6.26, 2011헌마502). [×]

13 국적은 국가의 생성과 더불어 발생하지만, 국가의 소멸이 바로 국적의 상실 사유가 되는 것은 아니다. O|X

해설

국적은 국가의 생성과 더불어 발생하며, 국가의 소멸이 바로 국적의 상실 사유가 된다. [×]

14 국적은 국가의 생성과 더불어 당연히 존재하는 것이 아니라 성문의 법령을 통하여 비로소 존재하게 된다. O|X

해설

국적은 성문의 법령을 통해서가 아니라 국가의 생성과 더불어 존재하는 것이므로, 헌법의 위임에 따라 국적법이 제정되나 그 내용은 국가의 구성요소인 국민의 범위를 구체화, 현실화하는 헌법사항을 규율하고 있는 것이다(헌재 2000.8.31, 97헌가12). [×]

15 국민은 항구적 소속원이므로 어느 곳에 있든지 그가 속하는 국가의 통치권에 복종할 의무를 부담하고, 국외에 있을 때에는 예외적 거주국의 통치권에 복종하여야 한다. O|X

해설

국민은 항구적 소속원이므로 어느 곳에 있든지 그가 속하는 국가의 통치권에 복종할 의무를 부담하고, 국외에 있을 때에는 예외적 거주국의 통치권에 복종하여야 한다(헌재 2000.8.31, 97헌가12). [O]

16 국적법상 부모가 모두 국적이 없는 경우에는 대한민국에서 출생하더라도 대한민국의 국적을 취득할 수 없다. O|X

해설

국적법 제2조 제3호에 의하면 부모가 모두 국적이 없는 경우에도 대한민국에서 출생하게 되면 출생과 동시에 대한민국 국적을 취득한다. [X]

17 일반귀화시 자신의 자산이나 기능에 의하여 생계를 유지할 능력이 있어야만 요건을 충족하게 된다. O|X

해설

과거에는 그러하였으나 최근에는 법이 개정되어 자신뿐만 아니라 생계를 같이 하는 가족에 의존하여 생계를 유지할 능력이 있어도 가능하다(국적법 제5조 제4호). [X]

18 배우자가 대한민국의 국민인 외국인으로서 그 배우자와 혼인한 후 2년이 지나고 혼인한 상태로 대한민국에 1년 이상 계속하여 주소가 있는 자는 귀화허가를 받을 수 있다. O|X

해설

배우자가 대한민국의 국민인 외국인으로서 그 배우자와 혼인한 후 3년이 지나고 혼인한 상태로 대한민국에 1년 이상 계속하여 주소가 있는 자는 귀화허가를 받을 수 있다(국적법 제6조 제2항 제2호). 즉, 2년이 아니라 3년이 지나고이다. [X]

19 평창올림픽을 앞두고 아이스하키 분야에 매우 우수한 능력을 보유한 자로서 대한민국의 국익에 기여할 것으로 인정되는 자는 대한민국에 주소가 없어도 귀화허가를 받을 수 있다. O|X

해설

과학·경제·문화·체육 등 특정 분야에서 매우 우수한 능력을 보유한 사람으로서 대한민국의 국익에 기여할 것으로 인정되는 사람은 국적법 제7조 제1항 제3호에 의하여 주소가 계속하여 있어야 하는 것은 아니나 대한민국에 주소는 있어야만 귀화허가를 받을 수 있다. [X]

20 병역을 기피할 목적으로 대한민국 국적을 이탈하였던 자도 법무부장관의 허가를 받으면 국적회복이 가능하다. O|X

해설

재량의 여지가 없다. [X]

> 국적법 제9조 【국적회복에 의한 국적 취득】 ② 법무부장관은 국적회복허가 신청을 받으면 심사한 후 다음 각 호의 어느 하나에 해당하는 사람에게는 국적회복을 허가하지 아니한다.
> 3. 병역을 기피할 목적으로 대한민국 국적을 상실하였거나 이탈하였던 사람

21 대한민국 국적을 취득한 외국인으로서 외국 국적을 가지고 있는 자는 대한민국 국적을 취득한 날부터 1년 내에 그 외국 국적을 포기하여야 한다. O|X

해설

대한민국 국적을 취득한 외국인으로서 외국 국적을 가지고 있는 자는 대한민국 국적을 취득한 날부터 1년 내에 그 외국 국적을 포기하여야 한다(국적법 제10조 제1항) [O]

22 대한민국 국적을 상실한 자가 그 후 1년 내에 그 외국 국적을 포기하면 법무부장관의 허가를 받아 대한민국 국적을 재취득할 수 있다. O|X

해설

제10조 제3항에 따라 대한민국 국적을 상실한 자가 그 후 1년 내에 그 외국 국적을 포기하면 법무부장관에게 신고함으로써 대한민국 국적을 재취득할 수 있다(국적법 제11조 제1항). 즉, 허가가 아니라 신고다. [X]

23 만 20세가 되기 전에 복수국적자가 된 자는 만 22세가 되기 전까지, 만 20세가 된 후에 복수국적자가 된 자는 그때부터 2년 내에 하나의 국적을 선택하여야 하는 것이 원칙이다. O|X

해설

만 20세가 되기 전에 복수국적자가 된 자는 만 22세가 되기 전까지, 만 20세가 된 후에 복수국적자가 된 자는 그때부터 2년 내에 하나의 국적을 선택하여야 하는 것이 원칙이다. [O]

24 출생 당시 모가 자녀에게 외국 국적을 취득하게 할 목적으로 외국에서 체류 중이었던 사실이 인정되는 자는 대한민국에서 외국 국적을 행사하지 않겠다는 서약을 한 후 대한민국 국적을 선택한다는 뜻을 신고할 수 있다. O|X

해설

제1항 및 제2항 단서에도 불구하고 출생 당시에 모가 자녀에게 외국 국적을 취득하게 할 목적으로 외국에서 체류 중이었던 사실이 인정되는 자는 외국 국적을 포기한 경우에만 대한민국 국적을 선택한다는 뜻을 신고할 수 있다(국적법 제13조 제3항). [X]

25 외국에서만 주로 체류·거주하면서 대한민국과는 별다른 접점이 없는 사람도 있을 수 있는데, 심판대상 법률조항은 전혀 예외를 인정하지 않고 위 시기가 경과하면 병역의무에서 벗어나는 경우에만 국적이탈이 가능하도록 규정하고 있는 바, 이 결정에서 헌법재판소는 그러한 일률적인 제한에 위헌성이 있다. O|X

해설

외국에서만 주로 체류·거주하면서 대한민국과는 별다른 접점이 없는 사람도 있을 수 있는데, 심판대상 법률조항은 전혀 예외를 인정하지 않고 위 시기가 경과하면 병역의무에서 벗어나는 경우에만 국적이탈이 가능하도록 규정하고 있는바, 이 결정에서 헌법재판소는 그러한 일률적인 제한에 위헌성이 있다(헌재 2020.9.24, 2016헌마889). [O]

26 외무부장관은 대한민국 국적의 취득이나 보유 여부가 분명하지 아니한 자에 대하여 이를 심사한 후 판정할 수 있다. O|X

해설

법무부장관은 대한민국 국적의 취득이나 보유 여부가 분명하지 아니한 자에 대하여 이를 심사한 후 판정할 수 있다(국적법 제20조 제1항). [X]

27 대한민국의 국적을 취득한 사실이 있었던 외국인은 법무부장관의 귀화허가를 받을 수 없다. O|X

해설

국적법 제4조 제1항에 의하면 대한민국 국적을 취득한 사실이 있었던 외국인은 국적회복허가의 대상이 된다(법무부장관에게 국적회복허가신청). 즉, 귀화허가가 아니라 국적회복허가이다. [O]

28 국적을 후천적으로 취득하는 방법으로 인지나 귀화 등이 있다. O|X

해설

인지나 귀화 모두 처음에는 외국인이었던 사람들을 대상으로 한다. 한국인이었던 자는 국적회복 절차를 밟게 된다. [O]

29 출생이나 그 밖에 국적법에 따라 대한민국 국적과 외국 국적을 함께 가지게 된 자는 대한민국의 법령 적용에서 대한민국 국민으로만 처우한다. O|X

해설

출생이나 그 밖에 이 법에 따라 대한민국 국적과 외국 국적을 함께 가지게 된 사람으로서 대통령령으로 정하는 사람(이하 '복수국적자'라 한다)는 대한민국의 법령 적용에서 대한민국 국민으로만 처우한다(국적법 제11조의2 제1항). [O]

30 국적법에 따라 대한민국에서 외국 국적을 행사하지 아니하겠다는 뜻을 서약한 복수국적자가 그 뜻에 현저히 반하는 행위를 한 경우에 법무부장관은 6개월 내에 하나의 국적을 선택할 것을 명할 수 있다. O|X

해설

국적법 제14조의3에 의하면 국적을 기간 내에 선택하지 않는 경우에는 1년 내에 선택하라고 명령을 할 수 있으며, 서약한 자가 서약을 어긴 경우에는 6개월 내에 하나의 국적을 선택할 것을 명할 수 있다. [O]

31 대한민국 국민이 일본국에서 영주권을 취득하게 되면 우리 국적을 상실하게 된다. O|X

해설

영주권 취득은 국적 상실과 관련이 없다. 다만, 시민권을 취득하게 된 경우에는 우리 국적을 상실하게 된다. [X]

32 정부수립 이후의 이주동포에게만 광범한 혜택을 부여하는 입법을 하면서 정부수립 이전의 이주동포를 그 적용대상에서 제외하는 것은 헌법상 평등원칙에 위배된다는 것이 판례이다. O|X

해설

정부수립 이전에 국외로 이주한 구소련거주동포와 중국거주동포를 재외동포의 출입국과 법적 지위에 관한 법률의 수혜 대상에서 배제한 것은 인간의 존엄과 가치 및 행복추구권을 침해하는 것은 아니지만, 평등의 원칙에 위배된다(헌재 2001.11.29, 99헌마494). [O]

33 재외국민은 국가유공자 등 예우 및 지원에 관한 법률 또는 독립유공자예우에 관한 법률에 따른 보훈급여금을 받을 수 있으나 외국국적동포는 그렇지 아니하다. O|X

해설

재외국민과 외국국적동포 모두 법률에 따른 보훈급여금을 받을 수 있다. [X]

34 헌법 제2조 제2항의 '재외국민 보호의무' 규정이 중국동포의 이중국적 해소 또는 국적선택권을 위한 특별법 제정의무를 명시적으로 위임한 것이라고 볼 수 없다. O|X

해설

헌법 전문의 대한민국 임시정부 법통의 계승 또는 제2조 제2항의 재외국민 보호의무 규정이 중국동포와 같이 특수한 국적상황에 처해 있는 자들의 이중국적 해소 또는 국적선택을 위한 특별법 제정의무를 명시적으로 위임한 것이라고 볼 수 없고, 뿐만 아니라 동 규정 및 그 밖의 헌법규정으로부터 그와 같은 해석을 도출해 낼 수도 없다(헌재 2006.3.30, 2003헌마806). [O]

35 주민등록법상 재외국민으로 등록·관리되고 있는 영유아를 보육료·양육수당의 지원대상에서 제외한 규정은 국가의 재정능력에 비추어 보았을 때 국내에 거주하면서 재외국민인 영유아를 양육하는 부모를 차별하고 있더라도 평등권을 침해하지는 않는다. O|X

해설

대한민국 국적을 가지고 있는 영유아 중에서도 재외국민인 영유아를 보육료·양육수당 지원대상에서 제외하는 보건복지부지침이 국내에 거주하면서 재외국민인 영유아를 양육하는 부모인 청구인들의 평등권을 침해하므로 헌법에 위반된다(헌재 2018.1.25, 2015헌마1047). [X]

36 헌법재판소는 북한을 대화와 협력의 동반자임과 동시에 반국가단체라는 성격을 함께 갖고 있다고 보고 있다. O|X

해설

헌법재판소는 북한은 조국의 평화적 통일을 위한 대화와 협력의 동반자임과 동시에 대남적화노선을 고수하면서 우리 자유민주주의 체제의 전복을 획책하고 있는 반국가단체라는 이중적 성격도 함께 갖고 있다고 판시하였다(헌재 1997.1.16, 92헌바6 등). [O]

37 헌법은 영해에 관하여 규정하고 있지 않다. O|X

해설

헌법은 제3조에서 영토에 관한 규정만 존재하며, 영해에 관한 규정은 따로 존재하지 않는다. [O]

38 헌법재판소는 국가보안법과 남북교류협력에 관한 법률의 관계는 상호 구성요건이 중복되는 일반법과 특별법의 관계에 있는 것으로 보고 있다. O|X

해설

헌법 제4조가 천명하는 자유민주적 기본질서에 입각한 평화적 통일정책을 수립하고 이를 추진하는 한편 국가의 안전을 위태롭게 하는 반국가활동을 규제하기 위한 법적 장치로서, 전자를 위하여는 남북교류협력에 관한 법률 등의 시행으로써 이에 대처하고 후자를 위하여는 국가보안법의 시행으로써 이에 대처하고 있는 것이다. 이와 같이 국가보안법과 남북교류협력에 관한 법률은 상호 그 입법목적과 규제대상을 달리하고 있다(헌재 1993.7.29, 92헌바48). [X]

39 헌법이 "대한민국의 영토는 한반도와 그 부속도서로 한다."는 영토조항을 두고 있는 이상 대한민국의 헌법은 북한지역을 포함한 한반도 전체에 그 효력이 미치고 따라서 북한지역은 당연히 대한민국의 영토가 되므로, 북한을 외국환거래법 소정의 '외국'으로, 북한의 주민 또는 법인 등을 '비거주자'로 인정하기는 어려우며, 개별 법률의 적용 내지 준용에 있어서도 북한지역을 외국에 준하는 지역으로, 북한주민 등을 외국인에 준하는 지위에 있는 자로 규정할 수 없다. O|X

해설

개별 법률의 적용 내지 준용에 있어서는 남북한의 특수관계적 성격을 고려하여 북한지역을 외국에 준하는 지역으로, 북한주민 등을 외국인에 준하는 지위에 있는 자로 규정할 수 있다고 할 것이다(헌재 2005.6.30, 2003헌바114). [X]

40 헌법상 영토조항만을 근거로 한 독자적인 헌법소원 청구는 불가능하기 때문에, 국민의 기본권 침해에 대한 권리구제의 전제조건으로서 영토에 관한 권리를 영토권이라 구성하여, 헌법소원의 대상인 기본권의 하나로 간주하는 것 역시 가능하지 않다. O|X

해설

헌법상 영토에 관한 권리를 영토권이라 구성하여 헌법소원의 대상인 기본권으로 간주하는 것은 가능하다(헌재 2001.3.21, 99헌마139 등). [×]

41 북한주민은 대일항쟁기 강제동원 피해조사 및 국외강제동원 희생자 등 지원에 관한 특별법상 위로금 지급 제외대상인 대한민국 국적을 갖지 아니한 사람에 해당한다. O|X

해설

북한주민은 강제동원조사법상 위로금 지급 제외대상인 대한민국 국적을 갖지 아니한 사람에 해당하지 않는다(대판 2016.1.28, 2011두24675). [×]

예상문제

제1절 헌정사

01 대한민국 헌정사에 대한 설명으로 옳은 것을 모두 고른 것은?

> ㉠ 1948년 헌법은 평등권, 신체의 자유 및 직업의 자유를 비롯한 고전적 기본권을 보장하였을 뿐만 아니라, 근로3권과 사기업에 있어서 근로자의 이익분배균점권, 생활무능력자의 보호, 혼인의 순결과 가족의 건강의 특별한 보호 등 일련의 사회적 기본권까지 규정하여 사회주의적 요소를 가미하였다.
> ㉡ 1954년 헌법개정안에 대한 표결권과 민의원 재적의원 203명 중 135명이 찬성하여 헌법개정에 필요한 의결 정족수인 3분의 2 이상의 찬성이라는 기준에 한 표가 모자랐지만 이른바 사사오입(四捨五入)이라는 계산법을 적용하여 부결선포를 번복하고 가결로 선포하였다.
> ㉢ 1954년 헌법에서는 대통령, 민의원 또는 참의원의 재적의원 3분의 1 이상 또는 민의원 의원선거권자 50만인 이상의 찬성으로 헌법개정을 제안할 수 있도록 하였으며, 1960년 제3차 헌법개정에서 선거의 공정한 관리를 위하여 독립된 헌법기관으로서 중앙선거관리위원회를 처음 규정하였다.
> ㉣ 1962년 헌법은 인권보장의 이념적 지표가 되는 인간의 존엄과 가치의 존중에 관한 조항이 신설되고, 인간다운 생활을 할 권리, 고문금지 및 자백의 증거능력제한 규정을 신설하였다.

① ㉠ ② ㉡, ㉢
③ ㉡, ㉣ ④ ㉡, ㉢, ㉣

해설
옳은 것은 ㉡, ㉢, ㉣이다.
㉠ 직업선택의 자유는 제5차 개헌에서 처음으로 규정되었다.
㉡ 제2차 개헌을 사사오입개헌이라고 한다.
㉢ 제3차 개헌에서 중앙선거관리위원회가 규정되었고, 제5차 개헌에서 각급 선거관리위원회가 규정되었다.
㉣ 인간의 존엄과 가치는 제5차 개헌에서 신설되었으며, 인간다운 생활을 할 권리, 자백의 증거능력제한 규정도 제5차 개헌 때 신설되었다.

정답 ④

02 우리 헌정사에 대한 설명으로 가장 적절한 것은?

① 우리 헌정사에 있어 양원제가 처음으로 헌법에 규정되었던 것은 제1공화국 제2차 개정헌법이었으나 실제로 실시되지는 못하였다.
② 1952년 헌법에는 국무총리제를 폐지하였다.
③ 1962년의 제5차 개헌은 국회의 의결 없이 국가재건최고회의가 의결하여 국민투표로 확정하였으나, 이는 제2공화국 헌법의 헌법개정절차에 따른 개정이 아니었다.
④ 1987년 제9차 개헌에서는 근로자의 적정임금 보장, 재외국민 보호의무 규정을 신설하고 형사보상청구권을 피의자까지 확대 인정하였다.

해설
① 우리 헌정사에 있어 양원제가 처음으로 헌법에 규정되었던 것은 제1차 개정헌법이었으나 실제로 실시되지는 못하였다.
② 이는 1954년 제2차 개헌 때로 1952년이 아니다.
▶ 헌정사에서 유일하게 국무총리가 없었던 시기이다.
③ 당시 국가재건비상조치법이 규정한 대로 헌법개정을 하여 이는 법리상 문제가 있다.
④ 근로자의 적정임금을 보장하는 것은 제8차 개헌 때, 근로자의 최저임금을 보장하는 것은 제9차 개헌때이다.

정답 ③

03 한국헌법사에 대한 설명으로 옳지 않은 것은?

① 건국헌법(1948년)은 대통령과 부통령을 1차에 한하여 중임할 수 있도록 하였고, 대통령과 부통령을 국회에서 무기명투표로써 각각 선거하도록 규정하였다.

② 제1차 개정헌법(1952년)은 야당안과 정부안을 발췌하여 절충한 것으로 국회 양원제를 규정하고, 대통령과 부통령의 국민직선제를 채택하였다.

③ 제2차 개정헌법(1954년)은 주권의 제약이나 영토변경의 경우에 국민투표를 거치게 하였으며, 헌법개정에 관하여 국민발안제를 채택하고, 헌법개정시 개폐할 수 없는 조항을 명시하였다.

④ 제3차 개정헌법(1960년)은 대법원장과 대법관 선거제를 두었으며, 위헌법률심판을 담당하는 헌법재판소를 두었고, 정당 조항을 신설하였으며, 국회 단원제 조항을 두었다.

해설

① 건국헌법은 미국의 영향으로 1차에 한하여 중임가능하며, 국회에서 무기명으로 선거하였다.
② 제1차 개헌을 발췌개헌안이라고도 하며, 대통령 직선제가 핵심이었다.
③ 제2차 개헌에서는 헌법개정금지 조항을 명시하였다.
④ 제3차 개정헌법은 의원내각제로 참의원과 민의원, 즉 단원제가 아닌 양원제였다.

헌정사	제헌헌법	제1차 개헌	제2공화국	제3공 이후
국회	단원제	양원제 규정	양원제 시행	단원제

정답 ④

04 헌정사에 관한 내용으로 가장 적절한 것은?

① 제헌헌법에서 모든 국민은 국가 각 기관에 대하여 문서로써 청원을 할 권리가 있으며, 청원에 대하여 국가는 심사할 의무를 진다고 규정하였다.

② 제2공화국 헌법에서는 특별법원, 즉 군법회의의 근거를 헌법적으로 신설하였다.

③ 제3차 개헌에서는 국무총리제를 비로소 폐지하였다.

④ 제5차 개헌에서는 미연방헌법의 영향을 받아 행복추구권 조항을 처음으로 신설하였고, 국회를 단원제로 환원하였으며, 헌법재판소를 폐지하여 대법원이 위헌법률심사권을 갖도록 하였다.

해설

① 모든 국민은 국가 각 기관에 대하여 문서로써 청원을 할 권리가 있다. 청원에 대하여 국가는 심사할 의무를 진다(제헌헌법 제21조).
② 제2공화국이 아니라 제2차 개헌의 내용이다.
③ 국무총리제가 폐지된 것은 제3차 개헌이 아니라 제2차 개헌이다. 제3차 개헌에서는 대법원장 및 대법관을 선거인단에서 선출하였다.
④ 인간의 존엄성은 제5차 개헌 때 신설되었으며, 행복추구권 조항은 제5공화국, 즉 제8차 개헌 때 신설되었다.

정답 ①

05 헌정사에 대한 설명으로 옳지 않은 것은?

① 1948년 제헌헌법부터 지방자치제도에 관한 헌법규정이 존재하였다.

② 1960년 제3차 개정헌법에서 헌법개정안에 대한 국민투표가 처음으로 규정되었다.

③ 1980년 제8차 개정헌법에서 소비자보호가 처음으로 규정되었다.

④ 1987년 제9차 개정헌법에서 범죄피해자구조청구권이 처음으로 규정되었다.

해설

① 지방자치단체의 조직과 운영에 관한 사항은 법률로써 정한다. / 지방자치단체에는 각각 의회를 둔다. / 지방의회의 조직, 권한과 의원의 선거는 법률로써 정한다(건국헌법 제97조).

② 헌법개정에 대한 국민투표가 최초로 도입된 것은 제5차 개헌이다.
▶ 제3차가 아니라 제3공화국이다.

③ 국가는 건전한 소비행위를 계도하고 생산품의 품질향상을 촉구하기 위한 소비자보호운동을 법률이 정하는 바에 의하여 보장한다(제8차 개정 제125조).

④ 범죄피해자구조청구권이 처음 규정된 것은 현행 헌법이다.

정답 ②

06 우리나라 헌법의 제정 및 개정 과정에 관한 설명으로 옳은 것은?

① 제헌헌법에 국회는 양원제였으며, 4년 임기의 직선으로 선출된 198명의 의원으로 구성하였다.

② 중앙선거관리위원회는 제5차 개정헌법에서 헌법기관으로 처음 규정되었다.

③ 국군의 정치적 중립성 준수에 관한 규정은 군의 정치개입 폐단을 방지하려는 의지를 천명한 것으로 현행 헌법에서 새로이 규정하였다.

④ 제8차 헌법에서 최저임금제도가 도입되었다.

해설

① 제헌헌법에서는 단원제를 채택하였고, 양원제는 제1차 개정에서 도입되었다(제1차~제4차). 그러나 참의원을 두지 않아 단원제로 운용되었다.

② 중앙선거관리위원회는 1960년 제3차 개정헌법에서 헌법기관으로 규정되었다.

구분	중앙선거관리위원회	각급선거관리위원회
신설	제3차 개정헌법	제5차 개정헌법

③ 국군의 정치적 중립성 준수에 관한 규정은 1987년 제9차 현행 헌법에서 규정된 내용이다.

구분	공무원의 정치적 중립성	국군의 정치적 중립성
신설	2공	6공

④ 제8차 개헌에서는 적정임금제도가 도입되었으며, 제9차 개헌에서 최저임금제도가 도입되었다.

정답 ③

07 현행 헌법에 대한 설명으로 옳지 않은 것은?

① 정당 조항과 헌법재판소 조항을 처음으로 규정하면서 정당해산을 헌법재판소의 결정에 따르게 하였다.
② 1987년 헌법은 체포구속시 이유고지 및 가족통지제도를 추가하였고, 범죄피해자구조청구권을 기본권으로 새로 규정하였다.
③ 헌법 전문에서 대한민국 임시정부의 법통과 불의에 항거한 4·19민주이념의 계승 및 조국의 민주개혁의 사명을 명시하였다.
④ 대통령직선제로 변경하면서 5년 단임제를 채택하였고, 대통령의 국회해산권은 폐지하였다.

해설
① 제3차 개헌 때 정당 조항이 처음으로 신설되었고, 또한 헌법재판소도 제3차 개헌 때 최초로 규정되었다.
② 옳은 지문이다.
③ 3·1운동으로 건립된 대한민국 임시정부의 법통과 불의에 항거한 4·19민주이념을 계승하고, 조국의 민주개혁과 평화적 통일의 사명에 입각하여 …
④ 제9차 개정헌법 내용이다.

구분	간선제	직선제
헌정사	제헌, 3차 4차, 7차, 8차	1차, 2차, 5차, 6차, 9차

정답 ①

08 다음 설명 중 옳은 것은?

① 건국헌법(또는 제헌헌법)은 국민투표를 거쳐 제정되었고, 헌법위원회와 탄핵재판소에 관한 규정을 두고 있다.
② 1952.7.4.자로 이루어진 제1차 개헌은 소위 '발췌개헌'이라 하는바, 그 주요내용으로는 대통령과 부통령의 직선제, 양원제 국회, 국회의 국무원 불신임제, 국무위원 임명에 있어서 국무총리의 제청권 등이 있다.
③ 1954.11.27.자로 이루어진 제2차 개헌은 소위 '사사오입개헌'이라 하는바, 그 주요내용은 초대대통령에 한하여 3선제한 철폐, 대통령 궐위시에는 국무총리가 그 지위 승계, 자유시장 경제체제로의 경제체제 전환 등이었다.
④ 1972.12.27.자 제7차 개헌으로 소위 '유신헌법'이 탄생하였는바, 유신헌법은 대통령과 국회의원 정수의 4분의 1에 해당하는 국회의원을 선출하는 통일주체국민회의를 설치하고, 대통령의 중임이나 연임제한에 관한 규정을 두지 않아 1인 장기집권을 가능하게 하였으며, 헌법재판소를 설치하였다.

해설
① 건국헌법(또는 제헌헌법)은 제헌국회에서 제정되었고, 헌법위원회와 탄핵재판소에 관한 규정을 두고 있었다.
② 옳은 지문이다.
③ 제2차 개헌에서는 국무총리제를 폐지하였다.
④ 헌법재판소는 제2공화국 헌법과 현행 헌법에만 설치되었고, 제3공화국은 대법원, 제1·4·5공화국은 헌법위원회를 설치하였다. 또한 통일주체국민회의에서는 국회의원 정수의 3분의 1에 해당하는 국회의원을 선출한다.

정답 ②

09 대한민국 헌정사에 대한 설명으로 옳은 것은?

① 1954년 제2차 개정헌법은 국무총리제를 폐지하고, 헌법개정안에 대한 국민발안제도와 주권제약·영토변경에 대한 국민투표제도를 두었다.

② 1960년 제3차 개정헌법은 공무원의 정치적 중립성 조항과 헌법재판소 조항을 처음으로 규정하였고, 1962년 제5차 개정헌법은 인간의 존엄과 가치에 대한 규정과 기본권의 본질적 내용 침해금지에 관한 규정을 처음으로 두었다.

③ 1972년 제7차 개정헌법은 대통령에게 국회의원 3분의 1의 추천권을 부여하였고 헌법개정절차를 이원화하였으며, 대통령의 임기를 1980년 제8차 개정헌법 때의 대통령의 임기보다 더 길게 규정하였다.

④ 1980년 제8차 개정헌법은 재외국민보호를 의무화하고 국군의 정치적 중립성 준수 규정을 두었다.

해설

① 제2차 개정 때는 중요정책에 대한 국민투표제도가 신설되었으며, 헌법개정에 대한 국민발안도 존재하였다.

② 기본권의 본질적 내용 침해금지를 처음으로 규정한 것은 제2공화국 제3차 개헌이다.

구분	신설	폐지	부활
헌정사	제3차	제7차	제8차

③ 제7차 개헌 때 대통령의 임기는 6년이었으며, 제8차 개헌 때 대통령의 임기는 7년이었다.

④ 재외국민보호를 의무화하고 국군의 정치적 중립성 준수 규정을 둔 것은 제9차 개정헌법 때이다.

정답 ①

10 대한민국헌법의 역사에 관한 설명으로 옳은 것을 모두 고른 것은?

㉠ 1948년 제헌헌법은 국무원을 대통령과 국무총리 기타의 국무위원으로 조직되는 합의체로서 대통령의 권한에 속한 중요 국책을 의결하는 기구로 규정하였다.

㉡ 1960년 헌법(제3차 개정헌법)은 대통령의 임기를 5년으로 하고 재선에 의하여 1차에 한해 중임할 수 있도록 규정하였다.

㉢ 1962년 헌법(제5차 개정헌법)은 대통령이 국회의 동의를 얻어 국무총리를 임명하도록 하였다.

㉣ 1972년 헌법(제7차 개정헌법)은 국회 외에 통일주체국민회의를 두고, 여기에 대통령 선출권 및 국회의원 3분의 1 선출권을 부여하였다.

㉤ 1980년 헌법(제8차 개정헌법)은 국회가 국무총리 또는 국무위원에 대하여 개별적으로 그 해임을 의결할 수 있도록 하되, 국무총리에 대한 해임의결은 국회가 임명동의를 한 후 1년 이내에는 할 수 없도록 하였다.

① ㉢, ㉣
② ㉢, ㉤
③ ㉠, ㉡, ㉣
④ ㉠, ㉡, ㉣, ㉤

해설

옳은 것은 ㉠, ㉡, ㉣, ㉤이다.

㉠ 국무원은 대통령과 국무총리 기타의 국무위원으로 조직되는 합의체로서 대통령의 권한에 속한 중요 국책을 의결한다(제헌헌법 제68조).

구분	제1 · 2공화국	제3공화국 이후
성격	의결기관	심의기관
명칭	국무원	국무회의

㉡ 대통령의 임기는 5년으로 하고 재선에 의하여 1차에 한하여 중임할 수 있다(제3차 개정헌법 제55조).

㉢ 국무총리는 대통령이 임명하고, 국무위원은 국무총리의 제청으로 대통령이 임명한다(제5차 개정헌법 제84조 제1항).

▶ 국무총리는 제2차 개헌 때 폐지되었고, 제3공화국 때 국회의 동의나 승인 없이 대통령이 임명하였다.

㉣ 대통령은 통일주체국민회의에서 토론없이 무기명투표로 선거한다(제7차 개정헌법 제39조 제1항). / 통일주체국민회의는 국회의원 정수의 3분의 1에 해당하는 수의 국회의원을 선거한다(제7차 개정헌법 제40조 제1항).

㉤ 국회는 국무총리 또는 국무위원에 대하여 개별적으로 그 해임을 의결할 수 있다. 다만, 국무총리에 대한 해임의결은 국회가 임명동의를 한 후 1년 이내에는 할 수 없다(제8차 개정헌법 제99조 제1항).

정답 ④

11 우리 헌정사에 대한 설명으로 가장 적절한 것은?

① 1948년 제헌헌법은 대통령, 부통령, 국무총리를 모두 두었으며 대통령 궐위시 부통령이 지위를 승계한다고 규정하였다.

② 1952년 제1차 개정헌법은 국회의 양원제를 규정하여 민의원과 참의원이 운영되었으며 국무위원에 대한 개별적 불신임제를 채택하였다.

③ 1960년 제3차 개정헌법은 기본권의 본질적 내용 침해금지 조항을 신설하였으며 선거권 연령을 법률로 위임하지 않고 헌법에서 직접 규정하였다.

④ 1972년 제7차 개정헌법은 대통령이 제안한 헌법개정안이 통일주체국민회의의 의결로 확정하도록 규정하였고 대통령에게 국회의원 정수 3분의 2의 추천권을 부여하였다.

해설

① 대통령 또는 부통령이 궐위된 때에는 즉시 그 후임자를 선거한다(건국헌법 제56조). 다만, 사고로 직무를 수행할 수 없을 때에는 부통령이 그 권한을 대행한다고 규정되어 있다.

② 제1차 개헌에서는 양원제가 규정되었으나, 실제로 운영되지 않았다.

③ 제3차 개헌에서는 본질적 내용 침해금지 조항이 신설되었으며, 제1공화국과 제6공화국은 법률유보이나 제2공화국부터 제5공화국까지는 헌법에서 직접 20세로 규정하고 있었다.

구분	제1공 · 제6공	제2공~제5공까지
규정	법률유보	헌법이 직접 20세로 규정

④ 유신헌법에서 대통령이 헌법개정안을 제안한 경우는 국민투표로 확정하였다. 또 통일주체국민회의는 국회의원 정수의 3분의 1에 해당하는 수의 국회의원을 선거하였다(유신헌법 제124조와 제40조 참조).

정답 ③

제2절 국가의 3요소

01 국적에 대한 설명으로 옳은 것은? (다툼이 있는 경우 판례에 의함)

① 외국인이 귀화허가를 받기 위해서는 '품행이 단정할 것'의 요건을 갖추도록 한 국적법 조항은 명확성원칙에 위배된다.

② 만 18세의 외국인은 출생 당시 대한민국 국민인 부 또는 모가 인지하는 경우에 법무부장관의 허가를 받아 대한민국 국적을 취득할 수 있다.

③ 헌법 제2조 제1항은 '대한민국의 국민이 되는 요건은 법률로 정한다.'라고 하여 대한민국 국적의 취득에 관하여 위임하고 있으나, 국적의 유지나 상실을 둘러싼 전반적인 법률관계를 법률에 규정하도록 위임하고 있는 것으로 풀이할 수는 없다.

④ 외국인의 자(子)로서 대한민국의 민법상 미성년인 사람은 부 또는 모가 귀화허가를 신청할 때 함께 국적 취득을 신청할 수 있고, 이에 따라 국적 취득을 신청한 사람은 부 또는 모가 대한민국 국적을 취득한 때에 함께 대한민국 국적을 취득한다.

해설

① '품행이 단정할 것'은 '귀화신청자를 대한민국의 새로운 구성원으로서 받아들이는 데 지장이 없을 만한 품성과 행실을 갖춘 것'을 의미하고, 구체적으로 이는 귀화신청자의 성별, 연령, 직업, 가족, 경력, 전과관계 등 여러 사정을 종합적으로 고려하여 판단될 것임을 예측할 수 있다. 따라서 심판대상조항은 명확성원칙에 위배되지 아니한다(헌재 2016.7.28, 2014헌바421).

② 국적법 제3조 제1항

구분	허가	신고
유형	귀화, 국적회복	나머지

> **국적법 제3조 【인지에 의한 국적 취득】** ① 대한민국의 국민이 아닌 자로서 대한민국의 국민인 부 또는 모에 의하여 인지된 자가 다음 각 호의 요건을 모두 갖추면 법무부장관에게 신고함으로써 대한민국 국적을 취득할 수 있다.
> 1. 대한민국의 민법상 미성년일 것
> 2. 출생 당시에 부 또는 모가 대한민국의 국민이었을 것

③ 헌법 제2조 제1항은 "대한민국의 국민이 되는 요건은 법률로 정한다."라고 하여 기본권의 주체인 국민에 관한 내용을 입법자가 형성하도록 하고 있다. 이는 대한민국 국적의 '취득'뿐만 아니라 국적의 유지, 상실을 둘러싼 전반적인 법률관계를 법률에 규정하도록 위임하고 있는 것으로 풀이할 수 있다(헌재 2014.6.26, 2011헌마502).

④ 국적법 제8조

> **국적법 제8조 【수반 취득】** ① 외국인의 자(子)로서 대한민국의 민법상 미성년인 사람은 부 또는 모가 귀화허가를 신청할 때 함께 국적 취득을 신청할 수 있다.
> ② 제1항에 따라 국적 취득을 신청한 사람은 부 또는 모가 대한민국 국적을 취득한 때에 함께 대한민국 국적을 취득한다.
> ③ 제1항에 따른 신청절차와 그 밖에 필요한 사항은 대통령령으로 정한다.

정답 ④

02 국적에 대한 설명으로 가장 적절하지 않은 것은? (다툼이 있는 경우 판례에 의함)

① 대한민국 국민이 자진하여 외국 국적을 취득한 경우 대한민국 국적을 상실하도록 한 국적법 조항은 청구인의 거주·이전의 자유 및 행복추구권을 침해하지 않는다.

② 1978.6.14.부터 1998.6.13. 사이에 태어난 모계출생자가 대한민국 국적을 취득할 수 있도록 특례를 두면서 2004.12.31.까지 국적취득신고를 한 경우에만 대한민국 국적을 취득하도록 한 국적법 조항은 평등원칙에 위배된다.

③ 복수국적자에 대하여 제1국민역에 편입된 날부터 3개월 이내에 대한민국 국적을 이탈하지 않으면 일률적으로 병역의무를 해소한 후에야 이를 가능하도록 한 국적법 조항은 청구인들의 국적이탈의 자유를 침해한다.

④ 대한민국의 국적을 취득한 외국인으로서 외국 국적을 가지고 있는 자는 대한민국의 국적을 취득한 날부터 1년 내에 그 외국 국적을 포기하여야 하며, 이를 이행하지 아니하여 대한민국의 국적을 상실한 자가 그 후 1년 내에 그 외국 국적을 포기하면 법무부장관에게 신고함으로써 대한민국의 국적을 재취득할 수 있다.

해설

① 대한민국 국민이 자진하여 외국 국적을 취득한 경우 대한민국 국적을 상실하도록 한 국적법 조항은 청구인의 거주·이전의 자유 및 행복추구권을 침해하지 않는다(헌재 2014.6.26, 2011헌마502).

② 1978.6.14.부터 1998.6.13. 사이에 태어난 모계출생자가 대한민국 국적을 취득할 수 있는 특례를 두면서 2004.12.31.까지 국적취득신고를 한 경우에만 대한민국 국적을 취득하도록 한 것은, 특례의 적용을 받는 모계출생자와 출생으로 대한민국 국적을 취득하는 모계출생자를 합리적 사유 없이 차별하고 있다고 볼 수 없고, 따라서 평등원칙에 위배되지 않는다(헌재 2015.11.26, 2014헌바211).

③ 외국에서만 주로 체류·거주하면서 대한민국과는 별다른 접점이 없는 사람도 있을 수 있는데, 심판대상 법률조항은 전혀 예외를 인정하지 않고 위 시기가 경과하면 병역의무에서 벗어나는 경우에만 국적이탈이 가능하도록 규정하고 있는바, 이 결정에서 헌법재판소는 그러한 일률적인 제한에 위헌성이 있다고 보았다(헌재 2020.9.24, 2016헌마889).

④ 대한민국 국적을 취득한 외국인으로서 외국 국적을 가지고 있는 자는 대한민국 국적을 취득한 날부터 1년 내에 그 외국 국적을 포기하여야 한다(국적법 제10조 제1항). 제10조 제3항에 따라 대한민국 국적을 상실한 자가 그 후 1년 내에 그 외국 국적을 포기하면 법무부장관에게 신고함으로써 대한민국 국적을 재취득할 수 있다(국적법 제11조 제1항).

정답 ②

03 대한민국 국적의 취득에 대한 설명으로 옳지 않은 것은? (다툼이 있는 경우 판례에 의함)

① 부모가 모두 분명하지 아니한 경우 대한민국에서 출생한 자는 출생과 동시에 대한민국 국적을 취득한다.

② 대한민국의 국민으로서 자진하여 외국 국적을 취득한 자는 그 외국 국적 취득 신고를 한 때에 대한민국 국적을 상실한다.

③ 복수국적자로서 외국 국적을 선택하려는 자는 외국에 주소가 있는 경우에만 국적이탈을 신고할 수 있도록 정한 국적법 조항은 과잉금지원칙에 위배되지 않는다.

④ 법무부장관은 귀화신청인이 법률이 정하는 귀화요건을 갖추었다고 하더라도 귀화를 허가할 것인지 여부에 관하여 재량권을 가진다.

해설

① 국적법 제2조 제1항 제3호

> **국적법 제2조 【출생에 의한 국적 취득】** ① 다음 각 호의 어느 하나에 해당하는 자는 출생과 동시에 대한민국 국적을 취득한다.
> 3. 부모가 모두 분명하지 아니한 경우나 국적이 없는 경우에는 대한민국에서 출생한 자

② 국적법 제15조 제1항

> **국적법 제15조 【외국 국적 취득에 따른 국적 상실】** ① 대한민국의 국민으로서 자진하여 외국 국적을 취득한 자는 그 외국 국적을 취득한 때에 대한민국 국적을 상실한다.

▶ 취득한 날로부터 6개월 ×, 취득한 때 O

③ 외국에 생활근거 없이 주로 국내에서 생활하며 대한민국과 유대관계를 형성한 자가 단지 법률상 외국 국적을 지니고 있다는 사정을 빌미로 국적을 이탈하려는 행위를 제한한다고 하여 과도한 불이익이 발생한다고 보기도 어려운 점 등을 고려할 때 심판대상조항은 과잉금지원칙에 위배되어 국적이탈의 자유를 침해하지 아니한다(헌재 2023.2.23, 2020헌바603).

④ 귀화허가의 근거규정의 형식과 문언, 귀화허가의 내용과 특성 등을 고려하여 보면, 법무부장관은 귀화신청인이 법률이 정하는 귀화요건을 갖추었다고 하더라도 귀화를 허가할 것인지 여부에 관하여 재량권을 가진다(대판 2010.7.15, 2009두19069).

정답 ②

04 국적에 대한 설명으로 가장 적절하지 않은 것은? (다툼이 있는 경우 판례에 의함)

① 외국인이 대한민국 국민인 배우자와 적법하게 혼인한 후 3년이 지나더라도 혼인한 상태로 대한민국에 1년 이상 계속하여 주소가 없는 경우에는 간이귀화의 요건을 충족하지 못한다.

② 출생 당시에 모(母)가 자녀에게 외국 국적을 취득하게 할 목적으로 외국에서 체류 중이었던 사실이 인정되는 자는 외국 국적을 포기하더라도 대한민국 국적을 선택할 수 없다.

③ 직계존속이 외국에서 영주할 목적 없이 체류한 상태에서 출생한 자는 병역의무 이행과 관련하여 병역면제처분을 받은 경우 국적이탈신고를 할 수 있다.

④ 대한민국 국적을 상실한 자는 국적을 상실한 때부터 대한민국의 국민만이 누릴 수 있는 권리를 누릴 수 없는데 이 권리 중 대한민국의 국민이었을 때 취득한 것으로서 양도할 수 있는 것은 그 권리와 관련된 법령에서 따로 정한 바가 없으면 3년 내에 대한민국의 국민에게 양도하여야 한다.

해설

① 국적법 제6조 제2항 제2호

> **국적법 제6조 【간이귀화 요건】** ② 배우자가 대한민국의 국민인 외국인으로서 다음 각 호의 어느 하나에 해당하는 사람은 제5조 제1호 및 제1호의2의 요건을 갖추지 아니하여도 귀화허가를 받을 수 있다.
> 2. 그 배우자와 혼인한 후 3년이 지나고 혼인한 상태로 대한민국에 1년 이상 계속하여 주소가 있는 사람

② 출생 당시에 모가 자녀에게 외국 국적을 취득하게 할 목적으로 외국에서 체류 중이었던 사실이 인정되는 자는 외국 국적을 포기한 경우에만 대한민국 국적을 선택한다는 뜻을 신고할 수 있다(국적법 제13조 제3항).

③ 국적법 제12조 제3항 제3호

> **국적법 제12조 【복수국적자의 국적선택의무】** ③ 직계존속이 외국에서 영주할 목적 없이 체류한 상태에서 출생한 자는 병역의무의 이행과 관련하여 다음 각 호의 어느 하나에 해당하는 경우에만 제14조에 따른 국적이탈신고를 할 수 있다.
> 3. 병역면제처분을 받은 경우

원정출산	외국	한국
선택	군대해결	외국국적포기

④ 대한민국의 국민이었을 때 취득한 것으로서 양도할 수 있는 것은 그 권리와 관련된 법령에서 따로 정한 바가 없으면 3년 내에 대한민국의 국민에게 양도하여야 한다(국적법 제18조 제2항).

정답 ②

05 국적에 대한 설명으로 가장 적절하지 않은 것은? (다툼이 있는 경우 헌법재판소 판례에 의함)

① 대한민국에서 출생한 사람으로서 부 또는 모가 대한민국에서 출생한 외국인은 대한민국에 3년 이상 계속하여 주소가 있는 경우 간이귀화허가를 받을 수 있다.

② 대한민국에 특별한 공로가 있는 외국인은 대한민국에 주소가 있는 경우 특별귀화허가를 받을 수 있다.

③ 외국인의 자(子)로서 대한민국의 민법상 미성년인 사람은 부 또는 모가 귀화허가를 신청할 때 함께 국적 취득을 신청할 수 있다.

④ 북한주민은 대한민국 국민이므로 헌법 해석상 탈북의료인에게도 국내 의료면허를 부여할 입법의무가 발생한다.

해설

① 국적법 제6조 제1항 제2호

> **국적법 제6조【간이귀화 요건】** ① 다음 각 호의 어느 하나에 해당하는 외국인으로서 대한민국에 3년 이상 계속하여 주소가 있는 사람은 제5조 제1호 및 제1호의2의 요건을 갖추지 아니하여도 귀화허가를 받을 수 있다.
> 2. 대한민국에서 출생한 사람으로서 부 또는 모가 대한민국에서 출생한 사람

② 국적법 제7조 제1항 제2호

> **국적법 제7조【특별귀화 요건】** ① 다음 각 호의 어느 하나에 해당하는 외국인으로서 대한민국에 주소가 있는 자는 제5조 제1호·제1호의2·제2호 또는 제4호의 요건을 갖추지 아니하여도 귀화허가를 받을 수 있다.
> 2. 대한민국에 특별한 공로가 있는 사람

③ 외국인의 자로서 대한민국의 민법상 미성년인 사람은 부 또는 모가 귀화허가를 신청할 때 함께 국적 취득을 신청할 수 있다(국적법 제8조 제1항).

④ 북한의 의과대학이 헌법 제3조의 영토조항에도 불구하고 국내 대학으로 인정될 수 없고 탈북의료인의 국내 면허 취득에 관하여는 명확한 입법이 없는 상태이다. 따라서 입법자에게 국내 의료면허를 부여할 입법의무가 발생한다고 볼 수는 없다(헌재 2006.11.30, 2006헌마679).

북한	원칙	예외 - 부정
한국인과 구별	한국인과 동일하게 인정	자격증, 돈, 범죄자

정답 ④

06 국적에 대한 설명으로 옳은 것은? (다툼이 있는 경우 판례에 의함)

① 대한민국 국적을 상실한 자가 그 후 1년 내에 그 외국 국적을 포기하면 법무부장관의 허가를 받아 대한민국 국적을 재취득할 수 있다.

② 대한민국 국적을 취득한 외국인으로서 외국 국적을 가지고 있는 자는 대한민국 국적을 취득한 날부터 그 외국 국적을 상실한다.

③ 대한민국 국적을 취득한 사실이 없는 외국인은 법무부장관의 귀화허가를 받아 대한민국 국적을 취득할 수 있는 반면, 대한민국의 국민이었던 외국인은 법무부장관의 국적회복허가를 받아 대한민국 국적을 취득할 수 있다.

④ 외국의 영주권을 취득한 재외국민은 대한민국 국민만이 향유할 수 있는 권리를 행사할 수 없다.

해설

① 제10조 제3항에 따라 대한민국 국적을 상실한 자가 그 후 1년 내에 그 외국 국적을 포기하면 법무부장관에게 신고함으로써 대한민국 국적을 재취득할 수 있다(국적법 제11조 제1항). 즉, 허가가 아니라 신고다.

구분	허가	신고
유형	귀화, 국적회복	나머지

② 국적법 제10조 제1항·제3항

> **국적법 제10조【국적 취득자의 외국 국적 포기 의무】** ① 대한민국 국적을 취득한 외국인으로서 외국 국적을 가지고 있는 자는 대한민국 국적을 취득한 날부터 1년 내에 그 외국 국적을 포기하여야 한다.
> ③ 제1항 또는 제2항을 이행하지 아니한 자는 그 기간이 지난 때에 대한민국 국적을 상실한다.

③ 국적법 제4조 제1항, 제9조 제1항

> **국적법 제4조【귀화에 의한 국적 취득】** ① 대한민국 국적을 취득한 사실이 없는 외국인은 법무부장관의 귀화허가를 받아 대한민국 국적을 취득할 수 있다.
> **제9조【국적회복에 의한 국적 취득】** ① 대한민국의 국민이었던 외국인은 법무부장관의 국적회복허가를 받아 대한민국 국적을 취득할 수 있다.

④ 대한민국 국적을 상실한 자는 국적을 상실한 때부터 대한민국의 국민만이 누릴 수 있는 권리를 누릴 수 없다(국적법 제18조 제1항). 누릴 수 있는 권리를 누릴 수 없는 자는 재외국민이 아니라 대한민국 국적을 상실한 자로 보아야 한다.

국적상실	국적상실 ×	국적상실 O
사유	영주권, 이혼	시민권

정답 ③

07 국적에 관한 설명 중 가장 적절하지 않은 것은? (다툼이 있는 경우 판례에 의함)

① 출생 당시 모가 자녀에게 외국 국적을 취득하게 할 목적으로 외국에서 체류 중이었던 사실이 인정되는 자는 대한민국에서 외국 국적을 행사하지 않겠다는 서약을 한 후 대한민국 국적을 선택한다는 뜻을 신고할 수 있다.

② 복수국적자가 국적법에서 정한 기간 내에 국적을 선택하지 아니한 경우에 법무부장관은 1년 내에 하나의 국적을 선택할 것을 명하여야 한다.

③ 대한민국의 국적을 취득한 사실이 있었던 외국인은 법무부장관의 귀화허가를 받을 수 없다.

④ 국적법에 따라 대한민국에서 외국 국적을 행사하지 아니하겠다는 뜻을 서약한 복수국적자가 그 뜻에 현저히 반하는 행위를 한 경우에 법무부장관은 6개월 내에 하나의 국적을 선택할 것을 명할 수 있다.

해설

① 제1항 및 제2항 단서에도 불구하고 출생 당시에 모가 자녀에게 외국 국적을 취득하게 할 목적으로 외국에서 체류 중이었던 사실이 인정되는 자는 외국 국적을 포기한 경우에만 대한민국 국적을 선택한다는 뜻을 신고할 수 있다(국적법 제13조 제3항).

② 법무부장관은 복수국적자로서 제12조 제1항 또는 제2항에서 정한 기간 내에 국적을 선택하지 아니한 자에게 1년 내에 하나의 국적을 선택할 것을 명하여야 한다(국적법 제14조의3).

국적상실 사유	국적상실 ×	국적상실 ○
	영주권, 이혼	시민권

③ 국적법 제4조 제1항에 의하면 대한민국 국적을 취득한 사실이 있었던 외국인은 국적회복허가의 대상이 된다(법무부장관에게 국적회복허가신청). 즉, 귀화허가가 아니라 국적회복허가이다.

귀화	국적회복
순수 외국인	과거 한국인 현재 외국인

④ 국적법 제14조의3에 의하면 국적을 기간 내에 선택하지 않는 경우에는 1년 내에 선택하라고 명령을 할 수 있으며, 서약한 자가 서약을 어긴 경우에는 6개월 내에 하나의 국적을 선택할 것을 명할 수 있다.

국적선택 기간	원칙	서약위반
	1년 이내	6개월

정답 ①

08 대한민국 국민이 되는 요건에 대한 설명으로 옳지 않은 것은?

① 출생 당시에 부 또는 모가 대한민국의 국민인 자는 출생과 동시에 대한민국 국적을 취득한다.

② 대한민국에서 발견된 기아(棄兒)는 대한민국에서 출생한 것으로 추정한다.

③ 국적을 후천적으로 취득하는 방법으로 인지나 귀화 등이 있다.

④ 부모 중 어느 한 쪽이 국적이 없는 경우에 대한민국에서 출생한 자는 대한민국 국적을 취득한다.

해설

①④ 국적법 제2조 제1항 제1호·제3호

> 국적법 제2조 【출생에 의한 국적 취득】 ① 다음 각 호의 어느 하나에 해당하는 자는 출생과 동시에 대한민국 국적(國籍)을 취득한다.
> 1. 출생 당시에 부(父) 또는 모(母)가 대한민국의 국민인 자
> 3. 부모가 모두 분명하지 아니한 경우나 국적이 없는 경우에는 대한민국에서 출생한 자

② 대한민국에서 발견된 기아(棄兒)는 대한민국에서 출생한 것으로 추정한다(국적법 제2조 제2항).

③ 인지나 귀화는 모두 외국인을 대상으로 하는 것이며, 한국인이었던 자는 국적회복절차를 밟게 된다.

정답 ④

09 국적과 재외국민의 보호에 관한 설명으로 옳지 않은 것은? (다툼이 있는 경우 헌법재판소 판례에 의함)

① 주민등록만을 기준으로 주민투표권을 인정하여 국내거주 재외국민이 주민투표를 할 수 없도록 하는 법률조항은 평등권을 침해한다.

② 국적선택권은 내외국민을 불문하고 자연권으로서 또는 우리 헌법상 당연히 인정되는 권리이다.

③ 헌법상 영토에 관한 권리를 영토권이라 구성하여 헌법소원의 대상인 기본권으로 간주하는 것은 가능하다.

④ 헌법 제2조 제2항의 '재외국민 보호의무' 규정이 중국동포의 이중국적 해소 또는 국적선택권을 위한 특별법 제정의무를 명시적으로 위임한 것이라고 볼 수 없다.

해설

① 이 사건 법률조항 부분은 주민등록만을 요건으로 주민투표권의 행사 여부가 결정되도록 함으로써 '주민등록을 할 수 없는 국내거주 재외국민'을 '주민등록이 된 국민인 주민'에 비해 차별하고 있고, 나아가 '주민투표권이 인정되는 외국인'과의 관계에서도 차별을 행하고 있는바, 그와 같은 차별에 아무런 합리적 근거도 인정될 수 없으므로 국내거주 재외국민의 헌법상 기본권인 평등권을 침해하는 것으로 위헌이다(헌재 2007.6.28, 2004헌마643).

② 일반적으로 외국인인 개인이 특정한 국가의 국적을 선택할 권리가 자연권으로서 또는 우리 헌법상 당연히 인정된다고는 할 수 없다고 할 것이다(헌재 2006.3.30, 2003헌마806). 내국인은 헌법상 인정되지만 외국인까지 인정된다고 보기는 어렵다.

③ 헌법상 영토에 관한 권리를 영토권이라 구성하여 헌법소원의 대상인 기본권으로 간주하는 것은 가능하다(헌재 2001.3.21, 99헌마139 등).

④ 헌법 전문이나 제2조 제2항의 규정이 중국동포와 같은 특수한 상황에 처한 자들의 이중국적 해소 또는 대한민국 국적 선택이나 회복에 관한 법률의 제정 혹은 조약의 체결을 명시적으로 위임하고 있지 않고, 이들 규정 또는 헌법의 다른 어떤 규정의 해석으로부터도 국가의 이와 같은 헌법적 의무를 도출해 낼 수 없다(헌재 2006.3.30, 2003헌마806).

정답 ②

10 남북관계에 대한 설명으로 옳은 것은? (다툼이 있는 경우 판례에 의함)

① 마약거래범죄자인 북한이탈주민을 보호대상자로 결정하지 않을 수 있도록 규정한 북한이탈주민의 보호 및 정착지원에 관한 법률 제9조 제1항은 마약거래범죄자인 북한이탈주민의 인간다운 생활을 할 권리를 침해한다.

② 헌법조항이나 헌법해석에 의하여 바로 탈북의료인에게 국내 의료면허를 부여할 입법의무가 발생한다고 볼 수 없다.

③ 저작권법의 효력은 헌법 제3조에도 불구하고 대한민국의 주권 범위 밖에 있는 북한지역에 미치지 않는다.

④ 이른바 남북기본합의서는 남북한 당국이 성의 있는 이행을 약속한 것이므로 국가 간의 조약은 아니나 적어도 그에 준하는 것에 해당한다.

해설

① 북한이탈주민에 대하여도 인간다운 생활을 위한 객관적인 최소한의 보장은 이루어지고 있다. 따라서 심판대상조항이 마약거래범죄자인 북한이탈주민의 인간다운 생활을 할 권리를 침해한다고 볼 수 없다(헌재 2014.3.27, 2012헌바192).

② 북한의 의과대학이 헌법 제3조의 영토조항에도 불구하고 국내 대학으로 인정될 수 없고 탈북의료인의 국내 면허 취득에 관하여는 명확한 입법이 없는 상태이다. 따라서 입법자에게 국내 의료면허를 부여할 입법의무가 발생한다고 볼 수는 없다(헌재 2006.11.30, 2006헌마679).

③ 타인의 저작물을 복제, 배포, 발행함에 필요한 요건과 저작재산권의 존속기간을 규정한 저작권법 제36조 제1항, 제41조, 제42조, 제47조 제1항의 효력은 대한민국 헌법 제3조에 의하여 여전히 대한민국의 주권범위 내에 있는 북한지역에도 미치는 것이다(대판 1990.9.28. 89누6396).

④ 남북한 당국이 특수관계인 남북관계에 관하여 채택한 합의문서로서, 남북한 당국이 각기 정치적인 책임을 지고 상호간에 그 성의 있는 이행을 약속한 것이기는 하나 법적 구속력이 있는 것은 아니어서 이를 국가 간의 조약 또는 이에 준하는 것으로 볼 수 없고, 따라서 국내법과 동일한 효력이 인정되는 것도 아니다(대판 1999.7.23, 98두14525).

▶ 남북기본합의서가 조약이 되면 북한이 국가가 되어서 헌법 위반의 문제가 발생한다.

정답 ②

11 헌법상 영토조항에 관한 설명 중 가장 적절하지 않은 것은? (다툼이 있는 경우 판례에 의함)

① 영토조항만을 근거로 하여 독자적으로 헌법소원을 청구할 수 있다.

② 국민의 기본권 침해에 대한 권리구제를 위하여 그 전제조건으로서 영토에 관한 권리를 영토권이라 구성하여, 이를 헌법소원의 대상인 기본권으로 간주하는 것은 가능하다.

③ 우리 헌법이 "대한민국의 영토는 한반도와 그 부속도서로 한다."라는 영토조항(제3조)을 두고 있는 이상 대한민국의 헌법은 북한지역을 포함한 한반도 전체에 그 효력이 미치고 따라서 북한지역은 당연히 대한민국의 영토가 된다.

④ 외국환거래의 일방 당사자가 북한의 주민일 경우 그는 남북교류협력에 관한 법률상 '북한의 주민'에 해당하는 것이므로, 북한의 조선아시아태평양위원회가 외국환거래법 제15조에서 말하는 '거주자'나 '비거주자'에 해당하는지 또는 남북교류협력에 관한 법률상 '북한의 주민'에 해당하는지 여부는 법률해석의 문제에 불과한 것이고, 헌법 제3조의 영토조항과는 관련이 없다.

해설

① 국민의 개별적 기본권이 아니라 할지라도 기본권 보장의 실질화를 위하여서는, 영토조항만을 근거로 하여 독자적으로는 헌법소원을 청구할 수 없다(헌재 2008.11.27, 2008헌마517).

▶ 영토권은 기본권이나 영토조항만을 근거로 발생하지는 않는다.

② 모든 국가권능의 정당성의 근원인 국민의 기본권 침해에 대한 권리구제를 위하여 그 전제조건으로서 영토에 관한 권리를, 이를테면 영토권이라 구성하여 이를 헌법소원의 대상인 기본권의 하나로 간주하는 것은 가능하다(헌재 2008.11.27, 2008헌마517).

③ 우리 헌법이 "대한민국의 영토는 한반도와 그 부속도서로 한다."라는 영토조항(제3조)을 두고 있는 이상 대한민국의 헌법은 북한지역을 포함한 한반도 전체에 그 효력이 미치고 따라서 북한지역은 당연히 대한민국의 영토가 된다(헌재 2005.6.30, 2003헌바114).

④ 외국환거래의 일방 당사자가 북한의 주민일 경우 그는 이 사건 법률조항의 '거주자' 또는 '비거주자'가 아니라 남북교류법의 '북한의 주민'에 해당하는 것이다. 그러므로, 당해 사건에서 아태위원회가 법 제15조 제3항에서 말하는 '거주자'나 '비거주자'에 해당하는지 또는 남북교류법상 '북한의 주민'에 해당하는지 여부는 위에서 본 바와 같은 법률해석의 문제에 불과한 것이고, 헌법 제3조의 영토조항과는 관련이 없는 것이다(헌재 2005.6.30, 2003헌바114).

정답 ①

제3장 | 대한민국헌법의 근본원리

필수 OX

01 일제강점기는 우리 헌법이 제정되기 전이므로 이 시기에 징병과 징용으로 일제에 의해 강제이주 당하여 원폭피해를 당한 상태에서 장기간 방치됨으로써 심각하게 훼손된 피해자들의 인간으로서의 존엄과 가치를 회복시켜야 할 의무가 지금의 정부에 있는 것은 아니다. O|X

해설

징병과 징용으로 일제에 의해 강제이주 당하여 전쟁수행의 도구로 활용되다가 원폭피해를 당한 상태에서 장기간 방치됨으로써 심각하게 훼손된 청구인들의 인간으로서의 존엄과 가치를 회복시켜야 할 의무는 대한민국 임시정부의 법통을 계승한 지금의 정부가 국민에 대하여 부담하는 가장 근본적인 보호의무에 속한다고 할 것이다(헌재 2011.8.30, 2008헌마648). [X]

02 헌법제정 및 개정의 주체, 건국이념과 대한민국의 정통성, 자유민주주의적 기본질서의 확립, 평화통일과 국제평화주의의 지향은 물론 대한민국이 민주공화국이고 모든 권력이 국민으로부터 나온다는 사실도 헌법 전문에 선언되어 있다. O|X

해설

대한민국이 민주공화국이며 모든 권력이 국민으로부터 나온다는 것은 헌법 전문이 아니라 헌법 제1조의 내용이다. [X]

03 국민생활의 균등한 향상은 현행 헌법 전문에 규정된 내용이다. O|X

해설

안으로는 국민생활의 균등한 향상을 기하고 밖으로는 항구적인 세계평화와 인류공영에 이바지함으로써 … (헌법 전문). [O]

04 민족문화의 창달은 현행 헌법 전문에 규정된 내용이다. O|X

해설

국가는 전통문화의 계승·발전과 민족문화의 창달에 노력하여야 한다(헌법 제9조). [X]

05 독립유공자의 유족으로서 국가보훈처장에게 서훈추천을 신청하였다가 거부된 경우에는 공권력의 불행사로 보아 헌법소원을 청구할 수 있다. O|X

해설

국가보훈처장이 서훈추천 신청자에 대한 서훈추천을 해 주어야 할 헌법적 작위의무가 있다고 할 수는 없으므로, 서훈추천을 거부한 것에 대하여 행정권력의 부작위에 대한 헌법소원으로서 다툴 수 없다(헌재 2005.6.30, 2004헌마859). [X]

06 현행 헌법의 전문은 3·1운동으로 건립된 대한민국 임시정부의 법통을 계승한다고 명시하고 있다. O|X

해설

유구한 역사와 전통에 빛나는 우리 대한국민은 3·1운동으로 건립된 대한민국 임시정부의 법통과 불의에 항거한 4·19민주이념을 계승하고 … (헌법 전문). [O]

07 헌법재판소는 한일어업협정과 관련된 판례에서 헌법 전문 특히 통일 관련 부분에서 기본권을 도출할 수 있다고 보았다. O|X

해설

청구인들이 침해받았다고 주장하는 기본권 가운데 '헌법 전문에 기재된 3·1정신'은 우리나라 헌법의 연혁적·이념적 기초로서 헌법이나 법률 해석에서의 해석기준으로 작용한다고 할 수 있지만, 그에 기하여 곧바로 국민의 개별적 기본권성을 도출해낼 수는 없다고 할 것이다(헌재 2001.3.21, 99헌마139 등). [X]

08 국민의 개별적 기본권이 아니라 할지라도 기본권보장의 실질화를 위하여서는, 영토조항만을 근거로 하여 독자적으로 헌법소원을 청구할 수 있다. O|X

해설

국민의 개별적 기본권이 아니라 할지라도 기본권보장의 실질화를 위하여서는, 영토조항만을 근거로 하여 독자적으로는 헌법소원을 청구할 수 없다 할지라도, 모든 국가권능의 정당성의 근원인 국민의 기본권 침해에 대한 권리구제를 위하여 그 전제조건으로서 영토에 관한 권리를, 이를테면 영토권이라 구성하여, 이를 헌법소원의 대상인 기본권의 하나로 간주하는 것은 가능한 것으로 판단된다(헌재 2001.3.21, 99헌마139·142·156·160 병합). [X]

09 헌법상 영토에 관한 권리를 영토권이라 구성하여 헌법소원의 대상인 기본권으로 간주하는 것은 가능하다. O|X

해설

헌법상 영토에 관한 권리를 영토권이라 구성하여 헌법소원의 대상인 기본권으로 간주하는 것은 가능하다(헌재 2001.3.21, 99헌마139 등). [O]

10 국회구성권이란 유권자가 설정한 국회의석분포에 국회의원들을 기속시키고자 하는 것이며, 이는 오늘날 대의제도의 본질에 반하는 것으로 헌법상 기본권으로 인정될 여지가 없다. O|X

해설

국회구성권이란 기본권은 인정되지 않는다(헌재 1998.10.29, 96헌마186). [O]

11 텔레비전방송수신료를 형식적 의미의 법률로 정하지 아니하고 한국방송공사의 이사회 및 공보처장관의 승인을 통해 결정하도록 규정한 것은 법률유보원칙에 위배된다. O|X

해설

텔레비전방송수신료를 형식적 의미의 법률로 정하지 아니하고 한국방송공사의 이사회 및 공보처장관의 승인을 통해 결정하도록 규정한 것은 법률유보원칙에 위배된다(헌재 1999.5.27, 98헌바70). [O]

12 입법의 체계정당성의 원리는 입법자가 입법과정에서 준수하여야 할 입법의 지침을 의미하며, 이것은 법치국가원리에서 파생되는 헌법상의 요청으로 볼 수 있다는 것이 헌법재판소의 입장이다. O|X

해설

체계정당성의 원리는 동일 규범 내에서 또는 상이한 규범 간에 그 규범의 구조나 내용 또는 규범의 근거가 되는 원칙 면에서 상호 배치되거나 모순되어서는 안 된다는 하나의 헌법적 요청이며, 국가공권력에 대한 통제와 이를 통한 국민의 자유와 권리의 보장을 이념으로 하는 법치주의 원리로부터 도출되는데, 이러한 체계정당성 위반은 비례의 원칙이나 평등의 원칙 등 일정한 헌법의 규정이나 원칙을 위반하여야만 비로소 위헌이 되며, 체계정당성의 위반을 정당화할 합리적인 사유의 존재에 대하여는 입법재량이 인정된다(헌재 2004.11.25, 2002헌바66). [O]

13 신뢰보호의 원칙은 법률이나 그 하위법규의 개폐에만 적용될 뿐, 국가관리의 입시제도와 같은 제도운영지침의 개폐에는 적용되지 않는다. O|X

해설

법률이나 그 하위법규뿐만 아니라 국가관리의 입시제도와 같이 국·공립대학의 입시전형을 구속하여 국민의 권리에 직접 영향을 미치는 제도운영지침의 개폐에도 신뢰보호원칙은 적용된다(헌재 1997.7.16, 97헌마38). [X]

14 특정 규범이 개별사건법률에 해당한다고 해서 곧바로 위헌이 되는 것은 아니다. O|X

해설

개별사건법률은 원칙적으로 평등원칙에 위배되는 자의적 규정이라는 강한 의심을 불러일으키는 것이지만, 개별법률금지의 원칙이 법률제정에 있어서 입법자가 평등원칙을 준수할 것을 요구하는 것이기 때문에 특정규범이 개별사건법률에 해당한다 하여 곧바로 위헌을 뜻하는 것은 아니며, 이러한 차별적 규율이 합리적인 이유로 정당화될 수 있는 경우에는 합헌적일 수 있다(헌재 1996.2.16, 96헌가2 - 5·18 특별법 사건). [O]

15 세무당국에 사업자등록을 하고 운전교습에 종사해 왔음에도 불구하고, 자동차운전학원으로 등록한 경우에만 자동차운전교습업을 영위할 수 있도록 법률을 개정하는 것은 관련자들의 정당한 신뢰를 침해하는 것이다. O|X

해설

청구인들이 비록 세무당국에 사업자등록을 하고 운전교습업에 종사하였다고 하더라도, 사업자등록은 과세행정상의 편의를 위하여 납세자의 인적사항 등을 공부에 등재하는 행위에 불과하므로 운전교습업의 계속에 대하여 국가가 신뢰를 부여하였다고 보기도 어렵다(헌재 2003.9.25, 2001헌마447). [X]

16 개정된 신법이 피적용자에게 유리한 경우에 이른바 시혜적 소급입법을 할 것인지의 여부는 입법자에게 보다 광범위한 입법형성의 자유가 인정된다. O|X

해설

신법이 피적용자에게 유리한 경우에는 시혜적인 소급입법이 가능하지만, 그러한 소급입법을 할 것인가의 여부는 그 일차적인 판단이 입법기관에 맡겨져 있으므로 입법자는 시혜적 소급입법을 할 것인가 여부를 결정할 수 있고, 그 결정이 합리적 재량의 범위를 벗어나 현저하게 불합리하고 불공정한 것이 아닌 한 헌법에 위반된다고 할 수는 없다(헌재 2006.7.27, 2004헌바20). [O]

17 법적 안정성의 객관적 요소로서 신뢰보호원칙은 한번 제정된 법규범은 원칙적으로 존속력을 갖고 자신의 행위기준으로 작용하리라는 헌법상 원칙이다. O|X

해설

법적 안정성은 객관적 요소로서 법질서의 신뢰성·항구성·법적 투명성과 법적 평화를 의미하고, 이와 내적인 상호연관관계에 있는 법적 안정성의 주관적 측면은 한번 제정된 법규범은 원칙적으로 존속력을 갖고 자신의 행위기준으로 작용하리라는 개인의 신뢰보호원칙이다(헌재 1996.2.16, 96헌가2 등). [X]

18 미성년자에 대한 성폭력범죄의 특수성 등을 고려하였을 때 공소시효의 특례조항을 규정한 것은 신뢰보호의 원칙에 위반되지 않는다. O|X

해설

전부개정법률 시행 당시 아직 공소시효가 완성되지 아니한 성폭력범죄에 대하여 전부개정된 공소시효 특례를 적용하도록 부진정소급효를 규정한 심판대상조항이 13세 미만의 사람에 대한 강제추행 등이 갖는 범죄의 중대성, 미성년자에 대한 성폭력 범죄의 특수성 등을 고려하였을 때 신뢰보호원칙에 위반되지 않는다(헌재 2021.6.24, 2018헌바457). [O]

19 전문 과목을 표시한 치과의원은 그 표시한 전문 과목에 해당하는 환자만을 진료하여야 한다고 규정한 의료법 제77조 제3항은 신뢰보호원칙에 위배된다. O|X

해설

치과 전문의의 진료과목의 제한은 신뢰보호의원칙이나 명확성의 원칙에는 위반되지 않으나, 직업의 자유와 평등의 자유를 침해한다(헌재 2015.5.28, 2013헌마799). [X]

20 선불식 할부거래업자에게 개정법률이 시행되기 전에 체결된 선불식 할부계약에 대하여도 소비자피해보상보험계약 등을 체결할 의무를 부과한 할부거래에 관한 법률 조항은 소급입법금지원칙에 위반되지 아니한다. O|X

해설

선불식 할부거래업자에게 개정법률이 시행되기 전에 체결된 선불식 할부계약에 대하여도 소비자피해보상보험계약 등을 체결할 의무를 부과한 할부거래에 관한 법률 조항은 소급입법금지원칙에 위반되지 아니한다(헌재 2017.7.27, 2015헌바240). [O]

21 과거의 사실관계 또는 법률관계를 규율하기 위한 소급입법의 태양에는 이미 과거에 완성된 사실·법률관계를 규율의 대상으로 하는 이른바 진정소급효의 입법과 이미 과거에 시작하였으나 아직 완성되지 아니하고 진행과정에 있는 사실·법률관계를 규율의 대상으로 하는 이른바 부진정소급효의 입법이 있다. O|X

해설

이는 정의 개념으로 완성되었는가, 진행되었는가에 따라 진정과 부진정소급효가 달라진다. [O]

22 과세기간 진행 도중 과세요건을 납세자에게 불리하게 개정한 법령을 당해 과세기간 전체에 대하여 적용하는 것은 당해 과세기간 시작일부터 개정법령 시행일까지의 규율 범위에서는 진정소급입법에 해당한다. O|X

해설

과세기간 진행 도중, 즉 완성되지 않은 진행 도중이니 이는 부진정소급입법에 해당한다. [X]

23 공무원이 '직무와 관련 없는 과실로 인한 경우' 및 '소속상관의 정당한 직무상의 명령에 따르다가 과실로 인한 경우'를 제외하고 재직 중의 사유로 금고 이상의 형을 받은 경우, 퇴직급여 등을 감액하도록 2009.12.31. 개정된 감액조항을 2009.1.1.까지 소급하여 적용하도록 규정한 공무원연금법 부칙조항은 소급입법금지원칙에 위반하지 않는다. O|X

해설

이 사건 부칙조항은 이미 이행기가 도래하여 청구인이 퇴직연금을 모두 수령한 부분까지 사후적으로 소급하여 적용되는 것으로서 헌법 제13조 제2항에 의하여 원칙적으로 금지되는 이미 완성된 사실·법률관계를 규율하는 소급입법에 해당한다. 따라서 소급입법금지원칙에 위반하여 청구인의 재산권을 침해한다(헌재 2013.9.26, 2013헌바170). [X]

24 부당환급받은 세액을 징수하는 근거규정인 개정조항을 개정된 법 시행 후 최초로 환급세액을 징수하는 분부터 적용하도록 규정한 법인세법 부칙조항은 이미 완성된 사실 법률관계를 규율하는 진정소급입법에 해당하나, 이를 허용하지 아니하면 위 개정조항과 같이 법인세 부과처분을 통하여 효율적으로 환수하지 못하고 부당이득 반환 등 복잡한 절차를 거칠 수밖에 없어 중대한 공익상 필요에 의하여 예외적으로 허용된다. O|X

해설

법인세를 부당환급받은 법인은 소급입법을 통하여 이자상당액을 포함한 조세채무를 부담할 것이라고 예상할 수 없었고, 환급세액과 이자상당액을 법인세로서 납부하지 않을 것이라는 신뢰는 보호할 필요가 있다. 나아가 개정 전 법인세법 아래에서도 환급세액을 부당이득 반환청구를 통하여 환수할 수 있었으므로, 신뢰보호의 요청에 우선하여 진정소급입법을 하여야 할 매우 중대한 공익상 이유가 있다고 볼 수도 없다(헌재 2014.7.24, 2012헌바105). [X]

25 1953년부터 시행된 "교사의 신규채용에 있어서는 국립 또는 공립 교육대학 사범대학의 졸업자를 우선하여 채용하여야 한다."라는 교육공무원법 조항에 대한 헌법재판소의 위헌결정에도 불구하고 헌법재판소의 위헌결정 당시의 국·공립 사범대학 등의 재학생과 졸업자의 신뢰는 보호되어야 하므로, 입법자가 위헌 법률에 기초한 이들의 신뢰이익을 보호하기 위한 법률을 제정하지 않은 부작위는 헌법에 위배된다. O|X

해설

청구인들이 주장하는 교원으로 우선임용 받을 권리는 헌법상 권리가 아니고 단지 구 교육공무원법 제11조 제1항의 규정에 의하여 비로소 인정되었던 권리일 뿐이며, 헌법재판소가 1990.10.8. 위 법률조항에 대한 위헌결정을 하면서 청구인들과 같이 국·공립 사범대학을 졸업하고 아직 교사로 채용되지 아니한 자들에게 교원으로 우선임용 받을 권리를 보장할 것을 입법자나 교육부장관에게 명하고 있지도 아니하므로 국회 및 교육부장관에게 청구인들을 중등교사로 우선임용하여야 할 작위의무가 있다고 볼 근거가 없어 국회의 입법불행위 및 교육부장관의 경과조치부작위에 대한 이 사건 헌법소원심판청구 부분은 부적법하다(헌재 1995.5.25, 90헌마196). [X]

26 국가안전기획부의 계급정년제도의 도입은 신뢰보호이익에 반한다. O|X

해설

이 사건 계급정년 규정은 정당한 공익목적을 달성하기 위한 것으로 입법자의 입법형성재량 범위 내에서 입법된 것이라고 할 것이므로 이를 공무원 신분관계의 안정을 침해하는 입법이라고 할 수 없다(헌재 1994.4.28, 91헌바15). [X]

27 공유수면매립지를 양도함에 있어 양도소득세 또는 특별부과세를 전액 감면하던 것을 50% 감면으로 법률을 개정한 경우는 신뢰보호의 원칙에 위배된다고 할 수 없다. O|X

해설

조세법 분야에 있어서 위와 같은 조세우대조치는 잠정적인 것으로서 장래의 개정이 쉽사리 예측 가능하다고 할 것이며, 또한 공유수면매립지의 양도로 인한 소득에 대한 특별부가세 감면규정은 앞서 본 바와 같이 수년에 걸쳐 개정을 거듭하면서 점차 폐지되는 방향으로 나아가는 것은 신뢰보호의 원칙에 위배된다고 할 수 없다(헌재 1995.3.23, 93헌바18 등). [O]

28 헌법재판소는 수급권자 자신이 종전에 지급받던 평균임금을 기초로 산정된 장해보상연금을 수령하고 있던 수급권자에게 실제의 평균임금이 노동부장관이 고시한 한도금액 이상일 경우 그 한도금액을 실제임금으로 의제하는 내용으로 신설된 최고보상제도를, 2년 6개월의 유예기간 후 적용하는 산업재해보상보험법 부칙조항이 신뢰보호원칙에 위배된다고 판시하였다. O|X

해설

청구인들의 구법에 대한 신뢰이익은 그 보호가치가 중대하고 그 침해의 정도가 극심하며 신뢰침해의 방법이 과중한 것인 반면, 피재근로자들 간의 소득격차를 완화하고 새로운 산재보상사업을 실시하기 위한 자금을 마련한다는 공익상의 필요성은 청구인들에 대한 신뢰보호의 요청에 우선할 정도로 충분히 크다고 보기 어렵다(헌재 2009.5.28, 2005헌바20 등). [O]

29 저작인접권이 소멸된 음원을 무상으로 이용하여 음반을 제작·판매하는 방식으로 영업을 해오던 사업자가 소멸한 저작인접권을 회복시키는 입법으로 인하여 이를 할 수 없게 되었더라도, 2년의 유예기간을 두어 음반 제작·판매업자로서의 이익을 보호하는 것은 신뢰보호원칙에 위반되지 아니한다. O|X

해설

저작인접권이 소멸된 음원을 무상으로 이용하여 음반을 제작·판매하는 방식으로 영업을 해오던 사업자가 소멸한 저작인접권을 회복시키는 입법으로 인하여 이를 할 수 없게 되었더라도, 2년의 유예기간을 두어 음반제작·판매업자로서의 이익을 보호하는 것은 신뢰보호원칙에 위반되지 아니한다(헌재 2013.11.28, 2012헌마770). [O]

30 경범죄 처벌법 제3조 제1항 제33호(과다노출) '여러 사람의 눈에 뜨이는 곳에서 공공연하게 알몸을 지나치게 내놓거나 가려야 할 곳을 내놓아 다른 사람에게 부끄러운 느낌이나 불쾌감을 준 사람'의 부분은 죄형법정주의의 명확성원칙에 위배된다. O|X

해설

'여러 사람의 눈에 뜨이는 곳에서 공공연하게 알몸을 지나치게 내놓거나 가려야 할 곳을 내놓아 다른 사람에게 부끄러운 느낌이나 불쾌감을 준 사람'을 처벌하는 경범죄 처벌법 조항은 그 의미를 알기 어렵고 그 의미를 확정하기도 곤란하므로 명확성원칙에 위배된다(헌재 2016.11.24, 2016헌가3). [O]

31 사회복무요원의 경우 정치적 목적을 지닌 행위를 금지하는 것은 명확성의 원칙에 위배되지 않는다. O|X

해설

이 사건 법률조항은 '정치적 목적을 지닌 행위'의 의미를 개별화·유형화하지 않으며, 앞서 보았듯 '그 밖의 정치단체'의 의미가 불명확하므로 이를 예시로 규정하여도 '정치적 목적을 지닌 행위'의 불명확성은 해소되지 않는다(수단이 깨짐)(헌재 2021.11.25, 2019헌마534). [X]

32 법률조항의 불명확성이 인정된다면 장기간에 걸쳐 형성된 법원의 판례에 의해서는 그 불명확성이 치유될 수 없다. O|X

해설

법률조항의 불명확성은 장기간에 걸친 법원의 판례에 의하여 그 내용이 규정되었다면 불명확성은 치유될 수 있다. [X]

33 운전자가 출근 또는 퇴근을 주된 목적으로 삼아 통상적인 경로로 카풀을 허용하는 것은 명확성의 원칙에 반하지 않는다. O|X

해설

운전자가 출근 또는 퇴근을 주된 목적으로 삼아 주거지와 근무지 사이를 통상적인 경로를 통해 이동하면서, 출퇴근 경로가 일부 또는 전부 일치하는 사람을 승용차에 동승시키고 금전적 대가를 받는 행위에 한하여 자가용자동차의 유상운송 제공을 허용한다고 해석된다(헌재 2021.4.29, 2018헌바100). 즉, 명확성의 원칙에 반하지 않는다. [O]

34 처벌법규나 조세법규와 같이 국민의 기본권을 직접적으로 제한하거나 침해할 소지가 있는 법규에 대해서는 명확성의 원칙이 적용되지만, 국민에게 수익적인 급부행정 영역이나 규율대상이 지극히 다양하거나 수시로 변화하는 성질의 것일 때에는 명확성원칙이 적용되지 않는다. O|X

해설

급부행정 영역에서는 기본권침해 영역보다는 구체성의 요구가 다소 약화되어도 무방하다고 해석되며, 다양한 사실관계를 규율하거나 사실관계가 수시로 변화될 것이 예상될 때에는 위임의 명확성의 요건이 완화된다(헌재 1997.12.24, 95헌마390). 즉, 완화되어 적용된다. [X]

35 어린이집이 시·도지사가 정한 수납한도액을 초과하여 보호자로부터 필요경비를 수납한 경우, 해당 시·도지사는 영유아보육법에 근거하여 시정 또는 변경 명령을 발할 수 있는데, 이 시정 또는 변경 명령 조항의 내용으로 환불명령을 명시적으로 규정하지 않았다고 하여 명확성원칙에 위배된다고 볼 수 없다. O|X

해설

어린이집이 시·도지사가 정한 수납한도액을 초과하여 보호자로부터 필요경비를 수납한 경우, 해당 시·도지사는 영유아보육법에 근거하여 시정 또는 변경 명령을 발할 수 있는데, 이 시정 또는 변경 명령 조항의 내용으로 환불명령을 명시적으로 규정하지 않았다고 하여 명확성원칙에 위배된다고 볼 수 없다(헌재 2017.12.28, 2016헌바249). [O]

36 구 개발제한구역의 지정 및 관리에 관한 특별조치법 조항 중 허가를 받지 아니한 '토지의 형질변경' 부분은 개발제한구역 지정 당시의 토지의 형상을 사실상 변형시키고 또 그 원상회복을 어렵게 하는 행위를 의미하는 것이므로, 명확성원칙에 위배되지 않는다. O|X

해설

구 개발제한구역의 지정 및 관리에 관한 특별조치법 조항 중 허가를 받지 아니한 '토지의 형질변경' 부분은 개발제한구역 지정 당시의 토지의 형상을 사실상 변형시키고 또 그 원상회복을 어렵게 하는 행위를 의미하는 것이므로, 명확성원칙에 위배되지 않는다(헌재 2011.3.31, 2010헌바86). [O]

37 법률사건의 수임에 관하여 알선의 대가로 금품을 제공하거나 이를 약속한 변호사를 형사처벌하는 구 변호사법 조항 중 '법률사건'과 '알선'은 처벌법규의 구성요건으로 그 의미가 불분명하기에 명확성원칙에 위배된다. O|X

해설

이 사건 법률조항에 의하여 금지되고, 처벌되는 행위의 의미가 문언상 불분명하다고 할 수 없으므로 이 사건 법률조항은 죄형법정주의의 명확성원칙에 위배되지 않는다(헌재 2013.2.28, 2012헌바62). [X]

38 명확성의 원칙은 기본적으로 모든 기본권 제한 입법에 대하여 요구되지만 민사법규는 행위규범의 측면이 강조되는 형벌법규와는 달리 기본적으로는 재판법규의 측면이 훨씬 강조되므로, 사회현실에 나타나는 여러 가지 현상에 관하여 일반적으로 흠결 없이 적용될 수 있도록 보다 추상적인 표현을 사용하는 것이 상대적으로 더 가능하다. O|X

해설

민사법규는 행위규범의 측면이 강조되는 형벌법규와는 달리 기본적으로 재판법규의 측면이 훨씬 강조되므로, 사회현실에 나타나는 여러 가지 현상에 관하여 일반적으로 흠결 없이 적용될 수 있도록 보다 추상적인 표현을 사용하는 것이 상대적으로 더 가능하다고 볼 것이다(헌재 2009.9.24, 2007헌바118). [O]

39 우리나라는 독일의 본기본법과 같이 사회국가조항을 명시하고 있다. O|X

해설

우리나라는 독일의 바이마르 공화국과 같이 사회국가원리를 원리조항에서 구현하는 것이 아니라 기본권조항을 통해 실현하고 있다. [X]

40 소비자보호운동에 관한 현행 헌법의 규정은 소비자보호운동의 구체적 권리성에 관한 근거가 된다. O|X

해설

소비자보호운동을 규정하고 있는 현행 헌법규정만으로 소비자의 권리가 구체적 권리가 되는 것은 아니다. 뒤를 받쳐주는 법률이 필요하다. [X]

41 헌법상 소작제도의 금지는 어떠한 예외도 허용되지 않은 절대적 금지이다. O|X

해설

소작제도의 금지는 절대적 금지이며, 임대차와 위탁경영은 예외적으로 허용되는 상대적 금지이다. [O]

42 우리 헌법은 사유재산제를 바탕으로 자유경쟁을 존중하는 자유시장경제질서를 기본으로 하면서도 국가의 규제와 조정을 인정하는 사회적 시장경제질서의 성격을 띠고 있다. O|X

해설

우리 헌법은 사유재산제를 바탕으로 자유경쟁을 존중하는 자유시장경제질서를 기본으로 하면서도 국가의 규제와 조정을 인정하는 사회적 시장경제질서의 성격을 띠고 있다(헌재 1997.4.24, 95헌마90). [O]

43 지속가능한 국민경제의 성장은 현행 헌법이 명문으로 규정하고 있다. O|X

해설

국가는 균형있는 국민경제의 성장 … (헌법 제119조 제2항)으로, '지속가능한'이 아니라 '균형있는'이다. [X]

44 수력(水力)은 법률이 정하는 바에 의하여 일정한 기간 그 이용을 특허할 수 있다. O|X

해설

광물 기타 중요한 지하자원·수산자원·수력과 경제상 이용할 수 있는 자연력은 법률이 정하는 바에 의하여 일정한 기간 그 채취·개발 또는 이용을 특허할 수 있다(헌법 제120조 제1항). [O]

45 농수산물의 수급균형은 현행 헌법이 명문으로 규정하고 있다. O|X

해설

국가는 농수산물의 수급균형과 유통구조의 개선에 노력하여 가격안정을 도모함으로써 농·어민의 이익을 보호한다(헌법 제123조 제4항). [O]

46 국가는 농·어민과 중소기업의 자조조직이 제대로 기능하지 못하고 향후의 전망도 불확실한 경우라면 단순히 그 조직의 자율성을 보장하는 것에 그쳐서는 아니 되고, 적극적으로 이를 육성하여야 할 의무까지도 수행하여야 한다. O|X

해설

그 조직이 제대로 기능하지 못하고 향후의 전망도 불확실한 경우라면 단순히 그 조직의 자율성을 보장하는 것에 그쳐서는 아니 되고, 적극적으로 이를 육성하여야 할 전자의 의무까지도 수행하여야 한다(헌재 2000.6.1, 99헌마553). [O]

47 의약품 도매상 허가를 받기 위해 필요한 창고면적의 최소기준을 규정하고 있는 약사법 조항들은 국가의 중소기업 보호·육성의무를 위반한 것이다. O|X

해설

중소기업을 대상으로 하여 그 영업을 규제하려는 것이 아니며, 그 내용도 중소기업에 대해 제한을 가하는 것이 아니므로, 헌법 제123조 제3항에 규정된 국가의 중소기업 보호·육성의무를 위반하였다고 볼 수 없다(헌재 2014.4.24, 2012헌마811). [X]

48 국가는 농수산물의 수급균형과 유통구조의 개선에 노력하여 가격안정을 도모함으로써 소비자의 이익을 보호한다. O|X

해설

국가는 농수산물의 수급균형과 유통구조의 개선에 노력하여 가격안정을 도모함으로써 농·어민의 이익을 보호한다(헌법 제123조 제4항). [X]

49 국방상 또는 국민경제상 긴절한 필요로 인하여 법률이 정하는 경우를 제외하고는, 사영기업을 국유 또는 공유로 이전하거나 그 경영을 통제 또는 관리할 수 없다. O|X

해설

헌법 제126조의 내용으로 옳은 지문이다. [O]

50 헌법 제119조 제2항에 규정된 '경제주체 간의 조화를 통한 경제민주화'의 이념은 경제영역에서 정의로운 사회질서를 형성하기 위하여 추구할 수 있는 국가목표로서 기능하지만, 개인의 기본권을 제한하는 국가행위를 정당화하는 규범적 기능은 갖고 있지 않다. O|X

해설

헌법 제119조는 국가목표로서 개인의 기본권을 제한하는 국가행위를 정당화하는 헌법규범이다. [X]

51 재무부장관이 국제그룹의 주거래은행인 제일은행에게 국제그룹해체준비착수와 언론발표를 지시하고 제일은행장이 제3자인수방식으로 국제그룹을 해체시킨 것은 통상의 공권력행사라고는 볼 수 없어 헌법재판소는 각하라고 판시하였다. O|X

해설

은행의 자율적 처리과정에서 공권력의 의견 제시는 별론으로 하고, 법치국가적 절차에 따르지 않는 공권력의 발동은 기업의 경제상의 자유와 창의의 존중을 기본으로 하는 헌법 제119조 제1항의 규정과는 합치될 수 없는 것이다(헌재 1993.7.29, 89헌마31). [X]

52 이자제한법폐지법률은 경제적 약자에 대한 국가의 보호를 방기함으로써 복지국가를 지향하는 우리 헌법질서에 위배된다고 판례는 보았다. O|X

해설

입법재량권을 남용하였거나 입법형성권의 한계를 일탈하여 명백히 불공정 또는 불합리하게 자의적으로 행사한 것이라고 볼 만한 자료를 찾을 수 없다. 결국 이 사건 개정법률과 폐지법률은 헌법에 위반된다고 할 수 없다(헌재 2001.1.18, 2000헌바7). [X]

53 금융소득에 대한 분리과세를 하면서 세율을 인상하고 소득계층에 관계없이 동일한 세율을 적용하는 것은 적정한 소득분배라는 헌법상의 원칙에 위배된다. O|X

해설

입법자는 IMF라는 절박한 경제위기를 극복하여야 한다는 국민경제적 관점에서 금융소득에 대한 분리과세를 시행하기로 정책적 결단을 내린 것이다(헌재 1999.11.25, 98헌마55). [X]

54 국산영화를 연간상영일수의 5분의 2 이상 의무상영하도록 하는 것은 헌법에 위반된다. O|X

해설

입법자가 외국영화에 의한 국내 영화시장의 독점이 초래되는 것을 방지하고 균형있는 영화산업의 발전을 위하여 국산영화 의무상영제를 둔 것이므로, 이를 들어 헌법상 경제질서에 반한다고는 볼 수 없다(헌재 1995.7.21, 94헌마125). [X]

55 도시개발구역에 있는 국가나 지방자치단체 소유의 재산으로서 도시개발사업에 필요한 재산에 대한 우선 매각 대상자를 도시개발사업의 시행자로 한정하고 국공유지의 점유자에게 우선 매수 자격을 부여하지 않는 도시개발법 관련 규정은 사적 자치의 원칙을 기초로 한 자본주의 시장경제질서를 규정한 헌법 제119조 제1항에 위반되지 않는다. O|X

해설

도시개발구역에 있는 국가나 지방자치단체 소유의 재산으로서 도시개발사업에 필요한 재산에 대한 우선 매각 대상자를 도시개발사업의 시행자로 한정하고 국공유지의 점유자에게 우선 매수 자격을 부여하지 않는 도시개발법 관련 규정은 사적 자치의 원칙을 기초로 한 자본주의 시장경제질서를 규정한 헌법 제119조 제1항에 위반되지 않는다(헌재 2009.11.26, 2008헌마711). [O]

56 자경농지의 양도소득세 면제대상자를 '농지소재지에 거주하는 거주자'로 제한하는 것은 외지인의 농지투기를 방지하고 조세부담을 덜어주어 농업과 농촌을 활성화하기 위한 것이므로 경자유전의 원칙에 위배되지 않는다. O|X

해설

8년 이상 직접 토지를 경작한 자에 한해 양도소득세를 면제하는 조세특례법은 외지인의 농지투기를 방지하기 위한 것으로 헌법에 위반되지 않는다(헌재 2003.11.27, 2003헌바2). [O]

57 국가의 문화육성의 대상에는 원칙적으로 모든 사람에게 문화창조의 기회를 부여한다는 의미에서 모든 문화가 포함되므로 엘리트문화뿐만 아니라 서민문화, 대중문화도 그 가치를 인정하고 정책적인 배려의 대상으로 하여야 한다. O|X

해설

문화국가원리의 이러한 특성은 문화의 개방성 내지 다원성의 표지와 연결되는데, 국가의 문화육성의 대상에는 원칙적으로 모든 사람에게 문화창조의 기회를 부여한다는 의미에서 모든 문화가 포함된다. 따라서 엘리트문화뿐만 아니라 서민문화, 대중문화도 그 가치를 인정하고 정책적인 배려의 대상으로 하여야 한다(헌재 2004.5.27, 2003헌가1 등). [O]

58 전래의 어떤 가족제도가 헌법 제36조 제1항이 요구하는 양성평등에 반한다고 할지라도, 헌법 제9조의 전통문화와 규범조화적으로 해석하여 그 헌법적 정당성이 인정될 수도 있다. O|X

해설

결론적으로 전래의 어떤 가족제도가 헌법 제36조 제1항이 요구하는 개인의 존엄과 양성평등에 반한다면 헌법 제9조를 근거로 그 헌법적 정당성을 주장할 수는 없다(헌재 2005.2.3, 2001헌가9 등). [×]

59 헌법 제9조의 규정취지와 민족문화유산의 본질에 비추어 볼 때, 국가가 민족문화유산을 보호하고자 하는 경우 이에 관한 헌법적 보호법익은 '민족문화유산의 존속' 그 자체를 보장하는 것에 그치지 않고, 민족문화유산의 훼손 등에 관한 가치보상이 있는지 여부도 이러한 헌법적 보호법익과 직접적인 관련이 있다. O|X

해설

관할 행정관청의 전통사찰 지정은 국가의 '보존공물(保存公物)'을 지정하는 것으로서, 헌법적 보호법익은 '민족문화유산의 존속'이다. 따라서 가치보상이 있는지 여부는 헌법적 보호법익과 직접적인 관련이 없다(헌재 2003.1.30, 2001헌바64). [×]

60 헌법 전문(前文)과 헌법 제9조에서 말하는 '전통', '전통문화'란 역사성과 시대성을 띤 개념으로 이해하여야 하므로, 과거의 어느 일정 시점에서 역사적으로 존재하였다는 사실만으로도 헌법의 보호를 받는 전통이 되는 것이다. O|X

해설

헌법 전문과 헌법 제9조에서 말하는 '전통', '전통문화'란 역사성과 시대성을 띤 개념으로 이해하여야 한다. 따라서 과거의 어느 일정 시점에서 역사적으로 존재하였다는 사실만으로도 헌법의 보호를 받는 전통이 되는 것은 아니다(헌재 2005.2.3, 2001헌가9 등). [×]

61 공동체 구성원들 사이에 관습화된 문화요소라 하더라도 종교적인 의식, 행사에서 유래된 경우에까지 국가가 지원하는 것은 문화국가원리와 정교분리원칙에 위반된다. O|X

해설

문화적 가치로 성숙한 종교적인 의식, 행사, 유형물에 대한 국가 등의 지원은 일정 범위 내에서 전통문화의 계승·발전이라는 문화국가원리에 부합하며 정교분리원칙에 위배되지 않는다(대판 2009.5.28, 2008두16933). [X]

62 전통사찰 경내지 수용과 관련하여 국가의 공용수용에 관해서 아무런 법적 규제를 두고 있지 아니한 것은 위헌적인 조치라고 판례는 판단하였다. O|X

해설

전통사찰 경내지 수용과 관련하여 국가의 공용수용에 관해서 아무런 법적 규제를 두고 있지 아니한 것은 위헌적인 조치라고 판례는 판단하였다(헌재 2003.1.30, 2001헌바64). [O]

63 대학의 학교환경위생정화구역에서 극장영업을 일반적으로 금지하는 법률규정은 극장운영자의 표현의 자유 및 예술의 자유를 필요한 이상으로 과도하게 침해하며, 공연장 및 영화상영관 등이 담당하는 문화국가 형성 기능의 중요성을 간과하고 있다. O|X

해설

대학의 학교환경위생정화구역에서 극장영업을 일반적으로 금지하는 법률규정은 극장운영자의 표현의 자유 및 예술의 자유를 필요한 이상으로 과도하게 침해하며, 공연장 및 영화상영관 등이 담당하는 문화국가 형성 기능의 중요성을 간과하고 있다(헌재 2004.5.27, 2003헌가1). [O]

64 헌법은 외국인에 대하여 국제법과 조약이 정하는 바에 의하여 그 지위를 보장하도록 하고 있고, 이것은 상호주의를 존중하겠다는 뜻을 밝힌 것이다. O|X

해설

외국인은 국제법과 조약이 정하는 바에 의하여 그 지위가 보장된다(헌법 제6조 제2항). 헌법은 상호주의를 원칙으로 하고 있다. [O]

65 남북 사이의 화해와 불가침 및 교류·협력에 관한 합의서는 신사협정에 불과하여 법률이나 조약이라고 볼 수 없다. O|X

해설

남북합의서는 남북관계를 나라와 나라 사이 관계가 아닌 통일을 지향하는 과정에서 잠정적으로 형성된 특수관계로 규정하고 있다. 또한 남북합의서는 법적 구속력이 없는 공동성명, 신사협정에 불과하다(헌재 1997.1.16, 92헌바6 등). [O]

66 조약은 '국가·국제기구 등 국제법 주체 사이에 권리·의무관계를 창출하기 위하여 원칙적으로 구두 형식으로 체결되고 국제법에 의하여 규율되는 합의'라고 할 수 있다. O|X

해설

조약이라 함은 명칭을 불문하고 국제법률관계를 설정하기 위하여 체결한 국제법주체 상호간의 문서에 의한 합의를 말한다(헌재 2008.3.27, 2006헌라4). 예외적으로 구두 형식으로 가능하지만, 원칙적으로는 문서로 하여야 한다. [X]

67 일반적으로 승인된 국제법규는 조약이 아니기 때문에 원칙적으로 국내법과 같은 효력을 가질 수 없다. O|X

해설

헌법에 의하여 체결·공포된 조약과 일반적으로 승인된 국제법규는 국내법과 같은 효력을 가진다(헌법 제6조 제1항). [X]

68 외교관계에 관한 비엔나협약에 근거한 민사면책특권 때문에 채무자인 외국대사관에 대하여 강제집행을 할 수 없게 되더라도, 이 경우 채권자인 국민의 손실을 보상하는 법률을 제정해야 할 입법의무가 발생하는 것은 아니다. O|X

해설

외국대사관이 사전에 승소판결에 기한 강제집행을 거부할 의사를 명시적으로 표시하였으므로 손해가 집달관의 강제집행 거부를 직접적인 원인으로 하여 발생한 것이라고 볼 수 없으므로 손실보상의 대상이 되지 아니하고, 또한 국가가 보상입법을 하지 아니하였다거나 집달관이 협약의 관계 규정을 내세워 강제집행을 거부하였다고 하여 이로써 불법행위가 되는 것은 아니다(대판 1997.4.25, 96다16940). [O]

69 강제노동의 폐지에 관한 국제노동기구(ILO)의 제105호 조약은 우리나라가 비준한 바가 없고, 헌법 제6조 제1항에서 말하는 일반적으로 승인된 국제법규로서 헌법적 효력을 갖는다고 볼 수도 없기 때문에 위헌성 심사의 척도가 될 수 없다. O|X

해설

제105호 조약은 우리나라가 현재까지도 비준하지 않은 유일한 조항이다. 이는 비준한 바 없고 일반적으로 승인된 국제법규는 헌법적 효력을 가지지 않아 위헌성 심사의 척도가 될 수 없다. [O]

70 헌법 제6조 제1항의 국제법 존중주의에 따라 조약과 일반적으로 승인된 국제법규는 국내법에 우선한다. O|X

해설

헌법에 의하여 체결·공포된 조약과 일반적으로 승인된 국제법규는 국내법과 같은 효력을 가진다(헌법 제6조 제1항). 즉, 우선하는 것이 아니라 같은 효력을 가진다. [X]

71 국제인권규약은 법적 구속력은 있으나 법률유보조항을 두고 있고, 대한민국이 가입 당시 유보한 조항의 경우 직접적으로 국내법적 효력을 가지지 아니한다. O|X

해설

인권규약은 선언과 달리 법적 구속력이 있다. 다만, 가입 당시 유보한 경우 이는 국내법적으로 효력을 가지지 아니한다. [O]

72 조약으로 주권을 제약할 수는 없는 것인바 이는 우리 헌법 제60조 제1항의 내용과 일치하는 것이다. O|X

해설

국회는 상호원조 또는 안전보장에 관한 조약, 중요한 국제조직에 관한 조약, 우호통상항해조약, 주권의 제약에 관한 조약, 강화조약, 국가나 국민에게 중대한 재정적 부담을 지우는 조약 또는 입법사항에 관한 조약의 체결·비준에 대한 동의권을 가진다(헌법 제60조 제1항). [X]

73 중요 조약의 국회동의를 규정한 헌법 제60조 제1항 자체로부터 개별적인 국민들의 특정한 주관적 권리의 보장을 이끌어 낼 수는 없다. O|X

해설

조약의 국회동의 및 대통령의 비준을 규정한 헌법 제60조 제1항과 제70조 또는 권력분립원칙이 그 자체로 청구인들에게 어떠한 주관적인 권리를 보장한다고 보기는 어렵다(헌재 2004.12.16, 2002헌마579). [O]

74 세계인권선언의 각 조항은 보편적인 법적 구속력을 가짐과 아울러 국제법적 효력을 갖는다. O|X

해설

국제연합의 '인권에 관한 세계선언'은 선언적인 의미를 가지고 있을 뿐 법적 구속력을 가진 것은 아니다(헌재 1991.7.22, 89헌가106). [X]

75 조약의 체결권한은 국회에 있다. O|X

해설

조약의 동의 권한은 국회에 있고, 체결권한은 행정부에 있다. [X]

76 1960.10.5. 국제연합교육과학문화기구와 국제노동기구가 채택한 '교원의 지위에 관한 권고'는 일반적으로 승인된 국제법규에 해당하므로 직접적으로 국내법적인 효력을 가지는 것이다. O|X

해설

'교원의 지위에 관한 권고'는 우리나라가 아직 국제노동기구의 정식 회원국이 아니기 때문에 직접적으로 국내법적 효력을 갖는 것은 아니다(헌재 1991.7.22, 89헌가106). [X]

77 제7차 개정헌법 전문(前文)은 평화통일에 관하여 규정하고 있으며, 이것은 현행 헌법까지 이어지고 있다. O|X

해설

평화통일은 제7차 개정헌법에서 신설되었다. [O]

78 국가 간의 단순한 행정협조적 또는 기술적 사항에 관한 내용으로 조약을 체결·비준하는 경우에는 국회의 동의를 요하지 아니한다. O|X

해설

단순한 행정협정, 비자협정, 어업조약 등은 국회의 동의를 요하지 아니한다. [O]

79 헌법재판소는 우루과이협상 결과 체결된 마라케쉬협정에 의해서 관세법 위반자의 처벌이 가중된다고 하여도 이를 들어 법률에 의하지 아니한 처벌이라고 할 수 없다고 판시하였다. O|X

해설

마라케쉬협정에 의하여 관세법 위반자의 처벌이 가중된다 하더라도 이를 들어 법률에 의하지 아니한 형사처벌이라거나 행위시의 법률에 의하지 아니한 형사처벌이라고 할 수 없다(헌재 1998.11.26, 97헌바65). [O]

예상문제

제1절 헌법 전문

01 헌법의 기본원리에 관한 다음 설명 중 옳지 않은 것은? (다툼이 있는 경우 헌법재판소 결정에 의함)

① 1948년 헌법 전문에는 3·1운동으로 건립된 대한민국 임시정부의 법통과 독립정신을 규정하고 있으며, 안으로는 국민생활의 균등한 향상을 기하고 밖으로는 국제평화의 유지에 노력할 것을 언급하고 있다.

② 우리 헌법상의 자유민주적 기본질서의 내용은 기본적 인권의 존중, 권력분립, 의회제도, 복수정당제도, 선거제도, 사유재산과 시장경제를 골간으로 한 경제질서 및 사법권의 독립 등을 의미한다.

③ 자기책임의 원리는 인간의 자유와 유책성, 그리고 인간의 존엄성을 진지하게 반영한 원리로서 그것이 비단 민사법이나 형사법에 국한된 원리가 아니라 근대법의 기본이념으로서 법치주의에 당연히 내재하는 원리이며, 이에 반하는 제재는 그 자체로 헌법위반을 구성한다.

④ 우리 헌법상의 경제질서는 사유재산제를 바탕으로 하고 자유경쟁을 존중하는 자유시장경제질서를 기본으로 하면서도 이에 수반되는 갖가지 모순을 제거하고 사회복지·사회정의를 실현하기 위하여 국가적 규제와 조정을 용인하는 사회적 시장경제질서로서의 성격을 띠고 있다.

해설

① 제헌헌법은 '3·1운동으로 대한민국을 건립하여'라고 규정되어 있었다. 대한민국 임시정부의 법통은 현행 헌법에 최초로 규정되었다.
≪주의 이 문제는 1948년, 즉 제헌헌법을 묻는 문제로 대한민국 임시정부의 법통은 틀린 지문이다.

② 자유민주적 기본질서란 모든 폭력적 지배와 자의적 지배, 즉 반국가단체의 일인독재 내지 일당독재를 배제하고 다수의 의사에 의한 국민의 자치, 자유·평등의 기본원칙에 의한 법치주의적 통치질서를 말한다. 구체적으로는 기본적 인권의 존중, 권력분립, 의회제도, 복수정당제도, 선거제도, 사유재산과 시장경제를 골간으로 한 경제질서 및 사법권의 독립 등을 의미한다(헌재 2008.5.29, 2005헌마1173).

③ 자기책임의 원리는 인간의 자유와 유책성, 그리고 인간의 존엄성을 진지하게 반영한 원리로서 그것이 비단 민사법이나 형사법에 국한된 원리라기보다는 근대법의 기본이념으로서 법치주의에 당연히 내재하는 원리로 볼 것이고 헌법 제13조 제3항은 그 한 표현에 해당하는 것으로서 자기책임의 원리에 반하는 제재는 그 자체로서 헌법위반을 구성한다고 할 것이다(헌재 2004.6.24, 2002헌가27).

④ 우리나라 헌법상의 경제질서는 사유재산제를 바탕으로 하고 자유경쟁을 존중하는 자유시장경제질서를 기본으로 하면서도 이에 수반되는 갖가지 모순을 제거하고 사회복지·사회정의를 실현하기 위하여 국가적 규제와 조정을 용인하는 사회적 시장경제질서로서의 성격을 띠고 있다(헌재 1996.4.25, 92헌바47).

정답 ①

02 헌법 전문(前文)에 대한 설명으로 옳은 것은? (다툼이 있는 경우 판례에 의함)

① 헌법의 기본원리는 헌법의 이념적 기초인 동시에 헌법을 지배하는 지도원리로서 입법이나 정책결정의 방향을 제시하며 공무원을 비롯한 모든 국민·국가기관이 헌법을 존중하고 수호하도록 하는 지침이 되며, 구체적 기본권을 도출하는 근거가 될 수 있다.

② 헌법 전문은 1948년 제헌헌법에서부터 존재해 왔으며, 1960년 제3차 개정헌법에서 그에 대한 개정이 이루어진 이후 계속하여 부분적인 수정이 가해졌다.

③ 헌법 전문에 기재된 3·1정신은 우리나라 헌법의 연혁적·이념적 기초로서 헌법이나 법률해석에서의 해석기준으로 작용할 뿐만 아니라 곧바로 국민의 개별적 기본권성을 도출해내어, 예컨대 '영토권'을 헌법상 보장된 기본권으로 인정할 수 있다.

④ '3·1운동으로 건립된 대한민국 임시정부의 법통을 계승'한다는 것은 대한민국이 일제에 항거한 독립운동가의 공헌과 희생을 바탕으로 이룩된 것임을 선언한 것으로, 국가는 자주독립을 위하여 공헌한 독립유공자와 그 유족에 대해 응분의 예우를 해야 할 헌법적 의무를 지닌다.

해설

① 헌법의 기본원리는 헌법의 이념적 기초인 동시에 헌법을 지배하는 지도원리로서 입법이나 정책결정의 방향을 제시하며 공무원을 비롯한 모든 국민·국가기관이 헌법을 존중하고 수호하도록 하는 지침이 되며, 구체적 기본권을 도출하는 근거로 될 수는 없으나 기본권의 해석 및 기본권제한입법의 합헌성 심사에 있어 해석기준의 하나로서 작용한다(헌재 1996.4.25, 92헌바47).

② 헌법 전문은 제5차 개정헌법 때 4·19와 5·16이 추가되는 등 처음으로 개정되었다.

③ "헌법 전문에 기재된 3·1정신"은 우리나라 헌법의 연혁적·이념적 기초로서 헌법이나 법률해석에서의 해석기준으로 작용한다고 할 수 있지만, 그에 기하여 곧바로 국민의 개별적 기본권성을 도출해낼 수는 없다고 할 것이다(헌재 2001.3.21, 99헌마139 등).

④ 헌법은 국가유공자 인정에 관하여 명문규정을 두고 있지 않으나 전문(前文)에서 "3·1운동으로 건립된 대한민국 임시정부의 법통을 계승"한다고 선언하고 있다. 이는 대한민국이 일제에 항거한 독립운동가의 공헌과 희생을 바탕으로 이룩된 것임을 선언한 것이고, 그렇다면 국가는 일제로부터 조국의 자주독립을 위하여 공헌한 독립유공자와 그 유족에 대하여는 응분의 예우를 하여야 할 헌법적 의무를 지닌다(헌재 2005.6.30, 2004헌마859).

▶ 일반적인 의무 O, 특정인을 독립유공자로 ×

정답 ④

03 헌법 전문에 대한 설명으로 옳지 않은 것은? (다툼이 있는 경우 판례에 의함)

① 제헌헌법부터 존재하던 헌법 전문은 1972년 제7차 헌법개정에서 최초로 개정이 이루어졌다.

② 헌법의 기본원리인 대의제 민주주의하에서 국회의원 선거권은 국민의 대표자인 국회의원을 선출하는 권리뿐만 아니라, 개별 유권자 혹은 집단으로서의 국민의 의사를 선출된 국회의원이 그대로 대리하여 줄 것을 요구할 수 있는 권리를 포함한다.

③ 헌법재판소 결정에 의하면 헌법 전문은 헌법규범의 일부로서 헌법으로서의 규범적 효력을 나타내기 때문에 구체적으로는 헌법소송에서의 재판규범이 된다.

④ 현행 헌법 전문에는 '조국의 민주개혁', '국민생활의 균등한 향상', '세계평화와 인류공영에 이바지함' 등이 규정되어 있다.

해설

① 헌법 전문이 최초로 개정된 것은 제5차 개헌이다.

② 헌법의 기본원리인 대의제 민주주의하에서 국회의원 선거권이란 것은 국회의원을 보통·평등·직접·비밀선거에 의하여 국민의 대표자인 국회의원을 선출하는 권리에 그치고, 개별 유권자 혹은 집단으로서의 국민의 의사를 선출된 국회의원이 그대로 대리하여 줄 것을 요구할 수 있는 권리까지 포함하는 것은 아니다(헌재 1998.10.29, 96헌마186).

▶ 선거를 통해 국민은 정당별 의석수를 결정할 수 있으나 선거 이후는 대의제에 의해서 국민의 뜻을 강요할 수 없다.

③ 헌법 전문은 헌법의 이념 내지 가치를 제시하고 있는 헌법규범의 일부로서 헌법으로서의 규범적 효력을 나타내기 때문에 구체적으로는 헌법소송에서의 재판규범인 동시에 헌법이나 법률해석에서의 해석기준이 된다(헌재 2006.3.30, 2003헌마806).

④ 헌법 전문 내용으로 옳은 지문이다.

정답 ①

04 헌법상 기본원리에 대한 설명으로 옳은 것을 모두 고른 것은? (다툼이 있는 경우 판례에 의함)

㉠ 신뢰보호원칙은 법률이나 그 하위법규뿐만 아니라 국가관리의 입시제도와 같이 국·공립대학의 입시전형을 구속하여 국민의 권리에 직접 영향을 미치는 제도운영지침의 개폐에도 적용된다.

㉡ 헌법 제119조 제1항은 헌법상 경제질서에 관한 일반조항으로서 국가의 경제정책에 대한 하나의 헌법적 지침이고, 동 조항이 언급하는 경제적 자유와 창의는 직업의 자유, 재산권의 보장, 근로3권과 같은 경제에 관한 기본권 및 비례의 원칙과 같은 법치국가원리에 의하여 비로소 헌법적으로 구체화된다.

㉢ 사회환경이나 경제여건의 변화에 따른 필요성에 의하여 법률이 신축적으로 변할 수 있고, 변경된 새로운 법질서와 기존의 법질서 사이에 이해관계의 상충이 불가피하더라도 국민이 가지는 모든 기대 내지 신뢰는 헌법상 권리로서 보호되어야 한다.

㉣ 국회의장의 불법적인 의안처리로 헌법의 기본원리가 훼손되었다면 그로 인하여 구체적 기본권을 침해당했는지 여부와 상관없이 국회의원의 헌법소원심판청구는 허용된다.

① ㉠, ㉡
② ㉠, ㉢
③ ㉠, ㉡, ㉣
④ ㉡, ㉢, ㉣

해설

옳은 것은 ㉠, ㉡이다.

㉠ 신뢰보호의 원칙은 법률이나 그 하위법규뿐만 아니라 국가관리의 입시제도와 같이 국·공립대학의 입시전형을 구속하여 국민의 권리에 직접 영향을 미치는 제도운영지침의 개폐에도 적용되는 것이다(헌재 1997.7.16, 97헌마38).

㉡ 헌법 제119조 제1항은 헌법상 경제질서에 관한 일반조항으로서 국가의 경제정책에 대한 하나의 헌법적 지침이고, 동 조항이 언급하는 경제적 자유와 창의는 직업의 자유, 재산권의 보장, 근로3권과 같은 경제에 관한 기본권 및 비례의 원칙과 같은 법치국가원리에 의하여 비로소 헌법적으로 구체화된다(헌재 2002.10.31, 99헌바76).

㉢ 사회환경이나 경제여건의 변화에 따른 정책적인 필요에 의하여 공권력행사의 내용은 신축적으로 바뀔 수밖에 없고, 그 바뀐 공권력행사에 의하여 발생된 새로운 법질서와 기존의 법질서와의 사이에는 어느 정도 이해관계의 상충이 불가피하므로 국민들의 국가의 공권력행사에 관하여 가지는 모든 기대 내지 신뢰가 절대적인 권리로서 보호되는 것은 아니라고 할 것이다(헌재 1996.4.25, 94헌마119).

㉣ 국회의장의 불법적인 의안처리로 헌법의 기본원리가 훼손되었다고 하더라도 그로 인하여 구체적 기본권을 침해당한 바 없는 국회의원의 헌법소원심판청구는 허용되지 않는다(헌재 1995.2.23, 91헌마231).

정답 ①

제2절 국민주권 · 민주주의 · 법치국가

01 주권 및 대의제에 대한 설명으로 옳지 않은 것은? (다툼이 있는 경우 판례에 의함)

① 대의제는 국회의원의 의사를 국민의 의사로 간주한다.

② 우리 헌법상 자유위임은 국민대표가 자신을 선출한 국민의 의사에 종속되지 않고, 국민 전체의 이익을 위하여 직무상 양심에 기속됨을 근거로 한다.

③ 야당 후보 지지나 정부 비판적 정치 표현행위에 동참한 전력이 있는 문화예술인이나 단체를 정부의 문화예술 지원사업에서 배제하도록 지시한 행위는 목적의 정당성은 인정할 수 있으나, 수단이 적합하지 않아 헌법에 위반된다.

④ 국회구성권이란 유권자가 설정한 국회의석분포에 국회의원들을 기속시키고자 하는 것이며, 이는 오늘날 대의제도의 본질에 반하는 것으로 헌법상 기본권으로 인정될 여지가 없다.

해설

① 대의제는 국회의원의 의사를 국민의 의사로 간주한다. 즉, 국민의 의사와 대의기간의 의사가 불일치하는 경우일지라도 국민의 의사에 구속되지 않는다.

② 기속위임이 국민의 의사에 종속되고, 자유위임은 국민의 의사에 종속되지 않는다.

③ 정부에 대한 반대 견해나 비판에 대하여 합리적인 홍보와 설득으로 대처하는 것이 아니라 비판적 견해를 가졌다는 이유만으로 국가의 지원에서 일방적으로 배제함으로써 정치적 표현의 자유를 제재하는 공권력의 행사는 헌법의 근본원리인 국민주권주의와 자유민주적 기본질서에 반하는 것으로 그 목적의 정당성을 인정할 수 없다(헌재 2020.12.23, 2017헌마416).

④ 국회구성권이란 기본권은 인정되지 않는다(헌재 1998.10.29, 96헌마186).

정답 ③

02 주권 및 대의제에 관한 설명으로 가장 적절하지 않은 것은? (다툼이 있는 경우 판례에 의함)

① 현대 민주사회에서 표현의 자유가 국민주권주의 이념의 실현에 불가결한 것인 점에 비추어 볼 때, 불명확한 규범에 의한 표현의 자유의 규제는 헌법상 보호받는 표현에 대한 위축적 효과를 야기한다.

② 지역농협 임원 선거는 국민주권 내지 대의민주주의 원리와 관계가 있는 단체의 조직구성에 관한 것으로 공익을 위하여 상대적으로 폭넓은 규제가 불가능하다.

③ 우리 헌법의 전문과 본문의 전체에 담겨있는 최고 이념은 국민주권주의와 자유민주주의에 입각한 입헌민주헌법의 본질적 기본원리에 기초하고 있다.

④ 국민은 주권의 보유자이지만 구체적인 국가의사결정에 있어서 주권의 행사자는 국민대표가 된다.

해설

① 현대 민주사회에서 표현의 자유가 국민주권주의 이념의 실현에 불가결한 것인 점에 비추어 볼 때, 불명확한 규범에 의한 표현의 자유의 규제는 헌법상 보호받는 표현에 대한 위축적 효과를 야기한다(헌재 2013.6.27, 2012헌바37).

② 지역농협 임원 선거는 국민주권 내지 대의민주주의 원리와 관계없는 단체 내부의 조직구성에 관한 것으로서 공익을 위하여 상대적으로 폭넓은 법률상 규제가 가능하다(헌재 2013.7.25, 2012헌바112).

③ 우리 헌법의 전문과 본문 전체에 담겨 있는 최고 이념은 국민주권주의와 자유민주주의에 입각한 입헌민주헌법의 본질적 기본원리에 기초하고 있다. 기타 헌법상의 여러 원칙도 여기에서 연유되는 것이므로 이는 헌법전을 비롯한 모든 법령해석의 기준이 되고, 입법형성권 행사의 한계와 정책결정의 방향을 제시하며, 나아가 모든 국가기관과 국민이 존중하고 지켜가야 하는 최고의 가치규범이다(헌재 1989.9.8. 88헌가6, 판례집 1, 199, 205).

④ 국민의 개념을 이념적 통일체로서 전체 국민으로 파악할 때, 국민은 주권의 보유자이지만 구체적인 국가의사결정에 있어서 주권의 행사자는 국민대표가 된다.

정답 ②

03 신뢰보호의 원칙에 대한 설명으로 옳은 것을 모두 고른 것은? (다툼이 있는 경우 헌법재판소 판례에 의함)

㉠ 소방공무원이 재난·재해현장에서 화재진압이나 인명구조작업 중 입은 위해뿐만 아니라 그 업무수행을 위한 긴급한 출동·복귀 및 부수활동 중 위해에 의하여 사망한 경우까지 그 유족에게 순직공무원보상을 하여 주는 제도를 도입하면서 부칙조항이 신법을 소급하는 경과규정을 두지 않았다고 하더라도 이를 입법재량에 벗어난 불합리한 차별이라고 할 수 없다.
㉡ 실제 평균임금이 노동부장관이 고시하는 한도금액 이상일 경우 그 한도금액을 실제임금으로 의제하는 최고보상제도가 시행되기 전에 이미 재해를 입고 산재보상수급권이 확정적으로 발생한 경우에도 적용하는 산업재해보상보험법 부칙조항은 신뢰보호원칙에 위반된다.
㉢ 상가건물 임차인의 계약갱신요구권 행사기간을 10년으로 연장한 개정법 조항의 시행 이전에 체결되었더라도 개정법 시행 이후 갱신되는 임대차의 경우에 개정법 조항의 연장된 기간을 적용하는 상가건물임대차 보호법 부칙조항은 신뢰보호원칙에 위반된다.
㉣ 위법건축물에 대해 이행강제금을 부과하도록 하면서 이행강제금제도 도입 전의 건축물에 대해 이행강제금제도 적용의 예외를 두지 않는 건축법 부칙조항은 신뢰보호원칙에 위반되지 않는다.

① ㉠, ㉡, ㉢
② ㉠, ㉡, ㉣
③ ㉠, ㉢, ㉣
④ ㉡, ㉢, ㉣

해설

옳은 것은 ㉠, ㉡, ㉣이다.

㉠ 소방공무원이 재난·재해현장에서 화재진압이나 인명구조작업 중 입은 위해뿐만 아니라 그 업무수행을 위한 긴급한 출동·복귀 및 부수활동 중 위해에 의하여 사망한 경우까지 그 유족에게 순직공무원보상을 하여 주는 제도를 도입하면서 이 사건 부칙조항이 신법을 소급하는 경과규정을 두지 않았다고 하더라도 소급적용에 따른 국가의 재정부담, 법적 안정성 측면 등을 종합적으로 고려하여 입법정책적으로 정한 것이므로 입법재량의 범위를 벗어나 불합리한 차별이라고 할 수 없다(헌재 2012.8.23, 2011헌바169).

㉡ 입법자의 결단은 최고보상제도 시행 이후에 산재를 입는 근로자들부터 적용될 수 있을 뿐, 제도 시행 이전에 이미 재해를 입고 산재보상수급권이 확정적으로 발생한 청구인들에 대하여 그 수급권의 내용을 일시에 급격히 변경하여 가면서까지 적용할 수 있는 것은 아니라고 보아야 할 것이다. 따라서, 심판대상조항은 신뢰보호의 원칙에 위배하여 청구인들의 재산권을 침해하는 것으로서 헌법에 위반된다(헌재 2009.5.28, 2005헌바20).

㉢ 상가건물 임대차의 계약갱신요구권 행사기간을 5년에서 10년으로 연장하면서, 이를 개정법 시행 후 갱신되는 임대차에 대하여도 적용하도록 규정한 '상가건물 임대차보호법' 부칙 제2조 중 '갱신되는 임대차'에 관한 부분은 헌법에 위반되지 않는다(헌재 2021.10.28, 2019헌마106).

㉣ 이행강제금제도 도입 전의 위법건축물이라 하더라도 이행강제금을 부과함으로써 위법상태를 치유하여 건축물의 안전, 기능, 미관을 증진하여야 한다는 공익적 필요는 중대하다 할 것이다. 따라서 이 사건 부칙조항은 신뢰보호원칙에 위배된다고 볼 수 없다(헌재 2015.10.21, 2013헌바248).

정답 ②

04 법치주의에 관한 설명 중 가장 적절하지 않은 것은? (다툼이 있는 경우 판례에 의함)

① 실종기간이 구법 시행기간 중에 만료되는 때에도 그 실종이 개정 민법 시행일 후에 선고된 때에는 상속에 관하여 개정민법의 규정을 적용하도록 한 민법 부칙의 조항은 재산권 보장에 관한 신뢰보호원칙에 위배된다고 볼 수 없다.

② 공소시효제도가 헌법 제12조 제1항 및 제13조 제1항에 정한 죄형법정주의의 보호범위에 바로 속하지 않는다면, 소급입법의 헌법적 한계는 법적 안정성과 신뢰보호원칙을 포함하는 법치주의의 원칙에 따른 기준으로 판단하여야 한다.

③ 신뢰보호원칙은 객관적 요소로서 법질서의 신뢰성·항구성·법적 투명성과 법적 평화를 의미하고, 이와 내적인 상호연관관계에 있는 법적 안정성은 한번 제정된 법규범은 원칙적으로 존속력을 갖고 자신의 행위기준으로 작용하리라는 개인의 주관적 기대이다.

④ 현재 공무원이나 사립학교 교직원으로 재직하고 있는 자가 퇴직연금에 대하여 가지는 기대는 아직 완성되지 아니하고 진행과정에 있는 사실 또는 법률관계를 규율대상으로 하는 이른바 부진정소급입법에 해당한다. 따라서 종래의 법적 상태의 존속을 신뢰한 자들에 대한 신뢰보호만이 문제될 뿐, 소급입법에 의한 재산권박탈의 문제는 생기지 않는다.

해설

① 상속제도나 상속권의 내용은 입법 정책적으로 결정하여야 할 사항으로서 원칙적으로 입법형성의 영역에 속하고, 부재자의 참여 없이 진행되는 실종선고 심판절차에서 법원으로서는 실종 여부나 실종이 된 시기 등에 대하여 청구인의 주장과 청구인이 제출한 소명자료를 기초로 실종 여부나 실종기간의 기산일을 판단하게 되는 측면이 있는바, 이로 인하여 발생할 수 있는 상속인의 범위나 상속분 등의 변경에 따른 법률관계의 불안정을 제거하여 법적 안정성을 추구하고, 실질적으로 남녀 간 공평한 상속이 가능하도록 개정된 민법상의 상속규정을 개정민법 시행 후 실종이 선고되는 부재자에게까지 확대 적용함으로써 얻는 공익이 매우 크므로, 심판대상조항은 신뢰보호원칙에 위배하여 재산권을 침해하지 아니한다(헌재 2016.10.27, 2015헌바203).

② 공소시효제도가 헌법 제12조 제1항 및 제13조 제1항에 정한 죄형법정주의의 보호범위에 바로 속하지 않는다면, 소급입법의 헌법적 한계는 법적 안정성과 신뢰보호원칙을 포함하는 법치주의의 원칙에 따른 기준으로 판단하여야 한다(헌재 2021.6.24, 2018헌바457).

③ 법적 안정성은 객관적 요소로서 법질서의 신뢰성·항구성·법적 투명성과 법적 평화를 의미하고, 이와 내적인 상호연관관계에 있는 법적 안정성의 주관적 측면은 한번 제정된 법규범은 원칙적으로 존속력을 갖고 자신의 행위기준으로 작용하리라는 개인의 신뢰보호원칙이다(헌재 1996.2.16, 96헌가2 등).

④ 퇴직연금에 대한 기대는 재산권의 성질을 가지고 있으나 확정되지 아니한 형성 중에 있는 권리로서 이는 아직 완성되지 아니하고 진행과정에 있는 사실 또는 법률관계를 규율대상으로 하는 이른바 부진정소급입법에 해당되는 것이어서, 종래의 법적 상태의 존속을 신뢰한 청구인들에 대한 신뢰보호만이 문제될 뿐, 소급입법에 의한 재산권박탈의 문제는 아니므로, 위 법률조항은 소급입법에 의한 재산권박탈금지의 원칙을 선언하고 있는 헌법 제13조 제2항에 위반되지 아니한다(헌재 2003.9.25, 2001헌마93).

정답 ③

05 법치국가원리에 관한 설명으로 옳지 않은 것은? (다툼이 있는 경우 헌법재판소 판례에 의함)

① 공무원이 '직무와 관련 없는 과실로 인한 경우' 및 '소속상관의 정당한 직무상의 명령에 따르다가 과실로 인한 경우'를 제외하고 재직 중의 사유로 금고 이상의 형을 받은 경우, 퇴직급여 등을 감액하도록 2009.12.31. 개정된 감액조항을 2009.1.1.까지 소급하여 적용하도록 규정한 공무원연금법 부칙조항은 소급입법금지원칙에 위반하지 않는다.

② 1945.9.25. 및 1945.12.6. 각각 공포된 재조선미국육군사령부군정청 법령 중, 1945.8.9. 이후 일본인 소유의 재산에 대하여 성립된 거래를 전부무효로 한 조항과 그 대상이 되는 재산을 1945.9.25.로 소급하여 전부 미군정청의 소유가 되도록 한 조항은 모두 소급입법금지원칙에 대한 예외에 해당하므로 헌법에 위반되지 않는다.

③ 시혜적 소급입법에 있어서는 국민의 권리를 제한하거나 새로운 의무를 부과하는 경우와는 달리 입법자에게 보다 광범위한 입법형성의 자유가 인정된다.

④ 체계정당성의 원리는 동일 규범 내에서 또는 상이한 규범 간에 그 규범의 구조나 내용 또는 규범의 근거가 되는 원칙 면에서 상호 배치되거나 모순되어서는 안 된다는 하나의 헌법적 요청이며, 국가공권력에 대한 통제와 이를 통한 국민의 자유와 권리의 보장을 이념으로 하는 법치주의원리로부터 도출된다.

해설

① 이 사건 부칙조항은 이미 이행기가 도래하여 청구인이 퇴직연금을 모두 수령한 부분까지 사후적으로 소급하여 적용되는 것으로서 헌법 제13조 제2항에 의하여 원칙적으로 금지되는 이미 완성된 사실·법률관계를 규율하는 소급입법에 해당한다. 따라서 소급입법금지원칙에 위반하여 청구인의 재산권을 침해한다(헌재 2013.9.26, 2013헌바170).

② 일본인들이 불법적인 한일병합조약을 통하여 조선 내에서 축적한 재산을 1945.8.9. 상태 그대로 일괄 동결시키고 그 산일과 훼손을 방지하여 향후 수립될 대한민국에 이양한다는 공익은, 한반도 내의 사유재산을 자유롭게 처분하고 일본 본토로 철수하고자 하였던 일본인이나, 일본의 패망 직후 일본인으로부터 재산을 매수한 한국인들에 대한 신뢰보호의 요청보다 훨씬 더 중대하다. 따라서 심판대상조항은 소급입법금지원칙에 대한 예외로서 헌법 제13조 제2항에 위반되지 아니한다(헌재 2021.1.28, 2018헌바88).
▶ 진정소급입법인데 합헌인 판례: 친일반민족 행위자 재산의 국가귀속, 5·18특별법

③ 시혜적 조치를 할 것인가 하는 문제는 국민의 권리를 제한하거나 새로운 의무를 부과하는 경우와는 달리 입법자에게 보다 광범위한 입법형성의 자유가 인정된다고 할 것이다(헌재 1995.12.28, 95헌마196).

④ 체계정당성의 원리는 동일 규범 내에서 또는 상이한 규범 간에 그 규범의 구조나 내용 또는 규범의 근거가 되는 원칙면에서 상호 배치되거나 모순되어서는 안 된다는 하나의 헌법적 요청이며, 국가공권력에 대한 통제와 이를 통한 국민의 자유와 권리의 보장을 이념으로 하는 법치주의원리로부터 도출된다(헌재 2004.11.25, 2002헌바66).

정답 ①

06 명확성원칙에 관한 설명으로 가장 적절하지 않은 것은? (다툼이 있는 경우 판례에 의함)

① 공익을 해할 목적으로 전기통신설비에 의하여 공연히 허위의 통신을 한 자를 형사처벌하는 구 전기통신사업법 조항은, 수범자인 국민에 대하여 일반적으로 허용되는 허위의 통신 가운데 어떤 목적의 통신이 금지되는 것인지 고지하여 주지 못하므로 표현의 자유에서 요구하는 명확성원칙에 위배된다.

② 사회복무요원의 정치적 행위를 금지하는 병역법 조항 중 '정치적 목적을 지닌 행위'는 특정 정당, 정치인을 지지·반대하거나 공직선거에 있어서 특정 후보자를 당선·낙선하게 하는 등 그 정파성·당파성에 비추어 정치적 중립성을 훼손할 가능성이 높은 행위로 한정하여 해석되므로 명확성원칙에 위배되지 않는다.

③ 청원경찰법상 품위손상행위란 청원경찰이 경찰관에 준하여 경비 및 공안업무를 하는 주체로서 직책을 맡아 수행해나가기에 손색이 없는 인품에 어울리지 않는 행위를 함으로써 국민이 가지는 청원경찰에 대한 정직성, 공정성, 도덕성에 대한 믿음을 떨어뜨릴 우려가 있는 행위라고 해석할 수 있으므로 명확성원칙에 위배되지 않는다.

④ 여러 사람의 눈에 뜨이는 곳에서 공공연하게 알몸을 지나치게 내놓거나 가려야 할 곳을 내놓아 다른 사람에게 부끄러운 느낌이나 불쾌감을 준 사람을 처벌하는 구 경범죄 처벌법 조항은 무엇이 지나친 알몸노출행위인지 판단하기 쉽지 않고, 가려야 할 곳의 의미도 알기 어려우며, '부끄러운 느낌이나 불쾌감'을 통하여 '지나치게'와 '가려야 할 곳' 의미를 확정하기도 곤란하여 죄형법정주의의 명확성원칙에 위배된다.

해설

① 이 사건 법률조항은 표현의 자유에 대한 제한입법이며, 동시에 형벌조항에 해당하므로, 엄격한 의미의 명확성원칙이 적용된다. 그런데 이 사건 법률조항은 "공익을 해할 목적"의 허위의 통신을 금지하는바, 여기서의 "공익"은 형벌조항의 구성요건으로서 구체적인 표지를 정하고 있는 것이 아니라, 헌법상 기본권 제한에 필요한 최소한의 요건 또는 헌법상 언론·출판의 자유의 한계를 그대로 법률에 옮겨 놓은 것에 불과할 정도로 그 의미가 불명확하고 추상적이다(헌재 2010.12.28, 2008헌바157).
▶ 공익이 언론·출판에 쓰이면 위헌, 다른 곳에 쓰이면 합헌

② 이 사건 법률조항은 '정치적 목적을 지닌 행위'의 의미를 개별화·유형화하지 않으며, '그 밖의 정치단체'의 의미가 불명확하므로 이를 예시로 규정하여도 '정치적 목적을 지닌 행위'의 불명확성은 해소되지 않는다. 따라서 위 부분은 명확성원칙에 위배된다(헌재 2021.11.25, 2019헌마534).

구분	정치단체	정치적 행위	정치활동	정치적 주장
주문	위헌	위헌	합헌	합헌

③ '청원경찰이 경찰관에 준하여 경비 및 공안업무를 하는 주체로서 직책을 맡아 수행해나가기에 손색이 없는 인품에 어울리지 않는 행위를 함으로써 국민이 가지는 청원경찰에 대한 정직성, 공정성, 도덕성에 대한 믿음을 떨어뜨릴 우려가 있는 행위'라고 해석할 수 있으므로 명확성원칙에 위배되지 않는다(헌재 2022.5.26, 2019헌바530).

④ '여러 사람의 눈에 뜨이는 곳에서 공공연하게 알몸을 지나치게 내놓거나 가려야 할 곳을 내놓아 다른 사람에게 부끄러운 느낌이나 불쾌감을 준 사람'을 처벌하는 경범죄 처벌법 조항은 그 의미를 알기 어렵고 그 의미를 확정하기도 곤란하므로 명확성원칙에 위배된다(헌재 2016.11.24, 2016헌가3).

정답 ②

07 법치국가원리에 대한 헌법재판소의 태도로 옳지 않은 것은?

① 법률유보원칙은 '법률에 의한' 규율만을 뜻하는 것이 아니라 '법률에 근거한' 규율을 요청하는 것이므로 기본권 제한의 형식이 반드시 법률의 형식일 필요는 없고 법률에 근거를 두면서 헌법 제75조가 요구하는 위임의 구체성과 명확성을 구비하기만 하면 위임입법에 의하여도 기본권 제한을 할 수 있다.

② 당해 법률의 전반적 체계나 관련규정에 비추어 위임조항의 내재적인 위임 범위나 한계를 객관적으로 분명히 확정할 수 있다면 이를 포괄적 위임에 해당한다 할 수 없다.

③ 사회보장적인 급여와 같은 급부행정의 영역에서 위임입법에 있어 위임의 구체성이나 명확성의 요구 정도는 기본권 침해의 영역보다 다소 강화될 수 있다.

④ 일반적으로 일정한 공권력작용이 체계정당성에 위반한다고 해서 곧 위헌이 되는 것은 아니다. 즉, 체계정당성 위반 자체가 바로 위헌이 되는 것은 아니고 이는 비례의 원칙이나 평등원칙위반 내지 입법의 자의금지위반 등의 위헌성을 시사하는 하나의 징후일 뿐이다.

해설

① 헌법 제37조 제2항에 의하면 기본권은 원칙적으로 법률로써만 이를 제한할 수 있다고 할 것이지만, 헌법 제75조에 의하여 법률의 위임이 있고 그 위임이 구체적으로 범위를 정하여 하는 것이라면 명령·규칙에 의한 기본권의 제한도 가능하다(헌재 2003.11.27, 2002헌마193). 즉, 반드시 법률의 형식이어야 하는 것은 아니다.

▶ 반드시 법률로써 해야 하는 것은 아니나 본질은 법률에 있어야 하며, 위임시에는 구체적으로 범위를 정해야 한다.

② 당해 법률의 전반적 체계나 관련규정에 비추어 위임조항의 내재적인 위임 범위나 한계를 객관적으로 분명히 확정할 수 있다면 이를 포괄적 위임에 해당한다 할 수 없다(헌재 1997.12.24, 95헌마390).

③ 급부행정영역에서는 기본권침해영역보다는 구체성의 요구가 다소 약화되어도 무방하다고 해석되며, 다양한 사실관계를 규율하거나 사실관계가 수시로 변화될 것이 예상될 때에는 위임의 명확성의 요건이 완화된다(헌재 1997.12.24, 95헌마390).

명확성	완화	엄격
유형	시혜, 예시, 변화다양, 전문적	형벌, 조세

④ 체계정당성위반은 비례의 원칙이나 평등원칙위반 내지 입법자의 자의금지위반 등 일정한 위헌성을 시사하기는 하지만 아직 위헌은 아니고, 그것이 위헌이 되기 위해서는 결과적으로 비례의 원칙이나 평등의 원칙 등 일정한 헌법의 규정이나 원칙을 위반하여야 한다(헌재 2004.11.25, 2002헌바66).

정답 ③

08 신뢰보호원칙에 대한 헌법재판소 결정으로 옳지 않은 것은?

① 법률의 제정이나 개정시 구법질서에 대한 당사자의 신뢰가 합리적이고도 정당하며 법률의 제정이나 개정으로 야기되는 당사자의 손해가 극심하여 새로운 입법으로 달성하고자 하는 공익적 목적이 그러한 당사자의 신뢰의 파괴를 정당화할 수 없다면 그러한 새 입법은 신뢰보호의 원칙상 허용될 수 없다.

② 저작인접권이 소멸된 음원을 무상으로 이용하여 음반을 제작·판매하는 방식으로 영업을 해오던 사업자가 소멸한 저작인접권을 회복시키는 입법으로 인하여 이를 할 수 없게 되었더라도, 2년의 유예기간을 두어 음반 제작·판매업자로서의 이익을 보호하는 것은 신뢰보호원칙에 위반되지 아니한다.

③ PC방 전체를 금연구역으로 지정하고 부칙조항을 통해 공포 후 2년이 경과한 날부터 시행하도록 유예한 국민건강증진법은 신뢰보호원칙에 위반되지 아니한다.

④ 무기징역의 집행 중에 있는 자의 가석방 요건을 종전의 '10년 이상'에서 '20년 이상' 형 집행 경과로 강화한 개정 형법 조항을 형법 개정 당시에 이미 수용 중인 사람에게도 적용하는 형법 부칙조항은 신뢰보호원칙에 위반된다.

해설

① 법률의 제정이나 개정으로 야기되는 당사자의 손해가 극심하여 새로운 입법으로 달성하고자 하는 공익적 목적이 그러한 당사자의 신뢰의 파괴를 정당화할 수 없다면, 그러한 새로운 입법은 신뢰보호의 원칙상 허용될 수 없다는 것이다(헌재 2011.10.25, 2010헌마661).

② 저작인접권이 소멸된 음원을 무상으로 이용하여 음반을 제작·판매하는 방식으로 영업을 해오던 사업자가 소멸한 저작인접권을 회복시키는 입법으로 인하여 이를 할 수 없게 되었더라도, 2년의 유예기간을 두어 음반 제작·판매업자로서의 이익을 보호하는 것은 신뢰보호원칙에 위반되지 아니한다(헌재 2013.11.28, 2012헌마770).

③ 다수인이 이용하는 PC방과 같은 공중이용시설 전체를 금연구역으로 지정함으로써 청소년을 비롯한 비흡연자의 간접흡연을 방지하고 혐연권을 보장하여 국민 건강을 증진시키기 위해 개정된 이 사건 금연구역조항의 입법목적은 정당하며, PC방 시설 전체에 대해 금연구역 지정의무를 부과한 것은 이러한 입법목적을 달성하기 위한 효과적이고 적절한 방법이다(헌재 2013.6.27, 2011헌마315).

④ 무기징역의 집행 중에 있는 자의 가석방 요건을 종전의 '10년 이상'에서 '20년 이상' 형 집행 경과로 강화한 개정 형법 조항을 형법 개정 당시에 이미 수용 중인 사람에게도 적용하는 형법 부칙조항은 신뢰보호원칙에 위배되어 청구인의 신체의 자유를 침해한다고 볼 수 없다(헌재 2013.8.29, 2011헌마408).

정답 ④

09 헌법상 법치국가원리에 대한 설명으로 옳지 않은 것을 모두 고른 것은? (다툼이 있는 경우 판례에 의함)

㉠ 종업원 등이 저지른 행위의 결과에 대한 법인의 독자적인 책임에 관하여 전혀 규정하지 않은 채, 단순히 법인이 고용한 종업원 등이 업무에 관하여 범죄행위를 하였다는 이유만으로 법인에 대하여 형사처벌하는 것은 법치국가 원리에 위배된다.
㉡ 선박소유자가 고용한 선장이 선박소유자의 업무에 관하여 범죄행위를 하면 그 선박소유자에게도 동일한 벌금형을 과하도록 한 것은 책임주의에 위배되지 않는다.
㉢ 신법이 피적용자에게 유리한 경우에는 시혜적인 소급입법이 가능하지만 이 경우 입법자가 반드시 시혜적인 소급입법을 해야 할 의무를 지는 것은 아니다.
㉣ 종전의 '친일반민족행위자'의 유형을 개정하면서 '일제로부터 작위를 받거나 계승한 자'까지 친일반민족행위자의 범위에 포함시켜 그 재산을 국가귀속의 대상으로 하면 헌법에 위배된다.
㉤ 광명시가 고등학교 비평준화 지역으로 남아 있을 것이라는 신뢰는 헌법상 보호하여야 할 가치나 필요성이 있다고 보기 어려우며, 교육감이 추첨에 의하여 고등학교를 배정하는 지역에 광명시를 포함시킨 것은 신뢰보호원칙에 위반되지 아니한다.

① ㉠, ㉣
② ㉡, ㉣
③ ㉡, ㉤
④ ㉢, ㉣

해설

옳지 않은 것은 ㉡, ㉣이다.

㉠ 법인이 고용한 종업원 등이 업무에 관하여 범죄행위를 하였다는 이유만으로 법인에 대하여 형사처벌을 과하고 있는바, 이는 다른 사람의 범죄에 대하여 그 책임 유무를 묻지 않고 형벌을 부과하는 것으로서, 법치국가의 원리 및 죄형법정주의로부터 도출되는 책임주의원칙에 반하여 헌법에 위반된다(헌재 2011.10.25, 2010헌바307).

㉡ 선장이 저지른 행위의 결과에 대한 선박소유자의 독자적인 책임에 관하여 전혀 규정하지 않은 채, 단순히 선박소유자가 고용한 선장이 업무에 관하여 범죄행위를 하였다는 이유만으로 선박소유자에 대하여 형사처벌을 과하고 있는바, 이는 다른 사람의 범죄에 대하여 그 책임 유무를 묻지 않고 형벌을 부과하는 것으로서, 헌법상 법치국가의 원리 및 죄형법정주의로부터 도출되는 책임주의원칙에 반하여 헌법에 위반된다(헌재 2011.11.24, 2011헌가15).

양벌규정	종업원	선장	대표자
주문	위헌	위헌	합헌

㉢ 신법이 피적용자에게 유리한 경우에는 이른바 시혜적인 소급입법이 가능하지만 이를 입법자의 의무라고는 할 수 없고, 그러한 소급입법을 할 것인지의 여부는 입법재량의 문제로서 그 판단은 일차적으로 입법기관에 맡겨져 있다(헌재 1995.12.28, 95헌마196).

㉣ 이 사건 법률조항이 정한 '일제로부터 작위를 받거나 계승한 자'의 경우, 일본제국주의의 식민통치에 협력하고 우리 민족을 탄압하는 행위를 하였다고 볼 수 있고, 작위를 거부·반납하거나 후에 독립운동에 적극 참여한 자와 같이 친일 정도가 상대적으로 경미한 자는 제외되는 점에서 친일 정도가 중대한 경우에 한정되고 있으며, 이 사건 법률조항은 정의를 구현하고 민족의 정기를 바로 세우며 일본제국주의에 저항한 3·1운동의 헌법이념을 구현하기 위한 것인 점 등을 고려할 때, 이 사건 법률조항이 과잉금지원칙에 위반하여 제청신청인의 재산권을 침해한다고 할 수 없다(헌재 2013.7.25, 2012헌가1).

㉤ 광명시가 고등학교 비평준화 지역으로 남아 있을 것이라는 신뢰는 헌법상 보호하여야 할 가치나 필요성이 있다고 보기 어려우며, 교육감이 추첨에 의하여 고등학교를 배정하는 지역에 광명시를 포함시킨 것은 신뢰보호원칙에 위반되지 아니한다(헌재 2012.11.29, 2011헌마827).

정답 ②

10 헌법상 신뢰보호원칙에 대한 설명으로 가장 적절하지 <u>않은</u> 것은? (다툼이 있는 경우 판례에 의함)

① 신뢰보호의 원칙은 법치국가원리에 근거를 두고 있는 헌법상의 원칙으로서 특정한 법률에 의하여 발생한 법률관계는 그 법에 따라 파악되고 판단되어야 하고, 과거의 사실관계가 그 뒤에 생긴 새로운 법률의 기준에 따라 판단되지 않는다는 국민의 신뢰를 보호하기 위한 것이다.

② 부당환급받은 세액을 징수하는 근거규정인 개정조항을 개정된 법 시행 후 최초로 환급세액을 징수하는 분부터 적용하도록 규정한 법인세법 부칙조항은 이미 완성된 사실 법률관계를 규율하는 진정소급입법에 해당하나, 이를 허용하지 아니하면 위 개정조항과 같이 법인세 부과처분을 통하여 효율적으로 환수하지 못하고 부당이득 반환 등 복잡한 절차를 거칠 수밖에 없어 중대한 공익상 필요에 의하여 예외적으로 허용된다.

③ 신뢰보호원칙의 위반 여부는 한편으로는 침해되는 이익의 보호가치, 침해의 정도, 신뢰의 손상 정도, 신뢰침해의 방법 등과 또 다른 한편으로는 새로운 입법을 통하여 실현하고자 하는 공익적 목적 등을 종합적으로 형량하여야 한다.

④ 법률에 따른 개인의 행위가 단지 법률이 반사적으로 부여하는 기회의 활용을 넘어서 국가에 의하여 일정 방향으로 유인된 것이라면 특별히 보호가치가 있는 신뢰이익이 인정될 수 있고, 이러한 경우 원칙적으로 개인의 신뢰보호가 국가의 법률개정이익에 우선된다고 볼 여지가 있다.

해설

① 신뢰보호원칙은 법치국가원리에 근거를 두고 있는 헌법상 원칙으로서, 특정한 법률에 의하여 발생한 법률관계는 그 법에 따라 파악되고 판단되어야 하고 과거의 사실관계가 그 뒤에 생긴 새로운 법률의 기준에 따라 판단되지 않는다는 국민의 신뢰를 보호하기 위한 것이다(헌재 2012.11.29, 2011헌마786 등).

② 법인세를 부당환급받은 법인은 소급입법을 통하여 이자상당액을 포함한 조세채무를 부담할 것이라고 예상할 수 없었고, 환급세액과 이자상당액을 법인세로서 납부하지 않을 것이라는 신뢰는 보호할 필요가 있다. 나아가 개정 전 법인세법 아래에서도 환급세액을 부당이득 반환청구를 통하여 환수할 수 있었으므로, 신뢰보호의 요청에 우선하여 진정소급입법을 하여야 할 매우 중대한 공익상 이유가 있다고 볼 수도 없다(헌재 2014.7.24, 2012헌바105).

▶ 진정소급입법은 3개 빼고 모두 위헌임

③ 신뢰보호원칙의 위반 여부는 한편으로는 침해되는 이익의 보호가치, 침해의 정도, 신뢰의 손상 정도, 신뢰침해의 방법 등과 또 다른 한편으로는 새로운 입법을 통하여 실현하고자 하는 공익적 목적 등을 종합적으로 형량하여야 한다(헌재 1995.10.26, 94헌바12).

④ 개인의 신뢰이익에 대한 보호가치는 법령에 따른 개인의 행위가 국가에 의하여 일정 방향으로 유인된 신뢰의 행사인지, 아니면 단지 법률이 부여한 기회를 활용한 것으로서 원칙적으로 사적 위험부담의 범위에 속하는 것인지 여부에 따라 달라진다. 만일 법률에 따른 개인의 행위가 단지 법률이 반사적으로 부여하는 기회의 활용을 넘어서 국가에 의하여 일정 방향으로 유인된 것이라면 특별히 보호가치가 있는 신뢰이익이 인정될 수 있고, 원칙적으로 개인의 신뢰보호가 국가의 법률개정이익에 우선된다고 볼 여지가 있다(헌재 2002.11.28, 2002헌바45).

정답 ②

11 신뢰보호의 원칙 및 소급입법금지원칙에 관한 설명 중 가장 적절한 것은? (다툼이 있는 경우 판례에 의함)

① 신법이 피적용자에게 유리한 경우에는 시혜적인 소급입법을 하여야 하므로, 순직공무원의 적용범위를 확대한 개정 공무원연금법을 소급하여 적용하지 아니하도록 한 개정법률 부칙은 평등의 원칙에 위배된다.

② 의료기관 시설의 일부를 변경하여 약국을 개설하는 것을 금지하는 조항을 신설하면서 이에 해당하는 기존 약국 영업을 개정법 시행일로부터 1년까지만 허용하고 유예기간 경과 후에는 약국을 폐쇄하도록 한 약사법 부칙 조항은 개정법 시행 이전부터 해당 약국을 운영해 온 기존 약국개설등록자의 신뢰이익을 침해하여 신뢰보호의 원칙에 위반된다.

③ 군인연금법상 퇴역연금 수급권자가 사립학교교직원 연금법 제3조의 학교기관으로부터 보수 기타 급여를 지급받는 경우에는 대통령령이 정하는 바에 따라 퇴역연금의 전부 또는 일부의 지급을 정지할 수 있도록 하는 것은 신뢰보호원칙에 위반되지 않는다.

④ 1953년부터 시행된 "교사의 신규채용에 있어서는 국립 또는 공립 교육대학 사범대학의 졸업자를 우선하여 채용하여야 한다."라는 교육공무원법 조항에 대한 헌법재판소의 위헌결정에도 불구하고 헌법재판소의 위헌결정 당시의 국·공립 사범대학 등의 재학생과 졸업자의 신뢰는 보호되어야 하므로, 입법자가 위헌 법률에 기초한 이들의 신뢰이익을 보호하기 위한 법률을 제정하지 않은 부작위는 헌법에 위배된다.

해설

① 신법이 피적용자에게 유리한 경우에는 시혜적인 소급입법이 가능하지만, 그러한 소급입법을 할 것인가의 여부는 그 일차적인 판단이 입법기관에 맡겨져 있으므로 입법자는 시혜적 소급입법을 할 것인가 여부를 결정할 수 있고, 그 결정이 합리적 재량의 범위를 벗어나 현저하게 불합리하고 불공정한 것이 아닌 한 헌법에 위반된다고 할 수는 없다(헌재 2006.7.27, 2004헌바20).
▶ 시혜적 소급입법은 할 수 있는 것, 즉 재량이지 의무가 아니다.

② 의료기관과 약국 간의 담합을 방지하여 의약분업을 효율적으로 실현함으로써 국민보건을 향상시키려는 공적 이익은 상당히 크기 때문에 직업의 자유를 침해하는 것이 아니다(헌재 2003.10.30, 2001헌마700 등).

③ 재직기간의 합산 및 연금액의 이체가 가능한 점 등에 비추어 볼 때, 대통령령에 규정될 내용은 퇴역연금의 전액이 지급정지될 것임을 쉽게 예측할 수 있다 할 것이다. 따라서 이 사건 정지조항이 헌법상 위임입법의 한계를 일탈하였다 할 수 없다(헌재 2007.10.25, 2005헌바68).

④ 청구인들이 주장하는 교원으로 우선임용받을 권리는 헌법상 권리가 아니고 단지 구 교육공무원법 제11조 제1항의 규정에 의하여 비로소 인정되었던 권리일 뿐이며, 헌법재판소가 1990.10.8. 위 법률조항에 대한 위헌결정을 하면서 청구인들과 같이 국·공립 사범대학을 졸업하고 아직 교사로 채용되지 아니한 자들에게 교원으로 우선임용받을 권리를 보장할 것을 입법자나 교육부장관에게 명하고 있지도 아니하므로 국회 및 교육부장관에게 청구인들을 중등교사로 우선임용하여야 할 작위의무가 있다고 볼 근거가 없어 국회의 입법불행위 및 교육부장관의 경과조치불작위에 대한 이 사건 헌법소원심판청구 부분은 부적법하다(헌재 1995.5.25, 90헌마196).

국·공립 사범대 우선임용	출신자 전원	재학생 제외
주문	위헌	합헌

정답 ③

12 법치주의에 관한 내용으로 옳은 것은? (다툼이 있는 경우 헌법재판소 판례에 의함)

① 여신전문금융회사의 임원이 문책경고를 받은 경우에는 법령에서 정한 바에 따라 일정기간 동안 임원선임의 자격제한을 받으므로 문책경고는 적어도 그 제한의 본질적 사항에 관한 한 법률에 근거가 있어야 하는데, 금융감독원의 직무범위를 규정한 조직규범은 법률유보원칙에서 말하는 법률의 근거가 될 수는 없다.

② 토지등소유자가 사업시행인가를 신청하기 전에 얻어야 하는 토지등소유자의 동의요건을 토지등소유자가 자치적으로 정하여 운영하는 규약에 정하도록 한 것은 헌법에 위반되지 않는다.

③ 단체협약을 위반한 경우 노동위원회의 의결을 얻어 그 시정을 명한 경우 명령에 위반한 것으로 형벌을 부과하는 것은 죄형법정주의 위반이다.

④ 친일반민족행위자의 재산귀속은 부진정 소급입법에 해당하지만 이로 인해 얻는 공익이 더 중대한 바 합헌이라 판단되었다.

해설

① 금융기관의 임원이 문책경고를 받은 경우에는 법령에서 정한 바에 따라 일정기간 동안 임원선임의 자격제한을 받으므로 문책경고는 적어도 그 제한의 본질적 사항에 관한 한 법률에 근거가 있어야 하는데, 금융감독원의 직무범위를 규정한 조직규범은 법률유보원칙에서 말하는 법률의 근거가 될 수는 없다(대판 2005.2.17, 2003두14765).

▶ 조직법도 법적 근거가 있어야 하는 것은 사실이나, 법률유보에서 말하는 법률은 작용법적 근거를 말하는 것이다.

② 도시환경정비사업의 시행자인 토지등소유자가 사업시행인가를 신청하기 전에 얻어야 하는 토지등소유자의 동의요건을 토지등소유자가 자치적으로 정하여 운영하는 규약에 정하도록 한 구 '도시 및 주거환경정비법' 제28조 제5항 본문의 "사업시행자" 중 제8조 제3항에 따라 도시환경정비사업을 토지등소유자가 시행하는 경우 "정관 등이 정하는 바에 따라" 부분은 법률유보원칙에 위반된다는 결정을 선고하였다(헌재 2012.3.29, 2010헌바1).

③ "행정관청이 단체협약 중 위법한 내용에 대하여 노동위원회의 의결을 얻어 그 시정을 명한 경우에 그 명령(이하 '시정명령'이라 한다)에 위반한 행위"로서 범죄의 구성요건과 그에 대한 형벌을 법률에서 스스로 규정하고 있다(헌재 2012.8.23, 2011헌가22).

구성요건	단체협약	미확정된 명령	노동위원회의 의결을 얻은 명령
주문	위헌	위헌	합헌

④ 친일재산의 취득 경위에 내포된 민족배반적 성격, 대한민국 임시정부의 법통 계승을 선언한 헌법 전문 등에 비추어 친일반민족행위자 측으로서는 친일재산의 소급적 박탈을 충분히 예상할 수 있었고, 친일재산 환수 문제는 그 시대적 배경에 비추어 역사적으로 매우 이례적인 공동체적 과업이므로 이러한 소급입법의 합헌성을 인정한다고 하더라도 이를 계기로 진정소급입법이 빈번하게 발생할 것이라는 우려는 충분히 불식될 수 있다. 따라서 이 사건 귀속조항은 진정소급입법에 해당하나 헌법 제13조 제2항에 반하지 않는다(헌재 2011.3.31, 2008헌바141 등).

정답 ①

13 신뢰보호원칙과 소급효금지원칙에 관한 설명으로 옳지 않은 것은? (다툼이 있는 경우 헌법재판소 결정례에 의함)

① 신뢰보호의 원칙은 헌법상 법치국가의 원칙으로부터 도출되는 것이다.

② 구 매장 및 묘지 등에 관한 법률이 장사 등에 관한 법률로 전부개정되면서 그 부칙에서 종전의 법령에 따라 설치된 봉안 시설을 신법에 의하여 설치된 봉안시설로 보도록 함으로써 구법에 따라 설치허가를 받은 봉안시설 설치·관리인의 기존의 법상태에 대한 신뢰는 이미 보호되었다고 할 것이므로, 더 나아가 신법 시행 후 추가로 설치되는 부분에 대해서까지 기존의 법상태에 대한 보호가치 있는 신뢰가 있다고 보기 어렵다.

③ 공소시효의 정지규정을 과거에 이미 행한 범죄에 대하여 적용하도록 하는 법률이라 하더라도 그 사유만으로 형벌불소급의 원칙에 언제나 위배되는 것으로 단정할 수는 없다.

④ 형벌적 성격이 강하여 신체의 자유를 박탈하거나 박탈에 준하는 정도로 신체의 자유를 제한하는 경우라도 단순히 보안처분에 불과한 경우에는 소급효금지원칙을 적용하지 않는 것이 법치주의 및 죄형법정주의에 부합한다.

해설

① 신뢰보호의 원칙은 헌법상 법치국가의 원칙으로부터 도출된다(헌재 2002.11.28, 2002헌바45).

② 구 매장법이 장사법으로 전부개정되면서 그 부칙 제3조에서 종전의 법령에 따라 설치된 봉안시설을 장사법에 의하여 설치된 봉안시설로 보도록 함으로써 구 매장법에 따라 설치허가를 받은 봉안시설 설치·관리인의 기존의 법상태에 대한 신뢰는 이미 보호되었다. 더 나아가 장사법 시행 후 추가로 설치되는 부분에 대해서까지 기존의 법상태에 대한 보호가치 있는 신뢰가 있다고 보기 어렵다. 따라서 심판대상조항은 신뢰보호원칙에 위반되지 아니한다(헌재 2021.8.31, 2019헌바453).

③ 소추가능성은 가벌성의 조건이 아니므로 공소시효의 정지규정을 과거에 이미 행한 범죄에 대하여 적용하도록 하는 법률이라 하더라도 그 사유만으로 헌법 제12조 제1항 및 제13조 제1항에 규정한 죄형법정주의의 파생원칙인 형벌불소급의 원칙에 언제나 위배되는 것으로 단정할 수는 없다(헌재 1996.2.16, 96헌가2 등).

④ 보안처분이라 하더라도 형벌적 성격이 강하여 신체의 자유를 박탈하거나 박탈에 준하는 정도로 신체의 자유를 제한하는 경우에는 소급효금지원칙을 적용하는 것이 법치주의 및 죄형법정주의에 부합한다(헌재 2012.12.27, 2010헌가82 등).

보안처분	원칙	박탈 또는 박탈에 준하는 가정폭력
소급효 적용	×	○
관련 기본권	일반적 행동자유	신체의 자유

정답 ④

14 법치주의에 대한 설명으로 옳지 않은 것은? (다툼이 있는 경우 판례에 의함)

① 부진정소급입법의 경우, 일반적으로 장래 입법의 경우 구성요건사항에 대한 신뢰는 더 보호될 가치가 있는 것이므로, 신뢰보호의 원칙에 대한 심사는 과거를 규율하는 경우보다 일반적으로 더 강화되어야 한다.

② 개인의 신뢰이익에 대한 보호가치는 법령에 따른 개인의 행위가 국가에 의하여 일정 방향으로 유인된 신뢰의 행사인지, 아니면 단지 법률이 부여한 기회를 활용한 것으로서 원칙적으로 사적 위험부담의 범위에 속하는 것인지 여부에 따라 달라지게 된다.

③ 법령불소급의 원칙은 법령의 효력발생 전에 완성된 요건사실에 대하여 당해 법령을 적용할 수 없다는 의미일 뿐, 계속 중인 사실이나 그 이후에 발생한 요건 사실에 대한 법령적용까지를 제한하는 것은 아니다.

④ 전기요금약관에 대한 인가의 구체적인 기준은 전문적·정책적 판단이 가능한 행정부가 수시로 변화하는 상황에 탄력적으로 대응할 수 있도록 하위 법령에 위임할 필요성이 인정된다.

해설

① 부진정소급입법의 경우, 일반적으로 과거에 시작된 구성요건사항에 대한 신뢰는 더 보호될 가치가 있는 것이므로, 신뢰보호의 원칙에 대한 심사는 장래 입법의 경우보다 일반적으로 더 강화되어야 한다(헌재 1995.10.26, 94헌바12).

② 개인의 신뢰이익에 대한 보호가치는 법령에 따른 개인의 행위가 국가에 의하여 일정 방향으로 유인된 신뢰의 행사인지, 아니면 단지 법률이 부여한 기회를 활용한 것으로서 원칙적으로 사적 위험부담의 범위에 속하는 것인지 여부에 따라 달라진다(헌재 2002.11.28, 2002헌바45).

③ 즉, 진정소급입법이 원칙적으로 금지되는 것이지 계속 중인 사실이나 이후 발생한 경우에는 시행되고 있는 법을 적용하는데 제약이 없다(대판 2014.4.24, 2013두26552).

④ 전기요금약관에 대한 인가의 구체적인 기준은 전문적·정책적 판단이 가능한 행정부가 수시로 변화하는 상황에 탄력적으로 대응할 수 있도록 하위 법령에 위임할 필요성이 인정되고, 관련 규정을 종합하면 하위 법령에서는 전기의 보편적 공급과 전기사용자의 보호, 물가의 안정이라는 공익을 고려하여 전기요금의 산정 원칙이나 산정 방법 등을 정할 것이라고 충분히 예측할 수 있다. 따라서 심판대상조항은 포괄위임금지원칙에 위반되지 아니한다(헌재 2021.4.29, 2017헌가25).

정답 ①

15 다음 중 헌법재판소가 신뢰보호의 원칙에 위배된다고 본 사례는?

① 의료기관 시설에서의 약국개설을 금지하는 입법을 하면서 1년의 유예기간을 두어 법 시행 후 1년 뒤에는 기존의 약국을 더 이상 운영할 수 없게 되는 경우

② 공무원연금법상 퇴직연금수급자가 지방의회의원에 취임한 경우 퇴직연금의 전액을 지급 정지한 경우

③ 한약사제도를 신설하면서 그 이전부터 한약을 조제해온 약사들의 한약조제를 금지하면서 향후 2년간만 한약을 제조할 수 있도록 한 약사법의 경과규정

④ 국세청 경력공무원에 대하여 세무사자격을 부여해왔던 세무사법을 개정하여, 기존 국세청공무원 중 일부에게만 구법을 적용하여 세무사자격을 부여하도록 한 세무사법

해설

① 이 사건 법률조항들이 청구인들의 기존 약국을 폐쇄토록 규정한 것은 비례의 원칙이나 신뢰보호의 원칙에 위반되지 않으므로 청구인들의 직업행사의 자유를 침해하지 않는다(헌재 2003.10.30, 2001헌마700 등).

② 공무원연금제도가 공무원신분보장의 본질적 요소라고 하더라도 '퇴직 후에 현 제도 그대로의 연금을 받는다'는 신뢰는 반드시 보호되어야 할 정도로 확고한 것이라 보기 어렵다(헌재 2022.1.27, 2019헌바161).
▶ 즉, 재산권은 침해하지만 신뢰보호에 반한다고 판시하지는 않았다.

③ 위 법률조항이 설정한 2년의 유예기간은 약사들이 약사법의 개정으로 인한 상황변화에 적절히 대처하고 그에 적응함에 필요한 상당한 기간이라고 판단되는 점 등을 종합하면, 이러한 경과규정은 약사법 개정 이전부터 한약을 조제하여 온 약사들의 신뢰를 충분히 보호하고 있다고 보아야 할 것이다(헌재 1997.11.27, 97헌바10).

④ 청구인들의 입장에서는 이러한 제도가 단시일 내에 폐지 또는 변경되리라고 예상할 만한 별다른 사정도 없었다. 또한 청구인들이 급여나 대우 등의 면에서 보다 유리한 직장이나 부서를 마다하고 국세관서에서 5급 이상 공무원으로 장기간 종사하기로 결정한 데에는 이러한 세무사자격 부여에 대한 강한 기대 내지 신뢰가 중요한 바탕이 되었을 것임은 결코 부인할 수 없다. 그러나 국세 관련 경력공무원에 대하여 세무사자격을 부여해 온 조치는 그간 오랫동안 존속해 오던 제도로서 청구인들의 신뢰이익을 침해하면서까지 시급하게 폐지하여야 할 긴절하고도 급박한 사정이 없거니와 … 신뢰이익을 과도하게 침해한 것으로서 헌법에 위반된다(헌재 2001.9.27, 2000헌마152).

정답 ④

16 명확성원칙에 대한 헌법재판소의 결정으로 옳은 것은?

① 위계공무집행방해를 처벌하는 형법 조항의 '위계', '직무집행', '방해'는 모두 불확실성을 지닌 용어이고, 특히 '위계'는 의미가 모호하여 일관된 해석기준이 확립되어 있지 않으므로 죄형법정주의에서 파생되는 명확성원칙에 위반된다.

② 명확성의 정도는 모든 법률에 있어서 동일한 정도로 요구된다.

③ 의료인이 '치료효과를 보장하는 등 소비자를 현혹할 우려가 있는 내용의 광고'를 한 경우 형사처벌하도록 규정한 의료법 규정은 오로지 의료서비스의 긍정적인 측면만을 강조하여 의료소비자를 혼란스럽게 하고 합리적인 선택을 방해할 것으로 걱정되는 광고를 의미하는 것으로 충분히 해석이 가능하기에 명확성원칙에 위배되지 않는다.

④ 공무원의 '공무 외의 일을 위한 집단행위'를 금지하는 국가공무원법 규정은 어떤 행위가 허용되고 금지되는지를 예측할 수 없으므로 명확성원칙에 위배된다.

해설

① 심판대상조항의 '위계'는 그 사전적 의미와 법원의 일관된 해석을 종합하면 '행위자의 행위목적을 이루기 위하여 상대방에게 오인, 착각, 부지를 일으키게 하여 그 오인, 착각, 부지를 이용하는 것'을 의미한다고 볼 수 있고, '직무집행'과 '방해'에 관하여도 해석의 기준이 되는 판례가 확립되어 있다. 따라서 심판대상조항으로 인하여 금지되는 행위가 무엇인지 충분히 예측할 수 있으므로, 심판대상조항은 죄형법정주의의 명확성원칙에 위반되지 아니한다(헌재 2024.4.25, 2020헌바600).

② 명확성의 원칙은 모든 법률에 있어서 동일한 정도로 요구되는 것은 아니고 개개의 법률이나 법조항의 성격에 따라 요구되는 정도에 차이가 있을 수 있다(헌재 2005.6.30, 2005헌가1).

③ '소비자를 현혹할 우려가 있는 내용의 광고'란 의료소비자를 혼란스럽게 하고 합리적인 선택을 방해할 것으로 걱정되는 광고를 의미하는 것으로 해석할 수 있다(헌재 2014.9.25, 2013헌바28).

④ 이 사건 국가공무원법 규정의 '공무 외의 일을 위한 집단행위'는 언론·출판·집회·결사의 자유를 보장하고 있는 헌법 제21조 제1항과 국가공무원법의 입법취지, 국가공무원법상 공무원의 성실의무와 직무전념의무 등을 종합적으로 고려할 때, '공익에 반하는 목적을 위하여 직무전념의무를 해태하는 등의 영향을 가져오거나, 공무에 대한 국민의 신뢰에 손상을 가져올 수 있는 공무원 다수의 결집된 행위'를 말하는 것으로 한정 해석되므로 명확성원칙에 위반된다고 볼 수 없다(헌재 2014.8.28, 2011헌바32).

정답 ③

17 헌법상 명확성의 원칙에 대한 설명으로 가장 적절하지 않은 것은? (다툼이 있는 경우 헌법재판소 결정에 의함)

① 방송통신심의위원회의 직무의 하나로 '건전한 통신윤리의 함양을 위하여 필요한 사항으로서 대통령령이 정하는 정보의 심의 및 시정요구'를 규정하고 있는 방송통신위원회의 설치 및 운영에 관한 법률 조항 중 '건전한 통신윤리'라는 부분은 각 개인의 가치관에 따라 달리 해석될 수 있기에 명확성원칙에 위배된다.

② 못된 장난은 일반적으로 상대방의 수인한도를 넘어 괴롭고 귀찮게 하는 고약한 행동을 말하는 것으로 명확성의 원칙에 위반되지 않는다.

③ 법문언에 어느 정도의 모호함이 내포되어 있다 하더라도 법관의 보충적인 가치판단을 통해서 법문언의 의미내용을 확인할 수 있고 그러한 보충적 해석이 해석자의 개인적인 취향에 따라 좌우될 가능성이 없다면 명확성원칙에 반한다고 할 수 없다.

④ 민사법규는 행위규범의 측면이 강조되는 형벌법규와는 달리 기본적으로는 재판규범의 측면이 훨씬 강조되므로, 사회현실에 나타나는 여러 가지 현상에 관하여 일반적으로 흠결 없이 적용될 수 있도록 보다 추상적인 표현을 사용하는 것이 상대적으로 더 가능하다.

해설

① '건전한 통신윤리'라는 개념이 다소 추상적이기는 하나 우리 사회가 요구하는 최소한의 질서 또는 도덕률을 의미한다고 볼 수 있고, 정보통신영역의 광범위성과 빠른 변화속도 등을 감안할 때 함축적 표현이 불가피한 면도 있으므로, 명확성원칙, 나아가 포괄위임입법금지원칙이나 과잉금지원칙에도 위배되지 않는다는 것이다(헌재 2012.2.23, 2011헌가13).

② '못된 장난'은 일반적으로 상대방의 수인한도를 넘어 괴롭고 귀찮게 하는 고약한 행동을 의미하는 것으로 명확성에 위배되지 않는다(헌재 2022.11.24, 2021헌마426).

③ 처벌법규 규정이 법관의 보충적 해석이 필요한 개념을 사용하였다 하더라도 바로 명확성원칙에 반하는 것이 아니라 법관의 보충적 해석을 통하여 구체적인 내용을 예측할 수 있을 경우에는 명확성원칙에 위배되지 아니한다(헌재 2011.3.31, 2008헌바141).

④ 민사법규는 행위규범의 측면이 강조되는 형벌법규와는 달리 기본적으로 재판법규의 측면이 훨씬 강조되므로, 사회현실에 나타나는 여러 가지 현상에 관하여 일반적으로 흠결 없이 적용될 수 있도록 보다 추상적인 표현을 사용하는 것이 상대적으로 더 가능하다고 볼 것이다(헌재 2009.9.24, 2007헌바118).

정답 ①

제3절 사회국가 · 문화국가 · 국제평화주의

01 경제질서에 대한 설명으로 옳지 않은 것은? (다툼이 있는 경우 헌법재판소 판례에 의함)

① 국가는 균형있는 국민경제의 성장 및 안정과 적정한 소득의 분배를 유지하고, 시장의 지배와 경제력의 남용을 방지하며, 경제주체 간의 조화를 통한 경제의 민주화를 위하여 경제에 관한 규제와 조정을 할 수 있다.

② 상호부조의 원리에 입각한 사회연대성에 기초하여 국민 간 소득재분배의 기능을 하는 강제저축프로그램으로서의 국민연금제도는 사회적 시장경제질서에 부합하는 제도이다.

③ 의약품 도매상 허가를 받기 위해 필요한 창고면적의 최소기준을 규정하고 있는 약사법 조항들은 국가의 중소기업 보호 · 육성의무를 위반하였다.

④ 대한민국헌법상의 경제에 관한 장에서 규정하고 있는 공익들은 경제적 기본권 제한을 정당화하는 공익들의 예시에 불과하므로, 경제적 기본권 침해를 정당화할 수 있는 모든 공익을 아울러 고려하여 법률의 합헌성 여부를 심사하여야 한다.

해설

① 헌법 제119조 제2항

> **헌법 제119조** ② 국가는 균형있는 국민경제의 성장 및 안정과 적정한 소득의 분배를 유지하고, 시장의 지배와 경제력의 남용을 방지하며, 경제주체 간의 조화를 통한 경제의 민주화를 위하여 경제에 관한 규제와 조정을 할 수 있다.

② 국민연금제도에 대해서 헌법재판소는 합헌으로 보고 있다(헌재 2001.2.22, 99헌마365).

③ 중소기업을 대상으로 하여 그 영업을 규제하려는 것이 아니며, 그 내용도 중소기업에 대해 제한을 기하는 것이 아니므로, 헌법 제123조 제3항에 규정된 국가의 중소기업 보호 · 육성의무를 위반하였다고 볼 수 없다(헌재 2014.4.24, 2012헌마811).

④ 경제적 기본권의 제한을 정당화하는 공익이 헌법에 명시적으로 규정된 목표에만 제한되는 것은 아니고, 헌법은 단지 국가가 실현하려고 의도하는 전형적인 경제목표를 예시적으로 구체화하고 있을 뿐이므로 기본권의 침해를 정당화할 수 있는 모든 공익을 아울러 고려하여 법률의 합헌성 여부를 심사하여야 한다(헌재 1996.12.26, 96헌가18).

정답 ③

02 사회적 시장경제질서에 대한 설명으로 가장 적절한 것은? (다툼이 있는 경우 헌법재판소 판례에 의함)

① 헌법 제119조는 헌법상 경제질서에 관한 일반조항으로서 국가의 경제정책에 대한 하나의 지침이자 구체적 기본권 도출의 근거로 기능하며 독자적인 위헌심사의 기준이 된다.

② 헌법 제119조 제1항에 비추어 볼 때 개인의 사적 거래에 대한 공법적 규제는 사후적 · 구체적 규제보다는 사전적 · 일반적 규제방식을 택하여 국민의 거래자유를 최대한 보장하여야 한다.

③ 개별 학교법인이 그 자체로 교원노조의 상대방이 되어 단체교섭에 나서지 못하고 전국단위 또는 시 · 도 단위의 교섭단의 구성원으로서만 단체교섭에 참여할 수 있도록 한 법률조항의 위헌 여부를 심사함에 있어서, 헌법 제119조 소정의 경제질서는 독자적인 위헌심사의 기준이 되며, 결사의 자유에 대한 과잉금지원칙에 흡수되는 것은 아니다.

④ 헌법 제119조 제2항은 국가가 경제영역에서 실현하여야 할 목표의 하나로 '적정한 소득의 분배'를 들고 있으나 이로부터 소득에 대해 누진세율에 따른 종합과세를 시행하여야 할 구체적인 헌법적 의무가 입법자에게 부과되는 것은 아니다.

해설

① 헌법 제119조는 헌법상 경제질서에 관한 일반조항으로서 국가의 경제정책에 대한 하나의 헌법적 지침일 뿐 그 자체가 기본권의 성질을 가진다거나 독자적인 위헌심사의 기준이 된다고 할 수 없다(헌재 2017.7.27, 2015헌바278).

② 국가적인 규제와 통제를 가하는 것도 보충의 원칙에 입각하여 어디까지나 자본주의 내지 시장경제질서의 기초라고 할 수 있는 사유재산제도와 아울러 경제행위에 대한 사적자치의 원칙이 존중되는 범위 내에서만 허용될 뿐이라 할 것이다(헌재 1989.12.22, 88헌가13).
▶ 지문은 반대의견이었다.

③ 개별 학교법인이 그 자체로 교원노조의 상대방이 되어 단체교섭에 나서지 못하고 전국단위 또는 시·도 단위의 교섭단의 구성원으로서만 단체교섭에 참여할 수 있도록 한 이 사건 법률조항의 위헌 여부를 심사함에 있어서, 헌법 제119조 소정의 경제질서는 독자적인 위헌심사의 기준이 된다기보다는 결사의 자유에 대한 법치국가적 위헌심사기준, 즉 과잉금지원칙 내지는 비례의 원칙에 흡수되는 것이라고 할 것이다(헌재 2002.10.31, 99헌바76등).
▶ 즉, 흡수가 되니 과잉금지에 위배되면 자동적으로 헌법 제119조에도 위반된다고 보면 되고, 흡수되니 따로 심사하지 않아도 된다.

④ 헌법 제119조 제2항은 국가가 경제영역에서 실현하여야 할 목표의 하나로서 '적정한 소득의 분배'를 들고 있지만, 이로부터 반드시 소득에 대하여 누진세율에 따른 종합과세를 시행하여야 할 구체적인 헌법적 의무가 조세입법자에게 부과되는 것이라고 할 수 없다(헌재 1999.11.25, 98헌마55).

정답 ④

03 헌법상 경제질서에 관한 설명으로 옳지 않은 것은? (다툼이 있는 경우 헌법재판소 결정례에 의함)

① 광물 기타 중요한 지하자원·수산자원·수력과 경제상 이용할 수 있는 자연력은 법률이 정하는 바에 의하여 일정한 기간 그 채취·개발 또는 이용을 특허할 수 있다.

② 국가는 농수산물의 수급균형과 유통구조의 개선에 노력하여 가격안정을 도모함으로써 소비자의 이익을 보호한다.

③ 국방상 또는 국민경제상 긴절한 필요로 인하여 법률이 정하는 경우에는 사영기업을 국유 또는 공유로 이전하거나 그 경영을 통제 또는 관리할 수 있다.

④ 국가는 국민 모두의 생산 및 생활의 기반이 되는 국토의 효율적이고 균형있는 이용·개발과 보전을 위하여 법률이 정하는 바에 의하여 그에 관한 필요한 제한과 의무를 과할 수 있다.

해설

① 광물 기타 중요한 지하자원·수산자원·수력과 경제상 이용할 수 있는 자연력은 법률이 정하는 바에 의하여 일정한 기간 그 채취·개발 또는 이용을 특허할 수 있다(헌법 제120조 제1항).

② 국가는 농수산물의 수급균형과 유통구조의 개선에 노력하여 가격안정을 도모함으로써 농·어민의 이익을 보호한다(헌법 제123조 제4항).

③ 국방상 또는 국민경제상 긴절한 필요로 인하여 법률이 정하는 경우를 제외하고는 사영기업을 국유 또는 공유로 이전하거나 그 경영을 통제 또는 관리할 수 없다(헌법 제126조).
≪주의 보통 국민경제를 대부분 보건, 위생으로 변경한다.

④ 국가는 국민 모두의 생산 및 생활의 기반이 되는 국토의 효율적이고 균형있는 이용·개발과 보전을 위하여 법률이 정하는 바에 의하여 그에 관한 필요한 제한과 의무를 과할 수 있다(헌법 제122조).

정답 ②

04 헌법상 경제질서에 대한 설명으로 옳지 않은 것은? (다툼이 있는 경우 판례에 의함)

① 택시운송사업자에게 운송수입금 전액 수납의무를 부과하는 것은 헌법 제126조에 의하여 원칙적으로 금지되는 기업 경영과 관련한 국가의 광범위한 감독과 통제 또는 관리에 해당되지 않는다.

② 농지소유자가 농지를 농업경영에 이용하지 아니하여 농지처분명령을 받았음에도 불구하고 정당한 사유 없이 이를 이행하지 아니하는 경우, 당해 농지가액의 100분의 20에 상당하는 이행강제금을 그 처분명령이 이행될 때까지 매년 1회 부과할 수 있도록 한 것은 합헌이다.

③ 불매운동의 목표로서 '소비자의 권익'이란 원칙적으로 사업자가 제공하는 물품이나 용역의 소비생활과 관련된 것으로서 상품의 질이나 가격, 유통구조, 안전성 등 시장적 이익에 국한된다.

④ 경제민주화의 이념은 경제영역에서 국가행위의 한계를 설정하고 개인의 기본권을 보호하는 헌법규범이지, 개인의 경제적 자유에 대한 제한을 정당화하는 근거규범은 아니다.

해설

① 이 사건 법률조항들이 규정하는 운송수입금 전액관리제로 인하여 청구인들이 기업경영에 있어서 영리추구라고 하는 사기업 본연의 목적을 포기할 것을 강요받거나 전적으로 사회·경제정책적 목표를 달성하는 방향으로 기업활동의 목표를 전환해야 하는 것도 아니고, 그 기업경영과 관련하여 국가의 광범위한 감독과 통제 또는 관리를 받게 되는 것도 아니며, 더구나 청구인들 소유의 기업에 대한 재산권이 박탈되거나 통제를 받게 되어 그 기업이 사회의 공동재산의 형태로 변형된 것도 아니므로, 이 사건 법률조항들이 헌법 제126조에 위반된다고 볼 수 없다(헌재 1998.10.29, 97헌마345).

② 농지소유자가 농지를 농업경영에 이용하지 아니하여 농지처분명령을 받았음에도 불구하고 정당한 사유 없이 이를 이행하지 아니하는 경우, 당해 농지가액의 100분의 20에 상당하는 이행강제금을 그 처분명령이 이행될 때까지 매년 1회 부과할 수 있도록 한 것은 합헌이다(헌재 2010.2.25, 2010헌바39).

③ 불매운동의 목표로서 '소비자의 권익'이란 원칙적으로 사업자가 제공하는 물품이나 용역의 소비생활과 관련된 것으로서 상품의 질이나 가격, 유통구조, 안전성 등 시장적 이익에 국한된다(헌재 2011.12.29, 2010헌바54).

④ 헌법 제119조 제2항에 규정된 '경제주체 간의 조화를 통한 경제민주화'의 이념도 경제영역에서 정의로운 사회질서를 형성하기 위하여 추구할 수 있는 국가목표로서 개인의 기본권을 제한하는 국가행위를 정당화하는 헌법규범이다(헌재 2003.11.27, 2001헌바35).

경제조항	제119조 제1항	제119조 제2항
근거	자유의 근거	규제, 제한의 근거

정답 ④

05 사회국가원리나 사회적 시장경제질서에 대한 설명으로 옳지 않은 것은? (다툼이 있는 경우 판례에 의함)

① 사회국가원리에서 도출되는 사회연대의 원칙은 사회보험에의 강제가입의무를 정당화하며, 재정구조가 취약한 보험자와 재정구조가 건전한 보험자 사이의 재정조정을 가능하게 한다.

② 신문판매업자가 독자에게 1년 동안 제공하는 무가지와 경품류를 합한 가액이 같은 기간에 당해 독자로부터 받는 유료신문대금의 20%를 초과하는 경우 동 무가지와 경품류의 제공행위를 불공정거래행위로써 금지하는 것은 헌법 제119조 제1항에 정한 자유시장경제질서에 반한다.

③ 헌법 제119조 이하의 경제에 관한 장은 경제영역에서의 국가목표를 명시적으로 언급함으로써 국가가 경제정책을 통하여 달성하여야 할 '공익'을 구체화하고, 동시에 헌법 제37조 제2항의 기본권 제한을 위한 법률유보에서의 '공공복리'를 구체화하고 있다.

④ 헌법 제119조가 언급하는 '경제적 자유와 창의'는 직업의 자유, 재산권의 보장, 근로3권과 같은 경제에 관한 기본권 및 비례의 원칙과 같은 법치국가원리에 의하여 비로소 헌법적으로 구체화된다.

해설

① 보험료의 형성에 있어서 사회연대의 원칙은 보험료와 보험급여 사이의 개별적 등가성의 원칙에 수정을 가하는 원리일 뿐만 아니라, 사회보험체계 내에서의 소득의 재분배를 정당화하는 근거이며, 보험의 급여수혜자가 아닌 제3자인 사용자의 보험료 납부의무(소위 '이질부담')를 정당화하는 근거이기도 하다. 또한 사회연대의 원칙은 사회보험에의 강제가입의무를 정당화하며, 재정구조가 취약한 보험자와 재정구조가 건전한 보험자 사이의 재정조정을 가능하게 한다(헌재 2000.6.29, 99헌마289).

② 신문판매, 구독시장의 경쟁질서를 정상화하여 민주사회에서 신속, 정확한 정보제공과 올바른 여론형성을 주도하여야 하는 신문의 공적 기능을 유지하고자 하는 데 있는바 이는 과잉금지의 원칙에 위배되지 않는다(헌재 2002.7.18, 2001헌마605).

③ 우리 헌법은 헌법 제119조 이하의 경제에 관한 장에서 "균형있는 국민경제의 성장과 안정, 적정한 소득의 분배, 시장의 지배와 경제력 남용의 방지, 경제주체 간의 조화를 통한 경제의 민주화, 균형있는 지역경제의 육성, 중소기업의 보호육성, 소비자보호 등"의 경제영역에서의 국가목표를 명시적으로 언급함으로써 국가가 경제정책을 통하여 달성하여야 할 '공익'을 구체화하고, 동시에 헌법 제37조 제2항의 기본권 제한을 위한 법률유보에서의 공공복리를 구체화하고 있다(헌재 1996.12.26, 96헌가1).

④ 헌법 제119조 제1항은 헌법상 경제질서에 관한 일반조항으로서 국가의 경제정책에 대한 하나의 헌법적 지침이고, 동 조항이 언급하는 '경제적 자유와 창의'는 직업의 자유, 재산권의 보장, 근로3권과 같은 경제에 관한 기본권 및 비례의 원칙과 같은 법치국가원리에 의하여 비로소 헌법적으로 구체화된다(헌재 2020.8.28, 2017헌바474).

정답 ②

06 재산권 및 경제질서에 관한 설명 중 옳지 않은 것은? (다툼이 있는 경우 판례에 의함)

① 국가에 대하여 경제에 관한 규제와 조정을 할 수 있도록 규정한 헌법 제119조 제2항은 보유세 부과 그 자체를 금지하는 취지로 보이므로 주택 등에 보유세인 종합부동산세를 부과하는 그 자체는 헌법 제119조에 위반된다.

② 일반 불법행위에 대한 과실책임주의의 예외로서 경과실로 인한 실화의 경우 실화피해자의 손해배상청구권을 전면 부정하는 것은 그의 재산권을 침해하는 것이다.

③ 재직 중의 사유로 금고 이상의 형을 받은 공무원 또는 공무원이었던 자에 대하여 일률적으로 퇴직급여 및 퇴직수당의 일부를 감액하여 지급하도록 하는 것은 그의 재산권을 침해하는 것이다.

④ 신문기업의 소유와 경영에 관한 자료를 신고·공개토록 하는 것은 일반신문의 기업활동의 자유를 침해하지 아니한다.

해설

① 국가에 대하여 경제에 관한 규제와 조정을 할 수 있도록 규정한 헌법 제119조 제2항이 보유세 부과 그 자체를 금지하는 취지로 보이지 아니하므로 주택 등에 보유세인 종합부동산세를 부과하는 그 자체를 헌법 제119조에 위반된다고 보기 어렵다(헌재 2008.11.13, 2006헌바112 등).

② 화재가 경과실로 발생한 경우에 화재와 연소의 규모와 원인 등 손해의 공평한 분담에 관한 여러 가지 사항을 전혀 고려하지 아니한 채, 일률적으로 실화자의 손해배상책임과 피해자의 손해배상청구권을 부정하는 것은, 일방적으로 실화자만 보호하고 실화피해자의 보호를 외면한 것으로서 실화자 보호의 필요성과 실화피해자 보호의 필요성을 균형있게 조화시킨 것이라고 보기 어렵다(헌재 2007.8.30, 2004헌가25).

③ 공무원의 신분이나 직무상 의무와 관련이 없는 범죄의 경우에도 퇴직급여 등을 제한하는 것은, 공무원범죄를 예방하고 공무원이 재직 중 성실히 근무하도록 유도하는 입법목적을 달성하는 데 적합한 수단이라고 볼 수 없다(헌재 2007.3.29, 2005헌바33).

④ 신문기업은 일반기업에 비해 공적 기능과 사회적 책임이 크므로 투명성을 높여야 한다(헌재 2006.6.29, 2005헌마165).

정답 ①

07 헌법상 경제질서에 관한 설명으로 옳은 것은? (다툼이 있는 경우 판례에 의함)

① 농지개량사업 시행지역 내의 토지에 관한 권리관계에 변경이 있는 경우 그 사업에 관한 권리·의무도 승계인에게 이전하도록 한 것은 사회적 시장경제원칙에 위배된다.

② 토지거래허가제 자체는 위헌이라 볼 수는 없지만, 무허가 토지거래계약의 사법상의 효력을 부인하는 것은 과도한 기본권 제한으로 헌법에 위반된다.

③ 퇴직금을 퇴직일로부터 14일 이내에 지급하도록 한 것과 임금을 매월 1회 이상 정기적으로 지급하도록 한 것은 사용자의 계약의 자유 및 기업활동의 자유를 침해한다.

④ 유사수신행위의 규제에 관한 법률에서 금지하는 유사수신행위는 장래에 보전을 약속한 거래상대방의 경제적 손실액이 그 거래상대방으로부터 받은 금전의 액수를 초과하는지 여부를 불문함을 알 수 있으므로 죄형법정주의 원칙에 위배되지 않는다.

해설

① 우리 헌법의 경제질서원칙에 비추어 보면, 농지개량사업 시행지역 내의 토지에 관한 권리관계에 변경이 있는 경우 그 사업에 관한 권리·의무도 승계인에게 이전되도록 규정한 이 사건 법률조항은 농지개량사업의 계속성과 연속성을 보장하고 궁극적으로는 농촌 근대화의 목적을 달성하기 위한 것으로서 오히려 사회적 시장경제질서에 부합하는 제도라 할 것이므로, 이는 헌법 제119조 제1항의 시장경제원칙에 위배되지 않는다(헌재 2005.12.22, 2003헌바88).

② 토지거래허가제 그 자체는 헌법에 합치되는 제도이며, 무허가 토지거래계약의 사법적 효력을 부인함으로써 침해되는 그 당사자의 사적 이익과 투기적 토지거래를 방지함으로써 지가상승을 억제하여 국민의 경제생활을 안정시키려는 공익을 비교 교량해 보면 침해되는 사적 이익보다 이 제도를 통하여 달성할 수 있는 공익이 훨씬 크다고 할 수 있고, 또 달리 최소침해의 요구를 충족할 수 있는 적절한 방법이 있다고도 볼 수 없으므로 헌법에 위반되지 않는다(헌재 1989.12.22, 88헌가13 ; 헌재 1997.6.26, 92헌바5).

③ 퇴직금을 퇴직일로부터 14일 이내에 지급하도록 한 것과 임금을 매월 1회 이상 정기적으로 지급하도록 한 것은 필요한 범위를 넘어 사용자의 계약의 자유 및 기업활동의 자유를 침해하지 아니한다(헌재 2005.9.29, 2002헌바11).

④ 유사수신행위의 규제에 관한 법률 제2조의 규정 내용에 의하면, 같은 법 제2조 제4호에서 금지하는 유사수신행위는 장래에 보전을 약속한 거래상대방의 경제적 손실액이 그 거래상대방으로부터 받은 금전의 액수를 초과하는지 여부를 불문함을 알 수 있으므로 죄형법정주의 원칙에 위배되지 않는다(헌재 2003.2.27, 2002헌바4).

정답 ④

08 우리 헌법상 경제질서에 관한 설명으로 옳지 않은 것은? (다툼이 있는 경우 판례에 의함)

① 헌법 제119조 제1항은 대한민국의 경제질서는 개인과 기업의 경제상의 자유와 창의를 존중함을 기본으로 한다고 하여 시장경제의 원리에 입각한 경제체제임을 천명하였는바, 국가의 공권력은 특단의 사정이 없는 한 이에 대한 불개입을 원칙으로 한다는 뜻이다.

② 소비자보호운동에 관한 현행 헌법의 규정은 소비자보호운동의 구체적 권리성에 관한 근거가 되는 것은 아니다.

③ 국가는 국민 모두의 생산 및 생활의 기반이 되는 국토의 효율적이고 균형있는 이용·개발과 보전을 위하여 법률이 정하는 바에 의하여 그에 관한 필요한 제한과 의무를 과할 수 있다.

④ 사회적 기본권은 입법과정이나 정책결정과정에서 사회적 기본권에 규정된 국가목표의 무조건적인 최우선적 배려를 요청하는 것이며, 이러한 의미에서 사회적 기본권은 국가의 모든 의사결정과정에서 사회적 기본권이 담고 있는 국가목표를 최우선적으로 고려하여야 할 국가의 의무를 의미한다.

해설

① 헌법 제119조 제1항(제5공화국 헌법 제120조 제1항)은 대한민국의 경제질서는 개인과 기업의 경제상의 자유와 창의를 존중함을 기본으로 한다고 하여 시장경제의 원리에 입각한 경제체제임을 천명하였는바, 이는 기업의 생성·발전·소멸은 어디까지나 기업의 자율에 맡긴다는 기업자유의 표현이며 국가의 공권력은 특단의 사정이 없는 한 이에 대한 불개입을 원칙으로 한다는 뜻이다(헌재 1993.7.29, 89헌마31).

② 소비자의 권리에 근거에 대해서 헌법 제10조인지 제124조인지는 논란이 있다. 다만, 소비자의 권리를 인정한다 할지라도 헌법조문만을 근거로 실현되기는 어려우며, 뒤를 받쳐주는 법률을 통해 실제로 문제를 해결할 수 있다. 따라서 구체적 권리성의 근거가 된다고 보기는 어렵다.

③ 헌법 제122조

> **헌법 제122조** 국가는 국민 모두의 생산 및 생활의 기반이 되는 국토의 효율적이고 균형있는 이용·개발과 보전을 위하여 법률이 정하는 바에 의하여 그에 관한 필요한 제한과 의무를 과할 수 있다.

④ 사회적 기본권은 입법과정이나 정책결정과정에서 사회적 기본권에 규정된 국가목표의 무조건적인 최우선적 배려가 아니라 단지 적절한 고려를 요청하는 것이다. 이러한 의미에서 사회적 기본권은, 국가의 모든 의사결정과정에서 사회적 기본권이 담고 있는 국가목표를 고려하여야 할 국가의 의무를 의미한다(헌재 2002.12.18, 2002헌마52).

정답 ④

09 문화국가의 원리에 대한 설명으로 옳지 않은 것은? (다툼이 있는 경우 판례에 의함)

① 우리나라는 제헌헌법 이래 문화국가의 원리를 헌법의 기본원리로 채택하고 있다.

② 헌법은 제9조에서 "문화의 영역에 있어서 각인의 기회를 균등히" 할 것을 선언하고 있을 뿐 아니라, 국가에게 전통문화의 계승·발전과 민족문화의 창달을 위하여 노력할 의무를 지우고 있다.

③ 헌법 제9조의 규정취지와 민족문화유산의 본질에 비추어 볼 때, 국가가 민족문화유산을 보호하고자 하는 경우 이에 관한 헌법적 보호법익은 '민족문화유산의 존속' 그 자체를 보장하는 것이고, 원칙적으로 민족문화유산의 훼손등에 관한 가치보상이 있는지 여부는 이러한 헌법적 보호법익과 직접적인 관련이 없다.

④ 국가는 학교교육에 관한 한, 교육제도의 형성에 관한 폭넓은 권한을 가지고 있지만, 학교교육 밖의 사적인 교육영역에서는 원칙적으로 부모의 자녀교육권이 우위를 차지하고, 국가 또한 헌법이 지향하는 문화국가이념에 비추어, 학교교육과 같은 제도교육 외에 사적인 교육의 영역에서도 사인의 교육을 지원하고 장려해야 할 의무가 있으므로 사적인 교육영역에 대한 국가의 규율권한에는 한계가 있다.

해설

① 우리나라는 제헌헌법 이래 문화국가의 원리를 헌법의 기본원리로 채택하고 있다(헌재 2004.5.27, 2003헌가1 등).

② 국가는 전통문화의 계승·발전과 민족문화의 창달에 노력하여야 한다(헌법 제9조). 다만, 정치·경제·사회·문화의 모든 영역에 있어서 각인의 기회를 균등히 하고는 헌법 제9조가 아니라 전문에 규정되어 있다.

③ 헌법 제9조의 규정취지와 민족문화유산의 본질에 비추어 볼 때, 국가가 민족문화유산을 보호하고자 하는 경우 이에 관한 헌법적 보호법익은 '민족문화유산의 존속' 그 자체를 보장하는 것이고, 원칙적으로 민족문화유산의 훼손등에 관한 가치보상(價値補償)이 있는지 여부는 이러한 헌법적 보호법익과 직접적인 관련이 없다(헌재 2003.1.30, 2001헌바64).
▶ 대부분 존속보장을 포인트로 하지 않지만, 문화국가는 존속보장이 핵심이고 가치보상은 직접적인 관련이 없다.

④ 국가는 학교교육에 관한 한, 교육제도의 형성에 관한 폭넓은 권한을 가지고 있지만, 학교교육 밖의 사적인 교육영역에서는 원칙적으로 부모의 자녀교육권이 우위를 차지하고, 국가 또한 헌법이 지향하는 문화국가이념에 비추어, 학교교육과 같은 제도교육 외에 사적인 교육의 영역에서도 사인의 교육을 지원하고 장려해야 할 의무가 있으므로 사적인 교육영역에 대한 국가의 규율권한에는 한계가 있다(헌재 2009.10.29, 2008헌마635).

정답 ②

10 조약과 일반적으로 승인된 국제법규에 대한 설명으로 옳은 것은? (다툼이 있는 경우 판례에 의함)

① 대통령이 외교통상부장관에게 위임하여 미합중국 국무장관과 발표한 '동맹 동반자 관계를 위한 전략대화 출범에 관한 공동성명'은 구체적인 법적 권리·의무를 창설하는 내용이 포함되어 있으므로 조약에 해당한다.

② 통상조약의 체결 절차 및 이행과정에서 남한과 북한 간의 거래는 남북교류협력에 관한 법률 제12조에 따라 국가 간의 거래가 아닌 민족내부의 거래로 본다.

③ 조약은 '국가·국제기구 등 국제법 주체 사이에 권리·의무관계를 창출하기 위하여 원칙적으로 구두 형식으로 체결되고 국제법에 의하여 규율되는 합의'라고 할 수 있다.

④ 조약은 국회의 동의를 얻어 체결·비준되었더라도 형식적 의미의 법률이 아닌 이상 헌법재판소의 위헌법률심판대상이 될 수 없다.

해설

① 대통령이 외교통상부장관에게 위임하여 미합중국 국무장관과 발표한 '동맹 동반자 관계를 위한 전략대화 출범에 관한 공동성명'은 양국의 외교관계 당국자 간의 동맹국에 대한 양해 내지 존중의 정치적 선언의 의미를 가지는 데 불과하다. 따라서 기본권이 침해되는 문제가 발생한다고 볼 수 없다(헌재 2006.5.16, 2006헌마500).

② 남북교류협력에 관한 법률 제12조

> **남북교류협력에 관한 법률 제12조【남북한 거래의 원칙】** 남한과 북한 간의 거래는 국가 간의 거래가 아닌 민족내부의 거래로 본다.

③ 조약이라 함은 명칭을 불문하고 국제법률관계를 설정하기 위하여 체결한 국제법 주체 상호간의 문서에 의한 합의를 말한다(헌재 2008.3.27, 2006헌라4). 다만, 예외적으로 구두합의도 조약의 성격을 가질 수 있다(헌재 2019.12.27, 2016헌마253). 즉, 원칙적으로는 문서에 의한 합의이다.

④ 헌법재판소법 제68조 제2항은 심판대상을 '법률'로 규정하고 있으나, 여기서의 '법률'에는 '조약'이 포함된다고 볼 것이다(헌재 2001.9.27, 2000헌바20).

정답 ②

11 조약과 일반적으로 승인된 국제법규에 대한 설명으로 옳지 <u>않은</u> 것은? (다툼이 있는 경우 판례에 의함)

① 전 세계적으로 양심적 병역거부권의 보장에 관한 국제관습법이 형성되었다고 할 수 없어 양심적 병역거부가 일반적으로 승인된 국제법규로서 우리나라에 수용될 수는 없다.

② 한미무역협정은 우호통상항해조약의 하나로서 성문헌법을 개정하는 효력이 없으므로 한미무역협정의 체결로 헌법개정 절차에서의 국민투표권 침해의 가능성은 인정될 수 없다.

③ 주권의 제약에 관한 조약은 체결할 수 없다.

④ 조약안은 국무회의의 심의를 거쳐야 한다.

해설

① 양심적 병역거부권을 명문으로 인정한 국제인권조약은 아직까지 존재하지 않으며, 유럽 등의 일부국가에서 양심적 병역거부권이 보장된다고 하더라도 전 세계적으로 양심적 병역거부권의 보장에 관한 국제관습법이 형성되었다고 할 수 없어 양심적 병역거부가 일반적으로 승인된 국제법규로서 우리나라에 수용될 수는 없다(헌재 2011.8.30, 2008헌가22).

② 한미무역협정의 경우, 헌법 제60조 제1항에 의하여 국회의 동의를 필요로 하는 우호통상항해조약의 하나로서 법률적 효력이 인정되므로, 규범통제의 대상이 됨은 별론으로 하고, 그에 의하여 성문헌법이 개정될 수는 없다. 이같이 한미무역협정이 성문헌법을 개정하는 효력이 없는 이상, 한미무역협정의 체결로 헌법개정 절차에서의 국민투표권이 행사될 수 있을 정도로 헌법이 개정된 것이라고 할 수 없으므로 그 침해의 가능성은 인정되지 않는다(헌재 2013.11.28, 2012헌마166).

③ 국회는 상호원조 또는 안전보장에 관한 조약, 중요한 국제조직에 관한 조약, 우호통상항해조약, 주권의 제약에 관한 조약, 강화조약, 국가나 국민에게 중대한 재정적 부담을 지우는 조약 또는 입법사항에 관한 조약의 체결·비준에 대한 동의권을 가진다(헌법 제60조 제1항).

④ 헌법 제89조 제3호

> **헌법 제89조** 다음 사항은 국무회의의 심의를 거쳐야 한다.
> 3. 헌법개정안·국민투표안·조약안·법률안 및 대통령령안

정답 ③

12 조약의 국내법적 효력에 대한 설명으로 옳지 않은 것은? (다툼이 있는 경우 헌법재판소 판례에 의함)

① 남북 사이의 화해와 불가침 및 교류·협력에 관한 합의서는 신사협정에 불과하여 법률이나 조약이라고 볼 수 없다.

② 조약의 체결권은 대통령에게 있으나, 체결·비준에 앞서 국무회의 심의를 거쳐야 하며, 중요한 사항은 체결·비준에 앞서 국회동의를 얻어야 한다.

③ 적법하게 체결·공포된 조약이 국내에서 효력을 가지기 위해서는 국내법률로 전환하는 별도의 절차를 필요로 한다.

④ 국제법존중주의는 국제법과 국내법의 동등한 효력을 인정한다는 취지이나, '유엔 시민적·정치적 권리 규약 위원회'가 국가보안법의 폐지나 개정을 권고하였다는 이유만으로도 이적행위 조항과 이적표현물 소지 조항은 국제법존중주의에 위배되는 것은 아니다.

해설

① 1992.2.19. 발효된 '남북 사이의 화해와 불가침 및 교류·협력에 관한 합의서'는 일종의 공동성명 또는 신사협정에 준하는 성격을 가짐에 불과하여 법률이 아님은 물론 국내법과 동일한 효력이 있는 조약이나 이에 준하는 것으로 볼 수 없다(헌재 2000.7.20, 98헌바63).

② 국회의 동의는 반드시 사전이라는 것을 명심하여야 한다(헌법 제60조, 제89조 제3호).

③ 우리나라는 국내법·국제법 일원주의를 채택하고 있다. 따라서 적법하게 체결·공포된 조약이 국내에서 효력을 가지기 위해서는 국내법률로 전환하는 별도의 절차는 따로 필요 없다.

④ 청구인은 이적행위조항과 이적표현물 소지조항이 국제법존중주의에 위배된다고 주장한다. 그러나 헌법 제6조 제1항에서 선언하고 있는 국제법존중주의는 국제법과 국내법의 동등한 효력을 인정한다는 취지일 뿐이므로 유엔 자유권위원회가 국가보안법의 폐지나 개정을 권고하였다는 이유만으로 이적행위조항과 이적표현물 소지조항이 국제법존중주의에 위배되는 것은 아니다(헌재 2024.2.28, 2023헌바381).

정답 ③

13 국제법존중주의에 관한 설명으로 가장 적절한 것은? (다툼이 있는 경우 판례에 의함)

① 국제법존중주의는 국제법과 국내법의 동등한 효력을 인정한다는 취지인바, '유엔 시민적 · 정치적 권리규약 위원회'가 국가보안법의 폐지나 개정을 권고하였으므로 국가보안법 제7조 제1항 중 '찬양 · 고무 · 선전 또는 이에 동조한 자'에 관한 부분은 국제법존중주의에 위배된다.

② 국제노동기구협약 제135호 기업의 근로자 대표에게 제공되는 보호 및 편의에 관한 협약 제2조 제1항은 근로자대표가 직무를 신속 · 능률적으로 수행할 수 있도록 기업으로부터 적절한 편의가 제공되어야 한다고 규정하고 있는바, 노조전임자 급여 금지, '근로시간 면제 제도' 및 노동조합이 이를 위반하여 급여 지급을 요구하고 이를 관철할 목적의 쟁의행위를 하는 것을 금지하는 노동조합 및 노동관계조정법 해당 조항들은 위 협약에 배치되므로 국제법존중주의 원칙에 위배된다.

③ 우리 헌법에서 명시적으로 입법위임을 하고 있거나 우리 헌법의 해석상 입법의무가 발생하는 경우가 아니더라도, 국제인권규범이 명시적으로 입법을 요구하고 있거나 국제인권규범의 해석상 국가의 기본권보장의무가 인정되는 경우에는 곧바로 국가의 입법의무가 도출된다.

④ 국제법존중주의는 우리나라가 가입한 조약과 일반적으로 승인된 국제법규가 국내법과 같은 효력을 가진다는 것으로서 조약이나 국제법규가 국내법에 우선한다는 것은 아니다.

해설

① 헌법 제6조 제1항에서 선언하고 있는 국제법존중주의는 국제법과 국내법의 동등한 효력을 인정한다는 취지일 뿐이므로 유엔 자유권위원회가 국가보안법의 폐지나 개정을 권고하였다는 이유만으로 이적행위조항과 이적표현물 소지조항이 국제법존중주의에 위배되는 것은 아니다(헌재 2024.2.28, 2023헌바381).

② 국제노동기구협약 제135호 '기업의 근로자 대표에게 제공되는 보호 및 편의에 관한 협약' 제2조 제1항은 "근로자대표에 대하여 그 지위나 활동을 이유로 불리한 조치를 할 수 없고, 근로자대표가 직무를 신속 · 능률적으로 수행할 수 있도록 기업으로부터 적절할 편의가 제공되어야 한다."고 정하고 있는데, 노조전임자에 대한 급여 지급 금지에 대한 절충안으로 근로시간 면제 제도가 도입된 이상, 이 사건 노조법 조항들이 위 협약에 배치된다고 보기 어렵다. 따라서 이 사건 노조법 조항들은 국제법 존중주의 원칙에 위배되지 않는다(헌재 2014.5.29, 2010헌마606).

③ 자유권규약을 포함한 국제인권규범은 국내법체계상에서 법률적 효력을 가질 뿐이므로, 우리 헌법에서 명시적으로 입법위임을 하고 있거나 우리 헌법의 해석상 입법의무가 발생하는 경우가 아니라면, 국제인권규범이 명시적으로 입법을 요구하고 있거나 그 해석상 국가의 기본권보장의무가 인정되는 경우라고 하더라도 곧바로 국가의 입법의무가 도출된다고 볼 수 없다(헌재 2024.1.25, 2020헌바475).

④ 국제법존중주의는 우리나라가 가입한 조약과 일반적으로 승인된 국제법규가 국내법과 같은 효력을 가진다는 것으로서 조약이나 국제법규가 국내법에 우선한다는 것은 아니다(대결 2005.5.13, 2005초기189). 즉, 동일한 효력을 가지니 신법우선의 원칙이나 특별법 우선의 원칙에 따라 결정된다.

정답 ④

14 국제평화주의와 국제법존중주의에 관한 설명 중 옳지 <u>않은</u> 것은? (다툼이 있는 경우 헌법재판소 판례에 의함)

① 헌법에 의하여 체결·공포된 조약과 일반적으로 승인된 국제법규는 국내법과 같은 효력을 가진다.

② 개인이 전쟁과 테러 혹은 무력행위로부터 자유로워야 하는 것은 인간의 존엄과 가치를 실현하고 행복을 추구하기 위한 기본전제가 되는 것이므로, 헌법 제10조와 제37조 제1항으로부터 침략전쟁에 강제되지 않고 평화적 생존을 할 수 있도록 국가에 요청할 수 있는 평화적 생존권이 도출된다.

③ 국제인권규약은 법적 구속력이 있으나 법률유보조항을 두고 있고 대한민국이 가입 당시 유보한 조항의 경우 직접적으로 국내법적 효력을 가지지 아니한다.

④ 북한이 남·북한의 유엔동시가입, 이른바 '남북합의서'의 채택·발효 및 '남북교류협력에 관한 법률' 등의 시행 후에도 적화통일의 목표를 버리지 않고 각종 도발을 자행하고 있으며 남·북한의 정치, 군사적 대결이나 긴장관계가 조금도 해소되고 있지 않음이 현실인 이상, 국가보안법의 해석·적용상 북한을 반국가단체로 보고 이에 동조하는 반국가활동을 규제하는 것 자체가 국제평화주의에 위반된다고 할 수 없다.

해설

① 헌법에 의하여 체결·공포된 조약과 일반적으로 승인된 국제법규는 국내법과 같은 효력을 가진다(헌법 제6조 제1항).

② 이러한 사정을 종합적으로 고려해 보면, 평화적 생존권을 헌법에 열거되지 아니한 기본권으로서 특별히 새롭게 인정할 필요성이 있다거나 그 권리내용이 비교적 명확하여 구체적 권리로서의 실질에 부합한다고 보기 어렵다 할 것이다(헌재 2009.5.28, 2007헌마369).

③ 위 규약 역시 권리의 본질을 침해하지 아니하는 한 국내의 민주적인 대의절차에 따라 필요한 범위 안에서 근로기본권의 법률에 의한 제한은 용인하고 있는 것으로서 위에서 본 교원의 지위에 관한 법정주의와 정면으로 배치되는 것은 아니라고 할 것이다(헌재 1991.7.22, 89헌가106).

④ 국가보안법의 해석·적용상 북한을 반국가단체로 보고 이에 동조하는 반국가활동을 규제하는 것 자체가 국제평화주의에 위반된다고 할 수 없다(헌재 1997.1.16, 92헌바6).

정답 ②

15 조약 및 국제법규에 대한 설명으로 옳지 않은 것은? (다툼이 있는 경우 판례에 의함)

① 적법하게 체결되어 공포된 조약에 의해 관세법 위반자의 처벌이 가중된다 하더라도 이를 들어 법률에 의하지 아니한 형사처벌이라고 할 수 없다.

② 조약의 명칭이 '협정'으로 되어 있다 하더라도 외국 군대의 지위에 관한 것이고, 국가에 재정적 부담을 지우는 내용과 입법사항을 포함하고 있으면 국회의 동의를 요하는 조약으로 취급되어야 한다.

③ 강제노동의 폐지에 관한 국제노동기구(ILO)의 제105호 조약은 우리나라가 비준한 바가 없고, 헌법 제6조 제1항에서 말하는 일반적으로 승인된 국제법규로서 헌법적 효력을 갖는 것이라고 볼 만한 근거도 없으므로 이 사건 심판대상 규정의 위헌성 심사의 척도가 될 수 없다.

④ 1960.10.5. 국제연합교육과학문화기구와 국제노동기구가 채택한 '교원의 지위에 관한 권고'는 일반적으로 승인된 국제법규에 해당하므로 직접적으로 국내법적인 효력을 가지는 것이다.

해설

① 마라케쉬협정에 의하여 관세법 위반자의 처벌이 가중된다고 하더라도 이를 들어 법률에 의하지 아니한 형사처벌이라거나 행위시의 법률에 의하지 아니한 형사처벌이라고 할 수 없다(헌재 1998.11.26, 97헌바65).

② 명칭이 "협정"으로 되어 있으나 외국 군대의 지위에 관한 것이고, 국가에 재정적 부담을 지우는 내용과 입법사항을 포함하고 있으므로 국회의 동의를 요하는 조약으로 취급되어야 한다(헌재 1999.4.29, 97헌가14).

③ 강제노동의 폐지에 관한 국제노동기구(ILO)의 제105호 조약은 우리나라가 비준한 바가 없고, 헌법 제6조 제1항에서 말하는 일반적으로 승인된 국제법규로서 헌법적 효력을 갖는 것이라고 볼 만한 근거도 없으므로 이 사건 심판대상규정의 위헌성 심사의 척도가 될 수 없다(헌재 1998.7.16, 97헌바23).

④ '교원의 지위에 관한 권고'는 그 전문에서 교육의 형태와 조직을 결정하는 법규와 관습이 나라에 따라 심히 다양성을 띠고 있어 나라마다 교원에게 적용되는 인사제도가 한결같지 아니함을 시인하고 있듯이 우리 사회의 교육적 전통과 현실, 그리고 국민의 법감정과의 조화를 이룩하면서 국민적 합의에 의하여 우리 현실에 적합한 교육제도를 단계적으로 실시·발전시켜 나갈 것을 그 취지로 하는 교육제도의 법정주의와 반드시 배치되는 것이 아니고, 또한 직접적으로 국내법적인 효력을 가지는 것이라고도 할 수 없다(헌재 1991.7.22, 89헌가106).

정답 ④

16 조약과 국제법규에 대한 설명으로 옳은 것을 모두 고른 것은? (다툼이 있는 경우 판례에 의함)

> ㉠ 인권에 관한 세계선언은 선언적인 의미뿐만 아니라 법적인 구속력을 가지고 있다.
> ㉡ 국내에 주소 등을 두고 있지 아니한 원고에게 법원이 소송비용담보제공명령을 하도록 한 구 민사소송법 제117조 제1항이 주로 외국인에게 적용된다는 사정만으로 외국인의 지위를 침해하는 법률조항이라고 할 수는 없으므로 헌법 제6조 제2항에 위배되지 아니한다.
> ㉢ '시민적 및 정치적 권리에 관한 국제규약'(이하 '자유권 규약')은 국내법체계상에서 법률적 효력을 가지므로, 헌법에서 명시적으로 입법위임을 하고 있거나 우리 헌법의 해석상 입법의무가 발생하는 경우가 아니라도, 자유권 규약이 명시적으로 입법을 요구하고 있거나 그 해석상 국가의 기본권 보장의무가 인정되는 경우에는 곧바로 국가의 입법의무가 도출된다.
> ㉣ 대한민국과일본국간의어업에관한협정은 우리나라 정부가 일본 정부와의 사이에서 어업에 관해 체결·공포한 조약으로서 헌법 제6조 제1항에 의하여 국내법과 같은 효력을 가진다.

① ㉠, ㉢
② ㉡, ㉣
③ ㉠, ㉡, ㉢
④ ㉠, ㉡, ㉣

해설

옳은 것은 ㉡, ㉣이다.

㉠ 국제연합의 인권에 관한 세계선언은 선언적인 의미를 가지고 있을 뿐 법적 구속력을 가진 것은 아니다(헌재 1991.7.22, 89헌가106).

㉡ 그 적용대상을 외국인으로 한정하고 있지 아니하고, 앞서 본 바와 같이 위 조항이 외국인을 포함하여 국내에 주소 등을 두고 있지 아니한 원고의 재판청구권을 침해한다고 볼 수 없으므로, 위 법률조항이 주로 외국인에게 적용된다는 사정만으로 외국인의 지위를 침해하는 법률조항이라고 할 수는 없다. 따라서 구 민사소송법 제117조 제1항은 헌법 제6조 제2항에 위배되지 아니한다(헌재 2011.12.29, 2011헌바57).

㉢ 우리나라가 자유권규약의 당사국으로서 자유권규약위원회의 견해를 존중하고 고려하여야 한다는 점을 감안하더라도, 피청구인에게 이 사건 견해에 언급된 구제조치를 그대로 이행하는 법률을 제정할 구체적인 입법의무가 발생하였다고 보기는 어려우므로, 이 사건 심판청구는 헌법소원심판의 대상이 될 수 없는 입법부작위를 대상으로 한 것으로서 부적법하다(헌재 2018.7.26, 2011헌마306 등).
▶ 즉, 법적 구속력이 없는 존중해야 하는 것으로 법률을 제정해야 할 입법의무가 발생하였다고 보기 어렵다.

㉣ 대한민국과일본국간의어업에관한협정은 우리나라 정부가 일본 정부와의 사이에서 어업에 관해 체결·공포한 조약(조약 제1477호)으로서 헌법 제6조 제1항에 의하여 국내법과 같은 효력을 가지므로, 그 체결행위는 고권적 행위로서 '공권력의 행사'에 해당한다(헌재 2001.3.21, 99헌마139).

정답 ②

제2편

기본권 총론

필수 OX

01 헌법에 열거되지 아니한 국민의 자유와 권리도 헌법소원에 의하여 구제될 수 있는 헌법상 보장된 기본권에 해당할 수 있다. O|X

해설

국민의 자유와 권리는 헌법에 열거되지 아니한 이유로 경시되지 아니한다(헌법 제37조 제1항). 따라서 열거되지 아니한 경우에도 헌법소원으로 구제될 수 있다. [O]

02 기본권은 국가가 확인하고 보장한다는 점에서 국가가 제정한 법률의 범위 내에서 그 효력이 인정되는 권리이다. O|X

해설

기본권은 헌법이 보장하는 것으로 법에 규정되어 있지 않아도 인정될 수 있다. 따라서 법률의 범위 내에서 효력이 인정되는 권리는 틀린 내용이다. [X]

03 공법인은 기본권의 수범자로서 국민의 기본권을 보호 내지 실현하여야 할 책임과 의무를 지닐 뿐이므로 기본권의 주체가 될 여지가 없다. O|X

해설

예외적으로 기본권에 의하여 보호되는 생활영역에 속해 있으며, 자연인의 개인적 기본권을 실현하는 데 기여하고 있을 뿐 아니라 조직법상 국가로부터 독립되어 고유한 업무영역을 가지고 있는 경우에는 기본권 주체성이 인정된다고 할 것이다(헌재 1992.10.1, 92헌마68 등). [X]

04 인간의 존엄과 가치, 행복추구권은 그 성질상 자연인에게 인정되는 기본권이므로 법인에게는 적용되지 않는다. O|X

해설

법인은 기본권의 주체가 될 수 있지만 성질상 제한이 따른다. 따라서 인간의 존엄과 가치, 행복추구권은 적용되지 않는다. 다만, 인격권은 인정하고 있다는 것을 주의하여야 한다(헌재 1991.4.1, 89헌마160). [O]

05 국가, 지방자치단체도 다른 공권력 주체와의 관계에서 지배복종관계가 성립되어 일반 사인처럼 그 지배하에 있는 경우에는 기본권 주체가 될 수 있다. O|X

해설

국립대학이나 공사의 경우 인정한 경우가 있으나, 국가나 지방자치단체의 경우 기본권 주체로 인정한 판례는 존재하지 않는다. [X]

06 인간의 권리로서 외국인에게도 주체성이 인정되는 일정한 기본권은 불법체류 여부에 따라 그 인정 여부가 달라지는 것은 아니다. O|X

해설

신체의 자유, 주거의 자유, 변호인의 조력을 받을 권리, 재판청구권 등은 성질상 인간의 권리로 불법체류외국인에게도 기본권 주체성이 인정된다(헌재 2012.8.23, 2008헌마430). [O]

07 외국인도 거주 · 이전의 자유가 인정되므로 특단의 사정이 없는 한 국가는 외국인의 입국을 허가할 의무가 있다. O|X

해설

외국인의 경우 입국의 자유까지 인정할 수는 없다. [X]

08 국가정책에 따라 정부의 허가를 받은 외국인은 정부가 허가한 범위 내에서 소득활동을 할 수 있는 것이므로 외국인이 국내에서 누리는 직업의 자유는 법률 이전에 헌법에 의해서 부여된 기본권이라 할 수는 없고, 법률에 따른 정부의 허가에 의해 비로소 발생하는 권리이다. O|X

해설

직업의 자유는 원칙적으로 대한민국 국민에게 인정되는 기본권이지, 외국인에게 인정되는 기본권은 아니다. 국가 정책에 따라 정부의 허가를 받은 외국인은 정부가 허가한 범위 내에서 소득활동을 할 수 있는 것이므로, 외국인이 국내에서 누리는 직업의 자유는 법률 이전에 헌법에 의해서 부여된 기본권이라고 할 수는 없고, 법률에 따른 정부의 허가에 의해 비로소 발생하는 권리이다(헌재 2014.8.28, 2013헌마359). [O]

09 건강한 작업환경, 일에 대한 정당한 보수, 합리적인 근로조건의 보장 등을 요구할 수 있는 권리 등을 포함하는 '일할 환경에 관한 권리'는 외국인 근로자도 주체가 될 수 있다. O|X

해설

근로의 권리가 "일할 자리에 관한 권리"만이 아니라 "일할 환경에 관한 권리"도 함께 내포하고 있는바, 후자는 인간의 존엄성에 대한 침해를 방어하기 위한 자유권적 기본권의 성격도 갖고 있어 건강한 작업환경, 일에 대한 정당한 보수, 합리적인 근로조건의 보장 등을 요구할 수 있는 권리 등을 포함한다고 할 것이므로 외국인 근로자라고 하여 이 부분에까지 기본권 주체성을 부인할 수는 없다(헌재 2007.8.30, 2004헌마670). [O]

10 단체는 자신의 기본권을 직접 침해당한 경우가 아니더라도 그 구성원을 위하여 또는 구성원을 대신하여 헌법소원심판을 청구할 수 있다는 헌법재판소의 결정이 있었다. O|X

해설

단체는 단체 자신의 기본권이 직접 침해당한 경우에만 헌법소원심판청구를 할 수 있을 뿐이고, 그 구성원을 위하여 또는 구성원을 대신하여 헌법소원심판을 청구할 수 없다. [X]

11 사단법인 한국영화인협회 내부의 8개 분과위원회 중 하나인 감독위원회는 독자적으로 기본권의 주체가 될 수 없다. O|X

해설

사단법인 한국영화인협회 내부의 8개 분과위원회 중 하나인 감독위원회는 독자적으로 기본권의 주체가 될 수 없다(헌재 1991.6.3, 90헌마56). [O]

12 정당은 권리능력 없는 사단으로서 기본권 주체성이 인정되므로 미국산 쇠고기 수입위생조건에 관한 고시와 관련하여 생명·신체의 안전에 관한 기본권 침해를 이유로 헌법소원을 청구할 수 있다. O|X

해설

이 사건에서 침해된다고 하여 주장되는 기본권은 생명·신체의 안전에 관한 것으로서 성질상 자연인에게만 인정되는 것이므로, 이와 관련하여 청구인 진보신당과 같은 권리능력 없는 단체는 위와 같은 기본권의 행사에 있어 그 주체가 될 수 없다(헌재 2008.12.26, 2008헌마419). [X]

13 헌법 제31조 제4항이 규정하는 교육의 자주성 및 대학의 자율성은 대학에 부여된 헌법상 기본권인 대학의 자율권이므로, 국립대학도 이러한 대학의 자율권의 주체로서 헌법소원심판의 청구인능력이 인정된다. O|X

해설

우리 헌법재판소는 공법상의 영조물인 서울대학교에 대해서 학문의 자유와 대학의 자율권의 주체성을 인정한 바 있다(헌재 1992.10.1, 92헌바68 등). [O]

14 국립대학인 서울대학교는 다른 국가기관 내지 행정기관과는 달리 공권력의 행사자의 지위와 함께 기본권의 주체라는 지위도 가진다. O|X

해설

우리 헌법재판소는 공법상의 영조물인 서울대학교에 대해서 학문의 자유와 대학의 자율권의 주체성을 인정한 바 있다(헌재 1992.10.1, 92헌바68 등). [O]

15 선거기사심의위원회가 불공정한 선거기사를 게재하였다고 판단한 언론사에 대하여 사과문 게재 명령을 하도록 한 공직선거법상의 사과문 게재 조항은 언론사인 법인의 양심의 자유를 침해한다. O|X

해설

법인은 양심을 가질 수 없다. 따라서 이는 틀린 지문이다. [X]

16 외국인은 자격제도 자체를 다툴 수 있는 기본권 주체성이 인정된다. 따라서 외국인에게만 특정 자격이 인정되지 않는다면 이는 평등권을 침해한다고 볼 수 있다. O|X

해설

심판대상조항이 제한하고 있는 직업의 자유는 국가자격제도정책과 국가의 경제상황에 따라 법률에 의하여 제한할 수 있는 국민의 권리에 해당한다. 국가정책에 따라 정부의 허가를 받은 외국인은 정부가 허가한 범위 내에서 소득활동을 할 수 있는 것이므로, 외국인이 국내에서 누리는 직업의 자유는 법률에 따른 정부의 허가에 의해 비로소 발생하는 권리이다. 따라서 외국인인 청구인에게는 그 기본권 주체성이 인정되지 아니하며, 자격제도 자체를 다툴 수 있는 기본권 주체성이 인정되지 아니하는 이상 국가자격제도에 관련된 평등권에 관하여 따로 기본권 주체성을 인정할 수 없다(헌재 2014.8.28, 2013헌마359). [X]

17 지방자치단체장은 국민의 기본권을 보호 내지 실현하여야 할 책임과 의무를 가지는 국가기관의 지위를 갖기 때문에 주민소환에 관한 법률의 관련 규정으로 인해 자신의 공무담임권이 침해됨을 이유로 헌법소원을 청구할 수 있는 기본권 주체로 볼 수 없다. O|X

해설

청구인은 선출직 공무원인 하남시장으로서 이 사건 법률조항으로 인하여 공무담임권 등이 침해된다고 주장하여, 순수하게 직무상의 권한행사와 관련된 것이라기보다는 공직의 상실이라는 개인적인 불이익과 연관된 공무담임권을 다투고 있으므로, 이 사건에서 청구인에게는 기본권의 주체성이 인정된다 할 것이다(헌재 2009.3.26, 2007헌마843). [X]

18 변호인의 조력을 받을 권리는 성질상 인간의 권리에 해당되므로 외국인도 주체가 된다. O|X

해설

신체의 자유, 주거의 자유, 변호인의 조력을 받을 권리, 재판청구권 등은 성질상 인간의 권리로 불법체류외국인에게도 기본권 주체성이 인정된다(헌재 2012.8.23, 2008헌마430). [O]

19 검사가 발부한 형집행장에 의하여 검거된 벌금미납자의 신병에 관한 업무와 관련하여 경찰공무원은 국가기관의 일부 또는 그 구성원으로서 헌법소원을 제기할 청구인적격이 인정되지 않는다. O|X

해설

검사가 발부한 형집행장에 의하여 검거된 벌금미납자의 신병에 관한 업무와 관련하여 경찰공무원인 청구인에게 헌법소원을 제기할 청구인적격이 인정되지 않는다(헌재 2009.3.24, 2009헌마118). [O]

20 변호사 등록제도는 그 연혁이나 법적 성질에 비추어 보건대, 원래 국가의 공행정의 일부라 할 수 있으나, 국가가 행정상 필요로 인해 대한변호사협회에 관련 권한을 이관한 것이므로 대한변호사협회는 변호사 등록에 관한 한 공법인으로서 공권력 행사의 주체이다. O|X

해설

변협은 변호사 등록에 관한 한 공법인으로서 공권력 행사의 주체이다(헌재 2019.11.28, 2017헌마759). [O]

21 공법상 재단법인인 방송문화진흥회가 최다출자자인 방송사업자로서 관련 규정에 의하여 공법상의 의무를 부담하고 있기 때문에 기본권 주체가 될 수 없다. O|X

해설

청구인의 경우 공법상 재단법인인 방송문화진흥회가 최다출자자인 방송사업자로서 방송법 등 관련규정에 의하여 공법상의 의무를 부담하고 있지만, 상법에 의하여 설립된 주식회사로 설립목적은 언론의 자유의 핵심영역인 방송사업이므로 이러한 업무수행과 관련하여 당연히 기본권 주체가 될 수 있다(헌재 2013.9.26, 2012헌마271). [X]

22 우리 헌법상 그 조항 자체에서 기본권의 효력이 사인(私人)에 대하여도 미친다는 취지를 명문으로 규정하거나 그 규정 자체에서 사인 간에도 기본권의 침해가 발생할 수 있음을 암시한 기본권은 없다. O|X

해설

헌법상 대사인 간 직접적으로 규정될 수 있게 암시하는 기본권은 헌법 제21조 제4항의 언론·출판의 사회적 책임과 헌법 제33조의 근로3권을 들 수 있다. [X]

23 미국에서는 원래는 적법절차를 규정한 수정헌법 제14조의 대상이 국가로 되어 있다는 점을 들어 대사인 간 효력을 부인하였는데, 후에는 국가작용으로의 의제를 통하여 우회적으로 인정한 셈이 되었다. O|X

해설

미국에서는 오랫동안 자연법적인 기본권사상에 입각하여 기본권의 대사인적 효력을 인정하지 아니하였으나 사인에 의한 인종차별의 문제를 중심으로 서서히 판례와 이론이 변하기 시작하였다. 미국연방대법원은 이른바 '국가작용설' 내지 '국가동시설'이라고 불려지는 일종의 '국가행위의제이론'을 구성해서 기본권의 대사인적 효력을 인정하려고 한다. 이 이론은 사인에게도 기본권의 효력을 미치게 하려면 사인의 행위를 국가의 행위와 동일시하거나 적어도 국가작용인 것처럼 의제하지 않으면 아니 된다고 한다. [O]

24 우리 헌법상 노동3권과 언론·출판의 자유, 통신의 자유, 혼인과 가족생활에 있어서 양성의 평등 등은 직접적이든, 간접적이든 사인 간에도 효력을 인정할 여지가 있을 것이고, 무죄추정의 원칙 등 처음부터 국가에 대한 보장이 문제되어 온 기본권은 그 적용의 여지가 없다. O|X

해설

옳은 지문이다. 무죄추정과 같이 신체의 자유의 대부분은 처음부터 국가에 대한 보장이 문제되어 사인끼리는 적용되기가 어렵다. [O]

25 기본권의 직접적인 제3자적 효력을 주장하는 경우에도 모든 기본권이 예외 없이 사인 간의 법률관계에 직접 적용되어야 한다고 주장하지는 않고 있다. O|X

해설

직접효력설이나 간접효력설 모두 주로 그렇게 하자는 것이지 예외 없이 다 직접 또는 간접으로 적용해야 한다고 주장하는 것은 아니다. [O]

26 기본권의 간접적인 제3자적 효력을 취하는 입장에서는 기본권이 사법상의 법률관계에 적용되기 위하여는 사법상의 일반원칙이라는 매개물이 필요하다고 하여 사법상의 사적 자치를 존중하고 있다. O|X

해설

옳은 지문이다. [O]

27 기본권의 직접적인 제3자적 효력을 주장하는 입장은 전체 법질서의 통일성과 사법질서의 독자성을 동시에 존중하고 있다. O|X

해설

간접효력설의 경우에는 사적 자치를 존중하며, 직접효력설은 전체 법질서의 통일성을 존중하는 입장이다. [X]

28 공무원이 선거운동의 기획에 참여하거나 그 기획의 실시에 관여하는 행위를 금지하는 법률조항은 정치적 표현의 자유에 대한 제한보다는 공무담임권과 더 밀접한 관계가 있고, 이를 직접적으로 제한하는 것이어서 공무담임권에 대한 침해 여부가 판단의 중심내용이다. O|X

해설

이 사건에서 정치적 표현의 자유와 공무담임권의 제한은 하나의 규제로 인하여 동시에 제약을 받을 수 있는 기본권 경합의 성격을 지니는바, 선거운동의 기획행위는 공직출마를 곧바로 제한하는 것은 아니어서 공무담임권보다는 정치적 표현의 자유와 더 밀접한 관계에 있으므로, 이 사건 법률조항이 비례의 원칙에 위배하여 청구인의 정치적 표현의 자유를 침해하고 있는지 여부를 중심으로 살펴보기로 한다(헌재 2008.5.29, 2006헌마1096). [X]

29 기본권의 경합과 기본권의 충돌의 문제는 기본권 해석의 문제이지 기본권 제한의 문제는 아니라고 할 수 있다. O|X

해설

기본권의 갈등은 기본권규정을 어떻게 해석하느냐와 관련 있다는 점에서 기본권의 해석의 문제이자 갈등관계에 있는 기본권들의 효력을 어느 정도로 인정할 것인가란 관점에서는 기본권의 효력의 문제이며, 이러한 갈등을 해소하기 위해서는 결국 헌법이 예정한 기본권 제한의 원칙을 문제해결의 준거로 삼을 수 없다는 점에서 기본권의 제한에 관한 문제라고 할 수 있다. [X]

30 이라크전쟁을 반대하는 노동조합의 집회개최에서 노동자의 노동3권과 집회의 자유는 진정한 기본권의 경합관계에 있지 않다. O|X

해설

기본권 경합은 동일한 기본권의 주체를 전제로 하는 개념으로서 하나의 기본권에 여러 가지 기본권의 적용을 주장하는 형태를 의미한다. 노동3권과 집회의 자유는 진정한 기본권 경합관계에 있지 않다. 즉, 유사경합이다. 근로3권에서 보호하는 것은 근로조건과 관련이 있어야 한다. 이라크전쟁 반대는 근로조건과 관련이 없으므로 유사경합이다. [O]

31 헌법재판소는 식품에 숙취해소 작용이 있음에도 불구하고 이러한 표시를 금지하는 것은 숙취해소용 식품의 제조·판매에 관한 영업의 자유 및 광고표현의 자유를 침해하는 것이며, '숙취해소용 천연차 및 그 제조방법'에 관하여 특허권도 침해하였다고 결정하였다. O|X

해설

숙취해소용 식품임을 나타내는 표시를 일체 금지하도록 한 이 사건 규정은 기본권 제한입법이 갖추어야 할 피해의 최소성, 법익균형성 등의 요건을 갖추지 못한 것이어서 숙취해소용 식품의 제조·판매에 영업의 자유 및 광고표현의 자유를 과잉금지원칙에 위반하여 침해하는 것이라고 아니할 수 없다(헌재 2000.3.30, 99헌마143). [O]

32 헌법재판소는 양심적 병역거부가 종교의 교리나 종교적 신념에 따라 행해진 것이라도, 양심의 자유를 기준으로 그 합헌성 여부를 심사하였다. O|X

해설

헌법 제20조 제1항은 종교의 자유를 따로 보장하고 있으므로 양심적 병역거부가 종교의 교리나 종교적 신념에 따라 이루어진 것이라면, 이 사건 법률조항에 의하여 양심적 병역거부자의 종교의 자유도 함께 제한된다. 그러나 양심의 자유는 종교적 신념에 기초한 양심뿐만 아니라 비종교적인 양심도 포함하는 포괄적인 기본권이므로, 이하에서는 양심의 자유를 중심으로 살펴보기로 한다(헌재 2004.8.26, 2002헌가1). [O]

33 수용자가 작성한 집필문의 외부반출을 불허하고 이를 영치할 수 있도록 한 것은 수용자의 통신의 자유와 표현의 자유를 제한한다. O|X

해설

심판대상조항은 집필문을 창작하거나 표현하는 것을 금지하거나 이에 대한 허가를 요구하는 조항이 아니라 이미 표현된 집필문을 외부의 특정한 상대방에게 발송할 수 있는지 여부에 대해 규율하는 것이므로, 제한되는 기본권은 헌법 제18조에서 정하고 있는 통신의 자유로 봄이 상당하다(헌재 2016.6.30, 2015헌마924). [X]

34 종교단체가 양로시설을 설치하고자 하는 경우 신고하도록 의무를 부담시키는 것은 종교단체의 종교의 자유와 인간다운 생활을 할 권리를 제한한다. O|X

해설

종교단체에서 운영하는 양로시설도 일정규모 이상의 경우 신고하도록 한 규정일 뿐, 거주·이전의 자유나 인간다운 생활을 할 권리의 제한을 불러온다고 볼 수 없다(헌재 2016.6.30, 2015헌바46). 즉, 종교의 자유 정도만 제한한다. [X]

35 기본권이 충돌하는 경우 사안과의 관련성이 동일한 경우에는 그 효력이 가장 강력한 기본권이 적용된다. O|X

해설

가장 강력한 기본권을 적용하자는 최강효력설은 기본권 충돌이 아닌 기본권 경합에서 논의되는 학설이다. [X]

36 기본권 충돌에서 대립되는 기본권이 반드시 상이한 기본권이어야 하는 것은 아니다. O|X

해설

기본권 충돌은 경합과 달리 복수의 기본권을 전제로 하는 것은 아니다. 단수의 기본권이어도 가능하나 주체가 복수여야 한다. [O]

37 기본권 충돌의 해결방법으로는 상위 기본권 우선론, 과잉금지원칙, 대안식해결론, 신뢰보호의 원칙 등을 들 수 있다. O|X

해설

기본권 충돌의 해결방법은 이익형량과 규범조화적 해결이 있는데 신뢰보호의 원칙은 해결방법에 존재하지 않는다. [X]

38 흡연권과 혐연권이 충돌한 경우 흡연권은 사생활의 자유를 실질적 핵으로 하는 기본권이고, 혐연권은 사생활의 자유뿐만 아니라 생명권에까지 연결되므로 혐연권이 상위의 기본권으로 보호되어야 한다. O|X

해설

흡연권은 위와 같이 사생활의 자유를 실질적 핵으로 하는 것이고 혐연권은 사생활의 자유뿐만 아니라 생명권에까지 연결되는 것이므로 혐연권이 흡연권보다 상위의 기본권이라 할 수 있다(헌재 2004.8.26, 2003헌마457). [O]

39 종립학교의 종교교육의 자유와 학생의 소극적 종교행위의 자유가 충돌하는 경우 종립학교는 원칙적으로 학생의 종교의 자유를 고려한 대책을 마련하는 등의 조치를 취하는 속에서 종교교육의 자유를 누린다. O|X

해설

참가 거부가 사실상 불가능한 분위기를 조성하고 대체과목을 개설하지 않는 등 신앙을 갖지 않거나 학교와 다른 신앙을 가진 학생의 기본권을 고려하지 않은 것은, 우리 사회의 건전한 상식과 법감정에 비추어 용인될 수 있는 한계를 벗어나 학생의 종교에 관한 인격적 법익을 침해하는 위법한 행위이고, 그로 인하여 인격적 법익을 침해받는 학생이 있을 것임이 충분히 예견가능하고 그 침해가 회피가능하므로 과실 역시 인정된다(대판 2010.4.22, 2008다38288). [O]

40 구치소의 미결수용자가 일반적으로 접근 가능한 신문을 구독하는 것은 알 권리의 보호영역에 속하지 않는다. O|X

해설

교화상 또는 구금목적에 특히 부적당하다고 인정되는 기사, 조직범죄 등 수용자 관련 범죄기사에 대한 신문기사 삭제행위는 구치소 내 질서유지와 보안을 위한 것으로 합헌이다(헌재 1998.10.29, 98헌마4). 합헌이 되려면 보호영역에 속해야 한다. [X]

41 공무담임권의 보호영역에는 공직취임의 기회의 자의적인 배제만이 포함될 뿐, 공무원 신분의 부당한 박탈은 포함되지 않는다. O|X

해설

공무담임권의 보호영역에는 공직취임의 기회의 자의적인 배제뿐 아니라, 공무원 신분의 부당한 박탈까지 포함되는 것이라고 할 것이다(헌재 2002.8.29, 2001헌마788 등). [X]

42 국가의 간섭을 받지 않고 자유로이 기부금품 모집행위를 할 수 있는 기회의 보장은 재산권의 보호범위에 포함되지 않고, 행복추구권에서 파생되는 일반적 행동의 자유에 의하여 보호된다. O|X

해설

기부금품의 모집행위도 행복추구권에서 파생하는 일반적인 행동자유권에 의하여 기본권으로 보장된다(헌재 1998.5.28, 96헌가5). [O]

43 기본권의 경우 헌법과 법률에 제한이 없다고 하더라도 타인의 권리, 공중도덕, 사회윤리, 공공복리 등의 존중에 의한 내재적 한계가 있다. O|X

해설

개인의 성적 자기결정권도 국가적·사회적·공공복리 등의 존중에 의한 내재적 한계가 있는 것이며, 따라서 절대적으로 보장되는 것은 아닐 뿐만 아니라 헌법 제37조 제2항이 명시하고 있듯이 질서유지, 공공복리 등 공동체 목적을 위하여 그 제한이 불가피한 경우에는 성적 자기결정권의 본질적 내용을 침해하지 않는 한도에서 법률로써 제한할 수 있는 것이다(헌재 1990.9.10, 89헌마82). [O]

44 피청구인인 부산구치소장이 청구인이 미결수용자 신분으로 구치소에 수용되었던 기간 중 교정시설 안에서 매주 실시하는 종교집회 참석을 제한한 행위는 청구인의 종교의 자유 중 종교적 집회·결사의 자유를 제한하지 않는다. O|X

해설

미결수용자에 대하여만 일률적으로 종교행사 등에의 참석을 불허한 피청구인의 행위가 미결수용자의 종교의 자유를 침해한 것이라는 헌법재판소의 입장을 밝힌 것이다. 종교행사 등 참석불허 처우는 과잉금지원칙을 위반하여 청구인의 종교의 자유를 침해한 것이다(헌재 2011.12.29, 2009헌마527). [X]

45 입법자가 정한 전문분야에 관한 자격제도에 대해서는 그 내용이 불합리하고 불공정하지 않는 한 입법자의 정책판단은 존중되어야 하며, 자격요건에 관한 법률조항은 합리적인 근거 없이 현저히 자의적인 경우에만 헌법에 위반된다고 할 수 있다. O|X

해설

판례는 자격제도에 대해서는 입법자의 입법형성권을 넓게 인정하여 불합리하지 않으면 위헌으로 보지 않는다(헌재 2001.5.31, 99헌바94). [O]

46 법정형의 종류와 범위의 선택은 입법자가 결정할 사항으로서 광범위한 입법재량 내지 형성의 자유가 인정되어야 할 분야이다. O|X

해설

법정형의 종류와 범위의 선택은 그 범죄의 죄질과 보호법익에 대한 고려뿐만 아니라 우리의 역사와 문화, 입법 당시의 시대적 상황, 국민일반의 가치관 내지 법감정 그리고 범죄예방을 위한 형사정책적 측면 등 여러 가지 요소를 종합적으로 고려하여 입법자가 결정할 사항으로서 광범위한 재량이 인정되어야 할 분야이다(헌재 1995.4.20, 93헌바40). [O]

47 사법시험의 제2차 시험의 합격결정에 관하여 과락제도를 정하는 구 사법시험령의 규정은 새로운 법률사항을 정한 것이라고 보기 어려우므로 법률유보의 원칙에 위반되지 않는다. O|X

해설

사법시험의 제2차 시험의 합격결정에 관하여 과락제도를 정하는 구 사법시험령의 규정은 새로운 법률사항을 정한 것이라고 보기 어려우므로 법률유보의 원칙에 위반되지 않는다(대판 2007.1.11, 2004두10432). [O]

48 비상계엄이 선포된 경우, 영장제도와 언론 · 출판 · 집회 · 결사의 자유에 대한 특별한 조치를 통하여 기본권 제한을 할 수 있는 명시적인 헌법상 근거가 존재한다. O|X

해설

비상계엄이 선포된 때에는 법률이 정하는 바에 의하여 영장제도, 언론 · 출판 · 집회 · 결사의 자유, 정부나 법원의 권한에 관하여 특별한 조치를 할 수 있다(헌법 제77조 제3항). [O]

49 법률유보원칙은 '법률에 의한' 규율만을 뜻하는 것이 아닌 '법률에 근거한' 규율을 요청하는 것이므로, 법률에 근거를 두면서 헌법 제75조가 요구하는 위임의 구체성과 명확성을 구비하기만 하면 위임입법에 의해서도 기본권을 제한할 수 있다. O|X

해설

현대에 들어와 행정국가화 · 사회국가화 경향에 따라 모든 행정을 법률에 의해 규율하는 것은 불가능하여 일정사항을 행정입법에 위임할 수밖에 없다. [O]

50 경찰청장이 경찰버스들로 서울특별시 서울광장을 둘러싸 통행을 제지한 경우에 경찰 임무의 하나로서 '기타 공공의 안녕과 질서유지'를 규정한 경찰관 직무집행법의 규정은 일반적 수권조항으로서 경찰권 발동의 법적 근거가 될 수 있으므로, 통행을 제지한 행위가 법률유보원칙에 위배되는 것은 아니다. O|X

해설

'기타 공공의 안녕과 질서유지'를 규정한 경찰관 직무집행법의 규정은 조직법규정으로 경찰권 발동의 법적 근거가 될 수 없으므로, 통행을 제지한 행위는 법률유보원칙에 위배된다(헌재 2011.6.30, 2009헌마406). [X]

51 직업수행의 자유에 대하여는 직업선택의 자유와는 달리 공익목적을 위하여 상대적으로 폭넓은 입법적 규제가 가능한 것이므로 과잉금지의 원칙이 적용되는 것이 아니라 자의금지의 원칙이 적용되는 것이다. O|X

해설

직업수행의 자유는 1단계 제한으로 폭넓은 입법형성권을 가진다. 다만, 직업의 자유이므로 평등권에서 논의되는 자의금지가 아니라 과잉금지의 원칙이 적용된다. [X]

52 교통사고특례법 중 업무상 과실 또는 중대한 과실로 인한 교통사고로 말미암아 피해자로 하여금 상해를 입게 한 경우 공소를 제기할 수 없도록 한 부분은 과소보호금지원칙에 위반한 것이다. O|X

해설

형벌은 국가가 취할 수 있는 유효적절한 수많은 수단 중의 하나일 뿐이지, 결코 형벌까지 동원해야만 보호법익을 유효적절하게 보호할 수 있다는 의미의 최종적인 유일한 수단이 될 수는 없다 할 것이다. 따라서 이 사건 법률조항은 국가의 기본권 보호의무의 위반 여부에 관한 심사기준인 과소보호금지의 원칙에 위반한 것이라고 볼 수 없다(헌재 2009.2.26, 2005헌마764). [X]

53 헌법 제10조는 국가의 기본권 보호의무를 명문으로 규정하고 있다. O|X

해설

국가는 개인이 가지는 불가침의 기본적 인권을 확인하고 이를 보장할 의무를 진다(헌법 제10조 후단). [O]

54 국민의 기본권을 보호하는 것은 국민주권의 원리상 국가의 가장 기본적인 의무이므로 입법자는 기본권보호의무를 최대한 실현하여야 하며, 헌법재판소는 입법자의 기본권 보호의무를 엄밀하게 심사하여야 한다. O|X

해설

일정한 경우 국가는 사인인 제3자에 의한 국민의 환경권 침해에 대해서도 적극적으로 기본권 보호조치를 취할 의무를 지나, 헌법재판소가 이를 심사할 때에는 국가가 국민의 기본권적 법익 보호를 위하여 적어도 적절하고 효율적인 최소한의 보호조치를 취했는가 하는 이른바 과소보호금지원칙의 위반 여부를 기준으로 삼아야 한다(헌재 2008.7.31, 2006헌마711). [X]

55 헌법재판소의 국민의 생명 · 신체의 안전을 보호하기 위한 조치가 필요한 상황인데도 국가가 아무런 보호조치를 취하지 않았든지, 아니면 취한 조치가 법익을 보호하기에 전적으로 부적합하거나 매우 불충분한 것임이 명백한 경우에 한하여 국가의 보호의무 위반을 확인하여야 한다. O|X

해설

헌법재판소는 기본권보호의무와 관련하여서는 최소한의 보호조치를 취했는가 하는 이른바 과소보호금지원칙의 위반 여부를 기준으로 삼고 있다(헌재 2008.7.31, 2006헌마711). [O]

56 국가인권위원회법상 평등권 침해의 차별행위에는 합리적인 이유 없이 성적 지향을 이유로 성희롱을 하는 행위도 포함된다. O|X

해설

국가인권위원회법 제2조 제3호 라목에서 평등권 침해의 차별행위에 해당하는 것으로 성희롱을 규정하고 있다. [O]

57 국가인권위원회는 피해자의 진정이 없다면 인권침해나 차별행위에 대해 이를 직권으로 조사할 수 없다. O|X

해설

위원회는 제1항의 진정이 없는 경우에도 인권침해나 차별행위가 있다고 믿을 만한 상당한 근거가 있고 그 내용이 중대하다고 인정할 때에는 직권으로 조사할 수 있다(국가인권위원회법 제30조 제3항). [X]

58 국가인권위원회는 진정을 조사한 결과 인권침해가 있었다고 판단할 때 구제조치의 이행 및 시정명령을 할 수 있다. O|X

해설

위원회가 진정을 조사한 결과 인권침해나 차별행위가 일어났다고 판단하는 때에는 피진정인, 그 소속기관·단체 또는 감독기관의 장에게 구제조치의 이행이나 법령·제도·정책·관행의 시정 또는 개선을 권고할 수 있다(국가인권위원회법 제44조 제1항). [X]

59 국가인권위원회는 법률에 설치근거를 둔 국가기관이고, 헌법에 의하여 설치되고 헌법과 법률에 의하여 독자적인 권한을 부여받은 국가기관이라고 할 수는 없으므로, 독립성이 보장된 기관이기는 하더라도 그 기관이 갖는 권한의 침해 여부에 대해 국가를 상대로 권한쟁의심판을 청구할 당사자능력은 없다. O|X

해설

권한쟁의의 당사자가 되려면 헌법에 의해 설치되어야 하는데 국가인권위원회는 헌법에 명시되지 않았다(헌재 2010.10.28, 2009헌라6). [O]

60 국가인권위원회가 진정에 대해 각하 또는 기각결정을 하면 이 결정은 헌법소원의 대상이 되고 헌법소원의 보충성 요건을 충족한다. O|X

해설

이 사건 심판청구는 행정심판이나 행정소송 등의 사전 구제절차를 모두 거친 후 청구된 것이 아니므로 보충성 요건을 충족하지 못하였다(헌재 2015.3.26, 2013헌마214). [X]

61 국가인권위원회는 피해자의 권리구제를 위해 필요하다고 인정하면 피해자를 위하여 피해자의 명시한 의사에 관계없이 대한법률구조공단 또는 그 밖의 기관에 법률구조를 요청할 수 있다. O|X

해설

진정에 관한 위원회의 조사, 증거의 확보 또는 피해자의 권리구제를 위하여 필요하다고 인정하는 경우에 위원회는 피해자를 위하여 대한법률구조공단 또는 그 밖의 기관에 법률구조를 요청할 수 있다. 법률구조 요청은 피해자의 명시한 의사에 반하여 할 수 없다(국가인권위원회법 제47조 제1항·제2항). [X]

예상문제

제1절 기본권의 주체

01 기본권의 주체에 대한 설명으로 옳지 않은 것은? (다툼이 있는 경우 판례에 의함)

① 초기배아는 수정이 된 배아라는 점에서 형성 중인 생명의 첫걸음을 떼었다고 볼 여지가 있으나, 이에 대한 국가의 보호필요성이 있음은 별론으로 하고, 그 기본권 주체성이 인정되기는 어렵다.

② 검사가 발부한 형집행장에 의하여 검거된 벌금미납자의 신병에 관한 업무와 관련하여 경찰공무원은 국가기관의 일부 또는 그 구성원으로서 헌법소원을 제기할 청구인적격이 인정되지 않는다.

③ 생명권은 비록 헌법에 명문의 규정이 없다 하더라도 인간의 생존본능과 존재목적에 바탕을 둔 선험적이고 자연법적인 권리로서 헌법에 규정된 모든 기본권의 전제로서 기능하는 기본권 중의 기본권이며, 형성 중의 생명인 태아에게도 생명에 대한 권리가 인정된다.

④ 한국신문편집인협회는 언론인들의 협동단체로서 대표자와 총회가 있고, 단체의 명칭, 대표의 방법, 총회 운영, 재산의 관리 기타 단체의 중요한 사항이 회칙으로 규정되어 있지만 법인격이 없어 기본권의 주체가 될 수 없다.

해설

① 수정 후 착상 전의 배아가 인간으로 인식된다거나 그와 같이 취급하여야 할 필요성이 있다는 사회적 승인이 존재한다고 보기 어려운 점 등을 종합적으로 고려할 때, 기본권 주체성을 인정하기 어렵다(헌재 2010.5.27, 2005헌마346).

초기배아	주체	보호필요성
인정 여부	×	○

② 검사가 발부한 형집행장에 의하여 검거된 벌금미납자의 신병에 관한 업무와 관련하여 경찰공무원인 청구인에게 헌법소원을 제기할 청구인적격이 인정되지 않는다(헌재 2009.3.24, 2009헌마118).

▶ 이는 국민으로 다툰 것이 아니라 국가기관 내부의 문제, 즉 검사와 경찰의 이견에 관한 것으로 헌법소원으로 다툴 사안은 아니라는 의미이다.

③ 생명권은 비록 헌법에 명문의 규정이 없다 하더라도 인간의 생존본능과 존재목적에 바탕을 둔 선험적이고 자연법적인 권리로서 헌법에 규정된 모든 기본권의 전제로서 기능하는 기본권 중의 기본권이며, 형성 중의 생명인 태아에게도 생명에 대한 권리가 인정된다(헌재 2008.7.31, 2004헌바81).

④ 한국신문편집인협회는 언론인들의 협동단체로서 법인격은 없으나, 대표자와 총회가 있고, 단체의 명칭, 대표의 방법, 총회 운영, 재산의 관리 기타 단체의 중요한 사항이 회칙으로 규정되어 있는 등 사단으로서의 실체를 가지고 있으므로 권리능력 없는 사단이라고 할 것이고, 따라서 기본권의 성질상 자연인에게만 인정될 수 있는 기본권이 아닌 한 기본권의 주체가 될 수 있으며, 헌법상 기본권을 향유하는 범위 내에서는 헌법소원심판 청구능력도 있다고 할 것이다(헌재 1995.7.21, 92헌마177).

부분기관	인정	부정
사례	협회, 총회신학연구원	이사회, 감독위원회

정답 ④

02 기본권의 주체에 관한 설명 중 가장 적절한 것은? (다툼이 있는 경우 판례에 의함)

① 국가균형발전특별법에 의한 도지사의 혁신도시 입지선정과 관련하여 그 입지선정에서 제외된 지방자치단체는 자의적인 선정기준을 다투는 평등권의 주체가 된다.

② 출입국관리법에 따른 영주의 체류자격 취득일 후 3년이 경과한 19세 이상의 외국인에게는 지방자치단체 의회의원 및 장의 선거권이 부여되어 헌법상의 정치적 기본권이 인정된다.

③ 외국인에게 근로관계가 형성되기 전 단계인 특정한 직업을 선택할 수 있는 권리는 헌법상 기본권에서 유래된다.

④ 농지개량조합은 존립목적, 조직과 재산의 형성 및 그 활동전반에 나타나는 매우 짙은 공적인 성격에 비추어 공법인으로 볼 수 있으므로 기본권의 주체가 될 수 없다.

해설

① 지방자치단체는 기본권의 주체가 될 수 없다는 것이 헌법재판소의 입장이며, 이를 변경해야 할만한 사정이나 필요성이 없으므로 지방자치단체인 춘천시의 헌법소원 청구는 부적법하다(헌재 2006.12.28, 2006헌마312).

② 지방참정권은 헌법상의 기본권이 아니며, 법률이 인정하는 권리이다. 또한 최근 개정법에 따르면 19세 아닌 18세 이상의 외국인에게 지방참정권이 인정된다.

③ 직업의 자유는 원칙적으로 대한민국 국민에게 인정되는 기본권이지, 외국인에게 인정되는 기본권은 아니다. 국가 정책에 따라 정부의 허가를 받은 외국인은 정부가 허가한 범위 내에서 소득활동을 할 수 있는 것이므로, 외국인이 국내에서 누리는 직업의 자유는 법률 이전에 헌법에 의해서 부여된 기본권이라고 할 수는 없고, 법률에 따른 정부의 허가에 의해 비로소 발생하는 권리이다(헌재 2014.8.28, 2013헌마359).

▶ 직업의 자유는 부정 / 직장 선택의 자유는 긍정

④ 주요사업인 농업생산기반시설의 정비·유지·관리사업은 농업생산성의 향상 등 그 조합원들의 권익을 위한 것만이 아니고 수해의 방지 및 수자원의 적정한 관리 등 일반 국민들에게도 직접 그 영향을 미치는 고도의 공익성을 띠고 있는 점 등 농지개량조합의 조직, 재산의 형성·유지 및 그 목적과 활동전반에 나타나는 매우 짙은 공적인 성격을 고려하건대, 이를 공법인이라고 봄이 상당하므로 헌법소원의 청구인적격을 인정할 수 없다(헌재 2000.11.30, 99헌마190).

▶ 공법인 중 인정하는 건 국립대학교와 KBS뿐이다.

정답 ④

03 기본권 주체에 대한 설명으로 가장 적절하지 않은 것은? (다툼이 있는 경우 헌법재판소 판례에 의함)

① 고용 허가를 받아 국내에 입국한 외국인근로자의 출국만기보험금을 출국 후 14일 이내에 지급하도록 한 것에 대하여 해당 외국인근로자는 근로의 권리가 침해됨을 주장할 수 없다.

② '2018학년도 대학수학능력시험 시행기본계획'은 성년의 자녀를 둔 부모의 자녀교육권을 제한하지 않는다.

③ 법인도 법인의 목적과 사회적 기능에 비추어 볼 때 그 성질에 반하지 않는 범위 내에서 인격권의 한 내용인 사회적 신용이나 명예 등의 주체가 될 수 있다.

④ 태아도 헌법상 생명권의 주체이고, 그 성장 상태가 보호 여부의 기준이 되어서는 안 된다.

해설

① 근로조건은 임금과 그 지불방법, 취업시간과 휴식시간 등 근로계약에 의하여 근로자가 근로를 제공하고 임금을 수령하는 데 관한 조건들이고, 이 사건 출국만기보험금은 퇴직금의 성질을 가지고 있어서 그 지급시기에 관한 것은 근로조건의 문제이므로 외국인인 청구인들에게도 기본권 주체성이 인정된다(헌재 2016.3.31, 2014헌마367).

② '2018학년도 대학수학능력시험 시행기본계획'은 성년의 자녀를 둔 부모의 자녀교육권을 제한하지 않는다(헌재 2018.2.22, 2017헌마691).

《주의 이 사안과 관련된 기본권은 교육을 통한 자유로운 인격발현권이고, 자녀가 성인이 되었으므로 부모의 교육권은 관련이 없는 것으로 보아야 한다.

③ 법인도 법인의 목적과 사회적 기능에 비추어 볼 때 그 성질에 반하지 않는 범위 내에서 인격권의 한 내용인 사회적 신용이나 명예 등의 주체가 될 수 있다(헌재 1991.6.3, 90헌마56).

▶ 인간의 존엄성 부정 / 인격권은 긍정

④ 태아도 생명권의 주체가 된다. 또한 착상 전후와 상관없이 그 보호필요성은 어느 정도 인정하고 있다(헌재 2008.7.31, 2004헌바81).

구분	보호 여부, 필요성	정도
태아	모두 인정	달라질 수 있다.

정답 ①

04 기본권 주체에 관한 설명 중 가장 적절하지 <u>않은</u> 것은? (다툼이 있는 경우 판례에 의함)

① 주택재개발정비사업조합은 노후·불량한 건축물이 밀집한 지역에서 주거환경을 개선하여 도시의 기능을 정비하고 주거생활의 질을 높여야 할 국가의 의무를 대신하여 실현하는 기능을 수행하고 있으므로 구 도시 및 주거환경정비법상 주택재개발정비사업조합이 공법인의 지위에서 기본권의 수범자로 기능하면서 행정심판의 피청구인이 된 경우에는 기본권의 주체가 될 수 없다.

② 중소기업중앙회는 중소기업협동조합법에 의해 설치되고 국가가 그 육성을 위해 재정을 보조해주는 등 공법인적 성격을 강하게 가지고 있으므로 결사의 자유를 누릴 수 있는 단체에 해당되지는 않는다.

③ 국가, 지방자치단체나 그 기관 또는 국가조직의 일부나 공법인은 원칙적으로 국민의 기본권을 보호 내지 실현해야 할 '책임'과 '의무'를 지는 주체로서 헌법소원을 청구할 수 없다.

④ 외국인의 경우 입국의 자유의 주체가 되지는 못한다.

해설

① 재개발조합의 공공성과 '도시 및 주거환경정비법'에서 위 조합에 행정처분을 할 수 있는 권한을 부여한 취지 등을 종합하여 볼 때, 재개발조합이 공법인의 지위에서 행정처분의 주체가 되는 경우에 있어서는, 위 조합은 재개발사업에 관한 국가의 기능을 대신하여 수행하는 공권력 행사자 내지 기본권 수범자의 지위에 있다. 따라서 재개발조합이 기본권의 수범자로 기능하면서 행정심판의 피청구인이 된 경우에 적용되는 심판대상조항의 위헌성을 다투는 이 사건에 있어, 재개발조합인 청구인은 기본권의 주체가 된다고 볼 수 없다(헌재 2022.7.21, 2019헌바543 등).

② 중소기업중앙회는, 비록 국가가 그 육성을 위해 재정을 보조해주고 중앙회의 업무에 적극 협력할 의무를 부담할 뿐만 아니라 중소기업 전체의 발전을 위한 업무, 국가나 지방자치단체가 위탁하는 업무 등 공공성이 매우 큰 업무를 담당하여 상당한 정도의 공익단체성, 공법인성을 가지고 있다고 하더라도, 기본적으로는 회원 간의 상호부조, 협동을 통해 중소기업자의 경제적 지위를 향상시키기 위한 자조조직(自助組織)으로서 사법인에 해당한다(헌재 2021.7.15, 2020헌가9).

▶ 따라서 결사의 자유를 누린다(상공회의소도 비슷).

③ 공권력의 행사자인 국가, 지방자치단체나 그 기관 또는 국가조직의 일부나 공법인은 국민의 기본권을 보호 내지 실현해야 할 '책임'과 '의무'를 지는 주체로서 헌법소원을 청구할 수 없다(헌재 1994.12.29, 93헌마120).

▶ 지자체장은 국민의 지위에서 기본권 주체가 되지만, 지자체는 기본권 주체가 되는 경우가 아예 없는 공권력의 주체이다.

④ 외국인의 경우 출국의 자유의 주체가 될 수는 있으나, 입국의 자유의 주체가 되지는 못한다.

정답 ②

05 법인 또는 단체의 헌법상 지위에 대한 설명으로 옳은 것을 모두 고른 것은? (다툼이 있는 경우 판례에 의함)

> ㉠ 특별한 예외적인 경우를 제외하고, 단체는 그 구성원의 권리구제를 위하여 대신 헌법소원심판을 청구한 경우에는 헌법소원심판청구의 자기관련성을 인정할 수 없다.
> ㉡ 인간의 존엄과 가치에서 유래하는 인격권은 자연적 생명체로서 개인의 존재를 전제로 하는 기본권으로서 그 성질상 법인에게는 적용될 수 없다.
> ㉢ 변호사 등록제도는 그 연혁이나 법적 성질에 비추어 보건대, 원래 국가의 공행정의 일부라 할 수 있으나, 국가가 행정상 필요로 인해 대한변호사협회에 관련 권한을 이관한 것이므로 대한변호사협회는 변호사 등록에 관한 한 공법인으로서 공권력 행사의 주체이다.
> ㉣ 국내 단체의 이름으로 혹은 국내 단체와 관련된 자금으로 정치자금을 기부하는 것을 금지한 정치자금법 조항은 단체의 정치적 의사표현 등 정치활동의 자유를 침해한다.

① ㉠, ㉢　　② ㉡, ㉣
③ ㉠, ㉡, ㉢　　④ ㉠, ㉢, ㉣

해설

옳은 것은 ㉠, ㉢이다.

㉠ 단체는 단체 자신의 기본권이 직접 침해당한 경우에만 헌법소원심판청구를 할 수 있을 뿐이고, 그 구성원을 위하여 또는 구성원을 대신하여 헌법소원심판을 청구할 수 없다(헌재 1994.12.29, 89헌마2).

㉡ 법인의 인격권의 주체가 될 수 있으나, 인간의 존엄과 가치의 주체는 되지 못한다(헌재 2012.8.23, 2009헌가27). 따라서 인격권의 주체가 될 수 있으니 헌법원칙인 비례심사를 할 수 있다.

㉢ 대한변호사협회는 변호사 등록에 관한 한 공법인으로서 공권력 행사의 주체이다(헌재 2019.11.28, 2017헌마759).

㉣ 이 사건 기부금지 조항이 과잉금지원칙에 위반하여 정치활동의 자유 등을 침해하는 것이라 볼 수 없다(헌재 2010.12.28, 2008헌바89).

정답 ①

06 기본권의 주체에 대한 설명으로 가장 적절한 것은? (다툼이 있는 경우 판례에 의함)

① 선거기사심의위원회가 불공정한 선거기사를 게재하였다고 판단한 언론사에 대하여 사과문 게재 명령을 하도록 한 공직선거법상의 사과문 게재 조항은 언론사인 법인의 양심의 자유를 침해한다.

② 국회의원은 국회 구성원의 지위에서 질의권·토론권·표결권 등의 기본권 주체가 될 수 있다.

③ 지방자치단체장은 국민의 기본권을 보호 내지 실현하여야 할 책임과 의무를 가지는 국가기관의 지위를 갖기 때문에 주민소환에 관한 법률의 관련 규정으로 인해 자신의 공무담임권이 침해됨을 이유로 헌법소원을 청구할 수 있는 기본권 주체로 볼 수 없다.

④ 헌법은 국가의 교육권한과 부모의 교육권의 범주 내에서 학생에게도 자신의 교육에 관하여 스스로 결정할 권리, 즉 자유롭게 교육을 받을 권리를 부여하고, 학생은 국가의 간섭을 받지 아니하고 자신의 능력과 개성, 적성에 맞는 학교를 자유롭게 선택할 권리를 가진다.

해설

① 선거기사심의위원회가 불공정한 선거기사를 게재하였다고 판단한 언론사에 대하여 사과문 게재 명령을 하도록 한 공직선거법상의 사과문 게재 조항은 언론사의 인격권을 침해하여 헌법에 위반된다(헌재 2015.7.30, 2013헌가8).

≪주의 법인의 경우에는 인격권을 침해한다고 할 수 있지만, 법인은 양심을 가지지 못하여 양심의 자유를 침해한다고 하면 틀린 지문이다.

② 국회의원이나 교섭단체에게 부여된 질의권, 토론권 및 표결권 등 각종 권한 그들이 국회의 구성원으로서 국회의 의안처리과정에서 행사할 수 있는 권한이다(헌재 1995.2.23, 90헌라1).

▶ 즉, 권리가 아니다. 따라서 국회 구성원, 즉 국가기관의 지위에서는 기본권 주체가 될 수 없다.

③ 청구인은 선출직 공무원인 하남시장으로서 이 사건 법률조항으로 인하여 공무담임권 등이 침해된다고 주장하여, 순수하게 직무상의 권한행사와 관련된 것이라기보다는 공직의 상실이라는 개인적인 불이익과 연관된 공무담임권을 다투고 있으므로, 이 사건에서 청구인에게는 기본권의 주체성이 인정된다 할 것이다(헌재 2009.3.26, 2007헌마843).

▶ 주민소환, 선거기획 등에서 지자체장의 기본권 주체성을 긍정하였다.

④ 헌법은 국가의 교육권한과 부모의 교육권의 범주 내에서 학생에게도 자신의 교육에 관하여 스스로 결정할 권리, 즉 자유롭게 교육을 받을 권리를 부여하고, 학생은 국가의 간섭을 받지 아니하고 자신의 능력과 개성, 적성에 맞는 학교를 자유롭게 선택할 권리를 가진다(헌재 2012.11.29, 2011헌마827).

정답 ④

07 기본권의 주체성에 대한 설명으로 옳지 않은 것은? (다툼이 있는 경우 판례에 의함)

① 근로의 권리의 내용 중 일할 환경에 관한 권리는 인간의 존엄성에 대한 침해를 방어하기 위한 자유권적 기본권의 성격도 갖고 있으므로 외국인 근로자라고 하여 이에 대한 기본권 주체성을 부인할 수는 없다.

② 법률이 교섭단체를 구성한 정당에 정책연구위원을 두도록 하여 그렇지 못한 정당을 차별하는 경우 교섭단체를 구성하지 못한 정당은 기본권을 침해받을 가능성이 있다.

③ 직장선택의 자유는 인간의 존엄과 가치 및 행복추구권과도 밀접한 관련을 가지는 만큼 단순히 국민의 권리가 아닌 인간의 권리로 보아야 할 것이므로 외국인도 제한적으로라도 직장선택의 자유를 향유할 수 있다고 보아야 한다.

④ 공법인은 기본권의 수범자로서 국민의 기본권을 보호 내지 실현하여야 할 책임과 의무를 지닐 뿐이므로 기본권의 주체가 될 여지가 없다.

해설

① 근로의 권리가 "일할 자리에 관한 권리"만이 아니라 "일할 환경에 관한 권리"도 함께 내포하고 있는바, 후자는 인간의 존엄성에 대한 침해를 방어하기 위한 자유권적 기본권의 성격도 갖고 있어 건강한 작업환경, 일에 대한 정당한 보수, 합리적인 근로조건의 보장 등을 요구할 수 있는 권리 등을 포함한다고 할 것이므로 외국인 근로자라고 하여 이 부분에까지 기본권 주체성을 부인할 수는 없다(헌재 2007.8.30, 2004헌마670).

▶ 일할 자리는 부정되지만, 일할 환경은 긍정된다.

② 교섭단체에 정책연구위원을 둔다는 국회법 제34조 제1항 규정은 교섭단체를 구성한 정당에게 정책연구위원을 배정한다는 것과 실질적으로 다를 바 없다고 할 것인바, 이 규정은 교섭단체 소속의원과 그렇지 못한 의원을 차별하는 것인 동시에, 교섭단체를 구성한 정당과 그렇지 못한 정당도 차별하고 있다고 할 것이다. 그렇다면 국회의원 20인 이상을 확보하지 못하여 교섭단체를 구성하지 못한 청구인은 이 사건 규정으로 인하여 자신의 기본권을 침해받을 가능성이 있다(헌재 2008.3.27, 2004헌마654).

▶ 정당은 긍정되지만 국회의원은 부정된다.

③ 직업의 자유 중 이 사건에서 문제되는 직장선택의 자유는 인간의 존엄과 가치 및 행복추구권과도 밀접한 관련을 가지는 만큼 단순히 국민의 권리가 아닌 인간의 권리로 보아야 할 것이므로 외국인도 제한적으로라도 직장선택의 자유를 향유할 수 있다고 보아야 한다(헌재 2011.9.29, 2007헌마1083 등).

④ 국가나 국가기관 또는 국가조직의 일부나 공법인은 기본권의 '수범자'이지 기본권의 주체로서 그 '소지자'가 아니고 오히려 국민의 기본권을 보호 내지 실현해야 할 '책임'과 '의무'를 지니고 있는 지위에 있을 뿐이므로, 공법인인 지방자치단체의 의결기관인 청구인 의회는 기본권의 주체가 될 수 없고 따라서 헌법소원을 제기할 수 있는 적격이 없다고 할 것이다(헌재 1998.3.26, 96헌마345).

≪주의 다만, 예외적으로 가능하기 때문에 여지가 없다는 것은 틀린 지문이다.

정답 ④

08 기본권 주체에 대한 설명으로 가장 적절하지 않은 것은? (다툼이 있는 경우 헌법재판소 판례에 의함)

① 공법상 재단법인인 방송문화진흥회가 최다출자자인 방송사업자로서 방송법 등 관련 규정에 의하여 공법상의 의무를 부담하고 있지만, 그 설립목적이 언론의 자유의 핵심 영역인 방송사업이므로 이러한 업무수행과 관련해서 기본권 주체가 될 수 있다.

② 의료인에게 면허된 의료행위 이외의 의료행위를 금지하고 처벌하는 의료법 조항이 제한하고 있는 직업의 자유는 국가자격제도정책과 국가의 경제상황에 따라 법률에 의하여 제한할 수 있고 인류보편적인 성격을 지니고 있지 아니하는 국민의 권리이므로 원칙적으로 외국인에게 인정되는 기본권은 아니다.

③ 아동과 청소년은 부모와 국가에 의한 단순한 보호의 대상이 아닌 독자적인 인격체이며, 그의 인격권은 성인과 마찬가지로 인간의 존엄성 및 행복추구권을 보장하는 헌법 제10조에 의하여 보호된다.

④ 정당은 권리능력 없는 사단으로서 기본권 주체성이 인정되므로 '미국산 쇠고기 수입의 위생조건에 관한 고시'와 관련하여 생명·신체의 안전에 관한 기본권 침해를 이유로 헌법소원을 청구할 수 있다.

해설

① 청구인은 공법상 재단법인인 방송문화진흥회가 최다출자자인 방송사업자로서 방송법 등 관련 규정에 의하여 공법상의 의무를 부담하고 있지만, 그 설립목적이 언론의 자유의 핵심 영역인 방송사업이므로 이러한 업무수행과 관련해서는 당연히 기본권 주체가 될 수 있다(헌재 2013.9.26, 2012헌마271).

② 심판대상조항이 제한하고 있는 직업의 자유는 국가자격제도정책과 국가의 경제상황에 따라 법률에 의하여 제한할 수 있고 인류보편적인 성격을 지니고 있지 아니하므로 국민의 권리에 해당한다. 이와 같이 헌법에서 인정하는 직업의 자유는 원칙적으로 대한민국 국민에게 인정되는 기본권이지, 외국인에게 인정되는 기본권은 아니다(헌재 2014.8.28, 2013헌마359).

③ 아동과 청소년은 인격의 발전을 위하여 어느 정도 부모와 학교 교사 등의 지도를 필요로 하는 아직 성숙하지 못한 인격체이지만, 부모와 국가에 의한 단순한 보호의 대상이 아닌 독자적인 인격체이다. 이들의 인격권은 성인과 마찬가지로 인간의 존엄성 및 행복추구권을 보장하는 헌법 제10조에 의하여 보호된다(헌재 2016.5.26, 2014헌마374).

④ 이 사건에서 침해된다고 하여 주장되는 기본권은 생명·신체의 안전에 관한 것으로서 성질상 자연인에게만 인정되는 것이므로, 이와 관련하여 청구인 진보신당과 같은 권리능력 없는 단체는 위와 같은 기본권의 행사에 있어 그 주체가 될 수 없다(헌재 2008.12.26, 2008헌마419).

▶ 쇠고기는 생명·신체의 문제이니 법인과는 관련이 없다. 무생물이 쇠고기를 먹지는 않기 때문이다.

정답 ④

09 기본권의 주체에 대한 설명으로 옳지 않은 것은? (다툼이 있는 경우 판례에 의함)

① 국가기관인 국회의 일부조직인 노동위원회는 기본권의 주체가 될 수 없다.

② 대학의 자율성은 대학에게 부여된 헌법상의 기본권이지만, 대학의 자치의 주체를 기본적으로 대학으로 본다고 하더라도 교수나 교수회의 기본권 주체성이 반드시 부정된다고 볼 수는 없다.

③ 외국인은 자격제도 자체를 다툴 수 있는 기본권 주체성이 인정된다. 따라서 외국인에게만 특정 자격이 인정되지 않는다면 이는 평등권을 침해한다고 볼 수 있다.

④ 대통령은 소속 정당을 위하여 정당활동을 할 수 있는 사인으로서의 지위와 국민 모두에 대한 봉사자로서 공익실현의 의무가 있는 헌법기관으로서의 지위를 동시에 갖는데 최소한 전자의 지위와 관련하여서는 기본권 주체성을 갖는다고 할 수 있다.

해설

① 국가나 국가기관 또는 국가조직의 일부나 공법인은 기본권의 '수범자(Adressat)'이지 기본권의 주체로서 그 '소지자(Trager)'가 아니고 오히려 국민의 기본권을 보호 내지 실현해야 할 '책임'과 '의무'를 지니고 있는 지위에 있을 뿐이다. 그런데 청구인은 국회의 노동위원회로 그 일부조직인 상임위원회 가운데 하나에 해당하는 것으로 국가기관인 국회의 일부조직이므로 기본권의 주체가 될 수 없고 따라서 헌법소원을 제기할 수 있는 적격이 없다고 할 것이다(헌재 1994.12.29, 93헌마120).

② 대학의 자치의 주체를 기본적으로 대학으로 본다고 하더라도 교수나 교수회의 주체성이 부정된다고 볼 수는 없고, 가령 학문의 자유를 침해하는 대학의 장에 대한 관계에서는 교수나 교수회가 주체가 될 수 있고, 또한 국가에 의한 침해에 있어서는 대학 자체 외에도 대학 전 구성원이 자율성을 갖는 경우도 있을 것이므로 문제되는 경우에 따라서 대학, 교수, 교수회 모두가 단독 혹은 중첩적으로 주체가 될 수 있다고 보아야 할 것이다(헌재 2006.4.27, 2005헌마1047).

③ 심판대상조항이 제한하고 있는 직업의 자유는 국가자격제도정책과 국가의 경제상황에 따라 법률에 의하여 제한할 수 있는 국민의 권리에 해당한다. 국가정책에 따라 정부의 허가를 받은 외국인은 정부가 허가한 범위 내에서 소득활동을 할 수 있는 것이므로, 외국인이 국내에서 누리는 직업의 자유는 법률에 따른 정부의 허가에 의해 비로소 발생하는 권리이다. 따라서 외국인인 청구인에게는 그 기본권 주체성이 인정되지 아니하며, 자격제도 자체를 다툴 수 있는 기본권 주체성이 인정되지 아니하는 이상 국가자격제도에 관련된 평등권에 관하여 따로 기본권 주체성을 인정할 수 없다(헌재 2014.8.28, 2013헌마359).
▶ 자격은 폭넓은 입법재량의 범위, 외국인은 주체가 되지 못한다.

④ 대통령도 국민의 한 사람으로서 제한적으로나마 기본권의 주체가 될 수 있는바, 대통령은 소속 정당을 위하여 정당활동을 할 수 있는 사인으로서의 지위와 국민 모두에 대한 봉사자로서 공익실현의 의무가 있는 헌법기관으로서의 지위를 동시에 갖는데 최소한 전자의 지위와 관련하여는 기본권 주체성을 갖는다고 할 수 있다(헌재 2008.1.17, 2007헌마700).
▶ 정당원, 선거기획금지, 주민소환에서 긍정함

정답 ③

10 법인의 기본권과 관련하여 옳은 것은? (다툼이 있는 경우 판례에 의함)

① 참정권은 '인간의 자유'라기보다는 '국민의 자유'이므로 공직선거법은 외국인의 선거권을 인정하지 않고 있다.

② 지방자치단체장은 국민의 기본권을 보호 내지 실현하여야 할 책임과 의무를 가지는 국가기관의 지위를 갖기 때문에 주민소환에 관한 법률의 관련 규정으로 인해 자신의 공무담임권이 침해됨을 이유로 헌법소원을 청구할 수 있는 기본권 주체로 볼 수 없다.

③ 변호인의 조력을 받을 권리는 성질상 국민의 권리에 해당되므로 외국인은 주체가 될 수 없다.

④ 헌법재판소는 국립대학교는 공권력의 행사자이면서 동시에 기본권의 주체가 될 수 있다고 판시하였다.

해설

① 외국인의 경우에도 만 18세 이상인 경우 지방자치단체의 의회의원 및 장의 선거권이 있다(공직선거법 제15조 제2항 제3호).

② 청구인은 선출직 공무원인 하남시장으로서 이 사건 법률조항으로 인하여 공무담임권 등이 침해된다고 주장하여, 순수하게 직무상의 권한행사와 관련된 것이라기보다는 공직의 상실이라는 개인적인 불이익과 연관된 공무담임권을 다투고 있으므로, 이 사건에서 청구인에게는 기본권의 주체성이 인정된다 할 것이다(헌재 2009.3.26, 2007헌마843).
▶ 정당원, 선거기획금지, 주민소환에서 긍정함

③ 신체의 자유, 주거의 자유, 변호인의 조력을 받을 권리, 재판청구권 등은 성질상 인간의 권리로 불법체류외국인에게도 기본권 주체성이 인정된다(헌재 2012.8.23, 2008헌마430).

④ 헌법재판소는 서울대학교 입시요강 사건에서 국립대학인 서울대학교는 공법상 영조물로서 다른 국가기관 내지 행정기관과는 달리 공권력의 행사자의 지위와 함께 기본권의 주체라는 점도 중요하게 다루어져야 한다고 판시하여 대학의 자율성 등과 관련하여 기본권 주체성을 긍정하였다(헌재 1992.10.1, 92헌마68 등).
▶ KBS도 인정함

정답 ④

제2절 기본권의 효력

01 기본권의 효력에 관한 설명으로 옳은 것은? (다툼이 있는 경우 판례에 의함)

① 기본권의 제3자적 효력 또는 대사인적(對私人的) 효력이란 사인(私人) 간의 관계에서도 기본권의 효력을 긍정할 것인가의 문제인바, 우리나라 및 일본에서도 효력부인설, 직접적용설, 간접적용설 등이 대립하고 있다.

② 헌법재판소는 기본권 충돌의 법리와 관련하여, 상하의 위계질서가 있는 기본권끼리 충돌하는 경우라도 상위 기본권 우선의 원칙을 적용하거나 이로써 하위 기본권의 제한을 긍정하여야 한다는 법리의 채택을 부정하고 있다.

③ 우리 헌법상 그 조항 자체에서 기본권의 효력이 사인(私人)에 대하여도 미친다는 취지를 명문으로 규정하거나 그 규정 자체에서 사인 간에도 기본권의 침해가 발생할 수 있음을 암시한 기본권은 없다.

④ 대법원은 사적단체가 남성 회원에게는 별다른 심사 없이 총회 의결권 등을 가지는 총회원 자격을 부여하면서도 여성 회원의 경우에는 지속적인 요구에도 불구하고 원천적으로 총회원 자격 심사에서 배제하여 온 것에 대해 평등권의 효력이 직접적으로 사법관계에 미친다고 하면서 기본권 침해를 인정하였다.

해설

① 사실 ①은 옳은 지문일 수밖에 없다. 문제가 되고 학설이 대립한다라는 지문은 대부분 옳은 지문이다. 이런 형식의 지문이 틀리게 되려면 전혀 상관없는 다른 학설이 들어가 있어야 하는데 이 지문은 그런 경우도 아니므로 옳은 지문이다.

② 기본권 충돌 해결방법 중 이익형량에 의한 방법은 상이한 기본권이 충돌하는 경우에 그것이 실현하려는 이익을 형량하여 '보다 중요한' 내지 '보다 우월한' 이익을 보장하고 덜 중요한 이익을 유보시키는 방식이다. 상위 기본권과 하위 기본권이 충돌하는 경우에는 상위 기본권에, 인격적 가치를 보호하기 위한 기본권과 재산적 가치를 보호하기 위한 기본권이 충돌하는 경우에는 인격적 가치를 보호하는 정신적 기본권에, 자유를 실현하기 위한 기본권과 평등을 실현하기 위한 기본권이 충돌하는 경우에는 자유의 실현을 위한 기본권에 우선적으로 효력을 부여한다.

③ 현행 헌법은 기본권의 대사인적 효력에 관해 아무런 규정도 두고 있지 않으며 전적으로 학설과 판례에 맡겨져 있다. 다만, 언론·출판의 자유나 근로3권 등은 제3자효에 대해서 직접 규정하고 있지는 않으나, 이에 대한 침해가 발생할 수 있음을 암시하고 있다. 즉, 헌법 제21조에서 언론·출판이 타인의 명예를 침해하여서는 안 된다고 하는 것은 언론도 사인이고 타인도 사인이니 제3자효를 암시한다고 평가받는다는 것이다.

▶ 직접적으로 규정한 조항은 없으나 암시한 조항은 존재한다.

④ 서울기독교청년회(서울YMCA)가 남성 회원에게는 별다른 심사 없이 총회의결권 등을 가지는 총회원 자격을 부여하면서도 여성 회원의 경우에는 지속적인 요구에도 불구하고 원천적으로 총회원 자격심사에서 배제하여 온 것은, 우리 사회의 건전한 상식과 법감정에 비추어 용인될 수 있는 한계를 벗어나 사회질서에 위반되는 것으로서 여성 회원들의 인격적 법익을 침해하여 불법행위를 구성한다(대판 2011.1.27, 2009다19864).

▶ 직접적이 아니라 간접적으로 미친다.

정답 ①

02 기본권의 효력에 관한 설명으로 가장 적절하지 않은 것은? (다툼이 있는 경우 대법원 판례 및 헌법재판소 결정에 의함)

① 흡연권은 사생활의 자유를 실질적 핵으로 하는 것이고, 혐연권은 사생활의 자유뿐만 아니라 생명권에까지 연결되는 것이므로 혐연권이 흡연권보다 상위의 기본권이다.

② 근로자의 단결하지 아니할 자유와 노동조합의 적극적 단결권이 충돌하는 경우 노동조합의 적극적 단결권이 근로자의 단결하지 아니할 자유보다 중시된다.

③ 교사의 수업권과 학생의 수학권이 충돌하는 경우 두 기본권 모두 효력을 나타내는 규범조화적 해석에 따라 기본권 충돌은 해결되어야 한다.

④ 기본권 제한에 관한 법률유보원칙은 기본권 제한에 법률의 근거를 요청하나, 기본권 제한의 형식이 반드시 형식적 의미의 법률일 필요는 없다.

⑤ 하나의 규제로 인해 여러 기본권이 동시에 제약을 받는 기본권 경합의 경우에는, 기본권 침해를 주장하는 제청신청인과 제청법원의 의도 및 기본권을 제한하는 입법자의 객관적 동기 등을 참작하여 사안과 가장 밀접한 관계에 있고 또 침해의 정도가 큰 주된 기본권을 중심으로 해서 그 제한의 한계를 따져 보아야 한다.

해설

① 흡연권은 사생활의 자유를 실질적 핵으로 하는 것이고 혐연권은 사생활의 자유뿐만 아니라 생명권에까지 연결되는 것이므로 혐연권이 흡연권보다 상위의 기본권이다(헌재 2004.8.26, 2003헌마457).

② 노동조합의 적극적 단결권은 근로자 개인의 단결하지 않을 자유보다 중시된다고 할 것이고, 또 노동조합에게 위와 같은 조직강제권을 부여한다고 하여 이를 근로자의 단결하지 아니할 자유의 본질적인 내용을 침해하는 것으로 단정할 수는 없다(헌재 2005.11.24, 2002헌바95 등).

③ 국민의 수학권과 교사의 수업의 자유는 다 같이 보호되어야 하겠지만 그중에서도 국민의 수학권이 더 우선적으로 보호되어야 한다(헌재 1992.11.12, 89헌마88). 즉, 이익형량으로 해결되어야 한다.

기본권의 충돌	규범조화	이익형량
해결방법	대부분	① 수학 > 수업, ② 적극적 단결권 > 소극 ③ 혐연권 > 흡연권

④ 헌법 제37조 제2항에서 규정하는 기본권제한에 관한 법률유보원칙은 법률에 근거한 규율을 요청하는 것이므로, 그 형식이 반드시 법률일 필요는 없다 하더라도 법률상의 근거는 있어야 한다(헌재 2021.5.27, 2019헌바332).

⑤ 하나의 규제로 인해 여러 기본권이 동시에 제약을 받는 기본권경합의 경우에는 기본권침해를 주장하는 제청신청인과 제청법원의 의도 및 기본권을 제한하는 입법자의 객관적 동기 등을 참작하여 사안과 가장 밀접한 관계에 있고 또 침해의 정도가 큰 주된 기본권을 중심으로 해서 그 제한의 한계를 따져 보아야 할 것이다(헌재 1998.4.30, 95헌가16).

정답 ③

03 기본권의 제3자적 효력에 관한 설명으로 가장 적절하지 않은 것은? (다툼이 있는 경우 판례에 의함)

① 기본권 규정은 그 성질상 사법관계에 직접 적용될 수 있는 예외적인 것을 제외하고는 사법상의 일반원칙을 규정한 민법 제2조, 제103조, 제750조, 제751조 등의 내용을 형성하고 그 해석의 기준이 되어 간접적으로 사법관계에 효력을 미치게 된다.

② 헌법은 기본권의 사인간의 효력에 관하여 명시적으로 규정하고 있다.

③ 헌법상의 기본권은 제1차적으로 개인의 자유로운 영역을 공권력의 침해로부터 보호하기 위한 방어적 권리이지만 다른 한편으로 헌법의 기본적인 결단인 객관적인 가치질서를 구체화한 것으로서, 사법을 포함한 모든 법 영역에 그 영향을 미치는 것이므로 사인 간의 사적인 법률관계도 헌법상의 기본권 규정에 적합하게 규율되어야 한다.

④ 우리 헌법상 노동3권과 언론·출판의 자유, 통신의 자유, 혼인과 가족생활에 있어서 양성의 평등 등은 직접적이든, 간접적이든 사인 간에도 효력을 인정할 여지가 있을 것이고, 무죄추정의 원칙 등 처음부터 국가에 대한 보장이 문제되어 온 기본권은 그 적용의 여지가 없다.

해설

① 기본권 규정은 그 성질상 사법관계에 직접 적용될 수 있는 예외적인 것을 제외하고는 사법상의 일반원칙을 규정한 민법 제2조, 제103조, 제750조, 제751조 등의 내용을 형성하고 그 해석 기준이 되어 간접적으로 사법관계에 효력을 미치게 된다(대판 2010.4.22, 2008다38288).

② 헌법은 명시적으로 기본권의 대사인효를 대해 규정한 조항은 존재하지 않는다. 다만, 암시하는 조문은 존재한다.

③ 헌법상의 기본권은 제1차적으로 개인의 자유로운 영역을 공권력의 침해로부터 보호하기 위한 방어적 권리이지만 다른 한편으로 헌법의 기본적인 결단인 객관적인 가치질서를 구체화한 것으로서, 사법을 포함한 모든 법 영역에 그 영향을 미치는 것이므로 사인 간의 사적인 법률관계도 헌법상의 기본권 규정에 적합하게 규율되어야 한다(대판 2010.4.22, 2008다38288).

④ 우리나라의 경우도 모든 기본권을 간접적용하는 것은 아니다.

정답 ②

04 기본권의 제3자적 효력(기본권의 대사인적 효력)에 대한 설명으로 가장 적절하지 않은 것은? (다툼이 있는 경우 판례에 의함)

① 헌법상의 기본권은 제1차적으로 개인의 자유로운 영역을 공권력의 침해로부터 보호하기 위한 방어적 권리이지만 다른 한편으로 헌법의 기본적인 결단인 객관적인 가치질서를 구체화한 것으로서, 사법을 포함한 모든 법 영역에 그 영향을 미치는 것이므로 사인 간의 사적인 법률관계도 헌법상의 기본권 규정에 적합하게 규율되어야 한다.

② 기본권 규정은 그 성질상 사법관계에 직접 적용될 수 있는 예외적인 것을 제외하고는 사법상의 일반원칙을 규정한 민법 제2조(신의성실), 제103조(반사회질서의 법률행위), 제750조 (불법행위의 내용), 제751조(재산 이외의 손해의 배상) 등의 내용을 형성하고 그 해석 기준이 되어 간접적으로 사법관계에 효력을 미치게 된다.

③ 사적 단체를 포함하여 사회공동체 내에서 개인이 성별에 따른 불합리한 차별을 받지 아니하고 자신의 희망과 소양에 따라 다양한 사회적·경제적 활동을 영위하는 것은 그 인격권 실현의 본질적 부분에 해당하므로 평등권이라는 기본권의 침해도 민법 제750조(불법행위의 내용)의 일반규정을 통하여 사법상 보호되는 인격적 법익침해의 형태로 구체화되어 논하여질 수 있지만, 그 위법성 인정을 위하여는 사인간의 평등권 보호에 관한 별개의 입법이 있어야 한다.

④ 사적 단체는 사적 자치의 원칙 내지 결사의 자유에 따라 그 단체의 형성과 조직, 운영을 자유롭게 할 수 있으므로, 사적 단체가 그 성격이나 목적에 비추어 그 구성원을 성별에 따라 달리 취급하는 것이 일반적으로 금지된다고 할 수는 없다.

해설

① 헌법상의 기본권은 제1차적으로 개인의 자유로운 영역을 공권력의 침해로부터 보호하기 위한 방어적 권리이지만 다른 한 편으로 헌법의 기본적인 결단인 객관적인 가치질서를 구체화한 것으로서, 사법(私法)을 포함한 모든 법 영역에 그 영향을 미치는 것이므로 사인 간의 사적인 법률관계도 헌법상의 기본권 규정에 적합하게 규율되어야 한다(대판 2010.4.22, 2008다38288).

② 기본권 규정은 그 성질상 사법관계에 직접 적용될 수 있는 예외적인 것을 제외하고는 사법상의 일반원칙을 규정한 민법 제2조, 제103조, 제750조, 제751조 등의 내용을 형성하고 그 해석 기준이 되어 간접적으로 사법관계에 효력을 미치게 된다(대판 2010.4.22, 2008다38288).

③ 사적 단체를 포함하여 사회공동체 내에서 개인이 성별에 따른 불합리한 차별을 받지 아니하고 자신의 희망과 소양에 따라 다양한 사회적·경제적 활동을 영위하는 것은 그 인 격권 실현의 본질적 부분에 해당하므로 평등권이라는 기본권의 침해도 민법 제750조의 일반규정을 통하여 사법상 보호되는 인격적 법익침해의 형태로 구체화되어 논하여질 수 있고, 그 위법성 인정을 위하여 반드시 사인간의 평등권 보호에 관한 별개의 입법이 있어야만 하는 것은 아니다(대판 2011.1.27, 2009다19864).

④ 사적 단체는 사적 자치의 원칙 내지 결사의 자유에 따라 그 단체의 형성과 조직, 운영을 자유롭게 할 수 있으므로, 사적 단체 가 그 성격이나 목적에 비추어 그 구성원을 성별에 따라 달리 취급하는 것이 일반적으로 금지된다고 할 수는 없다(대판 2011.1.27, 2009다19864).

정답 ③

05 기본권 경합에 대한 헌법재판소 결정으로 옳은 것은?

① 기본권의 경합이란 상이한 복수의 기본권 주체가 서로의 권익을 실현하기 위해 하나의 동일한 사건에서 국가에 대하여 서로 대립되는 기본권의 적용을 주장하는 경우를 말한다.

② 종교단체가 양로시설을 설치하고자 하는 경우 신고하도록 의무를 부담시키는 것은 종교단체의 종교의 자유와 인간다운 생활을 할 권리를 제한한다.

③ 일반음식점 영업소에 음식점 시설 전체를 금연구역으로 지정하여 운영하여야 할 의무를 부담시키는 것은 음식점 운영자의 직업수행의 자유와 음식점 시설에 대한 재산권을 제한한다.

④ 형제자매에게 가족관계등록부 등의 기록사항에 관한 증명서 교부청구권을 부여하는 것은 본인의 개인정보자기결정권을 제한하는 것으로 개인정보자기결정권 침해 여부를 판단한 이상 인간의 존엄과 가치 및 행복추구권, 사생활의 비밀과 자유는 판단하지 않는다.

해설

① 기본권의 충돌이란 상이한 복수의 기본권 주체가 서로의 권익을 실현하기 위해 하나의 동일한 사건에서 국가에 대하여 서로 대립되는 기본권의 적용을 주장하는 경우를 말한다(헌재 2005.11.24, 2002헌바95 등).
▶ 즉, 경합이 아니라 충돌이다.

구분	경합	충돌
포인트	기본권이 복수	주체가 복수

② 종교단체에서 운영하는 양로시설도 일정규모 이상의 경우 신고하도록 한 규정일 뿐, 거주·이전의 자유나 인간다운 생활을 할 권리의 제한을 불러온다고 볼 수 없다(헌재 2016.6.30, 2015헌바46).

③ 청구인으로 하여금 음식점 시설과 그 내부 장비 등을 철거하거나 변경하도록 강제하는 내용이 아니므로, 이로 인하여 청구인의 음식점 시설 등에 대한 권리가 제한되어 재산권이 침해되는 것은 아니다(헌재 2016.6.30, 2015헌마813).

④ 개인정보가 수록된 가족관계등록법상 각종 증명서를 본인의 동의 없이도 형제자매가 발급받을 수 있도록 하는 것은 과잉금지원칙을 위반하여 개인정보자기결정권을 침해한다(헌재 2016.6.30, 2015헌마924).

정답 ④

06 기본권 경합과 충돌에 대한 설명으로 가장 적절하지 않은 것은? (다툼이 있는 경우 판례에 의함)

① 수용자가 작성한 집필문의 외부반출을 불허하고 이를 영치할 수 있도록 한 것은 수용자의 통신의 자유와 표현의 자유를 제한한다.

② 혐연권은 흡연권보다 상위의 기본권이라 할 수 있고, 이처럼 상하의 위계질서가 있는 기본권끼리 충돌하는 경우에는 상위 기본권 우선원칙이 적용되므로 결국 흡연권은 혐연권을 침해하지 않는 한 인정된다.

③ 어떤 법령이 직업의 자유와 행복추구권 양자를 제한하는 외관을 띠는 경우 두 기본권의 경합 문제가 발생하는데, 보호영역으로서 '직업'이 문제될 때 직업의 자유는 행복추구권과의 관계에서 특별기본권의 지위를 가지므로, 행복추구권의 침해 여부에 대한 심사는 배제된다.

④ 청구인은 의료인이 아니라도 문신시술업을 합법적인 직업으로 영위할 수 있어야 함을 주장하고 있고, 의료법 조항의 1차적 의도도 보건위생상 위해 가능성이 있는 행위를 규율하고자 하는 경우에는 직업선택의 자유를 중심으로 위헌 여부를 살피는 이상 예술의 자유 침해 여부는 판단하지 아니한다.

해설

① 이미 표현된 집필문을 외부의 특정한 상대방에게 발송할 수 있는지 여부에 대해 규율하는 것이므로, 제한되는 기본권은 헌법 제18조에서 정하고 있는 통신의 자유로 봄이 상당하며, 통신의 자유를 침해하지 않는다(헌재 2016.5.26, 2013헌바98). 표현은 불특정 다수인을, 통신은 특정인을 대상으로 한다. 따라서 이 경우에 제한되는 기본권은 표현의 자유가 아닌 통신의 자유이다.

② 혐연권은 흡연권보다 상위의 기본권이라 할 수 있고, 이처럼 상하의 위계질서가 있는 기본권끼리 충돌하는 경우에는 상위 기본권 우선원칙이 적용되므로 결국 흡연권은 혐연권을 침해하지 않는 한 인정된다(헌재 2004.8.26, 2003헌마457).

③ 행복추구권은 다른 기본권에 대한 보충적 기본권으로서의 성격을 지니므로, 공무담임권이라는 우선적으로 적용되는 기본권이 존재하여 그 침해 여부를 판단하는 이상, 행복추구권 침해 여부를 독자적으로 판단할 필요가 없다(헌재 2000.12.14, 99헌마112 등).

④ 이 사건에서 청구인들은 의료인이 아니더라도 문신시술업을 합법적인 직업으로 영위할 수 있어야 함을 주장하고 있고, 심판대상조항의 일차적 의도도 보건위생상 위해 가능성이 있는 행위를 규율하고자 하는 데 있으며, 심판대상조항에 의한 예술의 자유 또는 표현의 자유의 제한은 문신시술업이라는 직업의 자유에 대한 제한을 매개로 하여 간접적으로 제약되는 것이라 할 것인바, 사안과 가장 밀접하고 침해의 정도가 큰 직업선택의 자유를 중심으로 심판대상조항의 위헌 여부를 살피는 이상 예술의 자유와 표현의 자유 침해 여부에 대하여는 판단하지 아니한다(헌재 2022.3.31, 2017헌마1343 등).

정답 ①

07 기본권의 경합(또는 경쟁)과 충돌(또는 상충)에 관한 설명 중 가장 적절하지 않은 것은? (다툼이 있는 경우 판례에 의함)

① 기본권의 경합은 동일한 기본권 주체가 동시에 여러 기본권의 적용을 주장하는 경우에 발생하는 문제이다.

② 기본권의 충돌은 상이한 기본권 주체가 서로 대립되는 기본권의 적용을 주장할 때 발생하는 문제이다.

③ 학생의 수학권과 교사의 수업권은 대등한 지위에 있으므로, 학생의 수학권의 보장을 위하여 교사의 수업권을 일정한 범위 내에서 제약할 수 없다.

④ 흡연권은 사생활의 자유를 실질적 핵으로 하는 것이고, 혐연권은 사생활의 자유뿐만 아니라 생명권에까지 연결되는 것이므로 혐연권이 흡연권보다 상위의 기본권이다.

해설

①② 경합은 여러 기본권이 문제되는 경우이며, 충돌은 주체가 여러 명이 문제되는 경우이다.

③ 수업권은 교사의 지위에서 생기는 학생에 대한 일차적인 교육상의 직무권한(직권)이지만, 학생의 수학권의 실현을 위하여 인정되는 것으로서 양자는 상호협력관계에 있다고 하겠으나, 수학권은 헌법상 보장된 기본권의 하나로서 보다 존중되어야 하며, 그것이 왜곡되지 않고 올바로 행사될 수 있게 하기 위한 범위 내에서는 수업권도 어느 정도의 범위 내에서 제약을 받지 않으면 안 될 것이다(헌재 1992.11.12, 89헌마88).

④ 혐연권은 흡연권보다 상위의 기본권이라 할 수 있고, 이처럼 상하의 위계질서가 있는 기본권끼리 충돌하는 경우에는 상위 기본권 우선원칙이 적용되므로 결국 흡연권은 혐연권을 침해하지 않는 한 인정된다(헌재 2004.8.26, 2003헌마457).

정답 ③

08 기본권의 충돌에 관한 설명으로 가장 적절하지 않은 것은? (다툼이 있는 경우 판례에 의함)

① 하나의 법률관계를 둘러싸고 두 기본권이 충돌하는 경우에는 구체적인 사안에서의 사정을 종합적으로 고려한 이익형량과 함께 양 기본권 사이의 실제적인 조화를 꾀하는 해석등을 통하여 이를 해결해야 한다.

② 상하의 위계질서가 있는 기본권끼리 충돌하는 경우에는 상위기본권우선의 원칙에 따라 하위 기본권이 제한될 수 있으므로, 흡연권과 혐연권 충돌 시 흡연권은 혐연권을 침해하지 않는 한에서 인정되어야 한다.

③ 명예의 보호는 인격의 자유로운 발전과 인간의 존엄성 보호뿐만 아니라 민주주의의 실현에 기여하므로, 표현의 자유와 인격권의 충돌 시에는 인격권이 우선된다.

④ 개인적 단결권과 집단적 단결권이 충돌하는 경우 기본권의 서열이론이나 법익형량의 원리에 입각하여 어느 기본권이 더 상위기본권이라고 단정할 수는 없다.

⑤ 노동조합의 적극적 단결권은 근로자 개인의 단결하지 않을 자유보다 중시된다고 할 것이어서 노동조합에 적극적 단결권을 부여한다고 하여 이를 두고 곧바로 근로자의 단결하지 아니할 자유의 본질적인 내용을 침해한다고 단정할 수는 없다.

해설

① 하나의 법률관계를 둘러싸고 두 기본권이 충돌하는 경우에는 구체적인 사안에서의 사정을 종합적으로 고려 한 이익형량과 함께 양 기본권 사이의 실제적인 조화를 꾀하는 해석 등을 통하여 이를 해결하여야 하고, 그 결과에 따라 정해지는 양 기본권 행사의 한계 등을 감안하여 그 행위의 최종적인 위법성 여부를 판단하여야 한다(대판 2010.4.22, 2008다38288).

② 상하의 위계질서가 있는 기본권끼리 충돌하는 경우에는 상위기본권우선의 원칙에 따라 하위기본권이 제한될 수 있으므로, 흡연권은 혐연권을 침해하지 않는 한에서 인정되어야 한다(헌재 2004.8.26, 2003헌마457).

③ 명예는 사회에서 개인의 인격을 발현하기 위한 기본조건이므로, 명예의 보호는 인격의 자유로운 발전과 인간 의 존엄성 보호뿐만 아니라 민주주의의 실현에 기여한다. 그러므로 표현의 자유와 인격권의 우열은 쉽게 단정할 성질의 것이 아니다(헌재 2021.7.15, 2021헌마88).

④ 개인적 단결권과 집단적 단결권이 충돌하는 경우 기본권의 서열이론이나 법익형량의 원리에 입각하여 어느 기본권이 더 상위 기본권이라고 단정할 수는 없다(헌재 2005.11.24, 2002헌바95 등).

⑤ 근로자에게 보장되는 적극 적단결권이 단결하지 아니할 자유보다 특별한 의미를 갖고 있고, 노동조합의 조직강제권도 이른바 자유권을 수정하는 의미의 생존권(사회권)적 성격을 함께 가지는 만큼 근로자 개인의 자유권에 비하여 보다 특별한 가치로 보장되는 점 등을 고려하면, 노동조합의 적극적 단결권은 근로자 개인의 단결하지 않을 자유보다 중시된다고 할 것이다(헌재 2005.11.24, 2002헌바95 등).

정답 ③

09 기본권의 충돌(상충)관계에 관한 설명 중 옳지 않은 것은? (다툼이 있는 경우 판례에 의함)

① 복수의 기본권 주체를 전제로 한다.
② 기업의 경영에 관한 의사결정의 자유 등 영업의 자유와 근로자들이 누리는 일반적 행동자유권 등이 '근로조건' 설정을 둘러싸고 충돌하는 경우에는, 근로조건과 인간의 존엄성 보장 사이의 헌법적 관련성을 염두에 두고 구체적인 사안에서의 사정을 종합적으로 고려한 이익형량과 함께 기본권들 사이의 실제적인 조화를 꾀하는 해석 등을 통하여 이를 해결하여야 한다.
③ 사안과의 관련성이 동일한 경우에는 그 효력이 가장 강력한 기본권이 적용된다.
④ 대립되는 기본권이 반드시 상이한 기본권이어야 하는 것은 아니다.

해설

① 경합의 경우와 달리 복수의 기본권 주체를 전제로 한다.
② 기업의 경영에 관한 의사결정의 자유 등 영업의 자유와 근로자들이 누리는 일반적 행동자유권 등이 '근로조건' 설정을 둘러싸고 충돌하는 경우에는, 근로조건과 인간의 존엄성 보장 사이의 헌법적 관련성을 염두에 두고 구체적인 사안에서의 사정을 종합적으로 고려한 이익형량과 함께 기본권들 사이의 실제적인 조화를 꾀하는 해석 등을 통하여 이를 해결하여야 하고, 그 결과에 따라 정해지는 두 기본권 행사의 한계 등을 감안하여 두 기본권의 침해 여부를 살피면서 근로조건의 최종적인 효력 유무 판단과 관련한 법령 조항을 해석·적용하여야 한다(대판 2018.9.13, 2017두38560).
③ 사안과의 관련성이 동일한 경우에는 그 효력이 가장 강력한 기본권이 적용된다는 이른바 직접관련기본권 우선적용설은 기본권 경합시의 해결이론이다.
④ 경합과 달리 충돌은 반드시 상이한 기본권이어야 하는 것은 아니다.

정답 ③

10 기본권의 충돌에 관한 설명 중 옳은 것은? (다툼이 있는 경우 판례에 의함)

① 노동조합의 적극적 단결권(조직강제권)을 부여하는 것은 근로자의 단결하지 아니할 자유의 본질적인 내용을 침해하는 것이다.
② 기본권 충돌의 해결방법으로서 과잉금지의 방법은 이익형량의 원칙을 구체화한 것이다.
③ 사원채용에서 합리적인 이유 없이 특정인을 자의적으로 배제하는 것은 진정한 의미의 기본권 충돌에 해당한다.
④ 헌법재판소에 의하면, 흡연자의 흡연권과 비흡연자의 혐연권은 각기 독자성을 갖는 기본권이므로 양자는 대등하게 인정된다.

해설

① 근로자의 단결하지 아니할 자유와 노동조합의 적극적 단결권(조직강제권)이 충돌하게 되나, 적극적 단결권이 단결하지 아니할 자유보다 특별한 의미를 갖고 있고, 노동조합의 조직강제권도 이른바 자유권을 수정하는 의미의 생존권(사회권)적 성격을 함께 가지는 만큼 근로자 개인의 자유권에 비하여 보다 특별한 가치로 보장되는 점 등을 고려하면, 노동조합의 적극적 단결권은 근로자 개인의 단결하지 않을 자유보다 중시된다고 할 것이고, 또 노동조합에게 위와 같은 조직강제권을 부여한다고 하여 이를 근로자의 단결하지 아니할 자유의 본질적인 내용을 침해하는 것으로 단정할 수는 없다(헌재 2005.11.24, 2002헌바95 등).
② 이익형량의 원칙이란 복수의 기본권이 충돌하는 경우 그 효력의 우열을 결정하기 위해 기본권들의 법익을 비교하여 법익이 더 큰 기본권을 우선시하는 원칙이고, 과잉금지의 원칙이란 상충하는 기본권 모두에 일정한 제약을 가하여 기본권 모두의 효력을 양립시키되 기본권에 대한 제약은 최소한에 그쳐야 한다는 원칙이다.
③ 경영자 입장에서는 직업수행의 자유가, 사원 입장에서는 자의적 배제로 인한 평등권이 문제된다. 즉, 양자의 기본권 충돌사안이 된다.
④ 혐연권은 생명권에 근거한 상위 기본권이므로 흡연권과 혐연권이 충돌한 경우 상위 기본권 우선의 원칙에 따라 흡연권은 혐연권을 침해하지 않는 범위 내에서 인정된다고 하였다(헌재 2004.8.26, 2003헌마457).

정답 ③

11 기본권의 충돌 또는 경합에 관한 다음 설명 중 옳지 않은 것은 모두 몇 개인가? (다툼이 있는 경우 판례에 의함)

㉠ 흡연권과 혐연권의 관계처럼 상하의 위계질서가 있는 기본권끼리 충돌하는 경우 상위 기본권우선의 원칙에 따라 하위 기본권이 제한될 수 있으므로, 흡연권은 혐연권을 침해하지 않는 한에서 인정되어야 한다.

㉡ 노동조합이 당해 사업장에 종사하는 근로자의 3분의 2 이상을 대표하고 있을 때에는 근로자가 그 노동조합의 조합원이 될 것을 고용조건으로 하는 단체협약[이른바 유니언 샵(Union Shop)]과 관련하여 근로자의 단결하지 아니할 자유와 노동조합의 적극적 단결권(조직강제권)이 충돌하나, 근로자에게 보장되는 적극적 단결권이 단결하지 아니할 자유보다 특별한 의미를 가지고 있으므로 노동조합의 적극적 단결권은 근로자 개인의 단결하지 않을 자유보다 중시된다.

㉢ 채권자취소권에 관한 민법 규정으로 인하여 채권자의 재산권과 채무자 및 수익자의 일반적 행동의 자유, 그리고 채권자의 재산권과 수익자의 재산권이 동일한 장에서 충돌한다. 따라서 이러한 경우에는 상충하는 기본권 모두가 최대한으로 그 기능과 효력을 발휘할 수 있도록 이른바 규범조화적 해석방법에 따라 심사하여야 한다.

㉣ 노동조합 및 노동관계조정법상 유니온 샵(Union Shop) 조항은 특정한 노동조합의 가입을 강제하는 단체협약의 체결을 용인하고 있으므로 근로자의 개인적 단결권과 노동조합의 집단적 단결권이 서로 충돌하는 경우에 해당하며 이를 기본권의 서열이론이나 법익형량의 원리에 입각하여 어느 기본권이 더 상위 기본권이라고 단정할 수는 없다.

① 0개　　② 1개

③ 2개　　④ 3개

해설

모두 옳다.

㉠ 흡연권과 혐연권의 관계처럼 상하의 위계질서가 있는 기본권끼리 충돌하는 경우 상위기본권우선의 원칙에 따라 하위기본권이 제한될 수 있으므로, 흡연권은 혐연권을 침해하지 않는 한에서 인정되어야 한다(헌재 2004.8.26, 2003헌마457).

㉡ 노동조합의 적극적 단결권은 근로자 개인의 단결하지 않을 자유보다 중시된다고 할 것이고, 또 노동조합에게 위와 같은 조직강제권을 부여한다고 하여 이를 근로자의 단결하지 아니할 자유의 본질적인 내용을 침해하는 것으로 단정할 수는 없다(헌재 2005.11.24, 2002헌바95 등).

㉢ 이 사건 법률조항은 채권자에게 채권의 실효성 확보를 위한 수단으로서 채권자취소권을 인정함으로써, 채권자의 재산권과 채무자와 수익자의 일반적 행동의 자유 내지 계약의 자유 및 수익자의 재산권이 서로 충돌하게 되는바, 위와 같은 채권자와 채무자 및 수익자의 기본권들이 충돌하는 경우에 기본권의 서열이나 법익의 형량을 통하여 어느 한 쪽의 기본권을 우선시키고 다른 쪽의 기본권을 후퇴시킬 수는 없다고 할 것이다(헌재 2007.10.25, 2005헌바96).

▶ 즉, 규범조화적으로 해결

㉣ 개인적 단결권과 집단적 단결권이 충돌하는 경우 기본권의 서열이론이나 법익형량의 원리에 입각하여 어느 기본권이 더 상위 기본권이라고 단정할 수는 없다(헌재 2005.11.24, 2002헌바95 등).

정답 ①

12 다음 사례에 관한 설명 중 가장 적절한 것은? (다툼이 있는 경우 판례에 의함)

> 청구인 A는 경장으로 근무 중인 사람으로서 공무원보수규정의 해당 부분이 경찰공무원 임용령 시행규칙상의 '계급환산기준표' 및 '호봉확정을 위한 공무원경력의 상당계급기준표'에 따라 경찰공무원인 자신의 1호봉 봉급월액을 청구인의 계급에 상당하는 군인 계급인 중사의 1호봉 봉급월액에 비해 낮게 규정함으로써 자신의 기본권을 침해한다고 주장하면서 2007년 4월 16일 그 위헌확인을 구하는 헌법소원심판을 청구하였다.

① 청구인 A는 공무원보수규정의 해당 부분이 자신의 평등권, 재산권, 직업선택의 자유 및 행복추구권 등을 침해한다고 주장하였는바, 이는 기본권 충돌에 해당한다.

② 경찰공무원과 군인은 공무원보수규정상의 봉급표에 있어서 본질적으로 동일·유사한 지위에 있다고 볼 수 없으므로 청구인 A의 평등권 침해는 문제되지 않는다.

③ 직업의 자유에 '해당 직업에 합당한 보수를 받을 권리'까지 포함되어 있다고 보아야 하므로, 경장의 1호봉 봉급월액을 중사의 1호봉 봉급월액보다 적게 규정한 것은 청구인 A의 직업수행의 자유를 침해한 것이다.

④ 공무원의 보수청구권은 법률 및 법률의 위임을 받은 하위 법령에 의해 그 구체적 내용이 형성되면 재산적 가치가 있는 공법상의 권리가 되어 재산권의 내용에 포함되지만, 법령에 의하여 구체적 내용의 형성되기 전의 권리, 즉 공무원이 국가 또는 지방자치단체에 대하여 어느 수준의 보수를 청구할 수 있는 권리는 단순한 기대이익에 불과하여 재산권의 내용에 포함된다고 볼 수 없으므로 공무원보수규정의 해당 부분은 청구인 A의 재산권을 침해하지 않는다.

해설

① 하나의 공권력에 여러 가지 기본권이 침해된다고 주장한다면 이는 충돌이 아니라 경합의 문제이다.

② 직무의 곤란성과 책임의 정도에 따라 결정되는 공무원보수의 책정에 있어서(국가공무원법 제46조 제1항), 경찰공무원과 군인은 본질적으로 동일·유사한 집단이라고 할 것이다(헌재 2008.12.26, 2007헌마444).

③ 직업의 자유에 '해당 직업에 합당한 보수를 받을 권리'까지 포함되어 있다고 보기 어렵고, 이 사건 법령조항은 경찰공무원인 경장의 봉급표를 규정한 것으로서 개성 신장을 위한 행복추구권의 제한과는 직접적인 관련이 없으므로, 청구인의 위 주장들은 모두 이유 없다(헌재 2008.12.26, 2007헌마444).

④ 공무원의 보수청구권은 법률 및 법률의 위임을 받은 하위 법령에 의해 그 구체적 내용이 형성되면 재산적 가치가 있는 공법상의 권리가 되어 재산권의 내용에 포함되지만, 법령에 의하여 구체적 내용이 형성되기 전의 권리, 즉 공무원이 국가 또는 지방자치단체에 대하여 어느 수준의 보수를 청구할 수 있는 권리는 단순한 기대이익에 불과하여 재산권의 내용에 포함된다고 볼 수 없다. 따라서 청구인이 주장하는 특정한 또는 구체적 보수수준에 관한 내용이 법령에서 형성된 바 없음에도, 이 사건 법령조항이 그 수준의 봉급월액보다 낮은 봉급월액을 규정하고 있어 청구인의 재산권을 침해한다는 주장은 이유 없다(헌재 2008.12.26, 2007헌마444).

정답 ④

제3절 기본권의 제한 및 한계

01 기본권의 제한과 그 한계에 대한 설명 중 옳은 것을 모두 고른 것은? (다툼이 있는 경우 판례에 의함)

> ㉠ 대학교의 학교환경위생정화구역 안에 당구장시설을 금지하는 학교보건법 조항은 기본권 제한의 한계를 벗어난 것이 아니다.
> ㉡ 입법자가 정한 전문분야에 관한 자격제도에 대해서는 그 내용이 불합리하고 불공정하지 않는 한 입법자의 정책판단은 존중되어야 하며, 자격요건에 관한 법률조항은 합리적인 근거 없이 현저히 자의적인 경우에만 헌법에 위반된다고 할 수 있다.
> ㉢ 법정형의 종류와 범위의 선택은 입법자가 결정할 사항으로서 광범위한 입법재량 내지 형성의 자유가 인정되어야 할 분야이다.
> ㉣ 법률유보의 원칙은 '법률에 의한 규율'만을 요청하는 것이 아니라 '법률에 근거한 규율'을 요청하는 것이므로 기본권의 제한에는 법률의 근거가 필요할 뿐이고, 기본권 제한의 형식이 반드시 법률의 형식일 필요는 없다.

① ㉠, ㉡
② ㉢, ㉣
③ ㉡, ㉢, ㉣
④ ㉠, ㉡, ㉢, ㉣

해설

옳은 것은 ㉡, ㉢, ㉣이다.

㉠ 대학교 및 이와 유사한 교육기관의 학교환경위생정화구역 안에서 당구장시설을 하지 못하도록 기본권을 제한하는 것은 입법목적의 달성을 위하여 필요하고도 적정한 방법이라고 할 수 없어 역시 기본권 제한의 한계를 벗어난 것이다(헌재 1997.3.27, 94헌마196).

학교근방 당구장	초중고	유치원 · 대학
설치금지	합헌	위헌

㉡ 입법자가 정한 전문분야에 관한 자격제도에 대해서는 그 내용이 불합리하고 불공정하지 않는 한 입법자의 정책판단은 존중되어야 하며, 자격요건에 관한 법률조항은 합리적인 근거 없이 현저히 자의적인 경우에만 헌법에 위반된다고 할 수 있다(헌재 2006.4.27, 2005헌마997).

▶ 자격제도는 광범위한 입법재량을 주기 때문에 잘 위헌이 되지 않는다.

㉢ 어떤 범죄를 어떻게 처벌할 것인가 하는 문제, 즉 법정형의 종류와 범위의 선택은 그 범죄의 죄질과 보호법익에 대한 고려뿐만 아니라 우리의 역사와 문화, 입법 당시의 시대적 상황, 국민일반의 가치관 내지 법감정 그리고 범죄예방을 위한 형사정책적 측면 등 여러 가지 요소를 종합적으로 고려하여 입법자가 결정할 사항으로서 광범위한 입법재량 내지 형성의 자유가 인정되어야 할 분야이다(헌재 1999.5.27, 98헌바26).

㉣ 법률유보의 원칙은 '법률에 의한 규율'만을 요청하는 것이 아니라 '법률에 근거한 규율'을 요청하는 것이므로 기본권의 제한에는 법률의 근거가 필요할 뿐이고, 기본권 제한의 형식이 반드시 법률의 형식일 필요는 없다(헌재 2016.4.28, 2012헌마549).

정답 ③

02 기본권의 보호영역에 관한 설명으로 옳은 것은? (다툼이 있는 경우 헌법재판소 결정례에 의함)

① 구치소의 미결수용자가 일반적으로 접근 가능한 신문을 구독하는 것은 알권리의 보호영역에 속하지 않는다.
② 알권리와 사생활의 비밀이 충돌한 경우 사생활이 우선한다고 보아야 한다. 따라서 사죄광고는 합헌이라고 판례는 보고 있다.
③ 흡연자들이 자유롭게 흡연할 권리는 행복추구권을 규정한 헌법 제10조와 사생활의 자유를 규정한 헌법 제17조에 의하여 뒷받침되는 기본권이 아니다.
④ 국가의 간섭을 받지 않고 자유로이 기부금품 모집행위를 할 수 있는 기회의 보장은 재산권의 보호범위에 포함되지 않고, 행복추구권에서 파생되는 일반적 행동의 자유에 의하여 보호된다.

해설

① 국민의 알권리는 정보에의 접근·수집·처리의 자유를 뜻하며 그 자유권적 성질의 측면에서는 일반적으로 정보에 접근하고 수집·처리함에 있어서 국가권력의 방해를 받지 아니한다고 할 것이므로, 개인은 일반적으로 접근 가능한 정보원, 특히 신문, 방송 등 매스미디어로부터 방해받음이 없이 알권리를 보장받아야 할 것이다. 미결수용자에게 자비(自費)로 신문을 구독할 수 있도록 한 것은 일반적으로 접근할 수 있는 정보에 대한 능동적 접근에 관한 개인의 행동으로서 이는 알 권리의 행사이다(헌재 1998.10.29, 98헌마4).

② 판례는 국민의 알권리와 사생활에 대해서 어느 한쪽이 우월하다고 볼 수 없어, 사죄광고는 법인 대표자의 양심의 자유를 침해하여 위헌으로 보고 있으나, 정정보도청구권에 대해서는 합헌으로 보고 있다(헌재 1991.9.16, 89헌마165).

③ 흡연자들이 자유롭게 흡연할 권리를 흡연권이라고 한다면, 이러한 흡연권은 인간의 존엄과 행복추구권을 규정한 헌법 제10조와 사생활의 자유를 규정한 헌법 제17조에 의하여 뒷받침된다(헌재 2004.8.26, 2003헌마457).

④ 국가의 간섭을 받지 아니하고 자유로이 기부행위를 할 수 있는 기회의 보장은 헌법상 보장된 재산권의 보호범위에 포함되지 않는다. 그렇다면 법 제3조에 의하여 제한되는 기본권은 행복추구권이다(헌재 1998.5.28, 96헌가5).

▶ 재산권 ×, 결사의 자유 ×

정답 ④

03 현행법상 기본권의 제한과 한계에 대한 설명으로 가장 적절하지 않은 것은? (다툼이 있는 경우 판례에 의함)

① 법률유보원칙은 '법률에 의한' 규율만을 뜻하는 것이 아니라 '법률에 근거한' 규율을 요청하는 것이므로, 법률에 근거를 두면서 헌법 제75조가 요구하는 위임의 구체성과 명확성을 구비하기만 하면 위임입법에 의해서도 기본권을 제한할 수 있다.

② 비상계엄이 선포된 경우, 영장제도와 언론·출판·집회·결사의 자유에 대한 특별한 조치를 통하여 기본권 제한을 할 수 있는 명시적인 헌법상 근거가 존재한다.

③ 기본권을 제한하는 규정은 기본권행사의 '방법'과 '여부'에 관한 규정으로 구분할 수 있다. 방법의 적절성의 관점에서, 입법자는 우선 기본권행사의 '방법'에 관한 규제로써 공익을 실현할 수 있는가를 시도하고 이러한 방법으로는 공익달성이 어렵다고 판단되는 경우에 기본권행사의 '여부'에 관한 규제를 선택해야 한다.

④ 헌법재판소는 기본권을 제한함에 있어 비례의 원칙(과잉금지의 원칙)의 심사요건으로 목적의 정당성, 방법의 적정성, 침해의 최소성(필요성), 법익균형성(법익형량)을 채용하고 있다.

해설

① 법률유보원칙은 '법률에 의한' 규율만을 뜻하는 것이 아니라 '법률에 근거한' 규율을 요청하는 것이므로, 법률에 근거를 두면서 헌법 제75조가 요구하는 위임의 구체성과 명확성을 구비하기만 하면 위임입법에 의해서도 기본권을 제한할 수 있다(헌재 2005.2.24, 2003헌마289).

② 헌법 제77조 제3항은 "비상계엄이 선포된 때에는 법률이 정하는 바에 의하여 영장제도, 언론·출판·집회·결사의 자유, 정부나 법원의 권한에 관하여 특별한 조치를 할 수 있다."라고 규정하고 있다.

▶ 단체행동권 ×, 거주·이전의 자유 ×

③ 침해의 최소성의 관점에서, 입법자는 그가 의도하는 공익을 달성하기 위하여 우선 기본권을 보다 적게 제한하는 단계인 기본권행사의 '방법'에 관한 규제로써 공익을 실현할 수 있는가를 시도하고 이러한 방법으로는 공익달성이 어렵다고 판단되는 경우에 비로소 그 다음 단계인 기본권행사의 '여부'에 관한 규제를 선택해야 한다(헌재 1998.5.28, 96헌가5).

▶ 즉, 이는 수단의 적합성이 아니라 침해의 최소성이다.

④ 과잉금지의 원칙이란 국가가 국민의 기본권을 제한함에 있어서 준수하여야 할 기본원칙 내지 입법 활동의 한계를 명시한 것으로서, 목적의 정당성, 방법의 적정성, 피해의 최소성, 법익의 균형성 등을 의미하며 그 어느 하나에라도 저촉이 되면 위헌이 된다는 헌법상의 원칙을 말한다.

정답 ③

04 기본권의 한계와 제한에 관한 다음 설명 중 옳지 <u>않은</u> 것은? (다툼이 있는 경우 판례에 의함)

① 기본권의 경우 헌법과 법률에 제한이 없다고 하더라도 타인의 권리, 공중도덕, 사회윤리, 공공복리 등의 존중에 의한 내재적 한계가 있다.

② 무소속 국회의원으로서 교섭단체소속 국회의원과 동등하게 대우받을 권리는 입법권을 행사하는 국가기관인 국회를 구성하는 국회의원의 지위에서 향유할 수 있는 권한일 수는 있을지언정 헌법이 일반국민에게 보장하고 있는 기본권이라고 할 수는 없다.

③ 우리 헌법에서의 법률유보에 의한 기본권 제한의 내용적 한계는 기본권의 본질적 내용의 침해금지이다.

④ 형사보상은 형사피고인 등의 신체의 자유를 제한한 것에 대하여 사후적으로 그 손해를 보상하는 것인바, 구금으로 인하여 침해되는 가치는 객관적으로 평가하기 어려운 것이므로, 그에 대한 보상을 어떻게 할 것인지는 국가의 경제적, 사회적, 정책적 사정들을 참작하여 입법재량으로 결정할 수 있는 사항이고, 이러한 점에서 헌법 제28조에서 규정하는 '정당한 보상'은 헌법 제23조 제3항에서 재산권의 침해에 대하여 규정하는 '정당한 보상'과 동일한 의미를 가진다.

해설

① 내재적 한계에 관한 논란이 있으나, 다수설은 부정하고 판례는 간통죄 사건에서 긍정한다. 학설과 판례가 다를 경우는 판례에 따른다.
② 청구인이 국회법 제48조 제3항 본문에 의하여 침해당하였다고 주장하는 기본권은 청구인이 국회 상임위원회에 소속하여 활동할 권리, 청구인이 무소속 국회의원으로서 교섭단체소속 국회의원과 동등하게 대우받을 권리라는 것으로서 이는 입법권을 행사하는 국가기관인 국회를 구성하는 국회의원의 지위에서 향유할 수 있는 권한일 수는 있을지언정 헌법이 일반국민에게 보장하고 있는 기본권이라고 할 수는 없다(헌재 2000.8.31, 2000헌마156).
③ 헌법에서 기본권의 내용적 한계는 본질적 내용침해금지이다.
④ 헌법 제28조에서 규정하는 '정당한 보상'은 헌법 제23조 제3항에서 재산권의 침해에 대하여 규정하는 '정당한 보상'과는 차이가 있다 할 것이다. 헌법 제23조 제3항에서 규정하는 '정당한 보상'이란 원칙적으로 피수용재산의 객관적 재산가치를 완전하게 보상하는 것이어야 하는바, 토지수용 등과 같은 재산권의 제한은 물질적 가치에 대한 제한이므로 제한되는 가치의 범위가 객관적으로 산정될 수 있어 이에 대한 완전한 보상이 가능하다. 그런데 헌법 제28조에서 문제되는 신체의 자유에 대한 제한인 구금으로 인하여 침해되는 가치는 객관적으로 산정할 수 없으므로, 일단 침해된 신체의 자유에 대하여 어느 정도의 보상을 하여야 완전한 보상을 하였다고 할 것인지 단언하기 어렵다(헌재 2010.10.28, 2008헌마514).
▶ 형사보상은 최저임금을 기준, 재산권은 공시지가를 기준으로 한다.

정답 ④

05 법률유보원칙에 관한 다음 설명 중 옳지 <u>않은</u> 것은? (다툼이 있는 경우 판례에 의함)

① 금융기관의 임원이 문책경고를 받은 경우에는 법령에서 정한 바에 따라 일정기간 동안 임원선임의 자격제한을 받으므로 문책경고는 적어도 그 제한의 본질적 사항에 관한 한 법률에 근거가 있어야 하는데, 금융감독원의 직무범위를 규정한 조직규범은 법률유보원칙에서 말하는 법률의 근거가 될 수는 없다.

② 사법시험의 제2차 시험의 합격결정에 관하여 과락제도를 정하는 구 사법시험령의 규정은 새로운 법률사항을 정한 것이라고 보기 어려우므로 법률유보의 원칙에 위반되지 않는다.

③ 기본권 제한에 관한 법률유보의 원칙에 따르면 기본권의 제한에는 법률의 근거가 필요하나, 기본권 제한 형식이 반드시 형식적 의미의 법률일 필요는 없다.

④ 경찰청장이 경찰버스들로 서울특별시 서울광장을 둘러싸 통행을 제지한 경우에 경찰 임무의 하나로서 '기타 공공의 안녕과 질서유지'를 규정한 경찰관 직무집행법의 규정은 일반적 수권조항으로서 경찰권 발동의 법적 근거가 될 수 있으므로, 통행을 제지한 행위가 법률유보원칙에 위배되는 것은 아니다.

해설

① 금융기관의 임원이 문책경고를 받은 경우에는 법령에서 정한 바에 따라 일정기간 동안 임원선임의 자격제한을 받으므로 문책경고는 적어도 그 제한의 본질적 사항에 관한 한 법률에 근거가 있어야 하는데, 금융감독원의 직무범위를 규정한 조직규범은 법률유보원칙에서 말하는 법률의 근거가 될 수는 없다(대판 2005.2.17, 2003두14765).
▶ 법률유보는 조직법이 아니라 작용법을 의미한다.

② 사법시험의 제2차 시험의 합격결정에 관하여 과락제도를 정하는 구 사법시험령의 규정은 새로운 법률사항을 정한 것이라고 보기 어려우므로 법률유보의 원칙에 위반되지 않는다(대판 2007.1.11, 2004두10432).

③ 기본권 제한에 관한 법률유보의 원칙에 따르면 기본권의 제한에는 법률의 근거가 필요하나, 기본권 제한 형식이 반드시 형식적 의미의 법률일 필요는 없다(헌재 2012.5.31, 2010헌마139).

④ 지문은 헌법재판소의 소수 반대의견으로, 다수의견에 대한 보충의견은 경찰의 임무 또는 경찰관의 직무범위를 규정한 경찰법 제3조, 경찰관 직무집행법 제2조는 그 성격과 내용 및 아래와 같은 이유로 '일반적 수권조항'이라 하여 국민의 기본권을 구체적으로 제한 또는 박탈하는 행위의 근거조항으로 삼을 수는 없으므로 위 조항 역시 이 사건 통행제지행위 발동의 법률적 근거가 된다고 할 수 없다고 판시하였다(헌재 2011.6.30, 2009헌마406).

정답 ④

06 기본권 제한에 대한 설명으로 옳지 않은 것은? (다툼이 있는 경우 헌법재판소 판례에 의함)

① 대학구성원이 아닌 사람의 도서관 이용에 관하여 대학도서관의 관장이 승인 또는 허가할 수 있도록 규정한 국·공립대학교의 도서관규정은, 대학구성원이 아닌 사람에 대하여 도서 대출이나 열람실 이용을 확정적으로 제한하여 헌법에 위반된다.

② '카메라나 그 밖에 이와 유사한 기능을 갖춘 기계장치를 이용하여 성적 욕망 또는 수치심을 유발할 수 있는 다른 사람의 신체를 그 의사에 반하여 촬영한 자'를 형사처벌하는 법률규정은, 행위자의 일반적 행동자유권을 제한하지만 과잉금지원칙에 위배되지는 않는다.

③ 이동통신사업자 등으로부터 이동통신단말장치를 구입하는 경우 이동통신단말장치 구매 지원금 상한제를 규정하는 단말기유통법은, 이동통신단말장치를 구입하여 이동통신서비스를 이용하고자 하는 사람들의 계약의 자유를 제한하지만 과잉금지원칙에 위배되지는 않는다.

④ 생명권도 헌법 제37조 제2항에 의한 일반적 법률유보의 대상이 될 수밖에 없으며, 나아가 생명권의 경우, 다른 일반적인 기본권 제한의 구조와는 달리, 생명의 일부 박탈이라는 것을 상정할 수 없기 때문에 생명권에 대한 제한은 필연적으로 생명권의 완전한 박탈을 의미하게 되는바, 생명권의 제한이 정당화될 수 있는 예외적인 경우에는 생명권의 박탈이 초래된다 하더라도 곧바로 기본권의 본질적인 내용을 침해하는 것이라 볼 수는 없다.

해설

① 대학구성원이 아닌 사람의 도서관 이용에 관하여 대학도서관의 관장이 승인 또는 허가할 수 있도록 규정한 국·공립대학교의 도서관규정은, 대학구성원이 아닌 사람에 대하여 도서 대출이나 열람실 이용을 확정적으로 제한하는 것이 아니다(헌재 2016.11.24, 2014헌마977).

② '카메라나 그 밖에 이와 유사한 기능을 갖춘 기계장치를 이용하여 성적 욕망 또는 수치심을 유발할 수 있는 다른 사람의 신체를 그 의사에 반하여 촬영한 자'를 형사처벌하는 법률규정은, 행위자의 일반적 행동자유권을 제한하지만 과잉금지원칙에 위배되지는 않는다(헌재 2017.6.29, 2015헌바243).

③ 지원금 상한 조항으로 인하여 일부 이용자들이 종전보다 적은 액수의 지원금을 지급받게 될 가능성이 있다고 할지라도, 이러한 불이익에 비해 이동통신단말장치의 공정하고 투명한 유통 질서를 확립하여 이동통신 산업의 건전한 발전과 이용자의 권익을 보호한다는 공익이 매우 중대하다(헌재 2017.5.25, 2014헌마844).

④ 생명권에 대한 제한은 곧 생명권의 완전한 박탈을 의미한다는 점을 고려하면, 생명권 제한이 정당화될 수 있는 경우에는 생명권의 박탈이 초래된다 하더라도 곧바로 기본권의 본질적인 내용을 침해하는 것이라 볼 수 없다(헌재 2010.2.25, 2008헌가23).

정답 ①

07 기본권 제한과 한계에 관한 헌법재판소 결정례의 입장과 다른 것은?

① 재산권의 본질적 내용을 침해하는 경우란 그 침해로 사유재산권이 유명무실해지고 사유재산제도가 형해화되어 헌법이 재산권을 보장하는 궁극적인 목적을 달성할 수 없게 되는 데 이르는 경우를 들 수 있다.

② 긴급재정경제명령이 헌법 제76조 소정의 요건과 한계에 부합하는 것이라면 그 자체로 목적의 정당성, 수단의 적정성, 피해의 최소성, 법익의 균형성이라는 기본권 제한의 한계로서의 과잉금지원칙을 준수하는 것이 되는 것이다

③ 범죄의 설정과 법정형의 종류 및 범위의 선택은 입법자가 결정할 사항으로서 광범위한 입법재량이 인정될 수 없는 분야이므로 어느 행위를 범죄로 규정하고 그 법정형을 정한 법률이 헌법상의 평등원칙 및 비례원칙에 위반되는지 여부는 엄격한 심사척도에 의해 심사되어야 한다.

④ 변호사시험 성적을 합격자에게 공개하지 않도록 규정한 변호사시험법 조항은 법학전문대학원 간의 과다경쟁 및 서열화를 방지하고, 교육과정이 충실하게 이행될 수 있도록 하여 다양한 분야의 전문성을 갖춘 양질의 변호사를 양성하기 위한 것으로 그 입법목적은 정당하나 입법목적을 달성하는 적절한 수단이라고 볼 수는 없다.

해설

① 재산권의 본질적인 내용을 침해하는 경우라고 하는 것은 그 침해로 사유재산권이 유명무실해지고 사유재산제도가 형해화되어 헌법이 재산권을 보장하는 궁극적인 목적을 달성할 수 없게 되는 지경에 이르는 경우라고 할 것이다(헌재 1989.12.22, 88헌가13).

② 긴급재정경제명령이 헌법 제76조 소정의 요건과 한계에 부합하는 것이라면 그 자체로 목적의 정당성, 수단의 적정성, 피해의 최소성, 법익의 균형성이라는 기본권 제한의 한계로서의 과잉금지원칙을 준수하는 것이 되는 것이다(헌재 1996.2.29, 93헌마186).

③ 법정형의 종류와 범위의 선택은 그 범죄의 죄질과 보호법익에 대한 고려뿐만이 아니라 우리의 역사와 문화, 입법 당시의 시대적 상황, 국민 일반의 가치관 내지 법감정 그리고 범죄예방을 위한 형사정책적 측면 등 여러 가지 요소를 종합적으로 고려하여 입법자가 결정할 사항으로서 광범위한 입법재량 내지 형성의 자유가 인정되어야 할 분야이다. 따라서 어느 범죄에 대한 법정형이 그 범죄의 죄질 및 이에 대한 행위자의 책임에 비하여 지나치게 가혹한 것이어서 현저히 형벌체계상의 균형을 잃고 있다거나 그 범죄에 대한 형벌 본래의 목적과 기능을 달성함에 있어 필요한 정도를 일탈하였다는 등 헌법상의 평등의 원칙 및 비례의 원칙 등에 명백히 위배되는 경우가 아닌 한, 쉽사리 헌법에 위반된다고 단정하여서는 아니 된다(헌재 2006.4.27, 2005헌가2).

④ 오히려 시험성적을 공개하는 경우 경쟁력 있는 법률가를 양성할 수 있고, 각종 법조직역에 채용과 선발의 객관적 기준을 제공할 수 있다. 따라서 변호사시험 성적의 비공개는 기존 대학의 서열화를 고착시키는 등의 부작용을 낳고 있으므로 수단의 적절성이 인정되지 않는다(헌재 2015.6.25, 2011헌마769 등).

정답 ③

08 기본권의 제한에 관한 설명으로 가장 적절한 것은? (다툼이 있는 경우 판례에 의함)

① 방송사업자가 구 방송법상 심의규정을 위반한 경우 방송통신위원회로 하여금 전문성과 독립성을 갖춘 방송통신심의위원회의 심의를 거쳐 '시청자에 대한 사과'를 명할 수 있도록 규정한 것은 침해의 최소성원칙에 위배되지 않는다.

② 형법상 자기낙태죄 조항은 태아의 생명을 보호하기 위한 것으로서 그 입법목적이 정당하고, 낙태를 방지하기 위하여 임신한 여성의 낙태를 형사처벌하는 것은 이러한 입법목적을 달성하는 데 적합한 수단이다.

③ 긴급재정경제명령은 평상시의 헌법 질서에 따른 권력행사 방법으로서는 대처할 수 없는 재정·경제상의 국가위기 상황에 처하여 이를 극복하기 위하여 발동되는 비상입법조치라는 속성상 기본권 제한의 한계로서의 과잉금지원칙의 준수가 요구되지 않는다.

④ 감염병예방법에 근거한 집합제한 조치로 인하여 일반음식점 영업이 제한되어 영업이익이 감소된 경우, 일반음식점 운영자가 소유하는 영업 시설·장비 등에 대한 구체적인 사용·수익 및 처분권한을 제한받는 것이므로 보상규정의 부재는 일반음식점 운영자의 재산권을 제한한다고 볼 수 있다.

해설

① '시청자에 대한 사과'에 대하여는 '명령'이 아닌 '권고'의 형태를 취할 수도 있다. 이와 같이 기본권을 보다 덜 제한하는 다른 수단에 의하더라도 이 사건 심판대상조항이 추구하는 목적을 달성할 수 있으므로 이 사건 심판대상조항은 침해의 최소성원칙에 위배된다(헌재 2012.8.23, 2009헌가27).

② 자기낙태죄 조항은 모자보건법이 정한 예외를 제외하고는 임신기간 전체를 통틀어 모든 낙태를 전면적·일률적으로 금지하고, 이를 위반할 경우 형벌을 부과함으로써 임신의 유지출산을 강제하고 있으므로, 임신한 여성의 자기결정권을 제한한다. 자기낙태죄 조항은 태아의 생명을 보호하기 위한 것으로서, 정당한 입법목적을 달성하기 위한 적합한 수단이다(헌재 2019.4.11, 2017헌바127).

③ 긴급재정경제명령이 헌법 제76조 소정의 요건과 한계에 부합하는 것이라면 그 자체로 목적의 정당성, 수단의 적정성, 피해의 최소성, 법익의 균형성이라는 기본권 제한의 한계로서의 과잉금지원칙을 준수하는 것이 되는 것이다(헌재 1996.2.29, 93헌마186). 즉, 자동 준수가 되는 것이지 요구되지 않는 것이 아니다.

④ 감염병예방법 제49조 제1항 제2호에 근거한 집합제한 조치로 인하여 청구인들의 일반음식점 영업이 제한되어 영업이익이 감소되었다 하더라도, 청구인들이 소유하는 영업 시설·장비 등에 대한 구체적인 사용·수익 및 처분권한을 제한받는 것은 아니므로, 보상규정의 부재가 청구인들의 재산권을 제한한다고 볼 수 없다(헌재 2023.6.29, 2020헌마1669).

정답 ②

09 과잉금지원칙 내지 비례원칙에 관한 다음 설명 중 가장 적절하지 않은 것은? (다툼이 있는 경우 판례에 의함)

① 자동차 등을 이용하여 살인 또는 강간 등 행정안전부령이 정하는 범죄행위를 한 때 운전면허를 필요적으로 취소하도록 하는 구 도로교통법 조항은 과잉금지원칙에 위배된다.

② 성폭력범죄의 처벌 등에 관한 특례법(2012.12.18. 법률 제11556호로 전부개정된 것) 제30조 제6항 중 '제1항에 따라 촬영한 영상물에 수록된 피해자의 진술은 공판준비기일 또는 공판기일에 조사 과정에 동석하였던 신뢰관계에 있는 사람 또는 진술조력인의 진술에 의하여 그 성립의 진정함이 인정된 경우에 증거로 할 수 있다' 부분 가운데 19세 미만 성폭력범죄 피해자에 관한 부분은 과잉금지원칙에 위배된다.

③ 음주운전 금지규정을 2회 이상 위반한 사람을 2년 이상 5년 이하의 징역이나 1천만원 이상 2천만원 이하의 벌금에 처하도록 한 구 도로교통법 조항은 책임과 형벌 간의 비례원칙에 위배된다.

④ 신고를 하지 아니하고 물품을 수입한 경우 해당 물품을 필요적으로 몰수하도록 규정한 관세법 조항은 책임과 형벌 간의 비례원칙에 위배된다.

⑤ 경비업을 경영하고 있는 자에게 경비업과 그 밖의 업종을 겸영하지 못하도록 금지하고 있는 경비업법 조항은 과잉금지원칙에 위배된다.

해설

① 자동차 등을 이용한 범죄를 근절하기 위하여 그에 대한 행정적 제재를 강화할 필요가 있다 하더라도 이를 임의적 운전면허 취소 또는 정지사유로 규정함으로써 불법의 정도에 상응하는 제재수단을 선택할 수 있도록 하여도 충분히 그 목적을 달성하는 것이 가능함에도, 심판대상조항은 이에 그치지 아니하고 필요적으로 운전면허를 취소하도록 하여 구체적 사안의 개별성과 특수성을 고려할 수 있는 여지를 일체 배제하고 있다(헌재 2015.5.28, 2013헌가6).

▶ 직업의 자유 침해, 일반적 행동자유 침해 / 명확성은 침해 아님

② 미성년 피해자의 2차 피해를 방지하는 것은 성폭력범죄에 관한 형사절차를 형성함에 있어 결코 포기할 수 없는 중요한 가치라 할 것이나, 피고인의 반대신문권을 보장하면서도 성폭력범죄의 미성년 피해자를 보호할 수 있는 조화적인 방법을 상정할 수 있음에도, 심판대상조항이 영상물에 수록된 미성년 피해자 진술에 있어 원진술자에 대한 피고인의 반대신문권을 실질적으로 배제하여 피고인의 방어권을 과도하게 제한하는 것은 과잉금지원칙에 반한다(헌재 2021.12.23, 2018헌바524).

▶ 아청법은 합헌, 성폭법은 위헌

③ 가중요건이 되는 과거 음주운전 금지규정 위반행위와 처벌대상이 되는 재범 음주운전 금지규정 위반행위 사이에 아무런 시간적 제한이 없고, 과거 위반행위가 형의 선고나 유죄의 확정판결을 받은 전과일 것을 요구하지도 않는다. 일률적으로 가중처벌하도록 하고 있으므로 형벌 본래의 기능에 필요한 정도를 현저히 일탈하는 과도한 법정형을 정한 것이다(헌재 2021.11.25, 2019헌바446).

④ 행정의 합목적성이 강조되는 관세범의 특질, 수출입신고의 중요성, 일반예방적 효과를 제고할 필요 등을 고려해 볼 때, 기망적 의도나 관세포탈이 없는 무신고 수출입행위에 대한 필요적 몰수·추징이 국가 재정권과 통관질서의 유지를 위한 입법 재량의 범위를 일탈한 것으로는 보기 어렵다. 재산상 이득을 얻으려는 관세범의 성격에 비추어 볼 때, 필요적 몰수·추징과 같은 재정적인 규제 수단이 필요한 점, 법관의 양형재량에 따라 책임과 형벌의 비례관계는 주형과 부가형을 통산하여 인정될 수 있는 점 등에 비추어 볼 때, 이 사건 몰수·추징조항은 책임과 형벌 간의 비례원칙에 위반되지 않는다(헌재 2021.7.15, 2020헌바201).

⑤ 먼저 "경비업체의 전문화"라는 관점에서 보면, 현대의 첨단기술을 바탕으로 한 소위 디지털시대에 있어서 경비업은 단순한 경비 자체만으로는 '전문화'를 이룰 수 없고 오히려 경비장비의 제조·설비·판매업이나 네트워크를 통한 정보산업, 시설물 유지관리, 나아가 경비원교육업 등을 포함하는 '토탈서비스(total service)'를 절실히 요구하고 있는 추세이므로, 이 법(경비업법)에서 규정하고 있는 좁은 의미의 경비업만을 영위하도록 법에서 강제하는 수단으로는 오히려 영세한 경비업체의 난립을 방치하는 역효과를 가져올 수도 있다(헌재 2002.4.25, 2001헌마614).

정답 ④

10 다음 중 헌법재판소가 과잉금지원칙 심사를 하면서 목적의 정당성이 부인된다고 판단한 것을 모두 고른 것은? (다툼이 있는 경우 판례에 의함)

> ㉠ 혼인을 빙자하여 음행의 상습 없는 부녀를 기망하여 간음한 자를 처벌하는 형법 조항
> ㉡ 경비업을 경영하고 있는 자들이나 다른 업종을 경영하면서 새로이 경비업에 진출하고자 하는 자들로 하여금, 경비업을 전문으로 하는 별개의 법인을 설립하지 않는 한 경비업과 그 밖의 업종을 겸영하지 못하도록 금지하고 있는 경비업법 조항
> ㉢ 검찰수사관이 피의자신문에 참여한 변호인에게 피의자 후방에 앉으라고 요구한 행위
> ㉣ 야당 후보 지지나 정부 비판적 정치 표현행위에 동참한 전력이 있는 문화예술인이나 단체를 정부의 문화예술 지원사업에서 배제하도록 지시한 행위

① ㉠, ㉡
② ㉢, ㉣
③ ㉠, ㉢, ㉣
④ ㉠, ㉡, ㉢, ㉣

해설

목적의 정당성이 부인된다고 판단한 것은 ㉠, ㉢, ㉣이다.

㉠ 이 사건 법률조항의 경우 형벌 규정을 통하여 추구하고자 하는 목적 자체가 헌법에 의하여 허용되지 않는 것으로서 그 정당성이 인정되지 않는다고 할 것이다(헌재 2009.11.26, 2008헌바58 등).

㉡ 비전문적인 영세경비업체의 난립을 막고 전문경비업체를 양성하며, 경비원의 자질을 높이고 무자격자를 차단하여 불법적인 노사분규 개입을 막고자 하는 입법목적 자체는 정당하다고 보여진다(헌재 2002.4.25, 2001헌마614).
▶ 수단의 적합성이 부정되었다.

㉢ 피의자신문에 참여한 변호인이 피의자 옆에 앉는다고 하여 피의자 뒤에 앉는 경우보다 수사를 방해할 가능성이 높아진다거나 수사기밀을 유출할 가능성이 높아진다고 볼 수 없으므로, 이 사건 후방착석요구행위의 목적의 정당성과 수단의 적절성을 인정할 수 없다(헌재 2017.11.30, 2016헌마503).

㉣ 정부에 대한 반대 견해나 비판에 대하여 합리적인 홍보와 설득으로 대처하는 것이 아니라 비판적 견해를 가졌다는 이유만으로 국가의 지원에서 일방적으로 배제함으로써 정치적 표현의 자유를 제재하는 공권력의 행사는 헌법의 근본원리인 국민주권주의와 자유민주적 기본질서에 반하는 것으로 그 목적의 정당성을 인정할 수 없다(헌재 2020.12.23, 2017헌마416).

정답 ③

11 기본권의 제한에 관한 설명 중 가장 적절하지 않은 것은? (다툼이 있는 경우 판례에 의함)

① 형법 제304조 중 "혼인을 빙자하여 음행의 상습없는 부녀를 기망하여 간음한 자" 부분은 형벌규정을 통하여 추구하고자 하는 목적 자체가 헌법에 의하여 허용되지 않는 것으로서 그 정당성이 인정되지 않는다.

② 배우자 있는 자의 간통행위 및 그와의 상간행위를 2년 이하의 징역에 처하도록 규정한 형법 제241조는 선량한 성풍속 및 일부일처제에 기초한 혼인제도를 보호하고 부부 간 정조의무를 지키게 하기 위한 것으로 그 입법목적의 정당성은 인정된다.

③ 운전면허를 받은 사람이 다른 사람의 자동차등을 훔친 경우에는 운전면허를 필요적으로 취소하도록 한 구 도로교통법 조항 중 '다른 사람의 자동차등을 훔친 경우' 부분은 다른 사람의 자동차등을 훔친 범죄행위에 대한 행정적 제재를 강화하여 자동차등의 운행과정에서 야기될 수 있는 교통상의 위험과 장해를 방지함으로써 안전하고 원활한 교통을 확보하고자 하는 것으로서 그 입법목적이 정당하다.

④ 형법 제269조 제1항의 자기낙태죄 조항은 태아의 생명을 보호하기 위한 것으로서 그 입법목적은 정당하지만, 낙태를 방지하기 위하여 임신한 여성의 낙태를 형사처벌하는 것은 이러한 입법목적을 달성하는 데 적절하고 실효성 있는 수단이라고 할 수 없다.

해설

① 이 사건 법률조항의 경우 입법목적에 정당성이 인정되지 않는다. 첫째, 남성이 위력이나 폭력 등 해악적 방법을 수반하지 않고서 여성을 애정행위의 상대방으로 선택하는 문제는 그 행위의 성질상 국가의 개입이 자제되어야 할 사적인 내밀한 영역인데다 또 그 속성상 과장이 수반되게 마련이어서 우리 형법이 혼전 성관계를 처벌대상으로 하지 않고 있으므로 혼전 성관계의 과정에서 이루어지는 통상적 유도행위 또한 처벌해야 할 이유가 없다(헌재 2009.11.26, 2008헌바58).

② 심판대상조항은 선량한 성풍속 및 일부일처제에 기초한 혼인제도를 보호하고 부부 간 정조의무를 지키게 하기 위한 것으로 그 입법목적의 정당성은 인정된다(헌재 2015.2.26, 2009헌바17).

▶ 다만, 6인이 인정한 것은 아니어서 조금 논란의 여지가 있다.

③ 심판대상조항은 다른 사람의 자동차등을 훔친 범죄행위에 대한 행정적 제재를 강화하여 자동차등의 운행과정에서 야기될 수 있는 교통상의 위험과 장해를 방지함으로써 안전하고 원활한 교통을 확보하고자 하는 것으로서 그 입법목적이 정당하다(헌재 2017.5.25, 2016헌가6).

④ 자기낙태죄 조항은 태아의 생명을 보호하기 위한 것으로서 그 입법목적이 정당하고, 낙태를 방지하기 위하여 임부의 낙태를 형사처벌하는 것은 위 목적을 달성하기 위한 효과적이고도 적절한 방법이다(헌재 2019.4.11, 2017헌바127).

정답 ④

12 기본권 제한에서 요구되는 과잉금지원칙에 대한 설명으로 옳은 것은? (다툼이 있는 경우 판례에 의함)

① 공무원이 재직 중의 사유로 금고 이상의 형을 받은 때에는 대통령령이 정하는 바에 의하여 퇴직급여 및 퇴직수당의 일부를 감액하여 지급하도록 한 것은 입법목적을 달성하는 데 적합한 수단이라고 볼 수 없다.

② 민사재판에 당사자로 출석하는 수형자에 대하여 아무런 예외 없이 일률적으로 사복착용을 금지하는 것은 침해의 최소성 원칙에 위배된다.

③ 직업선택의 자유에 대하여는 직업수행의 자유와는 달리 공익목적을 위하여 상대적으로 폭넓은 입법적 규제가 가능한 것이므로 과잉금지의 원칙이 적용되는 것이 아니라 자의금지의 원칙이 적용되는 것이다.

④ 마약류 관리에 관한 법률을 위반하여 금고 이상의 실형을 선고받고 그 집행이 끝나거나 면제된 날부터 20년이 지나지 아니한 것을 택시운송사업의 운전업무 종사자격의 결격사유 및 취소사유로 정한 것은 사익을 제한함으로써 달성할 수 있는 공익이 더욱 중대하므로 법익의 균형성 원칙도 충족하고 있다.

해설

① 공무원의 신분이나 직무상 의무와 관련이 없는 범죄의 경우에도 퇴직급여 등을 제한하는 것은, 공무원범죄를 예방하고 공무원이 재직 중 성실히 근무하도록 유도하는 입법목적을 달성하는 데 적합한 수단이라고 볼 수 없다(헌재 2007.3.29, 2005헌바33).

② 민사재판의 경우 재소자용 의료착용에 대해 판례는 합헌으로 보았으나, 형사재판에서는 위헌으로 보았다(헌재 1999.5.27, 97헌마137 등).

③ 일반적으로 직업행사의 자유에 대하여는 직업선택의 자유와는 달리 공익목적을 위하여 상대적으로 폭넓은 입법적 규제가 가능한 것이지만, 그렇다고 하더라도 그 수단은 목적달성에 적절한 것이어야 하고 또한 필요한 정도를 넘는 지나친 것이어서는 아니 된다(헌재 2004.5.27, 2003헌가1 등). 즉, 직업수행의 경우에도 과잉금지의 원칙이 적용된다.

④ 심판대상조항은 구체적 사안의 개별성과 특수성을 고려할 수 있는 여지를 일체 배제하고 그 위법의 정도나 비난 가능성의 정도가 미약한 경우까지도 획일적으로 20년이라는 장기간 동안 택시운송사업의 운전업무 종사자격을 제한하는 것이므로 침해의 최소성 원칙에 위배되며, 법익의 균형성 원칙에도 반한다. 따라서 심판대상조항은 청구인들의 직업선택의 자유를 침해한다(헌재 2015.12.23, 2014헌바446 등).

정답 ①

13 구 제대군인 지원에 관한 법률(1997.12.31. 법률 제5482호로 제정된 것) 제8조에 따른 제대군인 가산점제도에 관한 설명으로 옳지 않은 것은? (다툼이 있는 경우 판례에 의함)

① 가산점제도는 제대군인과 제대군인이 아닌 사람을 차별하고, 현역복무나 상근예비역 소집근무를 할 수 있는 신체 건장한 남자와 질병이나 심신장애로 병역을 감당할 수 없는 남자인 병역면제자를 차별하며, 보충역으로 편입되어 군복무를 마친 자를 차별하는 제도이므로, 그 입법목적의 정당성이 인정되지 않는다.

② 가산점제도는 공직수행능력과는 아무런 합리적 관련성을 인정할 수 없는 성별 등을 기준으로 여성과 장애인 등의 사회진출기회를 박탈하는 것이므로 정책수단으로서의 적합성과 합리성을 상실한 것이다.

③ 가산점제도는 제대군인에게 채용시험 응시횟수에 무관하게, 가산점제도의 혜택을 받아 채용시험에 합격한 적이 있었는지에 관계없이 제대군인은 계속 가산점혜택을 부여하여, 한 사람의 제대군인을 위하여 몇 사람의 비제대군인의 기회가 박탈당할 수 있는 불합리한 결과를 초래한다.

④ 여성공무원채용목표제는 종래부터 차별을 받아 왔고 그 결과 현재 불리한 처지에 있는 여성을 유리한 처지에 있는 남성과 동등한 처지에까지 끌어올리는 것을 목적으로 하는 제도이지만, 그 효과가 매우 제한적이어서, 이를 이유로 제대군인 가산점제도의 위헌성이 제거된다고 볼 수는 없다.

해설

① 가산점제도의 주된 목적은 군복무 중에는 취업할 기회와 취업을 준비하는 기회를 상실하게 되므로 이러한 불이익을 보전해 줌으로써 제대군인이 군복무를 마친 후 빠른 기간 내에 일반사회로 복귀할 수 있도록 해 주는 것으로 입법목적은 정당하다(헌재 1999.12.23, 98헌마363). 다만, 판례는 수단의 적합성을 인정하지 않았다.

② 가산점제도는 공직수행능력과는 아무런 합리적 관련성을 인정할 수 없는 성별 등을 기준으로 여성과 장애인 등의 사회진출기회를 박탈하는 것이므로 정책수단으로서의 적합성과 합리성을 상실한 것이라 하지 아니할 수 없다(헌재 1999.12.23, 98헌마363).

③ 가산점제도는 제대군인에 대한 이러한 혜택을 몇 번이고 아무런 제한 없이 부여하고 있다. 채용시험 응시횟수에 무관하게, 가산점제도의 혜택을 받아 채용시험에 합격한 적이 있었는지에 관계없이 제대군인은 계속 가산점혜택을 받을 수 있다. 이는 한 사람의 제대군인을 위하여 몇 사람의 비제대군인의 기회가 박탈당할 수 있음을 의미하는 것이다(헌재 1999.12.23, 98헌마363).

④ 여성공무원채용목표제의 존재를 이유로 가산점제도의 위헌성이 제거되거나 감쇄된다고는 할 수 없다(헌재 1999.12.23, 98헌마363).

정답 ①

14 양심적 병역거부에 대한 다음 설명 중 옳지 않은 것은? (다툼이 있는 경우 판례에 의함)

① 국가가 관리하는 객관적이고 공정한 사전심사절차와 엄격한 사후관리절차를 갖추고, 현역복무와 대체복무 사이에 복무의 난이도나 기간과 관련하여 형평성을 확보해 현역복무를 회피할 요인을 제거한다면, 심사의 곤란성과 양심을 빙자한 병역기피자의 증가 문제를 해결할 수 있다. 따라서 대체복무제를 도입하면서도 병역의무의 형평을 유지하는 것은 충분히 가능하다.

② 양심적 병역거부자의 수는 병역자원의 감소를 논할 정도가 아니고, 이들을 처벌한다고 하더라도 교도소에 수감할 수 있을 뿐 병역자원으로 활용할 수는 없으므로, 대체복무제 도입으로 병역자원의 손실이 발생한다고 할 수 없다. 전체 국방력에서 병역자원이 차지하는 중요성이 낮아지고 있는 점을 고려하면, 대체복무제를 도입하더라도 우리나라의 국방력에 의미 있는 수준의 영향을 미친다고 보기는 어렵다. 따라서 대체복무제라는 대안이 있음에도 불구하고 군사훈련을 수반하는 병역의무만을 규정한 병역종류조항은 침해의 최소성 원칙에 어긋난다.

③ 각종 병역의 종류를 규정하고 있는 병역법상 병역종류조항은, 병역부담의 형평을 기하고 병역자원을 효과적으로 확보하여 효율적으로 배분함으로써 국가안보를 실현하고자 하는 것이기는 하나, 대체복무제를 규정하고 있지 않은 이상 정당한 입법목적을 달성하기 위한 적합한 수단에 해당한다고 보기는 어렵다.

④ 양심적 병역거부를 주장하는 사람은 자신의 '양심'을 외부로 표명하여 증명할 최소한의 의무를 진다.

해설

①② 이는 양심적 병역거부 판례 내용 그대로이다. 판례는 대체복무를 규정하지 않은 종류조항에 대해선 위헌으로 판단하였으나, 의무를 이행하지 않는 경우 처벌하는 사항에 대해서는 합헌으로 보고 있다(헌재 2018.6.28, 2011헌바379).

▶ 이 판례에서 조심할 것은 목적과 수단에 대해서는 합헌적으로 보았으나, 침해의 최소성과 법익의 균형성에서 헌법에 위반된다고 보았다는 점이다.

③ 병역종류조항은, 병역부담의 형평을 기하고 병역자원을 효과적으로 확보하여 효율적으로 배분함으로써 국가안보를 실현하고자 하는 것이므로 정당한 입법목적을 달성하기 위한 적합한 수단이다(헌재 2018.6.28, 2011헌바379).

④ 헌법상 양심의 자유에 의해 보호받는 '양심'으로 인정할 것인지의 판단은 그것이 깊고, 확고하며, 진실된 것인지 여부에 따르게 된다. 그리하여 양심적 병역거부를 주장하는 사람은 자신의 '양심'을 외부로 표명하여 증명할 최소한의 의무를 진다(헌재 2018.6.28, 2011헌바379 등).

정답 ③

15 청원경찰의 근로3권을 전면적으로 제한하는 청원경찰법(2010.2.4. 법률 제10013호로 개정된 것) 제5조 제4항 중 국가공무원법 제66조 제1항 가운데 '노동운동' 부분을 준용하는 부분(이하 '심판대상조항'이라 함)에 대한 헌법재판소 결정 내용에 관한 다음 설명 중 옳지 않은 것은?

① 청원경찰은 청원주와의 고용계약에 의한 근로자일 뿐이어서 기본적으로 헌법 제33조 제1항에 따라 근로3권을 보장받아야 한다.

② 심판대상조항을 통해 청원경찰이 경비하는 중요시설의 안전을 도모할 수 있음은 분명하나, 이로 인해 받는 불이익은 모든 청원경찰에 대한 근로3권의 전면적 박탈이라는 점에서, 심판대상조항은 법익의 균형성이 인정되지 아니한다.

③ 심판대상조항은 청원경찰의 근로3권을 제한함에 목적의 정당성 및 수단의 적합성이 인정되지 않는다.

④ 국가기관이나 지방자치단체 이외의 곳에서 근무하는 청원경찰은 근로조건에 관하여 공무원뿐만 아니라 국가기관이나 지방자치단체에 근무하는 청원경찰에 비해서도 낮은 수준의 법적 보장을 받고 있으므로, 이들에 대해서는 근로 3권이 허용되어야 할 필요성이 더욱 크다.

해설

① 청원경찰은 사용자인 청원주와의 고용계약에 의한 근로자일 뿐, 국민 전체에 대한 봉사자로서 국민에 대하여 책임을 지며 그 신분과 정치적 중립성이 법률에 의해 보장되는 공무원 신분이 아니다. 법률이 정하는 바에 따라 근로3권이 제한적으로만 인정되는 헌법 제33조 제2항의 공무원으로 볼 수는 없는 이상, 일반근로자인 청원경찰에게는 기본적으로 헌법 제33조 제1항에 따라 근로3권이 보장되어야 한다(헌재 2017.9.28, 2015헌마653).

② 심판대상조항으로 말미암아 청원경찰이 경비하는 중요시설의 안전을 도모할 수 있음은 분명하나, 이로 인해 받는 불이익은 모든 청원경찰에 대한 근로3권의 전면적 박탈이라는 점에서, 심판대상조항은 법익의 균형성도 인정되지 아니한다(헌재 2017.9.28, 2015헌마653).

③ 청원경찰의 복무에 관하여 국가공무원법 제66조 제1항을 준용함으로써 노동운동을 금지하는 것은, 청원경찰의 근로3권을 제한함으로써 청원경찰이 관리하는 중요시설의 안전을 도모하려는 것이므로 목적의 정당성이 인정될 수 있고, 근로3권의 제한은 위와 같은 목적 달성에 기여할 수 있으므로 수단의 적합성도 인정될 수 있다. 청원경찰의 복무에 관하여 국가공무원법 제66조 제1항을 준용함으로써 노동운동을 금지하는 것은, 침해의 최소성 원칙에 위배되며 법익의 균형성도 인정되지 아니한다(헌재 2017.9.28, 2015헌마653).

④ 국가기관이나 지방자치단체 이외의 곳에서 근무하는 청원경찰은 근로조건에 관하여 공무원뿐만 아니라 국가기관이나 지방자치단체에 근무하는 청원경찰에 비해서도 낮은 수준의 법적 보장을 받고 있으므로, 이들에 대해서는 근로3권이 허용되어야 할 필요성이 크다(헌재 2017.9.28, 2015헌마653).

정답 ③

16 기본권에 관한 설명 중 옳지 않은 것은? (다툼이 있는 경우 판례에 의함)

① 공법인은 공권력의 행사주체로서 기본권을 실현하고 보호해야 할 권한과 책임을 지고 있으므로 원칙적으로 기본권 주체성을 인정할 수 없다.

② 입법자가 정한 전문분야에 관한 자격제도에 대해서는 그 내용이 불합리하고 불공정하지 않은 한 입법자의 정책판단은 존중되어야 하며, 자격요건에 관한 법률조항은 합리적인 근거 없이 현저히 자의적인 경우에만 헌법에 위반된다고 할 수 있다.

③ 기본권 제한에 있어서 과잉금지의 원칙이란 목적의 정당성, 방법의 적정성, 피해의 최소성, 법익의 균형성의 원칙을 말하는 것으로 이 중 어느 하나라도 충족시키지 못하면 위헌이 된다는 원칙을 말한다.

④ 정치적 표현의 자유는 선거과정에서의 선거운동을 통하여 국민이 정치적 의견을 자유로이 발표·교환함으로써 비로소 그 기능을 다하게 된다고 할지라도, 선거운동의 자유는 헌법에 정한 언론·출판·집회·결사의 자유 보장규정에 의한 보호를 받는 것이 아니라 선거원칙을 규정하고 있는 헌법 제41조 제1항 및 제67조 제1항과 헌법 제10조 행복추구권으로부터 유래되는 일반적 행동자유권 등에 의해서 우선적으로 보호된다.

해설

① 공법인은 기본권의 적용대상인 수범자이지 기본권을 주장하는 주체로서의 기본권의 보유자는 아니므로 원칙적으로 기본권을 원용할 수 없다.

② 입법자가 정한 전문분야에 관한 자격제도에 대해서는 그 내용이 불합리하고 불공정하지 않은 한 입법자의 정책판단은 존중되어야 하며, 자격요건에 관한 법률조항은 합리적인 근거 없이 현저히 자의적인 경우에만 헌법에 위반된다고 할 수 있다(헌재 2001.5.31, 99헌바94).

③ 기본권 제한의 과잉금지원칙은 목적의 정당성, 방법의 적정성, 피해의 최소성, 법익의 균형성의 원칙을 말한다.

④ 선거운동의 자유는 널리 선거과정에서 자유로이 의사를 표현할 자유의 일환이므로 표현의 자유의 한 태양이기도 하다. 표현의 자유, 특히 정치적 표현의 자유는 선거과정에서의 선거운동을 통하여 국민이 정치적 의견을 자유로이 발표·교환함으로써 비로소 그 기능을 다하게 된다 할 것이므로, 선거운동의 자유는 헌법에 정한 언론·출판·집회·결사의 자유 보장 규정에 의한 보호를 받는다(헌재 2001.8.30, 99헌바92 등).

정답 ④

17 다음 중 과잉금지원칙(비례원칙)에 관한 설명으로 가장 적절하지 않은 것은? (다툼이 있는 경우 판례에 의함)

① 과잉금지원칙은 기본권 제한의 방법상 한계로서 헌법 제37조 제2항의 '필요한 경우에 한하여' 부분에서 그 근거를 찾을 수 있다.

② 국민의 기본권을 제한하는 입법은 그 목적이 헌법 및 법률의 체제상 정당성이 인정되어야 하고, 그 목적의 달성을 위하여 방법이 효과적이고 적절하여야 하며, 입법권자가 선택한 방법이 설사 적절하다고 하더라도 보다 완화된 형태나 방법을 모색함으로써 기본권의 제한은 필요한 최소한도에 그치도록 하여야 하며, 입법에 의하여 보호하려는 공익과 침해되는 사익을 비교형량할 때 보호되는 공익이 더 커야 한다.

③ 입법목적을 달성하기 위한 수단으로서 반드시 가장 합리적이며 효율적인 수단을 선택하여야 하는 것은 아니라고 할지라도 적어도 현저하게 불합리하고 불공정한 수단의 선택은 피하여야 한다.

④ 입법자가 임의적 규정으로도 법의 목적을 실현할 수 있는 경우, 구체적 사안의 개별성과 특수성을 고려할 수 있는 가능성을 일체 배제하는 필요적 규정을 둔다면 이는 비례원칙의 한 요소인 수단의 적합성(적절성)원칙에 위배된다.

해설

① 과잉금지원칙은 헌법 제37조 제2항에서 근거를 찾을 수 있다. 구체적인 규정은 '필요한 경우에 한하여'라는 표현이다(헌재 1992.12.24, 92헌가8).

② 국민의 기본권을 제한하는 입법은 그 목적이 헌법 및 법률의 체제상 정당성이 인정되어야 하고, 그 목적의 달성을 위하여 방법이 효과적이고 적절하여야 하며, 입법권자가 선택한 방법이 설사 적절하다고 하더라도 보다 완화된 형태나 방법을 모색함으로써 기본권의 제한은 필요한 최소한도에 그치도록 하여야 하며, 입법에 의하여 보호하려는 공익과 침해되는 사익을 비교형량할 때 보호되는 공익이 더 커야 한다(헌재 1992.12.24, 92헌가8).

③ 반드시 가장 합리적이고 효율적인 수단을 선택하여야 하는 것은 아니라고 할지라도 적어도 현저하게 불합리하고 불공정한 수단의 선택은 피해야 할 것이라고 판시하였다(헌재 1996.4.25, 92헌바47).

④ 입법자가 임의적 규정으로도 입법목적을 실현할 수 있는 경우에 구체적 사안의 개별성과 특수성을 고려할 수 있는 가능성을 일체 배제하는 필요적 규정을 둔다면, 이는 과잉금지의 원칙의 한 내용인 '최소침해의 원칙'에 위배된다고 할 것이다(헌재 2002.4.25, 2001헌가19 등).

정답 ④

제4절 기본권의 침해 및 구제

01 기본권에 대한 설명으로 옳지 않은 것은? (다툼이 있는 경우 판례에 의함)

① 헌법재판소는 기본권 보호의무 위배 여부를 심사하는 기준으로 과잉금지원칙을 채택하고 있다.

② 행정기관의 행위라도 사법(私法)상의 행위는 헌법소원의 대상이 되지 않는다.

③ 국가의 기본권 보호의무로부터 태아의 출생 전에, 또한 태아가 살아서 출생할 것인가와는 무관하게, 태아를 위하여 민법상 일반적 권리능력까지도 인정하여야 한다는 헌법적 요청은 도출되지 않는다.

④ 헌법 제10조는 국가의 기본권 보호의무를 명문으로 규정하고 있다.

해설

① 일정한 경우 국가는 사인인 제3자에 의한 국민의 환경권 침해에 대해서도 적극적으로 기본권 보호조치를 취할 의무를 지나, 헌법재판소가 이를 심사할 때에는 국가가 국민의 기본권적 법익 보호를 위하여 적어도 적절하고 효율적인 최소한의 보호조치를 취했는가 하는 이른바 과소보호금지원칙의 위반 여부를 기준으로 삼아야 한다(헌재 2008.7.31, 2006헌마711).

② 이 사건 상장폐지확정결정은 헌법소원의 대상이 되는 공권력의 행사에 해당하지 아니하므로 이를 대상으로 한 심판청구는 부적법하다(헌재 2005.2.24, 2004헌마442).

③ 국가의 기본권 보호의무로부터 태아의 출생 전에, 또한 태아가 살아서 출생할 것인가와는 무관하게, 태아를 위하여 민법상 일반적 권리능력까지도 인정하여야 한다는 헌법적 요청이 도출되지는 않는다(헌재 2008.7.31, 2004헌바81).

④ 헌법 제10조 후문은 "국가는 개인이 가지는 불가침의 기본적 인권을 확인하고 이를 보장할 의무를 진다."고 하여 국가의 기본권 보장의무에 대해 규정하고 있다. 이때 국가의 기본권 보장의무에는 국가가 국민의 기본권을 침해해서는 아니 될 소극적 의무, 국가가 국민의 기본권을 실현시킬 적극적 의무, 사인에 의해 기본권이 침해되지 않도록 보호할 의무 등이 포함된다.

정답 ①

02 기본권 보호의무에 대한 설명으로 옳지 않은 것은? (다툼이 있는 경우 판례에 의함)

① 무면허 의료행위를 일률적, 전면적으로 금지하고 이를 위반하는 경우에는 그 치료결과에 관계없이 형사처벌을 받게 하는 규제 방법은 헌법 제10조가 규정하는 인간으로서의 존엄과 가치를 보장하고 헌법 제36조 제3항이 규정하는 국민보건에 관한 국가의 보호의무를 다하고자 하는 것으로서, 국민의 생명권, 건강권, 보건권 및 그 신체활동의 자유 등을 보장하는 규정이지 이를 제한하거나 침해하는 규정이라고 할 수 없다.

② 업무상 과실 또는 중대한 과실로 인한 교통사고로 말미암아 피해자가 중상해를 입은 경우에도, 교통사고처리특례법 제3조 제2항 단서조항에 해당하지 않는 한, 가해차량이 종합 보험 등에 가입하였다는 이유로 공소를 제기할 수 없도록 규정한 법률조항은 교통사고 피해자에 대한 국가의 기본권 보호의무를 위반한 것이다.

③ 외국의 대사관저에 대하여 강제집행을 할 수 없다는 이유로 집달관이 강제집행신청의 접수를 거부하여 강제집행이 불가능하게 되었다고 하더라도 이로부터 그 손실을 보상하는 법률을 제정함으로써 국민의 기본권을 보호하여야 할 입법자의 보호의무가 발생하였다고 볼 수는 없다.

④ 국가는 헌법 제10조에 의거하여 태아의 생명을 보호할 의무가 있지만, 태아를 위하여 민법상 일반적 권리능력까지도 인정해야 하는 헌법적 요청이 도출되는 것은 아니다.

해설

① 의료인이 아닌 자의 의료행위를 전면적으로 금지한 것은 매우 중대한 헌법적 법익인 국민의 생명권과 건강권을 보호하고 국민의 보건에 관한 국가의 보호의무(헌법 제36조 제3항)를 이행하기 위하여 적합한 조치로서, … 헌법에 위반되지 않는다(헌재 2002.12.18, 2001헌마370).

② 형벌은 국가가 취할 수 있는 유효적절한 수많은 수단 중의 하나일 뿐이지, 결코 형벌까지 동원해야만 보호법익을 유효적절하게 보호할 수 있다는 의미의 최종적인 유일한 수단이 될 수는 없다 할 것이다. 따라서 이 사건 법률조항은 국가의 기본권 보호의무의 위반 여부에 관한 심사기준인 과소보호금지의 원칙에 위반한 것이라고 볼 수 없다.

▶ 재판절차진술권 침해, 의무 위반은 아님

③ 외국의 대사관저에 대하여 강제집행을 할 수 없다는 이유로 집달관이 강제집행신청의 접수를 거부하여 강제집행이 불가능하게 되었다고 하더라도 이로부터 그 손실을 보상하는 법률을 제정함으로써 국민의 기본권을 보호하여야 할 입법자의 보호의무가 발생하였다고 볼 수는 없다(대판 1997.4.25, 96다16940).

④ 태아는 형성 중의 인간으로서 생명을 보유하고 있으므로 국가는 태아를 위하여 각종 보호조치들을 마련해야 할 의무가 있다. 하지만 그와 같은 국가의 기본권 보호의무로부터 태아의 출생 전에, 또한 태아가 살아서 출생할 것인가와는 무관하게, 태아를 위하여 민법상 일반적 권리능력까지도 인정하여야 한다는 헌법적 요청이 도출되지는 않는다(헌재 2008.7.31, 2004헌바81).

정답 ②

03 국가인권위원회에 대한 설명으로 가장 적절하지 않은 것은? (다툼이 있는 경우 판례에 의함)

① 국가기관, 지방자치단체, 각급 학교, 공직유관단체, 국회의 입법 및 법원의 재판과 관련하여 재산권, 평등권 등 기본권이 침해된 경우 그 피해자는 위원회에 그 내용을 진정할 수 있다.

② 불법체류 중인 외국인들이라 하더라도, '인간의 권리'로서 외국인에게도 주체성이 인정되는 일정한 기본권에 관하여 불법체류 여부에 따라 그 인정 여부가 달라지는 것은 아니지만 '국가인권위원회의 공정한 조사를 받을 권리'는 헌법상 인정되는 기본권이라고 하기 어렵다.

③ 국가인권위원회의 진정에 대한 조사·조정 및 심의는 비공개로 한다. 다만, 위원회의 의결이 있을 때에는 공개할 수 있다.

④ 인권위원이 퇴직 후 2년간 교육공무원이 아닌 공무원으로 임명되거나 공직선거 및 선거부정방지법에 의한 선거에 출마할 수 없도록 규정한 국가인권위원회법 제11조는 인권위원의 참정권 등 기본권을 제한함에 있어서 준수하여야 할 과잉금지원칙에 위배된다.

해설

① 국가인권위원회법 제30조 제1항 제1호

▶ 또한 헌법 제23조 재산권이 침해된 경우는 진정할 수 없다.

> **국가인권위원회법 제30조【위원회의 조사대상】** ① 다음 각 호의 어느 하나에 해당하는 경우에 인권침해나 차별행위를 당한 사람(이하 "피해자"라 한다) 또는 그 사실을 알고 있는 사람이나 단체는 위원회에 그 내용을 진정할 수 있다.
> 1. 국가기관, 지방자치단체, 초·중등교육법 제2조, 고등교육법 제2조와 그 밖의 다른 법률에 따라 설치된 각급 학교, 공직자윤리법 제3조의2 제1항에 따른 공직유관단체 또는 구금·보호시설의 업무 수행(국회의 입법 및 법원·헌법재판소의 재판은 제외한다)과 관련하여 대한민국헌법 제10조부터 제22조까지의 규정에서 보장된 인권을 침해당하거나 차별행위를 당한 경우

② '국가인권위원회의 공정한 조사를 받을 권리'는 헌법상 인정되는 기본권이라고 하기 어렵고, 이 사건 보호 및 강제퇴거가 청구인들의 노동3권을 직접 제한하거나 침해한 바 없음이 명백하므로, 위 기본권들에 대하여는 본안판단에 나아가지 아니한다(헌재 2012.8.23, 2008헌마430).

③ 위원회의 진정에 대한 조사·조정 및 심의는 비공개로 한다. 다만, 위원회의 의결이 있을 때에는 공개할 수 있다(국가인권위원회법 제49조).

④ 인권위원이 퇴직 후 2년간 교육공무원이 아닌 공무원으로 임명되거나 공직선거 및 선거부정방지법에 의한 선거에 출마할 수 없도록 규정한 국가인권위원회법 제11조는 인권위원의 참정권 등 기본권을 제한함에 있어서 준수하여야 할 과잉금지원칙에 위배된다(헌재 2004.1.29, 2002헌마788).

정답 ①

04 국가인권위원회에 관한 설명으로 옳은 것을 모두 고른 것은? (다툼이 있는 경우 판례에 의함)

> ㉠ 국가인권위원회는 '헌법에 의하여 설치되고 헌법과 법률에 의하여 독자적인 권한을 부여받은 국가기관'이라고 할 수 없어 권한쟁의심판의 당사자능력이 인정되지 않는다.
> ㉡ 국가인권위원회는 피해자의 권리구제를 위해 필요하다고 인정하면 피해자를 위하여 피해자의 명시적 의사에 관계없이 대한법률구조공단 또는 그 밖의 기관에 법률구조를 요청할 수 있다.
> ㉢ 국가인권위원회의 진정에 대한 기각 결정은 행정처분이 아니고 따라서 항고소송의 대상이 되지 않으므로, 헌법재판소법 제68조 제1항에 의한 헌법소원의 대상으로 삼을 수 있다.
> ㉣ 위원회의 조사대상은 국가기관, 지방자치단체 또는 구금 보호시설의 업무수행(국회의 입법 및 법원 헌법재판소의 재판을 제외한다)과 관련하여 헌법 제10조부터 제22조에 보장된 인권을 침해당하거나 차별행위를 당한 경우 및 법인, 단체 또는 사인으로부터 차별행위를 당한 경우로 되어 있다.

① ㉠, ㉡
② ㉠, ㉣
③ ㉡, ㉢
④ ㉢, ㉣

해설

옳은 것은 ㉠, ㉣이다.

㉠ 오로지 법률에 설치근거를 둔 국가기관이라면 국회의 입법행위에 의하여 존폐 및 권한범위가 결정될 수 있으므로, 이러한 국가기관은 '헌법에 의하여 설치되고 헌법과 법률에 의하여 독자적인 권한을 부여받은 국가기관'이라고 할 수 없다(헌재 2009.5.28, 2009헌라6).

㉡ 국가인권위원회법 제47조 제2항

> **국가인권위원회법 제47조 【피해자를 위한 법률구조 요청】** ② 제1항에 따른 법률구조 요청은 피해자의 명시한 의사에 반하여 할 수 없다.

㉢ 이 사건 심판청구는 행정심판이나 행정소송 등의 사전 구제절차를 모두 거친 후 청구된 것이 아니므로 보충성 요건을 충족하지 못하였다(헌재 2015.3.26, 2013헌마214).

▶ 기존 판례가 변경된 것으로 기존에는 헌법소원대상으로 인정하였으나, 최근에 판례가 변경되어 부정하였다.

㉣ 옳은 지문이다.

정답 ②

05 국가인권위원회에 대한 설명으로 옳은 것을 모두 고른 것은? (다툼이 있는 경우 판례에 의함)

㉠ 국가인권위원회는 11명의 인권위원으로 구성되며, 국회가 선출하는 4명, 대통령이 지명하는 4명, 대법원장이 지명하는 3명을 대통령이 임명한다.
㉡ 국가인권위원회는 재적위원 과반수의 찬성으로 의결하고, 의사는 공개한다.
㉢ 국가인권위원회가 진정에 대해 각하 또는 기각결정을 하면 이 결정은 헌법소원의 대상이 되고 헌법소원의 보충성 요건을 충족한다.
㉣ 사인(私人)으로부터 차별행위를 당한 경우에는 국가인권위원회에 그 내용을 진정할 수 없다.

① ㉠, ㉡ ② ㉠, ㉢
③ ㉠, ㉡, ㉣ ④ ㉡, ㉢, ㉣

해설

옳은 것은 ㉠, ㉡이다.

㉠ 국가인권위원회법 제30조 제1항

> **국가인권위원회법 제30조 【위원회의 조사대상】** ① 다음 각 호의 어느 하나에 해당하는 경우에 인권침해나 차별행위를 당한 사람(이하 "피해자"라 한다) 또는 그 사실을 알고 있는 사람이나 단체는 위원회에 그 내용을 진정할 수 있다.
> 1. 국가기관, 지방자치단체, 초·중등교육법 제2조, 고등교육법 제2조와 그 밖의 다른 법률에 따라 설치된 각급 학교, 공직자윤리법 제3조의2 제1항에 따른 공직유관단체 또는 구금·보호시설의 업무 수행(국회의 입법 및 법원·헌법재판소의 재판은 제외한다)과 관련하여 대한민국헌법 제10조부터 제22조까지의 규정에서 보장된 인권을 침해당하거나 차별행위를 당한 경우
> 2. 법인, 단체 또는 사인(私人)으로부터 차별행위를 당한 경우

㉡ 위원회의 회의는 위원장이 주재하며, 이 법에 특별한 규정이 없으면 재적위원 과반수의 찬성으로 의결한다(국가인권위원회법 제13조 제1항).
▶ 위원회의 의사는 공개한다(국가인권위원회법 제14조).

㉢ 국가인권위원회가 한 진정에 대한 각하 또는 기각결정은 항고소송의 대상이 되는 행정처분이므로, 헌법소원심판을 청구하기 전에 먼저 행정심판이나 행정소송을 통해 다투어야 한다는 이유로, 그러한 사전 구제절차 없이 청구된 헌법소원심판에 대해 보충성 요건을 충족하지 못하였다는 이유로 부적법하다(헌재 2015.3.26, 2013헌마214).

㉣ 국가인권위원회법 제30조 제1항에 따르면 인권침해나 차별행위를 당한 사람(이하 "피해자"라 한다) 또는 그 사실을 알고 있는 사람이나 단체는 위원회에 그 내용을 진정할 수 있다.
▶ 법인, 단체 또는 사인(私人)으로부터 차별행위를 당한 경우(국가인권위원회법 제30조 제1항 제2호)

정답 ①

제3편 기본권 각론

제1장 포괄적 기본권
제2장 자유권적 기본권
제3장 정치적 기본권
제4장 청구권적 기본권
제5장 사회권적 기본권
제6장 국민의 의무

제1장 | 포괄적 기본권

필수 OX

01 수사 및 재판단계에서 미결수용자에게 재소자용 의류를 입게 하는 것은 인간으로서의 존엄과 가치에서 유래하는 인격권과 행복추구권을 침해하는 것이다. O|X

해설

수사 및 재판단계에서 유죄가 확정되지 아니한 미결수용자에게 재소자용 의류를 입게 하는 것은 미결수용자로 하여금 모욕감이나 수치심을 느끼게 하고, 심리적인 위축으로 방어권을 제대로 행사할 수 없게 하여 실체적 진실의 발견을 저해할 우려가 있으므로, 도주 방지 등 어떠한 이유를 내세우더라도 그 제한은 정당화될 수 없어 헌법 제37조 제2항의 기본권 제한에서의 비례원칙에 위반되는 것으로서, 무죄추정의 원칙에 반하고 인간으로서의 존엄과 가치에서 유래하는 인격권과 행복추구권, 공정한 재판을 받을 권리를 침해하는 것이다(헌재 1999.5.27, 97헌마137). [O]

02 민사법정에 출석하는 수형자에게 운동화착용을 불허하고 고무신을 신게 하였더라도 신발의 종류를 제한한 것에 불과하여 법익침해의 최소성 및 균형성을 충족한다. O|X

해설

민사법정에 출석하는 수형자에게 운동화착용을 불허하고 고무신을 신게 한 이 사건 운동화착용불허행위는 시설 바깥으로의 외출이라는 기회를 이용한 도주를 예방하기 위한 것으로서 그 목적이 정당하고, 위와 같은 목적을 달성하기 위한 적합한 수단이라 할 것이다. 또한 신발의 종류를 제한하는 것에 불과하여 법익침해의 최소성과 균형성도 갖추었다 할 것이므로, 이 사건 운동화착용불허행위가 기본권 제한에 있어서의 과잉금지원칙에 반하여 청구인의 인격권과 행복추구권을 침해하였다고 볼 수 없다(헌재 2011.2.24, 2009헌마209). [O]

03 성명은 개인의 정체성과 개별성을 나타내는 인격의 상징으로서 개인이 사회 속에서 자신의 생활영역을 형성하고 발현하는 기초가 되는 것이라 할 것이므로 자유로운 성의 사용 역시 헌법상 인격권으로부터 보호된다고 할 수 있다. O|X

해설

성명은 개인의 정체성과 개별성을 나타내는 인격의 상징으로서 개인이 사회 속에서 자신의 생활영역을 형성하고 발현하는 기초가 되는 것이라 할 것이므로 자유로운 성의 사용 역시 헌법상 인격권으로부터 보호된다(헌재 2005.12.22, 2003헌가5 등). [O]

04 헌법에 열거되지 아니한 자유와 권리로서 인정되고 있는 것은 자기결정권, 일반적 행동자유권, 휴식권, 문화향유권, 육아휴직신청권 등이 있다. O|X

해설

청구인과 같은 남성 복무장교에게 육아휴직을 허용하지 아니하는 것이 헌법상 용인될 수 있는 재량의 범위를 명백히 일탈하여 청구인의 양육권을 침해한다고 볼 수 없다(헌재 2008.10.30, 2005헌마1156). 양육권은 헌법상 기본권이지만, 육아휴직신청권은 헌법상 기본권이 아니다. [X]

05 형의 집행유예와 동시에 사회봉사명령을 선고받는 경우, 신체의 자유가 제한될 뿐이지 일반적 행동자유권이 제한되는 것은 아니다. O|X

해설

형의 집행유예와 동시에 사회봉사명령을 선고받은 청구인은 자신의 의사와 무관하게 사회봉사를 하지 않을 수 없게 되어 헌법 제10조의 행복추구권에서 파생하는 일반적 행동의 자유를 제한받게 된다. 이 사건 법률조항에 의한 사회봉사명령은 청구인에게 근로의무를 부과함에 그치고 공권력이 신체를 구금하는 등의 방법으로 근로를 강제하는 것은 아니어서 이 사건 법률조항이 신체의 자유를 제한한다고 볼 수 없다(헌재 2012.3.29, 2010헌바100). [X]

06 일반적 행동자유권의 보호영역에는 개인의 생활방식과 취미에 관한 사항도 포함되며, 여기에는 위험한 스포츠를 즐길 권리와 같은 위험한 생활방식으로 살아갈 권리도 포함된다. O|X

해설

일반적 행동자유권의 보호영역에는 개인의 생활방식과 취미에 관한 사항도 포함되며, 여기에는 위험한 스포츠를 즐길 권리와 같은 위험한 생활방식으로 살아갈 권리도 포함된다. [O]

07 헌법 제10조로부터 도출되는 일반적 인격권에는 개인의 명예에 관한 권리도 포함되며, 사자(死者)에 대한 사회적 명예와 평가의 훼손은 사자와의 관계를 통하여 스스로의 인격상을 형성하고 명예를 지켜온 그 후손의 인격권을 제한한다. O|X

해설

사자의 경우에도 인격적 가치에 대한 중대한 왜곡으로부터 보호되어야 하고, 사자에 대한 사회적 명예와 평가의 훼손은 사자와의 관계를 통하여 스스로의 인격상을 형성하고 명예를 지켜온 그들의 후손의 인격권, 즉 유족의 명예 또는 유족의 사자에 대한 경애추모의 정을 침해한다(헌재 2010.10.28, 2007헌가23). [O]

08 국가는 진실·화해를 위한 과거사정리 기본법에 따른 진실규명사건의 피해자의 명예를 회복하고 피해자와 가해자 간의 화해를 적극 권유하여야 할 작위의무를 부담한다. O|X

해설

국가는 진실규명사건 피해자의 명예를 회복하고 피해자와 가해자 간의 화해를 적극 권유하여야 할 작위의무를 부담한다. 다만, 재심으로 무죄판결을 받았고, 형사보상금이 지급되었으며, 결정이 관보에 게재되어 적절한 조치를 이행하였음이 인정된다(헌재 2021.9.30, 2016헌마1034). 다만, 진실규명사건의 피해자 및 그 가족인 청구인들의 피해를 회복하기 위해 국가배상법에 의한 배상이나 형사보상법에 의한 보상과는 별개로 금전적 배상·보상이나 위로금을 지급해야 하는 작위의무는 도출되지 않는다. [O]

09 교정시설의 1인당 수용면적이 수형자의 인간으로서의 기본욕구에 따른 생활조차 어렵게 할 만큼 지나치게 협소하다면, 이는 그 자체로 국가형벌권 행사의 한계를 넘어 수형자의 인간의 존엄과 가치를 침해하는 것이다. O|X

해설

교정시설의 1인당 수용면적이 수형자의 인간으로서의 기본욕구에 따른 생활조차 어렵게 할 만큼 지나치게 협소하다면 이는 그 자체로 국가형벌권 행사의 한계를 넘어 수형자의 인간의 존엄과 가치를 침해하는 것이다(헌재 2016.12.29, 2013헌마142). [O]

10 환자가 장차 죽음에 임박한 상태에 이를 경우에 대비하여 미리 의료인 등에게 연명치료 거부 또는 중단에 관한 의사를 밝히는 등의 방법으로 죽음에 임박한 상태에서 인간으로서의 존엄과 가치를 지키기 위하여 연명치료의 거부 또는 중단을 결정할 수 있다 할 것이고, 이 결정은 헌법상 기본권인 자기결정권의 한 내용으로서 보장된다. O|X

해설

환자가 장차 죽음에 임박한 상태에 이를 경우에 대비하여 미리 의료인 등에게 연명치료 거부 또는 중단에 관한 의사를 밝히는 등의 방법으로 죽음에 임박한 상태에서 인간으로서의 존엄과 가치를 지키기 위하여 연명치료의 거부 또는 중단을 결정할 수 있다 할 것이고, 위 결정은 헌법상 기본권인 자기결정권의 한 내용으로서 보장된다 할 것이다(헌재 2009.11.26, 2008헌마385). 생명권이 아니라 자기결정권이다. [O]

11 법무부훈령인 법무시설 기준규칙은 수용동의 조도 기준을 취침 전 200룩스 이상, 취침 후 60룩스 이하로 규정하고 있는데, 수용자의 도주나 자해 등을 막기 위해서 취침시간에도 최소한의 조명을 유지하는 것은 수용자의 숙면방해로 인하여 인간의 존엄과 가치를 침해한다. O|X

해설

법무부훈령인 법무시설 기준규칙은 수용동의 조도 기준을 취침 전 200룩스 이상, 취침 후 60룩스 이하로 규정하고 있는데, 수용자의 도주나 자해 등을 막기 위해서 취침시간에도 최소한의 조명을 유지하는 것은 수용자의 인간의 존엄과 가치를 침해하지 아니한다(헌재 2018.8.30, 2017헌마440). [X]

12 부모가 자녀의 이름을 지어주는 것은 자녀의 양육과 가족생활을 위하여 필수적인 것이고, 가족생활의 핵심적 요소라 할 수 있으므로, '부모가 자녀의 이름을 지을 자유'는 혼인과 가족생활을 보장하는 헌법 제36조 제1항과 행복추구권을 보장하는 헌법 제10조에 의하여 보호받는다. O|X

해설

부모가 자녀의 이름을 지어주는 것은 자녀의 양육과 가족생활을 위하여 필수적인 것이고, 가족생활의 핵심적 요소라 할 수 있으므로, '부모가 자녀의 이름을 지을 자유'는 혼인과 가족생활을 보장하는 헌법 제36조 제1항과 행복추구권을 보장하는 헌법 제10조에 의하여 보호받는다(헌재 2016.7.28, 2015헌마964). [O]

13 일반적 행동자유권의 보호대상으로서 행동이란 국가가 간섭하지 않으면 자유롭게 할 수 있는 행위를 의미하므로 병역의무 이행으로서 현역병 복무도 국가가 간섭하지 않으면 자유롭게 할 수 있는 행위에 속한다는 점에서, 현역병으로 복무할 권리도 일반적 행동자유권에 포함된다. O|X

해설

병역의무의 이행으로서의 현역병 복무는 국가가 간섭하지 않으면 자유롭게 할 수 있는 행위에 속하지 않으므로, 현역병으로 복무할 권리가 일반적 행동자유권에 포함된다고 할 수도 없다(헌재 2021.11.25, 2019헌마534). [X]

14 행복추구권도 국가안전보장, 질서유지 또는 공공복리를 위하여 제한될 수 있는 것이며, 공동체의 이익과 무관하게 무제한의 경제적 이익의 도모를 보장하는 것은 아니다. O|X

해설

헌법이 보장하는 행복추구권이 공동체의 이익과 무관하게 무제한의 경제적 이익의 도모를 보장하는 것이라고는 볼 수 없다(헌재 1995.7.21, 94헌마125). [O]

15 한시적 번호이동을 허용하도록 한 방송통신위원회의 이행명령은 010 번호 이외의 식별번호를 사용하는 청구인들의 인격권, 개인정보자기결정권, 재산권을 제한한다고 볼 수 없으며, 이동전화번호를 구성하는 숫자가 개인의 인격 내지 인간의 존엄과 관련성을 가진다고 보기 어렵다. ○|×

해설

한시적 번호이동을 허용하도록 한 방송통신위원회의 이행명령은 010 번호 이외의 식별번호를 사용하는 청구인들의 인격권, 개인정보자기결정권, 재산권을 제한한다고 볼 수 없으며, 이동전화번호를 구성하는 숫자가 개인의 인격 내지 인간의 존엄과 관련성을 가진다고 보기 어렵다(헌재 2013.7.25, 2011헌마63). [○]

16 변호사에 대한 징계결정정보를 인터넷 홈페이지에 공개하도록 한 변호사법 조항과 징계결정정보의 공개범위와 시행방법을 정한 변호사법 시행령 조항은 청구인의 인격권을 침해하지 않는다. ○|×

해설

변호사에 대한 징계결정정보를 인터넷 홈페이지에 공개하도록 한 변호사법 조항과 징계결정정보의 공개범위와 시행방법을 정한 변호사법 시행령 조항은 청구인의 인격권을 침해하지 않는다(헌재 2018.7.26, 2016헌마1029). [○]

17 밀수범의 경우 예비죄를 정범에 준하여 처벌하는 것은 행위자의 책임을 넘어서는 형벌이 부과되는 결과가 발생한다. ○|×

해설

예비행위의 위험성은 구체적인 사건에 따라 다름에도 심판대상조항에 의하면 위험성이 미약한 예비행위까지도 본죄에 준하여 처벌하도록 하고 있어 행위자의 책임을 넘어서는 형벌이 부과되는 결과가 발생한다(헌재 2019.2.28, 2016헌가13). [○]

18 전동킥보드의 최고속도는 25km/h를 넘지 않아야 한다고 규정한 안전확인대상생활용품의 안전기준은 신체의 자유를 제한하지만 과잉금지에 위반되지 않는다. ○|×

해설

심판대상조항은 청구인의 신체의 자유를 제한하는 것은 아니다. 심판대상조항은 청구인의 소비자로서의 자기결정권 및 일반적 행동자유권을 제한할 뿐, 그 외에 신체의 자유와 평등권을 침해할 여지는 없다(헌재 2020.2.27, 2017헌마1339). [×]

19 직사살수는 타인의 법익이나 공공의 안녕질서에 대한 직접적인 위험이 명백히 초래되었고, 다른 방법으로는 그 위험을 제거할 수 없는 경우에 한하여 이루어져야 하며, 부득이 직사살수를 하는 경우에도 구체적인 상황에서 필요한 최소한의 범위 내로 조절하여야 한다. ○|×

해설

종로구청입구 사거리에서 살수차를 이용하여 물줄기가 일직선 형태로 청구인 백OO에게 도달되도록 살수한 행위는 청구인 백OO의 생명권 및 집회의 자유를 침해한 것으로서 헌법에 위반됨을 확인한다(헌재 2020.4.23, 2015헌마1149). [○]

20 경찰서장이 최루액을 물에 혼합한 용액을 살수차를 이용하여 살수한 행위는 신체의 자유를 침해하는 것이다. ○|×

해설

이 사건 혼합살수행위는 청구인들의 신체의 자유와 집회의 자유를 침해한 공권력 행사로 헌법에 위반된다(헌재 2018.5.31, 2015헌마476). [○]

21 비록 연명치료 중단에 관한 결정 및 그 실행이 환자의 생명단축을 초래한다 하더라도 이를 생명에 대한 임의적 처분으로서 자살이라고 평가할 수 없고, 오히려 이는 생명권의 한 내용으로서 보장된다. O|X

해설

환자가 장차 죽음에 임박한 상태에 이를 경우에 대비하여 미리 의료인 등에게 연명치료 거부 또는 중단에 관한 의사를 밝히는 등의 방법으로 죽음에 임박한 상태에서 인간으로서의 존엄과 가치를 지키기 위하여 연명치료의 거부 또는 중단을 결정할 수 있다 할 것이고, 이 결정은 헌법상 기본권인 자기결정권의 한 내용으로서 보장된다(헌재 2009.11.26, 2008헌마385). [X]

22 법 앞의 평등에서의 법은 국회 의결을 거친 형식적 의미의 법률에 한하며, 실질적 의미의 법은 포함되지 않는다. O|X

해설

여기서 법의 의미는 모든 법을 의미한다. 따라서 형식적 의미의 법률이 아니라 실질적 의미의 법으로 보아야 한다. [X]

23 헌법 제11조 제1항이 예시하고 있는 차별금지사유에 의한 차별취급이 발생하는 경우, 위헌성을 주장하는 측이 그 차별취급의 합리성이 없음을 입증하여야 한다. O|X

해설

예시하고 있는 차별금지사유, 즉 남녀차별이나 종교차별의 경우에는 합헌성을 주장하는 측인 국가나 국회가 그 합리성이 있다는 것을 입증하여야 한다. [X]

24 대한민국 국민인 남자에 한하여 병역의무를 부과한 것이 평등권을 침해하는지 여부는 완화된 심사기준에 의하여 심사해야 한다. O|X

해설

임신, 출산 등으로 인한 신체적 특성상 병력자원으로 투입하기에 부담이 큰 점 등에 비추어 남자만을 징병검사의 대상이 되는 병역의무자로 정한 것이 현저히 자의적인 차별취급이라 보기 어렵다(헌재 2010.11.25, 2006헌마328). [O]

25 국가유공자와 그 가족에 대한 가산점제도에 있어서 국가유공자 가족의 경우는 평등권 침해 여부에 관하여 보다 완화된 기준을 적용한 비례심사가 필요하다. O|X

해설

그 가족의 경우는 위에서 본 바와 같이 헌법 제32조 제6항이 가산점제도의 근거라고 볼 수 없으므로 그러한 완화된 심사는 부적절한 것이다(헌재 2006.2.23, 2004헌마675). [X]

26 검찰총장 퇴직 후 일정기간 동안 정당의 발기인이나 당원이 될 수 없도록 하는 검찰청법의 관련 규정은 그 합리성을 인정하기 어렵다. O|X

해설

검찰총장 퇴직 후 일정기간 동안 정당의 발기인이나 당원이 될 수 없도록 하는 검찰청법의 관련 규정은 그 합리성을 인정하기 어렵다(헌재 1999.12.23, 99헌마135). [O]

27 체육시설의 설치 · 이용에 관한 법률 및 동 시행령에서 당구장 영업에 18세 미만자 출입금지표시 규정을 두어 영업의 대상 범위에 제한을 가하는 것은 평등의 원칙에 대한 예외사유로서 합리성이 있다. O|X

해설

체육시설의 설치·이용에 관한 법률 및 동시 행령에서 당구장 영업에만 유독 18세 미만자 출입금지표시 규정을 두어 영업의 대상범위에 일정한 제한을 가하는 것은 위 법률에 명시되어 있는 국회의 입법의지에 비추어 볼 때 합리적이라 하기가 어렵고 대국가적 기속성에 기인하는 입법에 있어서의 평등의 원칙에 대한 적합한 예외사유로 판단되기 어렵다(헌재 1993.5.13, 92헌마80). [X]

28 국 · 공립 사범대학 등 출신자를 교육공무원인 국 · 공립학교 교사로 우선하여 채용하도록 규정한 교육공무원법의 관련 규정은 헌법상 평등의 원칙에 어긋난다. O|X

해설

국·공립 사범대학 등 출신자를 교육공무원인 국·공립학교 교사로 우선하여 채용하도록 규정한 교육공무원법 제11조 제1항은 사립사범대학 졸업자와 일반대학의 교직과정이수자가 교육공무원으로 채용될 수 있는 기회를 제한 또는 박탈하게 되어 결국 교육공무원이 되고자 하는 자를 그 출신학교의 설립주체나 학과에 따라 차별하는 결과가 되는바, 이러한 차별은 이를 정당화할 합리적인 근거가 없으므로 헌법상 평등의 원칙에 어긋난다(헌재 1990.10.8, 89헌마89). [O]

29 자율형 사립고등학교를 후기학교로 정하여 신입생을 일반고와 동시에 선발하도록 한 것은 자율형 사립고등학교 법인의 평등권을 침해한다. O|X

해설

동시선발 조항은 동등하고 공정한 입학전형의 운영을 통해 '우수학생 선점 해소 및 고교서열화를 완화'하고 '고등학교 입시경쟁을 완화'하기 위한 것이다(헌재 2019.4.11, 2018헌마221). 따라서 합헌이다. 여기서 주의할 것은 동시선발인 경우에는 합헌이나, 불합격자에 대해서 아무런 고등학교 진학 대책을 마련하지 않은 것은 헌법에 위반된다. [X]

30 애국지사 본인과 순국선열의 유족은 본질적으로 다른 집단이므로, 구 독립유공자예우에 관한 법률 시행령 조항이 같은 서훈 등급임에도 순국선열의 유족보다 애국지사 본인에게 높은 보상금 지급액 기준을 두고 있다 하여 곧 순국선열의 유족의 평등권이 침해되었다고 볼 수 없다. O|X

해설

애국지사 본인과 순국선열의 유족은 본질적으로 다른 집단이므로, 구 독립유공자예우에 관한 법률 시행령 조항이 같은 서훈 등급임에도 순국선열의 유족보다 애국지사 본인에게 높은 보상금 지급액 기준을 두고 있다 하여 곧 순국선열의 유족의 평등권이 침해되었다고 볼 수 없다(헌재 2018.1.25, 2016헌마319). [O]

31 형법이 반의사불벌죄 이외의 죄를 범하고 피해자에게 자복한 사람에 대하여 반의사불벌죄를 범하고 피해자에게 자복한 사람과 달리 임의적 감면의 혜택을 부여하지 않은 것은 자의적인 차별이어서 평등의 원칙에 반한다. O|X

해설

이 사건 법률조항이 청구인과 같이 반의사불벌죄 이외의 죄를 범하고 피해자에게 자복한 사람에 대하여 반의사불벌죄를 범하고 피해자에게 자복한 사람과 달리 임의적 감면의 혜택을 부여하지 않고 있다 하더라도 이를 자의적인 차별이라고 보기 어렵다. 따라서 이 사건 법률조항은 평등원칙에 위반되지 아니한다(헌재 2018.3.29, 2016헌바270). [X]

32 글씨를 쓰는 속도가 느리거나 글씨를 고르게 쓸 수 없는 사정은 기본적으로 응시자의 개인적인 사정이라고 할 것인바, 특별한 사정이 없는 한 사법시험에서 그러한 개인적 사정을 고려하지 않고 시험시간을 일률적으로 정하였다고 하더라도 불합리한 차별은 아니다. O|X

해설

피청구인이 사법시험의 과목당 시험시간을 이 사건 공고의 내용과 같이 정한 것이 시험주관 관청인 피청구인의 재량의 한계를 일탈하여 청구인의 평등권, 직업선택의 자유 또는 공무담임권을 침해하였다고 볼 수 없다(헌재 2008.6.26, 2007헌마917). [O]

33 지방의회의원은 지방자치법의 목적에 비추어 지방자치단체의 장 및 교육감과 유사한 지위에 있는 선출직 공무원임에도 불구하고, 세종시를 신설하면서 세종시장과 세종시교육감은 선출하고 세종시의회의원은 선출하지 않는 것은, 양자를 합리적 이유없이 차별하는 것이므로 세종시의회의원이 되고자 하는 자의 평등권을 침해한다. O|X

해설

단순히 그 시기가 늦춰진 것에 불과하여 이 사건 부칙조항은 침해의 최소성 및 법익균형성도 갖추고 있어 청구인의 평등권, 선거권, 공무담임권을 침해하지 아니한다(헌재 2013.2.28, 2012헌마131). [X]

34 군의 장의 선거의 예비후보자등록 신청기간을 선거기간 개시일 전 60일로 제한한 것은 헌법에 위반되지 않는다. O|X

해설

군은 주로 농촌 지역에 위치하고 있고 대도시의 인구집중 현상으로 인하여 인구가 적다. 또한, 자치구·시의 평균 선거인수에 비하여 군의 평균 선거인수가 적다. 따라서 평등권을 침해하지 않는다(헌재 2020.11.26, 2018헌마260). [O]

35 개정 전 공직자윤리법 조항에 따라 재산등록을 마친 혼인한 여성 등록의무자의 경우에만 본인이 아닌 배우자의 직계 존·비속의 재산을 등록하도록 정하고 있는 경우 엄격한 심사척도를 적용하여 비례성의 원칙에 따른 심사를 하여야 한다. O|X

해설

절차상 편의의 도모, 행정비용의 최소화 등의 이유만으로 성별에 의한 차별금지, 혼인과 가족생활에서의 양성의 평등을 천명하고 있는 헌법에 반하는 제도를 정당화할 수는 없다(헌재 2021.9.30, 2019헌가3). 엄격한 심사척도를 적용하여 비례성원칙에 따른 심사를 하여야 한다. [O]

36 국가인권위원회의 인권위원은 퇴직 후 2년간 교육공무원이 아닌 공무원으로 임명되거나 구 공직선거 및 선거부정방지법에 의한 선거에 출마할 수 없도록 규정한 구 국가인권위원회법 제11조는 인권위원을 합리적 이유 없이 다른 공직자와 차별대우하는 것으로 평등의 원칙에 위배된다. O|X

해설

이 사건 법률규정이 유독 국가인권위원회 위원에 대해서만 퇴직한 뒤 일정기간 공직에 임명되거나 선거에 출마할 수 없도록 제한한 것은 아무런 합리적 근거 없이 동 위원이었던 자만을 차별하는 것으로서 평등의 원칙에도 위배된다(헌재 2004.1.29, 2002헌마788). [O]

37 국회의원은 지방공사직원의 직을 겸할 수 있지만 지방의회의원은 지방공사직원의 직을 겸할 수 없게 하는 것은 국회의원과 지방의회의원이 본질적으로 동일한 비교집단이 아니므로 불합리한 차별이 아니다. O|X

해설

국회의원은 지방공사직원의 직을 겸할 수 있지만 지방의회의원은 지방공사직원의 직을 겸할 수 없게 하는 것은, 국회의원과 지방의회의원이 본질적으로 동일한 비교집단이 아니므로 불합리한 차별이 아니다(헌재 1995.5.25, 91헌마67). [O]

38 선발 예정인원 3명 이하인 채용시험에서 취업지원 대상자가 국가유공자법상 가산점을 받지 못하게 하는 것은 공정경쟁이라는 가치를 지키기 위한 부득이한 조치로서 자의적인 차별이 아니다. O|X

해설

일반 응시자에게 최소한의 기회를 부여하기 위한 것으로 합리성을 결여한 자의적 차별이라고 보기 어렵다(헌재 2016.9.29, 2014헌마541). [O]

39 평등권의 침해 여부에 대한 심사는 그 심사기준에 따라 자의금지원칙에 의한 심사와 비례의 원칙에 의한 심사로 크게 나누어 볼 수 있다. 자의심사의 경우에는 단순히 합리적인 이유의 존부문제가 아니라 차별을 정당화하는 이유와 차별 간의 상관관계에 대한 심사, 즉 비교대상 간의 사실상의 차이의 성질과 비중 또는 입법목적(차별목적)의 비중과 차별의 정도에 적정한 균형관계가 이루어져 있는가를 심사한다. O|X

해설

자의심사의 경우에는 차별을 정당화하는 합리적인 이유가 있는지만을 심사하기 때문에 그에 해당하는 비교대상 간의 사실상의 차이나 입법목적의 발견·확인에 그친다(헌재 2008.11.27, 2006헌가1).
▶ 지문은 자의금지가 아니라 비례심사를 의미한다. [X]

40 종합부동산세의 과세방법을 세대별 합산으로 규정한 종합부동산세법 조항이 혼인이나 가족생활을 근거로 부부 등 가족이 있는 자를 혼인하지 아니한 자 등에 비하여 차별 취급하더라도, 과세단위를 정하는 것은 입법자의 입법형성의 재량에 속하는 정책적 문제이므로, 그 차별이 헌법 제36조 제1항에 위반되는지 여부는 자의금지원칙에 의한 심사를 통하여 판단하면 족하다. O|X

해설

혼인한 부부 또는 가족과 함께 세대를 구성한 자에게 더 많은 조세를 부과하는 것이 혼인과 가족생활을 특별히 더 보호하도록 한 헌법 제36조 제1항에 위반되는지 여부가 문제되고, 특정한 조세 법률조항이 혼인이나 가족생활을 근거로 부부 등 가족이 있는 자를 혼인하지 아니한 자 등에 비하여 차별 취급하는 것이라면 비례의 원칙에 의한 심사에 의하여 정당화되지 않는 한 헌법 제36조 제1항에 위반된다(헌재 2008.11.13, 2006헌바112 등). [X]

41 사법시험에 합격하여 사법연수원의 과정을 마친 자와 달리 변호사시험 합격자들에게 6개월의 실무수습을 거치도록 한 것은 평등권을 침해한다. O|X

해설

변호사시험 합격자의 6개월 실무수습 기간 중 단독 법률사무소 개설과 수임을 금지한 변호사법 제21조의2 제1항 등이 변호사시험 합격자인 청구인들의 직업수행의 자유나 평등권 등 기본권을 침해하지 아니한다(헌재 2014.9.25, 2013헌마424). [X]

42 친양자의 양친을 기혼자로 한정하고 독신자는 친양자 입양을 할 수 없도록 한 법률규정은 평등권을 침해한다. O|X

해설

독신자가 친양자를 입양하게 되면 그 친양자는 아버지 또는 어머니가 없는 자녀로 가족관계등록부에 공시되어 양자에게 친생자와 같은 양육환경을 만들어주려는 친양자제도의 근본목적에 어긋나게 된다(헌재 2013.9.26, 2011헌가42). [X]

43 중등교사 임용시험에 있어서 동일지역 사범대학을 졸업한 교원경력이 없는 자에게 가산점을 부여하는 법률규정은 평등권을 침해하지 않는다. O|X

해설

중등학교 임용시험에서 동일지역 사범대학을 졸업한 교원경력이 없는 자에게 가산점을 부여하는 법률은 공무담임권이나 평등권을 침해한다고 보기 어렵다(헌재 2007.12.27, 2005헌가11). [O]

44 1차 의료기관의 전문과목 표시와 관련하여 의사전문의·한의사전문의와 달리 치과전문의의 경우에만 진료과목의 표시를 이유로 진료범위를 제한하는 것은 평등권을 침해하지 않는다. O|X

해설

적정한 치과 의료전달체계의 정립을 위해서는 치과일반의와 치과전문의 간의 역할 분담과 상호 협력을 적절하게 구축할 수 있는 근본적인 제도적 해결책을 마련하는 것이 필요하며, 1차 의료기관의 전문과목 표시에 대한 불이익을 주어 치과전문의들의 2차 의료기관 종사를 억지로 유도하는 것은 바람직한 해결방안이 될 수 없다(헌재 2015.5.28, 2013헌마799). 평등권과 직업의 자유는 침해하지만 명확성과 신뢰의 원칙은 침해하지 않는다. [X]

45 일반사인에 해당하는 금융기관 임·직원이 직무와 관련하여 수재(收財)행위를 한 경우, 공무원의 뇌물죄와 마찬가지로 별도의 배임행위가 없더라도 이를 처벌하도록 한 것은 평등의 원칙에 위반되지 아니한다. O|X

해설

일반 사인에 해당하는 금융기관 임·직원이 직무와 관련하여 수재(收財)행위를 한 경우, 공무원의 뇌물죄와 마찬가지로 별도의 배임행위가 없더라도 이를 처벌하도록 한 것은 평등의 원칙에 위반되지 아니한다(헌재 2005.6.30, 2004헌바4). [O]

46 변호사법 제81조 제4항 내지 제6항이 변호사 징계사건에 대하여 법원에 의한 사실심리의 기회를 배제함으로써, 징계처분을 다투는 의사·공인회계사 등 다른 전문자격 종사자에 비교하여 변호사를 차별대우함은 변호사의 직업적 특성들을 감안할 때 차별을 합리화할 정당한 목적이 있는 것이다. O|X

해설

재판의 전심절차로서만 기능해야 할 법무부변호사징계위원회를 사실확정에 관한 한 사실상 최종심으로 기능하게 하고 있어 재판받을 권리를 침해한다(헌재 2000.6.29, 99헌가9). [X]

47 중재신청인이 중재기일에 1회 불출석하는 경우, 중재신청을 철회한 것으로 간주하는 정기간행물의 등록 등에 관한 법률 제18조 제5항은 과잉금지원칙 내지 평등원칙에 위반되지 아니한다. O|X

해설

중재신청인이 중재기일에 1회 불출석하는 경우, 중재신청을 철회한 것으로 간주하는 정기간행물의 등록 등에 관한 법률 제18조 제5항은 과잉금지원칙 내지 평등원칙에 위반되지 아니한다(헌재 1999.7.22, 96헌바19). [O]

48 형법 조항과 똑같은 구성요건을 규정하면서 법정형만 상향 조정한 특정범죄 가중처벌 등에 관한 법률 조항은 인간의 존엄성과 가치를 보장하는 헌법의 기본원리에 위배될 뿐만 아니라 그 내용에 있어서도 평등원칙에 위반된다. O|X

해설

마약법 조항과 똑같은 구성요건을 규정하면서 법정형의 하한만 5년에서 10년으로 올려놓았다. 이러한 경우 검사는 심판대상조항을 적용하여 기소하는 것이 특별법 우선의 법리에 부합할 것이나, 범인의 성행, 범행의 경위 등을 고려하여 이 사건 마약법 조항을 적용하여 기소할 수도 있는데, 어느 법률조항이 적용되는지 여부에 따라 집행유예의 가능성이 달라지는 등 심각한 형의 불균형이 초래된다(헌재 2014.4.24, 2011헌바2). [O]

49 민법 제847조 제1항 중 '친생부인의 사유가 있음을 안 날부터 2년 이내' 부분은 친생부인의 소의 제척기간에 관한 입법재량의 한계를 일탈하지 않은 것으로서 양성의 평등에 기초한 혼인과 가족생활에 관한 기본권을 침해하지 아니한다. O|X

해설

친생부인의 소의 제척기간을 규정한 민법 제847조 제1항 중 '부가 그 사유가 있음을 안 날로부터 2년 내' 부분은 친생부인의 소의 제척기간에 관한 입법재량의 한계를 일탈하지 않은 것으로서 헌법에 위반되지 아니한다(헌재 2015.3.26, 2012헌바357). [O]

50 일반행정사건과 달리 특허분쟁사건에 있어서 사실관계의 확정을 특허청 내부의 행정심판기관에 일임한 것은 평등에 반한다. O|X

해설

재판의 전심절차로서만 기능해야 함에도 불구하고 사실확정에 관한 한 사실상 최종심으로 기능하게 하고 있는 것은, 일체의 법률적 쟁송에 대한 재판기능을 대법원을 최고법원으로 하는 법원에 속하도록 규정하고 있는 헌법 제101조 제1항 및 제107조 제3항에 위반된다고 하지 아니할 수 없다(헌재 1995.9.28, 92헌가11 등). [O]

51 종교단체가 운영하는 학교 혹은 학원 형태의 교육기관도 예외 없이 학교설립인가를 받게 한 것은 종교단체의 능력에 따라 설립상의 차별을 초래하므로 평등의 원칙에 위배된다. O|X

해설

정부가 성직자양성을 직접 관장하는 것이 된다고 할 수 없고, 또 특정 종교를 우대하는 것도 아니므로 이는 더 나아가 살펴볼 필요 없이 헌법 제20조 제2항이 정한 국교금지 내지 정교분리의 원칙을 위반한 것이라 할 수 없다(헌재 2000.3.30, 99헌바14). [X]

52 국가를 상대로 하는 재산권 청구의 경우에는 가집행선고를 할 수 없도록 한 것은 위헌이다. O|X

해설

소송촉진 등에 관한 특례법 제6조 제1항 중 단서 부분은 재산권과 신속한 재판을 받을 권리의 보장에 있어서 합리적 이유 없이 소송당사자를 차별하여 국가를 우대하고 있는 것이므로 평등원칙에 위반된다(헌재 1989.1.25, 88헌가7). [O]

53 중학교 1학년에게만 의무교육의 혜택을 부여하고 2, 3학년에게는 그 혜택을 부여하지 않더라도 평등의 원칙에 위반되지 않는다. O|X

해설

중등교육의 경우 법률에서 의무교육으로 시행하도록 규정하기 전에는 헌법상 권리로 보장되는 것은 아니다. 따라서 입법자에게 넓은 입법재량이 존재하여 단계적으로 실시하는 것은 헌법에 위반되지 않는다(헌재 1991.2.11, 90헌가27). [O]

54 보훈보상대상자의 부모에 대한 유족보상금 지급시, 부모 중 수급권자를 1인에 한정하고 어떠한 예외도 두지 않는 보훈보상대상자 지원에 관한 법률 규정은 보상금을 지급받지 못하는 부모 일방의 평등권을 침해하지 아니한다. O|X

해설

국가의 재정부담능력의 한계를 이유로 하여 부모 1명에 한정하여 보상금을 지급하도록 하면서 어떠한 예외도 두지 않은 것에는 합리적 이유가 있다고 보기 어렵다(헌재 2018.6.28, 2016헌가14). [X]

55 구 소년법 규정이 소년으로 범한 죄에 의하여 형의 선고를 받은 자가 그 집행을 종료하거나 면제받은 때와 달리 집행유예를 선고받은 소년범에 대한 자격완화 특례규정을 두지 아니하여 자격제한을 함에 있어 군인사법 등 해당 법률의 적용을 받도록 한 것은 불합리한 차별이라 할 것이므로 평등원칙에 위반된다. O|X

해설

구 소년법 규정이 소년으로 범한 죄에 의하여 형의 선고를 받은 자가 그 집행을 종료하거나 면제받은 때와 달리 집행유예를 선고받은 소년범에 대한 자격완화 특례규정을 두지 아니하여 자격제한을 함에 있어 군인사법 등 해당 법률의 적용을 받도록 한 것은 불합리한 차별이라 할 것이므로 평등원칙에 위반된다(헌재 2018.1.25, 2017헌가7). [O]

56 우체국보험금 및 환급금 청구채권 전액에 대하여 무조건 압류를 금지함으로써 우체국보험 가입자의 채권자를 일반 인보험 가입자의 채권자에 비하여 불합리하게 차별취급하는 것은 평등원칙에 위배된다. O|X

해설

국가가 운영하는 우체국보험에 가입한다는 사정만으로, 일반 보험회사의 인보험에 가입한 경우와는 달리 그 전액에 대하여 무조건 압류를 금지하여 우체국보험 가입자를 보호함으로써 우체국보험 가입자의 채권자를 일반 인보험 가입자의 채권자에 비하여 불합리하게 차별취급하는 것이므로 평등원칙에 위반된다(헌재 2008.5.29, 2006헌바5). [O]

57 버스운송사업에 있어서는 운송비용 전가 문제를 규제할 필요성이 없으므로 택시운송사업에 한하여 택시운송사업의 발전에 관한 법률에 운송비용전가의 금지조항을 둔 것은 규율의 필요성에 따른 합리적인 차별이어서 평등원칙에 위반되지 아니한다. O|X

해설

버스운송사업에 있어서는 운송비용 전가 문제를 규제할 필요성이 없으므로 택시운송사업에 한하여 택시운송사업의 발전에 관한 법률에 운송비용전가의 금지조항을 둔 것은 규율의 필요성에 따른 합리적인 차별이어서 평등원칙에 위반되지 아니한다(헌재 2018.6.28, 2016헌마1153). [O]

58 산업재해보상보험법 조항이 근로자가 사업주의 지배관리 아래 출퇴근하던 중 사고가 발생하였을 경우에만 이를 업무상 재해로 인정하고 통상의 출퇴근 재해는 업무상 재해로 인정하지 아니한 것은 평등권 또는 평등원칙위반이다. O|X

해설

사업장 규모나 재정여건의 부족 또는 사업주의 일방적 의사나 개인 사정 등으로 출퇴근용 차량을 제공받지 못하거나 그에 준하는 교통수단을 지원받지 못하는 비혜택근로자는 비록 산재보험에 가입되어 있다 하더라도 출퇴근 재해에 대하여 보상을 받을 수 없는데, 이러한 차별을 정당화할 수 있는 합리적 근거를 찾을 수 없다(헌재 2016.9.29, 2014헌바254). [O]

59 독립유공자의 손자녀 중 1명에게만 보상금을 지급하도록 하면서 독립유공자의 선순위 자녀의 자녀에 해당하는 손자녀가 2명 이상인 경우에 나이가 많은 손자녀를 우선하도록 하는 것은 동순위자인 다른 손자녀의 평등원칙을 침해하는 것이다. O|X

해설

보상금 수급권자의 범위를 경제적으로 어려운 자에 한정하는 방법도 가능함에도 불구하고 나이가 많은 손자녀를 우선하도록 규정한 것은 평등원칙에 위반된다(헌재 2013.10.24, 2011헌마724). [O]

60 입양기관을 운영하고 있지 않은 사회복지법인과 달리 입양기관을 운영하는 사회복지법인으로 하여금 '기본생활지원을 위한 미혼모자가족복지시설'을 설치·운영할 수 없게 하는 것은, 입양기관을 운영하는 사회복지법인의 평등권을 침해한다. O|X

해설

출산 전후 미혼모에 대한 입양기관의 부당한 입양권유를 방지하여 미혼모의 자녀 양육권을 실질적으로 보장하기 위한 것인데, 입양기관이 '기본생활지원을 위한 미혼모자가족복지시설'을 함께 운영할 수 없도록 한 것은 이를 위한 적절한 수단이다. 입양기관이 '기본생활지원을 위한 미혼모자가족복지시설'을 제외한 나머지 다섯 가지 유형의 한부모가족복지시설들을 함께 운영할 수 있고, 기존의 시설을 다른 한부모가족복지시설로 변경할 수 있도록 약 4년 정도의 유예기간을 부여하고 있으므로, 이 사건 법률조항들은 청구인들의 사회복지법인 운영의 자유 등을 침해하지 아니한다. [X]

61 통상 출퇴근 과정에서의 재해를 업무상 재해에서 제외하는 것은 공정한 재판을 받을 권리를 침해한다. O|X

해설

사업장 규모나 재정여건의 부족 또는 사업주의 일방적 의사나 개인 사정 등으로 출퇴근용 차량을 제공받지 못하거나 그에 준하는 교통수단을 지원받지 못하는 비혜택근로자는 비록 산재보험에 가입되어 있다 하더라도 출퇴근 재해에 대하여 보상을 받을 수 없는데, 이러한 차별을 정당화할 수 있는 합리적 근거를 찾을 수 없다(헌재 2016.9.29, 2014헌바254).

▶ 평등권 침해이며, 재판을 받을 권리는 침해하지 않는다. [×]

예상문제

제1절 행복추구권

01 인간의 존엄과 가치 및 행복추구권(헌법 제10조)에 대한 설명으로 옳지 않은 것은? (다툼이 있는 경우 판례에 의함)

① 행복추구권이란 국민이 행복을 추구하기 위한 활동을 국가권력의 간섭 없이 자유롭게 할 수 있다는 소극적 권리의 성격만을 가지는 것이 아니라 국민이 행복을 추구하기 위해 필요한 급부를 국가에 요구할 수 있는 적극적 권리의 성격도 가진다.

② 18세 미만자의 노래연습장 출입을 금지하는 것은 18세 미만 청소년들의 행복추구권을 침해하지 않는다.

③ 환자가 장차 죽음에 임박한 상태에 이를 경우에 대비하여 미리 의료인 등에게 연명치료 거부 또는 중단에 관한 의사를 밝히는 등의 방법으로 죽음에 임박한 상태에서 인간으로서의 존엄과 가치를 지키기 위하여 연명치료의 거부 또는 중단을 결정할 수 있다 할 것이고, 이 결정은 헌법상 기본권인 자기결정권의 한 내용으로서 보장된다.

④ 자기낙태죄 조항은 모자보건법에서 정한 사유에 해당하지 않는다면 결정가능기간 중에 다양하고 광범위한 사회적 경제적 사유를 이유로 낙태갈등 상황을 겪고 있는 경우까지도 예외 없이 전면적·일률적으로 임신의 유지 및 출산을 강제하고 이를 위반한 경우 형사처벌하고 있으므로 임신한 여성의 자기결정권을 제한하고 있어 침해의 최소성을 갖추지 못하였다.

해설

① 헌법 제10조의 행복추구권은 국민이 행복을 추구하기 위하여 필요한 급부를 국가에 적극적으로 요구할 수 있는 것을 내용으로 하는 것이 아니라, 국민이 행복을 추구하기 위한 활동을 국가권력의 간섭 없이 자유롭게 할 수 있다는 포괄적인 의미의 자유권으로서의 성격을 가지는 것이다(헌재 1995.7.21, 93헌가14).

② 위 조항들이 노래연습장에 대하여 18세 미만자의 출입을 금지하고 있는 것은 노래연습장의 환경적 특성이나 청소년의 정신적·신체적 성숙 정도 등을 고려한 것으로서, 이러한 제한이 노래연습장업자를 합리적 이유 없이 자의적으로 차별하는 것이라고는 할 수 없다(헌재 1996.2.29, 94헌마13).

③ 환자가 장차 죽음에 임박한 상태에 이를 경우에 대비하여 미리 의료인 등에게 연명치료 거부 또는 중단에 관한 의사를 밝히는 등의 방법으로 죽음에 임박한 상태에서 인간으로서의 존엄과 가치를 지키기 위하여 연명치료의 거부 또는 중단을 결정할 수 있다 할 것이고, 위 결정은 헌법상 기본권인 자기결정권의 한 내용으로서 보장된다 할 것이다(헌재 2009.11.26, 2008헌마385).
▶ 근거가 생명권이 아님을 유의

④ 다양하고 광범위한 사회적·경제적 사유를 이유로 낙태갈등 상황을 겪고 있는 경우까지도 예외 없이 전면적·일률적으로 임신의 유지 및 출산을 강제하고, 이를 위반한 경우 형사처벌하고 있다. 과잉금지원칙을 위반하여 임신한 여성의 자기결정권을 침해하는 위헌적인 규정이다(헌재 2019.4.11, 2017헌바127).

정답 ①

02 인간의 존엄과 가치 및 행복추구권에 관한 설명 중 가장 적절하지 않은 것은? (다툼이 있는 경우 판례에 의함)

① 병역의무의 이행의로서의 현역병 복무는 국가가 간섭하지 않으면 자유롭게 할 수 있는 행위에 속하지 않으므로, 현역병으로 복무할 권리가 일반적 행동자유권에 포함된다고 할 수도 없다.

② 고졸검정고시 또는 고입검정고시에 합격했던 자가 해당 검정고시에 다시 응시할 수 없게 됨으로써 제한되는 주된 기본권은 자유로운 인격발현권인데, 이러한 응시자격 제한은 검정고시제도 도입 이후 허용되어 온 합격자의 재응시를 경과조치 등 없이 무조건적으로 금지하는 것이어서 과잉금지원칙에 위배된다.

③ 헌법 제10조로부터 도출되는 일반적 인격권에는 각 개인이 그 삶을 사적으로 형성할 수 있는 자율영역에 대한 보장이 포함되어 있음을 감안할 때, 장래 가족의 구성원이 될 태아의 성별 정보에 대한 접근을 국가로부터 방해받지 않을 부모의 권리는 이와 같은 일반적 인격권에 의하여 보호된다.

④ 청소년 성매수 범죄자들은 일반인에 비해서 인격권과 사생활의 비밀의 자유도 그것이 본질적인 부분이 아닌 한 넓게 제한받을 여지가 있다.

해설

① 병역의무의 이행의로서의 현역병 복무는 국가가 간섭하지 않으면 자유롭게 할 수 있는 행위에 속하지 않으므로, 현역병으로 복무할 권리가 일반적 행동자유권에 포함된다고 할 수도 없다(헌재 2010.12.28, 2008헌마527).

▶ 납세자의 권리도 부존재

② 이 사건 응시제한은 청구인들이 상급학교 진학을 위하여 취득하여야 할 평가자료의 형성을 제약함으로써 청구인들의 상급학교 진학의 가능성에 영향을 미칠 수 있으므로 교육을 받을 권리를 제한한다 할 것이다(헌재 2012.5.31, 2010헌마139 등).

③ 헌법 제10조로부터 도출되는 일반적 인격권에는 각 개인이 그 삶을 사적으로 형성할 수 있는 자율영역에 대한 보장이 포함되어 있음을 감안할 때, 장래 가족의 구성원이 될 태아의 성별 정보에 대한 보장이 포함되어 있음은 감안할 때, 장래 가족의 구성원이 될 태아의 성별 정보에 대한 접근을 국가로부터 방해받지 않을 부모의 권리는 일반적 인격권에 의하여 보호된다고 보아야 한다(헌재 2008.7.31, 2004헌마1010·2005헌바90 등).

▶ 알권리 ×, 행복추구권 ×

④ 청소년 성매수 범죄자들은 일반인에 비해서 인격권과 사생활의 비밀의 자유도 그것이 본질적인 부분이 아닌 한 넓게 제한받을 여지가 있다(헌재 2003.6.26, 2002헌가14).

정답 ②

03 인간으로서의 존엄과 가치 및 행복추구권에서 도출되는 권리에 관한 설명 중 가장 적절하지 않은 것은? (다툼이 있는 경우 판례에 의함)

① 응급의료종사자의 응급환자에 대한 진료를 폭행, 협박, 위계, 위력, 그 밖의 방법으로 방해하는 것을 금지하고 이에 위반하는 자를 형사처벌하는 응급의료에 관한 법률 조항은 해당 응급환자인 청구인의 일반적 행동의 자유를 제한한다.

② 형법상 자기낙태죄 조항은 태아의 생명을 보호하기 위하여 태아의 발달단계나 독자적 생존능력과 무관하게 임부의 낙태를 원칙적으로 금지하고 이를 형사처벌하고 있으므로, 헌법 제10조에서 도출되는 임부의 자기결정권, 즉 낙태의 자유를 제한하고 있다.

③ 초등학교 정규교과에서 영어를 배제하거나 영어교육 시수를 제한하는 것은 학생들의 인격의 자유로운 발현권을 제한하나, 이는 균형적인 교육을 통해 초등학생의 전인적 성장을 도모하고 영어과목에 대한 지나친 사교육의 폐단을 막기 위한 것으로 학생들의 기본권을 침해하지 않는다.

④ 변호사에 대한 징계결정정보를 인터넷 홈페이지에 공개하도록 한 변호사법 조항은 전문적인 법률지식, 윤리적 소양, 공정성 및 신뢰성을 갖추어야 할 변호사가 징계를 받은 경우 국민이 이러한 사정을 쉽게 알 수 있도록 하여 변호사를 선택할 권리를 보장하고, 변호사의 윤리의식을 고취시킴으로써 법률사무에 대한 전문성, 공정성 및 신뢰성을 확보하여 국민의 기본권을 보호하며 사회정의를 실현하기 위한 것으로서 청구인의 인격권을 침해하지 아니한다.

해설

① 응급환자 본인의 행위가 응급환자의 생명과 건강에 중대한 위해를 가할 우려가 있어 사회통념상 용인될 수 없는 정도의 것으로 '응급진료 방해 행위'로 평가되는 경우 이는 정당한 자기결정권 내지 일반적 행동의 자유의 한계를 벗어난 것이다(헌재 2019.6.28, 2018헌바128).

▶ 즉, 일반적 행동의 자유를 제한하지 않는다.

② 다양하고 광범위한 사회적·경제적 사유를 이유로 낙태갈등 상황을 겪고 있는 경우까지도 예외 없이 전면적·일률적으로 임신의 유지 및 출산을 강제하고, 이를 위반한 경우 형사처벌하고 있다. 과잉금지원칙을 위반하여 임신한 여성의 자기결정권을 침해하는 위헌적인 규정이다(헌재 2019.4.11, 2017헌바127).

③ 이 사건 고시 부분에서 초등학교 1, 2학년의 교과에 영어를 배제하였다 하더라도, 이것은 초·중등교육법에서 규정한 교과의 범위 내에서 그 내용을 구체화한 것이므로, 위임의 범위를 벗어났다고 볼 수 없다(헌재 2016.2.25, 2013헌마838).

④ 변호사에 대한 징계결정정보를 인터넷 홈페이지에 공개하도록 한 변호사법 조항과 징계결정정보의 공개범위와 시행방법을 정한 변호사법 시행령 조항은 청구인의 인격권을 침해하지 않는다(헌재 2018.7.26, 2016헌마1029).

정답 ①

04 인간으로서의 존엄과 가치 및 행복추구권에서 도출되는 권리에 대한 설명으로 옳지 않은 것은? (다툼이 있는 경우 판례에 의함)

① 환자가 죽음에 임박한 상태에서 인간으로서의 존엄과 가치를 지키기 위하여 연명치료의 거부 또는 중단을 결정할 수 있고, 이는 헌법상 자기결정권의 한 내용으로서 보장되지만, '연명치료 중단에 관한 자기결정권'을 보장하기 위한 입법의무가 국가에게 명백하게 부여된 것은 아니다.

② 헌법 제10조로부터 도출되는 일반적 인격권에는 개인의 명예에 관한 권리도 포함되며, 사자(死者)에 대한 사회적 명예와 평가의 훼손은 사자와의 관계를 통하여 스스로의 인격상을 형성하고 명예를 지켜온 그 후손의 인격권을 제한한다.

③ 개인이 대마를 자유롭게 수수하고 흡연할 자유도 일반적 행동 자유권의 보호영역에 속한다.

④ 일반적 행동자유권의 보호영역에는 광장에서 여가활동이나 문화활동을 하는 것이 포함되지만, 그 광장 주변을 개별적으로 출입하고 통행하는 개인의 행위까지 포함되는 것은 아니다.

해설

① '연명치료 중단에 관한 자기결정권'을 보장하는 방법으로서 '법원의 재판을 통한 규범의 제시'와 '입법' 중 어느 것이 바람직한가는 입법정책의 문제로서 국회의 재량에 속한다 할 것이다. 그렇다면 헌법해석상 '연명치료 중단 등에 관한 법률'을 제정할 국가의 입법의무가 명백하다고 볼 수 없다(헌재 2009.11.26, 2008헌마385).

② 사자의 경우에도 인격적 가치에 대한 중대한 왜곡으로부터 보호되어야 하고, 사자에 대한 사회적 명예와 평가의 훼손은 사자와의 관계를 통하여 스스로의 인격상을 형성하고 명예를 지켜온 그들의 후손의 인격권, 즉 유족의 명예 또는 유족의 사자에 대한 경애추모의 정을 침해한다(헌재 2010.10.28, 2007헌가23).

③ 일반적 행동자유권은 적극적으로 자유롭게 행동을 하는 것은 물론 소극적으로 행동을 하지 않을 자유도 포함되고, 가치있는 행동만 보호영역으로 하는 것은 아닌 것인바, 개인이 대마를 자유롭게 수수하고 흡연할 자유도 헌법 제10조의 행복추구권에서 나오는 일반적 행동자유권의 보호영역에 속한다. 이 사건 법률조항은 대마의 흡연과 수수를 금지하고 그 위반행위에 대하여 형벌을 가함으로써 청구인의 행복추구권을 제한하고 있다(헌재 2005.11.24, 2005헌바46).

④ 이처럼 일반 공중에게 개방된 장소인 서울광장을 개별적으로 통행하거나 서울광장에서 여가활동이나 문화활동을 하는 것은 일반적 행동자유권의 내용으로 보장됨에도 불구하고, 피청구인이 이 사건 통행제지행위에 의하여 청구인들의 이와 같은 행위를 할 수 없게 하였으므로 청구인들의 일반적 행동자유권의 침해 여부가 문제된다(헌재 2011.6.30, 2009헌마406).

정답 ④

05 인격권 및 행복추구권에 관한 다음 설명 중 가장 적절하지 않은 것은? (다툼이 있는 경우 판례에 의함)

① 보험사기를 이유로 체포된 피의자가 경찰서 내에서 수갑을 차고 얼굴을 드러낸 상태에서 조사받는 모습을 촬영할 수 있도록 허용한 행위는 일반 국민의 알 권리 보장을 위한 것이어서 목적의 정당성은 인정되나, 그 얼굴 및 수갑 등의 노출을 방지할 만한 조치를 전혀 취하지 아니한 것은 침해의 최소성 원칙을 충족하였다고 볼 수 없어 결국 피의자의 인격권을 침해하였다고 할 것이다.

② 임신기간 전 기간에 걸쳐 태아의 성별 고지를 금지하는 법률조항은 부모의 태아 성별 정보에 대한 접근을 방해받지 않을 권리를 제한하고 있고, 그 제한의 정도가 과잉금지원칙을 위반하여 임부나 그 가족이 태아 성별 정보에 대한 접근을 방해받지 않을 권리 등을 침해하고 있으므로, 헌법에 위반된다.

③ 구 형법 제304조 중 '혼인을 빙자하여 음행의 상습없는 부녀를 기망하여 간음한 자' 부분은 과잉금지원칙을 위반하여 남성의 성적자기결정권 및 사생활의 비밀과 자유를 침해한다.

④ 행복추구권은 다른 기본권에 대한 보충적 기본권으로서의 성격을 지니므로, 우선적으로 적용되는 기본권이 존재하여 그 침해 여부를 판단하는 이상, 행복추구권 침해 여부를 독자적으로 판단할 필요가 없다.

해설

① 청구인은 기자들에게 청구인이 경찰서 내에서 수갑을 차고 얼굴을 드러낸 상태에서 조사받는 모습을 촬영할 수 있도록 허용한 것인바, 신원공개가 허용되는 예외사유가 없는 청구인에 대한 이러한 수사 장면의 공개 및 촬영은 이를 정당화할 만한 어떠한 공익 목적도 인정하기 어려우므로 촬영허용행위는 목적의 정당성 자체가 인정되지 아니한다. 피청구인이 언론사 기자들의 취재 요청에 응하여 청구인이 경찰서 내에서 양손에 수갑을 찬 채 조사받는 모습을 촬영할 수 있도록 허용한 행위는 청구인의 인격권을 침해하여 위헌임을 확인한다(헌재 2014.3.27, 2012헌마652).
▶ 목적의 정당성이 부정된 판례이다.

② 이 사건 규정의 태아 성별 고지 금지는 낙태, 특히 성별을 이유로 한 낙태를 방지함으로써 성비의 불균형을 해소하고 태아의 생명권을 보호하기 위해 입법된 것이다. 그런데 성별을 이유로 하는 낙태가 임신 기간의 전 기간에 걸쳐 이루어질 것이라는 전제하에, 이 사건 규정이 낙태가 사실상 불가능하게 되는 임신 후반기에 이르러서도 태아에 대한 성별 정보를 태아의 부모에게 알려주지 못하게 하는 것은 최소침해성원칙을 위반하는 것이고, … 헌법에 위반된다 할 것이다(헌재 2008.7.31, 2004헌마1010 등).

③ 남성의 여성에 대한 유혹의 방법은 남성의 내밀한 성적자기결정권의 영역에 속하는 것이고 또한 애정행위는 그 속성상 과장이 수반되게 마련이다. 이 사건 법률조항은 남녀평등의 사회를 지향하고 실현해야 할 국가의 헌법적 의무에 반하는 것이자, 여성을 보호한다는 미명 아래 사실상 국가 스스로가 여성의 성적자기결정권을 부인하는 행위이다(헌재 2009.11.26, 2008헌바58).

④ 행복추구권은 다른 기본권에 대한 보충적 기본권으로서의 성격을 지니므로, 공무담임권이라는 우선적으로 적용되는 기본권이 존재하여 그 침해 여부를 판단하는 이상, 행복추구권 침해 여부를 독자적으로 판단할 필요가 없다(헌재 2000.12.14, 99헌마112 등).

정답 ①

06 행복추구권과 인격권에 관한 설명 중 가장 적절하지 않은 것은? (다툼이 있는 경우 판례에 의함)

① 인간의 존엄과 가치에서는 인격권과 개성의 자유로운 발현권이 나오고 행복추구권에서는 일반적인 행동의 자유권이 나온다.

② 국민건강보험공단이 사위 기타 부당한 방법으로 보험급여비용을 받은 요양기관에 대하여 급여비용에 상당하는 금액의 전부 또는 일부를 징수할 수 있도록 한 국민건강보험법 조항은, 요양기관이 그 피용자를 관리·감독할 주의의무를 다하였다고 하더라도 보험급여비용이 요양기관에 일단 귀속되었고 그 요양기관이 사위 기타 부당한 방법으로 보험급여비용을 지급받은 이상 부당이득반환의무가 있다는 것이므로 책임주의원칙에 어긋난다고 볼 수 없다.

③ 행복을 추구할 권리는 성질상 자연인에게 인정되는 기본권이므로 법인에게는 적용되지 않는다.

④ 정정보도청구권은 일반적 인격권에 바탕을 두고 있다.

해설

① 판례는 인간의 존엄과 가치에서 인격권이 나오고 행복추구권에서 일반적 행동자유권과 개성의 자유로운 발현권이 나온다고 하였다(헌재 1991.6.3, 89헌마204).

② 국민건강보험법 제52조 제1항은, 요양기관이 사위 기타 부당한 방법으로 보험급여비용을 받은 경우에만 징수책임을 지며, 또 요양기관과 아무런 관련 없이 피용자 개인의 잘못으로 보험급여비용을 받아 그 전액을 환수하는 것이 가혹한 경우라면 금액의 전부 혹은 일부가 '사위 기타 부당한 방법'에 해당하지 않는다고 하여 징수를 면할 수 있는 여지를 남겨 놓고 있고, 요양기관이 그 피용자를 관리·감독할 주의의무를 다하였다고 하더라도, 보험급여비용이 요양기관에게 일단 귀속되었고 그 요양기관이 사위 기타 부당한 방법으로 보험급여비용을 지급받은 이상 부당이득반환의무가 있다는 것이므로 책임주의원칙에 어긋난다고 볼 수 없다(헌재 2011.6.30, 2010헌바375).

③ 사립학교법인인 청구인의 행복추구권 주장에 대하여 살펴보면, 행복추구권의 성질상 자연인이 아닌 법인에게 행복추구권이 있다고 보기 어려워, 법인인 청구인의 행복추구권은 인정되지 아니한다고 할 것이다(헌재 2010.7.29, 2009헌바40).

④ 헌법재판소도 "정간법 제16조 제3항의 정정보도청구권은 일반적 인격권에 바탕을 둔 것으로, 이는 헌법 제10조에서 나온다."고 판시한 바 있다(헌재 1991.9.16, 89헌마165).

정답 ①

07 자기결정권에 관한 내용으로 옳은 것은? (다툼이 있는 경우 판례에 의함)

① 담배제조자가 면세담배를 용도 외로 사용하는지 여부에 관하여 이를 관리하거나 감독할 수 있는 법적 권리나 의무는 존재하는 것으로 비록 공급받은 자가 용도 외로 사용하였다 하여도 이는 제조자의 연대책임을 물을 수 있는 근거가 된다.

② 미성년자는 아직 성숙하지 못한 바 이 경우 자기결정권의 주체가 되지 못한다.

③ 개인의 자기운명결정권에는 성행위 여부 및 그 상대방을 결정할 수 있는 성적 자기결정권뿐만 아니라 자신의 운명을 자신의 의도대로 종지(終止)시킬 권리 또는 존엄한 죽음을 택할 권리도 포함하는 것이므로 '자살할 권리'도 기본권으로 인정된다는 것이 헌법재판소의 판례이다.

④ 소주도매업자로 하여금 그 영업소재지에서 생산되는 자도소주를 의무적으로 구입하게 하는 자도소주 구입명령제도는 직업의 자유와 소비자의 행복추구권에서 파생된 자기결정권을 침해한다.

해설

① 담배제조자가 면세담배를 용도 외로 사용하는지 여부에 관하여 이를 관리하거나 감독할 수 있는 법적 권리나 의무는 존재하지 않는 것으로 자신의 통제권 내지 결정권이 미치지 않는 데 대하여까지 책임을 지게 하는 것은 자기책임의 원리에 부합한다고 보기 어렵다고 판시하였다(헌재 2004.6.24, 2002헌가27).

② 미성년자라 할지라도 자기결정권의 주체가 될 수는 있으나 미성년자 보호를 위해 많은 제한이 따른다.

③ 자신의 생명을 스스로 포기하는 자살권은 인정되지 않는다고 함이 일반적이나, 자살 또는 자살미수에 대해서는 법적 제재를 가하지 않고 있다. 그러나 자살관여죄는 처벌된다. 헌법재판소가 자살할 권리를 기본권으로 인정한 적은 없다.

④ 소주도매업자로 하여금 그 영업소재지에서 생산되는 자도소주를 의무적으로 구입하게 하는 자도소주 구입명령제도는 직업의 자유와 소비자의 행복추구권에서 파생된 자기결정권을 침해한다(헌재 1996.12.26, 96헌가18).

정답 ④

08 자기결정권에 대한 설명으로 옳지 않은 것은? (다툼이 있는 경우 판례에 의함)

① 가정폭력 가해자에 대하여 별도의 제한 없이 직계혈족이기만 하면 사실상 자유롭게 그 자녀의 가족관계증명서와 기본증명서를 발급받을 수 있도록 함으로써, 가정폭력 피해자의 개인정보가 자녀의 가족관계증명서 등을 통하여 가정폭력 가해자인 전 배우자에게 무단으로 유출될 수 있는 가능성을 열어놓고 있는 가족관계의 등록 등에 관한 법률 조항은 과잉금지원칙을 위반하여 가정폭력 피해자의 개인정보자기결정권을 침해한다.

② 법무부장관으로 하여금 합격자가 결정되면 즉시 명단을 공고하고 합격자에게 합격증서를 발급하도록 한 변호사시험법 조항은 전체 합격자의 응시번호만을 공고하는 등의 방법으로도 입법목적을 달성할 수 있음에도 변호사시험 응시 및 합격 여부에 관한 사실을 널리 공개되게 함으로써 과잉금지원칙에 위배되어 변호사시험응시자의 개인정보자기결정권을 침해한다.

③ 통신매체이용음란죄로 유죄판결이 확정된 자는 신상정보 등록대상자가 된다고 규정한 성폭력범죄의 처벌 등에 관한 특례법 조항은 과잉금지원칙에 위배되어 해당 범죄자의 개인정보자기결정권을 침해한다.

④ 본인의 생전 의사와 관계없이 인수자가 없는 시체를 해부용으로 제공할 수 있도록 한 것은 시체 처분에 대한 자기결정권을 침해한다.

해설

① 직계혈족이 가정폭력의 가해자로 판명된 경우 주민등록법 제29조 제6항 및 제7항과 같이 가정폭력 피해자가 가정폭력 가해자를 지정하여 가족관계증명서 및 기본증명서의 교부를 제한하는 등의 가정폭력 피해자의 개인정보를 보호하기 위한 구체적 방안을 마련하지 아니한 부진정입법부작위가 과잉금지원칙을 위반하여 청구인의 개인정보자기결정권을 침해한다(헌재 2020.8.28, 2018헌마927).

가족관계등록부	직계혈족 원칙	가정폭력	형제자매
주문	합헌	위헌	위헌

② 법무부장관은 변호사시험 합격자가 결정되면 즉시 명단을 공고하여야 한다고 규정한 변호사시험법 제11조 중 '명단 공고' 부분은 청구인들의 개인정보자기결정권을 침해하지 않는다(헌재 2020.3.26, 2018헌마77).

③ 통신매체이용음란죄로 유죄판결이 확정된 자는 신상정보 등록대상자가 된다고 규정한 조항은 목적의 정당성 및 수단의 적합성은 인정되나, 통신매체이용음란죄로 유죄의 확정판결을 받은 자에 대하여 개별 행위 유형에 따른 죄질 및 재범위 위험성을 고려하지 않고 모두 신상정보 등록대상자가 되도록 하여 개인정보자기결정권을 침해하여 헌법에 위반된다(헌재 2016.3.31, 2015헌마688).

④ 본인이 해부용 시체로 제공되는 것에 대해 반대하는 의사표시를 명시적으로 표시할 수 있는 절차도 마련하지 않고 본인의 의사와는 무관하게 해부용 시체로 제공될 수 있도록 규정하고 있다는 점에서 침해의 최소성 원칙을 충족했다고 보기 어렵고 청구인의 시체 처분에 대한 자기결정권을 침해한다(헌재 2015.11.26, 2012헌마940).

정답 ②

09 성매매처벌법에 관한 우리 판례의 내용으로 옳지 않은 것은?

① 개인의 성행위 그 자체는 사생활의 내밀영역에 속하고 개인의 성적 자기결정권의 보호대상에 속한다.

② 외관상 강요되지 않은 자발적인 성매매행위도 인간의 성을 상품화함으로써 성판매자의 인격적 자율성을 침해할 수 있다.

③ 성매매를 근절하기 위해서 성구매자의 처벌에 대한 필요성은 높으나 성판매자까지 형사처벌에 포함시킬 필요는 없다.

④ 불특정인을 상대로 한 성매매와 특정인을 상대로 한 성매매는 건전한 성도덕에 미치는 영향이 달라 이를 달리 취급하는 것은 평등의 원칙에 위배되지 않는다.

해설

① 개인의 성행위 그 자체는 사생활의 내밀영역에 속하고 개인의 성적 자기결정권의 보호대상에 속한다(헌재 2016.3.31, 2013헌가2).
② 외관상 강요되지 않은 자발적인 성매매행위도 인간의 성을 상품화함으로써 성판매자의 인격적 자율성을 침해할 수 있다(헌재 2016.3.31, 2013헌가2).
③ 성매매를 근절하기 위해서는 성구매자뿐만 아니라 성판매자도 형사처벌의 대상에 포함시킬 필요성이 충분히 인정된다(헌재 2016.3.31, 2013헌가2).
④ 판례는 특정인과 성매매를 하는 경우 처벌하지 않지만, 불특정인의 경우 일반 사람들의 눈에 띄어 확산될 우려가 있다는 것 등을 이유로 처벌하는 것에 대해서 합헌적으로 보고 있다(헌재 2016.3.31, 2013헌가2).

정답 ③

10 계약의 자유에 관한 다음 설명 중 가장 적절하지 않은 것은? (다툼이 있는 경우 판례에 의함)

① 계약의 자유는 계약을 체결할 것인지의 여부, 체결한다면 어떠한 내용의 계약을, 어떠한 상대방과의 관계에서, 어떠한 방식으로 체결하느냐 하는 것도 당사자 자신이 자기의사로 결정하는 자유뿐만 아니라, 원치 않는 계약의 체결을 법이나 국가에 의하여 강제 받지 않을 자유도 포함한다.
② 최저임금의 적용을 위해 주(週) 단위로 정해진 근로자의 임금을 시간에 대한 임금으로 환산할 때, 해당 임금을 1주 동안의 소정근로시간 수와 법정 주휴시간 수를 합산한 시간 수로 나누도록 한 규정은 임금의 수준에 관한 사용자의 계약의 자유를 침해하지 않는다.
③ 증여계약의 합의해제에 따라 신고기한 이내에 증여받은 재산을 반환하는 경우 처음부터 증여가 없었던 것으로 보는 대상에서 '금전'을 제외한 규정은 수증자의 계약의 자유를 침해한다.
④ 석조, 석회조, 연와조 또는 이와 유사한 견고한 건물 기타 공작물의 소유를 목적으로 하는 토지임대차나 식목, 채염을 목적으로 하는 토지임대차를 제외한 임대차의 존속기간을 예외 없이 20년으로 제한한 조항은 사적 자치에 의한 자율적 거래관계 형성을 왜곡하므로 계약의 자유를 침해한다.

해설

① 계약의 자유는 계약을 체결할 것인지의 여부, 체결한다면 어떠한 내용의 계약을, 어떠한 상대방과의 관계에서, 어떠한 방식으로 체결하느냐 하는 것도 당사자 자신이 자기의사로 결정하는 자유뿐만 아니라 원치 않으면 계약을 체결하지 않을 자유, 즉 원치 않는 계약의 체결은 법이나 국가에 의하여 강제 받지 않을 자유이다(헌재 2021.10.28, 2019헌마288).
② 최저임금의 적용을 위해 주(週) 단위로 정해진 근로자의 임금을 시간에 대한 임금으로 환산할 때, 해당 임금을 1주 동안의 소정근로시간 수와 법정 주휴시간 수를 합산한 시간 수로 나누도록 한 규정은 임금의 수준에 관한 사용자의 계약의 자유를 침해하지 않는다(헌재 2020.6.25, 2019헌마15).
③ 금전증여의 경우 합의해제가 행해지는 통상의 동기가 조세회피 내지 편법적 절세에 있는 이상, 보호하여야 할 사적 자치의 이익이 크다고 할 수 없어 법익의 균형성도 충족되므로 심판대상조항은 과잉금지원칙에 위배되어 수증자의 계약의 자유 및 재산권을 침해한다고 할 수 없다(헌재 2015.12.23, 2013헌바117).
④ 이 사건 법률조항은 제정 당시에 비해 현저히 변화된 현재의 사회경제적 현상을 제대로 반영하지 못하는 데 그치는 것이 아니라, 당사자가 20년이 넘는 임대차를 원할 경우 우회적인 방법을 취할 수밖에 없게 함으로써 사적 자치에 의한 자율적 거래관계 형성을 왜곡하고 있다(헌재 2013.12.26, 2011헌바234).

정답 ③

11 일반적 행동자유권에 대한 설명으로 옳지 않은 것을 모두 고른 것은? (다툼이 있는 경우 헌법재판소 판례에 의함)

㉠ 비어업인이 잠수용 스쿠버 장비를 사용하여 수산자원을 포획·채취하는 것을 금지하는 것은 일반적 행동자유권의 침해가 아니다.
㉡ 아동·청소년 대상 성범죄자에게 1년마다 정기적으로 새로 촬영한 사진을 제출하도록 하고 정당한 사유 없이 사진제출의무를 위반한 경우 형사처벌을 하도록 한 것은 일반적 행동자유권에 대한 침해이다.
㉢ 청구인인 수형자가 출정할 때 교도관이 동행하면서 청구인에게 행정법정 방청석에서 청구인의 변론 순서가 될 때까지 보호장비를 착용하도록 한 것은, 과잉금지의 원칙에 위반되어 청구인의 인격권을 침해한다.
㉣ 일반적 행동자유권은 가치 있는 행동만 그 보호영역으로 하는 것은 아니고, 개인의 생활방식과 취미에 관한 사항, 위험한 스포츠를 즐길 권리와 같은 위험한 생활방식으로 살아갈 권리도 포함하므로, 술에 취한 상태로 도로 외의 곳에서 운전하는 것을 금지하고 위반시 처벌하는 것은 일반적 행동의 자유를 제한한다.

① ㉠, ㉡　　② ㉠, ㉣
③ ㉡, ㉢　　④ ㉢, ㉣

해설

옳지 않은 것은 ㉡, ㉢이다.

㉠ 비어업인이 잠수용 스쿠버 장비를 사용하여 수산자원을 포획·채취하는 것을 금지하는 것은 일반적 행동의 자유를 침해하지 아니한다(헌재 2016.10.27, 2013헌마450).
▶ 재산권 ×, 평등의 자유 ×, 직업의 자유 ×

㉡ 아동·청소년 대상 성범죄자에게 1년마다 정기적으로 새로 촬영한 사진을 제출하도록 하고 정당한 사유 없이 사진제출의무를 위반한 경우 형사처벌을 하도록 한 것은 일반적 행동의 자유를 침해하지 아니한다(헌재 2015.7.30, 2014헌바257).

㉢ 보호장비 사용행위는 수형자가 법정에 출정하게 된 기회를 이용하여 도주와 같은 교정사고를 저지르는 것을 예방하기 위한 것으로 청구인의 신체의 자유와 인격권을 침해하지 않는다(헌재 2018.7.26, 2017헌마1238).

㉣ 일반적 행동자유권은 모든 행위를 할 자유와 행위를 하지 않을 자유로 가치 있는 행동만 그 보호영역으로 하는 것은 아닌 것으로, 그 보호영역에는 개인의 생활방식과 취미에 관한 사항도 포함되며, 여기에는 위험한 스포츠를 즐길 권리와 같은 위험한 생활방식으로 살아갈 권리도 포함된다(헌재 2003.10.30, 2002헌마18).

정답 ③

12 행복추구권에 대한 다음 설명 중 가장 적절하지 않은 것은? (다툼이 있는 경우 판례에 의함)

① 행복추구권은 그 구체적인 표현으로서 일반적인 행동자유권과 개성의 자유로운 발현권을 포함한다.
② 자신이 속한 부분사회의 자치적 운영에 참여하는 것은 사회공동체의 유지, 발전을 위하여 필요한 행위로서 특정한 기본권의 보호범위에 들어가지 않는 경우에는 일반적 행동자유권의 대상이 된다.
③ 초등학교 정규교과에서 영어를 배제하거나 영어교육 시수를 제한하는 것은 학생들의 인격의 자유로운 발현권을 제한하나, 이는 균형적인 교육을 통해 초등학생의 전인적 성장을 도모하고 영어과목에 대한 지나친 사교육의 폐단을 막기 위한 것으로 초등학생들의 인격의 자유로운 발현권을 침해하지 않는다.
④ 의료인이 태아의 성별 정보에 대하여 임부나 그 가족 기타 다른 사람에게 고지하는 것을 금지하는 것은 부모의 행복추구권을 침해하는 것이다.

해설

① 판례는 인간의 존엄과 가치에서 인격권이 나오고 행복추구권에서 일반적 행동자유권과 개성의 자유로운 발현권이 나온다고 하였다(헌재 1991.6.3, 89헌마204).

② 자신이 속한 부분사회의 자치적 운영에 참여하는 것은 사회공동체의 유지, 발전을 위하여 필요한 행위로서 특정한 기본권의 보호범위에 들어가지 않는 경우에는 일반적 행동자유권의 대상이 된다(헌재 2015.7.30, 2012헌마957).

③ 초등학교 1, 2학년의 영어교육을 금지하고, 3-6학년의 영어교육을 다른 과목과 균질한 수준으로 제한하는 것은 기초 영역에 대한 균형적인 교육을 통해 초등학생의 전인적 성장을 도모하고 영어과목에 대한 지나친 사교육의 폐단을 막기 위한 것으로, 이로 인해 초등학생이나 학부모가 입게 되는 기본권 제한이 중대하다고 보기 어렵다(헌재 2016.2.25, 2013헌마838). 따라서 청구인들의 인격의 자유로운 발현권과 자녀교육권을 침해하지 않는다.

④ 각 개인이 그 삶을 사적으로 형성할 수 있는 자율영역에 대한 보장이 포함되어 있음을 감안할 때, 장래 가족의 구성원이 될 태아의 성별 정보에 대한 접근을 국가로부터 방해받지 않을 부모의 권리는 이와 같은 일반적 인격권에 의하여 보호된다고 보아야 할 것인바, 이 사건 규정은 일반적 인격권으로부터 나오는 부모의 태아 성별 정보에 대한 접근을 방해받지 않을 권리를 제한하고 있다고 할 것이다(헌재 2008.7.31, 2004헌마1010 등).

▶ 즉, 행복추구권은 관련 기본권이 아니다.

정답 ④

13 헌법 제10조의 행복추구권에 관한 설명으로 옳지 않은 것은? (다툼이 있는 경우 헌법재판소 결정례에 의함)

① 행복추구권은 그의 구체적인 표현으로서 일반적인 행동자유권과 개성의 자유로운 발현권을 포함하기 때문에, 기부금품의 모집행위는 행복추구권에 의하여 보호된다.

② 행복을 추구할 권리는 1960년 헌법에 산입된 이래 그의 법적 성격과 보장 내용에 관하여 많은 논란을 가져온 기본권 조항이며, 아직도 그 내용이 완전히 해명되지 않은 헌법규정에 속한다.

③ 행복추구권에는 개인의 자기운명결정권이 전제되는 것이고, 이 자기운명결정권에는 성행위 여부 및 그 상대방을 결정할 수 있는 성적 자기결정권 또한 포함되어 있다.

④ 휴식권은 헌법상 명문의 규정은 없으나 포괄적인 기본권인 행복추구권의 한 내용으로 볼 수 있다

해설

① 기부금품의 모집행위도 행복추구권에서 파생하는 일반적인 행동자유권에 의하여 기본권으로 보장된다. 기부금품을 모집하고자 하는 국민에게 허가를 청구할 법적 권리를 부여하지 아니함으로써 국민의 기본권(행복추구권)을 침해하는 위헌적인 규정이다(헌재 1998.5.28, 96헌가5).

② 인간의 존엄성 규정은 1962년에 헌법에 규정되었으며, 행복추구권은 1980년에 헌법에 규정되었다. 그 내용에 대해서는 여전히 논란이 많다.

③ 개인의 인격권·행복추구권에는 개인의 자기운명결정권이 전제되는 것이고, 이 자기운명결정권에는 성행위 여부 및 그 상대방을 결정할 수 있는 성적자기결정권이 또한 포함되어 있으며 간통죄의 규정이 개인의 성적자기결정권을 제한하는 것임은 틀림없다(헌재 1990.9.10, 89헌마82).

④ 휴식권은 헌법상 명문의 규정은 없으나 포괄적인 기본권인 행복추구권의 한 내용으로 볼 수 있다(헌재 2001.9.27, 2000헌마159).

정답 ②

제2절 평등권

01 헌법상 평등권에 관한 설명 중 옳지 않은 것은? (다툼이 있는 경우 판례에 의함)

① 엄격한 심사를 한다는 것은 자의금지원칙에 따른 심사에 그치지 않고 비례성원칙에 따른 심사를 행함을 의미한다.
② 평등이란 배분적 정의론에 입각하여 모든 인간을 평등하게 처우하되 합리적 이유가 있는 차별을 허용하는 상대적 평등을 의미한다.
③ 차별적 취급으로 인해 관련 기본권에 중대한 제한을 초래하게 된다면 보다 엄격한 심사척도가 적용되어야 한다.
④ 헌법 제11조 제1항이 예시하고 있는 차별금지사유에 의한 차별취급이 발생하는 경우, 위헌성을 주장하는 측이 그 차별취급의 합리성이 없음을 입증하여야 한다.

해설

①③ 비례심사의 경우에는 단순히 합리적인 이유의 존부뿐만 아니라 차별의 정도에 적정한 균형관계, 즉 법익의 균형성이 이루어져 있는가를 심사한다. 비례의 원칙에 따른 심사, 즉 엄격한 심사척도를 적용하여야 할 경우로, 헌법에서 특별히 차별의 근거로 삼아서는 아니 되는 사유나 영역을 제시하고 있음에도 그러한 기준을 근거로 한 차별을 하는 경우 또는 차별적 취급으로 인하여 관련 기본권에 대한 중대한 제한을 초래하는 경우가 여기에 해당한다(헌재 2001.2.22, 2000헌마25).
② 법 앞의 평등은 합리적 근거가 있는 차별은 가능한 상대적 평등설로 이해하여야 한다(통설·판례).
④ 비례의 원칙이 적용되면 합헌성이 추정되는 것이 아니라 위헌이 될 가능성이 높아진다. 따라서 이 경우는 위헌을 주장하는 자가 아니라 합헌을 주장하는 자가 입증책임을 지게 된다.

정답 ④

02 평등권에 관한 내용으로 헌법재판소 판례의 견해와 일치하는 것은?

① 평등권의 침해 여부에 대한 심사는 그 심사기준에 따라 자의금지원칙에 의한 심사와 비례의 원칙에 의한 심사로 크게 나누어 볼 수 있다. 자의심사의 경우에는 단순히 합리적인 이유의 존부문제가 아니라 차별을 정당화하는 이유와 차별 간의 상관관계에 대한 심사, 즉 비교대상 간의 사실상의 차이의 성질과 비중 또는 입법목적(차별목적)의 비중과 차별의 정도에 적정한 균형관계가 이루어져 있는가를 심사한다.
② 헌법 제11조 제1항 제2문은 차별금지사유로서 성별을 명시하고 있으므로 대한민국 국민인 남자에 한하여 병역의무를 부과하는 병역법 조항이 평등권을 침해하는지 여부는 완화된 심사척도인 자의금지원칙 위반 여부가 아니라 엄격한 심사기준을 적용하여 판단하여야 한다.
③ 반복적으로 범행을 저지르는 절도 사범에 관한 가중처벌 규정인 특정범죄가중처벌 등에 관한 법률(2016.1.6. 법률 제13717호로 개정된 것) 제5조의4 제5항 제1호는 불법성의 정도가 같다고 보기 어려운 형법상 절도죄, 야간주거침입절도죄, 특수절도죄를 동등하게 취급하는 것으로 평등원칙에 위반된다.
④ 출생에 의한 국적 취득에 있어서 출생한 당시의 자녀의 국적을 부의 국적에만 맞추고 모의 국적은 단지 보충적인 의미만 부여하는 경우 헌법재판소는 그 심사기준으로 엄격한 심사기준을 적용하였다.

해설

① 자의심사의 경우에는 차별을 정당화하는 합리적인 이유가 있는지의 여부만을 심사하는 경우이고 비례심사의 경우에는 단순히 합리적인 이유의 존부뿐만 아니라 차별의 정도에 적정한 균형관계, 즉 법익의 균형성이 이루어져 있는가를 심사한다(헌재 2001.2.22, 2000헌마25).
② 신체적 능력이 뛰어난 여자의 경우에도 월경이나 임신, 출산 등으로 인한 신체적 특성상 병력자원으로 투입하기에 부담이 큰 점 등에 비추어 남자만을 징병검사의 대상이 되는 병역의무자로 정한 것이 현저히 자의적인 차별취급이라 보기 어렵다(헌재 2010.11.25, 2006헌마328).
③ 선례 조항은 전범과 후범이 모두 동종의 절도 고의범일 것을 요하고, 전범에 대하여 세 번 이상의 징역형을 선고받아 형이 아직 실효되지 아니하여야 하며, 누범으로 처벌하는 경우여야 하는 등 매우 엄격한 구성요건을 설정하고 있다. 이와 같이 선례 조항은 형법상 절도죄나 상습절도죄와 구별되는 가중적 구성요건 표지를 별도로 규정하고 있어, 동일한 구성요건에 해당하는 절도범죄에 대한 법적용이 오로지 검사의 기소재량에만 맡겨진 경우에 해당하지 않는다(헌재 2023.2.23, 2022헌바273 등). 따라서 이는 평등원칙에 위반된다고 볼 수 없다.
④ 헌법에서 특별히 평등을 요구하고 있는 경우와 차별적 취급으로 인하여 관련 기본권에 대한 중대한 제한을 초래하게 된다면 입법형성권은 축소되어 보다 엄격한 심사척도가 적용되어야 한다. 부계혈통주의 원칙을 채택한 구법조항은 출생한 당시의 자녀의 국적을 부의 국적에만 맞추고 모의 국적은 단지 보충적인 의미만을 부여하는 차별을 하고 있으므로 위헌이라는 결론에 이르게 된다(헌재 2000.8.31, 97헌가12).

정답 ④

03 평등 위반 여부를 심사하는 데 있어서 심사기준이 나머지 셋과 <u>다른</u> 하나는? (다툼이 있는 경우 헌법재판소 판례에 의함)

① 임대의무기간이 10년인 공공건설임대주택의 분양전환가격을 임대의무기간이 5년인 공공건설임대주택의 분양전환가격과 다른 기준에 따라 산정하도록 하는 구 임대주택법 시행규칙 조항의 해당 부분
② 교통사고처리 특례법 조항 중 업무상 과실 또는 중대한 과실로 인한 교통사고로 말미암아 피해자로 하여금 중상해에 이르게 한 경우에 공소를 제기할 수 없도록 규정한 부분
③ 상이연금 수급자에 대한 공무원 재직기간 합산방법을 규정하지 않은 구 공무원연금법 조항
④ 사망한 가입자 등에 의하여 생계를 유지하고 있지 않은 자녀 또는 25세 이상인 자녀를 유족연금을 받을 수 있는 자녀의 범위에 포함시키지 않은 국민연금법 조항 중 해당 부분

해설

① 심판대상조항으로 인한 10년 임대주택의 임차인과 5년 임대주택의 임차인 사이의 차별 취급은 헌법에서 특별히 평등을 요구하는 경우이거나, 차별 대우로 인하여 자유권의 행사에 중대한 제한을 받는 경우에 해당한다고 볼 수 없고, 사회보장 영역에 관하여는 입법부 내지 입법에 의하여 위임을 받은 행정부에게 사회복지의 이념에 명백히 어긋나지 않는 한 광범위한 형성의 자유가 부여된다. 이 점을 고려하면, 심판대상조항으로 인하여 10년 임대주택의 임차인과 5년 임대주택의 임차인 사이의 차별 취급이 평등권을 침해하는지 여부를 심사할 때에는 완화된 심사기준인 자의금지원칙을 적용한다(헌재 2021.4.29, 2019헌마202).
② 단서조항에 해당하지 않는 교통사고로 중상해를 입은 피해자와 단서조항에 해당하는 교통사고의 중상해 피해자 및 사망사고의 피해자 사이의 차별문제는 교통사고 운전자의 기소 여부에 따라 피해자의 헌법상 보장된 재판절차진술권이 행사될 수 있는지 여부가 결정되어 이는 기본권 행사에 있어서 중대한 제한을 구성하기 때문에 엄격한 심사기준에 의하여 판단한다(헌재 2009.2.26, 2005헌마764 등).
③ 공무원연금법상 퇴직연금수급과 관련한 재직기간 합산제도는 연금제도의 일환으로서, 공무원연금제도는 기본적으로 사회보장적 급여로서의 성격을 가지고, 입법자가 연금수급권의 구체적 내용을 어떻게 형성할 것인지에 관해서 원칙적으로 광범위한 형성의 자유를 가지고 있는바, 이는 헌법에서 특별히 평등을 요구하고 있는 분야도 아니고, 기본권에 중대한 제한을 초래하는 영역도 아니어서 엄격한 심사가 아닌 완화된 심사척도, 즉 입법재량의 일탈 혹은 남용 여부의 판단에 따른다(헌재 2019.12.27, 2017헌바169).
④ 이 사건 유족 범위 조항에 의한 차별은 헌법에서 특별히 평등을 요구하고 있는 영역에 관한 것이거나 관련 기본권에 대한 중대한 제한을 초래하는 것이 아니므로, 이 사건 유족 범위 조항이 청구인들의 평등권을 침해하는지 여부를 심사함에 있어서는 완화된 심사기준에 따라 입법자의 결정에 합리적인 이유가 있는지를 심사하기로 한다(헌재 2019.2.28, 2017헌마432).

정답 ②

04 평등의 원칙 또는 평등권에 관한 설명으로 가장 적절하지 않은 것은? (다툼이 있는 경우 헌법재판소 판례에 의함)

① 전기판매사업자에게 약관의 명시·교부의무를 면제한 약관의 규제에 관한 법률 해당 조항 중 '전기사업'에 관한 부분은 일반 사업자와 달리 전기판매사업자에 대하여 약관의 명시·교부의무를 면제하고 있더라도 평등원칙에 위반되지 아니한다.

② '국가, 지방자치단체, 공공기관의 운영에 관한 법률에 따른 공공기관'이 시행하는 개발사업과 달리, 학교법인이 시행하는 개발사업은 그 일체를 개발부담금의 제외 또는 경감 대상으로 규정하지 않은 개발이익 환수에 관한 법률 해당 조항 중 '공공기관의 운영에 관한 법률에 따른 공공기관'에 관한 부분은 평등원칙에 위반된다.

③ 헌법불합치결정에 따라 실질적인 혼인관계가 존재하지 아니한 기간을 제외하고 분할연금을 산정하도록 개정된 국민연금법 조항을 개정법 시행 후 최초로 분할연금 지급사유가 발생한 경우부터 적용하도록 하는 국민연금법 부칙 제2조가 분할연금 지급 사유 발생시점이 신법 조항 시행일 전·후인지와 같은 우연한 사정을 기준으로 달리 취급하는 것은 합리적인 이유를 찾기 어렵다.

④ '직계혈족, 배우자, 동거친족, 동거가족 또는 그 배우자' 이외의 친족 사이의 재산범죄를 친고죄로 규정한 형법 제328조 제2항은 일정한 친족 사이에서 발생한 재산범죄의 경우 피해자의 고소를 소추조건으로 정하여 피해자의 의사에 따라 국가형벌권 행사가 가능하도록 한 것으로서 합리적 이유가 있다.

해설

① 전기사용자는 전기판매사업자인 한국전력공사의 사업소와 인터넷 홈페이지를 통해 공급약관을 확인할 수 있다. 따라서 심판대상조항이 일반 사업자와 달리 전기판매 사업자에 대하여 약관의 명시·교부의무를 면제하더라도, 그러한 차별을 정당화할 합리적인 이유가 존재한다고 볼 수 있으므로, 심판대상조항은 평등원칙에 위반되지 않는다(헌재 2024.4.25, 2022헌바65).

② '국가'는 개발이익의 환수 주체이고, '지방자치단체'는 개발이익의 배분 대상이므로, 이들이 시행하는 개발사업의 경우 그 개발이익을 환수할 필요성이 없거나 낮다. 다만 학교법인이 시행하는 개발사업의 경우 개발이익은 학교법인과 사립학교의 학생 및 교직원 등만이 독점적으로 향유할 뿐 공동체 전체가 공평하게 향유할 수도 없으므로, 개발부담금 제외 또는 경감 대상으로 규정할 특별한 이유를 찾을 수 없다. 결국 심판대상조항은 국가 등과 학교법인을 합리적인 이유 없이 차별취급한다고 볼 수 없으므로, 평등원칙에 위반되지 않는다(헌재 2024.5.30, 2020헌바179).

③ 헌법불합치결정에 따라 실질적인 혼인관계가 존재하지 아니한 기간을 제외하고 분할연금을 산정하도록 개정된 국민연금법 제64조 제1항, 제4항을 개정법 시행 후 최초로 분할연금 지급사유가 발생한 경우부터 적용하도록 규정한 국민연금법 부칙 제2조는 헌법에 합치되지 아니한다(헌재 2024.5.30, 2019헌가29).

④ 친족 사이에 발생한 재산범죄의 경우 친족관계의 특성상 친족 사회 내부에서 피해의 회복 등 자율적으로 문제를 해결할 가능성이 크고 재산범죄는 피해의 회복이나 손해의 전보가 비교적 용이한 경우가 많은 점, 형사소송법은 고소권자인 피해자의 고소의 의사표시가 어려운 경우의 보완규정을 두고 있는 점을 종합하면, 피해자의 고소를 소추조건으로 하여 피해자의 의사에 따라 국가형벌권 행사가 가능하도록 한 심판대상조항은 합리적 이유가 있으므로 평등원칙에 위배된다고 보기 어렵다(헌재 2024.6.27, 2023헌바449).

정답 ②

05 평등권(평등원칙)에 관한 설명 중 가장 적절한 것은? (다툼이 있는 경우 판례에 의함)

① 자기 또는 배우자의 직계존속을 고소하지 못하도록 규정한 형사소송법 조항은 친고죄의 경우든 비친고죄의 경우든 헌법상 보장된 재판절차진술권의 행사에 중대한 제한을 초래한다고 보기는 어려우므로, 완화된 자의심사에 따라 차별에 합리적 이유가 있는지를 따져보는 것으로 족하다.

② 선거로 취임하는 공무원인 지방자치단체장을 공무원연금법의 적용대상에서 제외하는 법률조항은, 지방자치단체장도 국민 전체에 대한 봉사자로서 공무원법상 각종 의무를 부담하고 영리업무 및 겸직 금지 등 기본권 제한이 수반된다는 점에서 경력직공무원 또는 다른 특수경력직공무원 등과 차이가 없는데도 공무원연금법의 적용에 있어 지방자치단체장을 다른 공무원에 비하여 합리적 이유 없이 차별하는 것으로, 지방자치단체장들의 평등권을 침해한다.

③ 국가를 상대로 하는 재산권 청구의 경우에는 가집행선고를 할 수 없도록 한 것은 헌법에 위반되지 않는다.

④ 보건복지부장관이 최저생계비를 고시함에 있어 장애로 인한 추가지출비용을 반영한 별도의 최저생계비를 결정하지 않은 채 가구별 인원수만을 기준으로 최저생계비를 결정한 고시는 엄격한 기준인 비례성원칙에 따른 심사를 함이 타당하다.

해설

① 이러한 측면에서 '효'라는 우리 고유의 전통규범을 수호하기 위하여 비속이 존속을 고소하는 행위의 반윤리성을 억제하고자 이를 제한하는 것은 합리적인 근거가 있는 차별이라고 할 수 있다. 따라서, 이 사건 법률조항은 그 차별에 있어서 합리적인 이유가 있으므로, 헌법 제11조 제1항의 평등원칙에 위반되지 아니한다(헌재 2011.2.24, 2008헌바56).

② 지방자치단체장은 특정 정당을 정치적 기반으로 할 수 있는 선출직 공무원으로 임기가 4년이고 계속 재임도 3기로 제한되어 있어, 장기근속을 전제로 하는 공무원을 주된 대상으로 하고 이들이 재직 기간 동안 납부하는 기여금을 일부 재원으로 하여 설계된 공무원연금법의 적용대상에서 지방자치단체장을 제외하는 것에는 합리적 이유가 있다(헌재 2014.6.26, 2012헌마459).

③ 소송촉진 등에 관한 특례법 제6조 제1항 중 단서 부분은 재산권과 신속한 재판을 받을 권리의 보장에 있어서 합리적 이유 없이 소송당사자를 차별하여 국가를 우대하고 있는 것이므로 평등원칙에 위반된다(헌재 1989.1.25, 88헌가7).

④ 이 사건 고시로 인한 장애인가구와 비장애인가구의 차별취급이 평등위반인지 여부를 심사함에 있어서는 완화된 심사기준인 자의금지원칙을 적용함이 상당하다(헌재 2004.10.28, 2002헌마328).

정답 ①

06 평등권에 대한 설명으로 옳지 않은 것은? (다툼이 있는 경우 판례에 의함)

① 구 종합부동산세법상 세대별 합산규정은 혼인한 자 또는 가족과 함께 세대를 구성한 자를 개인별로 과세되는 독신자, 사실혼 관계의 부부, 세대원이 아닌 주택 등의 소유자 등에 비하여 지나치게 불리하게 과세하고 있으므로 헌법에 합치하지 않는다.

② 국·공립학교 채용시험에서 국가유공자의 가족에게 10%의 가산점을 부여하는 것은 능력주의를 바탕으로 하여야 하는 공직취임권의 규율에 있어서 중요한 예외를 구성하므로, 관련 공익과 일반응시자의 공무담임권의 차별 사이에 엄밀한 법익형량이 이루어져야 한다.

③ 교원임용시험의 일자를 일요일로 정함으로써 종교행사를 갖는 수험생들의 예배 참석 등에 현실적인 불편이나 불이익이 초래되지만, 수많은 수험생들의 응시상의 편의와 시험장소의 마련 및 시험관리상의 편의 도모와 같은 합리적인 이유가 있으므로 평등권을 침해하지 않는다.

④ 대학의 교원은 헌법과 법률로써 신분이 보장되고 정당가입과 선거운동 등이 가능하여 노조형태의 단결체가 꼭 필요한 것은 아니므로, 초·중등학교의 교원과 달리 법률로써 단결권을 인정하지 않는다고 하여 평등권을 침해하는 것은 아니다.

해설

① 이 사건 세대별 합산규정은 혼인한 자 또는 가족과 함께 세대를 구성한 자를 비례의 원칙에 반하여 개인별로 과세되는 독신자, 사실혼 관계의 부부, 세대원이 아닌 주택 등의 소유자 등에 비하여 불리하게 차별하여 취급하고 있으므로, 헌법 제36조 제1항에 위반된다(헌재 2008.11.13, 2006헌바112 등).

② 그 가족의 경우는 위에서 본 바와 같이 헌법 제32조 제6항이 가산점제도의 근거라고 볼 수 없으므로 그러한 완화된 심사는 부적절한 것이다(헌재 2006.2.23, 2004헌마675).

③ 행정안전부장관이 사법시험 제1차 시험의 시행일을 일요일로 정하여 공고한 것은 국가공무원법 제35조에 의하여 다수 국민의 편의를 위한 것이므로 이로 인하여 청구인의 종교의 자유가 어느 정도 제한된다 하더라도 이는 공공복리를 위한 부득이한 제한으로 보아야 할 것이고 그 정도를 보더라도 비례의 원칙에 벗어난 것으로 볼 수 없고 청구인의 종교의 자유의 본질적 내용을 침해한 것으로 볼 수도 없다(헌재 2001.9.27, 2000헌마159).

④ 일반근로자 및 초·중등교원과 구별되는 대학교원의 특수성을 인정하더라도, 대학교원에게도 단결권을 인정하면서 다만 해당 노동조합이 행사할 수 있는 권리를 다른 조합과 달리 강한 제약 아래 두는 방법도 얼마든지 가능한데 이를 전면적으로 제한하는 것은 필요 이상의 과도한 제한이다(헌재 2018.8.30, 2015헌가38).

정답 ④

07 평등권 또는 평등원칙에 대한 설명으로 옳은 것은? (다툼이 있는 경우 헌법재판소 판례에 의함)

① 국회의원은 지방공사직원의 직을 겸할 수 있지만 지방의회의원은 지방공사직원의 직을 겸할 수 없게 하는 것은, 국회의원과 지방의회의원이 본질적으로 동일한 비교집단이 아니므로 불합리한 차별이 아니다.

② 지원에 의하여 현역복무를 마친 여성의 경우 현역복무 과정에서의 훈련과 경험을 통해 예비전력으로서의 자질을 갖추고 있을 것으로 추정할 수 있으므로 지원에 의하여 현역복무를 마친 여성을 예비역 복무의무자의 범위에서 제외한 군인사법 조항은 예비역 복무의무자인 남성인 청구인의 평등권을 침해한다.

③ 공무원의 초임호봉 획정에 인정되는 경력과 관련하여, 현역병 및 사회복무요원과 달리 산업기능요원의 경력을 제외하도록 한 것은 헌법에 위반된다.

④ 공인회계사시험의 응시자격을 대학 등에서 일정과목에 대하여 일정학점 이상을 이수하거나 학점인정을 받은 자로 제한하는 것은, 법무사, 세무사, 변리사 시험 등에서는 이러한 응시자격의 제한 규정을 두고 있지 않는 것에 비추어, 법무사시험 등에 응시하려는 사람과 공인회계사시험에 응시하려는 사람을 합리적 이유 없이 차별하는 것으로 독학으로 공인회계사시험을 준비하는 사람의 평등권을 침해한다.

해설

① 국회의원은 지방공사직원의 직을 겸할 수 있지만 지방의회의원은 지방공사직원의 직을 겸할 수 없게 하는 것은, 국회의원과 지방의회의원이 본질적으로 동일한 비교집단이 아니므로 불합리한 차별이 아니다(헌재 1995.5.25, 91헌마67).

② 현역복무를 마친 여성에 대한 예비역 복무 의무 부과는 국방력의 유지 및 병역동원의 소요(所要)를 충족할 수 있는 합리적 병력충원제도의 설계와 국방의 의무의 공평한 분담, 건전한 국가 재정, 여군의 역할 확대 및 복무 형태의 다양성 요구 충족 등을 복합적으로 고려하여 결정할 사항으로, 현재의 시점에서 제반 상황을 종합적으로 고려한 입법자의 판단이 현저히 자의적이라고 단정하기 어렵다. 이 사건 예비역 조항으로 인한 차별취급을 정당화할 합리적 이유가 인정되므로, 이 사건 예비역 조항은 청구인의 평등권을 침해하지 아니한다(헌재 2023.10.26, 2018헌마357).

③ 사회복무요원은 현역병에 준하는 관리·감독과 보수를 지급받기 때문에 산업기능요원과 달리 취급하는 것은 합리적 근거가 있다(헌재 2016.6.30, 2014헌마192). 따라서 헌법에 위반되지 않는다.

④ 헌법재판소는 2012년 11월 29일 관여재판관 전원의 일치된 의견으로, 공인회계사시험의 응시자격을 대학 등에서 일정과목에 대하여 일정학점을 이수하거나 학점인정을 받은 사람으로 제한하는 공인회계사법(2005.7.29. 법률 제7619호로 개정된 것) 제5조 제3항은 청구인의 직업선택의 자유 및 평등권을 침해하지 아니하므로, 위 조항의 위헌확인을 구하는 청구인의 헌법소원심판청구를 기각한다는 결정을 선고하였다(헌재 2012.11.29, 2011헌마801).

정답 ①

08 평등권 및 평등원칙에 관한 설명으로 가장 적절하지 않은 것은? (다툼이 있는 경우 판례에 의함)

① 초·중등학교 교원에 대하여는 정당가입을 금지하면서 대학 교원에게는 정당가입을 허용하는 것은 직무의 본질이 서로 다른 점을 고려한 합리적 차별이므로 평등원칙에 위배되지 않는다.

② 외국인만으로 구성된 가구 중 영주권자 및 결혼이민자만을 긴급재난지원금 지급대상에 포함시키고 난민인정자를 제외한 것은, 영주권자 및 결혼이민자는 한국에서 영주하거나 장기 거주할 목적으로 합법적으로 체류한다는 점에서 합리적인 차이가 있으므로 난민인정자의 평등권을 침해하지 않는다.

③ 내국인 등과 달리 외국인 지역가입자에 대해서는 보험료를 체납한 경우 다음 달부터 곧바로 보험급여를 제한하는 것은, 보험료 체납 시 보험급여를 실시할 수 있는 예외를 전혀 인정하지 않아 합리적인 이유 없이 외국인을 내국인 등과 달리 취급한 것으로 외국인 지역가입자의 평등권을 침해한다.

④ 특별교통수단에 있어 표준휠체어만을 기준으로 휠체어 고정설비의 안전기준을 정한 것은 표준휠체어를 이용할 수 없는 장애인에 대한 고려 없이 고정설비의 안전기준을 정하여 불합리하고, 표준휠체어를 이용할 수 있는 장애인과 표준휠체어를 이용할 수 없는 장애인을 합리적 이유 없이 달리 취급하여 평등권을 침해한다.

⑤ 근로자의 날을 관공서의 공휴일에 포함시키지 않은 관공서의 공휴일에 관한 규정 조항은 공무원의 평등권을 침해하지 않는다.

해설

① 초·중등학교 교원에 대해서는 정당가입과 선거운동의 자유를 금지하면서 대학교원에게는 이를 허용한다 하더라도, 이는 양자간 직무의 본질이나 내용 그리고 근무태양이 다른 점을 고려할 때 합리적인 차별이라고 할 것이므로 청구인이 주장하듯 헌법상의 평등권을 침해한 것이라고 할 수 없다(헌재 2004.3.25, 2001헌마710).

② '영주권자 및 결혼이민자'는 한국에서 영주하거나 장기 거주할 목적으로 합법적으로 체류하고 있고, '난민인정자' 역시 우리나라에 합법적으로 체류하면서 취업활동에 제한을 받지 않는다는 점에서 영주권자 및 결혼이민자와 차이가 있다고 보기 어렵다(헌재 2024.3.28, 2020헌마1079). 따라서 이는 평등권을 침해한다.

③ 보험급여제한 조항은 외국인의 경우 보험료의 1회 체납만으로도 별도의 공단 처분 없이 곧바로 그 다음 달부터 보험급여를 제한하도록 규정하고 있으므로, 보험료가 체납되었다는 통지도 실시되지 않는다(헌재 2023.9.26, 2019헌마1165). 따라서 이는 평등권을 침해한다.

④ 심판대상조항은 합리적 이유 없이 표준휠체어를 이용할 수 있는 장애인과 표준휠체어를 이용할 수 없는 장애인을 달리 취급하여 청구인의 평등권을 침해한다(헌재 2023.5.25, 2019헌마1234).

⑤ 공무원의 유급휴일을 정할 때에는 공무원의 근로자로서의 지위뿐만 아니라 국민전체의 봉사자로서 국가 재정으로 봉급을 지급받는 특수한 지위도 함께 고려하여야 하고, 공무원의 경우 유급휴가를 포함한 근로조건이 법령에 의해 정해진다는 사정도 함께 감안하여야 하므로, 단지 근로자의 날과 같은 특정일을 일반근로자에게는 유급휴일로 인정하면서 공무원에게는 유급휴일로 인정하지 않는다고 하여 이를 곧 자의적인 차별이라고 할 수는 없다(헌재 2015.11.26, 2015헌마756). 즉, 평등권을 침해하지 않는다.

정답 ②

09 평등권에 관한 설명으로 가장 적절하지 않은 것은? (다툼이 있는 경우 판례에 의함)

① 외국인만으로 구성된 가구 중 영주권자 및 결혼이민자만을 긴급 재난지원금 지급대상에 포함시키고 난민인정자를 제외한 것은 합리적 이유 없는 차별이라 할 것이므로 난민인정자인 청구인의 평등권을 침해한다.

② 특정한 조세 법률조항이 혼인이나 가족생활을 근거로 부부 등 가족이 있는 자를 혼인하지 아니한 자 등에 비하여 차별 취급 하는 것이 과세단위를 설정하는 데 있어 입법자의 입법형성의 재량에 속하는 정책적 문제라면 헌법 제36조 제1항에 위반되는지 여부는 단지 차별의 합리적인 이유의 유무만을 확인하는 정도로 심사하여야 한다.

③ 중혼의 취소청구권자로 직계존속과 4촌 이내의 방계혈족을 규정 하면서도 직계비속을 제외한 민법 조항에 대해, 평등원칙을 위반했는지 여부를 판단함에 있어서 중혼의 취소청구권자를 어느 범위까지 포함할 것인지 여부에 관하여는 입법자의 입법재량의 폭이 넓은 영역이라 할 것이므로 자의금지원칙 위반 여부를 심사하는 것으로 족하다.

④ 제1종 운전면허를 받은 사람이 정기적성검사 기간 내에 적성 검사를 받지 아니한 경우에 행정형벌을 과하도록 규정한 구 도로교통법 조항은 제1종 운전면허를 받은 사람이 정기적성 검사를 받지 아니한 경우를 제2종 운전면허를 받은 사람과 달리 취급하는 것에는 합리적인 이유가 있다고 할 수 있으므로 평등원칙에 위반되지 아니한다.

해설

① 긴급재난지원금 지급 대상인 외국인만으로 구성된 가구에 '영주권자 및 결혼이민자'를 포함시키면서 '난민인정자'를 제외한 것은 합리적 이유 없는 차별이라 할 것이므로, 이 사건 처리기준은 난민인정자인 청구인의 평등권을 침해한다(헌재 2024.3.28, 2020헌마1079).

② 특정한 조세 법률조항이 혼인이나 가족생활을 근거로 부부 등 가족이 있는 자를 혼인하지 아니한 자 등에 비하여 차별 취급하는 것이라면 비례의 원칙에 의한 심사에 의하여 정당화되지 않는 한 헌법 제36조 제1항에 위반된다 할 것이다. 이는 단지 차별의 합리적인 이유의 유무만을 확인하는 정도를 넘어, 차별의 이유와 차별의 내용 사이에 적정한 비례적 균형관계가 이루어져 있는지에 대해서도 심사하여야 한다(헌재 2008.11.13, 2006헌바112 등).

③ 중혼의 취소청구권자를 어느 범위까지 포함할 것인지 여부에 관하여는 입법자의 입법재량의 폭이 넓은 영역이라 할 것이어서, 이 사건 법률조항이 평등원칙을 위반했는지 여부를 판단함에 있어서는 자의금지원칙 위반 여부를 심사하는 것으로 족하다고 할 것이다(헌재 2010.7.29, 2009헌가8).

④ 도로교통법 등 행정법규 위반자에 대한 행정제재의 종류와 범위를 선택하는 문제는 기본적으로 당해 행정목적과 위반행위의 태양 등 여러 사정을 고려하여 입법자가 결정할 사항으로 원칙적으로 폭 넓은 입법재량 내지 입법형성권의 범위 내에 있다(헌재 2015.2.26, 2012헌바268). 따라서 평등원칙에 위반되지 아니한다.

정답 ②

10 평등권 또는 평등원칙에 관한 설명으로 옳지 않은 것은? (다툼이 있는 경우 헌법재판소 판례에 의함)

① 지방의회의원은 지방자치법의 목적에 비추어 지방자치단체의 장 및 교육감과 유사한 지위에 있는 선출직 공무원임에도 불구하고, 세종시를 신설하면서 세종시장과 세종시교육감은 선출하고 세종시의회의원은 선출하지 않는 것은, 양자를 합리적 이유 없이 차별하는 것이므로 세종시의회의원이 되고자 하는 자의 평등권을 침해한다.

② 민법상 손해배상청구권 등 금전채권은 10년의 소멸시효기간이 적용되는 데 반해, 사인이 국가에 대하여 가지는 손해배상청구권 등 금전채권은 국가재정법상 5년의 소멸시효기간이 적용되는 것은 차별취급에 합리적인 사유가 존재한다.

③ 구 국가유공자예우 등에 관한 법률 제5조 제2항에서 유족의 범위에 사후양자를 제외한 것은 일반양자와 사후양자에 상당한 차이가 있어 불합리하고 자의적인 것으로 볼 수 없다.

④ 시·도의원 지역선거구의 획정에는 인구 외에 행정구역·지세·교통 등 여러 가지 조건을 고려하여야 하므로, 그 기준은 선거구 획정에 있어서 투표가치의 평등으로서 가장 중요한 요소인 인구비례의 원칙과 우리나라의 특수사정으로서 시·도의원의 지역대표성 및 인구의 도시집중으로 인한 도시와 농어촌 간의 극심한 인구편차 등 3개의 요소를 합리적으로 참작하여 결정되어야 할 것이며, 현시점에서는 상하 50%의 인구편차(상한 인구수와 하한 인구수의 비율은 3:1) 기준을 시·도의원 지역선거구 획정에서 헌법상 허용되는 인구편차기준으로 삼는 것이 가장 적절하다고 할 것이다.

해설

① 입법자가 충돌·대립하는 다양한 헌법적 이익을 고려하여 세종시의회의원선거를 실시하지 않도록 정한 것이라면 그것이 입법목적의 달성에 필요한 정도를 벗어난 과도한 제한이라고 보기는 어렵고, 이 사건 부칙조항으로 인해 청구인이 받게 되는 기본권의 제한은 세종시의회의원을 선출할 수 없다거나 세종시의회의원으로 선출될 수 없게 된 것이 아니라 그 시기가 늦춰진 것에 불과하여 이 사건 부칙조항은 침해의 최소성 및 법익균형성도 갖추고 있어 청구인의 선거권, 공무담임권을 침해하지 아니한다(헌재 2013.2.28, 2012헌마131).

② 국가배상청구권의 성격과 책임의 본질, 소멸시효제도의 존재이유 등을 종합적으로 고려한 입법재량 범위 내에서의 입법자의 결단의 산물인 것으로 국가배상청구권의 본질적인 내용을 침해하는 것이라고는 볼 수 없고 기본권 제한에 있어서의 한계를 넘어서는 것이라고 볼 수도 없으므로 헌법에 위반되지 아니한다(헌재 1997.2.20, 96헌바24).

③ 구 국가유공자예우 등에 관한 법률 제5조 제2항에서 유족의 범위에 사후양자를 제외한 것은 일반양자와 사후양자에 상당한 차이가 있어 불합리하고 자의적인 것으로 볼 수 없다(헌재 2007.4.26, 2004헌바60).

④ 헌재 2018.6.28, 2014헌마166. 지방의원의 경우 인구 비율이 1:3이지만 국회의원의 경우는 1:2임을 유의하여야 한다.

정답 ①

11 평등권 또는 평등원칙에 관한 다음 설명 중 옳지 않은 것은? (다툼이 있는 경우 헌법재판소 결정에 의함)

① 평등원칙 위반 여부를 심사할 때 헌법에서 특별히 평등을 요구하고 있는 경우나 차별적 취급으로 인하여 기본권에 대한 중대한 제한을 초래하는 경우에는 자의금지원칙에 따른 심사에 그치지 아니하고 비례성원칙에 따른 심사를 함이 타당하다.

② 동일한 밀수입 예비행위에 대하여 수입하려던 물품의 원가가 2억원 미만인 때에는 관세법이 적용되어 본죄의 2분의 1을 감경한 범위에서 처벌하는 반면, 물품원가가 2억원 이상인 경우에는 특정범죄 가중처벌 등에 관한 법률이 적용되어 가중처벌하는 것은 합리적 이유가 있다고 보기 어렵다.

③ 수혜적 성격의 법률에는 입법자에게 광범위한 입법형성의 자유가 인정되므로 그 내용이 합리적인 근거를 가지지 못하여 현저히 자의적일 경우에만 헌법에 위반된다.

④ 변호사법 제81조 제4항 내지 제6항이 변호사 징계사건에 대하여 법원에 의한 사실심리의 기회를 배제함으로써, 징계처분을 다투는 의사·공인회계사 등 다른 전문자격 종사자에 비교하여 변호사를 차별대우함은 변호사의 직업적 특성들을 감안할 때 차별을 합리화할 정당한 목적이 있는 것이다.

해설

① 평등원칙 위반 여부를 심사할 때 헌법에서 특별히 평등을 요구하고 있는 경우나 차별적 취급으로 인하여 기본권에 대한 중대한 제한을 초래하는 경우에는 자의금지원칙에 따른 심사에 그치지 아니하고 비례성원칙에 따른 심사를 함이 타당하다(헌재 2009.4.30, 2007헌가8).

② 동일한 밀수입 예비행위에 대하여 수입하려던 물품의 원가가 2억원 미만인 때에는 관세법이 적용되어 본죄의 2분의 1을 감경한 범위에서 처벌하는 반면, 물품원가가 2억원 이상인 경우에는 심판대상조항에 따라 본죄에 준하여 가중처벌을 하는 것은 합리적인 이유가 있다고 보기 어렵다(헌재 2019.2.28, 2016헌가13). 따라서 평등원칙에 위반된다.

관세범의 경우 예비를 본범에 준하여 처벌	원칙	밀수
주문	합헌	위헌

③ 수혜적 성격의 법률에는 입법자에게 광범위한 입법형성의 자유가 인정되므로 그 내용이 합리적인 근거를 가지지 못하여 현저히 자의적일 경우에만 헌법에 위반된다(헌재 2010.12.28, 2009헌바40).

④ 변호사법 제81조 제4항 내지 제6항은 변호사 징계사건에 대하여는 법원에 의한 사실심리의 기회를 배제함으로써, 징계처분을 다투는 의사·공인회계사·세무사·건축사 등 다른 전문자격종사자에 비교하여 변호사를 차별대우하고 있는데, 변호사의 자유성·공공성·단체자치성·자율성 등 두드러진 직업적 특성들을 감안하더라도 이러한 차별을 합리화할 정당한 목적이 있다고 할 수 없다(헌재 2000.6.29, 99헌가9).

정답 ④

12 다음 중 평등원칙 위반 여부의 심사기준이 같은 사안끼리 바르게 묶인 것은? (다툼이 있는 경우 헌법재판소 판례에 의함)

> ㉠ 국가를 상대로 하는 당사자소송의 경우에는 가집행선고를 할 수 없다고 규정한 것은 평등원칙에 반한다.
> ㉡ 제대군인이 공무원채용시험 등에 응시한 때에 과목별 득점에 과목별 만점의 5% 또는 3%를 가산하는 제대군인가산점제도를 규정한 것은 헌법에 위반된다.
> ㉢ 대한민국 국민인 남자에 한하여 병역의무를 부과한 것은 평등권을 침해하지 않는다.
> ㉣ 혼인한 등록의무자 모두 배우자가 아닌 본인의 직계존·비속의 재산을 등록하도록 법조항이 개정되었음에도 불구하고, 개정 전 조항에 따라 이미 배우자의 직계존·비속의 재산을 등록한 혼인한 여성 등록의무자는 종전과 동일하게 계속해서 배우자의 직계존·비속의 재산을 등록하도록 규정한 것은 평등원칙에 위배된다.

① (㉠), (㉡, ㉢, ㉣)
② (㉠, ㉡), (㉢, ㉣)
③ (㉠, ㉢), (㉡, ㉣)
④ (㉠, ㉣), (㉡, ㉢)
⑤ (㉠, ㉡, ㉣), (㉢)

해설
자의금지의 원칙 ㉠, ㉢ / 엄격비례의 원칙 ㉡, ㉣

㉠ 심판대상조항으로 인한 가집행선고 제한은 헌법에서 특별히 평등을 요구하는 영역에 해당하지 않고, 소송 절차와 관련된 내용은 국민의 권리 구제에 있어 공정하고 신속하게 소송이 진행될 수 있도록 하는 목적에 따라 그 내용에 광범위한 입법재량이 인정되는 영역이다. 따라서 심판대상조항의 평등원칙 위반 여부는 자의금지원칙에 따라 판단하기로 한다(헌재 2022.2.24, 2020헌가12).

㉡ 이와 같이 가산점제도에 대하여는 엄격한 심사척도가 적용되어야 하는데, 엄격한 심사를 한다는 것은 자의금지원칙에 따른 심사, 즉 합리적 이유의 유무를 심사하는 것에 그치지 아니하고 비례성원칙에 따른 심사, 즉 차별취급의 목적과 수단 간에 엄격한 비례관계가 성립하는지를 기준으로 한 심사를 행함을 의미한다(헌재 1999.12.23, 98헌마363).

㉢ 이 사건 법률조항이 헌법이 특별히 평등을 요구하는 경우나 관련 기본권에 중대한 제한을 초래하는 경우의 차별취급을 그 내용으로 하고 있다고 보기 어려운 점, 징집대상자의 범위 결정에 관하여는 입법자의 광범위한 입법형성권이 인정되는 점에 비추어, 이 사건 법률조항이 평등권을 침해하는지 여부는 완화된 심사척도에 따라 자의금지원칙 위반 여부에 의하여 판단하기로 한다(헌재 2010.11.25, 2006헌마328).

㉣ 절차상 편의의 도모, 행정비용의 최소화 등의 이유만으로 성별에 의한 차별금지, 혼인과 가족생활에서의 양성의 평등을 천명하고 있는 헌법에 반하는 제도를 정당화할 수는 없다(헌재 2021.9.30, 2019헌가3).
▶ 엄격한 심사척도를 적용하여 비례성원칙에 따른 심사를 하여야 한다.

정답 ③

13 평등권 또는 평등원칙에 대한 설명으로 옳은 것은? (다툼이 있는 경우 판례에 의함)

① 후보자의 선거운동에서 독자적으로 후보자의 명함을 교부할 수 있는 주체를 후보자의 배우자와 직계존비속으로 제한한 공직선거법 규정은 배우자나 직계존비속이 있는 후보자와 그렇지 않은 후보자를 합리적 이유 없이 달리 취급하고 있기에 평등권을 침해한다.

② 보훈보상대상자의 부모에 대한 유족보상금 지급시, 부모 중 수급권자를 1인에 한정하고 어떠한 예외도 두지 않는 보훈보상대상자 지원에 관한 법률 규정은 보상금을 지급받지 못하는 부모 일방의 평등권을 침해하지 아니한다.

③ 공무원임용및시험시행규칙에 따른 국가공무원 7급 시험에서 정보관리기술사, 정보처리기사 자격 소지자에 대해서는 가산점을 부여하고 정보처리기능사 자격 소지자에게는 가산점을 부여하지 않은 경우 완화된 심사기준이 적용된다.

④ 구 소년법 규정이 소년으로 범한 죄에 의하여 형의 선고를 받은 자가 그 집행을 종료하거나 면제받은 때와 달리 집행유예를 선고받은 소년범에 대한 자격완화 특례규정을 두지 아니하여 자격제한을 함에 있어 군인사법 등 해당 법률의 적용을 받도록 한 것은 불합리한 차별이라 할 것이므로 평등원칙에 위반된다.

해설

① 후보자의 정치·경제력과는 무관하게 존재가능하고 후보자와 동일시할 수 있는 배우자나 직계존비속에 한정하여 명함을 교부할 수 있도록 한 것에는 합리적 이유가 있다 할 것이므로, 평등권을 침해하지 아니한다(헌재 2016.9.29, 2016헌마287).

② 국가의 재정부담능력의 한계를 이유로 하여 부모 1명에 한정하여 보상금을 지급하도록 하면서 어떠한 예외도 두지 않은 것에는 합리적 이유가 있다고 보기 어렵다(헌재 2018.6.28, 2016헌가14).

③ 같은 유사한 분야에 관한 자격증의 종류에 따라 가산점에 차이를 둠으로써 청구인과 같은 정보처리기능사 자격을 가진 응시자가 공무담임권을 행사하는 데 있어 차별을 가져오는 것이므로, 이 사건에서는 그러한 차별을 정당화할 수 있을 정도로 목적과 수단 간의 비례성이 존재하는지를 검토하여야 할 것이다(헌재 2003.9.25, 2003헌마30).
▶ 즉, 엄격한 비례성으로 심사한다.

④ 구 소년법 규정이 소년으로 범한 죄에 의하여 형의 선고를 받은 자가 그 집행을 종료하거나 면제받은 때와 달리 집행유예를 선고받은 소년범에 대한 자격완화 특례규정을 두지 아니하여 자격제한을 함에 있어 군인사법 등 해당 법률의 적용을 받도록 한 것은 불합리한 차별이라 할 것이므로 평등원칙에 위반된다(헌재 2018.1.25, 2017헌가7).

정답 ④

14 평등권에 대한 설명으로 옳지 않은 것은? (다툼이 있는 경우 판례에 의함)

① 평등위반 여부를 심사함에 있어 엄격한 심사척도에 의할 것인지, 완화된 심사척도에 의할 것인지는 입법자에게 인정되는 입법형성권의 정도에 따라 달라진다.

② 근로자퇴직급여 보장법 제3조 단서가 가사사용인을 일반 근로자와 달리 근로자퇴직급여 보장법의 적용범위에서 배제하고 있다 하더라도 합리적 이유가 있는 차별로서 평등원칙에 위배되지 않는다.

③ 주민등록법상 재외국민으로 등록·관리되고 있는 영유아를 보육료·양육수당의 지원대상에서 제외한 규정은 국가의 재정능력에 비추어 보았을 때 국내에 거주하면서 재외국민인 영유아를 양육하는 부모를 차별하고 있더라도 평등권을 침해하지는 않는다.

④ 외국인의 경우 내국인 등과 달리 보험료를 체납한 경우에 다음 달부터 곧바로 보험급여를 제한하는 조항은 평등권을 침해한다.

해설

① 평등위반 여부를 심사함에 있어 엄격한 심사척도에 의할 것인지, 완화된 심사척도에 의할 것인지는 입법자에게 인정되는 입법형성권의 정도에 따라 달라지게 될 것이나, 헌법에서 특별히 평등을 요구하고 있는 경우와 차별적 취급으로 인하여 관련 기본권에 대한 중대한 제한을 초래하게 된다면 입법형성권은 축소되어 보다 엄격한 심사척도가 적용되어야 한다(헌재 1999.12.23, 98헌바33).

② 심판대상조항에서 가사사용인을 일반 근로자와 달리 퇴직급여법의 적용범위에서 배제하고 있다고 하더라도 이는 합리적 이유가 있는 차별로서 불합리하다고 보기 어렵다. 따라서 심판대상조항은 평등원칙에 위배되지 아니한다(헌재 2022.10.27, 2019헌바454).

③ 대한민국 국적을 가지고 있는 영유아 중에서 재외국민인 영유아를 보육료·양육수당의 지원대상에서 제외함으로써, 청구인들과 같이 국내에 거주하면서 재외국민인 영유아를 양육하는 부모를 차별하는 것은 평등권을 침해한다(헌재 2018.1.25, 2015헌마1047).

④ 보험급여제한 조항의 위헌성은 보험급여 제한을 실시하는 것 그 자체에 있는 것이 아니라, 외국인에 대하여 체납횟수와 경제적 사정을 고려하여 보험급여제한을 하지 않을 수 있는 예외를 전혀 인정하지 않고, 보험료 체납에 따른 보험급여 제한이 실시된다는 통지절차도 전혀 마련하지 않은 것에 있다(헌재 2023.9.26, 2019헌마1165).

정답 ③

15 다음 중 헌법재판소가 평등권을 침해한다고 결정한 것을 모두 고른 것은?

> ㉠ 제대군인이 공무원채용시험 등에 응시한 때에 과목별 득점에 과목별 만점의 5% 또는 3%를 가산하는 제도
> ㉡ 국·공립학교의 채용시험에 국가유공자와 그 가족이 응시하는 경우 만점의 10%를 가산하도록 한 규정
> ㉢ 대통령령으로 정하는 공공기관 및 공기업으로 하여금 매년 정원의 100분의 3 이상씩 34세 이하의 청년 미취업자를 채용하도록 한 조항
> ㉣ 대학·산업대학·전문대학에서 의무기록사 관련 학문을 전공한 사람과 달리 사이버대학에서 같은 학문을 전공한 사람은 의무기록사 국가시험에 응시할 수 없도록 하는 조항

① ㉠
② ㉠, ㉡
③ ㉠, ㉡, ㉢
④ ㉠, ㉡, ㉢, ㉣

해설

헌법재판소가 평등권을 침해한다고 결정한 것은 ㉠, ㉡이다.

㉠ 가산점제도는 제대군인에 비하여, 여성 및 제대군인이 아닌 남성을 부당한 방법으로 지나치게 차별하는 것으로서 헌법 제11조에 위배되며, 이로 인하여 청구인들의 평등권이 침해된다(헌재 1999.12.23, 98헌마363).

㉡ 그 가족의 경우 헌법이 직접 요청하고 있는 것이 아니며, 그 차별의 효과가 지나쳐 헌법에 위반된다(헌재 2006.2.23, 2004헌마675).

㉢ 청년할당제가 추구하는 청년실업해소를 통한 지속적인 경제성장과 사회 안정은 매우 중요한 공익이며 청년할당제는 위와 같은 공익을 달성하는 데 기여하는 반면, 35세 이상 지원자들이 공공기관 취업기회에서 청년할당제시행 때문에 새로이 불이익을 받을 가능성은 현실적으로 크다고 볼 수 없어 법익균형성 원칙에도 위반된다고 볼 수 없다. 이 사건 청년할당제도는 청구인들의 평등권, 공공기관 취업의 자유를 침해하여 헌법에 위반된다고 볼 수 없다(헌재 2014.8.26, 2013헌마553).

㉣ 현재 사이버대학의 수업은 원격수업이 원칙이고, 출석수업은 수업의 20% 이내로 제한되고 있다. 이러한 현실에서 사이버대학에서 의무기록사로서의 역량을 갖추기 위한 효과적인 실습·실기수업이 충분히 담보될 것이라고 기대하기 어렵다. 의무기록사로서의 지식과 역량은 고등교육기관에서 그 직무에 관한 충실한 교육·실습을 받을 것, 그리고 국가시험에 합격할 것이라는 두 가지 요건이 모두 갖추어졌을 때 비로소 담보될 수 있다. 따라서 대학·산업대학·전문대학에서 의무기록사 관련 학문을 전공한 사람과 달리 사이버대학에서 같은 학문을 전공한 청구인이 의무기록사 국가시험에 응시할 수 없도록 한 심판대상조항은 청구인의 평등권을 침해하지 않는다(헌재 2016.10.27, 2014헌마1037).

정답 ②

16 평등원칙에 관한 설명으로 가장 적절한 것은? (다툼이 있는 경우 헌법재판소 판례에 의함)

① 2000년 7월 1일 이전에 결정·고시된 도시계획시설결정의 실효에 관한 기산일을 2000년 7월 1일로 정한 국토의 계획 및 이용에 관한 법률 부칙 해당 부분은 2000년 7월 1일 이후에 고시된 도시계획시설결정의 실효기간은 고시일로부터 20년인 데 비하여, 그 전에 고시된 도시계획시설결정의 실효기간은 고시일로부터 20년이 초과되는 결과를 가져오는데 이러한 차별에는 합리적인 이유가 없으므로 평등원칙에 반한다.

② 성폭력범죄를 저질러 벌금형이 확정된 체육지도자의 자격을 필요적으로 취소하도록 개정된 국민체육진흥법 조항을 개정법 시행 후 발생하는 자격취소사유부터 적용하도록 한 같은 법 부칙 제4조 중 해당 부분은 개정법 시행일을 기준으로 하여 성폭력범죄로 이미 벌금형이 확정된 체육지도자와 그렇지 않은 체육지도자를 합리적인 이유 없이 달리 취급하는 것이므로 평등원칙에 위반된다.

③ 사회보호법을 폐지하면서도 폐지법률 시행 이전에 이미 보호감호 판결이 확정되어 있는 자에 대하여는 종전 사회보호법에 따라 보호감호 처분이 집행되도록 하였고, 그때까지 판결이 확정되지 않은 자에 대하여는 종전 사회보호법이 적용되지 않도록 한 사회보호법 부칙 제2조는 합리적 근거가 있다 할 것이므로 평등원칙에 반한다고 할 수 없다.

④ 공유재산 및 물품 관리법 제6조 제1항을 위반하여 행정재산을 사용하거나 수익한 자를 형사처벌하는 공유재산 및 물품 관리법 제99조는 사유재산을 점유한 자의 경우와 달리 형사적 제재를 가하는 것으로서 합리적 이유가 없으므로 평등원칙에 위배된다.

해설

① 2000.7.1. 이전과 이후에 고시된 도시계획시설결정들 사이에 다른 실효기간이 적용되는 것이나 2000.7.1. 이전에 결정·고시된 도시계획시설결정들 사이에 이미 경과된 기간의 장단에 따라 차등을 두지 않고 일률적으로 실효기산일을 적용하는 것에는 모두 합리적인 이유가 있으므로, 이 사건 부칙조항은 평등원칙에 위반되지 아니한다(헌재 2024.8.29, 2020헌바602 등).

② 시행일을 기준으로 하여 성폭력범죄로 이미 벌금형이 확정된 체육지도자와 그렇지 않은 체육지도자를 달리 취급하지만, 이는 자격취소 조항의 입법목적을 효과적으로 달성하기 위한 것이다. 개정 전 국민체육진흥법 시행 당시 이미 성폭력범죄로 벌금형이 확정된 체육지도자의 경우 개정 전 국민체육진흥법에 근거한 제재처분의 요건이 충족된 상태이므로, 이들과 유죄판결 등의 확정 여부가 아직 결정되지도 아니한 체육지도자 사이에는 본질적인 차이가 있다. 따라서 이 사건 부칙조항은 평등원칙에 위반되지 아니한다(헌재 2024.8.29, 2023헌바73).

③ 입법자가 종전 사회보호법을 폐지하면서 적지 않은 수의 보호감호 대상자를 일시에 석방할 경우 초래될 사회적 혼란의 방지, 법원의 양형 실무 및 확정판결에 대한 존중 등을 고려하여 법률 폐지 이전에 이미 보호감호 판결이 확정된 자에 대하여는 보호감호를 집행하도록 한 것이므로 이중처벌에 해당하거나 비례원칙에 위반하여 신체의 자유를 과도하게 침해한다고 볼 수 없으며, 판결 미확정자와의 사이에 발생한 차별은 입법재량 범위 내로서 이를 정당화할 합리적 근거가 있으므로 헌법상 평등의 원칙에 반하지 아니한다(헌재 2009.3.26, 2007헌바50).

④ 사유재산의 적절한 관리, 활용은 기본적으로 소유자인 사인의 이익에 기여할 뿐이지만, 행정재산의 적절한 관리, 활용은 지방자치단체와 주민 전체의 이익에 귀속되고 특히 지방자치단체를 위한 재원 확보의 수단이라는 점에서, 행정재산을 정당한 권원 없이 사용·수익하는 경우 사유재산과 달리 형사적 제재를 가하는 것은 합리적인 이유가 있으므로 위배되지 않는다(헌재 2024.8.29, 2022헌바170).

정답 ③

17 평등권에 대한 설명으로 옳은 것은? (다툼이 있는 경우 판례에 의함)

① 광역자치단체장선거의 예비후보자를 후원회지정권자에서 제외하여, 국회의원선거의 예비후보자에게 후원금을 기부하고자 하는 자와 광역자치단체장선거의 예비후보자에게 후원금을 기부하고자 하는 자를 달리 취급하는 것은 합리적 차별에 해당하고 입법재량의 한계를 일탈한 것은 아니다.

② 자율형 사립고등학교를 후기학교로 정하여 신입생을 일반고와 동시에 선발하도록 한 것은 자율형 사립고등학교 법인의 평등권을 침해한다.

③ 치과전문의 자격 인정 요건으로 '외국의 의료기관에서 치과의사전문의 과정을 이수한 사람'을 포함하지 아니한 것은 그 차별의 합리성을 인정할 수 있어 평등권을 침해하지 않는다.

④ 평등원칙 위반의 특수성은 대상 법률이 정하는 '법률효과' 자체가 위헌이 아니라 그 법률효과가 수범자의 한 집단에만 귀속되어 '다른 집단과 사이에 차별'이 발생한다는 점에 있기 때문에, 평등원칙의 위반을 인정하기 위해서는 우선 법적용과 관련하여 상호 배타적인 '두 개의 비교집단'을 일정한 기준에 따라서 구분할 수 있어야 한다.

해설

① 그동안 정치자금법이 여러 차례 개정되어 후원회지정권자의 범위가 지속적으로 확대되어 왔음에도 불구하고, 국회의원선거의 예비후보자 및 그 예비후보자에게 후원금을 기부하고자 하는 자와 광역자치단체장선거의 예비후보자 및 이들 예비후보자에게 후원금을 기부하고자 하는 자를 계속하여 달리 취급하는 것은, 불합리한 차별에 해당하고 입법재량을 현저히 남용하거나 한계를 일탈한 것이다. 따라서 심판대상조항 중 광역자치단체장선거의 예비후보자에 관한 부분은 청구인들 중 광역자치단체장선거의 예비후보자 및 이들 예비후보자에게 후원금을 기부하고자 하는 자의 평등권을 침해한다(헌재 2019.12.27, 2018헌마301 등).

② 동시선발 조항은 동등하고 공정한 입학전형의 운영을 통해 '우수학생 선점 해소 및 고교서열화를 완화'하고 '고등학교 입시경쟁을 완화'하기 위한 것이다(헌재 2019.4.11, 2018헌마221). 따라서 합헌이다.

《주의》 동시선발인 경우에는 합헌이나, 불합격자에 대해서 아무런 고등학교 진학 대책을 마련하지 않은 것은 헌법에 위반된다.

③ 치과전문의의 자격 인정 요건을 의사전문의의 경우와 다르게 규정할 특별한 사정이 있다고 보기도 어렵다. 따라서 심판대상조항은 청구인들의 평등권을 침해한다. 예비시험제도를 두는 등 직업의 자유를 덜 제한하는 방법으로도 입법목적을 달성할 수 있다고 보고 있다(헌재 2015.9.24, 2013헌마197).

④ 평등원칙 위반의 특수성은 대상 법률이 정하는 '법률효과' 자체가 위헌이 아니라 그 법률효과가 수범자의 한 집단에만 귀속되어 '다른 집단과 사이에 차별'이 발생한다는 점에 있기 때문에, 평등원칙의 위반을 인정하기 위해서는 우선 법적용과 관련하여 상호 배타적인 '두 개의 비교집단'을 일정한 기준에 따라서 구분할 수 있어야 한다(헌재 2003.12.18, 2002헌마593).

정답 ④

제2장 | 자유권적 기본권

제1절 인신의 자유

필수 OX

01 사형제도를 위헌이라고 주장하는 측에서 내세우는 기본권 중 하나인 생명권은 우리 헌법상 명문의 규정은 없지만 헌법재판소 판례에서도 이를 인정하고 있다. O|X

해설

우리 헌법상에는 독일기본법이나 일본헌법과 같은 생명권을 보장하는 명문의 규정은 없지만 학설이나 판례는 생명권을 인정하고 있다. [O]

02 자연법적 권리로서의 생명권의 향유자는 내국인 및 외국인을 불문한다. 그러나 생명권의 본질에 비추어 법인이 아닌 자연인만이 그 주체가 될 수 있다. O|X

해설

법인은 성질상 기본권 인정에 제한이 있다. 법인은 생명·신체를 가지지 못하여 이는 자연인만이 주체가 될 수 있다. [O]

03 상소제기 후의 미결구금일수 산입을 규정하면서 상소제기 후 상소취하시까지의 구금일수 통산에 관하여는 규정하지 아니함으로써 이를 본형 산입의 대상에서 제외되도록 한 관련 형사소송법 규정은 신체의 자유를 지나치게 제한하는 것으로서 헌법에 위반된다. O|X

해설

소송의 한 당사자인 검사의 의사에 따라 실질적으로 법원이 선고한 형에 변경을 가져오게 되고, 피고인의 신체의 자유를 침해하게 된다(헌재 2000.7.20, 99헌가7). [O]

04 금치의 징벌을 받은 수용자에 대해 금치기간 중 실외운동을 원칙적으로 제한하고 예외적으로 실외운동을 허용하는 경우에도 실외운동의 기회가 부여되어야 하는 최저기준을 명시하지 않고 있는 규정은, 실외운동은 구금되어 있는 수용자의 신체적·정신적 건강을 유지하기 위한 최소한의 기본적 요청이고, 수용자의 건강 유지는 교정교화와 건전한 사회복귀라는 형 집행의 근본적 목표를 달성하는 데 필수적이므로 침해의 최소성 원칙에 위배되어 신체의 자유를 침해한다. O|X

해설

소란, 난동을 피우거나 다른 사람을 해할 위험이 있어 실외운동을 허용할 경우 금치처분의 목적달성이 어려운 예외적인 경우에 한하여 실외운동을 제한하는 덜 침해적인 수단이 있음에도 불구하고, 위 조항은 금치처분을 받은 사람에게 원칙적으로 실외운동을 금지한다. 나아가 위 조항은 예외적으로 실외운동을 허용하는 경우에도, 실외운동의 기회가 부여되어야 하는 최저기준을 법령에서 명시하고 있지 않으므로, 침해의 최소성 원칙에 위배된다. 위 조항은 수용자의 정신적·신체적 건강에 필요 이상의 불이익을 가하고 있고, 이는 공익에 비하여 큰 것이므로 위 조항은 법익의 균형성 요건도 갖추지 못하였다. 따라서 위 조항은 청구인의 신체의 자유를 침해한다(헌재 2016.5.26, 2014헌마45). [O]

05 검사조사실에 소환되어 피의자신문을 받을 때 포승으로 팔과 상반신을 묶고 양손에 수갑을 채운 상태에서 피의자조사를 받도록 한 것은 신체의 자유를 침해하는 것이다. O|X

해설

검사조사실에 소환되어 피의자신문을 받을 때 포승으로 팔과 상반신을 묶고 양손에 수갑을 채운 상태에서 피의자조사를 받도록 한 것은 신체의 자유를 침해하는 것이다(헌재 2005.5.26, 2001헌마728). [O]

06 성폭력범죄자의 재범방지와 성행교정을 통한 재사회화를 위하여 그의 행적을 추적하여 위치를 확인할 수 있는 전자장치를 신체에 부착하게 하는 전자감시제도는 성폭력범죄로부터 국민을 보호함을 목적으로 하는 일종의 보안처분이다. O|X

해설

성폭력범죄자의 재범방지와 성행교정을 통한 재사회화를 위하여 그의 행적을 추적하여 위치를 확인할 수 있는 전자장치를 신체에 부착하게 하는 전자감시제도는 성폭력범죄로부터 국민을 보호함을 목적으로 하는 일종의 보안처분이다(헌재 2012.12.27, 2010헌가82). [O]

07 보안관찰처분에는 법관의 판단이 반드시 필요하지 않으나 보호감호 부과에는 재범의 위험성이 있는지 여부에 대한 법관의 판단이 필요하다. O|X

해설

구 사회보호법 제5조 제1항은 전과나 감호처분을 선고받은 사실 등 법정의 요건에 해당되면 재범의 위험성 유무에도 불구하고 반드시 그에 정한 보호감호를 선고하여야 할 의무를 법관에게 부과하고 있으니 헌법 제12조 제1항 후문, 제37조 제2항 및 제27조 제1항에 위반된다(헌재 1989.7.14, 88헌가5). [O]

08 보안관찰처분대상자에 대해서 출소 후 신고하고 이를 위반한 경우에 처벌하는 것은 헌법에 위반되지 않는다. O|X

해설

헌법재판소는 출소후신고조항 및 위반시 처벌조항에 대해서는 합헌으로 판단하였으나, 변동신고조항 및 위반시 처벌조항에 대해서는 재범의 위험성을 따지지도 않고 무기한으로 인정하고 있어 헌법에 위반된다고 판시하였다(헌재 2021.6.24, 2017헌바479). [O]

09 보안관찰처분대상자에 대해서 출소 후 변동신고시 재범의 위험성을 따지지 않고 무기한으로 인정하는 것은 헌법에 위반된다. O|X

해설

헌법재판소는 출소후신고조항 및 위반시 처벌조항에 대해서는 합헌으로 판단하였으나, 변동신고조항 및 위반시 처벌조항에 대해서는 재범의 위험성을 따지지도 않고 무기한으로 인정하고 있어 헌법에 위반된다고 판시하였다(헌재 2021.6.24, 2017헌바479). [O]

10 법원에서 불처분결정된 소년부송치 사건의 경우 수사경력자료에 대한 삭제 및 보존기간의 규정을 두지 않고 당사자 사망시까지 보존되는 것은 당사자의 자기결정권을 침해한다. O|X

해설

형실효법이 법원에서 불처분결정된 소년부송치 사건의 수사경력자료에 대한 삭제 및 보존기간의 규정을 두지 않아, 당사자의 사망시까지 소년부송치되었다는 내용의 수사경력자료가 보존되는 것은 당사자의 개인정보자기결정권을 침해하여 헌법에 위반된다는 결정이다(헌재 2021.6.24, 2018헌가2). [O]

11 행위 당시의 판례에 의하면 처벌대상이 아니었던 행위가 판례변경에 따라 처벌되게 되었다면 형벌불소급의 원칙에 반한다. O|X

해설

행위 당시의 판례에 의하면 처벌대상이 되지 아니하는 것으로 해석되었던 행위를 판례의 변경에 따라 확인된 내용의 형법 조항에 근거하여 처벌한다고 하여 그것이 헌법상 평등의 원칙과 형벌불소급의 원칙에 반한다고 할 수는 없다(대판 1999.9.17, 97도3349). [×]

12 보호의무자 2인의 동의와 정신건강의학과 전문의 1인의 진단으로 정신질환자에 대한 보호입원이 가능하도록 한 정신보건법 조항은 보호입원이 정신질환자 본인에 대한 치료와 사회의 안전 도모라는 측면에서 긍정적인 효과가 있으므로 정신질환자의 신체의 자유를 침해하지 아니한다. O|X

해설

심판대상조항의 위헌성은 보호입원을 통한 치료의 필요성 등에 관하여 독립적이고 중립적인 제3자에게 판단받을 수 있는 절차를 두지 아니한 채 보호의무자 2인의 동의와 정신과전문의 1인의 판단만으로 정신질환자 본인의 의사에 반하는 보호입원을 가능하게 함으로써, 제도의 악용이나 남용 가능성을 배제하지 못하고 있다는 점에 있다(헌재 2016.9.29, 2014헌가9). [×]

13 종업원 등의 무면허의료행위 사실이 인정되면 그 범죄행위에 가담 여부나 종업원 행위에 대한 감독의무위반 여부 등을 불문하고 영업주를 종업원과 같이 처벌하는 규정은 형벌에 관한 책임주의에 반한다. O|X

해설

종업원 등의 무면허의료행위 사실이 인정되면 그 범죄행위에 가담 여부나 종업원 행위에 대한 감독의무위반 여부 등을 불문하고 영업주를 종업원과 같이 처벌하는 규정은 형벌에 관한 책임주의에 반한다(헌재 2011.12.29, 2011헌가28). [O]

14 술에 취한 상태에서 운전을 하였던 사실이 인정되는 사람으로서, 다시 도로교통법 제148조의2 제1항을 위반하여 술에 취한 상태에서 운전한 사람을 의미함을 충분히 알 수 있으므로, 심판대상조항은 죄형법정주의의 명확성원칙에 위반된다고 할 수 없다. O|X

해설

'술에 취한 상태에서 운전한 사람'을 의미함을 충분히 알 수 있으므로, 심판대상조항은 죄형법정주의의 명확성원칙에 위반된다고 할 수 없다(헌재 2021.11.25, 2019헌바446). [O]

15 2회 이상 음주운전을 한 자에 대해 2년 이상 5년 이하의 징역에 처하도록 한 도로교통법은 책임과 형벌 간의 비례원칙에 위반된다고 할 수 없다. O|X

해설

가중요건이 되는 과거 음주운전 금지규정 위반행위와 처벌대상이 되는 재범 음주운전 금지규정 위반행위 사이에 아무런 시간적 제한이 없고, 과거 위반행위가 형의 선고나 유죄의 확정판결을 받은 전과일 것을 요구하지도 않는다. 일률적으로 가중처벌하도록 하고 있으므로 형벌 본래의 기능에 필요한 정도를 현저히 일탈하는 과도한 법정형을 정한 것이다(헌재 2021.11.25, 2019헌바446). [×]

16 2회 이상 음주운전시 필요적 면허취소는 과잉금지에 위반되지 않는다. O|X

해설

반복된 음주운전을 용인하는 문화를 교정하고자 운전면허 필요적 취소의 요건을 완화하였다. 음주운전자를 대상으로 한 교육·치료, 차량의 몰수·폐기, 음주 시 시동방지장치 강제 부착 등 다른 행정제재가 고려될 수 있으나, 입법자는 이러한 대안만으로 반복적인 음주운전이 방지되기 어렵다. 따라서 필요적 면허취소는 과잉금지에 위반되지 않는다(헌재 2023.6.29, 2020헌바182 등). [O]

17 처벌법규의 구성요건이 다소 광범위하여 어떤 범위에서 법관의 보충적인 해석이 있어야 하는 개념을 사용하였다면 헌법이 요구하는 처벌법규의 명확성원칙에 배치된다고 보아야 한다. O|X

해설

법관의 보충적인 가치판단을 통한 법문의 해석으로 그 의미내용을 확인해낼 수 있다면 명확성의 원칙에 반한다고 할 수 없을 것이다(헌재 2004.2.26, 2003헌바4). [X]

18 자동차의 운전자는 고속도로 등에서 자동차의 고장 등 부득이한 사정이 있는 경우를 제외하고는 갓길로 통행하여서는 아니된다고 규정한 도로교통법은 죄형법정주의의 명확성의 원칙에 위반된다. O|X

해설

자동차가 고속도로 등을 통행하는 중에는 다양한 상황이 발생할 수 있으므로, 법률에 구체적이고 일의적인 기준이 제시될 경우 갓길 통행이 불가피한 예외적인 사정이 포섭되지 않는 등으로 인하여 오히려 비상상황에서 적절한 대처를 할 수 없게 될 가능성을 배제하기 어렵다. 금지조항은 이러한 점을 감안하여 갓길 통행이 허용되는 예외적인 경우를 규정하면서 다양한 상황을 포섭할 수 있는 '부득이한 사정'이라는 용어를 사용한 것으로 보인다(헌재 2021.8.31, 2020헌바100). [X]

19 어린이집이 시 · 도지사가 정한 수납한도액을 초과하여 보호자로부터 필요경비를 수납한 경우, 해당 시 · 도지사는 영유아보육법에 근거하여 시정 또는 변경 명령을 발할 수 있는데, 이 시정 또는 변경 명령 조항의 내용으로 환불 명령을 명시적으로 규정하지 않았다고 하여 명확성원칙에 위배된다고 볼 수 없다. O|X

해설

어린이집이 시·도지사가 정한 수납한도액을 초과하여 보호자로부터 필요경비를 수납한 경우, 해당 시·도지사는 영유아보육법에 근거하여 시정 또는 변경 명령을 발할 수 있는데, 이 시정 또는 변경 명령 조항의 내용으로 환불 명령을 명시적으로 규정하지 않았다고 하여 명확성원칙에 위배된다고 볼 수 없다(헌재 2017.12.28, 2016헌바249). [O]

20 처벌을 규정하고 있는 법률조항이 구성요건이 되는 행위를 같은 법률조항에서 직접 규정하지 않고 다른 법률조항에서 이미 규정한 내용을 원용하였다는 사실만으로 명확성원칙에 위반된다고 할 수는 없다. O|X

해설

법관의 보충적인 가치판단을 통한 법문의 해석으로 그 의미내용을 확인해낼 수 있다면 명확성의 원칙에 반한다고 할 수 없을 것이다(헌재 2004.2.26, 2003헌바4). [O]

21 사회보호법에서 치료감호기간의 상한을 정하지 아니한 것, 법관 아닌 사회보호위원회가 치료감호의 종료 여부를 결정하도록 한 것은 위헌이다. O|X

해설

이 사건 법률조항이 치료감호의 종료시점을 일정한 기간의 도과시점으로 하지 않고 감호의 필요가 없을 정도로 치유된 때로 정한 것은, 치료감호가 지향하는 정신장애 범죄자의 치료를 통한 사회복귀와 시민의 안전 확보라는 목적을 확실하게 달성하기 위한 취지이므로 청구인의 신체의 자유를 침해하는 것이라고 볼 수 없다(헌재 2005.2.3, 2003헌바1). [X]

22 이중처벌금지원칙에서 처벌은 국가가 행하는 일체의 제재나 불이익처분을 모두 포함하는 것이지만, 무죄추정의 원칙은 범죄에 대한 국가의 형벌권 실행으로서의 과벌에만 적용되는 것이다. O|X

해설

일사부재리의 원칙이란 실체 판결이 확정되어 판결의 기판력이 발생하면 그 후 동일한 사건에 대하여는 거듭 심판할 수 없다는 원칙을 의미한다. 여기서의 처벌은 국가가 행하는 일체의 불이익한 처분을 의미하는 것이 아니라 국가의 형벌권 실행으로서의 과벌만을 의미한다.[X]

23 집행유예의 취소시 부활되는 본형은 집행유예의 선고와 함께 선고되었던 것으로 판결이 확정된 동일한 사건에 대하여 다시 심판한 결과 부과되는 것이 아니므로 일사부재리의 원칙과 무관하다. O|X

해설

집행유예의 취소시 부활되는 본형은 집행유예의 선고와 함께 선고되었던 것으로 판결이 확정된 동일한 사건에 대하여 다시 심판한 결과 부과되는 것이 아니므로 일사부재리의 원칙과 무관하다(헌재 2013.6.27, 2012헌바345). [O]

24 형의 집행유예와 동시에 사회봉사명령을 선고받는 경우, 신체의 자유가 제한될 뿐이지 일반적 행동자유권이 제한되는 것은 아니다. O|X

해설

형의 집행유예와 동시에 사회봉사명령을 선고받는 경우 이는 일반적 행동자유권이 제한되는 것이지, 신체의 자유나 직업의 자유가 제한되는 것은 아니다(헌재 2012.3.29, 2010헌바100). [X]

25 양심적 예비군 훈련거부자에 대하여 유죄의 판결이 확정되었더라도, 동일인이 새로이 부과된 예비군 훈련을 또다시 거부하는 경우 그에 대한 형사처벌을 가하는 것은 이중처벌금지원칙에 위반된다고 할 수 없다. O|X

해설

이 사건 법률조항에 따라 처벌되는 범죄행위는 '예비군 복무 전체 기간 동안의 훈련 불응행위'가 아니라 '정당한 사유 없이 소집통지서를 받은 당해 예비군 훈련에 불응한 행위'라 할 것이므로, 양심적 예비군 훈련거부자에 대하여 유죄의 판결이 확정되었더라도 이는 소집통지서를 교부받은 예비군 훈련을 불응한 행위에 대한 것으로 새로이 부과된 예비군 훈련을 또 다시 거부하는 경우 그에 대한 형사처벌은 가능하다고 보아야 한다. 따라서 이 사건 법률조항이 이중처벌금지원칙에 위반된다고 할 수는 없다(헌재 2011.8,30, 2007헌가12). [O]

26 사회보호법에 의한 보호감호처분은 형벌과 같이 신체의 자유를 박탈하는 수용처분으로서 형벌과 그 집행상 뚜렷이 구분되는 것이므로 형벌과 보호감호를 병과하여 선고하는 것은 헌법에서 금지하는 이중처벌금지원칙에 위반한다고 함이 헌법재판소의 입장이다. O|X

해설

보호감호는 이중처벌금지에서 말하는 형벌에 해당하지 않는다. 따라서 이중처벌금지원칙에 위반되지 않는다. [X]

27 단순히 선박소유자가 고용한 선장이 선박소유자의 업무에 관하여 범죄행위를 하였다는 이유만으로 그 선박소유자에게도 동일한 벌금형을 과하도록 한 규정은 다른 사람의 범죄에 대하여 그 책임 유무를 묻지 않고 형벌을 부과하는 것으로서 책임주의 원칙에 반한다. O|X

해설

단순히 선박소유자가 고용한 선장이 선박소유자의 업무에 관하여 범죄행위를 하였다는 이유만으로 그 선박소유자에게도 동일한 벌금형을 과하도록 한 규정은 다른 사람의 범죄에 대하여 그 책임 유무를 묻지 않고 형벌을 부과하는 것으로서 책임주의 원칙에 반한다(헌재 2013.9.26, 2013헌가15).

▶ 선장은 대표자가 아님을 주의해야 한다. [O]

28 교도소장으로 하여금 수용자가 주고받는 서신에 금지물품이 들어 있는지를 확인할 수 있도록 규정하고 있는 형의 집행 및 수용자의 처우에 관한 법률 제43조 제3항은 청구인의 기본권을 직접 침해한다고 볼 수 있다. O|X

해설

흉기 기타 위험물이나 금지물품을 교정시설 내로 반입하는 것을 차단함으로써 수용자 및 교정시설 종사자들의 생명·신체의 안전과 교정시설 내의 질서를 유지한다는 공적인 이익이 훨씬 크다 할 것이므로, 법익의 균형성 요건 또한 충족된다(헌재 2011.5.26, 2010헌마775). [X]

29 수용자가 밖으로 내보내는 모든 서신을 봉함하지 않은 상태로 교정시설에 제출하도록 규정하고 있는 형의 집행 및 수용자의 처우에 관한 법률 시행령 제65조 제1항은 통신비밀의 자유를 침해하지 아니한다. O|X

해설
이 사건 시행령조항이 수용자가 보내려는 모든 서신에 대해 무봉함 상태의 제출을 강제함으로써 수용자의 발송 서신 모두를 사실상 검열 가능한 상태에 놓이도록 하는 것은 기본권 제한 규범이 지켜야 할 침해의 최소성 요건을 위반하는 것이다(헌재 2012.2.23, 2009헌마333). [X]

30 구 법관징계법 제2조 제2호는 '품위손상', '위신실추'와 같은 추상적인 용어를 사용하여 수범자인 법관이 구체적으로 어떠한 행위가 이에 해당하는지를 충분히 예측할 수 없을 정도로 그 적용범위가 모호하거나 불분명하다고 할 수 있다. O|X

해설
법관의 품위를 손상하거나 법원의 위신을 실추시킨 경우란 법원 및 법관에 대한 국민의 신뢰를 떨어뜨릴 우려가 있는 경우로 해석되어 명확성의 원칙에 위반되지 않는다(헌재 1993.12.23, 92헌마247). [X]

31 보안관찰처분 취소 등을 구하는 행정소송절차에서 일률적으로 가처분을 할 수 없도록 한 법률조항은 적법절차원칙에 반한다. O|X

해설
보안관찰처분의 취소를 구하는 행정소송을 적법하게 제기하더라도 소송이 종료되기 전에 처분기간 2년이 만료되어 버리면 권리보호이익을 상실하게 되어 소각하판결을 받게 되므로 피보안관찰자의 귀책사유 없이도 보안관찰처분의 당부에 대해 사법적 판단을 받지 못하는 불이익을 입을 수 있다(헌재 2001.4.26, 98헌바79 등). [O]

32 적법절차의 원칙은 모든 국가작용을 지배하는 독자적인 헌법의 기본원리로서 해석되어야 할 원칙이라는 점에서 입법권의 유보적 한계를 선언하는 과잉입법금지원칙과는 구별된다. O|X

해설
적법절차의 원칙은 모든 국가작용을 지배하는 독자적인 헌법의 기본원리로서 해석되어야 할 원칙이라는 점에서 입법권의 유보적 한계를 선언하는 과잉입법금지원칙과는 구별된다(헌재 1992.12.24, 92헌가8). [O]

33 압수물에 대한 소유권포기가 있다면, 사법경찰관이 이 법에서 정한 압수물폐기의 요건과 상관없이 임의로 압수물을 폐기하였어도 이것이 적법절차원칙을 위반한 것은 아니다. O|X

해설
압수물에 대한 소유권포기가 있다 해도, 사법경찰관이 법에서 정한 압수물폐기의 요건과 상관없이 임의로 압수물을 폐기하면, 적법절차원칙을 위반하고 공정한 재판을 받을 권리를 침해한 것이다(헌재 2012.12.27, 2011헌마351). [X]

34 일정기간 수사관서에 출석하지 않았다는 사유로 관세법 위반 압수물품을 별도의 재판이나 처분 없이 국고에 귀속시키도록 한 법률규정은 적법절차의 원칙에 위배된다. O|X

해설
재판이나 청문의 절차도 밟지 아니하고 압수한 물건에 대한 피의자의 재산권을 박탈하여 국고귀속시킴으로써 몰수형을 집행한 것과 같은 효과를 발생시키는 것은 적법절차의 원칙과 무죄추정의 원칙에 위반된다(헌재 1997.5.29, 96헌가17). [O]

35 영미법계의 국가에서 국민의 인권을 보장하기 위한 기본원리의 하나로 발달되어 온 적법절차의 원칙을 처음으로 도입하여 명문화한 것은 제9차 개정한 현행 헌법이다. O|X

해설

적법절차는 제9차 개정헌법에서 신설되었다. [O]

36 적법절차의 원칙은 탄핵소추절차에는 직접 적용될 수 없다. O|X

해설

적법절차원칙이란 국가기관이 국민과의 관계에서 공권력을 행사함에 있어서 준수해야 할 법원칙으로서 형성된 적법절차의 원칙을 국가기관에 대하여 헌법을 수호하고자 하는 탄핵소추절차에는 직접 적용할 수 없다고 할 것이다(헌재 2004.5.14, 2004헌나1). [O]

37 헌법 제12조 제3항에서 규정하고 있는 영장주의란 형사절차와 관련하여 체포·구속·압수·수색의 강제처분을 할 때 신분이 보장되는 법관이 발부한 영장에 의하지 않으면 안 된다는 원칙으로, 형사절차가 아닌 징계절차에도 그대로 적용된다고 볼 수 없다. O|X

해설

영장주의란 형사절차와 관련하여 체포·구속·압수·수색의 강제처분을 할 때 신분이 보장되는 법관이 발부한 영장에 의하지 않으면 안 된다는 원칙으로 형사절차가 아닌 징계절차에도 그대로 적용된다고 볼 수 없다. [O]

38 특별검사가 참고인에게 지정된 장소까지 동행할 것을 명령할 수 있게 하고 참고인이 정당한 이유 없이 위 동행명령을 거부한 경우 천만원 이하의 벌금형에 처하도록 규정한 동행명령조항은 영장주의 또는 과잉금지원칙에 위배하여 참고인의 신체의 자유를 침해하는 것이다. O|X

해설

이 사건 동행명령제는 참고인의 신체의 자유를 사실상 억압하여 일정 장소로 인치하는 것과 실질적으로 같은 것으로 헌법 제12조 제3항이 정한 영장주의에 위반되거나 영장주의원칙을 잠탈하는 것이다(헌재 2008.1.10, 2007헌마1468). [O]

39 헌법상 영장주의는 신체에 대한 직접적이고 현실적인 강제력이 행사되는 경우에만 적용되므로 특별검사법상 참고인에 대한 동행명령조항과 같이 형벌에 의한 불이익을 통해 심리적·간접적으로 일정한 행위를 강요하는 것에는 영장주의가 적용되지 않는다. O|X

해설

이 사건 동행명령제는 참고인의 신체의 자유를 사실상 억압하여 일정 장소로 인치하는 것과 실질적으로 같은 것으로 헌법 제12조 제3항이 정한 영장주의에 위반되거나 영장주의 원칙을 잠탈하는 것이다(헌재 2008.1.10, 2007헌마1468). [X]

40 압수수색에서의 사전통지와 참여권 보장은 헌법상 명문으로 규정된 권리는 아니다. O|X

해설

압수수색에서의 사전통지와 참여권 보장은 헌법상 명문으로 규정된 권리는 아니다(헌재 2012.12.27, 2011헌바225). [O]

41 영창처분은 공무원의 신분적 이익을 박탈하는 것을 그 내용으로 하는 징계처분임에도 불구하고 신분상 불이익 외에 신체의 자유 박탈까지 그 내용으로 삼고 있는바, 징계의 한계를 초과한 것이다. O|X

해설

영창처분은 공무원의 신분적 이익을 박탈하는 것을 그 내용으로 하는 징계처분임에도 불구하고 신분상 불이익 외에 신체의 자유 박탈까지 그 내용으로 삼고 있는바, 징계의 한계를 초과한 것이다. 헌법재판소는 이 사건으로 인해 영창처분에 의한 징계구금이 헌법에 위반됨을 명확히 하였다(헌재 2020.9.24, 2017헌바157). [O]

42 헌법 제12조 제3항과는 달리 헌법 제16조 후문은 "주거에 대한 압수나 수색을 할 때에는 검사의 신청에 의하여 법관이 발부한 영장을 제시하여야 한다."라고 규정하고 있을 뿐 영장주의에 대한 예외를 명문화하고 있지 않으므로 영장주의가 예외 없이 반드시 관철되어야 함을 의미하는 것이다. O|X

해설

체포영장이 발부된 피의자가 타인의 주거 등에 소재할 개연성은 인정되나, 수색에 앞서 영장을 발부받기 어려운 긴급한 사정이 인정되지 않는 경우에도 영장 없이 피의자 수색을 할 수 있다는 것이므로, 위에서 본 헌법 제16조의 영장주의 예외 요건을 벗어난다(헌재 2018.4.26, 2015헌바370). 즉, 긴급성과 개연성이 있으면 영장 없이도 가능하다는 의미이다. [×]

43 체포영장을 집행하는 경우 필요한 때에는 타인의 주거 등에서 피의자 수사를 할 수 있도록 한 형사소송법 규정은 헌법 제16조의 영장주의에 위반된다. O|X

해설

체포영장이 발부된 피의자가 타인의 주거 등에 소재할 개연성은 인정되나, 수색에 앞서 영장을 발부받기 어려운 긴급한 사정이 인정되지 않는 경우에도 영장 없이 피의자 수색을 할 수 있다는 것이므로, 위에서 본 헌법 제16조의 영장주의 예외 요건을 벗어난다(헌재 2018.4.26, 2015헌바370). [O]

44 구속집행정지결정에 대한 검사의 즉시항고를 인정하는 경우에는 검사의 불복을 그 피고인에 대한 구속집행을 정지할 필요가 있다는 법원의 판단보다 우선시킬 뿐만 아니라 사실상 법원의 구속집행정지결정을 무의미하게 할 수 있는 권한을 검사에게 부여하게 되는 점에서 헌법 제12조 제3항의 영장주의원칙에 위배된다. O|X

해설

검사의 불복을 그 피고인에 대한 구속집행을 정지할 필요가 있다는 법원의 판단보다 우선시킬 뿐만 아니라, 사실상 법원의 구속집행정지결정을 무의미하게 할 수 있는 권한을 검사에게 부여한 것이라는 점에서 헌법 제12조 제3항의 영장주의원칙에 위배된다(헌재 2012.6.27, 2011헌가36). [O]

45 법원이 직권으로 발부하는 영장과 수사기관의 청구에 의하여 발부하는 구속영장의 법적 성격은 같다. O|X

해설

법원이 직권으로 발부하는 영장과 수사기관의 청구에 의하여 발부하는 구속영장의 법적 성격은 같지 않다. 즉, 전자는 명령장으로서의 성질을 갖지만 후자는 허가장으로서의 성질을 갖는 것으로 이해되고 있다. [×]

46 수사단계가 아닌 공판단계에서 법관이 직권으로 영장을 발부하여 구속하는 경우에는 검사의 영장신청이 불필요하다. O|X

해설

현행 헌법 제12조 제3항 중 '검사의 신청'이라는 부분의 취지도 모든 영장의 발부에 검사의 신청이 필요하다는 것이 아니라 수사단계에서 영장의 발부를 신청할 수 있는 자를 검사로 한정한 것으로 해석함이 타당하다(헌재 1997.3.27, 96헌바28 등). [O]

47 대법원은 수사기관이 증거수집과정에서 적법절차를 따르지 않고 수집한 증거라 하더라도 예외적인 일정한 경우에는 법원이 그 증거를 유죄 인정의 증거로 사용할 수 있다고 본다. O|X

해설
수사기관의 절차 위반행위가 적법절차의 실질적인 내용을 침해하는 경우에 해당하지 아니하고, 오히려 그 증거의 증거능력을 배제하는 것이 헌법과 형사소송법이 형사소송에 관한 절차 조항을 마련하여 적법절차의 원칙과 실체적 진실 규명의 조화를 도모하고 이를 통하여 형사사법 정의를 실현하려고 한 취지에 반하는 결과를 초래하는 것으로 평가되는 예외적인 경우라면 법원은 그 증거를 유죄 인정의 증거로 사용할 수 있다고 보아야 한다(대판 2009.3.12, 2008도11437). [O]

48 강제퇴거명령을 받은 사람을 즉시 대한민국 밖으로 송환할 수 없으면 송환할 수 있을 때까지 보호시설에 보호할 수 있도록 하는 법률규정은, 보호의 상한을 설정하지 않아 장기 혹은 무기한의 구금을 가능하게 하므로 과잉금지원칙에 위배되어 신체의 자유를 침해한다. O|X

해설
보호기간의 상한이 존재하지 아니한 것이 과잉금지원칙에 위배되며 보호의 개시나 연장 단계에서 공정하고 중립적인 기관에 의한 통제절차가 없고, 행정상 인신구속을 함에 있어 의견제출의 기회도 전혀 보장하고 있지 아니한 것이 적법절차원칙에 위배되어 피보호자의 신체의 자유를 침해한다(헌재 2023.3.23, 2020헌가1). [O]

49 현행범으로 체포된 피의자에 대하여 구속영장을 청구받은 지방법원판사는 피의자 또는 그 변호인, 법정대리인, 배우자, 직계친족, 형제자매, 호주, 가족이나 동거인 또는 고용주의 신청이 있을 때에만 피의자를 심문할 수 있다. O|X

해설
영장실질심사제도는 과거에는 임의적 제도였으나 현재는 필수적 제도로 변경되었다. [X]

50 국가보안법 위반죄 등 일부 범죄혐의자를 법관의 영장 없이 구속, 압수, 수색할 수 있도록 규정하고 있던 구 인신구속 등에 관한 임시 특례법 조항은 영장주의에 위배된다. O|X

해설
초헌법적 국가긴급권을 대통령에게 부여하는 법률은 헌법에 위반된다. 이 법은 사후영장조차도 필요 없이 체포구속압수수색이 가능하게 하여 영장주의에 위배된다(헌재 2015.3.26, 2014헌가5). [O]

51 과징금 부과처분은 공정력과 집행력이 인정되어 확정판결 전의 형벌집행과 같은 것으로 볼 수 있으므로, 무죄추정의 원칙에 위반된다. O|X

해설
과징금 부과처분에 대하여 공정력과 집행력을 인정한다고 하여 이를 확정판결 전의 형벌집행과 같은 것으로 보아 무죄추정의 원칙에 위반된다고 할 수 없다(헌재 2003.7.24, 2001헌가25). [X]

52 형사피고인은 유죄의 판결이 선고될 때까지는 무죄로 추정된다. O|X

해설
형사피고인은 유죄의 판결이 확정될 때까지는 무죄로 추정된다(헌법 제27조 제4항). 선고가 아니라 확정이다. [X]

53 법무부장관으로 하여금 형사사건으로 공소가 제기된 변호사에 대하여 그 판결이 확정될 때까지 업무정지를 명할 수 있게 하는 것은 무죄추정의 원칙 등에 반하여 위헌이다. O|X

해설

법무부장관의 일방적 명령에 의하여 변호사 업무를 정지시키는 것은 당해 변호사가 자기에게 유리한 사실을 진술하거나 필요한 증거를 제출할 수 있는 청문의 기회 있는 장이 되지 아니하여 적법절차를 존중하지 아니한 것이 된다(헌재 1990.11.19, 90헌가48). [O]

54 무죄추정의 원칙은 형사절차 내에서 원칙으로 형사절차 이외의 기타 일반 법생활 영역에서의 기본권 제한과 같은 경우에는 적용되지 않는다. O|X

해설

무죄추정원칙상 금지되는 '불이익'이란 '범죄사실의 인정 또는 유죄를 근거로 그에 대하여 사회적 비난 내지 응보적 의미로 법률적·사실적 측면에서 유형·무형의 차별 취급을 가하는 유죄 인정의 효과로서의 불이익'을 뜻하며, 이러한 무죄추정원칙은 비단 형사절차 내에서의 불이익뿐만 아니라 기타 일반 법생활 영역에서의 기본권 제한과 같은 경우에도 적용된다(헌재 2006.5.25, 2004헌바12). [X]

55 출입국관리법 제4조 제1항 제1호에 따른 출국금지결정은 무죄추정의 원칙에서 금지하는 유죄 인정의 효과로서의 불이익, 즉 유죄를 근거로 형사재판에 계속 중인 사람에게 사회적 비난 내지 응보적 의미의 제재를 가하는 것이므로 무죄추정의 원칙에 위배된다. O|X

해설

심판대상조항에 따른 법무부장관의 출국금지결정은 형사재판에 계속 중인 국민의 출국의 자유를 제한하는 행정처분일 뿐이고, 영장주의가 적용되는 신체에 대하여 직접적으로 물리적 강제력을 수반하는 강제처분이라고 할 수는 없다(헌재 2015.9.24, 2012헌바302). [X]

56 정식재판에 있어서 피고인의 자백이 그에게 불리한 유일한 증거일 때에는 이를 유죄의 증거로 삼거나 이를 이유로 처벌할 수 없다. O|X

해설

정식재판에 있어서 피고인의 자백이 그에게 불리한 유일한 증거일 때에는 이를 이유로 처벌할 수 없다(헌법 제12조 제7항). [O]

57 공범자의 자백은 피고인의 자백과는 그 성질을 달리하므로 반드시 보강증거를 필요로 하는 것은 아니라고 함이 대법원 판례이다. O|X

해설

공범자의 자백은 증거능력은 있는 것으로 보나, 보강증거가 있어야 하는가의 여부는 오로지 법관의 자유심증에 달려 있다(대판 1963.7.25, 63도185). [O]

58 범칙금 통고처분을 받고도 납부기간 이내에 범칙금을 납부하지 아니한 사람에 대하여 행정청에 대한 이의제기나 의견진술 등의 기회를 주지 않고 경찰서장이 곧바로 즉결심판을 청구하도록 하는 것은 적법절차의 원칙에 위배되지 않는다. O|X

해설

불복하여 범칙금을 납부하지 아니한 자에게는 재판절차라는 완비된 절차적 보장이 주어진다. 이의제기 등 행정청 내부 절차를 추가로 둔다면 절차의 중복과 비효율을 초래하고 신속한 사건 처리에 저해가 될 우려도 있다(헌재 2014.8.28, 2012헌바433). [O]

59 변호인의 조력을 받을 권리는 '형사사건'에서의 변호인의 조력을 받을 권리에 국한되는 것은 아니므로, 수형자가 형사사건의 변호인이 아닌 민사사건, 행정사건, 헌법소원사건 등에서 변호사와 접견할 경우에도 헌법상 변호인의 조력을 받을 권리의 주체가 될 수 있다. O|X

해설

수형자와 국선대리인의 접견을 녹음하는 행위는 변호인의 조력받을 권리가 아닌 재판받을 권리를 침해하는 것이다(헌재 2013.9.26, 2011헌마398). 이는 헌법소원 관련 판례이며, 이때 문제되는 기본권은 변호인의 조력을 받을 권리가 아니라 재판청구권이다. [X]

60 교도소장이 금지물품 동봉 여부를 확인하기 위하여 미결수용자와 같은 지위에 있는 수형자의 변호인의 서신을 개봉한 후 교부한 행위는 변호인의 조력받을 권리를 침해한다. O|X

해설

교도소장이 법령상 금지되는 물품을 서신에 동봉하여 반입하는 것을 방지하기 위하여 서신의 봉투를 개봉하여 내용물을 확인한 행위로서, 교정시설의 안전과 질서를 유지하고 수용자의 교화 및 사회복귀를 원활하게 하기 위한 것으로 내용에 대한 검열은 원칙적으로 금지되어 청구인의 통신의 자유를 침해하지 아니한다(헌재 2021.9.30, 2019헌마919). [X]

61 헌법 제12조 제4항 본문에 규정된 '구속'은 사법절차에서 이루어진 구속뿐 아니라, 행정절차에서 이루어진 구속까지 포함하는 개념이므로 헌법 제12조 제4항 본문에 규정된 '변호인의 조력을 받을 권리'는 행정절차에서 구속을 당한 사람에게도 즉시 보장된다. O|X

해설

헌법 제12조 제4항 본문에 규정된 "구속"은 사법절차에서 이루어진 구속뿐 아니라, 행정절차에서 이루어진 구속까지 포함하는 개념이다(헌재 2018.5.31, 2014헌마346). [O]

62 행정절차상 강제처분에 의해 신체의 자유가 제한되는 경우 강제처분의 집행기관으로부터 독립된 중립적인 기관이 이를 통제하도록 하는 것은 적법절차원칙의 중요한 내용에 해당한다. O|X

해설

행정절차상 강제처분에 의해 신체의 자유가 제한되는 경우 강제처분의 집행기관으로부터 독립된 중립적인 기관이 이를 통제하도록 하는 것은 적법절차원칙의 중요한 내용에 해당한다. 그러나 출입국관리법상 보호의 개시 또는 연장 단계에서 집행기관으로부터 독립된 중립적 기관에 의한 통제절차가 마련되어 있지 아니하다. 따라서 심판대상조항은 적법절차원칙에 위배되어 피보호자의 신체의 자유를 침해한다(헌재 2023.3.23, 2020헌가1등). [O]

63 미결수용자가 변호인의 조력을 받을 기회가 충분히 보장되었다고 인정될 수 있는 경우라도, 미결수용자 또는 그 상대방인 변호인이 원하는 특정 시점에 접견이 이루어지지 못한 경우에는 변호인의 조력을 받을 권리가 침해된 것이다. O|X

해설

변호인의 조력을 받을 권리가 변호인이 원하는 특정 시점에 접견이 이루어지는 것까지 보장하는 것은 아니다(헌재 2011.5.26, 2009헌마341). [X]

64 피의자 · 피고인의 구속 여부를 불문하고 변호인과 상담하고 조언을 구할 권리는 변호인의 조력을 받을 권리의 내용 중 구체적인 입법형성이 필요한 다른 절차적 권리의 필수적인 전제요건으로서 변호인의 조력을 받을 권리 그 자체에서 막 바로 도출되는 것이다. O|X

해설

변호인과 상담하고 조언을 구할 권리는 변호인의 조력을 받을 권리의 내용 중 구체적인 입법형성이 필요한 다른 절차적 권리의 필수적인 전제요건으로서 변호인의 조력을 받을 권리 그 자체에서 막 바로 도출되는 것이다(헌재 2004.9.23, 2000헌마138). [O]

65 검찰수사관이 피의자신문에 참여한 변호인에게 피의자 후방에 앉으라고 요구한 행위는 변호인의 피의자신문참여권 행사에 어떠한 지장도 초래하지 않으므로 변호인의 변호권을 침해하지 아니한다. O|X

해설

검찰수사관인 피청구인이 피의자신문에 참여한 청구인에게 피의자 후방에 앉으라고 요구한 행위는 변호인인 청구인의 변호권을 침해한다(헌재 2017.11.30, 2016헌마503). [X]

66 피의자 등이 가지는 '변호인이 되려는 자'의 조력을 받을 권리가 실질적으로 확보되기 위해서는 '변호인이 되려는 자'의 접견교통권 역시 헌법상 기본권으로서 보장되어야 한다. O|X

해설

변호인이 되려는 청구인의 접견교통권을 침해한 것이고, 위 접견교통권은 헌법상 보장된 기본권에 해당하여 그 침해를 이유로 헌법소원심판을 청구할 수 있다는 취지로, 청구인의 심판청구를 인용하는 결정을 선고하였다(헌재 2019.2.28, 2015헌마1204). [O]

67 헌법상 변호인의 조력을 받을 권리 중 특히 국선변호인의 조력을 받을 권리는 피고인에게만 인정되는 것으로 해석함이 상당하다. O|X

해설

형사피고인이 스스로 변호인을 구할 수 없을 때에는 법률이 정하는 바에 의하여 국가가 변호인을 붙인다(헌법 제12조 제4항). 조문상으로는 피고인에게만 인정이 된다. [O]

68 변호인과 증인 사이에 차폐시설을 설치하여 증인신문을 진행할 수 있도록 규정한 형사소송법 조항은 과잉금지원칙에 위배되어 청구인의 공정한 재판을 받을 권리 및 변호인의 조력을 받을 권리를 침해한다고 할 수 없다. O|X

해설

변호인과 증인 사이에 차폐시설을 설치하여 증인신문을 진행할 수 있도록 규정한 형사소송법 조항은 과잉금지원칙에 위배되어 청구인의 공정한 재판을 받을 권리 및 변호인의 조력을 받을 권리를 침해한다고 할 수 없다(헌재 2016.12.29, 2015헌바221). [O]

69 수용자가 변호사와 접견하는 경우에도 접촉차단시설이 설치된 접견실에서만 접견하도록 하는 것은 수용자의 재판청구권을 침해한다. O|X

해설

미결수용자의 변호인 접견이 아닌 한 수용자의 접견은 원칙적으로 접촉차단시설이 설치된 장소에서 하도록 규정하고 있는 형의 집행 및 수용자의 처우에 관한 법률 시행령 제58조 제4항이 변호사로부터 효율적인 재판준비 도움을 받는 것을 방해하여 수용자의 재판청구권을 침해하므로 헌법에 위반된다(헌재 2013.8.29, 2011헌마122). [O]

70 금치처분을 받은 자에 대한 집필제한은 표현의 자유를 제한하는 것이며, 서신수수제한은 통신의 자유에 대한 제한에 속한다. O|X

해설

통신은 상대방이 특정된 경우를 의미하고, 표현은 상대방이 특정되지 않은 경우를 의미한다. 따라서 집필제한은 표현의 자유를 제한하는 것이며, 서신수수제한은 통신의 자유에 대한 제한을 의미한다. [O]

71 금치처분을 받은 수형자에 대하여 금치기간 중 운동을 금지하는 행형법 시행령 조항은 수형자의 인간의 존엄과 가치 · 신체의 자유 등을 침해하지 아니한다. O|X

해설

일체의 운동을 금지하는 것은 수형자의 신체적 건강뿐만 아니라 정신적 건강을 해칠 위험성이 현저히 높다. 수형자의 헌법 제10조의 인간의 존엄과 가치 및 신체의 안전성이 훼손당하지 아니할 자유를 포함하는 제12조의 신체의 자유를 침해하는 정도에 이르렀다고 판단된다(헌재 2004.12.16, 2002헌마478). [X]

72 금치처분을 받은 자에 대하여 집필의 목적과 내용, 교화 또는 처우상 필요한 경우 여부 등을 묻지 않고 예외 없이 일체의 집필행위를 금지하는 것은 과잉금지의 원칙에 반한다. O|X

해설

예외 없이 집필을 금하는 것은 과잉금지의 원칙에 반하지만 원칙적으로 금하면서 예외적으로 허용하는 경우에는 위반되지 않는다(헌재 2014.8.28, 2012헌마623). [O]

73 난민인정심사불회부결정을 받은 외국인을 인천국제공항 송환대기실에 수개월째 수용하고 환승구역으로 출입을 막으면서 변호인 접견신청을 거부한 것은, 변호인의 조력을 받을 권리를 침해한 것은 아니다. O|X

해설

피청구인이 청구인의 변호인의 접견신청을 거부한 것이 청구인에게 보장되는 헌법 제12조 제4항 본문에 의한 변호인의 조력을 받을 권리를 침해한다(헌재 2018.5.31, 2014헌마346).

▶ 변호인의 조력을 받을 권리는 형사절차에서 피의자 또는 피고인의 방어권을 보장하기 위한 것으로서 출입국관리법상 보호 또는 강제퇴거의 절차에 적용되기 어렵다는 구 판례는 이 판례에서 변경되었다. [X]

예상문제

제1항 생명권

01 생명에 관한 기본권과 국가의 보호의무에 대한 설명 중 가장 적절하지 않은 것은? (다툼이 있는 경우 헌법재판소 판례에 의함)

① 환자가 죽음에 임박한 상태에서 인간으로서의 존엄과 가치를 지키기 위하여 미리 의료인 등에게 연명치료 거부·중단에 관한 의사를 밝히는 등으로 연명치료의 거부·중단을 결정하는 것은 헌법상 자기결정권의 한 내용이 된다.

② 헌법 제10조로부터 도출되는 일반적 인격권에는 각 개인이 그 삶을 사적으로 형성할 수 있는 자율영역에 대한 보장이 포함되어 있음을 감안할 때, 장래 가족의 구성원이 될 태아의 성별 정보에 대한 접근을 국가로부터 방해받지 않을 부모의 권리는 이와 같은 일반적 인격권에 의하여 보호된다.

③ 비상계엄하의 군사재판에서 사형을 선고하는 경우를 정하는 헌법 규정은 비상계엄하의 군사재판에서 사형을 선고할 경우에는 불복할 수 있어야 한다는 것을 천명한 것으로 제한적으로 해석되어야 하므로 이 규정을 이유로 헌법이 사형제도를 간접적으로라도 인정한다고 볼 수는 없다.

④ 사산된 태아에게 불법적인 생명침해로 인한 손해배상청구권을 인정하지 않는 것은 태아의 생명보호를 위한 최소한의 보호조치를 취하여야 할 국가의 생명보호의무를 위반한 것은 아니다.

해설

① 크게 이슈가 되었던 안락사에 관한 판시이다. 강사님들의 대다수가 중요하게 다룬 부분이다. 헌법재판소는 인간으로서의 존엄과 가치를 지키기 위하여 연명치료의 거부 또는 중단을 결정할 수 있다고 하며, 이는 헌법상 기본권인 자기결정권의 한 내용으로 보장된다고 보았다(헌재 2009.11.26, 2008헌마385).

② 이 판례는 조심하여야 하는 것이 어떤 기본권을 침해하는가이다. 판례는 일반적 인격권으로부터 나오는 부모의 태아 성별 정보에 대한 접근을 방해받지 않을 권리라고 판시하고 있다(헌재 2008.7.31, 2004헌마1010).

▶ 의사의 경우 직업수행의 자유가 문제된다.

③ 가장 중요한 판례 중 하나로 꼽혔던 사형제도 판례이다. 이는 반대의견이다(헌재 2010.2.25, 2008헌가23).

▶ 사형에 대한 직접적 근거는 없으나, 간접적이지만 헌법 제110조에는 사형이라는 단어가 존재한다.

≪주의 최근의 기출은 이렇게 반대의견을 정답으로 하는 경우가 자주 보인다.

④ 태아의 보호에 관한 내용이다(헌재 2008.7.31, 2004헌바81). 판례의 경우 기본권 보호의무 위반을 잘 인정하지 않는다.

정답 ③

02 사형제도와 관련한 다음 설명 중 옳지 않은 것은? (다툼이 있는 경우 판례에 의함)

① 우리나라 대법원이나 헌법재판소의 판례는 사형제도가 헌법에 위반되지 않는다고 본다.

② 우리나라 형사소송법에 따르면 사형을 선고받은 피고인은 상소를 포기할 수 없다.

③ 사형제도를 위헌이라고 주장하는 측에서 내세우는 기본권 중 하나인 생명권은 우리 헌법상 명문의 규정은 없지만 헌법재판소 판례에서도 이를 인정하고 있다.

④ 우리나라 현행 헌법상 사형에 관하여 언급한 규정은 전혀 없다.

해설

① 대법원도 헌법재판소도 현재의 국민법감정상 합헌으로 보고 있다(대판 1987.9.8, 87도1458 ; 대판 1992.8.14, 92도1086).

② 형사소송법 제349조

> **형사소송법 제349조 【상소의 포기, 취하】** 검사나 피고인 또는 제339조에 규정한 자는 상소의 포기 또는 취하를 할 수 있다. 단, 피고인 또는 제341조에 규정한 자는 사형 또는 무기징역이나 무기금고가 선고된 판결에 대하여는 상소의 포기를 할 수 없다.

③ 생명권은 선험적이고 자연법적인 권리로서 헌법에 규정된 모든 기본권의 전제로서 기능하는 기본권 중의 기본권이다(헌재 1996.11.28, 95헌바1).

④ 비상계엄하의 군사재판은 군인·군무원의 범죄나 군사에 관한 간첩죄의 경우와 초병·초소·유독음식물공급·포로에 관한 죄 중 법률이 정한 경우에 한하여 단심으로 할 수 있다. 다만, 사형을 선고한 경우에는 그러하지 아니하다(헌법 제110조 제4항 단서). 물론 이 규정이 사형에 대한 근거규정인지는 논란이 있으나, 규정으로는 존재하고 있다.

정답 ④

제2항 신체의 자유

01 신체의 자유에 관한 다음 설명 중 옳지 않은 것은? (다툼이 있는 경우 판례에 의함)

① 법관으로 하여금 미결구금일수를 형기에 산입하되, 그 산입범위는 재량에 의하여 결정하도록 한 형법 조항은 헌법상 무죄추정의 원칙 및 적법절차의 원칙을 위배하여 신체의 자유를 침해한다.

② 동일한 범죄사실로 외국에서 형의 전부 또는 일부의 집행을 받은 자에 대하여 우리 형법에 의한 처벌시 외국에서 받은 형의 집행을 전혀 반영하지 아니할 수도 있도록 한 형법규정은 과잉금지원칙에 위배되어 신체의 자유를 침해한다.

③ 디엔에이신원확인정보의 이용 및 보호에 관한 법률 및 동법 시행령에 의한 디엔에이감식시료의 채취는 구강점막 또는 모근을 포함한 모발을 채취하는 방법 또는 분비물, 체액을 채취하는 방법으로 이루어지는데, 이 채취행위가 신체의 안정성을 해한다고 볼 수는 없으므로 신체의 자유를 제한하는 것은 아니다.

④ 특별검사가 참고인에게 지정된 장소까지 동행할 것을 명령할 수 있게 하고 참고인이 정당한 이유 없이 위 동행명령을 거부한 경우 1,000만원 이하의 벌금형에 처하도록 규정한 동행명령조항은 영장주의 또는 과잉금지원칙에 위배하여 참고인의 신체의 자유를 침해하는 것이다.

해설

① 미결구금은 신체의 자유를 침해받는 피의자 또는 피고인의 입장에서 보면 실질적으로 자유형의 집행과 다를 바 없으므로, 인권보호 및 공평의 원칙상 형기에 전부 산입되어야 한다. 따라서 형법 제57조 제1항 중 "또는 일부 부분"은 헌법상 무죄추정의 원칙 및 적법절차의 원칙 등을 위배하여 합리성과 정당성 없이 신체의 자유를 침해한다(헌재 2009.6.25, 2007헌바25).

② 우리 형법에 의한 처벌시 외국에서 받은 형의 집행을 전혀 반영하지 아니할 수도 있도록 한 것은, 입법재량의 범위를 일탈하여 필요 최소한의 범위를 넘어선 과도한 기본권 제한이라고 할 것이다(헌재 2015.5.28, 2013헌바129).

③ 디엔에이감식시료 채취의 구체적인 방법은 구강점막 또는 모근을 포함한 모발을 채취하는 방법으로 하고, 위 방법들에 의한 채취가 불가능하거나 현저히 곤란한 경우에는 분비물, 체액을 채취하는 방법으로 한다. 그렇다면 디엔에이감식시료의 채취행위는 신체의 안정성을 해한다고 볼 수 있으므로 이 사건 채취조항들은 신체의 자유를 제한한다(헌재 2014.8.28, 2011헌마28 등).

④ 법관이 아닌 특별검사가 동행명령장을 발부하도록 하고 정당한 사유 없이 이를 거부한 경우 벌금형에 처하도록 함으로써, 실질적으로는 참고인의 신체의 자유를 침해하여 지정된 장소에 인치하는 것과 마찬가지의 결과가 나타나도록 규정한 이 사건 동행명령조항은 영장주의원칙을 규정한 헌법 제12조 제3항에 위반되거나 적어도 위 헌법상 원칙을 잠탈하는 것으로서 위헌이라 할 것이다(헌재 2008.1.10, 2007헌마1468).

발부기관	검사	법관	국회	지방의회
주문	위헌	합헌	합헌	위헌

정답 ③

02 기본권의 제한·침해에 대한 헌법재판소 결정에 부합되지 않는 것은?

① 형사재판에 계속 중인 사람에 대하여 법무부장관이 6개월 이내의 기간을 정하여 출국을 금지할 수 있다고 규정한 출입국관리법 조항은 영장주의에 위배되지 않는다.

② 디엔에이감식시료채취영장 발부 과정에서 채취대상자에게 자신의 의견을 밝히거나 영장발부 후 불복할 수 있는 절차 등에 관하여 규정하지 아니한 디엔에이신원확인정보의 이용 및 보호에 관한 법률 조항은 청구인들의 재판청구권을 침해하지 않는다.

③ 수용자가 작성한 집필문의 외부반출을 불허하고 이를 영치할 수 있도록 규정한 형의 집행 및 수용자의 처우에 관한 법률 조항은 수용자의 통신의 자유를 침해하지 않는다.

④ 통계청장이 2015 인구주택총조사의 방문 면접조사를 실시하면서, 담당 조사원을 통해 청구인에게 2015 인구주택총조사 조사표의 조사항목들에 응답할 것을 요구한 행위는 청구인의 개인정보자기결정권을 침해하지 않는다.

해설

① 심판대상조항에 따른 법무부장관의 출국금지결정은 형사재판에 계속 중인 국민의 출국의 자유를 제한하는 행정처분일 뿐이고, 영장주의가 적용되는 신체에 대하여 직접적으로 물리적 강제력을 수반하는 강제처분이라고 할 수는 없다. 따라서 심판대상조항이 헌법 제12조 제3항의 영장주의에 위배된다고 볼 수 없다(헌재 2015.9.24, 2012헌바302).

② 영장절차조항이 디엔에이감식시료채취영장 발부 과정에서 자신의 의견을 진술할 기회를 절차적으로 보장하고 있지 않을 뿐만 아니라, 발부 후 그 영장발부에 대하여 불복할 수 있는 구제절차를 마련하고 있지 않아 헌법에 위반된다(헌재 2018.8.30, 2016헌마344).

③ 수용자가 작성한 집필문의 외부반출을 불허하고 이를 영치할 수 있도록 규정한 형의 집행 및 수용자의 처우에 관한 법률 조항은 수용자의 통신의 자유를 침해하지 않는다(헌재 2016.6.30, 2015헌마924).

《주의 표현의 자유는 제한하지 않는다.

④ 통계청장이 2015 인구주택총조사의 방문 면접조사를 실시하면서, 담당 조사원을 통해 청구인에게 2015 인구주택총조사 조사표의 조사항목들에 응답할 것을 요구한 행위는 청구인의 개인정보자기결정권을 침해하지 않는다(헌재 2017.7.27, 2015헌마1094).

《주의 청구인은 사생활의 자유, 주거의 자유, 종교의 자유도 주장하였으나, 헌법재판소는 개인정보자기결정권을 중심으로 판단하였다.

정답 ②

03 신체의 자유에 관한 설명 중 가장 적절하지 않은 것은? (다툼이 있는 경우 판례에 의함)

① 누구든지 체포 또는 구속의 이유와 변호인의 조력을 받을 권리가 있음을 고지받지 아니하고는 체포 또는 구속을 당하지 아니한다. 체포 또는 구속을 당한 자의 가족 등 법률이 정하는 자에게는 그 이유와 일시·장소가 지체 없이 통지되어야 한다.

② 법무부장관이 형사사건으로 공소가 제기된 변호사에 대하여 판결이 확정될 때까지 업무정지를 명하도록 한 구 변호사법 제15조는 무죄추정의 원칙에 위배되지 않는다.

③ 성폭력범죄를 저지른 성도착증 환자로서 재범의 위험성이 인정되는 19세 이상의 사람에 대해 법원이 15년의 범위에서 치료명령을 선고할 수 있도록 한 법률규정은, 장기형이 선고되는 경우 치료명령의 선고시점과 집행시점 사이에 상당한 시간적 간극이 있어 집행시점에 발생할 수 있는 불필요한 치료와 관련한 부분에 대해서는 침해의 최소성과 법익균형성이 인정되지 않기 때문에 피치료자의 신체의 자유를 침해한다.

④ 지방의회에서의 사무감사·조사를 위한 증인의 동행명령장제도는 증인의 신체의 자유를 억압하여 일정 장소로 인치하는 것으로서 헌법 제12조 제3항의 체포 또는 구속에 준하는 사태로 보아야 하므로, 이를 실행하기 위하여는 법관이 발부한 영장의 제시가 있어야 한다.

해설

① 누구든지 체포 또는 구속의 이유와 변호인의 조력을 받을 권리가 있음을 고지받지 아니하고는 체포 또는 구속을 당하지 아니한다. 체포 또는 구속을 당한 자의 가족 등 법률이 정하는 자에게는 그 이유와 일시·장소가 지체 없이 통지되어야 한다(헌법 제12조 제5항).

② 법무부장관의 일방적 명령에 의하여 변호사 업무를 정지시키는 것은 당해 변호사가 자기에게 유리한 사실을 진술하거나 필요한 증거를 제출할 수 있는 청문의 기회 있는 장이 되지 아니하여 적법절차를 존중하지 아니한 것이 된다(헌재 1990.11.19, 90헌가48).
▶ 다만, 등록취소될 가능성이 있고, 공익을 저해하는 경우 업무정지해도 합헌이다.

③ 화학적 거세 자체는 위헌적으로 보기 어려우나 장기형이 선고되는 경우 집행 시점에서 불필요한 치료를 막을 수 있는 절차가 마련되어 있지 않아 신체의 자유 등 기본권을 침해한다(헌재 2015.12.23, 2013헌가9).

④ 헌법 제12조 제3항에 의하여 법관이 발부한 영장의 제시가 있어야 함에도 불구하고 동행명령장을 법관이 아닌 지방의회 의장이 발부하고 이에 기하여 증인의 신체의 자유를 침해하여 증인을 일정 장소에 인치하도록 규정된 조례안은 영장주의원칙을 규정한 헌법 제12조 제3항에 위반된 것이다(대판 1995.6.30, 93추83).

정답 ②

04 신체의 자유에 관한 설명으로 옳지 않은 것은? (다툼이 있는 경우 헌법재판소 결정례 및 대법원 판례에 의함)

① 누구든지 법률에 의하지 아니하고는 체포·구속·압수·수색 또는 심문을 받지 아니하며, 법률 또는 적법한 절차에 의하지 아니하고는 처벌·보안처분 또는 강제노역을 받지 아니한다.

② 구속된 피의자 또는 피고인이 갖는 변호인 아닌 자와의 접견교통권은 일반적 행동자유권 또는 무죄추정의 원칙에서 도출되는 헌법상의 기본권이다.

③ 주거침입강제추행죄 및 주거침입준강제추행죄에 대하여 무기징역 또는 7년 이상의 징역에 처하도록 한 성폭력범죄의 처벌 등에 관한 특례법상 조항은 비례원칙에 위반된다.

④ 헌법 제12조 제4항에서 "누구든지 체포 또는 구속을 당한 때에는 즉시 변호인의 조력을 받을 권리를 가진다."라고 규정하고 있지만, 대법원은 임의동행한 피내사자의 경우에 대해서도 변호인과의 접견교통권이 보장된다고 본다.

해설

① 모든 국민은 신체의 자유를 가진다. 누구든지 법률에 의하지 아니하고는 체포·구속·압수·수색 또는 심문을 받지 아니하며, 법률과 적법한 절차에 의하지 아니하고는 처벌·보안처분 또는 강제노역을 받지 아니한다(헌법 제12조 제1항). '법률 또는 적법한 절차'가 아니라 '법률과 적법한 절차'이다.

② 구속된 피의자 또는 피고인이 갖는 변호인 아닌 자와의 접견교통권은 가족 등 타인과 교류하는 인간으로서의 기본적인 생활관계가 인신의 구속으로 인하여 완전히 단절되어 파멸에 이르는 것을 방지하고, 또한 피의자 또는 피고인의 방어를 준비하기 위해서도 반드시 보장되지 않으면 안 되는 인간으로서의 기본적인 권리에 해당하므로 이는 성질상 헌법상의 기본권에 속한다고 보아야 할 것이다(헌재 2003.11.27, 2002헌마193).

③ 과거 징역 5년 이상인 경우에는 합헌이었으나, 징역 7년 이상으로 한 현 조항에 대해서는 위헌으로 판단하였다. 이는 작량감경의 사유가 있는 경우에도 집행유예를 선고할 수 없어 책임과 형벌 간의 비례원칙에 위반된다고 보았다. 다만, 야간주거침입절도미수범의 준강제추행죄의 경우 7년 이상의 징역으로 정한 경우에는 죄질과 불법성이 중대하여 합헌으로 보았다(헌재 2023.2.23, 2021헌가9).

④ 변호인의 조력을 받을 권리를 실질적으로 보장하기 위하여는 변호인과의 접견교통권의 인정이 당연한 전제가 되므로, 임의동행의 형식으로 수사기관에 연행된 피의자에게도 변호인 또는 변호인이 되려는 자와의 접견교통권은 당연히 인정된다고 보아야 하고, 임의동행의 형식으로 연행된 피내사자의 경우에도 이는 마찬가지이다(대결 1996.6.3, 96모18).

정답 ①

05 신체의 자유에 대한 설명으로 옳은 것은? (다툼이 있는 경우 판례에 의함)

① 성폭력범죄자의 재범방지와 성행교정을 통한 재사회화를 위하여 그의 행적을 추적하여 위치를 확인할 수 있는 전자장치를 신체에 부착하게 하는 전자감시제도는 성폭력범죄로부터 국민을 보호함을 목적으로 하는 일종의 보안처분이다.

② 그 행위가 근무장소나 임무수행 중이라 해도 동성 군인 사이의 합의에 의한 성적 행위까지 처벌하는 것은 과도한 제한이라고 할 수 있다.

③ 군인 등에 대하여 항문성교나 그 밖의 추행을 한 사람을 형사 처벌하는 군형법의 해당 조항은 문언상 동성 간의 성행위로 제한되지 않아 남성 간의 추행만 처벌되는 것인지 여성 간의 추행이나 이성에 대한 추행도 처벌되는 것인지 알기 어려우나, 자발적 의사 합치가 없이 의사에 반하여 이루어진 동성 또는 이성 간의 추행에 적용된다고 해석할 수 있으므로 명확성원칙에 반하지 않는다.

④ 종업원이 고정조치의무를 위반하여 화물을 적재하고 운전한 경우 그를 고용한 법인을 면책사유 없이 형사처벌하도록 규정한 구 도로교통법 조항은 책임주의원칙에 위배되지 아니한다.

해설

① 성폭력범죄자의 재범방지와 성행교정을 통한 재사회화를 위하여 그의 행적을 추적하여 위치를 확인할 수 있는 전자장치를 신체에 부착하게 하는 전자감시제도는 성폭력범죄로부터 국민을 보호함을 목적으로 하는 일종의 보안처분이다(헌재 2012.12.27, 2011헌바89).

② 동성 군인 사이의 합의에 의한 성적 행위라 하더라도 그러한 행위가 근무장소나 임무수행 중에 이루어진다면, 이는 국가의 안전보장 및 국토방위의 신성한 의무를 지는 국군의 전투력 보존에 심각한 위해를 초래할 위험성이 있으므로, 이를 처벌한다고 하여도 과도한 제한이라고 할 수 없다(헌재 2023.10.26, 2017헌가16).

③ 군형법 제92조의6의 제정취지, 개정연혁 등을 살펴보면, 이 사건 조항은 동성 간의 성적 행위에만 적용된다고 할 것이고, 추행죄의 객체 또한 군인·군무원 등으로 명시하고 있으므로 불명확성이 있다고 볼 수 없다. 이러한 점에 비추어보면, 건전한 상식과 통상적인 법 감정을 가진 군인, 군무원 등 군형법 피적용자는 어떠한 행위가 이 사건 조항의 구성요건에 해당되는지 여부를 충분히 파악할 수 있다고 판단되므로, 이 사건 조항은 죄형법정주의의 명확성원칙에 위배되지 아니한다(헌재 2023.10.26, 2017헌가16).

《주의 "알기 어려우나"라는 부분이 틀린 부분이다. 알기 어려우면 명확성 원칙에 반하는 게 맞지 않겠는가?

④ 종업원의 고정조치의무 위반행위와 관련하여 선임·감독상 주의의무를 다하여 아무런 잘못이 없는 법인도 형사처벌되게 되었는바, 이는 다른 사람의 범죄에 대하여 그 책임 유무를 묻지 않고 형사처벌하는 것이므로 헌법상 법치국가원리 및 죄형법정주의로부터 도출되는 책임주의원칙에 위배된다(헌재 2016.10.27, 2016헌가10).

정답 ①

06 형벌에 관한 책임주의원칙에 대한 설명으로 가장 적절하지 않은 것은? (다툼이 있는 경우 판례에 의함)

① 보호의무자 2인의 동의와 정신건강의학과 전문의 1인의 진단으로 정신질환자에 대한 보호입원이 가능하도록 한 정신보건법 조항은 보호입원이 정신질환자 본인에 대한 치료와 사회의 안전 도모라는 측면에서 긍정적인 효과가 있으므로 정신질환자의 신체의 자유를 침해하지 아니한다.

② 약식명령에 대한 정식재판청구권 회복청구 시 필요적 집행 정지가 아닌 임의적 집행정지로 규정된 형사소송법 해당 조항이 신체의 자유를 침해한다고 볼 수는 없다.

③ 형법 제129조 제1항의 수뢰죄를 범한 사람에게 수뢰액의 2배 이상 5배 이하의 벌금을 병과하도록 규정한 특정범죄 가중처벌 등에 관한 법률 조항은 책임과 형벌의 비례원칙에 위배되지 아니한다.

④ 단체나 다중의 위력으로써 형법상 상해죄를 범한 사람을 가중 처벌하는 구 폭력행위 등 처벌에 관한 법률 조항은 책임과 형벌의 비례원칙에 위반되지 아니한다.

해설

① 심판대상조항의 위헌성은 보호입원을 통한 치료의 필요성 등에 관하여 독립적이고 중립적인 제3자에게 판단받을 수 있는 절차를 두지 아니한 채 보호의무자 2인의 동의와 정신과전문의 1인의 판단만으로 정신질환자 본인의 의사에 반하는 보호입원을 가능하게 함으로써, 제도의 악용이나 남용 가능성을 배제하지 못하고 있다. 따라서 이는 헌법에 위반된다(헌재 2016.9.29, 2014헌가9).

② 이 사건 법률조항은 약식명령에 대한 정식재판청구권 회복청구가 인용되는 경우 정식재판절차가 개시되어 약식명령이 확정되지 않은 상태로 되돌아간다는 점을 고려하여, 정식재판 청구기간 경과에 귀책사유가 없는 피고인을 재판의 부당한 집행으로부터 보호하면서, 필요적 집행정지로 인한 벌금형의 실효성 저하를 방지하고자 법원으로 하여금 구체적 사정을 고려하여 재판의 집행정지 여부를 결정하도록 하는 규정이다(헌재 2014.5.29, 2012헌마104). 따라서 신체의 자유를 침해한다고 볼 수 없다.

③ 형법 제129조 제1항의 수뢰죄를 범한 사람에게 수뢰액의 2배 이상 5배 이하의 벌금을 병과하도록 규정한 특정범죄 가중처벌 등에 관한 법률 조항은 책임과 형벌의 비례원칙에 위배되지 아니한다(헌재 2017.7.27, 2016헌바42).

④ 단체나 다중의 위력으로써 형법상 상해죄를 범한 사람을 가중 처벌하는 구 폭력행위 등 처벌에 관한 법률 조항은 책임과 형벌의 비례원칙에 위반되지 아니한다(헌재 2017.7.27, 2015헌바450).

정답 ①

07 신체의 자유에 관한 설명 중 가장 적절하지 않은 것은? (다툼이 있는 경우 판례에 의함)

① 교도소 내 엄중격리대상자에 대하여 이동시 계구를 사용하고 교도관이 동행계호하는 행위 및 1인 운동장을 사용하게 하는 처우가 필요한 경우에 한하여 부득이한 범위 내에서 실시되고 있으므로 신체의 자유를 과도하게 제한하여 헌법을 위반한 것이라고 볼 수 없다.

② 과태료는 행정상 의무위반자에게 부과하는 행정질서벌로서 그 기능과 역할이 형벌에 준하는 것이므로 죄형법정주의의 규율대상에 해당한다.

③ 압수·수색의 사전통지나 집행 당시의 참여권의 보장은 압수·수색에 있어 국민의 기본권을 보장하고 헌법상의 적법절차원칙의 실현을 위한 구체적인 방법의 하나일 뿐 헌법상 명문으로 규정된 권리는 아니다.

④ 헌법 제12조 제1항의 신체의 자유는, 신체의 안정성이 외부로부터의 물리적인 힘이나 정신적인 위험으로부터 침해당하지 아니할 자유와 신체활동을 임의적이고 자율적으로 할 수 있는 자유를 말한다. 디엔에이감식시료 채취의 구체적인 방법은 구강점막 또는 모근을 포함한 모발을 채취하는 방법으로 하고, 위 방법들에 의한 채취가 불가능하거나 현저히 곤란한 경우에는 분비물, 체액을 채취하는 방법으로 한다. 그렇다면 디엔에이감식시료의 채취행위는 신체의 안정성을 해한다고 볼 수 있으므로 신체의 자유를 제한한다.

해설

① 이 사건 실외운동 제한행위가 청구인들의 기본권을 부당하게 침해한다고 보기 어렵다(헌재 2008.5.29, 2005헌마137 등).

② 죄형법정주의는 무엇이 범죄이며 그에 대한 형벌이 어떠한 것인가는 국민의 대표로 구성된 입법부가 제정한 법률로써 정하여야 한다는 원칙인데, 과태료는 행정상의 질서 유지를 위한 행정질서벌에 해당할 뿐 형벌이라고 할 수 없어 죄형법정주의의 규율대상에 해당하지 아니한다(헌재 2003.12.18, 2002헌바49).

③ 압수·수색의 사전통지나 집행 당시의 참여권의 보장은 압수·수색에 있어 국민의 기본권을 보장하고 헌법상의 적법절차원칙의 실현을 위한 구체적인 방법의 하나일 뿐 헌법상 명문으로 규정된 권리는 아니다(헌재 2012.12.27, 2011헌바225).

④ 헌법 제12조 제1항의 신체의 자유는, 신체의 안정성이 외부로부터의 물리적인 힘이나 정신적인 위험으로부터 침해당하지 아니할 자유와 신체활동을 임의적이고 자율적으로 할 수 있는 자유를 말한다. 디엔에이감식시료 채취의 구체적인 방법은 구강점막 또는 모근을 포함한 모발을 채취하는 방법으로 하고, 위 방법들에 의한 채취가 불가능하거나 현저히 곤란한 경우에는 분비물, 체액을 채취하는 방법으로 한다. 그렇다면 디엔에이감식시료의 채취행위는 신체의 안정성을 해한다고 볼 수 있으므로 이 사건 채취조항들은 신체의 자유를 제한한다(헌재 2014.8.28, 2011헌마28 등).

《주의 "제한한다"와 "침해한다"는 꼭 구별이 필요하다.

정답 ②

08 죄형법정주의 명확성원칙에 관한 설명으로 옳은 것은 모두 몇 개인가? (다툼이 있는 경우 헌법재판소 판례에 의함)

㉠ 지산유동화계획에 의하지 아니하고 여유자금을 투자한 자를 처벌하는 자산유동화에 관한 법률 제40조 제2호 중 '제22조의 규정에 위반하여 자산유동화계획에 의하지 아니하고 여유자금을 투자한 자' 부분은 죄형법정주의의 명확성원칙에 반하지 않는다.

㉡ 허위재무제표작성죄와 허위감사보고서작성죄에 대하여 배수벌금을 규정하면서도, '그 위반행위로 얻은 이익 또는 회피한 손실액이 없거나 산정하기 곤란한 경우'에 관한 벌금 상한액을 규정하지 아니한 주식회사 등의 외부감사에 관한 법률 제39조 제1항 중 '그 위반행위로 얻은 이익 또는 회피한 손실액의 2배 이상 5배 이하의 벌금'에 관한 부분은 죄형법정주의의 명확성원칙에 위배된다.

㉢ 대통령령에서 정하여질 구체적인 소음 기준의 내용으로 규정한 '타인에게 심각한 피해를 주는 소음'의 의미가 명확하지 않으므로 집회 및 시위에 관한 법률 제14조 제1항은 죄형법정주의의 명확성원칙에 위배된다.

㉣ 당선되거나 되게 하거나 되지 못하게 할 목적으로 공연히 사실을 적시하여 후보자가 되고자 하는 자를 비방한 자를 처벌하는 공직선거법 제251조 중 '비방' 부분은 죄형법정주의의 명확성원칙에 위배된다.

① 1개 ② 2개

③ 3개 ④ 4개

해설

옳은 것은 1개(㉠)이다.

㉠ 수범자는 유동화전문회사의 임직원이거나 자산유동화거래 업무와 관련된 전문 지식과 경험을 가진 자로 한정될 것인데, 이들은 자산유동화계획의 내용 중 여유자금의 투자에 관한 사항이 무엇인지, 그리고 어떠한 행위가 '자산유동화계획에 의하지 않은 여유자금 투자'인지를 충분히 파악하고 예측할 수 있는 지위에 있다. 따라서 심판대상조항이 수범자의 입장에서 예측가능성 내지 명확성을 결여한 조항이라고 보기 어렵다(헌재 2023.10.26, 2023헌가1).

㉡ '그 위반행위로 얻은 이익 또는 회피한 손실액의 2배 이상 5배 이하의 벌금형'을 규정한 심판대상조항은 애매모호하거나 추상적이어서 법관의 자의적인 해석이 가능하다고 볼 수 없어 죄형법정주의의 명확성원칙에 위배되지 않는다(헌재 2024.7.18, 2022헌가6).

㉢ 집시법 제14조 제1항 중 '타인에게 심각한 피해를 주는 소음' 부분의 죄형법정주의의 명확성원칙 위반 여부는 포괄위임금지원칙 위반 여부에 대한 심사로써 충족된다 할 것이므로 죄형법정주의의 명확성원칙 위반 여부에 대하여는 별도로 판단하지 아니한다(헌재 2024.3.28, 2020헌바586). 다만, 포괄위임금지의 원칙에 위반되지 않는다.

㉣ 비방금지 조항의 '비방'은 사회생활에서 존중되는 모든 것에 대하여 정당한 이유 없이 상대방을 깎아내리거나 헐뜯는 것을 의미하는바, 죄형법정주의의 명확성원칙에 위배되지 않는다(헌재 2024.6.27, 2023헌바78).

정답 ①

09 죄형법정주의 또는 명확성의 원칙에 관한 다음 설명 중 옳지 않은 것은? (다툼이 있는 경우 헌법재판소 결정에 의함)

① 행위 당시의 판례에 의하면 처벌대상이 되지 아니하는 것으로 해석되었던 행위를 판례의 변경에 따라 확인된 내용의 형법 조항에 근거하여 처벌한다고 하여 그것이 형벌불소급원칙에 위반된다고 할 수 없다.

② 취소소송 등의 제기시 행정소송법 조항의 집행정지의 요건으로 규정한 '회복하기 어려운 손해'는 건전한 상식과 통상적인 법감정을 가진 사람이 심판대상조항의 의미내용을 파악하기 어려우므로 명확성원칙에 위배된다.

③ 형사처벌을 동반하는 처벌법규의 위임은 중대한 기본권의 침해를 가져오므로 긴급한 필요가 있거나 미리 법률로써 자세히 정할 수 없는 부득이한 사정이 있는 경우에 한정되어야 한다.

④ 처벌을 규정하고 있는 법률조항이 구성요건이 되는 행위를 같은 법률조항에서 직접 규정하지 않고 다른 법률조항에서 이미 규정한 내용을 원용하였다는 사실만으로 명확성원칙에 위반된다고 할 수는 없다.

해설

① 형사처벌의 근거가 되는 것은 법률이지 판례가 아니고, 형법 조항에 관한 판례의 변경은 그 법률조항의 내용을 확인하는 것에 지나지 아니하여 이로써 그 법률조항 자체가 변경된 것이라고 볼 수 없다(대판 1999.9.17, 97도3349).

② 이 사건 집행정지 요건 조항에서 집행정지 요건으로 규정한 '회복하기 어려운 손해'는 대법원 판례에 의하여 '특별한 사정이 없는 한 금전으로 보상할 수 없는 손해로서 이는 금전보상이 불능인 경우 내지는 금전보상으로는 사회관념상 행정처분을 받은 당사자가 참고 견딜 수 없거나 또는 참고 견디기가 현저히 곤란한 경우의 유형, 무형의 손해'를 의미한 것으로 해석할 수 있고, '긴급한 필요'란 손해의 발생이 시간상 임박하여 손해를 방지하기 위해서 본안판결까지 기다릴 여유가 없는 경우를 의미하는 것으로, 이는 집행정지가 임시적 권리구제제도로서 잠정성, 긴급성, 본안소송에의 부종성의 특징을 지니는 것이라는 점에서 그 의미를 쉽게 예측할 수 있다. 이와 같이 심판대상조항은 법관의 법 보충작용을 통한 판례에 의하여 합리적으로 해석할 수 있고, 자의적인 법해석의 위험이 있다고 보기 어려우므로 명확성원칙에 위배되지 않는다(헌재 2018.5.31, 2016헌바250).

③ 처벌법규의 위임은 ㉠ 특히 위임해야 할 긴급한 필요가 있거나 법률에서 자세히 정할 수 없는 부득이한 경우에 한정하여 위임할 것, ㉡ 예측할 수 있을 정도로 법률에서 구성요건을 구체적으로 규정할 것, ㉢ 형벌의 종류 및 그 상한과 폭을 명백히 규정하여야 한다(헌재 1991.7.8, 91헌가4).

④ 처벌을 규정하고 있는 법률조항이 구성요건이 되는 행위를 같은 법률조항에서 직접 규정하지 않고 다른 법률조항에서 이미 규정한 내용을 원용하였다는 사실만으로 명확성원칙에 위반된다고 할 수는 없다(헌재 2010.3.25, 2009헌바121).

정답 ②

10 헌법상 명확성원칙에 대한 설명으로 가장 적절하지 않은 것은? (다툼이 있는 경우 헌법재판소 판례에 의함)

① 법률사건의 수임에 관하여 알선의 대가로 금품을 제공하거나 이를 약속한 변호사를 형사처벌하는 구 변호사법 조항 중 '법률사건'과 '알선'은 처벌법규의 구성요건으로 그 의미가 불분명하지 않아 명확성의 원칙에 위반되지 아니한다.

② 건설업자가 부정한 방법으로 건설업의 등록을 한 경우, 건설업 등록을 필요적으로 말소하도록 규정한 건설산업기본법 조항 중 '부정한 방법' 개념은 모호하여 법률해석을 통하여 구체화될 수 없으므로 명확성원칙에 위배된다.

③ '여러 사람의 눈에 뜨이는 곳에서 공공연하게 알몸을 지나치게 내놓거나 가려야 할 곳을 내놓아 다른 사람에게 부끄러운 느낌이나 불쾌감을 준 사람'을 처벌하는 경범죄 처벌법 조항은 그 의미를 알기 어렵고 그 의미를 확정하기도 곤란하므로 명확성원칙에 위배된다.

④ 품목허가를 받지 아니한 의료기기를 수리 · 판매 · 임대 · 수여 또는 사용의 목적으로 수입하는 것을 금지하는 구 의료기기법 조항은 수리 · 판매 · 임대 · 수여 또는 사용의 목적이 있는 경우에만 품목허가를 받지 않은 의료기기의 수입을 금지하는 것으로 일의적으로 해석되므로 명확성원칙에 위배되지 않는다.

해설

① 이 사건 법률조항에 의하여 금지되고, 처벌되는 행위의 의미가 문언상 불분명하다고 할 수 없으므로 이 사건 법률조항은 죄형법정주의의 명확성원칙에 위배되지 않는다(헌재 2013.2.28, 2012헌바62).

② 이 사건 법률조항에 규정된 '부정한 방법'의 개념이 약간의 모호함에도 불구하고 법률해석을 통하여 충분히 구체화될 수 있고, 이로써 행정청과 법원의 자의적인 법적용을 배제하는 객관적인 기준을 제공하고 있으므로 이 사건 조항은 법률의 명확성원칙에 위반되지 않는다(헌재 2004.7.15, 2003헌바35).

③ '여러 사람의 눈에 뜨이는 곳에서 공공연하게 알몸을 지나치게 내놓거나 가려야 할 곳을 내놓아 다른 사람에게 부끄러운 느낌이나 불쾌감을 준 사람'을 처벌하는 경범죄 처벌법 조항은 그 의미를 알기 어렵고 그 의미를 확정하기도 곤란하므로 명확성원칙에 위배된다(헌재 2016.11.24, 2016헌가3).

④ 품목허가를 받지 아니한 의료기기를 수리·판매·임대·수여 또는 사용의 목적으로 수입하는 것을 금지하는 구 의료기기법 조항은 수리·판매·임대·수여 또는 사용의 목적이 있는 경우에만 품목허가를 받지 않은 의료기기의 수입을 금지하는 것으로 일의적으로 해석되므로 명확성원칙에 위배되지 않는다(헌재 2015.7.30, 2014헌바6).

정답 ②

11 죄형법정주의와 이중처벌금지원칙에 대한 설명으로 옳지 않은 것은? (다툼이 있는 경우 판례에 의함)

① 학교환경위생정화구역 안의 금지행위를 규정한 구 학교보건법 제6조 제1항 제14호 중 '미풍양속을 해하는 행위 및 시설' 부분은 죄형법정주의 또는 명확성의 원칙에 위반된다고 보기 어렵다.

② 이중처벌금지원칙에서 처벌은 국가가 행하는 일체의 제재나 불이익처분을 모두 포함하는 것이지만, 무죄추정의 원칙은 범죄에 대한 국가의 형벌권 실행으로서의 과벌에만 적용되는 것이다.

③ 집행유예의 취소시 부활되는 본형은 집행유예의 선고와 함께 선고되었던 것으로 판결이 확정된 동일한 사건에 대하여 다시 심판한 결과 부과되는 것이 아니므로 일사부재리의 원칙과 무관하다.

④ 양심적 예비군 훈련거부자에 대하여 유죄의 판결이 확정되었더라도, 동일인이 새로이 부과된 예비군 훈련을 또 다시 거부하는 경우 그에 대한 형사처벌을 가하는 것은 이중처벌금지원칙에 위반된다고 할 수 없다.

해설

① 보통 미풍양속의 경우에는 합헌으로 판례는 보고 있으나, 언론·출판 쪽에서만 위헌으로 보고 있다(헌재 2002.6.27, 99헌마480).

② 이중처벌금지원칙의 처벌은 국가가 행하는 일체의 불이익한 처분을 의미하는 것이 아니라 국가의 형벌권 실행으로서의 과벌만을 의미한다. 따라서 일체의 제재나 불이익처분을 모두 포함하는 것이 아니다(헌재 1994.6.30, 92헌바38).

③ 집행유예의 취소시 부활되는 본형은 집행유예의 선고와 함께 선고되었던 것으로 판결이 확정된 동일한 사건에 대하여 다시 심판한 결과 부과되는 것이 아니므로 일사부재리의 원칙과 무관하다(헌재 2013.6.27, 2012헌바345).

④ 양심적 예비군 훈련거부자에 대하여 유죄의 판결이 확정되었더라도 이는 소집통지서를 교부받은 예비군 훈련을 불응한 행위에 대한 것으로 새로이 부과된 예비군 훈련을 또다시 거부하는 경우 그에 대한 형사처벌은 가능하다고 보아야 하므로 이중처벌금지원칙에 위반된다고 할 수는 없다(헌재 2011.8.30, 2007헌가12).

정답 ②

12 법치주의에 대한 헌법재판소 결정으로 옳지 않은 것은?

① 비안마사들의 안마행위에 대한 형사처벌을 할 수 있도록 한 입법자의 결단은 수긍할 만한 합리적 이유가 있는 것으로서 입법형성자유의 범위 내에 있다.

② 보호관찰이나 사회봉사 또는 수강명령의 준수사항이나 명령을 위반하고 그 정도가 무거운 때 집행유예가 취소되어 본형이 부활되는 것은 동일한 사건에 대한 심판의 결과가 아니므로 일사부재리원칙과는 무관하나 이미 수행된 의무이행부분이 부활되는 형기에 반영되지 않는 것은 적법절차에 위배된다.

③ 헌법불합치결정으로 구법 조항이 실효되어 이미 전액 지급된 공무원 퇴직연금의 일부를 다시 환수할 수 있도록 규정한 부칙조항은 진정소급입법으로서 국회가 개선입법을 하지 않은 것에 기인함에도 불구하고, 법집행의 책임을 퇴직공무원들에게 전가하는 것으로 소급입법금지원칙에 위반된다.

④ 종전의 친일재산귀속법상 친일반민족행위자에 해당하지 않는다는 이유로 그 재산이 국가귀속의 대상이 되지 아니할 것이라고 신뢰하였더라도 그러한 신뢰는 친일반민족행위자 재산의 국가귀속에 관한 특별법과 일제강점하 반민족행위 진상규명에 관한 특별법의 제정경위 및 입법목적에 비추어 확고한 것이라고 인정하기 어려워 그 재산을 국가에 귀속시키는 것은 신뢰보호원칙에 위배되지 않는다.

해설

① 이 사건 처벌조항을 통하여 비안마사들의 안마행위에 대한 형사처벌을 할 수 있도록 한 입법자의 결단은 수긍할 만한 합리적 이유가 있는 것으로서 입법형성자유의 범위 내에 있다 할 것이다(헌재 2010.7.29, 2008헌마664).

② 집행유예의 취소시 부활되는 본형은 집행유예의 선고와 함께 선고되었던 것으로 판결이 확정된 동일한 사건에 대하여 다시 심판한 결과 부과되는 것이 아니므로 일사부재리의 원칙과 무관하고, 사회봉사명령 또는 수강명령은 그 성격, 목적, 이행방식 등에서 형벌과 본질적 차이가 있어 이중처벌금지원칙에서 말하는 '처벌'이라 보기 어려우므로, 이 사건 법률조항은 이중처벌금지원칙에 위반되지 아니한다(헌재 2013.6.27, 2012헌바345 등).

③ 헌법불합치결정으로 구법 조항이 실효되어 이미 전액 지급된 공무원 퇴직연금의 일부를 다시 환수할 수 있도록 규정한 부칙조항은 진정소급입법으로서 국회가 개선입법을 하지 않은 것에 기인함에도 불구하고, 법집행의 책임을 퇴직공무원들에게 전가하는 것으로 소급입법금지원칙에 위반된다(헌재 2013.8.29, 2011헌바391).

④ 재산귀속의 대상을 사안이 중대하고 범위가 명백한 네 가지 유형으로 한정하고 있으며, 친일반민족행위자 측은 그 재산이 친일행위의 대가가 아니라는 점을 입증하여 얼마든지 국가귀속을 막을 수 있으므로, 친일재산의 국가귀속 규정이 헌법 제13조 제2항에 위반된다거나 재산권을 침해한다고 볼 수도 없다는 것이다(헌재 2011.3.31, 2008헌바141).

정답 ②

13 일사부재리 내지 이중처벌금지의 원칙에 관한 설명 중 옳은 것은? (다툼이 있는 경우 판례에 의함)

① 무죄의 확정판결이 있은 후 유죄를 증명할 명확한 증거가 발견되면 재심할 수도 있다.

② 건축법에 의한 무허가 건축행위에 대한 형사처벌과 시정명령 위반에 대한 과태료의 부과는 헌법이 금지하고 있는 이중처벌에 해당한다.

③ 사회보호법상의 보호감호는 그 본질과 추구하는 목적 및 기능에 있어 형벌과는 다른 독자적 의의를 가진 사회보호적인 처분이므로, 이중처벌금지의 원칙에 위배되지 아니한다.

④ 일사부재리의 원칙은 판결이 확정되기 전이라도 적용되어야 한다.

해설

① 유죄의 확정판결에 대하여 그 선고를 받은 자의 이익을 위하여 재심을 청구할 수 있으나, 무죄의 확정판결에 대해서는 범죄의 확증이 생긴 경우에도 재심을 청구할 수 없다(형사소송법 제420조).

② 구 건축법 제54조 제1항에 의한 무허가 건축행위에 대한 형사처벌과 동법 제56조의2 제1항에 의한 시정명령 위반에 대한 과태료 부과는 양자가 그 처벌 내지 제재대상, 보호법익과 목적 등에서 차이가 나므로 헌법 제13조 제1항이 금지하는 이중처벌에 해당되지 않는다(헌재 1994.6.30, 92헌바38).

③ 보호감호처분은 재범의 위험성이 있고 특수한 교육·개선 및 치료가 필요하다고 인정되는 자에 대하여 사회복귀를 촉진하고 사회를 보호하기 위한 보호처분이므로 형과 보호감호를 병과한다고 해서 이중처벌금지의 원칙에 위반되지 않는다(헌재 1991.4.1, 89헌마17 등).

④ 일사부재리의 원칙은 확정판결을 전제로 하는 것이다. 즉, 확정 이후에 다시 처벌하면 안 된다는 의미이다. 심지어는 유죄의 증거가 발견되는 경우에도 마찬가지이다. 확정되기 전에 적용되는 것은 이중위험의 원칙이다.

정답 ③

14 다음 중 신체의 자유에 대한 설명으로 옳은 것을 모두 고른 것은? (다툼이 있는 경우 판례에 의함)

㉠ 교도소 측에서 상대방이 변호인이라는 사실을 확인할 수 없더라도 미결수용자와 변호인 사이의 서신은 원칙적으로 그 비밀을 보장받을 수 있다.

㉡ 미결수용자와 변호인 사이의 서신으로서 그 비밀을 보장받기 위하여는 서신을 통하여 마약 등 소지금지품의 반입을 도모한다든가 그 내용에 도주·증거인멸 등에 관한 내용이 기재되어 있다고 의심할 만한 합리적인 이유가 있는 경우가 아니어야 한다.

㉢ 특별검사가 참고인에게 지정된 장소까지 동행할 것을 명령할 수 있게 하고 참고인이 정당한 이유 없이 위 동행명령을 거부한 경우 천만원 이하의 벌금형에 처하도록 규정한 동행명령조항은 영장주의 또는 과잉금지원칙에 위배하여 참고인의 신체의 자유를 침해하는 것이다.

㉣ 보안관찰처분 취소 등을 구하는 행정소송절차에서 일률적으로 가처분을 할 수 없도록 한 법률조항은 적법절차원칙에 반한다.

① ㉠, ㉡　　② ㉡, ㉢

③ ㉠, ㉢, ㉣　　④ ㉡, ㉢, ㉣

해설

옳은 것은 ㉡, ㉢, ㉣이다.

㉠ 형의 집행 및 수용자의 처우에 관한 법률(형집행법) 제84조 제3항

> **형집행법 제84조【변호인과의 접견 및 편지수수】** ③ 제43조 제4항 단서에도 불구하고 미결수용자와 변호인 간의 편지는 교정시설에서 상대방이 변호인임을 확인할 수 없는 경우를 제외하고는 검열할 수 없다.

㉡ 미결수용자와 변호인 사이의 서신으로서 그 비밀을 보장받기 위하여는 서신을 통하여 마약 등 소지금지품의 반입을 도모한다든가 그 내용에 도주·증거인멸 등에 관한 내용이 기재되어 있다고 의심할 만한 합리적인 이유가 있는 경우가 아니어야 한다(헌재 1995.7.21, 92헌마144).

㉢ 법관이 아닌 특별검사가 동행명령장을 발부하도록 하고 정당한 사유 없이 이를 거부한 경우 벌금형에 처하도록 함으로써, 실질적으로는 참고인의 신체의 자유를 침해하여 지정된 장소에 인치하는 것과 마찬가지의 결과가 나타나도록 규정한 이 사건 동행명령조항은 영장주의원칙을 규정한 헌법 제12조 제3항에 위반되거나 적어도 위 헌법상 원칙을 잠탈하는 것으로서 위헌이라 할 것이다(헌재 2008.1.10, 2007헌마1468).

㉣ 보안관찰처분의 취소를 구하는 행정소송을 적법하게 제기하더라도 소송이 종료되기 전에 처분기간 2년이 만료되어 버리면 권리보호이익을 상실하게 되어 소각하 판결을 받게 되므로 피보안관찰자의 귀책사유 없이도 보안관찰처분의 당부에 대해 사법적 판단을 받지 못하는 불이익을 입을 수 있다(헌재 2001.4.26, 98헌바79 등).

정답 ④

15 연좌제금지에 대한 설명으로 가장 적절한 것은? (다툼이 있는 경우 헌법재판소 판례에 의함)

① 직계존속이 외국에서 영주할 목적 없이 체류한 상태에서 출생한 자는 병역의무를 해소한 경우에만 국적이탈을 신고할 수 있도록 하는 구 국적법 제12조 제3항은 헌법상 연좌제금지원칙의 규율 대상이다.

② 고위공직자범죄수사처 설치 및 운영에 관한 법률 제2조 및 같은 법 제3조 제1항에 따라 고위공직자의 가족은 고위공직자의 직무와 관련하여 죄를 범한 경우 수사처의 수사대상이 되는데, 이는 헌법상 연좌제금지원칙에서 규율하고자 하는 대상이다.

③ 학교법인의 이사장과 특정관계에 있는 사람의 학교장 임명을 제한하는 사립학교법 해당 조항은 배우자나 직계가족이라는 인적 관계의 특성상 당연히 예상할 수 있는 일체성 내지 유착가능성을 근거로 일정한 제약을 가하는 것이다.

④ 변호사법 해당 조항 중 법무법인에 관하여 합명회사 사원의 무한연대책임을 정한 상법 제212조, 신입사원에게 동일한 책임을 부과하는 상법 제213조, 퇴사한 사원에게 퇴사등기 후 2년 내에 동일한 책임을 부과하는 상법 제225조 제1항을 준용하는 부분은 연좌제 금지원칙이 적용된다.

해설

① 선천적 복수국적자가 지닌 대한민국 국민으로서의 지위는 혈통에 의하여 출생과 동시에 국적법에 따라 자동적으로 취득하는 것으로, 복수국적의 선천적 취득과 이로 인한 국적이탈의 문제는 헌법상 연좌제금지원칙에서 규율하고자 하는 대상이라 볼 수 없다. 따라서 이 부분 주장에 대해서는 별도로 살펴보지 않는다(헌재 2023.2.23, 2019헌바462).

② 고위공직자의 가족은 고위공직자의 직무와 관련하여 스스로 범한 죄에 대해서만 수사처의 수사를 받거나 기소되므로, 친족의 행위와 본인 간에 실질적으로 의미 있는 아무런 관련성을 인정할 수 없음에도 불구하고 오로지 친족이라는 사유 그 자체만으로 불이익한 처우를 가하는 경우에만 적용되는 연좌제금지 원칙이나 자기책임의 원리 위반 여부는 문제되지 않는다(헌재 2021.1.28, 2020헌마264 등).

③ 가족 간에 실질적으로 의미 있는 아무런 관련성을 인정할 수 없음에도 불구하고 오로지 배우자 등의 관계에 있다는 사유 자체만으로 불이익을 주는 것이 아니라, 아래에서 보는 바와 같이 배우자나 직계가족이라는 인적 관계의 특성상 당연히 예상할 수 있는 일체성 내지 유착가능성을 근거로 일정한 제약을 가하는 것이다. 따라서 그와 같이 제한하고 있다는 것만으로 곧바로 헌법이 금지하고 있는 연좌제에 위배된다 할 수는 없다(헌재 2013.11.28, 2007헌마1189 등).

④ 친족관계의 존부를 필요조건으로 하지 아니하는 법무법인 구성원변호사 사이의 관계에 연좌제 금지 원칙이 적용될 여지가 없고, 행복추구권 침해 여부는 보다 밀접한 기본권인 재산권 침해 여부에 대하여 판단하는 이상 따로 판단하지 아니한다(헌재 2016.11.24, 2014헌바203 등).

정답 ③

16 헌법재판소 판례에 관한 설명으로 옳지 않은 것은?

① 헌법상 변호인의 조력을 받을 권리 중 특히 국선변호인의 조력을 받을 권리는 피고인에게만 인정되는 것으로 해석함이 상당하다.

② 아동의 덕성을 심히 해할 우려가 있는 도서, 간행물, 광고물, 기타의 내용물의 제작 등 행위를 금지하고 이를 위반하는 자를 처벌하는 법률조항은 명확성의 원칙에 위배된다.

③ 보안관찰처분에는 법관의 판단이 반드시 필요하지 않으나 보호감호 부과에는 재범의 위험성이 있는지 여부에 대한 법관의 판단이 필요하다.

④ 영장주의가 행정상 즉시강제에 적용되는지 논란이 있으나 행정상 즉시강제에는 영장주의가 적용된다는 것이 헌법재판소의 입장이다.

해설

① 헌법상 변호인의 조력을 받을 권리 중 특히 국선변호인의 조력을 받을 권리는 피고인에게만 인정되는 것으로 해석함이 상당하다(헌재 2008.9.25, 2007헌마1126).

구분	변호인의 조력받을 권리	국선변호인
주체	누구든지	피고인

② 이 사건 아동복지법 조항의 "어질고 너그러운 품성"을 뜻하는 '덕성'이라는 개념은 도덕이나 윤리가 품성으로 인격화된 것을 의미한다 할 것인바, 도덕이나 윤리는 국민 개개인마다 역사인식이나 종교관, 가치규범에 따라 자율적인 구속력을 지닌 내면적인 당위로서 일의적으로 확정된 의미를 가진다고 보기 어렵다(헌재 2002.2.28, 99헌가8).

③ 구 사회보호법 제5조 제1항은 전과나 감호처분을 선고받은 사실 등 법정의 요건에 해당되면 재범의 위험성 유무에도 불구하고 반드시 그에 정한 보호감호를 선고하여야 할 의무를 법관에게 부과하고 있으니 헌법 제12조 제1항 후문, 제37조 제2항 및 제27조 제1항에 위반된다(헌재 1989.7.14, 88헌가5).

④ 헌법재판소는 영장주의가 행정상 즉시강제에도 적용되는지에 관하여는 논란이 있으나, 행정상 즉시강제는 상대방의 임의이행을 기다릴 시간적 여유가 없을 때 하명 없이 바로 실력을 행사하는 것으로서, 그 본질상 급박성을 요건으로 하고 있어 법관의 영장을 기다려서는 그 목적을 달성할 수 없다고 할 것이므로, 원칙적으로 영장주의가 적용되지 않는다고 보아야 할 것이다(헌재 2002.10.31, 2000헌가12).

정답 ④

17 적법절차의 원칙에 관한 설명 중 가장 적절하지 않은 것은? (다툼이 있는 경우 판례에 의함)

① 원전개발에 있어서 인근 주민 및 관계전문가 등으로부터 의견을 듣는 청취절차의 주체가 반드시 행정기관이나 독립된 제3의 기관이 아니더라도 공정성과 객관성이 담보되는 절차가 마련되어 있는 경우, 전원개발사업자가 그 주체가 되어도 적법절차원칙에 위배되지 않는다.

② 항소심에서 심판대상이 된 사항에 한하여 법령위반의 상고 이유로 삼을 수 있도록 상고를 제한하는 형사소송법 규정은 재판청구권을 침해하여 위헌이다.

③ 징계절차를 진행하지 아니함을 통보하지 않은 경우에는 징계시효가 연장되지 않는다는 예외규정을 두지 않았다고 하더라도 적법절차원칙에 위배되지 아니한다.

④ 범칙금 통고처분을 받고도 납부기간 이내에 범칙금을 납부하지 아니한 사람에 대하여 행정청에 대한 이의제기나 의견진술 등의 기회를 주지 않고 경찰서장이 곧바로 즉결심판을 청구하도록 하는 것은 적법절차의 원칙에 위배되지 않는다.

해설

① 이 사건 의견청취조항은 주민등으로부터의 의견청취절차를 시행하는 주체를 전원개발사업자로 정하고 있으나, 전원개발촉진법 시행령은 의견청취 방법 및 절차를 규정함에 있어 시장·군수·구청장 등 지방자치단체의 장을 통하여 진행하도록 하는 일련의 규정을 두고 있는바, 이는 의견청취절차의 주체를 전원개발사업자로 하면서도 그 객관성과 공정성을 담보하고자 마련한 보완장치라 할 수 있다(헌재 2016.10.27, 2015헌바358). 따라서 이는 적법절차의 원칙에 위반되지 아니한다.

② 항소심에서 심판대상이 된 사항에 한하여 법령위반의 상고이유로 삼을 수 있도록 상고를 제한하는 형사소송법 조항이 합리적인 입법재량의 한계를 일탈하여 청구인들의 재판청구권을 침해하였다고 볼 수 없다(헌재 2015.9.24, 2012헌마798).

③ 공정한 징계제도 운용이라는 이익은, 징계혐의자가 징계절차를 진행하지 아니함을 통보받지 못하여 징계시효가 연장되었음을 알지 못함으로써 입는 불이익보다 크다. 그렇다면 심판대상조항이 징계시효 연장을 규정하면서 징계절차를 진행하지 아니함을 통보하지 아니한 경우에는 징계시효가 연장되지 않는다는 예외규정을 두지 않았다고 하더라도 적법절차원칙에 위배되지 아니한다(헌재 2017.6.29, 2015헌바29).

④ 통고처분의 이행 여부가 당사자의 임의에 맡겨져 있는 점, 승복하지 않는 당사자에게 법관에 의한 정식재판을 받을 기회가 보장되어 있는 점, 비범죄화 정신에 근접한 통고처분의 제도적 의의 등을 종합할 때, 통고처분 제도의 근거규정인 도로교통법 제118조 본문이 적법절차원칙이나 사법권을 법원에 둔 권력분립원칙에 위배된다거나, 재판청구권을 침해하는 것이라 할 수 없다(헌재 2003.10.30, 2002헌마275).

정답 ②

18 절차적 기본권에 대한 설명으로 옳지 않은 것은? (다툼이 있는 경우 헌법재판소 결정에 의함)

① 적법절차의 원칙은 기본권 제한이 있음을 전제로 하여 적용된다.

② 기피신청에 대한 재판을 그 신청을 받은 법관의 소속 법원 합의부에서 하도록 한 민사소송법 규정은 공정한 재판을 받을 권리를 침해하지 않는다.

③ 재심사유를 알고도 주장하지 아니한 때에는 재심의 소를 제기할 수 없도록 규정한 민사소송법 규정은 재판청구권을 침해하지 않는다.

④ 무죄판결이 확정된 형사피고인에게 국선변호인의 보수에 준하여 변호사 보수를 보상하여 주도록 규정한 형사소송법 규정은 재판청구권을 침해하지 않는다.

해설

① 적법절차의 원칙은 헌법조항에 규정된 형사절차상의 제한된 범위 내에서만 적용되는 것이 아니라 국가작용으로서 기본권 제한과 관련되든 관련되지 않든 모든 입법작용 및 행정작용에도 광범위하게 적용된다고 해석하여야 할 것이다(헌재 1992.12.24, 92헌가8).

② 기피신청에 대한 재판을 그 신청을 받은 법관의 소속 법원 합의부에서 하도록 한 민사소송법 제46조 제1항 중 '기피신청에 대한 재판의 관할'에 관한 부분은 공정한 재판을 받을 권리를 침해하지 않는다(헌재 2013.3.21, 2011헌바219).

③ 민사소송법 제451조 제1항 제9호 중 "이를 알고도 주장하지 아니한 때" 부분은 재판청구권의 본질을 심각하게 훼손하는 등 입법형성권의 한계를 일탈하여 그 내용이 현저히 자의적이지 아니하므로 청구인의 재판청구권을 침해하지 아니한다(헌재 2015.12.23, 2015헌바273).

④ 무죄판결이 확정된 형사피고인에게 국선변호인의 보수에 준하여 변호사 보수를 보상하여 주도록 규정한 형사소송법 제194조의4 제1항 후문의 '변호인이었던 자에 대하여는 국선변호인에 관한 규정을 준용한다.'는 부분 중 보수에 관한 부분은 재판청구권을 침해하지 않는다(헌재 2013.8.29, 2012헌바168).

정답 ①

19 적법절차에 관한 설명으로 가장 적절한 것은? (다툼이 있는 경우 헌법재판소 판례에 의함)

① 세무대학의 폐지를 목적으로 하는 법률안을 의결하는 경우 입법절차에 있어서 당연히 이해관계자들의 의견을 조사하는 등 청문절차를 거쳐야 하므로, 별도의 청문절차를 거치지 않은 것만으로도 헌법 제12조 적법절차에 위반된다.

② 행정절차상 강제처분에 의해 신체의 자유가 제한되는 경우 강제처분의 집행기관으로부터 독립된 중립적인 기관이 이를 통제하도록 하는 것은 적법절차원칙의 내용에 해당하지 않는다.

③ 형사재판에 계속 중인 사람에 대하여 출국을 금지할 수 있다고 규정한 출입국관리법 조항에 따른 출국금지결정은 성질상 신속성과 밀행성을 요하므로 출국금지 대상자에게 사전통지를 하거나 청문을 실시하지 않더라도, 출국금지 후 즉시 서면으로 통지하도록 하고 있고, 출국금지결정에 대해 사후적으로 다툴 수 있는 기회를 제공하므로 적법절차원칙에 위배된다고 보기 어렵다.

④ 수사기관 등이 전기통신사업자에게 이용자의 성명 등 통신자료의 열람이나 제출을 요청할 수 있도록 한 전기통신사업법 조항은, 효율적인 수사와 정보수집의 신속성, 밀행성 등의 필요성을 고려하여 정보주체인 이용자에게 그 내역을 통지하도록 하는 것이 적절하지 않기 때문에 사후통지절차를 두지 않더라도 적법절차원칙에 위배되지 않는다.

해설

① 정부는 이 사건 폐지법률안을 국회에 제출하기에 앞서 행정절차법 제41조와 법제업무운영규정 제15조에 따라 입법예고를 통해 이해당사자는 물론 전 국민에게 세무대학 폐지의 의사를 미리 공표하였으며, 헌법 제89조에 따라 국무회의의 심의를 거치는 등 헌법과 법률이 정한 절차와 방법을 준수하였다. 따라서 국회가 이 사건 폐지법을 제정하는 과정절차를 거치지 않았다고 해서 그것만으로 곧 헌법 제12조의 적법절차를 위반하였다고 볼 수는 없다(헌재 2001.2.22, 99헌마613).

② 행정절차상 강제처분에 의해 중립적인 기관이 이를 통제하도록 하는 것은 적법절차원칙의 중요한 내용에 해당한다. 심판대상조항에 의한 보호는 신체의 자유를 제한하는 정도가 박탈에 이르러 형사절차상 '체포 또는 구속'에 준하는 것으로 볼 수 있는 점을 고려하면, 보호의 개시 또는 연장 단계에서 그 집행기관인 출입국관리공무원으로부터 독립되고 중립적인 지위에 있는 기관이 보호의 타당성을 심사하여 이를 통제할 수 있어야 한다(헌재 2023.3.23, 2020헌가1 등).

≪주의 이 문제도 상당히 조심해야 한다. 과거 기출은 대부분 신체의 자유를 침해한다 쪽이었는데, 이번에는 '왜 침해인가?', 즉 이유를 묻고 있다.

③ 심판대상조항에 따른 출국금지결정은 성질상 신속성과 밀행성을 요하므로, 출국금지 대상자에게 사전통지를 하거나 청문을 실시하도록 한다면 국가 형벌권 확보라는 출국금지제도의 목적을 달성하는 데 지장을 초래할 우려가 있다. 나아가 출국금지 후 즉시 서면으로 통지하도록 하고 있고, 이의신청이나 행정소송을 통하여 출국금지결정에 대해 사후적으로 다툴 수 있는 기회를 제공하여 절차적 참여를 보장해 주고 있으므로 적법절차원칙에 위배된다고 보기 어렵다(헌재 2015.9.24, 2012헌바302).

④ 효율적인 수사와 정보수집의 신속성, 밀행성 등의 필요성을 고려하여 사전에 정보주체인 이용자에게 그 내역을 통지하도록 하는 것이 적절하지 않다면 수사기관 등이 통신자료를 취득한 이후에 수사 등 정보수집의 목적에 방해가 되지 않는 범위 내에서 통신자료의 취득사실을 이용자에게 통지하는 것이 얼마든지 가능하다. 그럼에도 이 사건 법률조항은 통신자료 취득에 대한 사후통지절차를 두지 않아 적법절차원칙에 위배된다(헌재 2022.7.21, 2016헌마388 등).

정답 ③

20 적법절차에 관한 설명으로 가장 적절하지 않은 것은? (다툼이 있는 경우 판례에 의함)

① 징계절차를 진행하지 아니함을 통보하지 않은 경우에는 징계시효가 연장되지 않는다는 예외규정을 두지 않은 구 지방공무원법 조항은, 수사 중인 사건에 대하여 징계절차를 진행하지 않음에도 징계시효가 당연히 연장되어 징계혐의자는 징계시효가 연장되는지를 알지 못한 채 불이익을 입을 수 있어 적법절차원칙에 위배된다.

② 관계행정청이 등급분류를 받지 아니하거나 등급분류를 받은 게임물과 다른 내용의 게임물을 발견한 경우 관계공무원으로 하여금 이를 영장없이 수거·폐기하게 할 수 있도록 한 구 음반·비디오물 및 게임물에 관한 법률 조항은 그 소유자 또는 점유자에게 수거증을 교부하도록 하는 등 절차적 요건을 규정하고 있어 적법절차원칙에 위배되지 않는다.

③ 검사가 법원의 증인으로 채택된 수감자를 그 증언에 이르기까지 거의 매일 검사실로 하루종일 소환하여 피고인 측 변호인이 접근하는 것을 차단하고 검찰에서의 진술을 번복하는 증언을 하지 않도록 회유·압박하는 행위는, 증인의 증언 전에 일방 당사자만이 증인과의 접촉을 독점하여 상대방은 증인이 어떠한 내용을 증언할 것인지를 알 수 없어 그에 대한 방어를 준비할 수 없게 되므로 적법절차원칙에 위배된다.

④ 범칙금 통고처분을 받고도 납부기간 이내에 범칙금을 납부하지 아니한 사람에 대하여 행정청에 대한 이의제기나 의견진술 등의 기회를 주지 않고 경찰서장이 곧바로 즉결심판을 청구하도록 한 구 도로교통법 조항은, 이에 불복하여 범칙금을 납부하지 아니한 자에게는 재판절차라는 완비된 절차적 보장이 주어지므로 적법절차원칙에 위배되지 않는다.

해설

① 공정한 징계제도 운용이라는 이익은, 징계혐의자가 징계절차를 진행하지 아니함을 통보받지 못하여 징계시효가 연장되었음을 알지 못함으로써 입는 불이익보다 크다. 그렇다면 심판대상조항이 징계시효 연장을 규정하면서 징계절차를 진행하지 아니함을 통보하지 아니한 경우에는 징계시효가 연장되지 않는다는 예외규정을 두지 않았다고 하더라도 적법절차원칙에 위배되지 아니한다(헌재 2017.6.29, 2015헌바29).

② 관계공무원이 당해 게임물 등을 수거한 때에는 그 소유자 또는 점유자에게 수거증을 교부하도록 하고 있고, 동조 제6항에서 수거 등 처분을 하는 관계공무원이나 협회 또는 단체의 임·직원은 그 권한을 표시하는 증표를 지니고 관계인에게 이를 제시하도록 하는 등의 절차적 요건을 규정하고 있으므로, 이 사건 법률조항이 적법절차의 원칙에 위배되는 것으로 보기도 어렵다(헌재 2002.10.31, 2000헌가12).

③ 증인의 증언 전에 일방 당사자만이 증인과의 접촉을 독점하게 되면, 상대방은 증인이 어떠한 내용을 증언할 것인지를 알 수 없어 그에 대한 방어를 준비할 수 없게 되며 상대방이 가하는 예기치 못한 공격에 그대로 노출될 수밖에 없으므로, 헌법이 규정한 "적법절차의 원칙"에도 반한다(헌재 2001.8.30, 99헌마496).

④ 도로교통법상 범칙금 납부통고는 위반행위에 대한 제재를 신속·간편하게 종결할 수 있게 하는 제도로서, 이에 불복하여 범칙금을 납부하지 아니한 자에게는 재판절차라는 완비된 절차적 보장이 주어진다. 도로교통법 위반사례가 격증하고 있는 현실에서 통고처분에 대한 이의제기 등 행정청 내부 절차를 추가로 둔다면 절차의 중복과 비효율을 초래하고 신속한 사건처리에 저해가 될 우려도 있다. 따라서 이 사건 즉결심판청구 조항에서 의견진술 등의 별도의 절차를 두지 않은 것이 현저히 불합리하여 적법절차원칙에 위배된다고 보기 어렵다(헌재 2014.8.28, 2012헌바433).

정답 ①

21 적법절차의 원칙에 대한 설명으로 옳지 않은 것은? (다툼이 있는 경우 판례에 의함)

① 농림수산식품부장관 등 관련 국가기관이 국민의 생명·신체의 안전에 영향을 미치는 고시 등의 내용을 결정함에 있어서 이해관계인의 의견을 사전에 충분히 수렴하는 것이 바람직하기는 하지만, 그것이 헌법의 적법절차원칙상 필수적으로 요구되는 것이라고 할 수는 없다.

② 헌법 제12조 제1항의 처벌, 보안처분, 강제노역 등 및 제12조 제3항의 영장주의와 관련하여 각각 적법절차의 원칙을 규정하고 있지만 이는 그 대상을 한정적으로 열거하고 있는 것이 아니라 그 적용대상을 예시한 것에 불과하다.

③ 헌법이 채택하고 있는 적법절차의 원리는 절차적 차원에서 볼 때에 국민의 기본권을 제한하는 경우에는 반드시 당사자인 국민에게 자기의 입장과 의견을 자유로이 개진할 수 있는 기회를 보장하여야 한다는 것을 그 핵심적인 내용으로 하고, 형사처벌이 아닌 행정상 불이익처분에도 적용된다.

④ 적법절차의 원칙은 국가기관이 국민과의 공권력을 행사함에 있어서 준수해야 할 법원칙으로서 형성된 것이지만, 국가기관에 대하여 헌법을 수호하고자 하는 탄핵소추절차에도 직접 적용될 수 있다.

해설

① 농림수산식품부장관 등 관련 국가기관이 국민의 생명·신체의 안전에 영향을 미치는 고시 등의 내용을 결정함에 있어서 이해관계인의 의견을 사전에 충분히 수렴하는 것이 바람직하기는 하지만, 그것이 헌법의 적법절차원칙상 필수적으로 요구되는 것이라고 할 수는 없다(헌재 2008.12.26, 2008헌마419 등).

② 헌법 제12조 제1항의 처벌, 보안처분, 강제노역 등 및 제12조 제3항의 영장주의와 관련하여 각각 적법절차의 원칙을 규정하고 있지만 이는 그 대상을 한정적으로 열거하고 있는 것이 아니라 그 적용대상을 예시한 것에 불과하다(헌재 1992.12.24, 92헌가8).

③ 우리 헌법이 채택하고 있는 적법절차의 원리는 절차적 차원에서 볼 때에 국민의 기본권을 제한하는 경우에는 반드시 당사자인 국민에게 자기의 입장과 의견을 자유로이 개진할 수 있는 기회를 보장하여야 한다는 것을 그 핵심적인 내용으로 하고, 형사처벌이 아닌 행정상의 불이익처분에도 적용된다(헌재 2002.4.25, 2001헌마200).

④ 적법절차원칙이란 국가기관이 국민과의 관계에서 공권력을 행사함에 있어서 준수해야 할 법원칙으로서 형성된 적법절차의 원칙을 국가기관에 대하여 헌법을 수호하고자 하는 탄핵소추절차에는 직접 적용할 수 없다고 할 것이고, 그와 달리 탄핵소추절차와 관련하여 피소추인에게 의견진술의 기회를 부여할 것을 요청하는 명문의 규정도 없으므로, 국회의 탄핵소추절차가 적법절차원칙에 위배되었다는 주장은 이유 없다(헌재 2004.5.14, 2004헌나1).

정답 ④

22 적법절차와 영장주의에 대한 설명으로 옳지 않은 것은? (다툼이 있는 경우 판례에 의함)

① 영장주의는 구속의 개시시점에 한하여 법관의 판단에 의하여 결정되어야 한다는 것을 의미하고, 구속영장의 효력을 계속 유지할 것인지 여부와는 관련이 없다.

② 헌법재판소는 법무부장관의 일반적 명령에 의하여 변호사 업무를 정지시키는 것은 당해 변호사가 자기에게 유리한 사실을 진술하거나 필요한 증거를 제출할 수 있는 청문의 기회가 보장되지 아니하여 적법절차를 존중하지 아니한 것이 된다고 보았다.

③ 접견내용을 녹음·녹화하는 것은 직접적으로 물리적 강제력을 수반하는 강제처분이 아니므로 영장주의가 적용되지 않아 영장주의에 위배된다고 할 수 없다.

④ 법원이 피고인의 구속 또는 그 유지 여부의 필요성에 관하여 한 재판의 효력이 검사나 다른 기관의 이견이나 불복이 있다 하여 좌우되거나 제한받는다면 이는 영장주의에 위반된다고 할 것이다.

해설

① 헌법에 명문으로 규정된 영장주의는 구속의 개시시점에 한하지 않고 구속영장의 효력을 계속 유지할 것인지 아니면 취소 또는 실효시킬 것인지의 여부도 사법권 독립의 원칙에 의하여 신분이 보장되고 있는 법관의 판단에 의하여만 결정되어야 한다(헌재 1992.12.24, 92헌가8).

구분	개시	유지	사후 통제
법관의 판단	○	○	×

② 법무부장관의 일방적 명령에 의하여 변호사 업무를 정지시키는 것은 당해 변호사가 자기에게 유리한 사실을 진술하거나 필요한 증거를 제출할 수 있는 청문의 기회가 보장되지 아니하여 적법절차를 존중하지 아니한 것이 된다(헌재 1990.11.19, 90헌가48).

③ 이 사건 녹음조항에 따라 접견내용을 녹음·녹화하는 것은 직접적으로 물리적 강제력을 수반하는 강제처분이 아니므로 영장주의가 적용되지 않아 영장주의에 위배된다고 할 수 없다(헌재 2016.11.24, 2014헌바401).

④ 법원이 피고인의 구속 또는 그 유지 여부의 필요성에 관하여 한 재판의 효력이 검사나 다른 기관의 이견이나 불복이 있다 하여 좌우되거나 제한받는다면 이는 영장주의에 위반된다고 할 것이다(헌재 1997.3.27, 96헌바28 등).

정답 ①

23 영장주의 및 적법절차원칙에 대한 설명으로 가장 적절하지 않은 것은? (다툼이 있는 경우 판례에 의함)

① 헌법 제12조 제3항이 영장의 발부에 관하여 '검사의 신청'에 의할 것을 규정한 취지는 모든 영장의 발부에 검사의 신청이 필요하다는 데에 있는 것이 아니라 수사단계에서 영장의 발부를 신청할 수 있는 자를 검사로 한정함으로써 검사 아닌 다른 수사기관의 영장신청에서 오는 인권유린의 폐해를 방지하고자 함에 있다.

② 전투경찰순경에 대한 징계처분을 규정하고 있는 구 전투경찰대 설치법의 조항 중 '전투경찰순경에 대한 영창' 부분은 그 사유의 제한, 징계대상자의 출석권과 진술권의 보장 및 법률에 의한 별도의 불복절차가 마련되어 있으므로 헌법 제12조 제1항의 적법절차원칙에 위배되지 않는다.

③ 피의자를 긴급체포하여 조사한 결과 구금을 계속할 필요가 없다고 판단하여 48시간 이내에 석방하는 경우까지도 수사기관이 반드시 체포영장발부절차를 밟게 하는 것은 인권침해적 상황을 예방하는 적절한 방법이다.

④ 헌법 제12조 제3항의 영장주의는 법관이 발부한 영장에 의하지 아니하고는 수사에 필요한 강제처분을 하지 못한다는 원칙으로, 교도소장이 마약류 관련 수형자에게 소변을 받아 제출하도록 한 것은 교도소의 안전과 질서유지를 위한 것으로 수사에 필요한 처분이 아닐 뿐만 아니라 검사대상자들의 협력이 필수적이어서 강제처분이라고 할 수도 없어 영장주의의 원칙이 적용되지 않는다.

해설

① 헌법재판소는 공판단계에서 검사의 신청 없이 법원이 직권으로 구속영장을 발부하여 법정구속을 하는 것에 대해 합헌결정을 내리면서 헌법에 규정된 영장제도는 영장의 신청자가 반드시 검사이어야 한다는 의미이지, 반드시 검사의 신청이 있어야 영장을 발부할 수 있는 것은 아니라고 하였다(헌재 1997.3.27, 96헌바28 등).

② 전투경찰순경의 복무기강을 엄정히 하고 단체적 전투력과 작전수행의 원활함 및 신속함을 달성하고자 하는 공익은 영창처분으로 인하여 전투경찰순경이 받게 되는 일정기간 동안의 신체의 자유 제한 정도에 비해 결코 작다고 볼 수 없으므로 법익의 균형성 원칙도 충족하였다(헌재 2016.3.31, 2013헌바190).

▶ 병의 영창제도는 위헌이다.

③ 더욱이 피의자를 긴급체포하여 조사한 결과 구금을 계속할 필요가 없다고 판단하여 48시간 이내에 석방하는 경우까지도 수사기관으로 하여금 반드시 체포영장발부절차를 밟게 한다면, 이는 피의자, 수사기관 및 법원 모두에게 비효율을 초래할 가능성이 있고(헌재 2012.5.31, 2010헌마672 참조), 경우에 따라서는 오히려 인권침해적인 상황을 발생시킬 우려도 있다(헌재 2021.3.25, 2018헌바212).

▶ 즉, 석방하는 경우까지도 수사기관이 반드시 체포영장발부절차를 밟게 하는 것이 바람직하지는 않다는 것이 판례의 취지이다.

④ 헌법 제12조 제3항의 영장주의는 법관이 발부한 영장에 의하지 아니하고는 수사에 필요한 강제처분을 하지 못한다는 원칙으로 소변을 받아 제출하도록 한 것은 교도소의 안전과 질서유지를 위한 것으로 수사에 필요한 처분이 아닐 뿐만 아니라 검사대상자들의 협력이 필수적이어서 강제처분이라고 할 수도 없어 영장주의의 원칙이 적용되지 않는다(헌재 2006.7.27, 2005헌마277).

정답 ③

24 영장주의에 관한 다음 설명 중 가장 적절한 것은? (다툼이 있는 경우 판례에 의함)

① 헌법 제12조 제3항이 정한 영장주의는 수사기관이 강제처분을 함에 있어 중립적 기관인 법원의 허가를 얻어야 함을 의미하는 것 외에 법원에 의한 사후 통제까지 마련되어야 함을 의미한다.

② 경찰서장이 국민건강보험공단에게 청구인들의 요양급여내역 제공을 요청한 행위는 강제력이 개입되지 않은 임의수사에 해당하므로 이에 응하여 이루어진 정보제공행위에는 영장주의가 적용되지 않는다.

③ 각급선거관리위원회 위원·직원의 선거범죄 조사에 있어서 피조사자에게 자료제출요구를 하는 것은 범죄와 관련한 수사의 성격을 가지므로 영장주의의 적용 대상에 해당한다.

④ 형식적으로 영장주의를 준수하였다면 실질적인 측면에서 입법자가 합리적인 선택범위를 일탈하는 등 그 입법형성권을 남용하였더라도 그러한 법률이 자의금지원칙에 위배되어 위헌이라고 볼 수는 없다.

해설

① 헌법 제12조 제3항이 정한 영장주의가 수사기관이 강제처분을 함에 있어 중립적 기관인 법원의 허가를 얻어야 함을 의미하는 것 외에 법원에 의한 사후 통제까지 마련되어야 함을 의미한다고 보기 어렵다(헌재 2018.8.30, 2016헌마263).

② 이 사건 사실조회행위는 강제력이 개입되지 아니한 임의수사에 해당하므로, 이에 응하여 이루어진 이 사건 정보제공행위에도 영장주의가 적용되지 않는다. 그러므로 이 사건 정보제공행위가 영장주의에 위배되어 청구인들의 개인정보자기결정권을 침해한다고 볼 수 없다(헌재 2018.8.30, 2014헌마368). 요청은 임의수사로 영장주의가 적용되지 않으나, 요양기관명등 자료제공행위는 개인정보자기결정권 침해이다.

▶ 다만, 개인정보자기결정권 침해다.

③ 심판대상조항에 의한 자료제출요구는 행정조사의 성격을 가지는 것으로 수사기관의 수사와 근본적으로 그 성격을 달리하며, 청구인에 대하여 직접적으로 어떠한 물리적 강제력을 행사하는 강제처분을 수반하는 것이 아니므로 영장주의의 적용대상이 아니다(헌재 2019.9.26, 2016헌바381).

④ 형식적으로는 영장주의를 준수하였더라도 실질적인 측면에서 입법자가 합리적인 선택범위를 일탈하는 등 그 입법형성권을 남용하였다면 그러한 법률은 자의금지원칙에 위배되어 헌법에 위반된다고 보아야 한다(헌재 2012.12.27, 2011헌가5).

정답 ②

25 영장주의에 관한 설명으로 옳지 않은 것은? (다툼이 있는 경우 판례에 의함)

① 행정상 즉시강제는 상대방의 임의이행을 기다릴 시간적 여유가 없을 때 하명 없이 바로 실력을 행사하는 것으로서, 그 본질상 급박성을 요건으로 하고 있어 법관의 영장을 기다려서는 그 목적을 달성할 수 없다고 할 것이므로, 영장주의가 적용되지 않는다.

② 범죄의 피의자로 입건된 사람들에게 경찰공무원이나 검사의 신문을 받으면서 자신의 신원을 밝히지 않고 지문채취에 불응하는 경우 형사처벌을 통하여 지문채취를 강제하는 법률조항은 영장주의에 위배되지 않는다.

③ 헌법상 영장주의는 신체에 대한 직접적이고 현실적인 강제력이 행사되는 경우에만 적용되므로 특별검사법상 참고인에 대한 동행명령조항과 같이 형벌에 의한 불이익을 통해 심리적·간접적으로 일정한 행위를 강요하는 것에는 영장주의가 적용되지 않는다.

④ 수사상 필요에 의하여 수사기관이 직접강제에 의하여 지문을 채취하려 하는 경우에는 반드시 법관이 발부한 영장에 의하여야 한다.

해설

① 급박한 상황에 대처하기 위한 것으로서 그 불가피성과 정당성이 충분히 인정되는 경우이므로, 이 사건 법률조항이 영장 없는 수거를 인정한다고 하더라도 이를 두고 헌법상 영장주의에 위배되는 것으로는 볼 수 없다(헌재 2002.10.31, 2000헌가12).

②④ 범죄피의자의 신원을 확인할 수 없을 때 지문채취를 정당한 이유 없이 거부하는 자를 형사처벌하는 것은 수사기관이 직접 물리적 강제력을 행사하여 피의자에게 강제로 지문을 찍도록 하는 것을 허용하는 것이 아니며 형벌에 의한 불이익을 부과함으로써 심리적·간접적으로 지문채취를 강요하고 있을 뿐이다. 당사자의 자발적 협조가 필수적임을 전제로 한다는 점에서 물리력을 동원하여 강제로 이루어지는 체포·구속·압수·수색 등과는 유사하나 질적으로 차이가 있다는 점에서 지문채취 강요는 영장주의에 의하여야 할 강제처분이라 할 수 없다(헌재 2004.9.23, 2002헌가17 등). 다만, 직접강제의 경우에는 자발적 협조로 볼 수 없어 영장이 필요하다.

③ 이 사건 동행명령제는 참고인의 신체의 자유를 사실상 억압하여 일정 장소로 인치하는 것과 실질적으로 같은 것으로 헌법 제12조 제3항이 정한 영장주의에 위반되거나 영장주의원칙을 잠탈하는 것이다(헌재 2008.1.10, 2007헌마1468).

정답 ③

26 영장주의에 관한 다음 설명 중 옳지 않은 것은? (다툼이 있는 경우 헌법재판소 결정 및 대법원 판례에 의함)

① 영장주의란 적법절차원칙에서 도출되는 원리로서, 형사절차와 관련하여 체포·구속·압수·수색의 강제처분을 함에 있어서는 사법권 독립에 의하여 신분이 보장되는 법관이 발부한 영장에 의하지 않으면 아니 된다는 원칙이다.

② 헌법 제16조에서는 제12조 제3항과는 달리 영장주의에 대한 예외를 마련하지 아니하였으나, 그렇다고 하여 주거에 대한 압수나 수색에 있어 영장주의가 예외 없이 반드시 관철되어야 하는 것은 아니므로 헌법 제16조의 영장주의에 대해서도 예외가 제한적으로 허용될 수 있다.

③ 영창처분은 공무원의 신체의 자유를 박탈하는 것을 그 내용으로 하는 징계처분이지만 복무기강을 엄정히 하고 단체적 전투력과 작전수행의 원활함 및 신속함을 달성하고자 하는 공익이 중하여 영창처분에 의한 징계구금은 헌법에 위반되지 않는다.

④ 구속집행정지결정에 대한 검사의 즉시항고를 인정하는 경우에는 검사의 불복을 그 피고인에 대한 구속집행을 정지할 필요가 있다는 법원의 판단보다 우선시킬 뿐만 아니라 사실상 법원의 구속집행정지결정을 무의미하게 할 수 있는 권한을 검사에게 부여하게 되는 점에서 헌법 제12조 제3항의 영장주의원칙에 위배된다.

해설

① 영장주의란 적법절차원칙에서 도출되는 원리로서, 형사절차와 관련하여 체포·구속·압수·수색의 강제처분을 함에 있어서는 사법권 독립에 의하여 신분이 보장되는 법관이 발부한 영장에 의하지 않으면 아니 된다는 원칙이다(헌재 1997.3.27, 96헌바28).

② 헌법 제16조에서는 제12조 제3항과는 달리 영장주의에 대한 예외를 마련하지 아니하였으나, 그렇다고 하여 주거에 대한 압수나 수색에 있어 영장주의가 예외 없이 반드시 관철되어야 하는 것은 아니므로 헌법 제16조의 영장주의에 대해서도 예외가 제한적으로 허용될 수 있다(헌재 2018.4.26, 2015헌바370).

③ 영창처분은 공무원의 신분적 이익을 박탈하는 것을 그 내용으로 하는 징계처분임에도 불구하고 신분상 불이익 외에 신체의 자유 박탈까지 그 내용으로 삼고 있는바, 징계의 한계를 초과한 것이다. 헌법재판소는 이 사건으로 인해 영창처분에 의한 징계구금이 헌법에 위반됨을 명확히 하였다(헌재 2020.9.24, 2017헌바157).

④ 구속집행정지결정에 대한 검사의 즉시항고를 인정하는 이 사건 법률조항은 검사의 불복을 그 피고인에 대한 구속집행을 정지할 필요가 있다는 법원의 판단보다 우선시킬 뿐만 아니라, 사실상 법원의 구속집행정지결정을 무의미하게 할 수 있는 권한을 검사에게 부여한 것이라는 점에서 헌법 제12조 제3항의 영장주의원칙에 위배된다(헌재 2012.6.27, 2011헌가36).

정답 ③

27 다음은 헌법재판소의 판시 내용이다. 판례의 태도와 다른 것은?

① 사실조회행위는 임의수사에 해당하므로 영장주의가 적용되지 않는다.

② 수당의 지급대상인 6·25전몰군경자녀의 범위를 6·25 전쟁에 참전하여 전투기간 중 전사한 군경의 자녀로 설정한 것은 헌법에 위반되지 않는다.

③ 전용차로 통행을 예외적으로 허용하고 이를 대통령령으로 정하도록 한 것은 헌법에 위반된다.

④ 즉시항고 제기기간을 3일로 제한한 것은 지나치게 짧게 정함으로써 즉시항고 제기를 어렵게 하고, 즉시항고제도를 단지 형식적으로 이론적인 권리로서만 기능하게 하여 재판청구권을 침해한다.

해설

① 사실조회행위는 임의수사에 해당하므로 영장주의가 적용되지 않는다(헌재 2014.9.17, 2014헌바368).

② 이 사건 수당의 지급대상인 6·25전몰군경자녀의 범위를 6·25 전쟁에 참전하여 전투기간 중 전사한 군경의 자녀로 설정하고 있다. 이는 법적 가치의 상향적 구현을 단계적으로 추구하기 위하여 우선순위를 설정하는 과정으로 나름 합리적이다(후유증으로 사망한 군경 제외)(헌재 2018.11.29, 2017헌바252).

③ 전용차로 제도 운영에 관한 제반 사항에 대해서는 교통체계, 도로 현황, 교통수요 및 인프라와 이에 대한 사회적·정책적 고려에 따라 탄력적으로 대응할 필요가 있다. 따라서 어떠한 경우에 전용차로 통행차가 아닌 차도 예외적으로 전용차로 통행을 허용할 것인지를 대통령령으로 정하도록 위임할 필요성이 인정된다(헌재 2018.11.29, 2017헌바465).

④ 즉시항고 제기기간을 3일로 제한한 것은 지나치게 짧게 정함으로써 즉시항고 제기를 어렵게 하고, 즉시항고제도를 단지 형식적으로 이론적인 권리로서만 기능하게 하여 재판청구권을 침해한다(헌재 2018.12.27, 2015헌바77).

정답 ③

28 헌법상 영장주의에 관한 설명 중 가장 적절하지 않은 것은? (다툼이 있는 경우 판례에 의함)

① 영장주의란 형사절차와 관련하여 체포·구속·압수 등의 강제처분을 함에 있어서는 사법권 독립에 의하여 그 신분이 보장되는 법관이 발부한 영장에 의하지 않으면 아니된다는 원칙이고, 따라서 영장주의의 본질은 신체의 자유를 침해하는 강제처분을 함에 있어서는 중립적인 법관이 구체적 판단을 거쳐 발부한 영장에 의하여야만 한다는 데에 있다.

② 숨을 호흡측정기에 한두 번 불어 넣는 방식으로 행하여지는 음주측정은 그 성질상 강제될 수 있는 것이 아니고 당사자의 자발적 협조가 필수적인 것이므로 영장을 필요로 하는 강제처분이라 할 수 없다.

③ 기지국 수사를 허용하는 통신사실 확인자료 제공요청은 법원의 허가를 받으면, 해당 가입자의 동의나 승낙을 얻지 아니하고도 제3자인 전기통신사업자에게 해당 가입자에 관한 통신사실 확인자료의 제공을 요청할 수 있도록 하는 수사방법으로, 통신비밀보호법이 규정하는 강제처분에 해당하여 헌법상 영장주의가 적용되므로, 영장이 아닌 법원의 허가를 받도록 하고 있는 동법 조항은 헌법상 영장주의에 위배된다.

④ 전기통신사업법은 수사기관 등이 전기통신사업자에 대하여 통신자료의 제공을 요청할 수 있는 권한을 부여하면서 전기통신사업자에게 수사기관 등의 통신자료 제공요청에 응하거나 협조하여야 할 의무를 부과하지 않으며, 달리 전기통신사업자의 통신자료 제공을 강제할 수 있는 수단을 마련하고 있지 아니하므로, 동법에 따른 통신자료 제공요청은 강제력이 개입되지 아니한 임의수사에 해당하고 이를 통한 수사기관 등의 통신자료 취득에는 영장주의가 적용되지 아니한다.

해설

① 형사절차에 있어서의 영장주의란 체포·구속·압수 등의 강제처분을 함에 있어서는 사법권 독립에 의하여 그 신분이 보장되는 법관이 발부한 영장에 의하지 않으면 아니된다는 원칙이고, 따라서 영장주의의 본질은 신체의 자유를 침해하는 강제처분을 함에 있어서는 중립적인 법관이 구체적 판단을 거쳐 발부한 영장에 의하여야만 한다는 데에 있다(헌재 1997.3.27, 96헌바28 등).

② 이 사건 음주측정은 호흡측정기에 의한 측정의 성질상 강제될 수 있는 것이 아니며 또 실무상 숨을 호흡측정기에 한두 번 불어 넣는 방식으로 행하여지는 것이므로 당사자의 자발적 협조가 필수적인 것이다. 따라서 당사자의 협력이 궁극적으로 불가피한 측정방법을 두고 강제처분이라고 할 수 없을 것이다(헌재 1997.3.27, 96헌가11).

③ 기지국수사는 통신비밀보호법이 정한 강제처분에 해당되므로 헌법상 영장주의가 적용된다. 헌법상 영장주의의 본질은 강제처분을 함에 있어 중립적인 법관이 구체적 판단을 거쳐야 한다는 점에 있는바, 이 사건 허가조항은 수사기관이 전기통신사업자에게 통신사실 확인자료 제공을 요청함에 있어 관할 지방법원 또는 지원의 허가를 받도록 규정하고 있으므로 헌법상 영장주의에 위배되지 아니한다(헌재 2018.6.28, 2012헌마538 등).

④ 이 사건 법률조항은 수사기관 등이 전기통신사업자에 대하여 통신자료의 제공을 요청할 수 있는 권한을 부여하면서 전기통신사업자는 '그 요청에 따를 수 있다'고 규정하고 있을 뿐, 전기통신사업자에게 수사기관 등의 통신자료 제공요청에 응하거나 협조하여야 할 의무를 부과하지 않으며, 달리 전기통신사업자의 통신자료 제공을 강제할 수 있는 수단을 마련하고 있지 아니하다. 따라서 이 사건 법률조항에 따른 통신자료 제공요청은 강제력이 개입되지 아니한 임의수사에 해당하고 이를 통한 수사기관 등의 통신자료 취득에는 영장주의가 적용되지 아니하는바, 이 사건 법률조항은 헌법상 영장주의에 위배되지 아니한다(헌재 2022.7.21, 2016헌마388 등).

정답 ③

29 신체의 자유에 관한 설명 중 가장 적절한 것은? (다툼이 있는 경우 판례에 의함)

① 노역장유치는 신체의 자유를 박탈하여 징역형과 유사한 형벌적 성격을 가지고 있으나, 벌금형에 부수적으로 부과되는 환형처분에 불과하여 형벌불소급원칙이 적용되지 않는다.

② 병(兵)에 대한 징계처분으로 병을 부대나 함정 내의 영창, 그 밖의 구금장소에 감금하는 것을 규정한 구 군인사법에 의한 영창처분은 신체의 자유를 제한하는 구금에 해당하고, 이로 인해 헌법 제12조가 보호하려는 신체의 자유가 제한된다.

③ 신체의 자유는 신체의 안정성이 외부의 물리적인 힘이나 정신적인 위험으로부터 침해당하지 아니할 자유와 신체활동을 임의적이고 자율적으로 할 수 있는 자유를 의미하므로, 형법 조항에 의해 형의 집행유예와 동시에 사회봉사명령을 선고받은 경우, 자신의 의사와 무관하게 사회봉사를 하지 않을 수 없게 되어 신체의 자유를 제한받는다.

④ 헌법에 규정된 영장신청권자로서의 검사는 검찰권을 행사하는 국가기관인 검사로서 공익의 대표자이자 수사단계에서의 인권옹호기관으로서의 지위에서 그에 부합하는 직무를 수행하는 자를 의미하는 것으로 검찰청법상 검사만을 지칭한다.

해설

① 노역장유치는 벌금형에 부수적으로 부과되는 환형처분으로서, 그 실질은 신체의 자유를 박탈하여 징역형과 유사한 형벌적 성격을 가지고 있으므로, 형벌불소급원칙의 적용대상이 된다(헌재 2017.10.26, 2015헌바239 등).
▶ 노역장 유치와 보호감소는 형벌불소급의 형벌과 유사

② 심판대상조항은 병(兵)을 대상으로 한 영창처분을 "부대나 함정 내의 영창, 그 밖의 구금장소에 감금하는 것을 말하며, 그 기간은 15일 이내로 한다."고 규정하고 있으므로, 심판대상조항에 의한 영창처분은 신체의 자유를 제한하는 구금에 해당하고, 이로 인해 헌법 제12조가 보호하려는 신체의 자유가 제한된다(헌재 2020.9.24, 2017헌바157 등).

③ 사회봉사명령은 청구인에게 근로의무를 부과함에 그치고 공권력이 신체를 구금하는 등의 방법으로 근로를 강제하는 것은 아니어서 이 사건 법률조항이 신체의 자유를 제한한다고 볼 수 없다(헌재 2012.3.29, 2010헌바100).
▶ 보통의 사회봉사 명령은 신체의 자유를 제한하지 않으나 가정폭력으로 인한 사회봉사는 신체의 자유를 제한한다.

④ 헌법상 영장신청권자로서의 검사가 검찰청법상 검사로 한정되는 것은 아니라 하더라도, 영장신청권자는 공익의 대표자이자 인권옹호기관으로서 법률전문가의 자격을 갖추어야 한다. 공수처검사는 법률전문가로서 자격을 가지고 있어 영장주의에 위배되지 않는다(헌재 2021.1.28, 2020헌마264).
▶ 공수처 검사도 포함한다.

정답 ②

30 영장주의에 대한 설명으로 옳지 않은 것을 모두 고른 것은? (다툼이 있는 경우 판례에 의함)

㉠ 대법원은 수사기관이 증거수집과정에서 적법절차를 따르지 않고 수집한 증거라 하더라도 예외적인 일정한 경우에는 법원이 그 증거를 유죄인정의 증거로 사용할 수 있다고 본다. ㉡ 마약류 관련 수형자에 대하여 마약류반응검사를 위하여 소변을 받아 제출하게 한 것은 강제처분이라고 볼 수 있으므로 영장주의가 적용된다. ㉢ 현행범으로 체포된 피의자에 대하여 구속영장을 청구받은 지방법원판사는 피의자 또는 그 변호인, 법정대리인, 배우자, 직계친족, 형제자매, 호주, 가족이나 동거인 또는 고용주의 신청이 있을 때에만 피의자를 심문할 수 있다. ㉣ 구속집행정지결정에 대한 검사의 즉시항고를 인정하는 경우에는 검사의 불복을 그 피고인에 대한 구속집행을 정지할 필요가 있다는 법원의 판단보다 우선시킬 뿐 아니라 사실상 법원의 구속집행정지결정을 무의미하게 할 수 있는 권한을 검사에게 부여하게 되는 점에서 헌법 제12조 제3항의 영장주의원칙에 위배된다. ㉤ 헌법 제12조 제3항이 영장의 발부에 관하여 '검사의 신청'에 의할 것을 규정한 취지는 수사단계에서 검사 아닌 다른 수사기관의 영장신청에서 오는 인권유린의 폐해를 방지하고자 함에 있으므로, 공판단계에서 법원이 직권에 의하여 구속영장을 발부할 수 있도록 하는 것은 헌법 제12조 제3항에 위반되지 않는다.

① ㉠, ㉡ ② ㉡, ㉢
③ ㉢, ㉣ ④ ㉣, ㉤

해설

옳지 않은 것은 ㉡, ㉢이다.

㉠ 헌법과 형사소송법이 정한 절차에 따르지 아니하고 수집한 증거는 물론이거니와 이를 기초로 하여 획득한 2차적 증거 또한 기본적 인권보장을 위해 마련된 적법한 절차에 따르지 않은 것으로서 원칙적으로 유죄 인정의 증거로 삼을 수 없고, 다만 수사기관의 절차위반 행위가 적법절차의 실질적인 내용을 침해하는 경우에 해당하지 아니하고, 그 증거의 증거능력을 배제하는 것이 오히려 헌법과 형사소송법이 적법절차의 원칙과 실체적 진실 규정의 조화를 통하여 형사사법 정의를 실현하려고 한 취지에 반하는 결과를 초래하는 것으로 평가되는 예외적인 경우에 한하여 그 증거를 유죄 인정의 증거로 사용할 수 있을 뿐이다(대판 2009.3.12, 2008도11437).

㉡ 마약류 수용자에 대한 소변채취 사건에서 소변채취는 당사자의 협력이 불가피하므로 이를 두고 강제처분이라고 할 수 없다는 점에서 법관 영장 없이 실시되었다고 하여 헌법 제12조 제3항의 영장주의에 위배하였다고 할 수 없다(헌재 2006.7.27, 2005헌마277).

㉢ 체포된 피의자에 대하여 구속영장을 청구받은 판사는 지체 없이 피의자를 심문하여야 한다. 이 경우 특별한 사정이 없는 한 구속영장이 청구된 날의 다음 날까지 심문하여야 한다(형사소송법 제201조의2). 즉, 임의적 심문제도에서 필요적 심문제도로 변경되었다.

㉣ 구속집행정지결정에 대한 검사의 즉시항고를 인정하는 이 사건 법률조항은 검사의 불복을 그 피고인에 대한 구속집행을 정지할 필요가 있다는 법원의 판단보다 우선시킬 뿐만 아니라, 사실상 법원의 구속집행정지결정을 무의미하게 할 수 있는 권한을 검사에게 부여한 것이라는 점에서 헌법 제12조 제3항의 영장주의 원칙에 위배된다. 또한 헌법 제12조 제3항의 영장주의는 헌법 제12조 제1항의 적법절차 원칙의 특별규정이므로, 헌법상 영장주의 원칙에 위배되는 이 사건 법률조항은 헌법 제12조 제1항의 적법절차 원칙에도 위배된다(헌재 2012.6.27, 2011헌가36).

㉤ 현행 헌법 제12조 제3항 중 '검사의 신청'이라는 부분의 취지도 모든 영장의 발부에 검사의 신청이 필요하다는 것이 아니라 수사단계에서 영장의 발부를 신청할 수 있는 자를 검사로 한정한 것으로 해석함이 타당하다. … 공판단계에서의 영장 발부에 관한 헌법적 근거는 헌법 제12조 제1항이다. 따라서 이 사건 심판대상조항들은 헌법 제12조 제3항에 위반되지 아니하고 그 밖에 헌법의 다른 부분에 위반된다고 보이지도 아니한다(헌재 1997.3.27, 96헌바28 등).

정답 ②

31 영장주의에 대한 설명 중 옳은 것을 모두 고른 것은? (다툼이 있는 경우 판례에 의함)

㉠ 강제퇴거명령을 받은 사람을 보호할 수 있도록 하면서 보호기간의 상한을 마련하지 아니한 출입국관리법 제63조 제1항에 따른 보호는 형사절차상 '체포 또는 구속'에 준하는 것으로서 신체의 자유를 제한하므로 영장주의에 위배된다.
㉡ 범죄의 피의자로 입건된 사람들이 경찰공무원이나 검사의 신문을 받으면서 자신의 신원을 밝히지 않고 지문채취에 불응하는 경우 형사처벌을 통하여 지문채취를 강제하는 법률조항은, 형벌에 의한 불이익을 부과함으로써 심리적·간접적으로 지문채취를 강요하고 있을 뿐이므로, 영장주의에 의하여야 할 강제처분이라 할 수 없다.
㉢ 피의자를 긴급체포한 경우 사후 체포영장을 청구하도록 규정하지 않고 피의자를 구속하고자 할 때에 한하여 구속영장을 청구하도록 규정한 형사소송법상 영장청구조항은 헌법상 영장주의에 위반된다고 단정할 수 없다.
㉣ 국가보안법위반죄 등 일부 범죄혐의자를 법관의 영장없이 구속, 압수, 수색할 수 있도록 규정하고, 법관에 의한 사후영장제도도 마련하지 않은 구 인신구속 등에 관한 임시 특례법 조항은 국가비상사태에 준하는 상황에서 내려진 특별한 조치임을 감안하면 영장주의의 본질을 침해한다고 볼 수 없다.

① ㉠, ㉡　　② ㉡, ㉢
③ ㉡, ㉣　　④ ㉢, ㉣

해설

옳은 것은 ㉡, ㉢이다.

㉠ 법정의견은 영장주의에 대해서 특별한 언급이 없다. 다만, 일부의견에서 (검사의 신청, 판사의 발부라는 엄격한 영장주의는 아니더라도, 적어도 출입국관리공무원이 아닌 객관적·중립적 지위에 있는 자가 그 인신구속의 타당성을 심사할 수 있는 장치가 있어야 한다는) 과거 판례의 일부 의견을 원용했을 뿐이다(헌재 2023.3.23, 2020헌가1 등).

《주의 따라서 정확히는 영장주의에 대해서 판단하지 않았기 때문에 이 지문은 틀린 지문이다. 다만, 이는 22년 국회직 8급 기출과 동일한 지문이다.

㉡ 궁극적으로 당사자의 자발적 협조가 필수적임을 전제로 하므로 물리력을 동원하여 강제로 이루어지는 위와 같은 경우와는 질적으로 차이가 있다. … 따라서 이 사건 법률조항에 의한 지문채취의 강요는 영장주의에 의하여야 할 강제처분이라 할 수 없다(헌재 2004.9.23, 2002헌가17 등).

㉢ 이 사건 영장청구조항은 사후 구속영장의 청구시한을 체포한 때부터 48시간으로 정하고 있다. 이는 긴급체포의 특수성, 긴급체포에 따른 구금의 성격, 형사절차에 불가피하게 소요되는 시간 및 수사현실 등에 비추어 볼 때 입법재량을 현저하게 일탈한 것으로 보기 어렵다(헌재 2021.3.25, 2018헌바212).

㉣ 이 사건 법률조항은 수사기관이 법관에 의하여 발부된 영장 없이 일부 범죄 혐의자에 대하여 구속 등 강제처분을 할 수 있도록 규정하고 있을 뿐만 아니라, 그와 같이 영장 없이 이루어진 강제처분에 대하여 일정한 기간 내에 법관에 의한 사후영장을 발부받도록 하는 규정도 마련하지 아니함으로써, 수사기관이 법관에 의한 구체적 판단을 전혀 거치지 않고서도 임의로 불특정한 기간 동안 피의자에 대한 구속 등 강제처분을 할 수 있도록 하고 있는바, 이는 이 사건 법률조항의 입법목적과 그에 따른 입법자의 정책적 선택이 자의적이었는지 여부를 따질 필요도 없이 형식적으로 영장주의의 본질을 침해한다고 하지 않을 수 없다(헌재 2012.12.27, 2011헌가5).

정답 ②

32 무죄추정의 원칙에 관한 설명 중 옳지 않은 것은? (다툼이 있는 경우 판례에 의함)

① 법원이 증인을 신청한 피고인에게 증인신문사항을 기재한 서면을 미리 제출하도록 명하고 그것을 간접강제하기 위하여 그 서면을 신속히 제출하지 아니한 경우 증거결정을 취소할 수 있도록 하는 법률조항은 무죄추정의 원칙에 위배되지 않는다는 것이 판례의 입장이다.

② 무죄추정의 원칙은 수사기관 이외에 법관까지도 기속한다.

③ 유죄가 확정되지 아니한 미결수용자로 하여금 민사법정에서 재소자용 의류를 입게 하는 것은 도주 방지 등의 이유를 내세우더라도 무죄추정의 원칙에 위배된다는 것이 판례이다.

④ 공판절차의 입증단계에서 거증책임을 검사에게 부담시키는 제도, 보석 및 구속적부심제도는 무죄추정의 원칙이 표현된 제도이다.

해설

① 비록 미리 제출되지 아니한 신문사항이라 할지라도 당사자가 증인의 답변을 반박하여 그 상호모순성이나 불합리성을 지적하기 위한 새로운 사항을 신문할 수 있으므로, 위 소송지휘권 행사는 법익의 균형성 및 피해의 최소성을 갖춘 것으로 인정된다(헌재결 1998.12.24, 94헌바46 - 형사소송법 제279조 등 위헌소원).

② 무죄추정의 원칙에 따라 불구속수사·불구속재판을 원칙으로 하고, 예외적으로 도망할 우려가 있거나 증거인멸의 우려가 있을 경우에 구속수사·구속재판을 한다. 무죄추정의 원칙은 예단배제의 원칙을 포함한다. 즉, 미리 판단하여 선입견을 가지면 안 된다는 의미이다.

③ 수형자가 민사법정에 출석하기까지 교도관이 반드시 동행하므로 수용자의 신분이 드러나게 되어 재소자용 의류로 인해 인격권과 행복추구권이 제한되는 정도는 제한적이고, 형사법정 이외의 법정 출입 방식은 미결수용자와 교도관 전용 통로 및 시설이 존재하는 형사재판과 다르며, 계호의 방식과 정도도 확연히 다르다. 따라서 심판대상조항이 민사재판에 당사자로 출석하는 수형자에 대해 사복착용을 불허하는 것은 청구인의 인격권과 행복추구권을 침해하지 아니한다(헌재 2015.12.23, 2013헌마712).

▶ 민사는 합헌이고, 형사는 위헌이다.

④ 옳은 지문이다.

정답 ③

33 무죄추정의 원칙에 대한 설명으로 가장 적절하지 않은 것은? (다툼이 있는 경우 통설, 판례에 의함)

① 형사피고인은 유죄의 판결이 확정될 때까지는 무죄로 추정된다.

② 수사 및 재판단계에서 미결수용자에게 재소자용 의류를 입게 하는 것은 무죄추정의 원칙에 반한다.

③ 형사피의자의 경우에는 피의사실공표죄를 두어 피의자의 권리를 보다 철저히 보장하고 있다.

④ 과징금 부과처분은 공정력과 집행력이 인정되어 확정판결 전의 형벌집행과 같은 것으로 볼 수 있으므로, 무죄추정의 원칙에 위반된다.

해설

① 헌법 제27조 제4항

헌법 제27조 ④ 형사피고인은 유죄의 판결이 확정될 때까지는 무죄로 추정된다.

② 수사 및 재판단계에서 유죄가 확정되지 아니한 미결수용자에게 재소자용 의류를 입게 하는 것은 미결수용자로 하여금 모욕감이나 수치심을 느끼게 하고, 심리적인 위축으로 방어권을 제대로 행사할 수 없게 하여 실체적 진실의 발견을 저해할 우려가 있으므로, 도주 방지 등 어떠한 이유를 내세우더라도 그 제한은 정당화될 수 없어 헌법 제37조 제2항의 기본권 제한에서의 비례원칙에 위반되는 것으로서, 무죄추정의 원칙에 반하고 인간으로서의 존엄과 가치에서 유래하는 인격권과 행복추구권, 공정한 재판을 받을 권리를 침해하는 것이다(헌재 1999.5.27, 97헌마137 등).

▶ 안이면 합헌이고, 밖이면 위헌이다.

③ 형법 제126조

> **형법 제126조【피의사실공표】** 검찰, 경찰 그 밖에 범죄수사에 관한 직무를 수행하는 자 또는 이를 감독하거나 보조하는 자가 그 직무를 수행하면서 알게 된 피의사실을 공소제기 전에 공표한 경우에는 3년 이하의 징역 또는 5년 이하의 자격정지에 처한다.

④ 과징금 부과처분에 대하여 공정력과 집행력을 인정한다고 하여 이를 확정판결 전의 형벌집행과 같은 것으로 보아 무죄추정의 원칙에 위반된다고 할 수 없다(헌재 2003.7.24, 2001헌가25).

정답 ④

34 다음 내용 중 헌법재판소의 판례와 가장 다른 것은?

① 법무부장관으로 하여금 형사사건으로 공소가 제기된 변호사에 대하여 그 판결이 확정될 때까지 업무정지를 명할 수 있게 하는 것은 무죄추정의 원칙 등에 반하여 위헌이다.

② 형사사건으로 기소된 교원에 대하여 필요적으로 직위해제처분을 하도록 하는 것은 목적의 정당성은 일응 인정된다고 할지라도 방법의 적정성·피해의 최소성·법익의 균형성을 갖추고 있지 못하므로 위헌이다.

③ 소년보호사건에서 1심 결정 집행에 의한 소년원 수용기간을 항고심 결정에 의한 보호기간에 산입하지 않는 것은 무죄추정원칙에 위배된다.

④ 국가보안법상의 불고지죄에 관한 규정이 헌법 제1조 제2항에서 보장하는 진술거부권을 침해하는 것으로 볼 수 없다.

해설

① 법무부장관의 일방적 명령에 의하여 변호사 업무를 정지시키는 것은 당해 변호사가 자기에게 유리한 사실을 진술하거나 필요한 증거를 제출할 수 있는 청문의 기회 있는 장이 되지 아니하여 적법절차를 존중하지 아니한 것이 된다(헌재 1990.11.19, 90헌가48).

② 공무원이 형사사건으로 기소된 경우에는 형사사건의 성격을 묻지 아니하고, 즉 고의범이든 과실범이든, 법정형이 무겁든 가볍든, 범죄의 동기가 어디에 있든지를 가리지 않고 필요적으로 직위해제처분을 하도록 규정하고 있다. 이는 직업의 자유를 과도하게 침해한다(헌재 1998.5.28, 96헌가12).

▶ 필요적 직위해제는 위헌이고 임의적 직위해제는 합헌이다.

③ 소년보호사건에 있어 제1심 결정에 의한 소년원 수용기간을 항고심 결정에 의한 보호기간에 산입하지 아니하는 소년법 규정은 무죄추정의 원칙에 위배되지 아니한다(헌재 2015.12.23, 2014헌마768).

④ 진술거부권은 본인의 죄에 대한 진술을 거부할 수 있는 권리인데, 불고지죄는 타인이 간첩인 것을 신고하라는 것으로 불고지죄는 진술거부권을 침해하지 않는다(헌재 1998.7.16, 96헌바35).

정답 ③

35 진술거부권에 대한 설명으로 옳지 않은 것은? (다툼이 있는 경우 판례에 의함)

① '2020년도 장교 진급지시' Ⅳ. 제4장 5. 가. 2) 나) 중 '민간법원에서 약식명령을 받아 확정된 사실이 있는 자'에 관한 부분은 육군 장교가 민간법원에서 약식명령을 받아 확정된 사실만을 자진신고 하도록 하고 있는바, 위 사실 자체는 형사처벌의 대상이 아니고 약식명령의 내용이 된 범죄사실의 진위 여부를 밝힐 것을 요구하는 것도 아니므로, 범죄의 성립과 양형에서의 불리한 사실 등을 말하게 하는 것이라 볼 수 없다.

② 교통·에너지·환경세의 과세물품 및 수량을 신고하도록 한 교통·에너지·환경세법 제7조 제1항은 진술거부권을 제한하는 것이다.

③ 민사집행법상 재산명시의무를 위반한 채무자에 대하여 법원이 결정으로 20일 이내의 감치에 처하도록 규정하는 것은 감치의 제재를 통해 이를 강제하는 것이 형사상 불이익한 진술을 강요하는 것이라고 할 수 없으므로, 위 채무자의 양심의 자유 및 진술거부권을 침해하지 아니한다.

④ '대체유류'를 제조하였다고 신고하는 것이 곧 석유사업법위반죄를 시인하는 것이나 마찬가지라고 할 수 없고, 신고의무 이행시 과세절차가 곧바로 석유사업법위반죄의 처벌을 위한 자료의 수집·획득 절차로 이행되는 것도 아니므로 유사석유제품을 제조하여 조세를 포탈한 자를 처벌하도록 규정한 구 조세범처벌법 조항이 형사상 불리한 진술을 강요하는 것이라고 볼 수 없다.

해설

① 청구인들이 자진신고의무를 부담하는 것은, 수사 및 재판 단계에서 의도적으로 신분을 밝히지 않은 행위에서 비롯된 것으로서 이미 예상가능한 불이익인 반면, 인사상 불균형을 방지함으로써 군 조직의 내부 기강 및 질서를 유지하고자 하는 공익은 매우 중대하다(헌재 2021.8.31, 2020헌마12). 따라서 진술거부권을 침해하지 않는다.

② 대체유류에는 적법하게 제조되어 석유사업법상 처벌대상이 되지 않는 석유대체연료를 포함하는 것이므로 '대체유류'를 제조하였다고 신고하는 것이 곧 석유사업법을 위반하였음을 시인하는 것과 마찬가지라고 할 수 없고, 신고의무 이행시 진행되는 과세절차가 곧바로 석유사업법위반죄 처벌을 위한 자료의 수집·획득 절차로 이행되는 것도 아니다(헌재 2014.7.24, 2013헌바177). 따라서 진술거부권을 제한하지 않는다.

③ 재산목록을 제출하고 그 진실함을 법관 앞에서 선서하는 것은 개인의 인격형성에 관계되는 내심의 가치적·윤리적 판단에 해당하지 않아 양심의 자유의 보호대상이 아니고, 감치의 제재를 통해 이를 강제하는 것이 형사상 불이익한 진술을 강요하는 것이라고 할 수 없으므로, 심판대상조항은 청구인의 양심의 자유 및 진술거부권을 침해하지 아니한다(헌재 2014.9.25, 2013헌마11).

④ 대체유류에는 적법하게 제조되어 석유사업법상 처벌대상이 되지 않는 석유대체연료를 포함하는 것이므로 '대체유류'를 제조하였다고 신고하는 것이 곧 석유사업법을 위반하였음을 시인하는 것과 마찬가지라고 할 수 없고, 신고의무 이행시 진행되는 과세절차가 곧바로 석유사업법위반죄 처벌을 위한 자료의 수집·획득 절차로 이행되는 것도 아니다. 따라서 교통·에너지·환경세법 제7조 제1항은 형사상 불이익한 사실의 진술을 강요한 것으로 볼 수 없으므로 진술거부권을 제한하지 아니한다(헌재 2014.7.24, 2013헌바177).

정답 ②

36 변호인의 조력을 받을 권리에 대한 설명으로 가장 적절하지 <u>않은</u> 것은? (다툼이 있는 경우 헌법재판소 판례에 의함)

① 수용자가 변호사와 접견하는 경우에도 접촉차단시설이 설치된 접견실에서만 접견하도록 하는 것은 수용자의 재판청구권을 침해한다.

② '피고인 등'에 대하여 차폐시설을 설치하고 신문할 수 있도록 한 형사소송법 조항은 청구인의 변호인의 조력을 받을 권리를 침해하지 않는다.

③ 법원의 수사서류 열람·등사 허용 결정에도 불구하고 해당 수사서류의 등사를 거부한 검사의 행위는 청구인들의 변호인의 조력을 받을 권리를 침해한다.

④ 접촉차단시설이 설치되지 않은 장소에서의 수용자 접견 대상을 소송사건의 대리인인 변호사로 한정한 구 형의 집행 및 수용자의 처우에 관한 법률 시행령 조항은, 그로 인해 접견의 상대방인 수용자의 재판청구권이 제한되는 효과도 함께 고려하면 수용자의 대리인이 되려는 변호사의 직업수행의 자유와 수용자의 변호인의 조력을 받을 권리를 침해한다.

해설

① 미결수용자의 변호인 접견이 아닌 한 수용자의 접견은 원칙적으로 접촉차단시설이 설치된 장소에서 하도록 규정하고 있는 형의 집행 및 수용자의 처우에 관한 법률 시행령 제58조 제4항이 변호사로부터 효율적인 재판준비 도움을 받는 것을 방해하여 수용자의 재판청구권을 침해하므로 헌법에 위반된다(헌재 2013.8.29, 2011헌마122).

② 변호인과 증인 사이에 차폐시설을 설치하여 증인신문을 진행할 수 있도록 규정한 형사소송법 조항은 과잉금지원칙에 위배되어 청구인의 공정한 재판을 받을 권리 및 변호인의 조력을 받을 권리를 침해한다고 할 수 없다(헌재 2016.12.29, 2015헌바221).

③ 법원의 수사서류 열람·등사 허용 결정에도 불구하고 해당 수사서류의 등사를 거부한 검사의 행위는 청구인들의 변호인의 조력을 받을 권리를 침해한다(헌재 2003.3.27, 2000헌마474).

④ 소송대리인이 되려는 변호사의 수용자 접견의 주된 목적은 소송대리인 선임 여부를 확정하는 것이고 소송준비와 소송대리 등 소송에 관한 직무활동은 소송대리인 선임 이후에 이루어지는 것이 일반적이므로 소송대리인 선임 여부를 확정하기 위한 단계에서는 접촉차단시설이 설치된 장소에서 접견하더라도 그 접견의 목적을 수행하는데 필요한 의사소통이 심각하게 저해될 것이라고 보기 어렵다(헌재 2022.2.24, 2018헌마1010). 따라서 헌법에 위반되지 않는다.

차폐시설	변호인과 수용자	변호인과 증인	선임 전 변호사와 수용자
주문	위헌	합헌	합헌

정답 ④

37 교도소의 수용자 및 수형자에 관한 내용으로 옳은 것은? (다툼이 있는 경우 판례에 의함)

① 피의자와 그 배우자의 접견을 녹음하는 것은 접견교통권을 침해한다.

② 교도소장이 출정비용납부거부 또는 상계동의거부를 이유로 청구인의 행정소송 변론기일에 청구인의 출정을 각 제한한 행위는 청구인의 재판청구권을 침해한 것으로서 위헌이다.

③ 교도소장의 수형자가 없음에도 불구하고 거실검사를 한 것은 헌법에 위반된다.

④ 피청구인인 부산구치소장이 청구인이 미결수용자 신분으로 구치소에 수용되었던 기간 중 교정시설 안에서 매주 실시하는 종교집회 참석을 제한한 행위는 과잉금지원칙을 위반하여 청구인의 종교의 자유 중 종교적 집회·결사의 자유를 침해한 것이 아니다.

해설

① 부산구치소장이 청구인과 배우자의 접견을 녹음하여 부산지방검찰청 검사장에게 그 접견녹음파일을 제공한 행위가 청구인의 기본권을 침해하지 않는다는 결정을 선고하였다(헌재 2012.12.27, 2010헌마153).

▶ 변호인과 접견을 녹음하면 위헌, 비변호인의 경우는 합헌

② 피청구인인 경북북부제O교도소장이 출정비용납부거부 또는 상계동의거부를 이유로 청구인의 행정소송 변론기일에 청구인의 출정을 각 제한한 행위는 청구인의 재판청구권을 침해한 것으로서 위헌임을 확인한다고 선고하였다(헌재 2012.3.29, 2010헌마485).

③ 이 사건 검사행위는 교도소의 안전과 질서를 유지하고, 수형자의 교화·개선에 지장을 초래할 수 있는 물품을 차단하기 위한 것으로서 그 목적이 정당하고, 수단도 적절하며, 검사의 실효성을 확보할 필요성이 크고, 달리 덜 제한적인 대체수단을 찾기 어려운 점 등에 비추어 보면 이 사건 검사행위가 과잉금지원칙에 위배하여 사생활의 비밀 및 자유를 침해하였다고 할 수 없다(헌재 2011.10.25, 2009헌마691).

④ 무죄가 추정되는 미결수용자에 대한 기본권 제한은 수형자의 경우보다 더 완화되어야 함에도, 미결수용자에 대하여만 일률적으로 종교행사 등에의 참석을 불허한 피청구인의 행위가 미결수용자의 종교의 자유를 침해한 것이라는 헌법재판소의 입장을 밝힌 것이다. 종교행사 등 참석불허 처우는 과잉금지원칙을 위반하여 청구인의 종교의 자유를 침해한 것이다(헌재 2011.12.29, 2009헌마527).

정답 ②

38 신체의 자유 및 피의자·피고인의 권리에 대한 설명으로 가장 적절한 것은? (다툼이 있는 경우 판례에 의함)

① 범죄의 피의자로 입건된 사람이 경찰공무원이나 검사의 신문을 받으면서 자신의 신원을 밝히지 않고 지문채취에 불응하는 경우 형사처벌을 부과하는 것은, 수사기관이 직접 물리적 강제력을 행사하여 피의자에게 강제로 지문을 찍도록 하는 것을 허용하는 것과 질적인 차이가 없으므로 영장주의에 위배된다.

② 강제퇴거명령을 받은 사람을 즉시 대한민국 밖으로 송환할 수 없으면 송환할 수 있을 때까지 보호시설에 보호할 수 있도록 하는 법률규정은 긴급하게 보호조치를 취한 것으로 헌법에 위반되지 않는다.

③ 변호인의 수사서류 열람·등사권은 피고인의 신속·공정한 재판을 받을 권리 및 변호인의 조력을 받을 권리라는 헌법상 기본권의 중요한 내용이자 구성요소이며 이를 실현하는 구체적인 수단이 된다.

④ 가사소송에서 당사자가 변호사를 대리인으로 선임하여 그 조력을 받는 것은 변호인의 조력을 받을 권리의 보호영역에 포함된다.

해설

① 이 사건 법률조항이 지문채취거부를 처벌할 수 있도록 하는 것이 비록 피의자에게 지문채취를 강요하는 측면이 있다 하더라도 수사의 편의성만을 위하여 영장주의의 본질을 훼손하고 형해화한다고 할 수는 없다(헌재 2004.9.23, 2002헌가17).

▶ 형사처벌처럼 심리적·간접적으로 강제하는 경우에는 영장주의가 적용되지 않는다.

② 보호기간의 상한이 존재하지 아니한 것이 과잉금지원칙에 위배되며 보호의 개시나 연장 단계에서 공정하고 중립적인 기관에 의한 통제절차가 없고, 행정상 인신구속을 함에 있어 의견제출의 기회도 전혀 보장하고 있지 아니한 것이 적법절차원칙에 위배되어 피보호자의 신체의 자유를 침해한다(헌재 2023.3.23, 2020헌가1).

③ 변호인의 수사서류 열람·등사권은 피고인의 신속·공정한 재판을 받을 권리 및 변호인의 조력을 받을 권리라는 헌법상 기본권의 중요한 내용이자 구성요소이며 이를 실현하는 구체적인 수단이 된다(헌재 2010.6.24, 2009헌마257).

④ 헌법 제12조 제4항의 변호인의 조력을 받을 권리는 신체의 자유에 관한 영역으로서 가사소송에서 당사자가 변호사를 대리인으로 선임하여 그 조력을 받는 것을 그 보호영역에 포함된다고 보기 어렵다(헌재 2012.10.25, 2011헌마598).

▶ 이는 변호인의 조력이 아니라 재판받을 권리가 문제된다.

정답 ③

39 신체의 자유에 대한 설명으로 옳지 않은 것은? (다툼이 있는 경우 헌법재판소 결정에 의함)

① 성폭력범죄를 저지른 성도착증 환자로서 재범의 위험성이 인정되는 19세 이상의 사람에 대해 법원이 15년의 범위에서 치료명령을 선고할 수 있도록 한 법률규정은, 장기형이 선고되는 경우 치료명령의 선고시점과 집행시점 사이에 상당한 시간적 간극이 있어 집행시점에서 발생할 수 있는 불필요한 치료와 관련한 부분에 대해서는 침해의 최소성과 법익균형성이 인정되지 않기 때문에 피치료자의 신체의 자유를 침해한다.

② 변호인의 조력을 받을 권리는 '형사사건'에서의 변호인의 조력을 받을 권리에 국한되는 것은 아니므로, 수형자가 형사사건의 변호인이 아닌 민사사건, 행정사건, 헌법소원사건 등에서 변호사와 접견할 경우에도 헌법상 변호인의 조력을 받을 권리의 주체가 될 수 있다.

③ 금치의 징벌을 받은 수용자에 대해 금치기간 중 실외운동을 원칙적으로 제한하고 예외적으로 실외운동을 허용하는 경우에도 실외운동의 기회가 부여되어야 하는 최저기준을 명시하지 않고 있는 규정은, 실외운동은 구금되어 있는 수용자의 신체적·정신적 건강을 유지하기 위한 최소한의 기본적 요청이고, 수용자의 건강 유지는 교정교화와 건전한 사회복귀라는 형 집행의 근본적 목표를 달성하는 데 필수적이므로 침해의 최소성 원칙에 위배되어 신체의 자유를 침해한다.

④ 관광진흥개발기금 관리·운용업무에 종사토록 하기 위해 문화체육관광부장관에 의해 채용된 민간 전문가에 대해 형법상 뇌물죄의 적용에 있어서 공무원으로 의제하는 법률규정은, 민간 전문가를 모든 영역에서 공무원으로 의제하는 것이 아니라 직무의 불가매수성을 담보한다는 요청에 의해 금품수수행위 등 직무 관련 비리행위를 엄격히 처벌하기 위해 뇌물죄의 적용에 대하여만 공무원으로 의제하고 있으므로 과잉금지원칙에 위배되어 신체의 자유를 침해한다고 볼 수 없다.

해설

① 법원이 치료명령 청구가 이유 있다고 인정하는 때에 15년의 범위에서 치료기간을 정하여 판결로 치료를 명령할 수 있도록 한 조항은 집행시점에서 불필요한 치료를 막을 수 있는 절차가 마련되어 있지 않은 점으로 인하여 과잉금지원칙에 위배되어 치료명령 피청구인의 신체의 자유 등 기본권을 침해한다(헌재 2015.12.23, 2013헌가9).

② 변호인의 조력을 받을 권리는 '형사사건'에서의 변호인의 조력을 받을 권리를 의미한다. 따라서 수형자가 형사사건의 변호인이 아닌 민사사건, 행정사건, 헌법소원사건 등에서 변호사와 접견할 경우에는 원칙적으로 헌법상 변호인의 조력을 받을 권리의 주체가 될 수 없다(헌재 2013.9.26, 2011헌마398).

▶ 이는 변호인의 조력이 아니라 재판받을 권리가 문제된다.

③ 소란, 난동을 피우거나 다른 사람을 해할 위험이 있어 실외운동을 허용할 경우 금치처분의 목적달성이 어려운 예외적인 경우에 한하여 실외운동을 제한하는 덜 침해적인 수단이 있음에도 불구하고, 위 조항은 금치처분을 받은 사람에게 원칙적으로 실외운동을 금지한다. 나아가 위 조항은 예외적으로 실외운동을 허용하는 경우에도, 실외운동의 기회가 부여되어야 하는 최저기준을 법령에서 명시하고 있지 않으므로, 침해의 최소성 원칙에 위배된다. 위 조항은 수용자의 정신적·신체적 건강에 필요 이상의 불이익을 가하고 있고, 이는 공익에 비하여 큰 것이므로 위 조항은 법익의 균형성 요건도 갖추지 못하였다. 따라서 위 조항은 청구인의 신체의 자유를 침해한다(헌재 2016.5.26, 2014헌마45).

④ 관광진흥개발기금 관리·운용업무에 종사토록 하기 위해 문화체육관광부장관에 의해 채용된 민간 전문가에 대해 형법상 뇌물죄의 적용에 있어서 공무원으로 의제하는 위 조항은 민간 전문가를 모든 영역에서 공무원으로 의제하는 것이 아니라 직무의 불가매수성을 담보한다는 요청에 의해 금품수수행위 등 직무 관련 비리행위를 엄격히 처벌하기 위해 형법 제129조 등의 적용에 대하여만 공무원으로 의제하고 있으므로 입법목적 달성에 필요한 정도를 넘어선 과잉형벌이라고 할 수 없다(헌재 2014.7.24, 2012헌바188).

정답 ②

40 변호인의 조력을 받을 권리에 대한 설명으로 옳지 않은 것을 모두 고른 것은? (다툼이 있는 경우 판례에 의함)

> ㉠ 헌법 제12조 제4항의 변호인의 조력을 받을 권리는 무죄추정을 받고 있는 피의자·피고인에 대하여 신체구속의 상황에서 생기는 여러 가지 폐해를 제거하고 구속이 그 목적의 한도를 초과하여 이용되거나 작용되지 않게끔 보장하기 위한 것으로 여기의 '변호인의 조력'은 '변호인의 충분한 조력'을 의미한다.
> ㉡ 헌법 제12조 제4항에서 변호인의 조력을 받을 권리를 보장하는 목적은 피의자 또는 피고인의 방어권 행사를 보장하기 위한 것이므로 미결수용자 또는 변호인이 원하는 특정한 시점에 접견이 이루어지지 못한 경우 이는 곧바로 변호인의 조력을 받을 권리가 침해되었다고 보아야 한다.
> ㉢ 검찰수사관이 피의자신문에 참여한 변호인에게 피의자 후방에 앉으라고 요구한 행위는 변호인의 변호권을 침해하는 것이 아니다.
> ㉣ 변호인과의 자유로운 접견은 신체구속을 당한 사람에게 보장된 변호인의 조력을 받을 권리의 가장 중요한 내용이어서 국가안전보장·질서유지 또는 공공복리 등 어떠한 명분으로도 제한될 수 있는 성질의 것이 아니라고 할 것이나, 이는 구속된 자와 변호인 간의 접견이 실제로 이루어지는 경우에 있어서의 '자유로운 접견', 즉 '대화내용에 대하여 비밀이 완전히 보장되고 어떠한 제한, 영향, 압력 또는 부당한 간섭 없이 자유롭게 대화할 수 있는 접견'을 제한할 수 없다는 것이지, 변호인과의 접견 자체에 대해 아무런 제한도 가할 수 없다는 것을 의미하는 것은 아니다.

① ㉠, ㉡ ② ㉠, ㉣
③ ㉡, ㉢ ④ ㉢, ㉣

해설

옳지 않은 것은 ㉡, ㉢이다.

㉠ 변호인의 조력을 받을 권리란 자유로이 변호인을 선임하고, 변호인과 자유로이 접견·협의할 수 있으며, 변호인을 통하여 소송기록을 자유로이 열람하여 공격·방어 기회를 충분히 활용할 수 있는 권리를 의미한다(헌재 1998.8.27, 96헌마398).

㉡ 변호인의 조력을 받을 권리를 보장하는 목적은 피의자 또는 피고인의 방어권 행사를 보장하기 위한 것이므로, 미결수용자 또는 변호인이 원하는 특정한 시점에 접견이 이루어지지 못하였다 하더라도 그것만으로 곧바로 변호인의 조력을 받을 권리가 침해되었다고 단정할 수는 없는 것이고, 변호인의 조력을 받을 권리가 침해되었다고 하기 위해서는 접견이 불허된 특정한 시점을 전후한 수사 또는 재판의 진행 경과에 비추어 보아, 그 시점에 접견이 불허됨으로써 피의자 또는 피고인의 방어권 행사에 어느 정도는 불이익이 초래되었다고 인정할 수 있어야만 하며, 그 시점을 전후한 변호인 접견의 상황이나 수사 또는 재판의 진행 과정에 비추어 미결수용자가 방어권을 행사하기 위해 변호인의 조력을 받을 기회가 충분히 보장되었다고 인정될 수 있는 경우에는, 비록 미결수용자 또는 그 상대방인 변호인이 원하는 특정 시점에는 접견이 이루어지지 못하였다 하더라도 변호인의 조력을 받을 권리가 침해되었다고 할 수 없다(헌재 2011.5.26, 2009헌마341).

㉢ 검찰수사관인 피청구인이 피의자신문에 참여한 청구인에게 피의자 후방에 앉으라고 요구한 행위는 변호인인 청구인의 변호권을 침해한다(헌재 2017.11.30, 2016헌마503).

㉣ 헌법재판소가 91헌마111 결정에서 미결수용자와 변호인과의 접견에 대해 어떠한 명분으로도 제한할 수 없다고 한 것은 구속된 자와 변호인 간의 접견이 실제로 이루어지는 경우에 있어서의 '자유로운 접견', 즉 '대화내용에 대하여 비밀이 완전히 보장되고 어떠한 제한, 영향, 압력 또는 부당한 간섭 없이 자유롭게 대화할 수 있는 접견'을 제한할 수 없다는 것이지, 변호인과의 접견 자체에 대해 아무런 제한도 가할 수 없다는 것을 의미하는 것이 아니므로 미결수용자의 변호인 접견권 역시 국가안전보장·질서유지 또는 공공복리를 위해 필요한 경우에는 법률로써 제한될 수 있음은 당연하다(헌재 2011.5.26, 2009헌마341).
▶ 접견 그 자체는 제한이 가능하나, 자유로운 접견은 제한이 불가능하다.

정답 ③

41 신체의 자유에 대한 설명으로 옳은 것은? (다툼이 있는 경우 판례에 의함)

① 강제퇴거명령을 받은 사람을 즉시 대한민국 밖으로 송환할 수 없으면 송환할 수 있을 때까지 보호시설에 보호할 수 있도록 규정한 출입국관리법 제63조 제1항은 과잉금지원칙에 반하여 신체의 자유를 침해하는 것은 아니다.

② 체포영장을 집행하는 경우 필요한 때에는 타인의 주거 등에서 피의자 수사를 할 수 있도록 한 형사소송법 제216조 제1항 제1호 중 제200조의2에 관한 부분은 헌법 제16조의 영장주의에 위반되지 않는다.

③ 변호인과의 자유로운 접견은 신체구속을 당한 사람에게 보장된 변호인의 조력을 받을 권리의 가장 중요한 내용이어서 국가안전보장, 질서유지, 공공복리 등 어떠한 명분으로도 제한될 수 없다.

④ 가사소송에서 당사자가 변호사를 대리인으로 선임하여 그 조력을 받는 것은 변호인의 조력을 받을 권리의 보호영역에 포함된다.

해설

① 보호기간의 상한이 존재하지 아니한 것이 과잉금지원칙에 위배되며 보호의 개시나 연장 단계에서 공정하고 중립적인 기관에 의한 통제절차가 없고, 행정상 인신구속을 함에 있어 의견제출의 기회도 전혀 보장하고 있지 아니한 것이 적법절차원칙에 위배되어 피보호자의 신체의 자유를 침해한다(헌재 2023.3.23, 2020헌가1).

② 수색에 앞서 영장을 발부받기 어려운 긴급한 사정이 인정되지 않는 경우에도 영장 없이 피의자 수색을 할 수 있다는 것이므로, 위에서 본 헌법 제16조의 영장주의 예외 요건을 벗어난다(명확성의 원칙을 위배하지는 않으나 영장주의 위배)(헌재 2018.2.22, 2015헌바379).

③ 변호인과의 자유로운 접견은 신체구속을 당한 사람에게 보장된 변호인의 조력을 받을 권리의 가장 중요한 내용이어서 국가안전보장·질서유지·공공복리 등 어떠한 명분으로도 제한될 수 있는 성질의 것이 아니다(헌재 1992.1.28, 91헌마111).

《주의 이 지문이 폐기된 것은 아니다. 헌법재판소가 91헌마111 결정에서 미결수용자와 변호인과의 접견에 대해 어떠한 명분으로도 제한할 수 없다고 한 것은 구속된 자와 변호인 간의 접견이 실제로 이루어지는 경우에 있어서의 '자유로운 접견', 즉 '대화내용'에 대하여 비밀이 완전히 보장되고 어떠한 제한, 영향, 압력 또는 부당한 간섭없이 자유롭게 대화할 수 있는 접견'을 제한할 수 없다는 것이지, 변호인과의 접견 자체에 대해 아무런 제한도 가할 수 없다는 것을 의미하는 것이 아니므로 미결수용자의 변호인 접견권 역시 국가안전보장·질서유지 또는 공공복리를 위해 필요한 경우에는 법률로써 제한될 수 있음은 당연하다(헌재 2011.5.26, 2009헌마341). 다만, 새로운 판례는 이 의미를 제한불가능으로 해석하지는 않고 있다.

④ 헌법 제12조 제4항의 변호인의 조력을 받을 권리는 신체의 자유에 관한 영역으로서 가사소송에서 당사자가 변호사를 대리인으로 선임하여 그 조력을 받는 것을 그 보호영역에 포함된다고 보기 어렵다(헌재 2012.10.25, 2011헌마598).

정답 ③

제2절 사생활의 자유

필수 OX

01 사생활의 비밀과 자유에 관한 권리는 종래 인간의 존엄과 가치에 근거하여 보장된다고 보았으나, 현행 헌법에서 처음으로 명문화하였다. O|X

해설

사생활의 비밀과 자유는 현행 헌법이 아닌 제8차 개정헌법에서 처음으로 명문화되었다. [X]

02 개인정보자기결정권은 헌법에 명시되지 아니한 독자적 기본권이다. O|X

해설

헌법에 명문으로 규정되어 있지는 않으나 헌법 제17조(사생활의 자유)에 근거한 독자적 기본권이다. [O]

03 사생활의 비밀과 자유는 인격권적인 성격과 자유권적 성격 및 참정권적 성격을 동시에 갖는 권리이다. O|X

해설

사생활의 자유는 이제 소극적 권리를 넘어 적극적 성격도 가지고 있다(개인정보자기결정권 등). 그러나 참정권(정치적 기본권)적 성격을 가지지는 않는다. [X]

04 인터넷언론사의 공개된 게시판 · 대화방에서 스스로의 의사에 의하여 정당 · 후보자에 대한 지지 · 반대의 글을 게시하는 행위는 양심의 자유나 사생활 비밀의 자유에 의하여 보호되는 영역이라고 할 수 없다. O|X

해설

인터넷언론사의 공개된 게시판 · 대화방에서 스스로의 의사에 의하여 정당 · 후보자에 대한 지지 · 반대의 글을 게시하는 행위가 양심의 자유나 사생활 비밀의 자유에 의하여 보호되는 영역이라고 할 수 없다(헌재 2010.2.25, 2008헌마324). [O]

05 영유아보육법은 CCTV 열람의 활용 목적을 제한하고 있고, 어린이집 원장은 열람시간 지정 등을 통해 보육활동에 지장이 없도록 보호자의 열람 요청에 적절히 대응할 수 있으므로 동법의 CCTV 열람조항으로 보육교사의 개인정보자기결정권이 필요 이상으로 과도하게 제한된다고 볼 수 없다. O|X

해설

어린이집에 폐쇄회로 텔레비전(CCTV) 설치를 원칙적으로 의무화하고, 보호자의 CCTV 영상정보 열람 요청 및 어린이집 참관에 대해 정한 영유아보육법 조항들이 어린이집 원장이나 보육교사 등의 기본권을 침해하지 아니한다(헌재 2017.12.28, 2015헌마994). [O]

06 송 · 수신이 완료된 전기통신에 대한 압수 · 수색 사실을 수사대상이 된 가입자에게만 통지하도록 하고, 그 상대방에 대하여는 통지하지 않도록 한 통신비밀보호법 조항은 청구인들의 개인정보자기결정권을 침해하지 아니한다. O|X

해설

심판대상조항은 피의자의 방어권을 보장하기 위하여 도입된 것이나, 수사의 밀행성을 확보하기 위하여 송 · 수신이 완료된 전기통신에 대한 압수 · 수색영장 집행 사실을 수사대상이 된 가입자에게만 통지하도록 하는 것은 적법절차원칙에 위배되어 청구인들의 개인정보자기결정권을 침해한다고 볼 수 없다(헌재 2018.4.26, 2014헌마1178). [O]

07 개인정보자기결정권의 보호대상이 되는 개인정보는 반드시 개인의 내밀한 영역이나 사사(私事)의 영역에 속하는 정보에 국한되지 않고 공적 생활에서 형성되었거나 이미 공개된 개인정보까지 포함한다. O|X

해설

보호되는 개인정보란 꼭 비밀에 한정되는 것이 아니다. 다른 정보와 쉽게 결합하여 본인을 알아볼 수 있는 식별정보이다. 이는 공개된 정보까지도 포함한다(헌재 2005.5.26, 99헌마513). [O]

08 자동차 안에서 이루어지는 활동은 사생활의 영역에 속한다 할 것이므로, 운전할 때 운전자가 좌석안전띠를 착용하는 문제는 사생활 영역의 문제로서 좌석안전띠의 착용을 강제하는 것이 사생활의 비밀과 자유를 침해하는지 여부에 대하여는 과잉금지원칙에 따른 비례심사를 하여야 한다. O|X

해설

자동차를 도로에서 운전하는 중에 좌석안전띠를 착용할 것인가 여부의 생활관계가 개인의 전체적 인격과 생존에 관계되는 '사생활의 기본조건'이라거나 자기결정의 핵심적 영역 또는 인격적 핵심과 관련된다고 보기 어려워 더 이상 사생활 영역의 문제가 아니므로, 운전할 때 운전자가 좌석안전띠를 착용할 의무는 청구인의 사생활의 비밀과 자유를 침해하는 것이라 할 수 없다. [X]

09 국가기관이 행정상 공표의 방법으로 의무위반자의 실명을 공개하여 명예를 훼손한 경우 적시된 사실의 내용이 진실이라는 증명이 없더라도 국가기관이 공표 당시 이를 진실이라고 믿었고 또 그렇게 믿을 만한 상당한 이유가 있다면 위법성이 없다. O|X

해설

국가기관의 경우는 위법성조각사유가 개인보다 훨씬 엄격하다. 즉, 상당한 이유가 있어야 하므로 명확한 증거가 없다면 위법성이 조각되지 않는다. [O]

10 성폭력범죄의 처벌 등에 관한 특례법에 따라 등록된 신상정보를 최초 등록일부터 20년간 보존·관리하여야 한다는 규정은 헌법에 위반된다. O|X

해설

모든 등록대상자에게 20년 동안 신상정보를 등록하게 하고 위 기간 동안 각종 의무를 부과하는 것은 비교적 경미한 등록대상 성범죄를 저지르고 재범의 위험성도 많지 않은 자들에 대해서는 달성되는 공익과 침해되는 사익 사이의 불균형이 발생할 수 있으므로, 성폭력범죄의 처벌 등에 관한 특례법에 따라 등록된 신상정보를 최초 등록일부터 20년간 보존·관리하여야 한다는 규정은 개인정보자기결정권을 침해한다(헌재 2015.7.30, 2014헌마340). [O]

11 통신매체이용음란죄로 유죄판결이 확정된 사람을 일률적으로 신상정보등록대상자가 되도록 하는 것은 침해의 최소성에 위배되어 개인정보자기결정권을 침해한다. O|X

해설

통신매체이용음란죄로 유죄의 확정판결을 받은 자에 대하여 개별 행위 유형에 따른 죄질 및 재범의 위험성을 고려하지 않고 모두 신상정보등록대상자가 되도록 하여 개인정보자기결정권을 침해하여 헌법에 위반된다(헌재 2016.3.31, 2015헌마688). [O]

12 구치소장이 검사의 요청에 따라 미결수용자와 그 배우자의 접견녹음파일을 미결수용자의 동의 없이 제공하더라도, 이러한 제공행위는 형사사법의 실체적 진실을 발견하고 이를 통해 형사사법의 적정한 수행을 도모하기 위한 것으로 미결수용자의 개인정보자기결정권을 침해하는 것은 아니다. O|X

해설

부산구치소장이 청구인과 배우자의 접견을 녹음하여 부산지방검찰청 검사장에게 그 접견녹음파일을 제공한 행위가 청구인의 기본권을 침해하지 않는다는 결정을 선고하였다(헌재 2012.12.27, 2010헌마153). [O]

13 선거운동과정에서 자신의 인격권이나 명예권을 보호하기 위하여 대외적으로 해명을 하는 행위도 사생활의 자유에 의하여 보호되는 범주에 속한다. O|X

해설

자신의 인격권이나 명예권을 보호하기 위하여 대외적으로 해명을 하는 행위는 표현의 자유에 속하는 영역이라고 할 수 있을 뿐 이미 사생활의 자유에 의하여 보호되는 범주를 벗어난 행위라고 볼 것이므로, 위 청구인의 사생활의 자유가 침해된다고는 볼 수 없다(헌재 2001.8.30, 99헌바92 등). [X]

14 학교생활세부사항기록부의 '행동특성 및 종합의견'에 학교폭력예방법 제17조에 규정된 가해학생에 대한 조치사항을 입력하고, 이러한 내용을 학생의 졸업과 동시에 삭제하도록 규정한 학교생활기록 작성 및 관리지침이 법률유보원칙에 반하여 개인정보자기결정권을 침해하는 것이라 할 수 없다. O|X

해설

학교폭력 관련 조치사항을 학교생활기록의 '행동특성 및 종합의견'에 입력하도록 규정한 것과 이렇게 입력된 조치사항을 졸업과 동시에 삭제하도록 규정한 것은 법률유보원칙이나 과잉금지원칙에 반하여 개인정보자기결정권을 침해하지 않는다(헌재 2016.4.28, 2012헌마630). [O]

15 교정시설의 장이 수용자가 범죄의 증거를 인멸하거나 형사 법령에 저촉되는 행위를 할 우려가 있는 때에 교도관으로 하여금 수용자의 접견내용을 청취 · 기록 · 녹음 또는 녹화하게 하는 것은 미결수용자의 사생활을 침해한다. O|X

해설

청구인의 접견내용을 녹음 · 녹화함으로써 증거인멸이나 형사 법령 저촉 행위의 위험을 방지하고, 교정시설 내의 안전과 질서유지에 기여하려는 공익은 미결수용자가 받게 되는 사익의 제한보다 훨씬 크고 중요하므로 법익의 균형성도 인정된다. 따라서 이 사건 녹음조항은 과잉금지원칙에 위배되어 청구인의 사생활의 비밀과 자유 및 통신의 비밀을 침해하지 아니한다(헌재 2016.11.24, 2014헌바401). [X]

16 정보통신망을 통해 청소년유해매체물을 제공하는 자에게 이용자의 본인확인 의무를 부과하고 있는 청소년 보호법 조항은 관계자의 개인정보자기결정권을 침해하지 않는다. O|X

해설

본인확인 조항은 청소년유해매체물 이용자의 연령을 정확하게 확인함으로써 청소년을 음란 · 폭력성 등을 지닌 유해매체물로부터 차단 · 보호하기 위한 것으로 입법목적의 정당성이 인정되고, 인터넷상에서는 대면 접촉을 통한 신분증 확인이 사실상 불가능하므로 공인인증기관이나 본인확인정보를 가지고 있는 제3자 등을 통해 본인인증을 거치도록 하는 것은 입법목적 달성을 위한 적절한 수단이다(헌재 2015.3.26, 2013헌마354). [O]

17 거주 · 이전의 자유는 국가의 간섭 없이 자유롭게 거주와 체류지를 정할 수 있는 자유로서 대한민국 국적을 이탈할 수 있는 '국적변경의 자유'도 그 내용에 포섭된다. O|X

해설

국적이탈의 자유는 우리나라 국적을 포기하고, 외국 국적을 취득하는 것을 말한다. 여기에는 거주 · 이전의 자유에 포함된다고 본다. 그러나 국적이탈의 자유에 무국적의 자유까지 보장하는 것은 아니다. [O]

18 성범죄자의 신상정보를 등록하는 것은 거주 · 이전의 자유를 제한한다고 볼 수 있다. O|X

해설

거주 · 이전의 자유나 직업선택의 자유, 진술거부권이 제한되는 영역이 아니다. 이를 통해 달성되는 공익이 매우 중대하여 개인정보자기결정권을 침해하지 않는다(헌재 2016.9.29, 2015헌마548). [X]

19 계약기간 만료 후 임차인이 퇴거하지 않을 경우에는 임대인이 주거의 자유의 주체가 된다. O|X

해설

강제집행절차에 의하여 퇴거시키지 않는 이상 임차인이 주거의 자유의 주체가 된다. [X]

20 한약업사의 허가 및 영업행위에 대하여 지역적 제한을 가하는 것은 평등의 원칙과 거주 · 이전의 자유를 침해한다. O|X

해설

한약업사의 허가 및 영업행위에 대하여 지역적으로 제한을 가한 것은 오로지 국민 건강의 유지·향상이라는 공공의 복리를 위하여 마련된 것이고, 그 제한의 정도 또한 목적을 달성하기 위하여 적정한 것이라 할 것이다(헌재 1991.9.16, 89헌마231). [X]

21 3인 간의 대화에서 그중 한 사람이 대화를 녹음하는 것은 주거의 자유에서 보호되는 것이 아니라 통신의 비밀에서 보호되는 것으로 통신비밀보호법상 처벌대상이라고 판례는 보고 있다. O|X

해설

3인 간의 대화에 있어서 그중 한 사람이 그 대화를 녹음하는 경우에 다른 두 사람의 발언은 그 녹음자에 대한 관계에서 '타인 간의 대화'라고 할 수 없으므로 이와 같은 녹음행위가 통신비밀보호법 제3조 제1항에 위배된다고 볼 수는 없다(대판 2006.10.12, 2006도4981). [X]

22 징역형 등이 확정되어 교정시설에 수용 중인 수형자는 통신의 자유의 주체가 될 수 없다. O|X

해설

수형자의 경우 변호인의 조력받을 권리의 주체가 되지 못하고, 통신의 자유는 당연히 주체가 된다. [X]

23 통신제한조치기간의 연장을 허가함에 있어 횟수나 기간제한을 두지 않는 규정은 범죄수사의 목적을 달성하기 위해 불가피한 것이므로 과잉금지의 원칙에 위배되지 않는다. O|X

해설

통신제한조치기간을 연장함에 있어 법운용자의 남용을 막을 수 있는 최소한의 한계를 설정할 필요가 있다. 그럼에도 통신제한조치의 총연장기간이나 총연장횟수를 제한하지 않고 계속해서 통신제한조치가 연장될 수 있도록 한 이 사건 법률조항은 최소침해성 원칙을 위반한 것이다(헌재 2010.12.28, 2009헌가30). [X]

24 우편물과 유 · 무선 전화에 의한 전기통신의 자유는 보장되나 전자우편(인터넷 통신)의 자유는 아직 보장되지 않는다. O|X

해설

통신의 비밀이란 편지·전화·전신·팩스 기타 우편물 등에 의한 격지자 간의 의사전달과 물품수수에 있어 그 내용·형태·당사자(수신인, 발신인 모두 포함)·전달방법(사서함, 등기우편, 택배 등) 등을 포함한다. [X]

25 전기통신의 감청에 대한 영장주의에 관하여는 현행 헌법에는 명문의 규정은 없다. O|X

해설

헌법은 신체의 자유와 주거의 자유에 관해서 영장이 존재할 뿐, 전기통신의 감청에 대한 영장주의에 관하여는 현행 헌법에는 명문의 규정은 없다. [O]

26 인터넷회선 감청은 서버에 저장된 정보가 아니라, 인터넷상에서 발신되어 수신되기까지의 과정 중에 수집되는 정보, 즉 전송 중인 정보의 수집을 위한 수사이므로, 압수·수색에 해당된다. O|X

해설

인터넷회선 감청은 서버에 저장된 정보가 아니라, 인터넷상에서 발신되어 수신되기까지의 과정 중에 수집되는 정보, 즉 전송 중인 정보의 수집을 위한 수사이므로, 압수·수색과 구별된다(헌재 2018.8.30, 2016헌마263). [X]

27 수사를 위하여 필요한 경우 수사기관으로 하여금 법원의 허가를 얻어 전기통신사업자에게 특정 시간대 특정 기지국에서 발신된 모든 전화번호의 제공을 요청할 수 있도록 하는 것은 그 통신서비스이용자의 개인정보자기결정권과 통신의 자유를 침해한다. O|X

해설

수사에 지장을 초래하지 않으면서도 불특정 다수의 기본권을 덜 침해하는 수단이 존재하는 점을 고려할 때, 이 사건 요청조항은 과잉금지원칙에 반하여 청구인의 개인정보자기결정권과 통신의 자유를 침해한다(헌재 2018.6.28, 2012헌마538). [O]

예상문제

01 사생활의 비밀과 자유에 관한 설명 중 가장 적절하지 않은 것은? (다툼이 있는 경우 판례에 의함)

① 교도소장이 수용자가 없는 상태에서 실시한 거실 및 작업장의 검사행위가 과잉금지원칙에 위배하여 수용자의 사생활의 비밀 및 자유를 침해한다고 할 수 없다.

② 국민건강보험공단이 피의자의 급여일자와 요양기관명에 관한 정보를 수사기관에 제공하는 것은, 당해 정보가 개인의 건강에 관한 것이기는 하나 개인의 건강 상태에 관한 막연하고 추상적인 정보에 불과하여 보호의 필요성이 높지 않을 뿐만 아니라, 검거목적에 필요한 최소한의 정보를 제공한 것으로써 그의 개인정보자기결정권을 침해하지 아니한다.

③ 개인정보자기결정권이란 자신에 관한 정보의 공개와 유통을 스스로 결정하고 통제할 수 있는 권리를 말하며, 이때 '자신에 관한 정보'는 그 자체가 꼭 비밀성이 있는 정보일 필요는 없다.

④ 성폭력범죄의 처벌 등에 관한 특례법에 따라 등록된 신상정보를 최초 등록일부터 20년간 보존·관리하여야 한다는 규정은 개인정보자기결정권을 침해한다.

해설

① 이 사건 검사행위는 교도소의 안전과 질서를 유지하고, 수형자의 교화·개선에 지장을 초래할 수 있는 물품을 차단하기 위한 것으로서 그 목적이 정당하고, 수단도 적절하며, 검사의 실효성을 확보할 필요성이 크고, 달리 덜 제한적인 대체수단을 찾기 어려운 점 등에 비추어 보면 이 사건 검사행위가 과잉금지원칙에 위배하여 사생활의 비밀 및 자유를 침해하였다고 할 수 없다(헌재 2011.10.25, 2009헌마691).

② 수사기관은 이미 소재를 파악한 상태였거나 다른 수단으로 충분히 파악할 수 있었으므로 민간정보인 요양급여정보가 수사기관에 제공되어 중대한 불이익을 받게 되었다. 따라서 이는 개인정보자기결정권을 침해하였다(헌재 2018.8.30, 2014헌마368).

③ 개인정보자기결정권이란 자신에 관한 정보의 공개와 유통을 스스로 결정하고 통제할 수 있는 권리를 말하며, 이때 '자신에 관한 정보'는 그 자체가 꼭 비밀성이 있는 정보일 필요는 없다(헌재 2005.5.26, 99헌마513).

④ 성폭력범죄의 처벌 등에 관한 특례법 위반(카메라등이용촬영, 카메라등이용촬영미수)죄로 유죄가 확정된 자는 신상정보 등록대상자가 되도록 규정한 '성폭력범죄의 처벌 등에 관한 특례법' 제42조 제1항 중 관련 부분은 헌법에 위반되지 않고, 등록대상자의 등록정보를 20년 동안 보존·관리하도록 규정한 같은 법률 제45조 제1항은 헌법에 합치되지 않는다(헌재 2015.7.30, 2014헌마340).

정답 ②

02 사생활의 비밀과 자유에 관한 설명으로 옳은 것은? (다툼이 있는 경우 헌법재판소 결정례에 의함)

① 사생활의 비밀과 자유는 인격권적인 성격과 자유권적 성격 및 참정권적 성격을 동시에 갖는 권리이다.

② 공공기관의 개인정보보호에 관한 법률의 적용대상에는 사자(死者)에 관한 정보가 포함되어 있다.

③ 지문정보는 그 자체로 개인의 존엄과 인격권에 큰 영향을 미칠 수 있는 민감한 정보라고 보기 어려워, 유전자정보 등과 같은 다른 생체정보와는 달리 그 보호 정도가 높다고 할 수 없다.

④ 야당 소속 후보자 지지 혹은 정부 비판은 정치적 견해로서 개인의 인격주체성을 특징짓는 개인정보에 해당하지만, 그것이 지지 선언 등의 형식으로 공개적으로 이루어진 것이라면 개인정보자기결정권의 보호범위 내에 속하지 않는다.

해설

① 사생활의 자유가 참정권적 성격까지 가진다고 보기에는 무리가 있다. 사생활의 비밀과 자유는 개인의 사생활 활동이 타인으로부터 침해되거나 사생활이 함부로 공개되지 아니할 소극적인 자유권적 성격과 현대사회에서 자신에 대한 정보를 자율적으로 통제할 수 있는 적극적인 청구권적 성격을 아울러 가지는 권리이다(대판 1998.7.24, 96다42789).

② "개인정보"란 살아 있는 개인에 관한 정보로서 성명, 주민등록번호 및 영상 등을 통하여 개인을 알아볼 수 있는 정보(해당 정보만으로는 특정 개인을 알아볼 수 없더라도 다른 정보와 쉽게 결합하여 알아볼 수 있는 것을 포함한다)를 말한다. 따라서 사자는 여기에 해당하지 않는다(개인정보 보호법 제2조 제1호).

③ 지문정보는 그 자체로 개인의 존엄과 인격권에 큰 영향을 미칠 수 있는 민감한 정보라고 보기 어려워 유전자정보 등과 같은 다른 생체정보와는 달리 그 보호 정도가 높다고 할 수 없으므로, 이러한 사정도 과잉금지원칙 위배 여부를 판단함에 있어서 고려되어야 한다(헌재 2015.5.28, 2011헌마731).

④ 이 사건 정보수집 등 행위는 청구인 윤OO, 정OO이 과거 야당 후보를 지지하거나 세월호 참사에 대한 정부의 대응을 비판한 의사표시에 관한 정보를 대상으로 한다. 이러한 야당 소속 후보자 지지 혹은 정부 비판은 정치적 견해로서 개인의 인격주체성을 특징짓는 개인정보에 해당하고, 그것이 지지 선언 등의 형식으로 공개적으로 이루어진 것이라고 하더라도 여전히 개인정보자기결정권의 보호범위 내에 속한다(헌재 2020.12.23, 2017헌마416).

정답 ③

03 사생활의 비밀과 자유에 관한 설명으로 가장 적절하지 <u>않은</u> 것은? (다툼이 있는 경우 판례에 의함)

① 금융감독원의 4급 이상 직원에 대하여 사유재산에 관한 정보인 재산사항을 등록하도록 한 공직자윤리법의 재산등록 조항은, 그들의 비리유혹을 억제하고 업무집행의 투명성을 확보하여 국민의 신뢰를 제고하며 궁극적으로 금융기관의 검사 및 감독이라는 공적 업무에 종사하는 금융감독원 직원의 책임성을 확보하려는 것으로 그 공익이 중대하므로, 사생활의 비밀과 자유를 침해하지 않는다.

② 특정인의 사생활 등을 조사하는 일을 업으로 하는 행위를 금지한 것은 이를 업으로 하려는 자의 사생활의 자유를 제한하는 것이다.

③ 성기구의 판매 행위를 제한할 경우 성기구를 사용하려는 소비자는 성기구를 구하는 것이 불가능하거나 매우 어려워 결국 성기구를 이용하여 성적 만족을 얻으려는 사람의 은밀한 내적 영역에 대한 기본권인 사생활의 비밀과 자유가 제한된다고 볼 수 있다.

④ 공판정에서 진술을 하는 피고인·증인 등도 인간으로서의 존엄과 가치를 가지며, 사생활의 비밀과 자유를 침해받지 아니할 권리를 가지고 있으므로, 본인이 비밀로 하고자 하는 사적인 사항이 일반에 공개되지 아니하고 자신의 인격적 징표가 타인에 의하여 일방적으로 이용당하지 아니할 권리가 있다.

해설

① 이 사건 재산 등록 조항이 달성하려는 공익은 금융감독원의 4급 이상 직원의 비리유혹을 억제하고 업무집행의 투명성을 확보하여 국민의 신뢰를 제고하며 궁극적으로 금융기관의 검사 및 감독이라는 공적 업무에 종사하는 금융감독원 직원의 책임성을 확보하려는 것으로 중대하므로, 이 사건 재산등록 조항으로 인하여 달성하려는 공익과 제한되는 사익 간에 법익균형성도 충족된다(헌재 2014.6.26, 2012헌마331).

② 청구인은 '사생활 등 조사 업 금지조항'에 의하여 특정인의 소재 및 연락처를 알아내거나 사생활 등을 조사하는 일을 업으로 할 수 없게 됨으로써 직업선택의 자유가 제한되고, '탐정 등 명칭사용 금지조항'에 의하여 탐정명칭을 사용할 수 없게 됨으로써 직업수행의 자유가 제한되므로, 이 사건 금지조항이 청구인의 직업의 자유를 침해하는지 여부가 문제된다(헌재 2018.6.28, 2016헌마473). 즉, 사생활이 아니라 직업의 자유가 문제된다.

③ 성기구의 판매 행위를 제한할 경우 성기구를 사용하려는 소비자는 성기구를 구하는 것이 불가능하거나 매우 어려워 결국 성기구를 이용하여 성적 만족을 얻으려는 사람의 은밀한 내적 영역에 대한 기본권인 사생활의 비밀과 자유가 제한된다고 볼 수 있다(헌재 2013.8.29, 2011헌바176).

④ 공판정에서 진술을 하는 피고인·증인 등도 인간으로서의 존엄과 가치를 가지며(헌법 제10조), 사생활의 비밀과 자유를 침해받지 아니할 권리를 가지고 있으므로(헌법 제17조), 본인이 비밀로 하고자 하는 사적인 사항이 일반에 공개되지 아니하고 자신의 인격적 징표가 타인에 의하여 일방적으로 이용당하지 아니할 권리가 있다(헌재 1995.12.28, 91헌마114).

정답 ②

04 사생활의 비밀과 자유에 관한 설명으로 가장 적절하지 않은 것은? (다툼이 있는 경우는 판례에 의함)

① 어린이집에 폐쇄회로 텔레비전(CCTV: Closed Circuit Television)을 원칙적으로 설치하도록 정한 영유아보육법 조항은 CCTV 설치로 보육교사 및 영유아의 신체나 행동이 그대로 CCTV에 촬영·녹화된다는 점에서 보육교사 및 영유아의 사생활의 비밀과 자유를 제한한다.

② 헌법 제17조가 보호하고자 하는 기본권은 '사생활영역'의 자유로운 형성과 비밀유지라고 할 것이며, 공적인 영역의 활동은 다른 기본권에 의한 보호는 별론으로 하고 사생활의 비밀과 자유가 보호하는 것은 아니라고 할 것이다.

③ 공직자의 자질·도덕성·청렴성에 관한 사실은 그 내용이 개인적인 사생활에 관한 것이라 할지라도 순수한 사생활의 영역에 있다고 보기 어려워, 이에 대한 문제 제기 내지 비판은 허용되어야 한다.

④ 지문은 그 정보주체를 타인으로부터 식별가능하게 하는 개인정보가 아니므로, 경찰청장이 이를 보관·전산화하여 범죄수사목적에 이용하는 것은 정보주체의 개인정보자기결정권을 제한하는 것이 아니다.

해설

① CCTV 설치 조항으로 인해 보호자 전원이 반대하지 않는 한 어린이집 설치·운영자는 어린이집에 CCTV를 설치할 의무 를 지게 되고 CCTV 설치 시 녹음기능 사용을 할 수 없으므로, 위 조항은 어린이집 설치·운영자인 청구인들의 직업수행의 자유를 제한한다. 그리고 어린이집에 CCTV 설치로 어린이집 원장을 포함하여 보육교사 및 영유아의 신체나 행동이 그대로 CCTV에 촬영·녹화되므로 CCTV 설치 조항은 이들의 사생활의 비밀과 자유를 제한하며, 어린이집에 CCTV 설치를 원하지 않는 부모의 자녀교육권도 제한한다(헌재 2017.12.28, 2015헌마994).

② 헌법 제17조가 보호하고자 하는 기본권은 '사생활영역'의 자유로운 형성과 비밀유지라고 할 것이며, 공적인 영역의 활동은 다른 기본권에 의한 보호는 별론으로 하고 사생활의 비밀과 자유가 보호하는 것은 아니라고 할 것이다(헌재 2003.10.30, 2002헌마518).

③ 공직자의 공무집행과 직접적인 관련이 없는 개인적인 사생활에 관한 사실이라도 일정한 경우 공적인 관심 사안에 해당할 수 있다. 공직자의 자질·도덕성·청렴성에 관한 사실은 그 내용이 개인적인 사생활에 관한 것이라 할지라도 순수한 사생활의 영역 에 있다고 보기 어렵다. 이러한 사실은 공직자 등의 사회적 활동에 대한 비판 내지 평가의 한 자료가 될 수 있고, 업무집행의 내용 에 따라서는 업무와 관련이 있을 수도 있으므로, 이에 대한 문제제기 내지 비판은 허용되어야 한다(헌재 2013.12.26, 2009헌마747).

④ 개인의 고유성, 동일성을 나타내는 지문은 그 정보주체를 타인으로부터 식별가능하게 하는 개인정보이므로, 시장·군수 또는 구청장이 개인의 지문정보를 수집하고, 경찰청장이 이를 보관·전산화하여 범죄수사목적에 이용하는 것은 모두 개인정보자기결정권을 제한하는 것이다(헌재 2005.5.26, 99헌마513 등).

정답 ④

05 사생활의 자유에 관한 다음 설명 중 옳지 않은 것은? (다툼이 있는 경우 판례에 의함)

① '형제자매'에게 가족관계등록부 등의 기록사항에 관한 증명서 교부청구권을 부여하는 '가족관계의 등록 등에 관한 법률' 조항은 과잉금지원칙에 반하여 정보주체의 개인정보자기결정권을 침해한다.

② '직계혈족'에게 가족관계증명서 및 기본증명서의 교부청구권을 부여하는 '가족관계의 등록 등에 관한 법률' 조항은 가정폭력 피해자의 개인정보가 가정폭력 가해자인 전 배우자에게 무단으로 유출될 수 있는 가능성을 열어놓고 있으므로 가정폭력 피해자의 개인정보자기결정권을 침해한다.

③ 인터넷 통신망을 통해 송·수신하는 전기통신에 대한 감청을 범죄수사를 위한 통신제한조치의 하나로 정한 통신비밀보호법 조항은 인터넷회선 감청을 위해 법원의 허가를 얻도록 정하고 있으나, 해당 인터넷회선을 통하여 흐르는 모든 정보가 감청 대상이 되므로 개별성, 특정성을 전제로 하는 영장주의를 유명무실하게 함으로써 감청대상자인 청구인의 사생활의 비밀과 자유를 침해한다.

④ 송·수신이 완료된 전기통신에 대한 압수·수색 사실을 수사대상이 된 가입자에게만 통지하도록 하고, 그 상대방에 대하여는 통지하지 않도록 한 통신비밀보호법 조항은 청구인들의 개인정보자기결정권을 침해하지 아니한다.

해설

① 가족관계등록법상의 각종 증명서 발급에 있어 형제자매에게 정보주체인 본인과 거의 같은 지위를 부여한다. 즉, 형제자매는 본인과 관련된 모든 증명서를 발급받을 수 있고, 기록사항 전부가 현출된 증명서를 발급받을 수 있다. 이는 증명서 교부청구권자의 범위를 필요한 최소한도로 한정한 것이라고 볼 수 없다(이복형제의 경우에도 가능하다)(헌재 2016.6.30, 2015헌마924).

가족관계등록부	직계혈족 원칙	가정폭력	형제자매
주문	합헌	위헌	위헌

② 직계혈족이 가정폭력의 가해자로 판명된 경우 주민등록법 제29조 제6항 및 제7항과 같이 가정폭력 피해자가 가정폭력 가해자를 지정하여 가족관계증명서 및 기본증명서의 교부를 제한하는 등의 가정폭력 피해자의 개인정보를 보호하기 위한 구체적 방안을 마련하지 아니한 부진정입법부작위가 과잉금지원칙을 위반하여 청구인의 개인정보자기결정권을 침해한다(헌재 2020.8.28, 2018헌마927).

③ 영장주의가 수사기관이 강제처분을 함에 있어 중립적 기관인 법원의 허가를 얻어야 함을 의미하는 것 외에 법원에 의한 사후 통제까지 마련되어야 함을 의미한다고 보기 어렵고, 청구인의 주장은 결국 인터넷회선 감청의 특성상 집행 단계에서 수사기관의 권한 남용을 방지할 만한 별도의 통제 장치를 마련하지 않는 한 통신 및 사생활의 비밀과 자유를 과도하게 침해하게 된다는 주장과 같은 맥락이므로, 이 사건 법률조항이 과잉금지원칙에 반하여 청구인의 기본권을 침해하는지 여부에 대하여 판단하는 이상, 영장주의 위반 여부에 대해서는 별도로 판단하지 아니한다(헌재 2018.8.30, 2016헌마263).

▶ 판례는 '영장주의를 유명무실하게 함으로' 등의 표현을 사용하지 않았다.

④ 심판대상조항은 피의자의 방어권을 보장하기 위하여 도입된 것이나, 수사의 밀행성을 확보하기 위하여 송·수신이 완료된 전기통신에 대한 압수·수색영장 집행 사실을 수사대상이 된 가입자에게만 통지하도록 하는 것은 적법절차원칙에 위배되어 청구인들의 개인정보자기결정권을 침해한다고 볼 수 없다(헌재 2018.4.26, 2014헌마1178).

정답 ③

06 개인정보자기결정권에 관한 설명으로 가장 적절하지 않은 것은? (다툼이 있는 경우 헌법재판소 판례에 의함)

① 대한적십자사 회비모금 목적의 지로발송행위는 단순히 착오로 인해 회비를 납부할 가능성이 있다는 사정만으로는 기본권 침해가능성 역시 인정되지 아니한다.

② 거짓이나 그 밖의 부정한 방법으로 보조금을 교부받거나 보조금을 유용하여 어린이집 운영정지, 폐쇄명령 또는 과징금 처분을 받은 어린이집에 대하여 그 위반사실을 공표하도록 한 구 영유아보육법 해당 규정은 과잉금지원칙을 위반하여 개인정보자기결정권을 침해하지 않는다.

③ 보안관찰처분대상자가 교도소 등에서 출소한 후 7일 이내에 출소사실을 신고하도록 정한 구 보안관찰법 해당 규정 전문 중 출소 후 신고의무에 관한 부분은 개인정보자기결정권을 침해하지 않는다.

④ 소년에 대한 수사경력자료의 삭제와 보존기간에 대하여 규정하면서 법원에서 불처분결정된 소년부송치 사건에 대하여 규정하지 않은 구 형의 실효등에 관한 법률 해당 조항은 개인정보자기결정권을 침해하지 않는다.

⑤ 개별 의료급여기관으로 하여금 수급권자의 진료정보를 국민건강보험공단에 알려줄 의무 등 의료급여 자격관리 시스템에 관하여 규정한 보건복지부 고시조항은 동 조항에 의해 수집되는 정보의 범위가 건강생활유지비의 지원 및 급여일수의 확인을 위해 필요한 정보로 제한되어 있다는 점에서 과잉금지원칙에 위배되어 해당 수급권자인 청구인의 개인정보자기결정권을 침해하지 않는다.

해설

① 단순히 착오로 인해 회비를 납부할 가능성이 있다는 사정만으로는 기본권 침해의 가능성 역시 인정되지 아니한다(세금으로 오인가능성)(헌재 2023.2.23, 2019헌마1404).

② 심판대상조항을 통하여 추구하는 영유아의 건강한 성장 도모 및 영유아 보호자들의 보육기관 선택권 보장이라는 공익이 공표대상자의 법 위반사실이 일정기간 외부에 공표되는 불이익보다 크다. 따라서 심판대상조항은 과잉금지원칙을 위반하여 인격권 및 개인정보자기결정권을 침해하지 아니한다(헌재 2022.3.31, 2019헌바520).

③ 출소후신고조항 및 위반 시 처벌조항은 과잉금지원칙을 위반하여 청구인의 사생활의 비밀과 자유 및 개인정보자기결정권을 침해하지 아니한다(헌재 2021.6.24, 2017헌바479).

▶ 변동시마다 신고하는 것은 헌법에 위반된다.

④ 법원에서 불처분결정된 소년부송치 사건에 대한 수사경력자료의 보존기간과 삭제에 대한 규정을 두지 않은 이 사건 구법 조항은 과잉금지원칙을 위반하여 소년부송치 후 불처분결정을 받은 자의 개인정보자기결정권을 침해한다(헌재 2021.6.24, 2018헌가2).

⑤ 위 고시조항으로 인하여 얻게 되는 공익, 즉 수급자격 및 급여액의 정확성을 확보하여 의료급여제도의 원활한 운영을 기한다는 공익이 이로 인하여 제한되는 수급권자의 개인정보자기결정권인 사익보다 크다 할 것이므로 법익의 균형성도 갖추었다고 할 것이다. 따라서, 이 사건 고시조항은 헌법상 과잉금지원칙에 위배되어 청구인들의 개인정보자기결정권을 침해하는 것이라고 볼 수 없다(헌재 2009.9.24, 2007헌마1092).

정답 ④

07 개인정보 보호에 대한 설명으로 옳지 않은 것은? (다툼이 있는 경우 판례에 의함)

① 개인정보란 살아 있는 개인에 관한 정보로서 성명, 주민등록번호 및 영상 등을 통하여 개인을 알아볼 수 있는 정보(해당 정보만으로는 특정 개인을 알아볼 수 없더라도 다른 정보와 쉽게 결합하여 알아볼 수 있는 것을 포함한다)를 말한다.

② 정보주체는 자신의 개인정보 처리로 인하여 발생한 피해를 신속하고 공정한 절차에 따라 구제받을 권리를 가진다.

③ 개인정보처리자는 정보주체가 필요한 최소한의 정보 외의 개인정보 수집에 동의하지 아니한다는 이유로 정보주체에게 재화 또는 서비스의 제공을 거부하여서는 아니 된다.

④ 아동·청소년 대상 성범죄자에 대하여 신상정보 등록 후 1년마다 새로 촬영한 사진을 관할경찰서에 제출하도록 하고 이에 위반하는 경우 형벌로 제재를 가하는 것은 기본권의 최소침해성 원칙에 반한다.

해설

① "개인정보"란 살아 있는 개인에 관한 정보로서 성명, 주민등록번호 및 영상 등을 통하여 개인을 알아볼 수 있는 정보(해당 정보만으로는 특정 개인을 알아볼 수 없더라도 다른 정보와 쉽게 결합하여 알아볼 수 있는 것을 포함한다)를 말한다(개인정보 보호법 제2조 제1호).

② 정보주체는 자신의 개인정보의 처리로 인하여 발생한 피해를 신속하고 공정한 절차에 따라 구제받을 권리를 가진다(개인정보 보호법 제4조 제5호).

③ 개인정보처리자는 정보주체가 필요한 최소한의 정보 외의 개인정보 수집에 동의하지 아니한다는 이유로 정보주체에게 재화 또는 서비스의 제공을 거부하여서는 아니 된다(개인정보 보호법 제6조 제3항).

④ 아동·청소년 대상 성범죄자에 대하여 신상정보 등록 후 1년마다 새로 촬영한 사진을 관할경찰관서의 장에게 제출하도록 규정한 구 아동·청소년의 성보호에 관한 법률 제34조 제2항 단서 중 '사진' 부분과 사진제출의무 위반에 대하여 형사처벌을 하도록 규정한 제52조 제5항 제2호 중 '변경정보인 사진' 부분에 대하여 헌법에 위반되지 아니한다(헌재 2015.7.30, 2014헌바257).

정답 ④

08 다음 중 사생활의 비밀과 자유 또는 개인정보자기결정권을 침해한 것은? (다툼이 있는 경우 판례에 의함)

① A시장이 B경찰서장의 사실조회 요청에 따라 B경찰서장에게 청구인들의 이름, 생년월일, 전화번호, 주소를 제공한 행위

② 공직선거의 후보자등록 신청을 함에 있어 형의 실효 여부와 관계없이 일률적으로 금고 이상의 형의 범죄경력을 제출·공개하도록 한 규정

③ 국민건강보험공단이 2013.12.20. C경찰서장에게 체포영장이 발부된 피의자의 '2010.12.18.부터 2013.12.18.까지'의 상병명, 요양기관명, 요양기관주소, 전화번호 등 요양급여내용을 제공한 행위

④ 채무불이행자명부나 그 부본은 누구든지 보거나 복사할 것을 신청할 수 있도록 규정한 민사집행법

해설

① 이름, 생년월일, 주소는 수사의 초기 단계에서 범죄의 피의자를 특정하기 위하여 필요한 가장 기초적인 정보이고, 전화번호는 피의자 등에게 연락을 하기 위하여 필요한 정보이다. 또한 활동지원급여가 제공된 시간을 확인하기 위해서 수급자에 대하여도 조사를 할 필요성을 인정할 수 있다(헌재 2018.8.30, 2016헌마483).

② 금고 이상의 범죄경력에 실효된 형을 포함시키는 이유는 선거권자가 공직후보자의 자질과 적격성을 판단할 수 있도록 하기 위한 점, 전과기록은 통상 공개재판에서 이루어진 국가의 사법작용의 결과라는 점, 전과기록의 범위와 공개시기 등이 한정되어 있는 점 등을 종합하면 이 사건 법률조항은 청구인들의 사생활의 비밀과 자유를 침해한다고 볼 수 없다(헌재 2008.4.24, 2006헌마402 등).

③ 이 사건 정보제공행위로 인한 청구인들의 개인정보자기결정권에 대한 침해는 매우 중대하다. 그렇다면 이 사건 정보제공행위는 이 사건 정보제공조항 등이 정한 요건을 충족한 것으로 볼 수 없고, 침해의 최소성 및 법익의 균형성에 위배되어 청구인들의 개인정보자기결정권을 침해하였다(헌재 2018.8.30, 2014헌마368).

④ 채무불이행자명부나 그 부본은 누구든지 보거나 복사할 것을 신청할 수 있도록 규정한 민사집행법 제72조 제4항이 과잉금지의 원칙에 반하여 채무불이행자명부에 등재된 청구인들의 개인정보자기결정권을 침해하지 않는다(헌재 2010.5.27, 2008헌마663).

정답 ③

09 개인정보자기결정권에 대한 헌법재판소 결정으로 옳은 것은?

① 주민등록법에서 주민등록번호 변경에 관한 규정을 두고 있지 않은 것이 주민등록번호 불법 유출 등을 원인으로 자신의 주민등록번호를 변경하고자 하는 사람들의 개인정보자기결정권을 침해하는 것은 아니다.

② 학교폭력 가해학생에 대한 조치사항을 학교생활기록부에 기재하고 졸업할 때까지 보존하는 것은 과잉금지원칙에 위배되어 가해학생의 개인정보자기결정권을 침해한다.

③ 자신의 주민등록표를 열람하거나 그 등·초본을 교부받는 경우에도 소정의 수수료를 부과하도록 하고 있는 규정은 개인정보자기결정권을 침해한다고 볼 수 없다.

④ 기소유예처분에 관한 수사경력자료를 최장 5년까지 보존하도록 하는 것은 기소유예처분을 받은 자의 개인정보자기결정권을 침해한다.

해설

① 주민등록번호 변경이 필요한 경우가 있음에도 그 변경에 관하여 규정하지 아니한 채 일률적으로 주민등록번호를 부여하는 제도는 과잉금지원칙을 위반하여 개인정보자기결정권을 침해하여 헌법에 합치되지 아니한다(헌재 2016.3.31, 2015헌마688).

② 학교폭력 관련 조치사항을 학교생활기록의 '행동특성 및 종합의견'에 입력하도록 규정한 것과 이렇게 입력된 조치사항을 졸업과 동시에 삭제하도록 규정한 것은 법률유보의 원칙이나 과잉금지원칙에 반하여 개인정보자기결정권을 침해하지 않는다(헌재 2016.4.28, 2012헌마630).

③ 소정의 수수료를 부과하는 것은 합리적인 이유가 있는 것이어서, 이 사건 심판대상조항이 평등권을 침해한다고 볼 수 없다(헌재 2013.7.25, 2011헌마364).

④ 기소유예처분에 관한 수사경력자료를 보존하도록 하는 것은 재기소나 재수사 상황에 대비한 기초자료를 제공하고, 수사 및 재판과정에서 적정한 양형 등을 통해 사법정의를 실현하기 위한 것으로서 그 목적이 정당하고 수단의 적합성이 인정된다. 보존되는 정보가 최소한에 그치고 이용범위도 제한적이며, 수사경력자료의 누설이나 목적 외 취득과 사용이 엄격히 금지될 뿐만 아니라 법정 보존기간이 합리적 범위 안에 있어 침해의 최소성에 반한다고 볼 수 없고, 수사경력자료의 보존으로 청구인이 현실적으로 입게 되는 불이익이 그다지 크지 않으므로 법익의 균형성도 갖추고 있다. 따라서 심판대상조항은 과잉금지원칙을 위반하여 청구인의 개인정보자기결정권을 침해하지 아니한다(헌재 2016.6.30, 2015헌마828).

정답 ③

10 주거의 자유에 관한 설명으로 가장 적절하지 않은 것은? (다툼이 있는 경우 판례에 의함)

① 주거는 생활의 기초단위로서 구성원 전체의 인격이 형성되고 발현되는 사적 공간이므로 그 보호의 필요성이 매우 크다.

② 행위자가 범죄 등을 목적으로 음식점에 출입하였거나 영업주가 행위자의 실제 출입 목적을 알았더라면 출입을 승낙하지 않았을 것이라는 사정이 인정되더라도 그러한 사정만으로는 출입 당시 객관적·외형적으로 드러난 행위태양에 비추어 사실상의 평온상태를 해치는 방법으로 음식점에 들어갔다고 평가할 수 없으므로 침입행위에 해당하지 않는다.

③ 피해자의 집 마당은 도로에 바로 접하여 있고 출입을 통제하는 문이나 담 기타 인적·물적 설비가 없으므로, 집 마당을 넘어가 외부출입문을 열고 내부출입문을 손으로 두드린 행위는, 주거의 형태와 용도·성질, 외부인에 대한 출입의 통제·관리의 방식과 상태, 출입 경위와 방법 등을 종합적으로 고려하면, 사실상의 평온상태를 해치는 행위태양으로 주거침입에 해당한다.

④ 헌법 제16조의 영장주의에 대해서도 그 예외를 인정하되, 그 장소에 범죄혐의 등을 입증할 자료나 피의자가 존재할 개연성이 소명되고, 사전에 영장을 발부받기 어려운 긴급한 사정이 있는 경우에만 제한적으로 허용될 수 있다.

해설

① 헌법 제16조에서는 모든 국민은 주거의 자유를 침해받지 아니한다고 규정하여 주거의 자유를 기본권으로 특별히 보호하고 있는바, 주거는 생활의 기초단위로서 구성원 전체의 인격이 형성되고 발현되는 사적 공간이므로 그 보호의 필요성이 매우 크다(헌재 2020.9.24, 2018헌바171).

② 행위자가 범죄 등을 목적으로 음식점에 출입하였거나 영업주가 행위자의 실제 출입 목적을 알았더라면 출입을 승낙하지 않았을 것이라는 사정이 인정되더라도 그러한 사정만으로는 출입 당시 객관적·외형적으로 드러난 행위 태양에 비추어 사실상의 평온상태를 해치는 방법으로 음식점에 들어갔다고 평가할 수 없으므로 침입행위에 해당하지 않는다(대판 2022.5.12, 2022도2907).

③ 피해자의 집 마당은 도로에 바로 접하여 있고 도로에서 피해자의 집으로 들어가는 입구에 그 출입을 통제하는 문이나 담 기타 인적·물적 설비가 없어, 누구나 통상의 보행으로 자유롭게 드나들 수 있는 구조에 해당한다. 따라서 피해자의 집 마당은 주거침입죄의 객체가 되는 위요지에 해당한다고 단정하기 어렵다(헌재 2022.10.27, 2020헌마866).

④ 헌법 제16조의 영장주의에 대해서도 그 예외를 인정하되, 이는 그 장소에 범죄혐의 등을 입증할 자료나 피의자가 존재할 개연성이 소명되고, 사전에 영장을 발부받기 어려운 긴급한 사정이 있는 경우에만 제한적으로 허용될 수 있다고 보는 것이 타당하다(헌재 2018.4.26, 2015헌바370 등).

정답 ③

11 거주·이전의 자유에 관한 설명 중 가장 적절한 것은? (다툼이 있는 경우 판례에 의함)

① 복수국적자에 대하여 제1국민역에 편입된 날부터 3개월 이내에 대한민국 국적을 이탈하지 않으면 일률적으로 병역의무를 해소한 후에야 이를 가능하도록 한 국적법 조항은 복수국적자의 국적이탈의 자유를 침해한다.

② 거주지를 중심으로 중·고등학교의 입학을 제한하는 입학제도는 특정학교에 자녀를 입학시키려고 하는 부모에게 해당 학교가 소재하고 있는 지역으로의 이주를 사실상 강제하는 것으로 거주·이전의 자유를 침해하고 있는 것이다.

③ 선거일 현재 계속하여 일정기간 이상 당해 지방자치단체의 관할 구역에 주민등록이 되어 있을 것을 입후보요건으로 하는 공직취임의 자격에 관한 제한규정은 해당 공직에 취임하려고 하는 자에게 특정시점까지 특정지역으로의 이주를 강제하는 것으로 거주·이전의 자유를 침해한다.

④ 법무부령이 정하는 금액 이상의 추징금을 납부하지 아니한 자의 출국을 금지할 수 있도록 한 출입국관리법 조항은 거주·이전의 자유 중 출국의 자유를 제한하는 것은 아니다.

해설

① 외국에서만 주로 체류·거주하면서 대한민국과는 별다른 접점이 없는 사람도 있을 수 있는데, 심판대상 법률조항은 전혀 예외를 인정하지 않고 위 시기가 경과하면 병역의무에서 벗어나는 경우에만 국적이탈이 가능하도록 규정하고 있는바, 이 결정에서 헌법재판소는 그러한 일률적인 제한에 위헌성이 있다고 보았다(헌재 2020.9.24, 2016헌마889).

② 고등학교 과열입시경쟁을 해소함으로써 중학교 교육을 정상화하고, 학교 간 격차 및 지역 간 격차해소를 통하여 고등학교 교육 기회의 균등 제공을 위한 것으로서, 학생과 학부모의 학교선택권에 대한 제한을 완화하기 위하여 선복수지원·후추첨방식과 같은 여러 보완책을 두고 있으므로, 이 사건 조항이 학부모의 학교선택권을 과도하게 제한하여 이를 침해한 것으로 볼 수 없다(헌재 2009.4.30, 2005헌마514).

③ 지방자치단체장의 경우 선거일 현재 90일 이상의 거주요건에 관하여 지방자치행정의 민주성과 능률성을 도모함과 아울러 우리나라 지방자치제도의 정착을 위한 규정으로 보아 합헌결정하였다(헌재 1996.6.26, 96헌마200).

④ 심판대상 법조항은 일정금액 이상의 추징금을 납부하지 아니한 자에게 법무부장관이 출국을 금지할 수 있도록 함으로써 헌법 제14조상의 거주·이전의 자유 중 출국의 자유를 제한하고 있다(헌재 2004.10.28, 2003헌가18).

정답 ①

12 거주·이전의 자유에 대한 설명으로 가장 적절한 것은? (다툼이 있는 경우 판례에 의함)

① 거주·이전의 자유는 해외여행 및 해외 이주의 자유를 포함하고 있지만, 국적변경의 자유는 그 내용에 포섭되지 않는다.

② 생활의 근거지에 이르지 못하는 일시적인 이동을 위한 장소의 선택과 변경도 거주·이전의 자유의 보호영역에 포함된다.

③ 거주·이전의 자유는 국민에게 그가 선택할 직업 내지 그가 취임할 공직을 그가 선택하는 임의의 장소에서 자유롭게 행사할 수 있는 권리까지 보장하는 것은 아니다.

④ 복수국적자에 대하여 제1국민역에 편입된 날부터 3개월 이내에 대한민국 국적을 이탈하지 않으면 일률적으로 병역의무를 해소한 후에야 이를 가능하도록 한 국적법 조항은 복수국적자의 국적이탈의 자유를 침해하지 아니한다.

해설

① 일반적인 국민의 경우 국적변경의 자유도 그 내용에 포섭된다. 따라서 이 지문은 틀린 지문이다. 다만, 외국인의 경우에는 헌법상 당연히 인정된다고 보기는 어렵다(헌재 2006.3.30, 2003헌마806).

② 거주·이전의 자유는 국민이 원활하게 개성신장과 경제활동을 해 나가기 위하여는 자유로이 생활의 근거지를 선택하고 변경하는 것이 필수적이라는 고려에 기하여 생활형성의 중심지, 즉 거주지나 체류지라고 볼 만한 정도로 생활과 밀접한 연관을 갖는 장소를 선택하고 변경하는 행위를 보호하는 기본권으로서, 생활의 근거지에 이르지 못하는 일시적인 이동을 위한 장소의 선택과 변경까지 그 보호영역에 포함되는 것은 아니다(헌재 2011.6.30, 2009헌마406).

③ 거주·이전의 자유는 공권력의 간섭을 받지 아니하고 일시적으로 머물 체류지와 생활의 근거되는 거주지를 자유롭게 정하고 체류지와 거주지를 변경할 목적으로 자유롭게 이동할 수 있는 자유를 내용으로 한다. 그러나 거주·이전의 자유가 국민에게 그가 선택할 직업 내지 그가 취임할 공직을 그가 선택하는 임의의 장소에서 자유롭게 행사할 수 있는 권리까지 보장하는 것은 아니다(헌재 1996.6.26, 96헌마200).

④ 외국에서만 주로 체류·거주하면서 대한민국과는 별다른 접점이 없는 사람도 있을 수 있는데, 심판대상 법률조항은 전혀 예외를 인정하지 않고 위 시기가 경과하면 병역의무에서 벗어나는 경우에만 국적이탈이 가능하도록 규정하고 있는바, 이 결정에서 헌법재판소는 그러한 일률적인 제한에 위헌성이 있다(헌재 2020.9.24, 2016헌마889).

정답 ③

13 거주·이전의 자유에 관한 설명 중 가장 적절한 것은? (다툼이 있는 경우 판례에 의함)

① 거주·이전의 자유에는 국내에서의 거주·이전의 자유 외에도 국외 이주, 해외여행의 자유는 포함되나 귀국의 자유까지 포함되는 것은 아니다.

② 영내에 기거하는 군인은 그가 속한 세대의 거주지에서 등록하여야 한다고 규정하고 있는 주민등록법은 영내 기거 현역병의 거주·이전의 자유를 제한한다.

③ 형사재판에 계속 중인 사람에 대하여 출국을 금지할 수 있다고 규정한 출입국관리법은 과잉금지원칙에 위배되어 출국의 자유를 침해한다.

④ 북한 고위직 출신의 탈북 인사인 여권발급 신청인에 대하여 신변에 대한 위해 우려가 있다는 이유로 미국 방문을 위한 여권발급을 거부한 것은 거주·이전의 자유를 과도하게 제한하는 것이다.

해설

① 우리 헌법 제14조 제1항은 "모든 국민은 거주·이전의 자유를 가진다."고 규정하고 있고, 이러한 거주·이전의 자유에는 국내에서의 거주·이전의 자유뿐 아니라 국외 이주의 자유, 해외여행의 자유 및 귀국의 자유가 포함된다(헌재 2008.6.26, 2007헌마1366).

② 누구든지 주민등록 여부와 무관하게 거주지를 자유롭게 이전할 수 있으므로 주민등록 여부가 거주·이전의 자유와 직접적인 관계가 있다고 보기 어려우며, 영내 기거하는 현역병은 병역법으로 인해 거주·이전의 자유를 제한받게 되므로 이 사건 법률조항은 영내 기거 현역병의 거주·이전의 자유를 제한하지 않는다(헌재 2011.6.30, 2009헌마59).

③ 심판대상조항에 따른 출국금지결정은 성질상 신속성과 밀행성을 요하므로, 출국금지 대상자에게 사전통지를 하거나 청문을 실시하도록 한다면 국가 형벌권 확보라는 출국금지제도의 목적을 달성하는 데 지장을 초래할 우려가 있다. 따라서 헌법에 위반되지 않는다(헌재 2015.9.24, 2012헌바302).

④ 여권발급 신청인이 북한 고위직 출신의 탈북 인사로서 신변에 대한 위해 우려가 있다는 이유로 신청인의 미국 방문을 위한 여권발급을 거부한 것은 여권법 제8조 제1항 제5호에 정한 사유에 해당한다고 볼 수 없고 거주·이전의 자유를 과도하게 제한하는 것으로서 위법하다(대판 2008.1.24, 2007두10846).

정답 ④

14 거주 · 이전의 자유에 대한 설명으로 옳은 것은? (다툼이 있는 경우 판례에 의함)

① 서울광장으로 출입하고 통행하는 행위를 제지하는 것은 거주 · 이전의 자유를 제한한다.

② 대한민국 국민의 거주 · 이전의 자유에는 대한민국을 떠날 수 있는 출국의 자유와 다시 대한민국으로 돌아올 수 있는 입국의 자유뿐만 아니라 대한민국 국적을 이탈할 수 있는 국적변경의 자유가 포함된다.

③ 헌법상 거주 · 이전의 자유는 법인과 외국인도 그 주체가 된다.

④ 지방병무청장으로 하여금 병역준비역에 대하여 27세를 초과하지 않는 범위에서 단기 국외여행을 허가하도록 한 구 병역의무자 국외여행 업무처리 규정 해당 조항 중 '병역준비역의 단기 국외여행 허가기간을 27세까지로 정한 부분'은 27세가 넘은 병역준비역인 청구인의 거주 · 이전의 자유를 침해한다.

해설

① 일반적 행동자유권을 침해하여 위헌이지만 거주 · 이전의 자유를 제한하는 것은 아니다. 거주 · 이전의 자유와 관련되려면 그 장소를 중심으로 생활을 형성해 나가야 하는데 여기에 해당하지 않기 때문이다(헌재 2011.6.30, 2009헌마406).

② 대한민국 국민의 거주 · 이전의 자유에는 대한민국을 떠날 수 있는 출국의 자유와 다시 대한민국으로 돌아올 수 있는 입국의 자유뿐만 아니라 대한민국 국적을 이탈할 수 있는 국적변경의 자유가 포함된다(헌재 2004.10.28, 2003헌가18).

《주의 외국인의 경우에는 국적변경의 자유가 보장되지 않는다.

③ 외국인의 경우에는 입국의 자유가 인정되지 않기 때문에 그 주체성을 인정할 수 없다.

④ 지방병무청장으로 하여금 병역준비역에 대하여 27세를 초과하지 않는 범위에서 단기 국외여행을 허가하도록 한 구 병역의무자 국외여행 업무처리 규정 해당 조항 중 병역준비역의 단기 국외 여행 허가기간을 27세까지로 정한 심판대상조항은 과잉금지원칙에 반하여 청구인의 거주 · 이전의 자유를 침해하지 않는다(헌재 2023.2.23, 2019헌마1157).

정답 ②

15 다음 사례에 관한 설명으로 가장 적절하지 않은 것은? (다툼이 있는 경우 판례에 의함)

> 검사 乙은 전기통신사업자 A에게 수사를 위하여 시민 戊의 성명, 주민등록번호 주소, 전화번호, 가입일 등의 통신자료 제공을 요청하였고, A는 乙에게 2024.1.1.부터 2024.6.30.까지 甲의 통신자료를 제공하였다. 甲은 수사기관 등이 전기통신사업자에게 통신자료 제공을 요청하면 전기통신사업자가 그 요청에 따를 수 있다고 정한 전기통신사업법 제83조에 대해 헌법소원심판을 청구하였다.

① A가 乙의 통신자료 제공요청에 따라 乙에게 제공한 戊의 성명, 주민등록번호 주소, 전화번호, 아이디, 가입일 또는 해지일은 甲의 동일성을 식별할 수 있게 해주는 개인정보에 해당하므로 이 사건 법률조항은 甲의 개인정보자기결정권을 제한한다.

② 헌법상 영장주의는 체포·구속·압수·수색 등 기본권을 제한하는 강제처분에 적용되므로 강제력이 개입되지 않은 임의수사에 해당하는 乙의 통신자료 취득에 영장주의가 적용되지 않는다.

③ 이 사건 법률조항 중 국가안전보장에 대한 위해를 방지하기 위한 정보수집은 국가의 존립이나 헌법의 기본질서에 대한 위험을 방지하기 위한 목적을 달성함에 있어 요구되는 최소한의 범위 내에서의 정보수집을 의미하는 것으로 해석되므로 명확성원칙에 위배되지 않는다.

④ 효율적인 수사와 정보수집의 신속성, 밀행성 등의 필요성을 고려하여 甲에게 통신자료 제공내역을 통지하도록 하는 것이 적절하지 않기 때문에, 이 사건 법률조항이 통신자료 취득에 대한 사후통지절차를 두지 않은 것은 적법절차원칙에 위배되지 않는다.

해설

① 전기통신사업자가 수사기관 등의 통신자료 제공요청에 따라 수사기관 등에 제공하는 이용자의 성명, 주민등록번호, 주소, 전화번호, 아이디, 가입일 또는 해지일은 청구인들의 동일성을 식별할 수 있게 해주는 개인정보에 해당하므로, 이 사건 법률조항은 개인정보자기결정권을 제한한다(헌재 2022.7.21, 2016헌마388).

② 헌법상 영장주의는 체포·구속·압수·수색 등 기본권을 제한하는 강제처분에 적용되므로, 강제력이 개입되지 않은 임의수사에 해당하는 수사기관 등의 통신자료 취득에는 영장주의가 적용되지 않는다(헌재 2022.7.21, 2016헌마388).

③ 청구인들은 이 사건 법률조항 중 '국가안전보장에 대한 위해'의 의미가 불분명하다고 주장한다. 그런데 '국가안전보장에 대한 위해를 방지하기 위한 정보수집'은 국가의 존립이나 헌법의 기본질서에 대한 위험을 방지하기 위한 목적을 달성함에 있어 요구되는 최소한의 범위 내에서의 정보수집을 의미하는 것으로 해석되므로, 명확성원칙에 위배되지 않는다(헌재 2022.7.21, 2016헌마388).

④ 통신자료 취득에 대한 사후통지절차를 두지 않아 적법절차원칙에 위배되어 개인정보자기결정권을 침해한다(헌재 2022.7.21, 2016헌마388).

정답 ④

16 수사기관 등의 통신자료 취득행위에 관한 설명으로 가장 적절하지 않은 것은? (다툼이 있는 경우 대법원 판례 및 헌법재판소 결정에 의함)

① 수사기관 등에 의한 통신자료 제공요청은 임의수사에 해당하는 것으로, 전기통신사업자가 이에 응하지 아니한 경우에도 어떠한 법적 불이익을 받는다고 볼 수 없으므로, 헌법소원의 대상이 되는 공권력의 행사에 해당하지 않는다.

② 전기통신사업자가 수사기관 등의 통신자료 제공요청에 따라 수사기관 등에 제공하는 이용자의 성명, 주민등록번호, 주소, 전화번호, 아이디, 가입일 또는 해지일은 청구인들의 동일성을 식별할 수 있게 해주는 개인정보에 해당한다.

③ 헌법상 영장주의는 체포·구속·압수·수색 등 기본권을 제한하는 강제처분에 적용되므로, 강제력이 개입되지 않은 임의수사에 해당하는 수사기관 등의 통신자료 취득에는 영장주의가 적용되지 않는다.

④ 수사기관 등이 전기통신사업자에게 이용자의 성명 등 통신자료의 열람이나 제출을 요청할 수 있도록 한 전기통신사업법 조항은 통신자료를 요청할 수 있는 사유를 지나치게 광범위하고 포괄적으로 규정하고 있으므로 과잉금지원칙을 위반하여 개인정보자기결정권을 침해한다.

⑤ 수사기관 등이 전기통신사업자에게 이용자의 성명 등 통신자료의 열람이나 제출을 요청할 수 있도록 한 전기통신사업법조항은 통신자료 취득에 대한 사후통지 절차를 두지않아 적법절차원칙에 위배하여 개인정보자기결정권을 침해한다.

해설

① 수사기관 등에 의한 통신자료 제공요청은 임의수사에 해당하는 것으로, 전기통신사업자가 이에 응하지 아니한 경우에도 어떠한 법적 불이익을 받는다고 볼 수 없다. 따라서 이 사건 통신자료 취득행위는 헌법소원의 대상이 되는 공권력의 행사에 해당하지 않는다(헌재 2022.7.21, 2016헌마388 등).

② 전기통신사업자가 수사기관 등의 통신자료 제공요청에 따라 수사기관 등에 제공하는 이용자의 성명, 주민등록번호, 주소, 전화번호, 아이디, 가입일 또는 해지일은 청구인들의 동일성을 식별할 수 있게 해주는 개인정보에 해당하므로, 이 사건 법률조항은 개인정보자기결정권을 제한한다(헌재 2022.7.21, 2016헌마388 등).

③ 헌법상 영장주의는 체포·구속·압수·수색 등 기본권을 제한하는 강제처분에 적용되므로, 강제력이 개입되지 않은 임의수사에 해당하는 수사기관 등의 통신자료 취득에는 영장주의가 적용되지 않는다(헌재 2022.7.21, 2016헌마388 등).

④ 이 사건 법률조항은 수사기관 등이 통신자료 제공요청을 할 수 있는 정보의 범위를 성명, 주민등록번호, 주소 등 피의자나 피해자를 특정하기 위한 불가피한 최소한의 기초정보로 한정하고, 민감정보를 포함하고 있지 않으며, 그 사유 또한 '수사, 형의 집행 또는 국가안전보장에 대한 위해를 방지하기 위한 정보수집'으로 한정하고 있다. 또한, 전기통신사업법은 통신자료 제공요청 방법이나 통신자료 제공현황 보고에 관한 규정 등을 두어 통신자료가 수사 등 정보수집의 목적달성에 필요한 최소한의 범위 내에서 이루어지도록 하고 있다(헌재 2022.7.21, 2016헌마388 등). 따라서 이는 과잉금지원칙에 위반되지 아니한다.

⑤ 당사자에 대한 통지는 당사자가 기본권 제한 사실을 확인하고 그 정당성 여부를 다툴 수 있는 전제조건이 된다는 점에서 매우 중요하다. 효율적인 수사와 정보수집의 신속성, 밀행성 등의 필요성을 고려하여 사전에 정보주체인 이용자에게 그 내역을 통지하도록 하는 것이 적절하지 않다면 수사기관 등이 통신자료를 취득한 이후에 수사 등 정보수집의 목적에 방해가 되지 않는 범위 내에서 통신자료의 취득사실을 이용자에게 통지하는 것이 얼마든지 가능하다(헌재 2022.7.21, 2016헌마388 등). 따라서 이는 청구인의 개인정보 자기결정권을 침해한다.

정답 ④

17 통신의 비밀에 대한 설명으로 옳은 것은? (다툼이 있는 경우 판례에 의함)

① 통신비밀보호법상 "공개되지 아니한 타인 간의 대화를 녹음 또는 청취하지 못한다."라는 규정의 취지는 대화에 원래부터 참여하지 않는 제3자가 그 대화를 하는 타인들 간의 발언을 녹음해서는 아니 된다는 것이다.

② 통신제한조치기간의 연장을 허가함에 있어 횟수나 기간제한을 두지 않는 규정은 범죄수사의 목적을 달성하기 위해 불가피한 것이므로 과잉금지의 원칙에 위배되지 않는다.

③ 통신비밀보호법상 국가안전보장을 위한 통신제한조치를 하는 경우에 대통령령이 정하는 정보수사기관의 장은 고등법원장의 허가를 받아야 감청할 수 있다.

④ 통신비밀보호법에 위반하여 불법검열로 취득한 우편물이나 그 내용은 재판절차에서는 증거로 사용될 수 없지만, 징계절차에서는 증거로 사용될 수 있다.

해설

① 통신비밀보호법 제3조 제1항이 "공개되지 아니한 타인 간의 대화를 녹음 또는 청취하지 못한다."라고 정한 것은, 대화에 원래부터 참여하지 않는 제3자가 그 대화를 하는 타인들 간의 발언을 녹음해서는 아니 된다는 취지이다(대판 2006.10.12, 2006도4981).

② 통신제한조치의 총연장기간이나 총연장횟수를 제한하지 않고 계속해서 통신제한조치가 연장될 수 있도록 한 이 사건 법률조항은 최소침해성 원칙을 위반한 것이다(헌재 2010.12.28, 2009헌가30).

③ 고등법원장이 아니라 고등법원 수석판사이다.

> **통신비밀보호법 제7조【국가안보를 위한 통신제한조치】** ① 대통령령이 정하는 정보수사기관의 장(이하 "情報捜査機關의 長"이라 한다)은 국가안전보장에 상당한 위험이 예상되는 경우 또는 국민보호와 공공안전을 위한 테러방지법 제2조 제6호의 대테러활동에 필요한 경우에 한하여 그 위해를 방지하기 위하여 이에 관한 정보수집이 특히 필요한 때에는 다음 각호의 구분에 따라 통신제한조치를 할 수 있다.
>
> 1. 통신의 일방 또는 쌍방당사자가 내국인인 때에는 고등법원 수석판사의 허가를 받아야 한다. 다만, 군용전기통신법 제2조의 규정에 의한 군용전기통신(작전수행을 위한 전기통신에 한한다)에 대하여는 그러하지 아니하다.

④ 통신비밀보호법 제4조

> **통신비밀보호법 제4조【불법검열에 의한 우편물의 내용과 불법감청에 의한 전기통신내용의 증거사용 금지】** 제3조의 규정에 위반하여 불법검열에 의하여 취득한 우편물이나 그 내용 및 불법감청에 의하여 지득 또는 채록된 전기통신의 내용은 재판 또는 징계절차에서 증거로 사용할 수 없다.

정답 ①

18 통신의 비밀과 자유에 관한 설명으로 옳지 않은 것은 모두 몇 개인가? (다툼이 있는 경우 헌법재판소 판례에 의함)

> ㉠ 방송통신심의위원회가 2019.2.11. 주식회사 ○○ 외 9개 정보통신서비스제공자 등에 대하여 895개 웹사이트에 대한 접속차단의 시정을 요구한 행위는, 그 차단 과정에서 정보통신서비스이용자들이 접속하고자 하는 웹사이트를 알 수 있는 SNI 등의 접속정보가 정보통신서비스제공자에게 공개되어, 정보통신서비스이용자들의 통신의 비밀과 자유를 제한한다.
> ㉡ 자기 또는 다른 사람의 성적 욕망을 유발하거나 만족시킬 목적으로 통신매체를 통하여 성적 수치심이나 혐오감을 일으키는 말 등을 상대방에게 도달하게 한 사람을 처벌하는 성폭력범죄의 처벌 등에 관한 특례법 제13조는 통신의 상대방에 대하여 통신매체를 이용한 음란표현행위를 하는 것을 금지하는 것이므로 통신의 자유를 제한한다.
> ㉢ 전기통신사업법 제30조 본문 중 '누구든지 전기통신사업자 가운데 이동통신사업자가 제공하는 전기통신역무를 타인의 통신용으로 제공하여서는 아니 된다' 부분이 통신수단을 자유로이 이용하여 타인과 의사소통하려는 이동통신서비스 이용자의 권리나 통신수단에 의하여 이루어지는 이용자와 타인 간의 의사소통과정의 비밀을 제한한다거나 이용자의 발언내용을 제한한다고 보기 어렵다.
> ㉣ '패킷감청'의 방식으로 이루어지는 인터넷회선 감청은 현대사회에 가장 널리 이용되는 의사소통 수단인 인터넷 통신망을 통해 송·수신하는 전기통신에 대한 감청을 범죄수사를 위한 통신제한조치의 하나로 정하고 있으므로, 일차적으로 헌법 제18조가 보장하는 통신의 비밀과 자유를 제한한다.
> ㉤ 온라인서비스제공자가 자신이 관리하는 정보통신망에서 아동·청소년이용음란물을 발견하기 위하여 대통령령으로 정하는 조치를 취하지 아니하거나 발견된 아동·청소년이용음란물을 즉시 삭제하고, 전송을 방지 또는 중단하는 기술적인 조치를 취하지 아니한 경우 처벌하는 아동·청소년의 성보호에 관한 법률 제17조 제1항은 서비스이용자의 통신의 비밀을 침해한다.

① 1개 ② 2개
③ 3개 ④ 4개

해설

옳지 않은 것은 2개(㉡, ㉤)이다.

㉠ 시정요구는 정보통신서비스제공자 등이 피청구인과 사전에 협의한 내용을 바탕으로 기존의 차단 방식과 SNI 차단 방식을 함께 적용하여 특정 웹사이트에 대한 접속을 차단하도록 하므로, 그 차단 과정에서 청구인들이 접속하고자 하는 웹사이트를 알 수 있는 SNI 등의 접속정보가 정보통신서비스제공자에게 공개되어 청구인들의 통신의 비밀과 자유가 제한된다(헌재 2023.10.26, 2019헌마158등). 다만, 침해하지는 않는다.

㉡ 이 사건에서 문제되는 것은 국가가 심판대상조항에 따라 청구인의 통신에 관한 정보를 수집하거나 처리하는 것이 아니라, 통신의 상대방에 대하여 통신매체를 이용한 음란표현행위를 하는 것을 금지하는 것이므로, 심판대상조항으로 인해 청구인의 통신의 자유가 제한되었다고 볼 수 없다(헌재 2019.5.30, 2018헌바489). 즉, 표현의 자유가 제한된다.

㉢ 심판대상조항이 통신수단을 자유로이 이용하여 타인과 의사소통하려는 이동통신서비스 이용자의 권리나 통신수단에 의하여 이루어지는 이용자와 타인 간의 의사소통과정의 비밀을 제한한다거나 이용자의 발언내용을 제한한다고 보기 어렵다(헌재 2022.6.30, 2019헌가14).

㉣ 이 사건 법률조항은 현대사회에 가장 널리 이용되는 의사소통 수단인 인터넷 통신망을 통해 송·수신하는 전기통신에 대한 감청을 범죄수사를 위한 통신제한조치의 하나로 정하고 있으므로, 일차적으로 헌법 제18조가 보장하는 통신의 비밀과 자유를 제한한다(헌재 2018.8.30, 2016헌마263).

㉤ 온라인서비스제공자가 정보통신망을 제공하는 등 직·간접적으로 아동음란물 유통을 돕거나 방치하는 행위를 처벌함으로써 정보통신망에서 아동음란물의 유통을 억제·차단하여 아동·청소년을 성범죄로부터 보호하려는 심판대상조항의 입법목적은 정당하다. 심판대상조항은 그 폐해가 특히 심각한 아동음란물만을 대상으로 하여 그 보관·유통에 관여한 온라인서비스제공자를 수범자로 하고 있으므로 영업의 자유를 과도하게 제한한다고 단정할 수 없다(헌재 2018.6.28, 2016헌가15). 따라서 헌법에 위반되지 않는다.

정답 ②

19 통신의 비밀에 대한 설명으로 옳지 않은 것은? (다툼이 있는 경우 판례에 의함)

① 마약류사범인 미결수용자와 변호인이 아닌 접견인 사이의 화상 접견내용이 모두 녹음·녹화된 경우 이는 화상접견시스템이라는 전기통신수단을 이용하여 개인 간의 대화내용을 녹음·녹화하는 것으로 미결수용자의 통신의 비밀을 침해하지 아니한다.

② 전기통신역무제공에 관한 계약을 체결하는 경우 전기통신 사업자로 하여금 가입자에게 본인임을 확인할 수 있는 증서 등을 제시하도록 요구하고 부정가입방지시스템 등을 이용하여 본인인지 여부를 확인하도록 한 전기통신사업법령 조항들은 휴대전화를 통한 문자·전화·모바일 인터넷 등 통신기능을 사용하고자 하는 자에게 반드시 사전에 본인확인 절차를 거치는 데 동의해야만 이를 사용할 수 있도록 하므로, 익명으로 통신하고자 하는 청구인들의 통신의 자유를 침해한다.

③ 자유로운 의사소통은 통신내용의 비밀을 보장하는 것만으로는 충분하지 아니하고 구체적인 통신관계의 발생으로 야기된 모든 사실관계, 특히 통신관여자의 인적 동일성·통신장소·통신횟수·통신시간 등 통신의 외형을 구성하는 통신이용의 전반적 상황의 비밀까지도 보장한다.

④ 수사를 위하여 필요한 경우 수사기관으로 하여금 법원의 허가를 얻어 전기통신사업자에게 특정 시간대 특정 기지국에서 발신된 모든 전화번호의 제공을 요청할 수 있도록 하는 것은 그 통신서비스이용자의 개인정보자기결정권과 통신의 자유를 침해한다.

해설

① 이 사건 녹음행위는 교정시설 내의 안전과 질서유지에 기여하기 위한 것으로서 그 목적이 정당할 뿐 아니라 수단이 적절하다. 또한, 소장은 미리 접견내용의 녹음 사실 등을 고지하며, 접견기록물의 엄격한 관리를 위한 제도적 장치도 마련되어 있는 점 등을 고려할 때 침해의 최소성 요건도 갖추었고, 이 사건 녹음행위는 미리 고지되어 청구인의 접견내용은 사생활의 비밀로서의 보호가치가 그리 크지 않다고 할 것이므로 법익의 불균형을 인정하기도 어려워, 과잉금지원칙에 위반하여 청구인의 사생활의 비밀과 자유를 침해하였다고 볼 수 없다(헌재 2012.12.27, 2010헌마153).

② 개인정보자기결정권, 통신의 자유가 제한되는 불이익과 비교했을 때, 명의도용피해를 막고, 차명휴대전화의 생성을 억제하여 보이스피싱 등 범죄의 범행도구로 악용될 가능성을 방지함으로써 잠재적 범죄 피해 방지 및 통신망 질서 유지라는 더욱 중대한 공익의 달성효과가 인정된다. 따라서 심판대상조항은 청구인들의 개인정보자기결정권 및 통신의 자유를 침해하지 않는다(헌재 2019.9.26, 2017헌마1209).

③ 자유로운 의사소통은 통신내용의 비밀을 보장하는 것만으로는 충분하지 아니하고 구체적인 통신관계의 발생으로 야기된 모든 사실관계, 특히 통신관여자의 인적 동일성·통신장소·통신횟수·통신시간 등 통신의 외형을 구성하는 통신이용의 전반적 상황의 비밀까지도 보장한다(헌재 2018.6.28, 2012헌마538).

④ 수사에 지장을 초래하지 않으면서도 불특정 다수의 기본권을 덜 침해하는 수단이 존재하는 점을 고려할 때, 이 사건 요청조항은 과잉금지원칙에 반하여 청구인의 개인정보자기결정권과 통신의 자유를 침해한다(헌재 2018.6.28, 2012헌마538).

정답 ②

20 헌법 제18조(통신의 자유)에 관한 다음 설명 중 옳지 않은 것은? (다툼이 있는 경우 판례에 의함)

① 통신의 비밀이란 서신·우편·전신의 통신수단을 통하여 개인 간에 의사나 정보의 전달과 교환이 이루어지는 경우, 통신의 내용과 통신이용의 상황이 개인의 의사에 반하여 공개되지 아니할 자유를 의미하므로, 휴대전화 통신계약 체결 단계에서는 아직 통신의 비밀에 대한 제한이 이루어진다고 보기 어렵다.

② 통신의 자유란 통신수단을 자유로이 이용하여 의사소통할 권리이고, 이러한 '통신수단의 자유로운 이용'에는 자신의 인적사항을 누구에게도 밝히지 않는 상태로 통신수단을 이용할 자유, 즉 통신수단의 익명성 보장도 포함된다.

③ 인터넷회선을 통하여 흐르는 전기신호 형태의 '패킷'을 중간에 확보한 다음 재조합 기술을 거쳐 그 내용을 파악하는 이른바 '패킷감청'의 방식으로 이루어지는 인터넷회선감청은 개인의 통신의 자유를 침해하지만, 사생활의 비밀과 자유와는 직접적인 관련성이 없다.

④ 육군 신병훈련소에서 교육훈련을 받는 동안 전화사용을 통제하는 내용의 육군 신병교육 지침서 부분은 신병교육훈련생들의 통신의 자유를 침해하지 않는다.

해설

① 통신의 비밀이란 서신·우편·전신의 통신수단을 통하여 개인 간에 의사나 정보의 전달과 교환(의사소통)이 이루어지는 경우, 통신의 내용과 통신이용의 상황이 개인의 의사에 반하여 공개되지 아니할 자유를 의미한다. 그러나 가입자의 인적사항이라는 정보는 통신의 내용·상황과 관계없는 '비 내용적 정보'이며 휴대전화 통신계약 체결 단계에서는 아직 통신수단을 통하여 어떠한 의사소통이 이루어지는 것이 아니므로 통신의 비밀에 대한 제한이 이루어진다고 보기는 어렵다(헌재 2019.9.26, 2017헌마1209). 사안은 개인정보자기결정권을 제한한다.

② 헌법 제18조로 보장되는 기본권인 통신의 자유란 통신수단을 자유로이 이용하여 의사소통할 권리이다. '통신수단의 자유로운 이용'에는 자신의 인적 사항을 누구에게도 밝히지 않는 상태로 통신수단을 이용할 자유, 즉 통신수단의 익명성 보장도 포함된다(헌재 2019.9.26, 2017헌마1209).

③ 오늘날 이메일, 메신저, 전화 등 통신뿐 아니라, 각종 구매, 게시물 등록, 금융서비스 이용 등 생활의 전 영역이 인터넷을 기반으로 이루어지기 때문에, 인터넷회선 감청은 타인과의 관계를 전제로 하는 개인의 사적 영역을 보호하려는 헌법 제18조의 통신의 비밀과 자유 외에 헌법 제17조의 사생활의 비밀과 자유도 제한하게 된다(헌재 2018.8.30, 2016헌마263). 결국 과잉금지의 원칙에 위반된다.

④ 신병교육훈련기간 동안 전화사용을 하지 못하도록 정하고 있는 규율이 청구인을 포함한 신병교육훈련생들의 통신의 자유 등 기본권을 필요한 정도를 넘어 과도하게 제한하는 것이라고 보기 어렵다(헌재 2010.10.28, 2007헌마890).

정답 ③

제3절 정신적 자유권

필수 OX

01 시말서가 단순히 사건의 경위를 보고하는 데 그치지 않고 더 나아가 근로관계에서 발생한 사고 등에 관하여 자신의 잘못을 반성하고 사죄한다는 내용이 포함된 사죄문 또는 반성문을 의미하는 것이라면, 이는 헌법이 보장하는 내심의 윤리적 판단에 대한 강제로서 양심의 자유를 침해하는 것이다. O|X

해설

시말서가 단순히 사건의 경위를 보고하는 데 그치지 않고 더 나아가 근로관계에서 발생한 사고 등에 관하여 '자신의 잘못을 반성하고 사죄한다는 내용'이 포함된 사죄문 또는 반성문을 의미하는 것이라면, 이는 헌법이 보장하는 내심의 윤리적 판단에 대한 강제로서 양심의 자유를 침해하는 것이다(헌재 2010.1.14, 2009두6650). [O]

02 준법서약은 어떤 구체적이거나 적극적인 내용을 담지 않은 채 단순한 헌법적 의무의 확인 · 서약에 불과한 것이라 하더라도, 양심의 영역을 건드리는 것이 된다. O|X

해설

헌법과 법률을 준수할 의무는 국민의 기본의무로서 헌법상 명문의 규정은 없으나 우리 헌법에서도 자명한 것이다. 따라서 이 사건 준법서약은 어떤 구체적이거나 적극적인 내용을 담지 않은 채 단순한 헌법적 의무의 확인 · 서약에 불과하다 할 것이어서 양심의 영역을 건드리는 것이 아니다(헌재 2002.4.25, 98헌마425 등). [X]

03 공정거래위원회가 독점규제 및 공정거래법 위반행위를 한 사업자단체에 대하여 '법위반사실의 공표'를 명할 수 있도록 한 것은 양심의 자유를 침해하여 허용될 수 없다. O|X

해설

이러한 법률판단의 문제는 개인의 인격형성과는 무관하며, 대화와 토론을 통하여 가장 합리적인 것으로 그 내용이 동화되거나 수렴될 수 있는 포용성을 가지는 분야에 속한다고 할 것이므로 헌법 제19조에 의하여 보장되는 양심의 영역에 포함되지 아니한다(헌재 2002.1.31, 2001헌바43). [X]

04 단순한 사실관계의 확인과 같이 가치적 · 윤리적 판단이 개입될 여지가 없는 경우는 양심의 자유의 보호대상이 아니다. O|X

해설

단순한 사실관계의 확인은 물론, 법률해석에 관하여 여러 가지 견해가 갈리는 경우처럼 다소의 가치관련성을 가진다 하더라도 개인의 인격형성과는 관계가 없는 사사로운 사유나 의견 등은 양심의 자유의 보호대상이 아니다(헌재 2001.8.30, 99헌바92). [O]

05 병역종류조항에 대체복무제를 규정하지 않은 것이 '부작위에 의한 양심실현의 자유'의 제한은 아니라고 보았다. O|X

해설

양심적 병역거부자에 대한 대체복무제를 규정하지 아니한 병역종류조항이 과잉금지원칙을 위반하여 양심적 병역거부자의 양심의 자유를 침해한다(헌재 2018.6.28, 2011헌바379). [X]

06 양심은 그 대상이나 내용 또는 동기에 의하여 판단되는 것으로, 특히 양심상의 결정이 이성적 · 합리적인가, 타당한가 또는 법질서나 사회규범 · 도덕률과 일치하는가 하는 관점이 양심의 존재를 판단하는 기준이 된다. O|X

해설

양심상의 결정이 이성적 · 합리적인가, 타당한가 또는 법질서나 사회규범, 도덕률과 일치하는가 하는 관점은 양심의 존재를 판단하는 기준이 될 수 없다(헌재 2004.8.26, 2002헌가1). [X]

07 특정한 내적인 확신 또는 신념이 양심으로 형성된 이상 그 내용 여하를 떠나 양심의 자유에 의해 보호되는 양심이 될 수 있으므로, 헌법상 양심의 자유에 의해 보호받는 양심으로 인정할 것인지의 판단은 그것이 깊고, 확고하며, 진실된 것인지 여부와 관계없다. O|X

해설

특정한 내적인 확신 또는 신념이 양심으로 형성된 이상 그 내용 여하를 떠나 양심의 자유에 의해 보호되는 양심이 될 수 있으므로, 헌법상 양심의 자유에 의해 보호받는 '양심'으로 인정할 것인지의 판단은 그것이 깊고, 확고하며, 진실된 것인지 여부에 따르게 된다(헌재 2018.6.28, 2011헌바379). [X]

08 헌법상 양심의 자유에 의해 보호받는 '양심'으로 인정할 것인지의 판단은 그것이 깊고, 확고하며, 진실된 것인지 여부에 따르게 되므로, 양심적 병역거부를 주장하는 사람은 자신의 '양심'을 외부로 표명하여 증명할 최소한의 의무를 진다. O|X

해설

그리하여 양심적 병역거부를 주장하는 사람은 자신의 '양심'을 외부로 표명하여 증명할 최소한의 의무를 진다(헌재 2018.6.28, 2011헌바379). [O]

09 '양심적' 병역거부는 실상 당사자의 '양심에 따른' 혹은 '양심을 이유로 한' 병역거부를 가리키는 것일 뿐만 아니라 병역거부가 '도덕적이고 정당하다'는 의미를 내포한다. O|X

해설

'양심적' 병역거부는 실상 당사자의 '양심에 따른' 혹은 '양심을 이유로 한' 병역거부를 가리키는 것일 뿐이지 병역거부가 '도덕적이고 정당하다'는 의미는 아닌 것이다(헌재 2018.6.28, 2011헌바379 등). [X]

10 양심에 따른 병역거부는 병역법 제88조 제1항의 정당한 사유에 해당한다. O|X

해설

이 사건 법률조항 본문 중 '정당한 사유'에, 양심에 따른 병역거부를 포함하지 않는 것으로 해석하는 한 헌법에 위반된다(헌재 2011.8.30, 2008헌가22). [O]

11 종교의 자유가 국민에게 그가 선택한 임의의 장소에서 자유롭게 종교전파를 할 자유까지를 보장하는 것은 아니다. O|X

해설

집회의 자유는 임의의 장소를 선택할 자유까지 보장하지만, 종교의 자유는 임의의 장소에서 자유롭게 종교전파를 할 자유까지 보장하는 것은 아니다. [O]

12 종립고등학교의 학교법인은 국·공립학교와 달리 종교교육을 할 자유와 운영의 자유가 있으므로 학생의 교육을 받을 권리를 고려한 대책을 마련하는 조치를 취하지 아니하고도 종교과목 수업을 자유롭게 실시할 수 있다. O|X

해설

참가 거부가 사실상 불가능한 분위기를 조성하고 대체과목을 개설하지 않는 등 신앙을 갖지 않거나 학교와 다른 신앙을 가진 학생의 기본권을 고려하지 않은 것은, 우리 사회의 건전한 상식과 법감정에 비추어 용인될 수 있는 한계를 벗어나 학생의 종교에 관한 인격적 법익을 침해하는 위법한 행위이고, 그로 인하여 인격적 법익을 침해받는 학생이 있을 것임이 충분히 예견가능하고 그 침해가 회피가능하므로 과실 역시 인정된다(대판 2010.4.22, 2008다38288). [×]

13 사립대학은 종교교육 내지 종교선전을 위하여 학생들의 신앙을 가지지 않을 자유를 침해하지 않는 범위 내에서 학생들로 하여금 일정한 내용의 종교교육을 받을 것을 졸업요건으로 하는 학칙을 제정할 수 있다고 함이 대법원 판례이다. O|X

해설

대학교의 예배는 복음 전도나 종교인 양성에 직접적인 목표가 있는 것이 아니고 신앙을 가지지 않을 자유를 침해하지 않는 범위 내에서 학생들에게 종교교육을 함으로써 진리·사랑에 기초한 보편적 교양인을 양성하는 데 목표를 두고 있다고 할 것이므로, 대학예배에의 6학기 참석을 졸업요건으로 정한 위 대학교의 학칙은 헌법상 종교의 자유에 반하는 위헌무효의 학칙이 아니다(대판 1998.11.10, 96다37268). [O]

14 군형법상 상관모욕죄는 모욕의 범위가 넓어 표현의 자유에 대한 위축효과가 지나치게 크고, 가벼운 모욕행위나 단순한 경멸적 감정 표현 또는 부정적 비판이나 풍자행위까지 처벌할 수 있어 표현의 자유를 침해하는 것이다. O|X

해설

상관에 대한 사회적 평가를 저하시킬 수 있는 경멸적 표현을 의미하는 것으로 헌법에 위반되지 않는다(헌재 2016.2.25, 2013헌바111). [×]

15 방송편성에 관하여 간섭을 금지하고 그 위반 행위자를 처벌하는 방송법 간섭에 관한 부분은 표현의 자유를 침해하지 않는다. O|X

해설

금지조항은 방송편성의 자유와 독립을 보장하기 위하여 방송사 외부에 있는 자가 방송편성에 관계된 자에게 방송편성에 관해 특정한 요구를 하는 등의 방법으로 방송편성에 관한 자유롭고 독립적인 의사결정에 영향을 미칠 수 있는 행위 일체를 금지한다는 의미임을 충분히 예견할 수 있으므로, 죄형법정주의의 명확성원칙에 위반된다고 볼 수 없다(헌재 2021.8.31, 2019헌바439). [O]

16 정부에 대한 비판적 견해를 가졌다는 이유로 지원사업에서 배제되도록 지시한 것은, 정치적 표현의 자유에 대한 사후적인 제한으로서, 헌법상 허용될 수 없다. O|X

해설

정부에 대한 비판적 견해를 가졌다는 이유로 지원사업에서 배제되도록 지시한 것은, 정치적 표현의 자유에 대한 사후적인 제한으로서, 헌법상 허용될 수 없음을 확인하였다(헌재 2020.12.23, 2017헌마416). [O]

17 언론·출판은 타인의 명예나 권리 또는 공중도덕이나 사회윤리를 침해하여서는 안 된다. O|X

해설

언론·출판은 타인의 명예나 권리 또는 공중도덕이나 사회윤리를 침해하여서는 아니 된다(헌법 제21조 제4항). ▶ 공공복리는 포함되지 않는다. [O]

18 군사기밀은 국가이익에 따라 판단되어야 하므로 그 결정권은 정부가 형식적인 표지에 의해 기밀로 지정한 것에 따른다. O|X

해설

국가의 안전에 명백한 위험을 초래한다고 볼 만큼의 실질가치를 지닌 사실, 물건 또는 지식이라고 한정 해석해야 한다(헌재 1997.1.16, 92헌바6 등). [X]

19 상업광고에 대한 규제에 의한 표현의 자유의 제한은 헌법 제37조 제2항에서 도출되는 비례의 원칙을 준수하여야 하지만, 상업광고는 사상이나 지식에 관한 정치적, 시민적 표현행위와는 차이가 있고, 인격발현과 개성신장에 미치는 효과가 중대한 것은 아니므로, 비례의 원칙 심사에 있어서 '피해의 최소성' 원칙은 '입법목적을 달성하기 위하여 필요한 범위 내의 것인지'를 심사하는 정도로 완화된다. O|X

해설

입법목적을 달성하기 위하여 필요한 최소한의 제한인지를 심사하기보다는 '입법목적을 달성하기 위하여 필요한 범위 내의 것인지'를 심사하는 정도로 완화되는 것이 상당하다(헌재 2005.10.27, 2003헌가3). [O]

20 대한민국 또는 헌법상 국가기관에 대하여 모욕, 비방, 사실 왜곡, 허위사실 유포 또는 기타 방법으로 대한민국의 안전, 이익 또는 위신을 해하거나 해할 우려가 있는 표현에 대하여 형사처벌하도록 하는 것은 과잉금지원칙에 위배되어 해당 표현을 한 자의 표현의 자유를 침해한다. O|X

해설

대한민국 또는 헌법상 국가기관에 대하여 모욕, 비방, 사실 왜곡, 허위사실 유포 또는 기타 방법으로 대한민국의 안전, 이익 또는 위신을 해하거나 해할 우려가 있는 표현이나 행위에 대하여 형사처벌하도록 규정한 구 형법 조항은 표현의 자유를 침해한다(헌재 2015.10.21, 2013헌가20). [O]

21 언론의 자유에 의하여 보호되는 것은 정보의 획득에서부터 뉴스와 의견의 전파에 이르기까지 언론의 기능과 본질적으로 연관되는 활동에 국한되므로, 인터넷언론사가 취재 인력 3명 이상을 포함하여 취재 및 편집 인력 5명 이상을 상시적으로 고용하도록 하는 것은 언론의 자유를 제한하는 것이 아니라 인터넷언론사의 직업의 자유를 제한하는 것이다. O|X

해설

이는 직업의 자유를 제한하는 것이 아니라 언론·출판의 자유를 제한하는 것이다(헌재 2016.10.27, 2015헌마1206). [X]

22 개인의 표현행위에 대한 국가의 규제는, 표현내용에 대하여는 원칙적으로 중대한 공익의 실현을 위하여 불가피한 경우에 한하여 엄격한 요건하에서 허용되는 반면, 표현내용과 무관하게 표현의 방법을 규제하는 것은 합리적인 공익상의 이유로 폭넓은 제한이 가능하다. O|X

해설

국가가 개인의 표현행위를 규제하는 경우, 표현내용에 대한 규제는 원칙적으로 중대한 공익의 실현을 위하여 불가피한 경우에 한하여 엄격한 요건하에서 허용되는 반면, 표현내용과 무관하게 표현의 방법을 규제하는 것은 합리적인 공익상의 이유로 폭넓은 제한이 가능하다(헌재 2002.12.18, 2000헌마764). [O]

23 선거운동의 자유는 헌법에 정한 언론·출판·집회·결사의 자유 보장 규정에 의한 보호를 받는다. O|X

해설

선거운동의 자유는 널리 선거과정에서 자유로이 의사를 표현할 자유의 일환이므로 헌법이 정한 언론·출판·집회·결사의 자유를 보장하는 규정에 의해 보호를 받는다(헌재 2018.1.25, 2015헌마821). [O]

24 인터넷언론사가 선거일 전 90일부터 선거일까지 후보자명의의 칼럼이나 저술을 게재하는 보도를 할 수 없도록 한 것은 필요 이상으로 표현의 자유를 제한하여 헌법에 위반된다. O|X

해설

이 사건 시기제한조항의 입법목적을 달성할 수 있는 덜 제약적인 다른 방법들이 이 사건 심의기준규정과 공직선거법에 이미 충분히 존재한다. 따라서 이 사건 시기제한조항은 과잉금지원칙에 반하여 청구인의 표현의 자유를 침해한다(헌재 2019.11.28, 2016헌마90). [O]

25 선거운동기간 중 인터넷게시판에 의견을 게시하기 위해서는 실명확인제가 필요한 것은 선거의 공정성이라는 면을 고려할 때 헌법에 위반되지 않는다. O|X

해설

"인터넷언론사"가 명확성원칙에 반하지는 않는다고 하더라도 그 범위가 광범위하다는 점까지 고려하면 심판대상조항으로 인하여 발생할 수 있는 기본권 제한의 정도는 결코 작다고 볼 수 없다. 실명확인제가 표방하고 있는 선거의 공정성이라는 목적은 인터넷 이용자의 표현의 자유나 개인정보자기결정권을 제약하지 않는 다른 수단(삭제요청 등)에 의해서도 충분히 달성할 수 있다(헌재 2021.1.26, 2018헌마456). [X]

26 알 권리를 구체화시키는 법률이 제정되어 있지 않더라도 헌법 제21조에 의하여 직접 보장될 수 있다. O|X

해설

헌법재판소는 알 권리의 실현에 대해 구체적인 법률의 제정이 없다 하더라도 헌법 제21조에 의해 직접 보장되는 구체적·현실적 권리성을 인정하고 있다(헌재 1991.5.13, 90헌마133). [O]

27 집단표시에 의한 명예훼손은 원칙적으로 구성원 개개인에 대한 명예훼손이 된다고 보기 어렵지만 특별한 사정이 있는 경우에는 개별구성원에 대한 명예훼손이 성립할 여지가 있다. O|X

해설

예외적으로 구성원 개개인에 대하여 방송하는 것으로 여겨질 정도로 구성원 수가 적거나 방송 등 당시의 주위 정황 등으로 보아 집단 내 개별구성원을 지칭하는 것으로 여겨질 수 있는 때에는 집단 내 개별구성원이 피해자로서 특정된다고 보아야 한다고 판시하였다(대판 2003.9.2, 2002다63558). [O]

28 언론으로부터 피해를 입은 사람은 언론중재 및 피해구제 등에 관한 법률에 따라 인터넷신문을 상대로 정정보도청구, 반론보도청구, 추후보도청구를 할 수 있고, 형사상 명예훼손죄로 고소할 수도 있으나, 민사상 손해배상청구를 할 수는 없다. O|X

해설

언론등의 고의 또는 과실로 인한 위법행위로 인하여 재산상 손해를 입거나 인격권 침해 또는 그 밖의 정신적 고통을 받은 자는 그 손해에 대한 배상을 언론사등에 청구할 수 있다(언론중재 및 피해구제 등에 관한 법률 제30조 제1항). [X]

29 방송사업자가 방송심의규정을 위반한 경우 시청자에 대한 사과를 명할 수 있도록 한 방송법 규정은, 방송사업자의 의사에 반한 사과행위를 강제함으로써 양심의 자유를 침해한 것으로 헌법에 위반된다. O|X

해설

방송사업자, 즉 문화방송(MBC)은 법인으로 양심의 자유의 주체가 될 수 없다. [X]

30 금치처분을 받은 미결수용자라 할지라도 금치처분 기간 중 집필을 금지하면서 예외적인 경우에만 교도소장이 집필을 허가할 수 있도록 한 형의 집행 및 수용자의 처우에 관한 법률상의 규정은 미결수용자의 표현의 자유를 침해한다. O | X

해설

금치처분 기간 중 집필을 금지하면서 예외적인 경우에만 교도소장이 집필을 허가할 수 있도록 한 이 사건 집필제한조항은 청구인의 표현의 자유를 침해하지 아니한다(헌재 2014.8.28, 2012헌마623). [X]

31 지역농협 이사 선거의 경우 전화 · 컴퓨터통신을 이용한 지지 호소의 선거운동방법을 금지하고, 이를 위반한 자를 처벌하는 것은 해당 선거 후보자의 결사의 자유와 표현의 자유를 침해한다. O | X

해설

농협이사 선거에서 전화 · 컴퓨터통신을 이용한 지지 호소의 선거운동방법까지 금지하는 방안은 과도한 제한이다(헌재 2016.11.24, 2015헌바62). [O]

32 방송통신심의위원회의 시정요구는 헌법소원의 대상이 된다. O | X

해설

단순한 행정지도의 한계를 넘어 규제적 · 구속적 성격을 상당히 강하게 갖는 것으로서 헌법소원의 대상이 되는 공권력의 행사라고 볼 수 있다(헌재 2003.6.26, 2002헌마337 등). [O]

33 '제한상영가' 등급의 영화를 '상영 및 광고 · 선전에 있어서 일정한 제한이 필요한 영화'라고 규정하고 있는 법률규정은, '제한상영가' 등급의 영화란 영화의 내용이 지나치게 선정적, 폭력적 또는 비윤리적이어서 청소년에게는 물론 일반적인 정서를 가진 성인에게조차 혐오감을 주거나 악영향을 끼치는 영화로 해석될 수 있으므로 명확성원칙에 위반되지 않는다. O | X

해설

'제한상영가' 등급의 영화를 '상영 및 광고 · 선전에 있어서 일정한 제한이 필요한 영화'라고 정의하고 있는데, 이 규정은 제한상영가 등급의 영화가 어떤 영화인지를 말해주기보다는 제한상영가 등급을 받은 영화가 사후에 어떠한 법률적 제한을 받는지를 기술하고 있으므로, 제한상영가 영화가 어떤 영화인지 이 규정만 가지고는 도대체 짐작하기가 쉽지 않다(헌재 2008.7.31, 2007헌가4). [X]

34 검열금지의 원칙은 모든 형태의 사전적인 규제를 금지하는 것이 아니고 단지 의사표현의 발표 여부가 오로지 행정권의 허가에 달려 있는 사전심사만을 금지하는 것을 뜻하므로, 법률에 근거한 사전허가나 검열은 가능하다. O | X

해설

사전허가나 검열은 법률로도 불가능하다. [X]

35 인터넷게시판을 설치 · 운영하는 정보통신서비스 제공자에게 본인확인조치의무를 부과하여 게시판 이용자로 하여금 본인확인절차를 거쳐야만 게시판을 이용할 수 있도록 하는 본인확인제를 규정한 정보통신망 이용촉진 및 정보보호 등에 관한 법률 조항은 인터넷게시판을 운영하는 정보통신서비스 제공자의 언론의 자유를 침해한다. O | X

해설

인터넷게시판 운영자에게 게시판 이용자에 대한 본인확인조치를 하도록 하여 게시판 이용자가 본인확인절차를 거치지 아니하면 인터넷게시판에 정보를 게시할 수 없도록 하는 본인확인제는 아래와 같이 목적달성에 필요한 범위를 넘는 과도한 제한을 하는 것으로서 침해의 최소성이 인정되지 않는다(헌재 2012.8.23, 2010헌마47). [O]

36 미결수용자가 구독하는 신문의 일부 기사를 삭제하는 교도소장의 행위는 기본권을 과잉제한하는 것이다. O|X

해설

교화상 또는 구금목적에 특히 부적당하다고 인정되는 기사, 조직범죄 등 수용자 관련 범죄기사에 대한 신문기사 삭제행위는 구치소 내 질서유지와 보안을 위한 것이다(헌재 1998.10.29, 98헌마4). [X]

37 정치적 표현의 자유는 선거과정에서의 선거운동을 통하여 국민이 정치적 의견을 자유로이 발표·교환함으로써 비로소 그 기능을 다하게 된다고 할지라도, 선거운동의 자유는 헌법에 정한 언론·출판·집회·결사의 자유 보장 규정에 의한 보호를 받는 것이 아니라 선거원칙을 규정하고 있는 헌법 제41조 제1항 및 제67조 제1항과 헌법 제10조 행복추구권으로부터 유래되는 일반적 행동자유권 등에 의해서 우선적으로 보호된다. O|X

해설

선거운동의 자유는 널리 선거과정에서 자유로이 의사를 표현할 자유의 일환이므로 표현의 자유의 한 태양이기도 하다. 표현의 자유, 특히 정치적 표현의 자유는 선거과정에서의 선거운동을 통하여 국민이 정치적 의견을 자유로이 발표·교환함으로써 비로소 그 기능을 다하게 된다 할 것이므로, 선거운동의 자유는 헌법에 정한 언론·출판·집회·결사의 자유 보장 규정에 의한 보호를 받는다(헌재 2001.8.30, 99헌바92 등). [X]

38 이른바 1인 시위는 집회 및 시위에 관한 법률의 적용요건인 다수인에 해당하지 않으므로, 업무방해죄를 구성함은 별론으로 하고 집회 및 시위에 관한 법률에 의한 규제를 받지 않는다. O|X

해설

집회가 성립하기 위한 다수인은 2인 이상이어야 한다. 따라서 1인 시위는 집시법의 규제를 받지 않는다. [O]

39 집회에 대한 허가를 금지한 헌법 제21조 제2항은 기본권 제한에 관한 일반적 법률유보조항인 헌법 제37조 제2항에 앞서서, 우선적이고 제1차적인 위헌심사기준이 되어야 한다. O|X

해설

위 조항은 헌법 자체에서 직접 집회의 자유에 대한 제한의 한계를 명시한 것이므로 기본권 제한에 관한 일반적 법률유보조항인 헌법 제37조 제2항에 앞서서, 우선적이고 제1차적인 위헌심사기준이 되어야 한다(헌재 2009.9.24, 2008헌가25). [O]

40 옥외집회의 신고는 수리를 요하지 아니하는 정보제공적 신고이므로, 경찰서장이 이미 접수된 옥외집회 신고서를 반려하는 행위는 공권력의 행사에 해당하지 아니한다. O|X

해설

청구인들의 입장에서는 이 반려행위를 옥외집회신고에 대한 접수거부 또는 집회의 금지통고로 보지 않을 수 없었고, 그 결과 형사적 처벌이나 집회의 해산을 받지 않기 위하여 집회의 개최를 포기할 수밖에 없었다고 할 것이므로 피청구인의 이 사건 반려행위는 주무 행정기관에 의한 행위로서 기본권 침해 가능성이 있는 공권력의 행사에 해당한다(헌재 2008.5.29, 2007헌마712). [X]

41 일몰시간 후부터 같은 날 24시까지의 옥외집회 또는 시위의 경우, 특별히 공공의 질서 내지 법적 평화를 침해할 위험성이 크다고 할 수 없으므로 그와 같은 옥외집회 또는 시위를 원칙적으로 금지하는 것은 과잉금지원칙에 위반됨이 명백하다. O|X

해설

이미 보편화된 야간의 일상적인 생활의 범주에 속하는 '해가 진 후부터 같은 날 24시까지의 시위'에 적용하는 한 헌법에 위반된다(헌재 2014.3.27, 2010헌가2). [O]

42 옥외집회의 자유를 제한함에 있어서 야간옥외집회를 시간적으로 또는 공간적 · 장소적으로 더 세분화하여 규제하는 것이 사실상 어렵고 특히 필요한 야간옥외집회의 경우에는 일정한 조건하에서 허용되므로, 야간옥외집회를 일반적으로 금지하고 예외적으로 허용하는 것은 침해의 최소성 및 법익균형성 원칙에 위배되지 않는다. O|X

해설

이미 보편화된 야간의 일상적인 생활의 범주에 속하는 '해가 진 후부터 같은 날 24시까지의 시위'에 적용하는 한 헌법에 위반된다(헌재 2014.3.27, 2010헌가2). 즉, 24시까지 허용하고 그 이후는 금지하라는 세분화가 가능하다. [×]

43 입법자가 법률로써 일반적으로 집회를 제한하는 것도 원칙적으로 헌법 제21조 제2항에서 금지하는 '사전허가'에 해당한다. O|X

해설

헌법 제21조 제2항에 의하여 금지되는 허가는 행정청이 주체가 되어 집회의 허용 여부를 사전에 결정하는 것이다. 따라서 입법자가 금지하는 것은 사전허가에 해당하지 않는다(헌재 2014.4.24, 2011헌가29). [×]

44 집회의 자유는 표현의 자유의 일종인바, 장소 선택의 자유는 집회의 자유의 내용에 포함되지 않는다. O|X

해설

집회의 자유는 집회의 시간, 장소, 방법과 목적을 스스로 결정할 권리, 즉 집회를 하루 중 언제 개최할지 등 시간 선택에 대한 자유와 어느 장소에서 개최할지 등 장소 선택에 대한 자유를 내포하고 있다. [×]

45 공중이 자유로이 통행할 수 없는 대학 구내에서의 시위는 그것이 불특정 다수인의 의견에 영향을 가하는 것일지라도 집회 및 시위에 관한 법률상의 규제대상이 되지 않는다. O|X

해설

집회 및 시위에 관한 법률 제2조에 의하면 옥외집회란 '천장이 없거나 사방이 폐쇄되지 아니한 장소에서 여는 집회'라고 하여 옥외집회의 범위를 확장하고 있다. 따라서 천장이 없고 사방이 폐쇄되어 있는 체육관이나 대학구내의 집회도 옥외집회가 되어 사전신고를 요하게 된다. [×]

46 안마사들로 하여금 의무적으로 대한안마사협회의 회원이 되어 정관을 준수하도록 하는 의료법 조항은 안마사들의 결사의 자유를 침해하지 않는다. O|X

해설

안마사들로 하여금 의무적으로 대한안마사협회의 회원이 되어 정관을 준수하도록 하는 의료법 조항은 안마사들의 결사의 자유를 침해하지 않는다(헌재 2008.10.30, 2006헌가15). [O]

47 헌법재판소는 강제가입의무를 부과하던 공법인인 지역의료보험조합과 직장의료보험조합을 해산하여 국민건강보험공단으로 통합하는 경우, 조합의 해산으로 인하여 오히려 기본권적 제한이 제거되므로, 조합원의 기본권이 침해되지 않는다고 판시한 바 있다. O|X

해설

이로써 직장 · 지역가입자 간의 부담의 평등을 보장할 수 있는 법적 제도장치를 두고 있으므로, 직장가입자와 지역가입자의 재정통합을 규정하는 국민건강보험법 제33조 제2항은 헌법에 위반되지 아니한다(헌재 2000.6.29, 99헌마289). [O]

48 헌법상 기본권의 주체가 될 수 있는 법인은 원칙적으로 사법인에 한하는 것이고, 공법인은 헌법상의 수범자이지 기본권의 주체가 될 수 없다. 헌법재판소에서는 축협중앙회는 회원의 임의탈퇴나 임의해산이 불가능한 점 등으로 보아 공법인성이 상대적으로 크므로 결사의 자유의 주체가 될 수 없다고 판시하였다. O|X

해설

축협중앙회는 공법인성과 사법인성을 겸유한 특수한 법인으로서 이 사건에서 기본권(결사의 자유)의 주체가 될 수 있다(헌재 2000.6.1, 99헌마553). [X]

49 법이 특별한 공공목적에 의하여 구성원의 자격을 정하고 있는 특수단체의 조직활동 역시 결사의 자유의 보호대상이라 할 수 있다. 그러나 주택건설촉진법상의 주택조합 중 지역조합과 직장조합의 조합원 자격을 무주택자로 한정하는 것은 위 법률과 관계없는 주택조합의 조합원이 되는 것까지 제한받는 것이 아니므로 결사의 자유를 침해하는 것이 아니다. O|X

해설

주택건설촉진법상의 주택조합은 주택이 없는 국민의 주거생활의 안정을 도모하고 모든 국민의 주거수준의 향상을 기한다는(주택건설촉진법 제1조) 공공목적을 위하여 법이 구성원의 자격을 제한적으로 정해 놓은 특수조합이어서 이는 헌법상의 결사의 자유가 뜻하는 헌법상 보호법익의 대상이 되는 단체가 아니다(헌재 1994.2.24, 92헌바43). [X]

50 상공회의소는 자주적인 단체로서 사법인이라고 할 것이므로 결사의 자유의 주체가 된다. 하지만 상공회의소는 공적인 성격을 지니고 있으므로, 순수한 사적인 임의결사에 비하여 기본권 제한에 완화된 기준을 적용할 수 있다. O|X

해설

상공회의소는 공적인 성격을 지니고 있으므로, 순수한 사적인 임의결사에 비하여 기본권 제한에 완화된 기준을 적용할 수 있다(헌재 2006.5.25, 2004헌가1). [O]

51 공적인 역할을 수행하는 결사 또는 그 구성원들이 기본권 침해를 주장하는 경우, 순수한 사적인 임의결사의 기본권이 제한되는 경우의 심사에 비해서는 완화된 기준을 적용할 수 있다. O|X

해설

상공회의소는 공적인 성격을 지니고 있으므로, 순수한 사적인 임의결사에 비하여 기본권 제한에 완화된 기준을 적용할 수 있다(헌재 2006.5.25, 2004헌가1). [O]

52 교수나 연구소의 연구원뿐만 아니라 모든 국민이 학문의 자유의 주체가 된다. O|X

해설

국가에 의한 침해에 있어서는 대학 자체 외에도 대학 전 구성원이 자율성을 갖는 경우도 있을 것이므로 문제되는 경우에 따라서 대학, 교수, 교수회 모두가 단독 혹은 중첩적으로 주체가 될 수 있다(헌재 2006.4.27, 2005헌마1047 등). [O]

53 현행 헌법은 명문으로 대학의 자율성을 보장하고 있다. O|X

해설

교육의 자주성·전문성·정치적 중립성 및 대학의 자율성은 법률이 정하는 바에 의하여 보장된다(헌법 제31조 제4항). [O]

54 대학의 자율의 구체적인 내용은 법률이 정하는 바에 의하여 보장되며, 국가는 헌법 제31조 제6항에 따라 모든 학교제도의 조직계획운영감독에 관한 포괄적인 권한을 부여받지만, 대학의 자율성 보장은 대학자치의 본질이므로 대학의 자율에 대한 침해 여부를 심사함에 있어서는 엄격한 과잉금지원칙을 적용하여야 한다. O|X

해설
대학의 자유를 제한하고 있다고 하더라도 그 위헌 여부는 입법자가 기본권을 제한함에 있어 헌법 제37조 제2항에 의한 합리적인 입법한계를 벗어나 자의적으로 그 본질적 내용을 침해하였는지 여부에 따라 판단되어야 할 것이고, 다만 교육공무원법 제24조 제7항에 대하여는 포괄위임입법금지의 원칙 등이 그 심사기준이 될 것이다(헌재 2006.4.27, 2005헌마1047 등). [X]

55 헌법재판소는 교수의 재임용을 절차적 보장이 없더라도 임용권자의 의사에 맡긴 것은 위헌이 아니라고 본다. O|X

해설
재임용이 거부되었을 경우 사후에 그에 대해 다툴 수 있는 제도적 장치를 전혀 마련하지 않고 있는 이 사건 법률조항은, 현대사회에서 대학교육이 갖는 중요한 기능과 그 교육을 담당하고 있는 대학교원의 신분의 부당한 박탈에 대한 최소한의 보호요청에 비추어 볼 때 헌법 제31조 제6항에서 정하고 있는 교원지위법정주의에 위반된다고 볼 수밖에 없다(헌재 2003.2.27, 2000헌바26). [X]

56 법인으로 설립되지 않은 국립대학은 당사자능력이 인정되지 않으므로, 헌법소원심판을 제기할 수 있는 청구인적격도 인정되지 않는다. O|X

해설
법인화되지 않는 국립대학 및 국립대총장은 행정소송의 당사자능력이 인정되지 않는다는 것이 법원의 확립된 판례이므로, 이 사건 심판청구는 보충성의 예외에 해당된다(헌재 2015.12.23, 2014헌마1149). [X]

57 대학교수가 반국가단체로서의 북한의 활동을 찬양·고무·선전 또는 이에 동조할 목적 아래 '한국전쟁과 민족통일'이란 논문을 제작·반포하거나 발표한 것은 헌법이 보장하는 학문의 자유의 범위 안에 있지 않다. O|X

해설
피고인이 반국가단체로서의 북한의 활동을 찬양·고무·선전 또는 이에 동조할 목적 아래 위 논문 등을 제작·반포하거나 발표한 것이어서 그것이 헌법이 보장하는 학문의 자유의 범위 내에 있지 않다(대판 2010.12.9, 2007도10121). [O]

58 헌법재판소는 예술품을 판매하는 자는 직업의 자유에 의한 보호를 받을 뿐 예술의 자유의 보호를 받는 것은 아니라고 본다. 따라서 비디오물을 포함하는 음반제작자는 예술표현의 자유를 향유하지 않는다. O|X

해설
헌법재판소도 음반제작업자가 예술품 보급의 자유와 관련하여 예술표현의 자유를 향유하고 있다고 판시한 바 있다(헌재 1993.5.13, 91헌바17). 즉, 예술의 자유에 예술품의 전시·공연·보급도 들어가기 때문에 이를 담당하는 법인의 경우도 주체가 된다고 일반적으로 보고 있다. [X]

59 상업광고물의 철거로 인한 영업의 자유와 예술의 자유는 기본권의 경합 관계로 판례는 영업의 자유를 우선하였다. O|X

해설
예술은 자기목적적인 성질을 지니고 있다는 데 그 특색이 있어 물건을 판매하는 것이 목적인 상업광고는 예술의 자유에서 보장하지 않는다. [X]

예상문제

제1항 양심의 자유 및 종교의 자유

01 양심의 자유와 관련한 설명으로 옳지 않은 것은? (다툼이 있는 경우 헌법재판소 결정례 및 대법원 판례에 의함)

① 시말서가 단순히 사건의 경위를 보고하는 데 그치지 않고 더 나아가 근로관계에서 발생한 사고 등에 관하여 자신의 잘못을 반성하고 사죄한다는 내용이 포함된 사죄문 또는 반성문을 의미하는 것이라면, 이는 헌법이 보장하는 내심의 윤리적 판단에 대한 강제로서 양심의 자유를 침해하는 것이다.

② 내용상 단순히 국법질서나 헌법체제를 준수하겠다는 취지의 서약을 할 것을 요구하는 준법서약은 국민이 부담하는 일반적 의무를 장래를 향하여 확인하는 것에 불과하고, 어떤 구체적이거나 적극적인 내용을 담지 않은 채 단순한 헌법적 의무의 확인·서약에 불과하다 할 것이어서 양심의 영역을 건드리는 것이 아니다.

③ 양심상의 결정은 그것이 어떠한 종교관, 세계관 또는 그 외의 가치체계에 기초하고 있는가에 관계없이 양심의 자유에 의하여 보장된다.

④ 특정한 내적인 확신 또는 신념이 양심으로 형성된 이상 그 내용 여하를 떠나 양심의 자유에 의해 보호되는 양심이 될 수 있으므로, 헌법상 양심의 자유에 의해 보호받는 양심으로 인정할 것인지의 판단은 그것이 깊고, 확고하며, 진실된 것인지 여부와 관계없다.

해설

① 시말서가 단순히 사건의 경위를 보고하는 데 그치지 않고 더 나아가 근로관계에서 발생한 사고 등에 관하여 '자신의 잘못을 반성하고 사죄한다는 내용'이 포함된 사죄문 또는 반성문을 의미하는 것이라면, 이는 헌법이 보장하는 내심의 윤리적 판단에 대한 강제로서 양심의 자유를 침해하는 것이다(대판 2010.1.14, 2009두6650).

② 내용상 단순히 국법질서나 헌법체제를 준수하겠다는 취지의 서약을 할 것을 요구하는 준법서약은 국민이 부담하는 일반적 의무를 장래를 향하여 확인하는 것에 불과하고, 어떤 구체적이거나 적극적인 내용을 담지 않은 채 단순한 헌법적 의무의 확인·서약에 불과하다 할 것이어서 양심의 영역을 건드리는 것이 아니다(헌재 2002.4.25, 98헌마425 – 준법서약제도 판례).

③ 국가의 법질서나 사회의 도덕률과 갈등을 일으키는 양심은 현실적으로 이러한 법질서나 도덕률에서 벗어나려는 소수의 양심이다. 따라서 종교관·세계관 등에 관계없이, 모든 내용의 양심상 결정이 양심의 자유에 의해 보장된다(헌재 2001.8.30, 99헌바92).

④ 특정한 내적인 확신 또는 신념이 양심으로 형성된 이상 그 내용 여하를 떠나 양심의 자유에 의해 보호되는 양심이 될 수 있으므로, 헌법상 양심의 자유에 의해 보호받는 '양심'으로 인정할 것인지의 판단은 그것이 깊고, 확고하며, 진실된 것인지 여부에 따르게 된다. 그리하여 양심적 병역거부를 주장하는 사람은 자신의 '양심'을 외부로 표명하여 증명할 최소한의 의무를 진다(헌재 2018.6.28, 2011헌바379).

정답 ④

02 양심의 자유에 관한 다음 설명 중 옳지 않은 것은? (다툼이 있는 경우 판례에 의함)

① '양심'은 민주적 다수의 사고나 가치관과 일치하는 것이 아니라 개인적 현상으로서 지극히 주관적인 것이므로, 그 대상이나 내용 또는 동기에 의하여 판단될 수 없으며, 특히 양심상의 결정이 이성적·합리적인가, 타당한가 또는 법질서나 사회규범·도덕률과 일치하는가 하는 관점은 양심의 존재를 판단하는 기준이 될 수 없다.

② 헌법상 양심의 자유에 의해 보호받는 '양심'으로 인정할 것인지의 판단은 그것이 깊고, 확고하며, 진실된 것인지 여부에 따르게 되므로, 양심적 병역거부를 주장하는 사람은 자신의 '양심'을 외부로 표명하여 증명할 최소한의 의무를 진다.

③ 양심적 예비군 훈련거부자에 대하여 유죄의 판결이 확정되었더라도, 동일인이 새로이 부과된 예비군 훈련을 또 다시 거부하는 경우 그에 대한 형사처벌을 가하는 것은 이중처벌금지원칙에 위반된다고 할 수 없다.

④ 대체복무제가 마련되지 아니한 상황에서 양심상의 결정에 따라 입영을 거부하거나 소집에 불응하는 사람들에게 형사처벌을 부과하는 병역법 조항은 '양심에 반하는 행동을 강요당하지 아니할 자유'를 제한하는 것이다. 그러나 다른 한편 헌법 제39조 제1항의 국방의 의무를 형성하는 입법이기도 하므로, 위 병역법 조항이 양심의 자유를 침해하는지 여부에 대한 심사는 헌법상 자의금지원칙에 따라 입법형성의 재량을 일탈하였는지 여부를 기준으로 판단하여야 한다.

해설

① '양심'은 민주적 다수의 사고나 가치관과 일치하는 것이 아니라, 개인적 현상으로서 지극히 주관적인 것이다. 양심은 그 대상이나 내용 또는 동기에 의하여 판단될 수 없으며, 특히 양심상의 결정이 이성적·합리적인가, 타당한가 또는 법질서나 사회규범·도덕률과 일치하는가 하는 관점은 양심의 존재를 판단하는 기준이 될 수 없다(헌재 2018.6.28, 2011헌바379 등).

② 특정한 내적인 확신 또는 신념이 양심으로 형성된 이상 그 내용 여하를 떠나 양심의 자유에 의해 보호되는 양심이 될 수 있으므로, 헌법상 양심의 자유에 의해 보호받는 '양심'으로 인정할 것인지의 판단은 그것이 깊고, 확고하며, 진실된 것인지 여부에 따르게 된다. 그리하여 양심적 병역거부를 주장하는 사람은 자신의 '양심'을 외부로 표명하여 증명할 최소한의 의무를 진다(헌재 2018.6.28, 2011헌바379 등).

③ 이 사건 법률조항에 따라 처벌되는 범죄행위는 '예비군 복무 전체 기간 동안의 훈련 불응행위'가 아니라 '정당한 사유 없이 소집통지서를 받은 당해 예비군 훈련에 불응한 행위'라 할 것이므로, 양심적 예비군 훈련거부자에 대하여 유죄의 판결이 확정되었더라도 이는 소집통지서를 교부받은 예비군 훈련을 불응한 행위에 대한 것으로 새로이 부과된 예비군 훈련을 또다시 거부하는 경우 그에 대한 형사처벌은 가능하다고 보아야 한다. 따라서 이 사건 법률조항이 이중처벌금지원칙에 위반된다고 할 수는 없다(헌재 2011.8.30, 2007헌가12).

④ 헌법 제37조 제2항의 비례원칙은, 단순히 기본권 제한의 일반원칙에 그치지 않고, 모든 국가작용은 정당한 목적을 달성하기 위하여 필요한 범위 내에서만 행사되어야 한다는 국가작용의 한계를 선언한 것이므로, 비록 이 사건 법률조항이 헌법 제39조에 규정된 국방의 의무를 형성하는 입법이라 할지라도 그에 대한 심사는 헌법상 비례원칙에 의하여야 한다(헌재 2018.6.28, 2011헌바379 등).

정답 ④

03 양심의 자유에 관한 설명으로 옳지 않은 것은? (다툼이 있는 경우 헌법재판소 결정례에 의함)

① 양심형성의 자유와 양심적 결정의 자유는 내심에 머무르는 한 절대적 자유라고 할 수 있다.

② 헌법이 보호하고자 하는 양심은 어떤 일의 옳고 그름을 판단함에 있어서 그렇게 행동하지 않고는 자신의 인격적 존재가치가 파멸되고 말 것이라는 강력하고 진지한 마음의 소리로서의 절박하고 구체적인 양심을 말한다.

③ 입영기피자에 대한 형사처벌은 '양심에 따른 행동을 할 자유', 즉 '작위에 의한 양심실현의 자유'를 제한하는 것이다.

④ 국가보안법상의 불고지죄 사건에서는 양심의 자유를 내심의 자유와 양심실현의 자유로 나누고 양심실현의 자유에 적극적 양심실현의 자유와 소극적 양심실현의 자유가 포함된다고 하였다.

해설

① 내심적 자유, 즉 양심형성의 자유와 양심적 결정의 자유는 내심에 머무르는 한 절대적 자유라고 할 수 있지만, 양심실현의 자유는 타인의 기본권이나 다른 헌법적 질서와 저촉되는 경우 헌법 제37조 제2항에 따라 국가안전보장·질서유지 또는 공공복리를 위하여 법률에 의하여 제한될 수 있는 상대적 자유라고 할 수 있다(헌재 1998.7.16, 96헌바35).

② 헌법이 보호하고자 하는 양심은 어떤 일의 옳고 그름을 판단함에 있어서 그렇게 행동하지 않고는 자신의 인격적 존재가치가 파멸되고 말 것이라는 강력하고 진지한 마음의 소리로서의 절박하고 구체적인 양심을 말한다. 따라서 막연하고 추상적인 개념으로서의 양심이 아니다(헌재 2002.4.25, 98헌마425 등).

③ 병역종류조항에 대체복무제가 마련되지 아니한 상황에서, 양심상의 결정에 따라 입영을 거부하거나 소집에 불응하는 이 사건 청구인 등이 현재의 대법원 판례에 따라 처벌조항에 의하여 형벌을 부과받음으로써 양심에 반하는 행동을 강요받고 있으므로, 이 사건 법률조항은 '양심에 반하는 행동을 강요당하지 아니할 자유', 즉 '부작위에 의한 양심실현의 자유'를 제한하고 있다(헌재 2018.6.28, 2011헌바379 등).

④ 국가보안법상의 불고지죄 사건에서는 양심의 자유를 내심의 자유와 양심실현의 자유로 나누고 양심실현의 자유에 적극적 양심실현의 자유와 소극적 양심실현의 자유가 포함된다고 하였다(헌재 1998.7.16, 96헌바35).

정답 ③

04 양심의 자유에 관한 헌법재판소 판례의 입장과 다른 것은?

① 재판절차에서 단순한 사실에 관한 증언거부도 침묵의 자유에 포함되므로 양심의 자유에 의한 보호대상이 된다.

② 양심의 자유는 양심형성의 자유와 양심적 결정의 자유를 포함하는 내심적 자유뿐만 아니라, 양심적 결정을 외부로 표현하고 실현할 수 있는 양심실현의 자유를 포함한다.

③ 열 손가락 지문날인의 의무를 부과하는 주민등록법 시행령 조항은, 국가가 개인의 윤리적 판단에 개입한다거나 그 윤리적 판단을 표명하도록 강제하는 것으로 볼 여지가 없어 양심의 자유를 침해할 가능성은 존재하지 않는다.

④ 준법서약은 어떤 구체적이거나 적극적인 내용을 담지 않은 채 단순한 헌법적 의무의 확인·서약에 불과하다 할 것이어서 양심의 영역을 건드리는 것이 아니므로 가석방심사위원회의 준법서약서 제출요구는 양심의 자유를 침해하지 않는다.

해설

① 증언은 사실에 관한 경험의 보고이므로 내면적으로 구축한 인간 양심이 왜곡, 굴절되어 인격적인 존재가치가 허물어진다고 할 수는 없으므로 양심의 자유의 보호대상이 아니다.

② 판례는 불고지죄 사안에서 양심의 자유에는 양심실현의 자유도 포함된다고 판시하였다(헌재 1998.7.16, 96헌바35).

③ 지문을 날인할 것인지 여부의 결정이 선악의 기준에 따른 개인의 진지한 윤리적 결정에 해당한다고 보기는 어려워, 열 손가락 지문날인의 의무를 부과하는 이 사건 시행령 조항에 대하여 국가가 개인의 윤리적 판단에 개입한다거나 그 윤리적 판단을 표명하도록 강제하는 것으로 볼 여지는 없다고 할 것이므로, 이 사건 시행령 조항에 의한 양심의 자유의 침해가능성 또한 없는 것으로 보인다(헌재 2005.5.26, 99헌마513 등).

④ 준법서약은 어떤 구체적이거나 적극적인 내용을 담지 않은 채 단순한 헌법적 의무의 확인·서약에 불과하다 할 것이어서 양심의 영역을 건드리는 것이 아니므로 가석방심사위원회의 준법서약서 제출요구는 양심의 자유를 침해하지 않는다(헌재 2002.4.25, 98헌마425).

정답 ①

05 양심의 자유에 관한 설명 중 가장 적절한 것은? (다툼이 있는 경우 판례에 의함)

① 양심형성의 자유는 외부의 간섭과 강제로부터 절대적으로 보호되는 기본권이므로, 이적표현물의 소지·취득행위가 반포나 판매로 이어지거나 이를 통해 형성된 양심적 결정이 외부로 표현되고 실현되지 아니한 단계에서 이를 처벌하는 것은 헌법상 허용되지 아니한다.

② '양심적' 병역거부는 실상 당사자의 '양심에 따른' 혹은 '양심을 이유로 한' 병역거부를 가리키는 것일 뿐만 아니라 병역거부가 '도덕적이고 정당하다'는 의미를 내포한다.

③ 전투경찰순경이 법률에 근거한 경찰공무원으로서 시위진압업무를 수행하는 것이 양심의 자유를 침해한다고 판시한 바 있다.

④ 양심적 병역거부의 바탕이 되는 양심상의 결정은 종교적 동기뿐만 아니라 윤리적·철학적 또는 이와 유사한 동기로부터도 형성될 수 있는 것이므로 양심적 병역거부자의 기본권 침해 여부는 양심의 자유를 중심으로 판단한다.

해설

① 이적표현물의 소지·취득행위만으로도 그 표현물의 이적내용이 전파될 가능성을 배제하기 어렵고, 특히 최근 늘어나고 있는 전자매체 형식의 표현물들은 실시간으로 다수에게 반포가 가능하고 소지·취득한 사람의 의사와 무관하게 전파, 유통될 가능성도 배제할 수 없으므로, 이적표현물을 소지·취득하는 행위가 지니는 위험성이 이를 제작·반포하는 행위에 비해 결코 적다고 보기 어렵다. 따라서 이적표현물 조항은 표현의 자유 및 양심의 자유를 침해하지 아니한다(헌재 2015.4.30, 2012헌바95 등). 즉, 처벌해도 합헌이다.

② '양심적' 병역거부는 실상 당사자의 '양심에 따른' 혹은 '양심을 이유로 한' 병역거부를 가리키는 것일 뿐이지 병역거부가 '도덕적이고 정당하다'는 의미는 아닌 것이다(헌재 2018.6.28, 2011헌바379 등).

③ 입법목적과 필요성에 따라 대간첩작전의 수행을 임무로 하는 전투경찰순경을 현역병으로 입영하여 복무 중인 군인에서 전임시켜 충원할 수 있도록 한 이 사건 법률조항들이 그 자체로서 청구인의 행복추구권 및 양심의 자유를 침해한 것이라고 볼 수 없다(헌재 1995.12.28, 91헌마80).

④ 양심적 병역거부의 바탕이 되는 양심상의 결정은 종교적 동기뿐만 아니라 윤리적·철학적 또는 이와 유사한 동기로부터도 형성될 수 있는 것이므로 양심적 병역거부자의 기본권 침해 여부는 양심의 자유를 중심으로 판단한다(헌재 2018.6.28, 2011헌바379).

《주의 양심적 평화주의자 등도 있어서 종교가 아닌 양심의 자유를 중심으로 판단하였다.

정답 ④

06 정신적 자유에 관한 설명으로 가장 적절하지 않은 것은? (다툼이 있는 경우 판례에 의함)

① 의사가 환자의 신병(身病)에 관한 사실을 자신의 의사에 반하여 외부에 알려야 한다면, 이는 의사로서의 윤리적·도덕적 가치에 반하는 것으로서 심한 양심적 갈등을 겪을 수밖에 없을 것이므로, 연말정산 간소화를 위하여 의료기관에게 환자들의 의료비 내역에 관한 정보를 국세청에 제출하도록 의무를 부과하는 소득세법 조항은 의사의 양심의 자유를 제한한다.

② 현역입영 또는 소집통지서를 받은 사람이 정당한 사유 없이 입영일이나 소집일부터 3일이 지나도 입영하지 아니하거나 소집에 응하지 아니한 경우를 처벌하는 병역법 처벌조항은 과잉금지원칙을 위반하여 양심적 병역거부자의 양심의 자유를 침해한다.

③ 종교전파의 자유는 누구에게나 자신의 종교 또는 종교적 확신을 알리고 선전하는 자유를 말하지만, 이러한 종교전파의 자유에는 국민에게 그가 선택한 임의의 장소에서 자유롭게 행사할 수 있는 권리까지 보장한다고 할 수 없다.

④ 육군훈련소장이 훈련병에게 개신교, 불교, 천주교, 원불교 종교행사 중 하나에 참석하도록 한 것은 국가가 종교를 군사력 강화라는 목적을 달성하기 위한 수단으로 전락시키거나, 반대로 종교단체가 군대라는 국가권력에 개입하여 선교행위를 하는 등 영향력을 행사할 수 있는 기회를 제공하므로, 국가와 종교의 밀접한 결합을 초래한다는 점에서 헌법상 정교분리원칙에 위배된다.

해설

① 윤리적·도덕적 가치에 반하는 것으로서 심한 양심적 갈등을 겪을 수밖에 없을 것이다. 그런데 의사로서는 과세자료를 제출하지 않을 경우 국세청으로부터 행정지도와 함께 세무조사와 같은 불이익을 받을 수 있다는 심리적 강박감을 가지게 되는바, 결국 이 사건 법령조항에 대하여는 의무불이행에 대하여 간접적이고 사실적인 강제수단이 존재하므로 법적 강제수단의 존부와 관계없이 의사인 청구인들의 양심의 자유를 제한한다(헌재 2008.10.30, 2006헌마1401).

② 처벌조항은 정당한 사유 없이 병역의무를 거부하는 병역기피자를 처벌하는 조항으로서, 과잉금지원칙을 위반하여 양심적 병역거부자의 양심의 자유를 침해한다고 볼 수는 없다(헌재 2018.6.2, 2011헌바379).

③ 종교의 자유는 종교전파의 자유로서 누구에게나 자신의 종교 또는 종교적 확신을 알리고 선전하는 자유를 말하며, 포교행위 또는 선교행위가 이에 해당한다. 그러나 이러한 종교전파의 자유는 국민에게 그가 선택한 임의의 장소에서 자유롭게 행사할 수 있는 권리까지 보장한다고 할 수 없다(헌재 2008.6.26, 2007헌마1366).

④ 피청구인이 청구인들로 하여금 개신교, 천주교, 불교, 원불교 4개 종교의 종교행사 중 하나에 참석하도록 한 것은 그 자체로 종교적 행위의 외적 강제에 해당한다. 이는 피청구인이 위 4개 종교를 승인하고 장려한 것이자, 여타 종교 또는 무종교보다 이러한 4개 종교 중 하나를 가지는 것을 선호한다는 점을 표현한 것이라고 보여질 수 있으므로 국가의 종교에 대한 중립성을 위반하여 특정 종교를 우대하는 것이다. 또한, 이 사건 종교행사 참석조치는 국가가 종교를, 군사력 강화라는 목적을 달성하기 위한 수단으로 전락시키거나, 반대로 종교단체가 군대라는 국가권력에 개입하여 선교행위를 하는 등 영향력을 행사할 수 있는 기회를 제공하므로, 국가와 종교의 밀접한 결합을 초래한다는 점에서 정교분리원칙에 위배된다(헌재 2022.11.24, 2019헌마941).

정답 ②

07 양심의 자유에 관한 설명으로 가장 적절한 것은? (다툼이 있는 경우 헌법재판소 판례에 의함)

① 대체복무요원의 복무기간을 '36개월'로 정한 대체역의 편입 및 복무 등에 관한 법률 조항은, 대체복무요원의 복무강도가 통상의 현역병과 큰 차이가 나지 않도록 정해졌음에도 대체복무기간을 육군 현역병의 실제 복무기간인 18개월의 2배로 정한 것으로 과잉금지원칙을 위반하여 대체복무요원의 양심의 자유를 침해한다.

② 현 상황에서 순수 민간단체가 주관하는 사회봉사를 수행하고자 하는 자를 위한 적절한 대체복무제도를 통해 병역자원을 효율적으로 관리하고 병역의무의 형평성을 유지하는 것이 가능하므로, 이러한 제도를 대체복무의 형태로 인정하지 아니한 입법자의 판단은 수긍할 수 없다.

③ 이적표현물의 소지·취득행위만으로도 그 표현물의 이적내용이 전파될 가능성을 배제하기 어려우며, 최근 늘어나고 있는 전자매체 형식의 표현물들은 실시간으로 다수에게 반포가 가능하고, 이적표현물이 소지·취득한 사람의 의사와 무관하게 전파, 유통될 가능성도 배제할 수 없으므로, 이적행위를 할 목적으로 문서, 도화 기타의 표현물을 제작·소지·반포·취득한 자를 처벌하는 국가보안법 조항은 과잉금지원칙에 위배되어 양심의 자유를 침해하지 않는다.

④ 서면사과를 강제하지 않고도 얼마든지 학교폭력 가해학생을 교정할 수 있는 방법이 있으므로, 가해학생에게 서면사과를 하도록 규정한 구 학교폭력예방 및 대책에 관한 법률 조항은 가해학생의 양심의 자유와 인격권을 침해한다.

해설

① 병역법에 따르면 육군의 복무기간이 2년이 원칙이어서 기간이 크게 차이나지 않는다. 현역병은 각종 사고와 위험에 노출되기 때문에 합리적이다(헌재 2024.5.30, 2021헌마117). 따라서 양심의 자유를 침해하지 않는다.

② 민간 사회봉사제도를 통해 병역자원을 효율적으로 관리하고 병역의무의 형평성을 유지하는 것을 기대하기는 어려우므로, 민간 사회봉사제도를 대체복무의 형태로 인정하지 아니한 입법자의 판단은 수긍할 만하다(헌재 2024.8.29, 2021헌마1278). 따라서 양심의 자유를 침해하지 않는다.

③ 이적표현물의 소지·취득행위만으로도 그 표현물의 이적내용이 전파될 가능성을 배제하기 어렵고, 특히 최근 늘어나고 있는 전자매체 형식의 표현물들은 실시간으로 다수에게 반포가 가능하고 소지·취득한 사람의 의사와 무관하게 전파, 유통될 가능성도 배제할 수 없으므로, 이적표현물을 소지·취득하는 행위가 지니는 위험성이 이를 제작·반포하는 행위에 비해 결코 적다고 보기 어렵다. 따라서 이적표현물 조항은 표현의 자유 및 양심의 자유를 침해하지 아니한다(헌재 2015.4.30, 2012헌바95 등).

④ 헌법재판소는 사죄광고나 사과문 게재를 명하는 조항에 대하여 양심의 자유와 인격권 침해를 인정하여 왔으나, 이 사건에서는 가해학생의 선도와 피해학생의 피해회복 및 정상적인 교육관계회복을 위한 특별한 교육적 조치로 보아 피해학생에 대한 서면사과 조치가 가해학생의 양심의 자유와 인격권을 침해하지 않는다고 판단하였다(헌재 2023.2.23, 2019헌바93).

정답 ③

08 양심의 자유 또는 종교의 자유에 관한 설명 중 옳지 <u>않은</u> 것은? (다툼이 있는 경우 헌법재판소 결정에 의함)

① 헌법 제20조 제2항은 국교금지와 정교분리 원칙을 규정하고 있는데 종교시설의 건축행위에만 기반시설부담금을 면제한다면 국가가 종교를 지원하여 종교를 승인하거나 우대하는 것으로 비칠 소지가 있다.

② 간호조무사 국가시험 실시 요일은 수험생들의 피해를 최소화할 수 있는 방안으로 결정하여야 하지만 연 2회 실시되는 간호조무사 국가시험을 모두 토요일에 실시한다고 하여 토요일에 종교적 의미를 부여하는 종교를 믿는 자의 종교의 자유를 침해하지 아니한다.

③ 사립대학은 종교교육 내지 종교선전을 위하여 학생들의 신앙을 가지지 않을 자유를 침해하지 않는 범위 내에서 학생들로 하여금 일정한 내용의 종교교육을 받을 것을 졸업요건으로 하는 학칙을 제정할 수 있다고 함이 대법원 판례이다.

④ 군종장교가 최소한 성직자의 신분에서 주재하는 종교활동을 수행함에 있어 소속종단의 종교를 선전하거나 다른 종교를 비판하는 것은 국가공무원으로서 종교적 중립을 준수할 의무를 위반한 직무상의 위법이 있다.

해설

① 헌법 제20조 제2항은 국교금지와 정교분리 원칙을 규정하고 있는데 종교시설의 건축행위에만 기반시설부담금을 면제한다면 국가가 종교를 지원하여 종교를 승인하거나 우대하는 것으로 비칠 소지가 있다(헌재 2010.2.25, 2007헌바131 등).

② 대부분의 지방자치단체에서 시험장소 임차 및 인력동원 등의 이유로 일요일 시험실시가 불가하거나 어려워, 현재로서는 일요일에 시험을 시행하는 것도 현실적으로 어려운 상황이다. 이러한 사정을 고려할 때, 연 2회 실시되는 간호조무사 국가시험을 모두 토요일에 실시한다고 하여 그로 인한 기본권 제한이 지나치다고 볼 수 없다. 따라서 이 사건 공고는 과잉금지원칙에 반하여 청구인의 종교의 자유를 침해하지 아니한다(헌재 2023.6.29, 2021헌마171).

③ 대학교의 예배는 복음 전도나 종교인 양성에 직접적인 목표가 있는 것이 아니고 <u>신앙을 가지지 않을 자유를 침해하지 않는 범위 내에서 학생들에게 종교교육을 함으로써</u> 진리·사랑에 기초한 보편적 교양인을 양성하는 데 목표를 두고 있다고 할 것이므로, 대학예배에의 6학기 참석을 졸업요건으로 정한 위 대학교의 학칙은 <u>헌법상 종교의 자유에 반하는 위헌무효의 학칙이 아니다</u>(대판 1998.11.10, 96다37268).

▶ 중·고교의 경우 채플수업은 가능하나 대체수업에 참가할 수 있도록 해야 한다.

④ 군대 내에서 군종장교는 국가공무원인 참모장교로서의 신분뿐 아니라 성직자로서의 신분을 함께 가지고 소속 종단으로부터 부여된 권한에 따라 설교·강론 또는 설법을 행하거나 종교의식 및 성례를 할 수 있는 종교의 자유를 가지는 것이므로, 군종장교가 최소한 성직자의 신분에서 주재하는 종교활동을 수행함에 있어 소속종단의 종교를 선전하거나 다른 종교를 비판하였다고 할지라도 그것만으로 종교적 중립을 준수할 의무를 위반한 직무상의 위법이 있다고 할 수 없다(대판 2007.4.26, 2006다87903).

정답 ④

09 종교의 자유에 관한 설명으로 가장 적절하지 않은 것은? (다툼이 있는 경우 헌법재판소 판례에 의함)

① 출력수(작업에 종사하는 수형자)를 대상으로 원칙적으로 월 3~4회의 종교집회를 실시하는 반면, 미결수용자와 미지정 수형자에 대해서는 원칙적으로 매월 1회, 그것도 공간의 협소함과 관리 인력의 부족을 이유로 수용동별로 돌아가며 종교집회를 실시하여 실제 연간 1회 정도의 종교집회 참석 기회를 부여한 구치소장의 종교집회 참석 제한 처우는 미결수용자 및 미지정 수형자의 종교의 자유를 침해한 것이다.

② 구치소에 종교행사 공간이 1개뿐이고, 종교행사는 종교, 수형자와 미결수용자, 성별, 수용동 별로 진행되며, 미결수용자는 공범이나 동일사건 관련자가 있는 경우 이를 분리하여 참석하게 해야 하는 점을 고려하더라도, 구치소 내 미결수용자를 대상으로 한 개신교 종교행사를 4주에 1회, 일요일이 아닌 요일에 실시한 구치소장의 종교행사 처우는 미결수용자의 종교의 자유를 침해한다.

③ 2009.6.1.부터 2009.10.8.까지 구치소 내에서 실시하는 종교의식 또는 행사에 일률적으로 미결수용자의 참석을 금지한 구치소장의 종교행사 등 참석불허 처우는, 미결수용자의 기본권을 덜 침해하는 수단이 존재함에도 불구하고 이를 전혀 고려하지 아니하였으므로 과잉금지원칙을 위반하여 미결수용자의 종교의 자유를 침해하였다.

④ 금치처분을 받은 사람은 최장 30일 이내의 기간 동안 종교의식 또는 행사에 참석할 수 없으나 종교상담을 통해 종교활동은 할 수 있어서, 금치기간 중 30일 이내 공동행사 참가를 정지하는 형의 집행 및 수용자의 처우에 관한 법률 조항은 수용자의 종교의 자유를 침해하지 아니한다.

해설

① 피청구인은 출력수(작업에 종사하는 수형자)를 대상으로 원칙적으로 월 3~4회의 종교집회를 실시하는 반면, 미결수용자와 미지정 수형자에 대해서는 원칙적으로 매월 1회, 그것도 공간의 협소함과 관리 인력의 부족을 이유로 수용동별로 돌아가며 종교집회를 실시하여 실제 연간 1회 정도의 종교집회 참석 기회를 부여하고 있다. 이는 미결수용자 및 미지정 수형자의 구금기간을 고려하면 사실상 종교집회 참석 기회가 거의 보장되지 않는 결과를 초래할 수도 있다. 따라서 이 사건 종교집회 참석 제한 처우는 부산구치소의 열악한 시설을 감안하더라도 과잉금지원칙을 위반하여 청구인의 종교의 자유를 침해한 것이다(헌재 2014.6.26, 2012헌마782).

② 미결수용자는 공범이나 동일사건 관련자가 있는 경우 이를 분리하여 참석하게 해야 하는 점을 고려하면 피청구인이 미결수용자 대상 종교행사를 4주에 1회 실시한 것이 침해의 최소성에 반한다고 보기 어렵다(헌재 2015.4.30, 2013헌마190).

③ 이 사건 결정은, 무죄가 추정되는 미결수용자에 대한 기본권 제한은 수형자의 경우보다 더 완화되어야 함에도, 미결수용자에 대하여만 일률적으로 종교행사 등에의 참석을 불허한 피청구인의 행위가 미결수용자의 종교의 자유를 침해한 것이라는 헌법재판소의 입장을 밝힌 것이다. 종교행사 등 참석불허 처우는 과잉금지원칙을 위반하여 청구인의 종교의 자유를 침해한 것이다(헌재 2011.12.29, 2009헌마527).

④ 금치처분을 받은 사람은 최장 30일 이내의 기간 동안 공동행사에 참가할 수 없으나, 서신수수, 접견을 통해 외부와 통신할 수 있고, 종교상담을 통해 종교활동을 할 수 있다. 또한, 위와 같은 불이익은 규율 준수를 통하여 수용질서를 유지한다는 공익에 비하여 크다고 할 수 없다. 따라서 위 조항은 청구인의 통신의 자유, 종교의 자유를 침해하지 아니한다(헌재 2016.5.26, 2014헌마45).

정답 ②

10 종교의 자유에 관한 설명으로 옳지 않은 것은? (다툼이 있는 경우 판례에 의함)

① 종교교육이 학교나 학원 형태로 시행될 때 필요한 시설기준과 교육과정 등에 대한 최소한의 기준을 국가가 마련하여 학교설립인가 등을 받게 하는 것은 헌법 제31조 제6항의 입법자의 입법재량의 범위 안에 포함되므로 종교의 자유를 침해하지 않는다는 것이 헌법재판소의 판례이다.

② 국·공립학교에서는 일반적인 종교교육을 하는 것은 허용된다.

③ 고교 평준화제도로 인해 자신의 종교와 다른 종교계 고등학교에 강제 배정된 경우, 고등학교에 진학하기 위하여 평준화 전형에 지원하였으나 학생에게 학교선택권은 없기 때문에 기독교계 학교와 학생 사이에 공정한 계약이 성립한 것이라고 보기는 어렵다.

④ 헌법이 종교의 자유를 보장하고 종교와 국가기능을 엄격히 분리하고 있는 점에 비추어 종교단체의 조직과 운영은 그 자율성이 최대한 보장되어야 할 것이나 한편으로 종교가 가지는 도덕적 순수성, 국민들의 종교에 대한 신뢰 등을 고려할 때, 교회 안에서 개인이 누리는 지위에 영향을 미칠 각종 결의나 처분이 당연 무효라고 판단하는 데는, 종교단체 아닌 일반단체의 결의나 처분을 무효로 돌릴 정도보다 약한 절차상 하자가 있는 것으로 족하다는 것이 대법원의 판례이다.

해설

① 교육법 제85조 제1항 및 학원의 설립·운영에 관한 법률 제6조가 종교교육을 담당하는 기관들에 대하여 예외적으로 인가 혹은 등록의 무를 면제하여 주지 않았다고 하더라도, 헌법 제31조 제6항이 교육제도에 관한 기본사항을 법률로 입법자가 정하도록 한 취지, 종교교육기관이 자체 내부의 순수한 성직자 양성기관이 아니라 학교 혹은 학원의 형태로 운영될 경우 일반 국민들이 받을 수 있는 부실한 교육의 피해의 방지, 현행 법률상 학교 내지 학원의 설립절차가 지나치게 엄격하다고 볼 수 없는 점 등을 고려할 때, 위 조항들이 청구인의 종교의 자유 등을 침해하였다고 볼 수 없고, 또한 위 조항들로 인하여 종교교단의 재정적 능력에 따라 학교 내지 학원의 설립상 차별을 초래한다고 해도 거기에는 위와 같은 합리적 이유가 있으므로 평등원칙에 위배된다고 할 수 없다(헌재 2000.3.30, 99헌바14).

② 특정 종교교육이 아닌 일반적인 종교교육인 경우는 가능하다.

구분	국·공립	사립
일반 종교교육	○	○
특정 종교교육	×	○

③ 기독교계 학교로의 진학은 대학교처럼 학생의 선택권이 보장되는 경우를 전제로 하여서만 공정한 계약이라 할 것이고 학교선택권이 보장되지 못하고 강제 배정된 학교가 특정 종교재단에 의해 설립된 경우에는 아무런 대응수단을 갖지 못하고 특정 종교교육 및 종교이념을 일방적으로 수용하여야만 하고 이는 학생의 종교의 자유에 대한 부당한 침해라고 보아야 할 것이다.

④ 교회 안에서 개인이 누리는 지위에 영향을 미칠 각종 결의나 처분이 당연 무효라고 판단하려면, 그저 일반적인 종교단체 아닌 일반단체의 결의나 처분을 무효로 돌릴 정도의 절차상 하자가 있는 것으로는 부족하고, 그러한 하자가 매우 중대하여 이를 그대로 둘 경우 현저히 정의관념에 반하는 경우라야 한다(대판 2006.2.10, 2003다63104).

정답 ④

제2항 언론·출판의 자유

01 언론·출판의 자유에 대한 설명으로 옳지 않은 것은? (다툼이 있는 경우 판례에 의함)

① 상업광고는 표현의 자유의 보호영역에 속하면서 동시에 직업의 자유의 보호영역에도 속한다.

② 헌법재판소는 알 권리가 자유권적 성질과 청구권적 성질을 공유한다고 보았다.

③ 출판사 등록취소 사유로서 '저속'의 개념은 그 적용범위가 매우 광범위할 뿐만 아니라 법관의 보충적인 해석에 의한다 하더라도 그 의미내용을 확정하기 어려울 정도로 매우 추상적이어서 명확성원칙에 위배된다.

④ 특정구역 안에서 업소별로 표시할 수 있는 광고물의 총 수량을 1개로 제한한 옥외광고물 표시제한 특정구역 지정고시 조항은 자신들이 원하는 위치에 원하는 종류의 옥외광고물을 원하는 만큼 표시·설치할 수 없어 청구인들의 표현의 자유를 침해한다.

해설

① 헌법은 제21조 제1항에서 "모든 국민은 언론·출판의 자유 … 를 가진다."라고 규정하여 현대 자유민주주의의 존립과 발전에 필수불가결한 기본권으로 언론·출판의 자유를 강력하게 보장하고 있는바, 광고물도 사상·지식·정보 등을 불특정다수인에게 전파하는 것으로서 언론·출판의 자유에 의한 보호를 받는 대상이 된다. 또한, 사업자가 상품 또는 서비스를 판매함에 있어서 그 상품 또는 서비스에 관하여 표시·광고하는 것은 영업활동의 중요한 한 부분을 이루고 있으므로, 상업광고를 제한하는 입법은 헌법 제15조의 직업의 자유 중 직업수행의 자유도 동시에 제한하게 된다(헌재 2012.2.23, 2009헌마318).

② 알 권리는 표현의 자유와 표리일체의 관계에 있으며 자유권적 성질과 청구권적 성질을 공유하는 것이다(헌재 2013.7.25, 2012헌마167).

③ "음란"의 개념과는 달리 "저속"의 개념은 그 적용범위가 매우 광범위할 뿐만 아니라 법관의 보충적인 해석에 의한다 하더라도 그 의미내용을 확정하기 어려울 정도로 매우 추상적이어서 명확성의 원칙 및 과도한 광범성의 원칙에 반한다(헌재 1998.4.30, 95헌가16).

④ 위 조항들이 위임하는 범위 내에서 이 사건 특정구역 안에서 업소별로 표시할 수 있는 옥외광고물의 총수량을 원칙적으로 1개로 제한한 것을 두고 위임의 한계를 일탈하였다고 볼 수 없다. 따라서 광고물 총수량 조항이 법률유보원칙에 위배되어 청구인들의 표현의 자유 및 직업수행의 자유를 침해한다고 보기 어렵다(헌재 2016.3.31, 2014헌마794).

정답 ④

02 표현의 자유에 관한 헌법재판소의 입장으로 옳지 않은 것은?

① 위법하게 취득한 타인 간의 대화내용을 공개하는 자를 처벌하는 통신비밀보호법 조항은 대화자의 통신의 비밀을 보호하기 위한 것이나, 다른 한편으로는 대화내용을 공개하는 자의 표현의 자유를 제한하게 되므로 두 기본권이 충돌하게 된다.

② 명예훼손적 표현의 피해자가 공적 인물인지 아니면 사인인지, 그 표현이 공적인 관심 사안에 관한 것인지 순수한 사적인 영역에 속하는 사안인지의 여부에 따라 헌법적 심사기준에는 차이가 있어야 한다.

③ 언론·출판의 자유는 종교의 자유, 양심의 자유, 학문과 예술의 자유와 표리관계에 있다고 할 수 있는데 그러한 정신적인 자유를 외부적으로 표현하는 자유가 언론·출판의 자유라고 할 수 있다.

④ 정치적 표현의 자유는 선거과정에서의 선거운동을 통하여 국민이 정치적 의견을 자유로이 발표·교환함으로써 비로소 그 기능을 다하게 된다고 할지라도, 선거운동의 자유는 헌법에 정한 언론·출판·집회·결사의 자유 보장 규정에 의한 보호를 받는 것이 아니라 선거원칙을 규정하고 있는 헌법 제41조 제1항 및 제67조 제1항과 헌법 제10조 행복추구권으로부터 유래되는 일반적 행동자유권 등에 의해서 우선적으로 보호된다.

해설

① 이 사건 법률조항에 의하여 대화자의 통신의 비밀과 공개자의 표현의 자유라는 두 기본권이 충돌하게 된다(헌재 2011.8.30, 2009헌바42).

② 명예훼손적 표현의 피해자가 공적 인물인지 아니면 사인인지, 그 표현이 공적인 관심 사안에 관한 것인지 순수한 사적인 영역에 속하는 사안인지의 여부에 따라 헌법적 심사기준에는 차이가 있어야 하고, 공적 인물의 공적 활동에 대한 명예훼손적 표현은 그 제한이 더 완화되어야 한다. 다만, 공인 내지 공적인 관심 사안에 관한 표현이라 할지라도 일상적인 수준으로 허용되는 과장의 범위를 넘어서는 명백한 허위사실로서 개인에 대한 악의적이거나 현저히 상당성을 잃은 공격은 제한될 수 있어야 한다(헌재 2013.12.26, 2009헌마747).

③ 헌법 제21조의 규정에 의하여 모든 국민은 언론·출판의 자유 내지 표현의 자유가 보장되며 언론·출판에 대한 허가나 검열은 인정되지 않는다. 언론·출판의 자유는 종교의 자유, 양심의 자유, 학문과 예술의 자유와 표리관계에 있다고 할 수 있는데 그러한 정신적인 자유를 외부적으로 표현하는 자유가 언론·출판의 자유라고 할 수 있다(헌재 1992.11.12, 89헌마88).

④ 선거운동의 자유는 널리 선거과정에서 자유로이 의사를 표현할 자유의 일환이므로 표현의 자유의 한 태양이기도 하다. 표현의 자유, 특히 정치적 표현의 자유는 선거과정에서의 선거운동을 통하여 국민이 정치적 의견을 자유로이 발표·교환함으로써 비로소 그 기능을 다하게 된다 할 것이므로, 선거운동의 자유는 헌법에 정한 언론·출판·집회·결사의 자유 보장 규정에 의한 보호를 받는다(헌재 2001.8.30, 99헌바92 등).

정답 ④

03 표현의 자유에 대한 설명으로 옳은 것은? (다툼이 있는 경우 판례에 의함)

① 인터넷언론사가 선거일 전 90일부터 선거일까지 후보자명의의 칼럼이나 저술을 게재하는 보도를 할 수 없도록 한 것은 필요 이상으로 표현의 자유를 제한하여 헌법에 위반된다.

② 대한민국을 모욕할 목적으로 국기를 훼손하는 행위를 처벌하도록 한 것은 표현의 방법이 아닌 표현의 내용에 대한 규제이므로 표현의 자유를 침해한다.

③ 공공기관 등이 설치·운영하는 모든 게시판에 본인확인조치를 한 경우에만 정보를 게시하도록 하는 것은 게시판에 자신의 사상이나 견해를 표현하고자 하는 사람에게 표현의 내용과 수위 등에 대한 자기검열 가능성을 높이는 것이므로 익명표현의 자유를 침해한다.

④ 옥외집회나 시위가 사전신고한 범위를 뚜렷이 벗어나 질서를 유지할 수 없게 된 경우, 이에 대한 해산명령에 불응하는 자를 형사처벌하는 집회 및 시위에 관한 법률 규정은 집회의 자유를 침해한다.

해설

① 이 사건 시기제한조항의 입법목적을 달성할 수 있는 덜 제약적인 다른 방법들이 이 사건 심의기준 규정과 공직선거법에 이미 충분히 존재한다. 따라서 이 사건 시기제한조항은 과잉금지원칙에 반하여 청구인의 표현의 자유를 침해한다(헌재 2019.11.28, 2016헌마90).

② 국기를 존중, 보호함으로써 국가의 권위와 체면을 지키고, 국민들이 국기에 대하여 가지는 존중의 감정을 보호하려는 목적에서 입법된 것이다. 심판대상조항은 국기가 가지는 고유의 상징성과 위상을 고려하여 일정한 표현방법을 규제하는 것에 불과하므로, 국기모독 행위를 처벌한다고 하여 이를 정부나 정권, 구체적 국가기관이나 제도에 대한 비판을 허용하지 않거나 이를 곤란하게 하는 것으로 볼 수 없다(헌재 2019.12.27, 2016헌바96). 따라서 국기모독죄는 헌법에 위반되지 않으나, 국가모독죄는 명확성의 원칙에 위배된다.

③ 공공기관등이 설치·운영하는 게시판에 언어폭력, 명예훼손, 불법정보 등이 포함된 정보가 게시될 경우 그 게시판에 대한 신뢰성이 저하되고 결국에는 게시판 이용자가 피해를 입을 수 있으며, 공공기관등의 정상적인 업무수행에 차질이 빚어질 수도 있다. 따라서 공공기관등이 설치·운영하는 게시판의 경우 본인확인조치를 통해 책임성과 건전성을 사전에 확보함으로써 해당 게시판에 대한 공공성과 신뢰성을 유지할 필요성이 크며, 그 이용 조건으로 본인확인을 요구하는 것이 과도하다고 보기는 어렵다(헌재 2022.12.22, 2019헌마654).

④ 집시법 제20조 제1항 제2호가 미신고 옥외집회 또는 시위를 해산명령의 대상으로 하면서 별도의 해산 요건을 정하고 있지 않더라도, 그 옥외집회 또는 시위로 인하여 타인의 법익이나 공공의 안녕질서에 대한 직접적인 위험이 명백하게 초래된 경우에 한하여 위 조항에 기하여 해산을 명할 수 있고, 이러한 요건을 갖춘 해산명령에 불응하는 경우에만 집시법 제24조 제5호에 의하여 처벌할 수 있다고 보아야 한다(대판 2012.4.19, 2010도6388).

정답 ①

04 표현의 자유에 관한 다음 설명 중 옳지 않은 것은? (다툼이 있는 경우 헌법재판소 결정 및 대법원 판례에 의함)

① 상업광고에 대한 규제에 의한 표현의 자유 내지 직업수행의 자유의 제한은 헌법 제37조 제2항에서 도출되는 비례의 원칙(과잉금지원칙)을 준수하여야 하지만, 상업광고는 사상이나 지식에 관한 정치적, 시민적 표현행위와는 차이가 있고, 인격발현과 개성신장에 미치는 효과가 중대한 것은 아니므로, 비례의 원칙 심사에 있어서 '피해의 최소성' 원칙은 '입법목적을 달성하기 위하여 필요한 범위 내의 것인지'를 심사하는 정도로 완화되는 것이 상당하다.

② 표현의 자유는 자신의 의사를 표현하고 전파할 적극적 자유, 자신의 의사를 표현하지 아니할 소극적 자유, 국가에게 표현의 자유를 실현할 수 있는 방법을 적극적으로 마련해 줄 것을 요청할 수 있는 자유를 포함한다. 따라서 국가가 공직후보자들에 대한 유권자의 전부 거부 의사표시를 할 방법을 보장해 주지 않는 것은 헌법에 위반된다.

③ 정당 후원회를 금지함으로써 정당에 대한 재정적 후원을 전면적으로 금지하는 것은 국민의 정치적 표현의 자유를 침해한다.

④ 공직자의 도덕성, 청렴성에 대하여는 국민과 정당의 감시 기능이 필요한 점에 비추어 볼 때, 그 점에 관한 의혹의 제기는 악의적이거나 현저히 상당성을 잃은 공격이 아닌 한 쉽게 책임을 추궁하여서는 아니된다.

해설

① 상업광고에 대한 규제에 의한 표현의 자유 내지 직업수행의 자유의 제한은 헌법 제37조 제2항에서 도출되는 비례의 원칙(과잉금지원칙)을 준수하여야 하지만, 상업광고는 사상이나 지식에 관한 정치적, 시민적 표현행위와는 차이가 있고, 인격발현과 개성신장에 미치는 효과가 중대한 것은 아니므로, 비례의 원칙 심사에 있어서 '피해의 최소성' 원칙은 '입법목적을 달성하기 위하여 필요한 범위 내의 것인지'를 심사하는 정도로 완화되는 것이 상당하다(헌재 2005.10.27, 2003헌가3).

② 표현의 자유는 기본적으로 자유로운 정치적 의사표현 등을 국가가 소극적으로 금지하거나 제한하지 말 것을 요구하는 권리이며, 국가에게 국민들의 표현의 자유를 실현할 방법을 적극적으로 마련해 달라는 것까지 포함하는 것이라 볼 수 없다. 이 사건의 경우에도 표현의 자유의 보호범위에 '국가가 공직후보자들에 대한 유권자의 전부 거부 의사표시를 할 방법을 보장해 줄 것'까지 포함된다고 보기는 어렵다(헌재 2007.8.30, 2005헌마975). 즉, 각하로 판시하였다.

③ 정당제 민주주의하에서 정당에 대한 재정적 후원이 전면적으로 금지됨으로써 정당이 스스로 재정을 충당하고자 하는 정당활동의 자유와 국민의 정치적 표현의 자유에 대한 제한이 매우 크다고 할 것이므로, 정당 후원회를 금지함으로써 정당에 대한 재정적 후원을 전면적으로 금지하는 것은 정당의 정당활동의 자유와 국민의 정치적 표현의 자유를 침해한다(헌재 2015.12.23, 2013헌바168).

④ 언론·출판의 자유와 명예보호 사이의 한계를 설정함에 있어서는, 당해 표현으로 명예를 훼손당하게 되는 피해자가 공적인 존재인지 사적인 존재인지, 그 표현이 공적인 관심사안에 관한 것인지 순수한 사적인 영역에 속하는 사안에 관한 것인지 등에 따라 그 심사기준에 차이를 두어, 공공적·사회적인 의미를 가진 사안에 관한 표현의 경우에는 언론의 자유에 대한 제한이 완화되어야 하고, 특히 공직자의 도덕성, 청렴성에 대하여는 국민과 정당의 감시기능이 필요함에 비추어 볼 때, 그 점에 관한 의혹의 제기는 악의적이거나 현저히 상당성을 잃은 공격이 아닌 한 쉽게 책임을 추궁하여서는 안 된다(대판 2003.7.8, 2002다64384).

정답 ②

05 언론·출판의 자유에 관한 설명 중 옳지 않은 것은? (다툼이 있는 경우 판례에 의함)

① 명예훼손적 표현을 행위자가 진실한 것으로 오인하고 행위를 한 경우 그 오인에 정당한 이유가 있는 때에는 명예훼손죄가 성립하지 않는다.

② 저속한 표현과 음란한 표현은 인간의 존엄 내지 인간성을 왜곡하는 성표현으로서 언론·출판의 자유에 의한 헌법적인 보호영역 안에 있지 않다.

③ 검열은 일반적으로 허가를 받기 위한 표현물의 제출의무, 행정권이 주체가 된 사전심사절차, 허가를 받지 아니한 의사표현의 금지 및 심사절차를 관철할 수 있는 강제수단 등의 요건을 갖춘 경우에만 이에 해당하는 것이다.

④ 남북합의서 위반행위로서 전단등 살포를 하여 국민의 생명·신체에 위해를 끼치거나 심각한 위험을 발생시키는 것을 금지하고 이를 위반한 경우 처벌하는 남북관계 발전에 관한 법률 조항은 그 궁극적인 의도가 북한 주민을 상대로 한 북한 체제 비판 등의 내용을 담은 표현을 제한하는 데 있다는 점에서 표현의 내용과 무관한 내용중립적 규제로 보기는 어렵다.

해설

① 명예훼손적 표현을 행위자가 진실한 것으로 오인하고 행위를 한 경우 그 오인에 정당한 이유가 있는 때에는 명예훼손죄가 성립하지 않는다(대판 1998.5.8, 97다34563).

② 음란의 개념을 엄격하게 이해한다 하더라도 음란의 내용 자체는 헌법상 표현의 자유의 보호에 관한 법리와 관련하여 그 내포와 외연을 파악하여야 할 것이고, 이와 무관하게 음란 여부를 먼저 판단한 다음, 음란으로 판단되는 표현은 표현의 자유 영역에서 애당초 배제시킨다는 것은 그와 관련한 합헌성 심사를 포기하는 결과가 될 것이다(헌재 2009.5.28, 2006헌바109 등).

③ 검열의 기본 요건에 해당한다(헌재 1992.11.12, 89헌마88).

④ '전단등 살포'라는 행위를 제한하는 심판대상조항의 궁극적인 의도가 북한 주민을 상대로 한 북한 체제 비판 등의 내용을 담은 표현을 제한하는 데 있다는 것이고, 이는 결국 심판대상조항이 그 효과에 있어서 주로 특정 관점에 대하여 그 표현을 제한하는 결과를 가져온다고 할 것이다. 따라서 심판대상조항에 의한 표현의 자유 제한이 표현의 내용과 무관한 내용중립적 규제라고 보기는 어려운바, 심판대상조항은 표현의 내용을 규제하는 것으로 봄이 타당하다(헌재 2023.9.26, 2020헌마1724 등). 즉, 방법이나 시간 등이 아닌 주제를 규제하는 것이니 이는 표현의 내용을 규제하는 것이 된다. 방법을 제한하는 것은 광범위하게 허용되나 내용을 규제하게 되면 위헌이 될 가능성이 높아진다.

▶ 내용에 관한 규제이나 사전제출 의무가 없어 검열로 볼 수 없다.

정답 ②

06 언론의 자유에 대한 다음 설명 중 가장 적절하지 않은 것은? (다툼이 있는 경우 판례에 의함)

① 헌법 제21조 제2항은 허가제를 금지하고 있으므로 언론기관의 설립에 대하여는 법률로도 허가제를 규정할 수 없다.
② 누설될 경우 국가안전보장에 명백한 위험이 있는 경우에만 국가기밀에 속한다고 하는 것이 헌법재판소의 결정례이다.
③ 최소한 합리적이기만 하면 된다는 최소합리성기준은 언론·출판의 자유를 제한하는 법률의 위헌 여부에 대한 심사기준으로 적용된다.
④ 반론보도청구의 소를 제기하기 위하여는 먼저 언론중재위원회에 중재를 거칠 수 있다.

해설

① 검열이나 허가제는 법률로도 금지된다.
② 비공지의 사실로서 적법절차에 따라 군사기밀로서의 표지를 갖추고 그 누설이 국가의 안전보장에 명백한 위험을 초래한다고 볼 만큼의 실질가치를 지닌 것으로 인정되는 경우에 한하여 적용된다 할 것이므로 이러한 해석하에 헌법에 위반되지 아니한다(헌재 1992.2.25, 89헌가104).
③ 언론·출판의 자유는 다른 기본권에 비해서 강하게 보장되어야 하므로 엄격한 심사기준이 적용되어야 하고, 최소합리성의 기준으로 위헌성을 판단할 수 없다.
④ 과거에는 반론보도청구의 소를 제기하기 위해서는 언론중재위원회의 중재를 거쳐야 했으나, 법 개정으로 피해자는 정정보도, 반론보도, 추후보도의 청구의 소를 중재위원회의 중재절차를 거치지 않고서도 소를 제기할 수 있게 되었다(언론중재 및 피해구제에 관한 법률 제26조).

정답 ③

07 다음 중 헌법재판소가 언론의 자유(표현의 자유)를 침해한다고 결정한 것은 모두 몇 개인가?

㉠ 인터넷언론사가 취재 인력 3명 이상을 포함하여 취재 및 편집 인력 5명 이상을 상시적으로 고용하도록 하는 발행요건
㉡ 인터넷언론사가 선거운동기간 중 당해 홈페이지의 게시판 등에 정당·후보자에 대한 지지·반대의 정보를 게시할 수 있도록 하는 경우 실명을 확인받도록 하는 기술적 조치를 하여야 하고 이를 위반한 때에는 과태료를 부과하는 '공직선거법' 규정
㉢ 교통수단을 이용하여 타인의 광고를 할 수 없도록 하고 있는 '옥외광고물법 시행령' 규정
㉣ 온라인서비스 제공자가 자신이 관리하는 정보통신망에서 아동·청소년이용음란물을 발견하기 위하여 대통령령으로 정하는 조치를 취하지 아니하거나 발견된 아동·청소년이용음란물을 즉시 삭제하고, 전송을 방지 또는 중단하는 기술적인 조치를 취하지 아니한 경우 처벌하는 '아동·청소년의 성보호에 관한 법률' 규정

① 1개　② 2개
③ 3개　④ 4개

해설

언론의 자유(표현의 자유)를 침해한다고 결정한 것은 2개(㉠, ㉡)이다.

㉠ 고용조항 및 확인조항은 소규모 인터넷신문이 언론으로서 활동할 수 있는 기회 자체를 원천적으로 봉쇄할 수 있음에 비하여, 인터넷신문의 신뢰도 제고라는 입법목적의 효과는 불확실하다는 점에서 법익의 균형성도 잃고 있다. 따라서 고용조항 및 확인조항은 과잉금지원칙에 위배되어 청구인들의 언론의 자유를 침해한다(헌재 2016.10.27, 2015헌마1206).

㉡ "인터넷언론사"가 명확성원칙에 반하지는 않는다고 하더라도 그 범위가 광범위하다는 점까지 고려하면 심판대상조항으로 인하여 발생할 수 있는 기본권 제한의 정도는 결코 작다고 볼 수 없다. 실명확인제가 표방하고 있는 선거의 공정성이라는 목적은 인터넷 이용자의 표현의 자유나 개인정보자기결정권을 제약하지 않는 다른 수단에 의해서도 충분히 달성할 수 있다(삭제요청 등)(헌재 2021.1.26, 2018헌마456).

㉢ 타인에 관한 광고를 허용하게 되면 무분별한 광고를 하게 되고 이로 인하여 도로교통의 안전과 도시미관을 저해하는 폐해가 발생하게 될 것이다. 따라서 이 사건 시행령조항이 표현의 자유를 침해한다고 볼 수 없다(헌재 2002.12.18, 2000헌마764).

㉣ 심판대상조항을 통하여 아동음란물의 광범위한 유통·확산을 사전적으로 차단하고 이를 통해 아동음란물이 초래하는 각종 폐해를 방지하며 특히 관련된 아동·청소년의 인권 침해 가능성을 사전적으로 차단할 수 있는바, 이러한 공익이 사적 불이익보다 더 크다. 따라서 심판대상조항은 온라인서비스 제공자의 영업수행의 자유, 서비스 이용자의 통신의 비밀과 표현의 자유를 침해하지 아니한다(헌재 2018.6.28, 2016헌가15).

정답 ②

08 검열에 관한 내용으로 옳지 않은 것은? (다툼이 있는 경우 판례에 의함)

① 영화등급분류보류제는 우리 헌법이 금지하고 있는 검열에 해당한다.

② 게임물의 제작 및 판매·배포는 표현의 자유를 보장하는 헌법 제21조 제1항에 의하여 보장을 받으나, 게임물판매업자에 부과되는 등록의무는 헌법상 금지되는 검열로 볼 수 없다.

③ 비록 검열기관을 민간인들로 구성하고 그 지위의 독립성을 보장한다고 해서 그 기관 또는 그 기관에 의한 행위가 형식적 또는 실질적으로 완전한 민간자율기관이 되는 것은 아니다.

④ 한국광고자율심의기구는 민간이 주도가 되어 설립된 기구로서, 그 구성에 행정권이 개입하고 있고 행정법상 공무수탁사인으로서 그 위탁받은 업무에 관하여 국가의 지휘·감독을 받고 있다고 하더라도, 한국광고자율심의기구가 행하는 텔레비전 방송광고 사전심의는 헌법이 금지하는 검열에 해당하지 않는다.

해설

① 영화진흥법 제21조 제4항이 규정하고 있는 영상물등급위원회에 의한 등급분류보류제도는, 영상물등급위원회가 영화의 상영에 앞서 영화를 제출받아 그 심의 및 상영등급분류를 하되, 등급분류를 받지 아니한 영화는 상영이 금지되고 만약 등급분류를 받지 않은 채 영화를 상영한 경우 과태료, 상영금지명령에 이어 형벌까지 부과할 수 있도록 하며, 등급분류보류의 횟수제한이 없어 실질적으로 영상물등급위원회의 허가를 받지 않는 한 영화를 통한 의사표현이 무한정 금지될 수 있으므로 검열에 해당한다(헌재 2001.8.30, 2000헌가9).
▶ 등급분류제는 합헌, 등급분류보류제는 위헌

② 헌법 제21조 제2항에서 정하는 허가나 검열은 행정권이 주체가 되어 사상이나 의견 등이 발표되기 이전에 예방적 조치로서 그 내용을 심사·선별하여 발표를 사전에 억제하는 제도를 뜻하는바, 이 사건 법률조항에 따른 등록사항을 살펴보면, "유통관련업자의 성명·주민등록번호·주소·본적, 상호(법인명), 영업소소재지, 업종"을 기재 내지 표시하도록 되어 있어 유통관련업자의 외형적이고 객관적인 사항에 한정되어 이 사건 등록제가 게임물의 내용을 심사·선별하여 게임물을 사전에 통제하기 위한 규정이 아님이 명백하다(헌재 2002.2.28, 99헌바117).

③ 국가에 의하여 검열절차가 입법의 형태로 계획되고 의도된 이상, 비록 검열기관을 민간인들로 구성하고 그 지위의 독립성을 보장한다고 해서 그 기관 또는 그 기관에 의한 행위가 형식적 또는 실질적으로 완전한 민간자율기관이 되는 것은 아니다(헌재 2006.10.26, 2005헌가14).

④ 한국광고자율심의기구는 민간이 주도가 되어 설립된 기구이기는 하나, 한국광고자율심의기구가 행하는 방송광고 사전심의는 방송위원회가 위탁이라는 방법에 의해 그 업무의 범위를 확장한 것에 지나지 않는다고 할 것이므로 한국광고자율심의기구가 행하는 이 사건 텔레비전 방송광고 사전심의는 행정기관에 의한 사전검열로서 헌법이 금지하는 사전검열에 해당한다(헌재 2008.6.26, 2005헌마506).

정답 ④

09 헌법상 금지되는 사전검열에 대한 설명으로 옳은 것을 모두 고른 것은? (다툼이 있는 경우 판례에 의함)

> ㉠ 우리나라 헌법은 알 권리를 명문으로 규정하고 있지는 않으나 이를 인정하는 것이 통설이고, 헌법재판소 판례에 의하여서도 인정되고 있다.
> ㉡ 검열을 행정기관이 아닌 독립적인 위원회에서 행한다고 하더라도, 행정권이 주체가 되어 검열절차를 형성하고 검열기관의 구성에 지속적인 영향을 미칠 수 있는 경우라면 실질적으로 그 검열기관은 행정기관이라고 보아야 한다.
> ㉢ 건강기능식품 기능성 광고 사전심의가 헌법이 금지하는 사전검열에 해당하려면 심사절차를 관철할 수 있는 강제수단이 존재할 것을 필요로 하는데, 영업허가취소와 같은 행정제재나 벌금형과 같은 형벌의 부과는 사전심의절차를 관철하기 위한 강제수단에 해당한다.
> ㉣ 헌법상 사전검열은 표현의 자유 보호대상이면 예외 없이 금지된다.

① ㉠, ㉡
② ㉠, ㉢, ㉣
③ ㉡, ㉢, ㉣
④ ㉠, ㉡, ㉢, ㉣

해설

모두 옳다.

㉠ 언론·출판의 자유에서 파생하는 알 권리(정보에의 접근·수집·처리의 자유)의 핵심은 국민의 '정부에 대한 일반적 정보공개를 구할 권리'이며 이것은 인간으로서의 존엄과 가치, 행복추구권, 인간다운 생활을 할 권리, 국민주권주의, 자유민주적 기본질서와 관련된다(헌재 1989.9.4, 88헌마22).

㉡ 검열을 행정기관이 아닌 독립적인 위원회에서 행한다고 하더라도, 행정권이 주체가 되어 검열절차를 형성하고 검열기관의 구성에 지속적인 영향을 미칠 수 있는 경우라면 실질적으로 그 검열기관은 행정기관이라고 보아야 한다(헌재 2015.12.23, 2015헌바75).

㉢ 건강기능식품 기능성 광고 사전심의가 헌법이 금지하는 사전검열에 해당하려면 심사절차를 관철할 수 있는 강제수단이 존재할 것을 필요로 하는데, 영업허가취소와 같은 행정제재나 벌금형과 같은 형벌의 부과는 사전심의절차를 관철하기 위한 강제수단에 해당한다(헌재 2018.6.28, 2016헌가8 등).

㉣ 현행 헌법상 사전검열은 표현의 자유 보호대상이면 예외 없이 금지된다. 건강기능식품의 기능성 광고는 인체의 구조 및 기능에 대하여 보건용도에 유용한 효과를 준다는 기능성 등에 관한 정보를 널리 알려 해당 건강기능식품의 소비를 촉진시키기 위한 상업광고이지만, 헌법 제21조 제1항의 표현의 자유의 보호대상이 됨과 동시에 같은 조 제2항의 사전검열 금지대상도 된다(헌재 2018.6.28, 2016헌가8 등).

정답 ④

10 언론·출판의 자유에 관한 내용으로 가장 적절하지 <u>않은</u> 것은? (다툼이 있는 경우 판례에 의함)

① 불온통신의 취급거부, 정지, 제한에 관한 전기통신사업법 제53조 제3항 및 불온통신의 개념을 정하고 있는 같은 법 시행령 제16조는 위헌인 같은 조 제1항, 제2항을 전제로 하고 있어 더 나아가 살필 필요 없이 각 위헌이다.
② 상업광고 규제에 관한 비례의 원칙 심사에 있어서 피해의 최소성 원칙은 같은 목적을 달성하기 위하여 달리 덜 제약적인 수단이 없을 것인지 혹은 입법목적을 달성하기 위하여 필요한 최소한의 제한인지를 심사하기보다는 입법목적을 달성하기 위하여 필요한 범위 내의 것인지를 심사하는 정도로 완화하는 것이 상당하다.
③ 제3자의 명예를 훼손하는 글이 게시되고 그 운영자가 이를 알았거나 알 수 있었다는 사정이 있다면 삭제할 의무를 지고 만약 이를 알면서도 이행하지 않았다면 명예훼손책임을 부담한다.
④ 국군의 이념 및 사명을 해할 우려가 있는 도서로 인하여 군인들의 정신전력이 저해되는 것을 방지하기 위하여 불온도서의 소지·전파 등을 금지하는 군인복무규율 조항은 군인의 알 권리를 침해하지 않는다.

해설

① 전기통신사업법 제53조 제2항은 "제1항의 규정에 의한 공공의 안녕질서 또는 미풍양속을 해하는 것으로 인정되는 통신의 대상 등은 대통령령으로 정한다"고 규정하고 있는바 이는 포괄위임입법금지원칙에 위배된다. 왜냐하면, 위에서 본 바와 같이 "공공의 안녕질서"나 "미풍양속"의 개념은 대단히 추상적이고 불명확하여, 수범자인 국민으로 하여금 어떤 내용들이 대통령령에 정하여질지 그 기준과 대강을 예측할 수도 없게 되어 있고, 행정입법자에게도 적정한 지침을 제공하지 못함으로써 그로 인한 행정입법을 제대로 통제하는 기능을 수행하지 못한다. 그리하여 행정입법자는 다분히 자신이 판단하는 또는 원하는 "안녕질서", "미풍양속"의 관념에 따라 헌법적으로 보호받아야 할 표현까지 얼마든지 규제대상으로 삼을 수 있게 되어 있다. 이는 위 조항의 위임에 의하여 제정된 전기통신사업법 시행령 제16조 제2호와 제3호가 위 전기통신사업법 제53조 제1항에 못지 않게 불명확하고 광범위하게 통신을 규제하고 있는 점에서 더욱 명백하게 드러난다. 불온통신의 취급거부, 정지, 제한에 관한 전기통신사업법 제53조 제3항 및 불온통신의 개념을 정하고 있는 같은 법 시행령 제16조는 위헌인 같은 조 제1항, 제2항을 전제로 하고 있어 더 나아가 살필 필요 없이 각 위헌이다(헌재 2002.6.27, 99헌마480).

② 상업광고 규제에 관한 비례의 원칙 심사에 있어서 '피해의 최소성' 원칙은 같은 목적을 달성하기 위하여 달리 덜 제약적인 수단이 없을 것인지 혹은 입법목적을 달성하기 위하여 필요한 최소한의 제한인지를 심사하기보다는 '입법목적을 달성하기 위하여 필요한 범위 내의 것인지'를 심사하는 정도로 완화되는 것이 상당하다(헌재 2005.10.27, 2003헌가3).

▶ 보통의 언론·출판은 필요최소한이지만 상업광고는 필요하면 규제 가능

③ 제3자의 명예를 훼손하는 글이 게시되고 그 운영자가 이를 알았거나 알 수 있었다는 사정만으로 항상 운영자가 그 글을 즉시 삭제할 의무를 지게 된다고 할 수는 없다(대판 2003.6.27, 22다72194).

④ 이 사건 복무규율조항으로 달성되는 군의 정신전력 보존과 이를 통한 군의 국가안전보장 및 국토방위의무의 효과적인 수행이라는 공익은 이 사건 복무규율조항으로 인하여 제한되는 군인의 알 권리라는 사익보다 결코 작다 할 수 없다(헌재 2010.10.28, 2008헌마638). 따라서 이는 헌법에 위반되지 않는다.

정답 ③

11 방송의 자유에 관한 헌법재판소 결정 내용으로 옳지 않은 것은?

① 방송의 자유는 주관적 권리로서의 성격과 함께 자유로운 의견 형성이나 여론 형성을 위해 필수적인 기능을 하는 객관적 규범질서로서 제도적 보장의 성격을 함께 가진다.

② 텔레비전방송수신료는 대다수 국민의 재산권 보장의 측면이나 한국방송공사에게 보장된 방송자유 측면에서 국민의 기본권 실현에 관련된 영역에 속한다.

③ '제한상영가' 등급의 영화를 '상영 및 광고·선전에 있어서 일정한 제한이 필요한 영화'라고 규정하고 있는 법률규정은, '제한상영가' 등급의 영화란 영화의 내용이 지나치게 선정적, 폭력적 또는 비윤리적이어서 청소년에게는 물론 일반적인 정서를 가진 성인에게조차 혐오감을 주거나 악영향을 끼치는 영화로 해석될 수 있으므로 명확성원칙에 위반되지 않는다.

④ 중계유선방송사업자가 자체적인 프로그램 편성의 자유와 그에 따르는 책임을 부여받지 아니한 이상, 방송의 중계송신업무만 할 수 있고 보도, 논평, 광고는 할 수 없도록 하는 법률 규정은 방송의 자유를 침해하지 않는다.

해설

① 방송의 자유는 주관적 권리로서의 성격과 함께 자유로운 의견형성이나 여론형성을 위해 필수적인 기능을 행하는 객관적 규범질서로서 제도적 보장의 성격을 함께 가진다(헌재 2003.12.18, 2002헌바49).

② 텔레비전방송수신료는 대다수 국민의 재산권 보장의 측면이나 한국방송공사에게 보장된 방송자유의 측면에서 국민의 기본권 실현에 관련된 영역에 속한다(헌재 1999.5.27, 98헌바70).

③ 영진법 제21조 제3항 제5호는 '제한상영가' 등급의 영화를 '상영 및 광고·선전에 있어서 일정한 제한이 필요한 영화'라고 정의하고 있는데, 이 규정은 제한상영가 등급의 영화가 어떤 영화인지를 말해주기보다는 제한상영가 등급을 받은 영화가 사후에 어떠한 법률적 제한을 받는지를 기술하고 있으므로, 제한상영가 영화가 어떤 영화인지 이 규정만 가지고는 도대체 짐작하기가 쉽지 않다(헌재 2008. 7.31, 2007헌가4).

④ 중계유선방송사업자가 방송의 중계송신업무만 할 수 있고 보도, 논평, 광고는 할 수 없도록 하는 이 사건 심판대상조항들의 규제는 방송사업 허가제, 특히 종합유선방송사업의 허가제를 유지하기 위한 제한으로 헌법상 경제질서를 위반하는 것이 아니다(헌재 2001.5. 31, 2000헌바43 등).

정답 ③

12 언론·출판의 자유에 관한 설명으로 옳은 것을 모두 고른 것은? (다툼이 있는 경우 판례에 의함)

㉠ 인터넷언론사에 대하여 선거운동기간 중 당해 인터넷홈페이지 게시판·대화방 등에 정당·후보자에 대한 지지·반대의 글을 게시할 수 있도록 하는 경우 실명을 확인받도록 하는 기술적 조치를 할 의무를 부과한 공직선거법은 표현의 자유를 침해하지 아니한다.

㉡ 여론조사 실시행위에 대한 신고의무를 부과하고 있는 공직선거법 조항은 여론조사결과의 보도나 공표행위를 규제하는 것이 아니라 여론조사의 실시행위에 대한 신고의무를 부과하는 것으로, 허가받지 아니한 것의 발표를 금지하는 헌법 제21조 제2항의 사전검열과 관련이 있다고 볼 수 없으므로 검열금지원칙에 위반되지 아니한다.

㉢ 금치처분을 받은 미결수용자라 할지라도 금치처분 기간 중 집필을 금지하면서 예외적인 경우에만 교도소장이 집필을 허가할 수 있도록 한 형의 집행 및 수용자의 처우에 관한 법률상 규정은 미결수용자의 표현의 자유를 침해한다.

㉣ 변호사 등이 아님에도 변호사 등의 직무와 관련한 서비스의 취급·제공 등을 표시하거나 소비자들이 변호사 등으로 오인하게 만들 수 있는 자에게 광고를 의뢰하거나 참여·협조하는 행위를 금지하는 변호사 광고에 관한 규정은 변호사 자격제도를 유지하고 소비자의 피해를 방지하기 위한 적합한 수단이다.

① ㉠, ㉡
② ㉠, ㉣
③ ㉡, ㉢
④ ㉡, ㉣

해설

옳은 것은 ㉡, ㉣이다.

㉠ "인터넷언론사"가 명확성원칙에 반하지는 않는다고 하더라도 그 범위가 광범위하다는 점까지 고려하면 심판대상조항으로 인하여 발생할 수 있는 기본권 제한의 정도는 결코 작다고 볼 수 없다. 실명확인제가 표방하고 있는 선거의 공정성이라는 목적은 인터넷 이용자의 표현의 자유나 개인정보자기결정권을 제약하지 않는 다른 수단에 의해서도 충분히 달성할 수 있다(삭제요청 등)(헌재 2021.1.26, 2018헌마456). 즉, 위헌이다.

㉡ 여론조사 실시행위에 대한 신고의무를 부과하고 있는 공직선거법 조항은 여론조사결과의 보도나 공표행위를 규제하는 것이 아니라 여론조사의 실시행위에 대한 신고의무를 부과하는 것으로, 허가받지 아니한 것의 발표를 금지하는 헌법 제21조 제2항의 사전검열과 관련이 있다고 볼 수 없으므로 검열금지원칙에 위반되지 아니한다(헌재 2015.4.30, 2014헌마360).

㉢ 금치처분 기간 중 집필을 금지하면서 예외적인 경우에만 교도소장이 집필을 허가할 수 있도록 한 이 사건 집필제한조항은 청구인의 표현의 자유를 침해하지 아니한다(헌재 2014.8.28, 2012헌마623).

구분	내용
전면 금지	위헌
운동	원칙허용, 예외금지
집필	원칙금지, 예외허용

㉣ '변호사등이 아님에도 변호사등의 직무와 관련한 서비스의 취급·제공 등을 표시하거나 소비자들이 변호사등으로 오인하게 만들 수 있는 자에게 광고를 의뢰하거나 참여·협조하는 행위를 금지'하고 있다. 이는 비변호사의 법률사무 취급행위를 미연에 방지함으로써 법률 전문가로서 변호사 자격제도를 유지하고 소비자의 피해를 방지하기 위한 적합한 수단이다(헌재 2022.5.26, 2021헌마619).

정답 ④

13 표현의 자유에 대한 설명으로 옳지 않은 것은? (다툼이 있는 경우 헌법재판소 판례에 의함)

① 재판이 확정되면 속기록 등을 폐기하도록 규정한 형사소송규칙 제39조가 청구인의 알 권리를 침해하였다고 볼 수 없다.

② 누구든지 정보통신망을 통하여 '그 밖에 범죄를 목적으로 하거나 교사 또는 방조하는 내용의 정보'를 유통하여서는 아니 된다는 법률규정은, 수범자의 예견가능성을 해하거나 행정기관의 자의적 집행을 가능하게 할 정도로 불명확하다고 할 수 없다.

③ '일단 표출되면 그 해악이 처음부터 해소될 수 없거나 또는 너무나 심대한 해악을 지닌 음란표현'도 헌법 제21조가 규정하는 언론·출판의 자유의 보호영역에 해당한다.

④ 방송사업자가 방송심의규정을 위반한 경우 시청자에 대한 사과를 명할 수 있도록 한 방송법 규정은, 방송사업자의 의사에 반한 사과행위를 강제함으로써 양심의 자유를 침해한 것으로 헌법에 위반된다.

해설

① 형사소송법 제56조의2 제3항이 속기록 등을 보관하도록 하는 취지는 공판조서 기재의 정확 여부가 문제될 경우 그 확인을 위한 자료로 속기록 등을 활용하기 위함인바, 재판이 확정된 후에는 더 이상 공판조서의 정확성을 다툴 수 없고, 공판조서 기재의 잘못은 재심사유에 해당하지 아니하므로, 결국 위 법률조항은 속기록 등이 그 효용을 다하는 시기, 즉 재판의 확정시까지 이를 보관할 것을 전제로 하고 있는 것이다(헌재 2012.3.29, 2010헌마599). 따라서 알 권리를 침해하지 않는다.

② 누구든지 정보통신망을 통하여 '그 밖에 범죄를 목적으로 하거나 교사 또는 방조하는 내용의 정보'를 유통하여서는 아니 된다는 법률규정은, 수범자의 예견가능성을 해하거나 행정기관의 자의적 집행을 가능하게 할 정도로 불명확하다고 할 수 없다(헌재 2012.2.23, 2008헌마500).

③ '일단 표출되면 그 해악이 처음부터 해소될 수 없거나 또는 너무나 심대한 해악을 지닌 음란표현'도 헌법 제21조가 규정하는 언론·출판의 자유의 보호영역에 해당한다(헌재 2009.5.28, 2006헌바109 등).

④ 이 사건 심판대상조항은 방송사업자의 의사에 반한 사과행위를 강제함으로써 방송사업자의 인격권을 제한하며, 이러한 제한이 그 목적과 방법 등에 있어서 헌법 제37조 제2항에 의한 헌법적 한계를 벗어난 것이다(헌재 2012.8.23, 2009헌가27).

≪주의 사안에서 문제된 방송사업자는 주식회사 문화방송, 즉 법인이다. 법인의 경우 과거에도 사과방송은 인격권을 침해할 수 있으나, 양심의 자유를 침해할 수는 없다고 하였다. 법인은 양심의 자유의 주체가 되지 않기 때문이다.

정답 ④

14 표현의 자유에 대한 설명으로 옳지 않은 것을 모두 고른 것은? (다툼이 있는 경우 판례에 의함)

> ㉠ 헌법상 군무원은 국민의 구성원으로서 정치적 표현의 자유를 보장받지만, 그 특수한 지위로 인하여 국가공무원으로서 헌법 제7조에 따라 그 정치적 중립성을 준수하여야 할 뿐만 아니라, 나아가 국군의 구성원으로서 헌법 제5조 제2항에 따라 그 정치적 중립성을 준수할 필요성이 더욱 강조되므로, 정치적 표현의 자유에 대해 일반 국민보다 엄격한 제한을 받을 수밖에 없다.
> ㉡ 상업광고도 표현의 자유의 보호영역에 속하는 것이므로 상업광고 규제에 관한 비례의 원칙 심사에 있어서 피해의 최소성 원칙에서는 같은 목적을 달성하기 위하여 달리 덜 제약적인 수단이 없을 것인지 혹은 입법목적을 달성하기 위하여 필요한 최소한의 제한인지를 심사한다.
> ㉢ 특정한 정당이나 정치인에 대한 정치자금의 기부는 그의 정치활동에 대한 지지 · 지원인 동시에 정책적 영향력 행사의 의도 또는 가능성을 내포하고 있다는 점에서 일종의 정치활동 내지 정치적인 의사표현이라 할 것인바, 누구든지 단체와 관련된 자금으로 정치자금을 기부할 수 없도록 한 기부금지 조항은 정치활동의 자유 내지 정치적 의사표현의 자유에 대한 제한이 된다고 볼 수 있다.
> ㉣ '음란'은 사상의 경쟁메커니즘에 의해서도 그 해악이 해소되기 어려워 언론 · 출판의 자유에 의한 보장을 받지 않는 반면, '저속'은 헌법적인 보호영역 안에 있다.

① ㉠, ㉢
② ㉡, ㉣
③ ㉠, ㉢, ㉣
④ ㉡, ㉢, ㉣

해설

옳지 않은 것은 ㉡, ㉣이다.

㉠ 헌법상 군무원은 국민의 구성원으로서 정치적 표현의 자유를 보장받지만, 그 특수한 지위로 인하여 국가공무원으로서 헌법 제7조에 따라 그 정치적 중립성을 준수하여야 할 뿐만 아니라, 나아가 국군의 구성원으로서 헌법 제5조 제2항에 따라 그 정치적 중립성을 준수할 필요성이 더욱 강조되므로, 정치적 표현의 자유에 대해 일반 국민보다 엄격한 제한을 받을 수밖에 없다(헌재 2018.7.26, 2016헌바139).

㉡ 상업광고 규제에 관한 비례의 원칙 심사에 있어서 '피해의 최소성' 원칙은 같은 목적을 달성하기 위하여 달리 덜 제약적인 수단이 없을 것인지 혹은 입법목적을 달성하기 위하여 필요한 최소한의 제한인지를 심사하기보다는 '입법목적을 달성하기 위하여 필요한 범위 내의 것인지'를 심사하는 정도로 완화되는 것이 상당하다(헌재 2005.10.27, 2003헌가3).

㉢ 누구든지 단체와 관련된 자금으로 정치자금을 기부할 수 없도록 한 이 사건 기부금지 조항은 정치활동의 자유 내지 정치적 의사표현의 자유에 대한 제한이 된다고 볼 수 있다(헌재 2010.12.28, 2008헌바89). 다만, 침해가 되지는 않는다.

㉣ 판례가 변경되어 이제 저속뿐만 아니라 음란의 경우에도 표현의 자유의 보호영역에 속한다(헌재 2009.5.28, 2006헌바109).

정답 ②

15 언론과 관련된 헌법적 쟁점에 관한 다음 설명 중 옳지 않은 것은? (다툼이 있는 경우 판례에 의함)

① 언론인의 선거운동을 금지하고, 이를 위반한 경우 처벌하도록 규정한 공직선거법 관련 조항 부분은 선거운동의 자유를 침해한다.
② 액세스(access)권이란, 언론매체가 취재원에 접근하여 정보를 얻을 수 있는 권리를 말한다.
③ 신문의 편집인 등으로 하여금 아동보호사건에 관련된 아동학대행위자를 특정하여 파악할 수 있는 인적 사항 등을 신문 등 출판물에 싣거나 방송매체를 통하여 방송할 수 없도록 하는 아동학대범죄의 처벌 등에 관한 특례법 제35조 제2항 중 '아동학대행위자'에 관한 부분은 언론 · 출판의 자유와 국민의 알 권리를 침해하지 않는다.
④ 영화도 의사표현의 한 수단이므로 영화의 제작 및 상영 역시 언론 · 출판의 자유에 의한 보장을 받는다.

해설

① 심판대상조항들은 해당 언론인의 범위가 지나치게 광범위하고, 이미 법에서 그러한 측면에서 발생할 수 있는 폐해를 시정하기 위한 조항들을 충분히 규정하고 있어 침해의 최소성 원칙에 위반된다(헌재 2016.6.30, 2013헌가1).

② 액세스권은 1967년 미국의 J. A. Barron이 주장한 것으로서 언론기관의 독점화 현상에 대하여, '받기만 하는 국민의 지위에서 보내는 국민의 지위'로 복권하는 데 의의가 있다. 다만, 국민이 언론매체에 접근하는 것을 의미하는 것이지, 언론매체가 취재원에 접근하는 것이 아니다.

③ 헌법재판소는 아동학대 사건처리 과정에서 발생할 수 있는 사생활 노출 등 2차 피해로부터의 피해아동 보호를 중요한 공익으로 인정하면서, 아동학대행위자의 식별정보의 보도는 그와 밀접한 관계에 있는 피해아동의 2차 피해로 이어질 수 있는 점, 언론기능 및 국민의 알 권리는 익명화된 사건보도로도 충족될 수 있는 점 등을 고려하여 재판관 전원일치 의견으로 심판대상조항이 언론·출판의 자유 및 국민의 알 권리를 침해하지 않는다고 판단하였다(헌재 2022.10.27, 2021헌가4).

④ 영화도 의사표현의 한 수단이므로 영화의 제작 및 상영 역시 언론·출판의 자유에 의한 보장을 받는다(헌재 1996.10.4, 93헌가13).

정답 ②

제3항 집회·결사의 자유

01 집회의 자유에 관한 설명 중 옳지 않은 것은? (다툼이 있는 경우 헌법재판소 판례에 의함)

① 집단적인 폭행·협박·손괴·방화 등으로 공공의 안녕질서에 직접적인 위협을 가할 것이 명백한 집회 또는 시위의 주최를 금지하고, 이에 위반한 집회 또는 시위에 그 정을 알면서 참가한 자를 처벌하는 규정은 죄형법정주의의 명확성원칙에 위반된다고 볼 수 없다.

② 누구든지 국회의사당의 경계지점으로부터 100미터 이내의 장소에서는 옥외집회 또는 시위를 하여서는 아니 된다는 규정은 국회의 기능 보호 등을 위한 것으로서, 과잉금지의 원칙에 위배하여 집회의 자유를 침해한다.

③ 옥외집회의 사전신고제는 과잉금지의 원칙에 위배하여 집회의 자유를 침해한다고 볼 수 없다.

④ 옥외집회의 신고는 수리를 요하지 아니하는 정보제공적 신고이므로, 경찰서장이 이미 접수된 옥외집회신고서를 반려하는 행위는 공권력의 행사에 해당하지 아니한다.

해설

① 이 사건 법률조항들은 그 의미가 불명확하다고 볼 수 없고, 건전한 상식과 통상적인 법감정을 가진 일반인이라면 금지되는 행위가 무엇인지를 예측하는 것이 현저히 곤란하다고 보이지 않으므로 죄형법정주의의 명확성원칙에 위배되지 않는다(헌재 2010.4.29, 2008헌바118).

② 국회의사당이나 각급 법원 인근에서의 옥외집회나 시위를 예외 없이 절대적으로 금지하는 것은 과잉금지의 원칙에 위배된다(헌재 2018.5.31, 2013헌바322).

③ 법률조항이 열거하고 있는 신고사항이나 신고시간 등이 지나치게 과다하거나 신고불가능하다고 볼 수 없으므로, 최소침해성의 원칙에 반한다고 보기 어렵다(헌재 2009.5.28, 2007헌바22).

④ 피청구인 서울남대문경찰서장은 옥외집회의 관리 책임을 맡고 있는 행정기관으로서 이미 접수된 청구인들의 옥외집회신고서에 대하여 법률상 근거 없이 이를 반려하였는바, 청구인들의 입장에서는 이 반려행위를 옥외집회신고에 대한 접수거부 또는 집회의 금지통고로 보지 않을 수 없었고, 그 결과 형사적 처벌이나 집회의 해산을 받지 않기 위하여 집회의 개최를 포기할 수밖에 없었다고 할 것이므로 피청구인의 이 사건 반려행위는 주무 행정기관에 의한 행위로서 기본권 침해 가능성이 있는 공권력의 행사에 해당한다(헌재 2008.5.29, 2007헌마712).

정답 ④

02 집회 및 시위의 자유에 관한 다음 설명 중 옳지 않은 것은? (다툼이 있는 경우 판례에 의함)

① 집회 또는 시위를 하기 위하여 인천애(愛)뜰 중 잔디마당과 그 경계 내 부지에 대한 사용허가 신청을 한 경우 인천광역시장이 이를 허가할 수 없도록 제한하는 인천애(愛)뜰의 사용 및 관리에 관한 조례 조항은 헌법 제21조 제2항이 규정하는 집회에 대한 허가제 금지원칙에 위배되는 것은 아니다.

② 각급 법원 경계지점으로부터 100미터 이내의 장소에서 옥외집회 또는 시위금지장소를 설정하는 것은 입법목적 달성을 위한 적합한 수단으로 헌법에 위반되지 않는다.

③ 누구든지 선거기간 중 선거에 영향을 미치게 하기 위하여 '그 밖의 집회나 모임'을 개최할 수 없고, 이를 위반하는 자를 처벌하는 공직선거법 조항은 선거의 공정이나 평온에 대한 구체적인 위험이 없는 경우에도 해당 목적을 위한 일반 유권자의 집회나 모임을 전면적으로 금지하고 위반 시 처벌한다는 점에서 과잉금지원칙에 위배되어 해당 일반 유권자의 집회의 자유를 침해한다.

④ 해가 뜨기 전이나 해가 진 후에는 시위를 하여서는 안 된다고 규정한 집회 및 시위에 관한 법률 중 일몰시간 후부터 같은 날 24시까지의 옥외집회 또는 시위를 금지한 부분은 헌법에 합치되지 아니한다.

해설

① 심판대상조항은 잔디마당에서 집회 또는 시위를 하려고 하는 경우 시장이 그 사용허가를 할 수 없도록 전면적·일률적으로 불허하고, '허가제'의 핵심 요소라 할 수 있는 '예외적 허용'의 가능성을 열어 두고 있지 않다. 그렇다면 심판대상조항은 집회에 대한 허가제를 규정하였다고 보기 어려우므로, 헌법 제21조 제2항 위반 주장에 대해서는 나아가 살펴보지 않기로 한다(헌재 2023.9.26, 2019헌마1417).

② 법관의 독립은 공정한 재판을 위한 필수요소로서 다른 국가기관이나 사법부 내부의 간섭으로부터의 독립뿐만 아니라 사회적 세력으로부터의 독립도 포함한다. 심판대상조항의 입법목적은 법원 앞에서 집회를 열어 법원의 재판에 영향을 미치려는 시도를 막으려는 것이다. 이런 입법목적은 법관의 독립과 재판의 공정성 확보라는 헌법의 요청에 따른 것이므로 정당하다. 각급 법원 인근에 집회·시위금지장소를 설정하는 것은 입법목적 달성을 위한 적합한 수단이다(헌재 2018.7.26, 2018헌바137). 다만, 침해의 최소성과 법익의 균형성을 침해하여 위헌이다.

③ 선거의 공정이나 평온에 대한 구체적인 위험이 없어, 규제가 불필요하거나 또는 예외적으로 허용하는 것이 가능한 경우에도, 선거기간 중 선거에 영향을 미칠 염려가 있거나 미치게 하기 위한 일반유권자의 집회나 모임을 전면적으로 금지하고 위반 시 처벌하는 것은 침해의 최소성에 반한다(헌재 2022.7.21, 2018헌바164). 따라서 집회의 자유를 침해한다.

④ 이미 보편화된 야간의 일상적인 생활의 범주에 속하는 '해가 진 후부터 같은 날 24시까지의 시위'에 적용하는 한 헌법에 위반된다(헌재 2014.3.27, 2010헌가2).

정답 ②

03 집회 및 시위에 관한 법률에 대한 헌법재판소의 결정에 관한 설명으로 옳지 않은 것은?

① 사법행정과 관련된 의사표시 전달을 목적으로 한 집회는 법관의 독립을 침해할 우려가 있으므로 금지되어야 한다.

② 법원 인근에서의 집회라 할지라도 법관의 독립을 위협하거나 재판에 영향을 미칠 염려가 없는 집회도 있다.

③ 집회나 시위 해산을 위한 살수차 사용은 집회의 자유 및 신체의 자유에 중대한 제한을 초래하므로 그 사용요건이나 기준은 법률에 근거를 두어야 한다.

④ 관할 경찰서장이 9회에 걸쳐 옥외집회신고서를 반려한 행위는 공권력의 행사로서 헌법소원의 대상이 되고, 법률의 근거 없이 청구인들의 집회의 자유를 침해한 것으로서 헌법상 법률유보원칙에 위반된다.

해설

① 법원을 대상으로 한 집회라도 사법행정과 관련된 의사표시 전달을 목적으로 한 집회 등 법관의 독립이나 구체적 사건의 재판에 영향을 미칠 우려가 없는 집회도 있다(헌재 2018.7.26, 2018헌바137). 따라서 이를 전면적으로 금지하는 것은 헌법에 위반된다.
② 법원 인근에서의 집회라 할지라도 법관의 독립을 위협하거나 재판에 영향을 미칠 염려가 없는 집회도 있다. 예컨대 법원을 대상으로 하지 않고 검찰청 등 법원 인근 국가기관이나 일반법인 또는 개인을 대상으로 한 집회로서 재판업무에 영향을 미칠 우려가 없는 집회가 있을 수 있다(헌재 2018.7.26, 2018헌바137).
③ 집회나 시위 해산을 위한 살수차 사용은 집회의 자유 및 신체의 자유에 대한 중대한 제한을 초래하므로 살수차 사용요건이나 기준은 법률에 근거를 두어야 하고, 살수차와 같은 위해성 경찰장비는 본래의 사용방법에 따라 지정된 용도로 사용되어야 하며 다른 용도나 방법으로 사용하기 위해서는 반드시 법령에 근거가 있어야 한다(헌재 2018.5.31, 2015헌마476).
④ 이 사건 반려행위는 주무(主務) 행정기관에 의한 행위로서 청구인들의 집회의 자유 를 침해하였다고 할 것이므로, 이는 기본권침해 가능성이 있는 공권력의 행사에 해당한다고 할 것이다(헌재 2008.5.29, 2007헌마 712). 관할 경찰관서장인 피청구인은 청구인들의 옥외집회신고서를 접수한 이후에 위 옥외집회가 삼성생명인사지원실이 신고한 옥외집회와 시간과 장소에서 경합된다는 이유에서 아무런 법률상 근거도 없이 청구인들 및 삼성생명인사지원실의 옥외집회신고서를 모두 반려하였다. … 결국 이 사건 반려행위는 법률의 근거 없이 청구인들의 집회의 자유를 침해한 것으로서 헌법상 법률유보원칙에 위반된다고 할 것이다(헌재 2008.5.29, 2007헌마 712).

정답 ①

04 집회·결사의 자유에 대한 설명으로 옳지 않은 것은? (다툼이 있는 경우 판례에 의함)

① 입법자가 법률로써 일반적으로 집회를 제한하는 것도 원칙적으로 헌법 제21조 제2항에서 금지하는 '사전허가'에 해당한다.
② 재판에 영향을 미칠 염려가 있거나 미치게 하기 위한 집회 또는 시위를 금지하고 이를 위반한 자를 형사처벌하는 규정은 과잉금지원칙에 위배된다.
③ 야간시위를 금지하는 내용의 집회 및 시위에 관한 법률은 이미 보편화된 야간의 일상적인 생활의 범주에 속하는 '해가 진 후부터 같은 날 24시까지의 시위'에 적용하는 한 헌법에 위반된다.
④ 옥외집회나 시위가 사전신고한 범위를 뚜렷이 벗어나 신고제도의 목적달성을 심히 곤란하게 하고, 그로 인하여 질서를 유지할 수 없게 된 경우에 공공의 안녕질서 유지 및 회복을 위해 해산명령을 할 수 있도록 하는 것은 헌법에 위반되지 않는다.

해설

① '행정청이 주체가 되어 집회의 허용 여부를 사전에 결정하는 것'으로서 행정청에 의한 사전허가는 헌법상 금지되지만, 입법자가 법률로써 일반적으로 집회를 제한하는 것은 헌법상 '사전허가금지'에 해당하지 않는다(헌재 2009.9.24, 2008헌가25).
② 이 사건 제2호 부분은 재판에 영향을 미칠 염려가 있거나 미치게 하기 위한 집회·시위를 사전적·전면적으로 금지하고 있을 뿐 아니라, 어떠한 집회·시위가 규제대상에 해당하는지를 판단할 수 있는 아무런 기준도 제시하지 아니함으로써 사실상 재판과 관련된 집단적 의견표명 일체가 불가능하게 되어 집회의 자유를 실질적으로 박탈하는 결과를 초래하므로 최소침해성 원칙에 반한다. 더욱이 이 사건 제2호 부분으로 인하여 달성하고자 하는 공익 실현 효과는 가정적이고 추상적인 반면, 이 사건 제2호 부분으로 인하여 침해되는 집회의 자유에 대한 제한 정도는 중대하므로 법익균형성도 상실하였다. 따라서 이 사건 제2호 부분은 과잉금지원칙에 위배되어 집회의 자유를 침해한다(헌재 2016.9.29, 2014헌가3).
③ 이미 보편화된 야간의 일상적인 생활의 범주에 속하는 '해가 진 후부터 같은 날 24시까지의 시위'에 적용하는 한 헌법에 위반된다(헌재 2014.3.27, 2010헌가2).
④ 해산명령에 불응하는 행위는 단순히 행정질서에 장해를 줄 위험성이 있는 정도의 의무태만 내지 의무위반이 아니고 직접적으로 행정목적을 침해하고 나아가 공익을 침해할 고도의 개연성을 띤 행위라고 볼 수 있으므로 심판대상조항이 법정형의 종류 및 범위의 선택에 관한 입법재량의 한계를 벗어난 과중한 처벌이라고도 볼 수 없다(헌재 2016.9.29, 2015헌바309).

정답 ①

05 결사의 자유에 관한 설명 중 옳은 것을 모두 고른 것은? (다툼이 있는 경우 판례에 의함)

> ㉠ 헌법재판소는 강제가입의무를 부과하던 공법인인 지역의료보험조합과 직장의료보험조합을 해산하여 국민건강보험공단으로 통합하는 경우, 조합의 해산으로 인하여 오히려 기본권적 제한이 제거되므로, 조합원의 기본권이 침해되지 않는다고 판시한 바 있다.
> ㉡ 헌법상 기본권의 주체가 될 수 있는 법인은 원칙적으로 사법인에 한하는 것이고, 공법인은 헌법상의 수범자이지 기본권의 주체가 될 수 없다. 헌법재판소에서는 축협중앙회는 회원의 임의탈퇴나 임의해산이 불가능한 점 등으로 보아 공법인성이 상대적으로 크므로 결사의 자유의 주체가 될 수 없다고 판시하였다.
> ㉢ 법이 특별한 공공목적에 의하여 구성원의 자격을 정하고 있는 특수단체의 조직활동 역시 결사의 자유의 보호대상이라 할 수 있다. 그러나 주택건설촉진법상의 주택조합 중 지역조합과 직장조합의 조합원 자격을 무주택자로 한정하는 것은 위 법률과 관계없는 주택조합의 조합원이 되는 것까지 제한받는 것이 아니므로 결사의 자유를 침해하는 것이 아니다.
> ㉣ 공법상의 결사는 결사의 자유에 의해 보호되는 결사에 해당되지 않기 때문에, 우리나라의 헌법재판소는 독일연방헌법재판소와는 달리 공법상 결사에 가입하지 아니할 자유를 인정하지 아니한다. 그리고 국민건강보험에의 강제가입을 규정하는 조항은 헌법상의 기본권을 침해한다.
> ㉤ 상공회의소는 자주적인 단체로서 사법인이라고 할 것이므로 결사의 자유의 주체가 된다. 하지만 상공회의소는 공적인 성격을 지니고 있으므로, 순수한 사적인 임의결사에 비하여 기본권 제한에 완화된 기준을 적용할 수 있다.
> ㉥ 조합구역을 같이 하는 동종의 업종별 축협이 복수로 설립되는 것을 금하는 것은 결사의 자유를 침해한다.

① ㉠, ㉡, ㉣, ㉤, ㉥　　② ㉠, ㉤, ㉥
③ ㉡, ㉢, ㉣, ㉤　　④ ㉠, ㉣, ㉤, ㉥

해설

옳은 것은 ㉠, ㉤, ㉥이다.

㉠ 일단 "설립된 개별조합의 해산과 통합에 관련하여 입법자는 의료보험관리체계에 관한 광범위한 입법형성권을 가진다. 더욱이 강제가입의무를 부과하던 조합의 해산으로 오히려 조합원의 기본권적 제한이 제거"된다. 따라서 지역의료보험조합과 직장의료보험조합을 해산하여 국민건강보험공단으로 통합하는 경우는 조합원의 결사의 자유를 침해하지 않는다(헌재 2000.6.29, 99헌마289).

㉡ 축협중앙회는 공법인성뿐만 아니라 존립목적 및 설립형식에서의 자주적 성격에 비추어 사법인적 성격 역시 갖추고 있다. 따라서 "축협중앙회는 공법인성과 사법인성을 겸유한 특수한 법인"으로서 결사의 자유의 주체가 될 수 있다(헌재 2000.6.1, 99헌마553).

㉢ 결사의 자유에 의하여 보호되는 결사에는 법이 특별한 공공목적에 의하여 구성원의 자격을 정하고 있는 특수단체의 조직활동까지 해당하는 것으로 볼 수 없다. 따라서 주택건설촉진법상의 주택조합은 결사의 자유의 보호대상이 아니다(헌재 1994.2.24, 92헌바43).

㉣ 우리 헌법재판소는 독일연방헌법재판소와 마찬가지로 공법상 결사에 가입하지 아니할 자유를 결사의 자유가 아니라 일반적 행동자유권에서 인정하고 있다. 하지만 국민건강보험에의 강제가입을 규정하는 것은 국가목적을 달성하기 위해 부득이한 것이고 침해되는 사익에 비해 달성되는 공익이 크므로 헌법상의 행복추구권을 침해하지 않는다(헌재 2003.10.30, 2000헌마801).

㉤ 상공회의소는 사법인이지만 설립, 회원, 기관, 의결방법, 예산 편성과 결산 등을 상공회의소법의 테두리 안에서 행하게 되어 공적인 성격을 지니고 실제로 공공의 이익과 관련된 많은 사업을 하고 있기 때문에 순수한 사적인 임의 결사에 비하여 기본권 제한에 완화된 기준을 적용할 수 있다(헌재 2006.5.25, 2004헌가1).

㉥ 축협은 사법인이라고 할 것이다. 또한 협동조합의 조합공개의 원칙에 따라 조합에의 가입과 탈퇴의 자유가 보장되어야 함은 물론이고 조합 구성원의 자주적인 판단에 따라 자유롭게 조합이 설립될 것도 보장되어야 한다. 따라서 조합구역을 같이 하는 동종의 업종별 축협이 복수로 설립되는 것을 금하는 것은 협동조합의 본질에 반하는 수단을 택함으로써 그들의 권익을 보호할 수 없게 하여 결사의 자유의 본질적인 내용을 침해한다(헌재 1996.4.25, 92헌바47).

정답 ②

06 결사의 자유에 관한 설명으로 가장 적절하지 않은 것은? (다툼이 있는 경우 헌법재판소 판례에 의함)

① 농업협동조합중앙회(이하 '농협중앙회') 회장선거의 관리를 농협중앙회의 자율에 맡기지 않고 선거관리위원회법에 따른 중앙선거관리위원회에 의무적으로 위탁하도록 한 농업협동조합법 조항은 농협중앙회 및 회원조합의 결사의 자유를 침해한다고 볼 수 없다.

② 상호신용금고의 임원과 과점주주로 하여금 상호신용금고의 예금 등과 관련된 채무에 대하여 상호신용금고와 연대하여 책임을 지도록 하고 있는 상호신용금고법 조항이 임원과 과점주주의 연대변제책임이란 조건 하에서만 금고를 설립할 수 있도록 규정한다고 해서, 이를 사법상의 단체를 자유롭게 결성하고 운영하는 자유를 제한하는 것으로 볼 수는 없다.

③ 조합장선거에서 후보자가 아닌 사람의 선거운동을 금지하는 공공단체등 위탁선거에 관한 법률 조항은, 조합장선거의 과열과 혼탁을 방지함으로써 선거의 공정성을 담보하고자 하는 것으로서, 조합장선거의 후보자 및 선거인인 조합원의 결사의 자유 등 기본권을 침해하지 아니한다.

④ 선거운동 기간 외에는 중소기업중앙회 회장선거에 관한 선거운동을 제한하는 중소기업협동조합법 조항은, 선거 후유증을 초래할 위험을 방지하기 위한 것으로, 선거운동 기간 동안의 선거운동만으로도 선거에 관한 정보획득, 교환 및 의사결정에 충분하다고 볼 수 있으므로 조합원의 결사의 자유를 침해하지 않는다.

해설

① 농협중앙회의 회원조합이 수행하는 사업 내지 업무가 국민경제에서 상당한 비중을 차지하고, 국가나 국민 전체와 관련된 경제적 기능에 있어서 금융기관에 준하는 공공성을 가진다는 점, 중앙선관위가 수탁하여 관리하는 사무는 주로 선거절차에 관한 사무에 해당하는 점 등을 고려하면 의무위탁조항은 과잉금지원칙에 위반되지 않으므로, 농협중앙회 및 회원조합의 결사의 자유를 침해한다고 볼 수 없다(헌재 2023.5.25, 2021헌바136).

② 위 상호신용금고법 제37조의3은 임원과 과점주주의 연대변제책임이란 조건 하에서만 금고를 설립할 수 있도록 규정함으로써 사법상의 단체를 자유롭게 결성하고 운영하는 자유를 제한하는 규정이다(헌재 2002.8.29, 2000헌가5 등).

③ 조합장선거의 과열과 혼탁을 방지함으로써 선거의 공정성을 담보하고자 하는 것으로서 그 입법목적이 정당하고, 후보자가 아닌 사람의 선거운동을 전면 금지하고 이를 위반하면 형사처벌하는 것은 입법목적을 달성하기 위한 적정한 수단이 된다(헌재 2024.2.28, 2021헌가16). 따라서 헌법에 위반되지 않는다.

④ 중소기업중앙회가 사적 결사체여서 결사의 자유, 단체 내부 구성의 자유의 보호대상이 된다고 하더라도, 공법인적 성격 역시 강하게 가지고 있다. 심판대상조항은 후보자 간의 지나친 경쟁과 과열로 선거의 공정성을 해할 위험이나 선거인들 상호 간의 반목등 선거 후유증을 초래할 위험을 방지하기 위한 것이다(헌재 2021.7.15, 2020헌가9). 따라서 결사의 자유를 침해하지 않는다.

정답 ②

제4항 학문과 예술의 자유

01 학문의 자유에 관한 설명 중 옳은 것은 모두 몇 개인가? (다툼이 있는 경우 판례에 의함)

> ㉠ 교수의 자유와 교육의 자유는 구별된다.
> ㉡ 학문의 집회·결사는 일반적 집회·결사의 자유와 동일한 보호를 받는다.
> ㉢ 학문의 자유는 사인 간에 적용될 수 있다.
> ㉣ 교수나 연구소의 연구원뿐만 아니라 모든 국민이 학문의 자유의 주체가 된다.
> ㉤ 학문연구의 자유와 교수의 자유는 고도의 헌법적 보장을 받는 절대적 기본권에 해당한다.

① 2개　　② 3개
③ 4개　　④ 5개

해설

옳은 것은 3개(㉠, ㉢, ㉣)이다.

㉠ 수업의 자유는 두텁게 보호되어야 합당하겠지만 그것은 대학에서는 교수의 자유와 완전히 동일할 수는 없을 것이며 대학에서는 교수의 자유가 더욱 보장되어야 하는 반면, 초·중·고교에서의 수업의 자유는 제약이 있을 수 있다고 봐야 할 것이다(현재 1992.11.12, 89헌마88).

㉡ 학문의 집회·결사의 자유란 각종 학회·학술단체·학술세미나·학술강연회 등을 조직하고 개최할 수 있는 자유이며, '연구결과발표의 자유'의 이론적 전제가 된다고 볼 수 있고, 또한 일반 집회·결사의 자유 보장규정과 특별관계에 있다. 따라서 학문을 위한 집회·결사의 자유는 일반 집회·결사의 자유보다 더 두터운 보호를 받게 된다.

㉢ 오늘날 기본권은 통합주의의 영향으로 객관적 가치질서의 성격을 가진다. 따라서 사인 간에도 침해가 있으면 그 배제를 청구할 수 있다.

㉣ 대학의 자치의 주체를 기본적으로 대학으로 본다고 하더라도 교수나 교수회의 주체성이 부정된다고 볼 수 없고, 가령 학문의 자유를 침해하는 대학의 장에 대한 관계에서는 교수나 교수회가 주체가 될 수 있고, 또한 국가에 의한 침해에 있어서는 대학 자체 외에도 대학 전 구성원이 자율성을 갖는 경우도 있을 것이므로 문제되는 경우에 따라서 대학, 교수, 교수회 모두가 단독 혹은 중첩적으로 주체가 될 수 있다(현재 2006.4.27, 2005헌마1047 등).

㉤ '학문의 자유에 대한 외부적인 제한'은 '학문의 자유'가 자체 내의 통제력을 상실하고 공공의 안녕질서에 중대한 위해를 끼칠 명백하고 현존하는 위험이 있는 경우에 한해서 예외적으로만 허용된다고 할 것이다.

정답 ②

02 학문의 자유에 관한 다음의 설명 중 옳지 않은 것은? (다툼이 있는 경우 판례에 의함)

① '대통령긴급조치 제9호'는 학생의 모든 집회·시위와 정치관여행위를 금지하고, 위반자에 대하여는 주무부장관이 학생의 제적을 명하고 소속 학교의 휴업, 휴교, 폐쇄조치를 할 수 있도록 규정하여, 학생의 집회·시위의 자유, 학문의 자유와 대학의 자율성 내지 대학자치의 원칙을 본질적으로 침해한다.

② 현행 헌법은 명문으로 대학의 자율성을 보장하고 있다.

③ 대학의 자치는 대학의 치외법권적 특권을 인정하는 것이므로, 국가는 대학의 요구가 없는 한 학내 행위에 대하여 경찰권을 행사하여서는 아니 된다.

④ 연구 발표의 자유는 표현의 자유의 한 형태이므로 표현의 자유의 일반원칙이 적용될 수 있다.

해설

① 긴급조치 제9호 제1항 다호, 제5항에서는 허가받지 않은 학생의 모든 집회·시위와 정치관여행위를 금지하고, 이를 위반한 자에 대하여는 주무부장관이 학생의 제적을 명하고 소속 학교의 휴업, 휴교, 폐쇄조치를 할 수 있도록 규정하였다. 이는 집회·시위의 자유, 학문의 자유와 대학의 자율성 내지 대학자치의 원칙을 본질적으로 침해하는 것이다(헌재 2013.3.21, 2010헌바132등).

② 헌법 제31조 제4항

헌법 제31조 ④ 교육의 자주성·전문성·정치적 중립성 및 대학의 자율성은 법률이 정하는 바에 의하여 보장된다.

③ 집회 및 시위에 관한 법률 제19조

집회 및 시위에 관한 법률 제19조【경찰관의 출입】 경찰관은 집회 또는 시위의 주최자에게 알리고 그 집회 또는 시위의 장소에 정복을 착용하고 출입할 수 있다. 다만, 옥내집회 장소에의 출입은 직무집행에 있어서 긴급성이 있는 경우에 한한다.

④ 연구 발표의 경우 일반 표현의 자유보다 더 고도로 보호받는다.

정답 ③

03 학문과 예술의 자유에 대한 내용으로 가장 적절하지 않은 것은? (다툼이 있는 경우 판례에 의함)

① 학문의 자유나 대학의 자율성 내지 대학의 자치를 근거로 사립대학 교수들은 총장선임에 실질적으로 관여할 수 있는 지위에 있다고 보는 것이 대법원의 판례이다.

② 헌법재판소는, 대학의 주체에 관하여, 대학이 자치의 주체일 수 있으나 사안에 따라 교수, 교수회 모두가 단독 또는 중첩적으로 주체가 될 수 있다고 본다.

③ 대학의 자율은 대학시설의 관리·운영만이 아니라 학사관리 등 전반적인 것이라야 하므로 연구와 교육의 내용, 그 방법과 그 대상, 교과과정의 편성, 학생의 선발, 학생의 전형도 자율의 범위에 속해야 하고 따라서 입학시험제도도 자주적으로 마련될 수 있어야 하는 것일 뿐 원칙적으로 당해 대학 자체의 계속적 존립에까지 미치는 것은 아니다.

④ 국립대학의 장 후보자 선정을 직접선거의 방법으로 실시하기로 해당 대학교원의 합의가 있는 경우 그 선거관리를 선거관리위원회에 의무적으로 위탁시키도록 하는 것은 대학의 자율을 침해하는 것이 아니다.

해설

① 총장선임권은 사립학교법 제53조 제1항의 규정에 의하여 학교법인에게 부여되어 있는 것이고 달리 법률 또는 당해 법인 정관의 규정에 의하여 교수들에게 총장선임권 또는 그 참여권을 인정하지 않고 있는 이상, 헌법상의 학문의 자유나 대학의 자율성 내지 대학의 자치만을 근거로 교수들이 사립대학의 총장선임에 실질적으로 관여할 수 있는 지위에 있다거나 학교법인의 총장선임행위를 다툴 확인의 이익을 가진다고 볼 수 없다(대판 1996.5.31, 95다26971).

구분	국공립총장	국공립학장	사립대총장
공무담임권	○	×	×

② 헌법재판소는 대학의 자율성은 헌법 제22조 제1항이 보장하고 있는 학문의 자유의 확실한 보장수단으로 꼭 필요한 것으로서 대학에게 부여된 헌법상의 기본권으로 보고 있다(헌재 1992.10.1, 92헌마68 등). 그러나 대학의 자치의 주체를 기본적으로 대학으로 본다고 하더라도 교수나 교수회의 주체성이 부정된다고 볼 수는 없고, 가령 학문의 자유를 침해하는 대학의 장에 대한 관계에서는 교수나 교수회가 주체가 될 수 있고, 또한 국가에 의한 침해에 있어서는 대학 자체 외에도 대학 전 구성원이 자율성을 갖는 경우도 있을 것이므로 문제되는 경우에 따라서 대학, 교수, 교수회 모두가 단독 혹은 중첩적으로 주체가 될 수 있다고 보아야 할 것이다(헌재 2006.4.27, 2005헌마1047 등).

③ 대학의 계속적 존립에까지 미치지는 않는다. 대학의 자율성은 그 보호영역이 원칙적으로 당해 대학 자체의 계속적 존립에까지 미치는 것은 아니다. 즉, 이러한 자율성은 법률의 목적에 의해서 세무대학이 수행해야 할 과제의 범위 내에서만 인정되는 것으로서, 세무대학의 설립과 폐교가 국가의 합리적인 고도의 정책적 결단 그 자체에 의존하고 있는 이상 이 사건 폐지법에 의해서 세무대학을 폐교한다고 해서 세무대학의 자율성이 침해되는 것은 아니다(헌재 2001.2.22, 99헌마613).

④ 국가의 예산과 공무원이라는 인적 조직에 의하여 운용되는 국립대학에서 선거관리를 공정하게 하기 위하여 중립적 기구인 선거관리위원회에 선거관리를 위탁하는 것은 선거의 공정성을 확보하기 위한 적절한 방법인 점, 선거관리위원회에 위탁하는 경우는 대학의 장 후보자를 선정함에 있어서 교원의 합의된 방식과 절차에 따라 직접선거에 의하는 경우로 한정되어 있는 점, 선거에 관한 모든 사항을 선거관리위원회에 위탁하는 것이 아니라 선거관리만을 위탁하는 것이고 그 외 선거권, 피선거권, 선출방식 등은 여전히 대학이 자율적으로 정할 수 있는 점, 중앙선거관리위원회에서 위 선거관리와 관련한 규칙을 제정하고자 하는 경우 대학들은 교육인적자원부(현 교육부) 장관을 통하여 그 의견을 개진할 수 있는 점(교육공무원법 제24조의3 제2항), 선거관리위원회는 공공단체의 직접선거와 관련하여 조합원이 직접투표로 선출하는 조합장선거(농업협동조합법 제51조 제4항)와 교육위원 및 교육감선거(지방교육자치에 관한 법률 제51조 제1항)의 경우에도 그 선거사무를 관리하고 있는 점을 고려하면, 교육공무원법 제24조의3 제1항이 매우 자의적인 것으로서 합리적인 입법한계를 일탈하였거나 대학의 자율의 본질적인 부분을 침해하였다고 볼 수 없다(헌재 2006.4.27, 2005헌마1047·1048 병합).

정답 ①

04 다음은 예술의 자유에 관한 판례들이다. 옳고 그름의 표시(○, ×)가 모두 바르게 된 것은? (다툼이 있는 경우 판례에 의함)

㉠ 저작권법에 의하여 보호되는 저작물은 학문과 예술에 관하여 사람의 정신적 노력에 의하여 얻어진 사상 또는 감정의 창작적 표현물이어야 하며 저작권법이 보호하고 있는 것은 사상, 감정을 말, 문자, 음, 색 등에 의하여 외부에 표현한 창작적인 표현형식과 아이디어나 이론 등의 사상 및 감정 그 자체도 포함된다.
㉡ 실용신안권의 등록료 납부기한을 1회 6개월간 유예할 뿐 등록료 미납시 실용신안권을 소멸시키면서도 다른 사후적 구제수단을 두지 않은 구 실용신안법 제34조는 널리 일반의 공유재산으로 이용하게 함으로써 기술개발을 촉진하고 산업발전에 이바지하도록 한다는 목적은 정당하지만 그 방법이 적정하지 아니하여 재산권을 침해한다.
㉢ 의약품 아닌 일반적인 식품의 발명인 경우에도 식품의 발명의 효과로서 그러한 약리적 효능을 표시하는 것은 허용된다고 봄이 상당하므로 그것은 특허권에 의해 보호된다. 그러므로 의약품 아닌 것의 의학적 효능에 관한 광고를 금지하는 약사법 제55조 제1항이 특허권을 침해한다.
㉣ 헌법재판소는 예술품을 판매하는 자는 직업의 자유에 의한 보호를 받을 뿐 예술의 자유의 보호를 받는 것은 아니라고 본다. 따라서 비디오물을 포함하는 음반제작자는 예술표현의 자유를 향유하지 않는다.
㉤ 예술의 자유는 헌법이 보장하는 기본적 권리이긴 하나 무제한한 것이 아니라 헌법 제37조 제2항에 의하여 제한할 수 있는 것이므로, 반국가단체의 활동을 찬양, 고무하거나 이에 동조한다는 인식 내지 목적 아래 발언하고 그와 같은 내용이 표현된 표현물을 제작, 전시, 배포한 행위는 헌법이 보장하는 자유의 한계를 벗어난 행위로서 국가보안법 제7조 제1항 및 제5항 소정의 구성요건을 충족하는 것이다.

① ㉠(○), ㉡(○), ㉢(○), ㉣(○) ㉤(○)
② ㉠(○), ㉡(×), ㉢(×), ㉣(×), ㉤(○)
③ ㉠(○), ㉡(○), ㉢(×), ㉣(×), ㉤(×)
④ ㉠(×), ㉡(×), ㉢(×), ㉣(×), ㉤(○)

해설

㉠ 저작권법에 의하여 보호되는 저작물은 학문과 예술에 관하여 사람의 정신적 노력에 의하여 얻어진 사상 또는 감정의 창작적 표현물이어야 하므로 저작권법이 보호하고 있는 것은 사상, 감정을 말, 문자, 음, 색 등에 의하여 구체적으로 외부에 표현한 창작적인 표현형식이고, 표현되어 있는 내용, 즉 아이디어나 이론 등의 사상 및 감정 그 자체는 설사 그것이 독창성, 신규성이 있다 하더라도 소설의 스토리 등의 경우를 제외하고는 원칙적으로 저작물이 될 수 없으며 저작권법에서 정하고 있는 저작인격권, 저작재산권의 보호대상이 되지 아니하고, 특히 학술의 범위에 속하는 저작물의 경우 학술적인 내용은 만인에게 공통되는 것이고 누구에 대하여도 자유로운 이용이 허용되어야 하는 것이므로 그 저작권의 보호는 창작적인 표현형식에 있지 학술적인 내용에 있는 것은 아니라 할 것이다(대판 1993.6.8, 93다3073).
㉡ 입법자가 우리의 기술수준과 산업발전의 단계를 진단·예측한 결과 6개월간의 등록료 납부 유예기간만을 둔 입법적 선택을 하였고, 불가피한 사유 등에 의한 미납시 사후적 구제절차를 두지 않았다고 하더라도 이러한 선택에 수인할 수 없을 정도의 불균형이 존재한다고 보이지는 아니하므로, 자의적인 입법이라거나 현저히 불균형적인 입법이라고 할 수는 없어 재산권을 침해한다고 볼 수 없다(헌재 2002.4.25, 2001헌마200).
㉢ 일반적인 식품의 발명인 경우에는 그동안의 과학적 연구성과에 의하여 식품영양학적이나 생리학적으로 공인된 사실인 경우가 거의 대부분이라 할 것이므로 식품의 발명의 효과로서 그러한 약리적 효능을 표시하는 것은 허용되지 않는다고 봄이 상당하다. 그러므로 식품의 발명에 있어서 그 구성성분의 약리적 효능을 표시하는 것이 특허권에 의해 보호된다고 보기 어려우며, 따라서 이를 금지하는 이 사건 법률조항은 발명가의 권리를 보호하는 헌법 제22조 제2항에 위반되지 않는다(헌재 2004.11.25, 2003헌바104).
㉣ 헌법재판소는 예술표현의 자유는 창작한 예술품을 일반대중에게 전시, 공연, 보급할 수 있는 자유이다. 예술품 보급의 자유와 관련해서 예술품 보급을 목적으로 하는 예술출판자 등도 이러한 의미에서의 예술의 자유의 보호를 받는다고 하겠다. 따라서 비디오물을 포함하는 음반제작자도 이러한 의미에서의 예술표현의 자유를 향유한다고 할 것이다(헌재 1993.5.13, 91헌바17).
㉤ 예술의 자유는 헌법이 보장하는 기본적 권리이긴 하나 무제한한 것이 아니라 헌법 제37조 제2항에 의하여 제한할 수 있는 것이므로, 반국가단체의 활동을 찬양, 고무하거나 이에 동조한다는 인식 내지 목적 아래 발언하고 그와 같은 내용이 표현된 표현물을 제작, 전시, 배포한 행위는 헌법이 보장하는 자유의 한계를 벗어난 행위로서 국가보안법 제7조 제1항 및 제5항 소정의 구성요건을 충족하는 것이다(대판 1990.9.25, 90도1586).

정답 ④

제4절 경제적 자유권

필수 OX

01 개발제한구역의 지정으로 인하여 일부 토지소유자에게 사회적 제약의 한계를 넘는 가혹한 부담이 발생하는 경우 보상규정을 두지 않는 것은 위헌이다. O|X

해설

개발제한구역제도 그 자체는 원칙적으로 합헌적인 규정인데, 다만 개발제한구역의 지정으로 말미암아 일부 토지소유자에게 사회적 제약의 범위를 넘는 가혹한 부담이 발생하는 예외적인 경우에 대하여 보상규정을 두지 않은 것에 위헌성이 있는 것이다(헌재 1998.12.24, 89헌마214 등). [O]

02 헌법재판소는 도시개발제한구역 내의 토지를 제한구역 지정 후에 종래의 목적대로만 계속 사용할 수 있을 뿐 다른 용도로 사용할 수 없는 경우에 대하여 재산권 침해를 인정하였다. O|X

해설

개발제한구역 지정 당시의 상태대로 토지를 사용·수익·처분할 수 있는 이상, 구역지정에 따른 단순한 토지이용의 제한은 원칙적으로 재산권에 내재하는 사회적 제약의 범주를 넘지 않는다(헌재 1998.12.24, 89헌마214 등). [X]

03 수분양자가 아닌 개발사업자를 부과대상으로 하는 학교용지 부담금에 관한 학교용지 확보 등에 관한 특례법 관련 조항은 교육의 기회를 균등하게 보장해야 한다는 공익과 개발사업자의 재산적 이익이라는 사익을 적절히 형량하고 있으므로 개발사업자의 재산권을 과도하게 침해하지 아니한다. O|X

해설

개발사업자는 개발사업을 통해서 이익을 창출함과 동시에 학교 신설의 필요성을 야기한 자로 학교용지 확보라는 공적 과제와 객관적으로 밀접한 관련성을 가지고 있어 학교용지 부담금을 부과하는 것은 재산권을 과도하게 침해하지 않는다(헌재 2008.9.25, 2007헌가1). [O]

04 건축허가를 받은 자가 1년 이내에 공사에 착수하지 아니한 경우 건축허가를 필수적으로 취소하도록 규정한 것은 건축주의 재산권을 침해한다. O|X

해설

건축주의 토지재산권을 제한함에 있어 헌법 제37조 제2항의 과잉금지원칙을 위반하지 아니하였으므로, 건축주인 청구인들의 재산권을 침해한다고 할 수 없다(헌재 2010.2.25, 2009헌바70). [X]

05 텔레비전 수신료는 아무런 반대급부 없이 국민으로부터 강제적·의무적으로 징수되고 있는 실질적인 조세로서 조세법률주의에 따라 법률의 형식으로 규정되어야 한다. O|X

해설

조세와 부담금은 분명 구분되는 것으로 부담금은 조세가 아니다. 따라서 조세법률주의로 규율되지 않는다. [X]

06 유류분 반환청구는 피상속인이 생전에 한 유효한 증여도 그 효력을 잃게 하는 것이므로 민법 제1117조의 '반환하여야 할 증여를 한 사실을 안 때로부터 1년'의 단기소멸시효는 유류분권리자의 재산권을 침해하지 않는다. O|X

해설

유류분 반환청구는 피상속인이 생전에 한 유효한 증여도 그 효력을 잃게 하는 것이므로 민법 제1117조의 '반환하여야 할 증여를 한 사실을 안 때로부터 1년'의 단기소멸시효는 유류분권리자의 재산권을 침해하지 않는다(헌재 2010.12.28, 2009헌바20). [O]

07 개발제한구역으로 지정되어 종래의 지목과 토지현황에 의한 이용방법에 따른 토지의 사용을 할 수 없거나 실질적으로 사용·수익을 전혀 할 수 없는 경우에는 헌법상 반드시 금전보상이 요청된다. O|X

해설

종래의 지목과 토지현황에 의한 이용방법에 따라 토지의 사용을 할 수 없을 경우에는 헌법상 보상이 필요하나, 반드시 금전보상을 해야 하는 것은 아니다. 입법자는 지정의 해제 또는 토지매수청구권제도와 같이 금전보상에 갈음하거나 기타 손실을 완화할 수 있는 제도를 보완하는 등 여러 가지 다른 방법을 사용할 수 있다(헌재 1998.12.24, 89헌마214 등). [X]

08 헌법재판소는 법원공탁금의 이자를 연 1%로 규정한 대법원규칙에 대하여 재산권 침해를 인정하였다. O|X

해설

공탁금이자도 공탁법(供託法)의 규정에 의하여 입법정책적 차원에서 발생되는 것이며 법원도 현재의 은행예금제도하에서 최선의 관리를 하고 있다 할 것인바, 그 밖에 공탁수수료가 징수되지 않고 있는 점, 공탁제도가 원래 공탁자의 이익을 위한 제도이지 국가가 공탁자에게 무조건 공탁을 강요하는 것이 아니라는 점 등을 고려할 때 현재의 대법원의 공탁금 관리방법이 공탁자 또는 공탁금수령자의 재산권을 침해하는 것이라 할 수 없다(헌재 1995.2.23, 90헌마214). [X]

09 공용수용으로 생업의 근거를 상실한 자에 대하여 상업용지 또는 상가분양권 등을 공급하는 생활대책은 헌법 제23조 제3항에 규정된 정당한 보상에 포함되므로 생활대책 수립 여부는 입법자의 입법정책적 재량의 영역에 속하지 아니한다. O|X

해설

이주대책은 헌법 제23조 제3항에 규정된 정당한 보상에 포함되는 것이라기보다는 이에 부가하여 이주자들에게 종전의 생활 상태를 회복시키기 위한 생활보상의 일환으로서 국가의 정책적인 배려에 의하여 마련된 제도라고 볼 것이다. 따라서 이주대책의 실시 여부는 입법자의 입법정책적 재량의 영역에 속한다(헌재 2006.2.23, 2004헌마19). [X]

10 상호신용금고의 예금채권자에게 예탁금의 한도 안에서 상호신용금고의 총재산에 대하여 다른 채권자에 우선하여 변제받을 권리를 부여하는 것은 공적자금 등의 보호필요성에 근거하므로 다른 일반채권자의 재산권을 침해하지 않는다. O|X

해설

1998년부터 상호신용금고의 예금채권자도 은행의 예금채권자와 똑같이 예금자보호법에 의한 보호를 받게 되었다. 따라서 더 이상 일반 금융기관의 예금과 달리 상호신용금고의 예금채권만을 우선변제권으로써 특별히 보호해야 할 필요성이 있다고 보기 어렵다(헌재 2006.11.30, 2003헌가14). [X]

11 헌법재판소는 강제집행권은 국가 통치권의 한 작용으로 헌법상 보호되는 재산권에 속하지 않는다고 하였다. O|X

해설

강제집행권은 국가가 보유하는 통치권의 한 작용으로서 민사사법권에 속하는 것이고, 채권자인 청구인들은 국가에 대하여 강제집행권의 발동을 구하는 공법상의 권능인 강제집행청구권만을 보유하고 있을 따름으로서 청구인들이 강제집행권을 침해받았다고 주장하는 권리는 헌법 제23조 제3항 소정의 재산권에 해당되지 아니한다(헌재 1998.5.28, 96헌마44). [O]

12 배우자의 상속공제를 인정받기 위한 요건으로 배우자상속재산분할기한까지 배우자의 상속재산을 분할하여 신고할 것을 요구하면서 위 기한이 경과하면 일률적으로 배우자의 상속공제를 부인하고 있는 구 상속세 및 증여세법(2002.12.18. 법률 제6780호로 개정되고, 2010.1.1. 법률 제9916호로 개정되기 전의 것) 제19조 제2항은 배우자인 상속인의 재산권을 침해한다고 볼 수 없다. O|X

해설

배우자의 상속공제를 인정받기 위한 요건으로 배우자상속재산분할기한까지 배우자의 상속재산을 분할하여 신고할 것을 요구하면서 위 기한이 경과하면 일률적으로 배우자의 상속공제를 부인하는 이 사건 법률조항은 상속에 대한 실체적 분쟁이 계속 중이어서 법정기한 내에 분할을 마치기 어려운 사정 등을 고려하지 않아 재산권을 침해한다(헌재 2012.5.31, 2009헌바190). [X]

13 토지의 가격이 취득일 당시에 비하여 현저히 상승한 경우 환매금액에 대한 협의가 성립하지 아니한 때에는 사업시행자로 하여금 환매금액의 증액을 청구할 수 있도록 한 공익사업을 위한 토지 등의 취득 및 보상에 관한 법률 조항은 환매권자의 재산권을 침해하지 아니한다. O|X

해설

토지의 가격이 취득일 당시에 비하여 현저히 상승한 경우 환매금액에 대한 협의가 성립하지 아니한 때에는 사업시행자로 하여금 환매금액의 증액을 청구할 수 있도록 한 공익사업을 위한 토지 등의 취득 및 보상에 관한 법률 조항은 환매권자의 재산권을 침해하지 아니한다(헌재 2016.9.29, 2014헌바400). [O]

14 국토해양부(현 국토교통부)장관·시·도지사가 도시관리계획으로 역사문화미관지구를 지정하고 그 경우 해당 지구 내 토지소유자들에게 지정목적에 맞는 건축제한 등 재산권 제한을 부과하면서도 아무런 보상조치를 규정하지 않는 것은 비례의 원칙에 반하여 재산권을 침해한다. O|X

해설

역사문화미관지구 내에 나대지나 건물을 소유한 자들이 아무런 층수 제한이 없는 건축물을 건축, 재축, 개축하는 것을 보장받는 것까지 재산권의 내용으로 요구할 수는 없는 데다가, 이 사건 법률조항들에 의하더라도 일정한 층수 범위 내에서의 건축은 허용되고, 기존 건축물의 이용이나 토지 사용에 아무런 제약을 가하고 있지 않다. 따라서 이 사건 법률조항들로 인하여 부과되는 재산권의 제한 정도는 사회적 제약 범위를 넘지 않고 공익과 사익 간에 적절한 균형이 이루어져 있으므로, 비례의 원칙에 반하지 아니한다(헌재 2012.7.26, 2009헌바328). [X]

15 일본국에 의하여 광범위하게 자행된 반인도적 범죄행위에 대하여 일본군위안부 피해자들이 일본에 대하여 가지는 배상청구권은 인간으로서의 존엄과 가치의 침해와 직접 관련이 있을 뿐 이를 헌법상 보장되는 재산권이라고 할 수는 없다. O|X

해설

일본국에 의하여 광범위하게 자행된 반인도적 범죄행위에 대하여 일본군위안부 피해자들이 일본에 대하여 가지는 배상청구권은 헌법상 보장되는 재산권일 뿐만 아니라, 그 배상청구권의 실현은 무자비하고 지속적으로 침해된 인간으로서의 존엄과 가치 및 신체의 자유를 사후적으로 회복한다는 의미를 가지는 것이므로 피청구인의 부작위로 인하여 침해되는 기본권이 매우 중대하다(헌재 2011.8.30, 2006헌마788). [X]

16 사설철도회사의 재산 수용에 대한 보상절차규정을 두고 있던 군정법령이 폐지된 후, 30여 년이 지나도록 그 보상을 위한 아무런 입법조치를 취하지 않고 있는 것은 입법자의 형성의 자유를 고려하더라도 그 한계를 벗어나는 것이라고 보아야 하므로, 이는 사설철도회사의 재산관계 권리자 중 손실보상청구권이 확정된 자의 재산권을 침해한다. O|X

해설

대한민국의 법령에 의한 수용은 있었으나 그에 대한 보상을 실시할 수 있는 절차를 규정하는 법률이 없는 상태가 현재까지 계속되고 있으므로, 이는 입법재량의 한계를 넘는 입법의무 불이행으로서 보상청구권이 확정된 자의 헌법상 보장된 재산권을 침해하는 것이므로 위헌이다(헌재 1994.12.29, 89헌마2). [O]

17 5만원을 초과하는 기타소득금액의 과세 후 소득이 5만원 미만이 되는 경우가 발생한다고 하더라도 이는 과세최저한 제도에 당연히 수반하는 결과이므로, 재산권을 침해한다고 볼 수 없다. O|X

해설

5만원을 초과하는 기타소득금액의 과세 후 소득이 5만원 미만이 되는 경우가 발생한다고 하더라도 이는 과세최저한 제도에 당연히 수반하는 결과이므로, 재산권을 침해한다고 볼 수 없다(헌재 2011.6.30, 2009헌바199). [O]

18 유언자가 생전에 최종적으로 자신의 재산권에 대하여 처분할 수 있는 법적 가능성을 의미하는 유언의 자유는 생전증여에 의한 처분과 마찬가지로 헌법상 재산권의 보호대상이 될 뿐만 아니라, 행복추구권에서 파생된 유언자의 일반적 행동의 자유에 의한 보호를 받기도 한다. O|X

해설

우리 헌법의 재산권 보장은 사유재산의 처분과 그 상속을 포함하는 것인바, 유언자가 생전에 최종적으로 자신의 재산권에 대하여 처분할 수 있는 법적 가능성을 의미하는 유언의 자유는 생전증여에 의한 처분과 마찬가지로 헌법상 재산권의 보호를 받는다(헌재 2008.12.26, 2007헌바128). [O]

19 단계이론에 의하면 직업선택의 자유에 대한 제한이 불가피한 경우 먼저 제1단계로 직업종사의 자유를 제한하고, 그에 의하여 그 목적을 달성할 수 없는 경우 제2단계로 객관적 사유에 의하여 직업결정의 자유를 제한하고, 그에 의하여도 그 목적을 달성할 수 없는 경우 제3단계로 주관적 사유에 의하여 직업결정의 자유를 제한하여야 한다. O|X

해설

주관적 사유에 의한 직업결정의 자유가 제2단계이며, 객관적 사유에 의한 직업결정의 제한이 제3단계이다. [X]

20 직장선택의 자유는 국민의 권리로 보아야 할 것이므로 외국인에게는 직장선택의 자유가 인정되지 않는다. O|X

해설

직업의 자유 중 이 사건에서 문제되는 직장선택의 자유는 인간의 존엄과 가치 및 행복추구권과도 밀접한 관련을 가지는 만큼 단순히 국민의 권리가 아닌 인간의 권리로 보아야 할 것이므로 외국인도 제한적으로라도 직장선택의 자유를 향유할 수 있다고 보아야 한다(헌재 2011.9.29, 2007헌마1083 등). [X]

21 입법자가 변리사제도를 형성하면서 변리사의 업무범위에 특허침해소송의 소송대리를 포함하지 않은 것은 변리사의 직업의 자유를 침해하는 것이다. O|X

해설

입법자가 변리사제도를 형성하면서 변리사의 업무범위에 특허침해소송의 소송대리를 포함하지 않은 것이 입법재량의 범위를 벗어나 청구인들의 직업의 자유를 침해하지 않는다(헌재 2012.8.23, 2010헌마740). [X]

22 안경사가 아닌 법인의 형태로는 안경업소의 개설을 금지하는 것은 직업의 자유를 침해하여 헌법에 위반된다. O|X

해설

안경의 잘못된 조제로 인한 분쟁 발생시 법인과 고용된 안경사 간의 책임 소재가 불분명해지는 문제도 발생할 수 있고, 법인 안경업소가 무면허자를 고용하는 등의 행위를 사전에 차단하기 어렵다. 사후적 단속·구제로는 국민보건상 부작용을 미연에 방지할 수 없다(헌재 2021.6.24, 2017헌가31). [X]

23 비어업인의 수산자원의 포획금지와 관련하여 이는 직업의 자유와 일반적 행동자유를 제한하나 수산자원 보호를 이유로 합헌결정하였다. O|X

해설

비어업인에게 수산자원의 포획금지는 일반적 행동자유를 제한하기는 하지만 직업의 자유를 제한하지 않는다(헌재 2016.10.27, 2013헌마450). [X]

24 법무법인 구성원 변호사의 채무 연대책임과 관련하여 직업선택의 자유와 결사의 자유, 재산권이 문제되며, 판례는 직업의 자유 중심으로 판단하였다. O|X

해설

판례는 사안에서 직업과 결사의 자유는 간접적으로 관련된 기본권이며 재산권이 주된 기본권으로 판단하였다(헌재 2016.11.24, 2014헌바203). [X]

25 입원환자에 대하여 의약분업의 예외를 인정하면서도 의사로 하여금 조제를 직접 담당하도록 한 것은 직업수행의 자유를 침해한다. O|X

해설

입원환자에 대하여 의약분업의 예외를 인정하면서도 의사로 하여금 조제를 직접 담당하도록 한 것은 직업수행의 자유를 침해하지 아니한다(헌재 2015.7.30, 2013헌바422). [X]

26 소송사건의 대리인인 변호사가 수형자를 접견하고자 하는 경우 소송계속 사실을 소명할 수 있는 자료를 제출하도록 규정하고 있는 법률규정은 변호사의 직업수행의 자유를 침해한다. O|X

해설

진지하게 소 제기 여부 및 변론 방향을 고민해야 하는 변호사라면 일반접견만으로는 수형자에게 충분한 조력을 제공하기가 어렵고, 수형자 역시 소송의 승패가 불확실한 상황에서 접견마저 충분하지 않다면 변호사를 신뢰하고 소송절차를 진행하기가 부담스러울 수밖에 없다. 따라서 심판대상조항은 수단의 적합성이 인정되지 아니한다(헌재 2021.10.28, 2018헌마60). [O]

27 유치원 주변 학교환경위생정화구역에서 성관련 청소년유해물건을 제작 · 생산 · 유통하는 청소년유해업소를 예외 없이 금지하는 학교보건법은 직업의 자유를 침해한 것이다. O|X

해설

유치원 주변의 일정구역 안에서 해당 업소를 절대적으로 금지하는 것은 그러한 유해성으로부터 청소년을 격리하기 위하여 필요 · 적절한 방법이며, 그 범위가 유치원 부근 200미터 이내에서 금지되는 것에 불과하므로, 청구인들의 직업의 자유를 침해하지 아니한다(헌재 2013.6.27, 2011헌바8). [X]

28 성인대상 성범죄로 형을 선고받아 확정된 자에게 그 형의 집행을 종료한 날로부터 10년 동안 의료기관을 개설하거나 의료기관에 취업할 수 없도록 한 아동 · 청소년의 성보호에 관한 법률은 직업선택의 자유를 침해한다. O|X

해설

성인대상 성범죄로 형을 선고받아 확정된 자에게 그 형의 집행을 종료한 날로부터 10년 동안 의료기관을 개설하거나 의료기관에 취업할 수 없도록 한 아동 · 청소년의 성보호에 관한 법률은 직업선택의 자유를 침해한다(헌재 2016.10.27, 2014헌마709). [O]

29 직업결정의 자유나 전직의 자유는 그 성격상 직업종사의 자유에 비하여 상대적으로 더욱 넓은 법률상의 규제가 가능하며, 따라서 다른 기본권의 경우와 마찬가지로 국가안전보장, 질서유지 또는 공공복리를 위하여 필요한 경우에는 제한이 가하여질 수 있다. O|X

해설

직업결정의 자유나 전직의 자유에 비하여 직업수행의 자유에 대하여는 상대적으로 더욱 넓은 법률상의 규제가 가능하다고 할 것이다(헌재 1997.11.27, 97헌바10). [X]

30 인터넷신문을 발행하려는 사업자가 취재인력 3인 이상 포함하여 취재 및 편집인력 5인 이상을 상시고용하도록 한 법률은 직업수행의 자유와 언론의 자유가 문제된다. 이 경우 판례는 직업의 자유를 중심으로 판단하였다. O|X

해설

직업수행의 자유에 대해서는 판단하지 않았다. 주된 기본권은 언론의 자유이다. 또한 명확성의 원칙과 포괄위임금지의 원칙 및 사전허가금지의 원칙에 위배되지 않는다(헌재 2016.10.27, 2015헌마1206). [X]

31 변호사시험의 성적 공개를 금지하고 있는 변호사시험법 관련 조항은 변호사시험 합격자에 대하여 그 성적을 공개하지 않도록 규정하고 있을 뿐이고, 이러한 시험 성적의 비공개가 청구인들의 법조인으로서 직역선택이나 직업수행에 있어서 어떠한 제한을 두고 있는 것은 아니므로 청구인들의 직업선택의 자유를 제한하고 있다고 볼 수 없다. O|X

해설

변호사시험 성적 공개를 금지한 변호사시험법 제18조 제1항 본문이 청구인들의 알 권리(정보공개청구권)를 침해하여 헌법에 위반된다(헌재 2015.6.25, 2011헌마769). 사안에서 직업의 자유와 평등권은 제한하지 않는다고 보았다. [O]

32 운전면허를 받은 사람이 다른 사람의 자동차를 훔친 경우 운전면허를 필요적으로 취소하게 하는 것은, 자동차 운행과정에서 야기될 수 있는 교통상 위험과 장해를 방지함으로써 안전하고 원활한 교통을 확보하기 위한 것으로서, 자동차 절도라는 불법의 정도에 상응하는 제재수단에 해당하여 직업의 자유를 침해하지 않는다. O|X

해설

자동차 절취행위에 이르게 된 경위, 행위의 태양, 당해 범죄의 경중이나 그 위법성의 정도, 운전자의 형사처벌 여부 등 제반사정을 고려할 여지를 전혀 두지 아니한 채 다른 사람의 자동차 등을 훔친 모든 경우에 필요적으로 운전면허를 취소하는 것은, 그것이 달성하려는 공익의 비중에도 불구하고 운전면허 소지자의 직업의 자유 내지 일반적 행동의 자유를 과도하게 제한하는 것이다. 그러므로 심판대상조항은 직업의 자유 내지 일반적 행동의 자유를 침해한다(헌재 2017.5.25, 2016헌가6). [X]

33 허위로 진료비를 청구해서 환자나 진료비 지급기관 등을 속여 사기죄로 금고 이상 형을 선고받고 그 형의 집행이 종료되지 아니하였거나 집행을 받지 않기로 확정되지 않은 의료인에 대하여 필요적으로 면허를 취소하도록 하는 것은, 의료인이 의료관련범죄로 인하여 형사처벌을 받는 경우 당해 의료인에 대한 국민의 신뢰가 손상될 수 있는 것을 방지하기 위한 것이지만, 의료인의 불법의 정도에 상응하는 제재수단을 선택할 수 있도록 임의적 면허취소 내지 면허정지를 규정해도 충분히 목적달성이 가능하므로, 과도하게 의료인의 직업의 자유를 침해하는 것이다. O|X

해설

허위의 진료비 청구로 인한 사기죄로 금고 이상의 형을 선고받은 경우 의료인의 면허를 필요적으로 취소한 것은 헌법에 위반되지 않는다(헌재 2017.6.29, 2016헌바394). [X]

34 세무사 자격 보유 변호사가 세무사로서 세무조정업무를 일체 수행할 수 없도록 한 규정은 이들에게 세무사 자격을 부여한 의미를 상실시키는 것일 뿐만 아니라 세무사 자격에 기한 직업선택의 자유를 지나치게 제한하는 것으로 헌법에 위반된다. O|X

해설

과거 변호사 자격을 취득하고 세무사의 자격이 자동으로 인정되었던 자들에게 세무조정업무 등 일체를 할 수 없도록 한 것은 변호사들의 직업선택의 자유를 침해한다(헌재 2018.4.26, 2015헌가19). [O]

35 군법무관 임용시험에 합격한 군법무관들에게 군법무관시보로 임용된 때부터 10년간 근무하여야 변호사 자격을 유지하게 하는 것은 당사자에 대한 주관적인 요건인 '10년간의 군법무관 경력'을 조건으로 변호사직에 대한 직업선택의 자유를 침해하는 것이 아니다. O|X

해설

군법무관으로 하여금 장기간 복무하도록 하는 효과적인 유인책이 될 수 있고, 이로써 군사법의 효율과 안정을 도모할 수 있으므로 헌법에 위반되지 않는다(헌재 2007.5.31, 2006헌마767).

≪주의 이 문제는 군법무관 개업지 제한 판례가 자주 출제되어 그 문제와 헷갈리게 하려고, 즉 오답을 유도하기 위한 문제이다. [O]

36 특혜시비를 없애고 세무 분야의 전문성을 제고하여 소비자에게 고품질의 세무서비스를 제공하고자 마련된 조항으로 조세소송대리는 여전히 변호사만이 독점하여 직업선택의 자유를 침해한다고 볼 수 없다. O|X

해설

세무 분야의 전문성을 제고하여 소비자에게 고품질의 세무서비스를 제공하기 위하여 마련된 조항이다. 변호사의 자격이 있는 자에게 더 이상 세무사 자격을 자동으로 부여하지 않는 구 세무사법은 헌법에 위반되지 않는다(헌재 2021.7.15, 2018헌마279). [O]

37 직업의 자유에서의 직업이란 생활의 기본적 수요를 충족시키기 위한 계속적인 소득활동을 의미하며 그러한 내용의 활동인 한 그 종류나 성질을 불문한다. O|X

해설

직업이란 생활의 기본적 수요를 충족시키기 위한 계속적인 소득활동을 의미하며 그 종류나 성질은 불문한다(헌재 1993.5.13, 92헌마80). [O]

38 법원행정처장이 법무사를 보충할 필요가 없다고 인정하면 법무사시험을 실시하지 아니해도 된다는 것으로서 상위법인 법무사법 제4조 제1항에 의하여 모든 국민에게 부여된 법무사 자격취득의 기회를 하위법인 시행규칙으로 박탈한 것이어서 평등권과 직업선택의 자유를 침해한 것이다. O|X

해설

상위법인 법무사법 제4조 제1항에 의하여 모든 국민에게 부여된 법무사 자격취득의 기회를 하위법인 시행규칙으로 박탈한 것이어서 평등권과 직업선택의 자유를 침해한 것이다(헌재 1990.10.15, 89헌마178). [O]

39 직업의 자유에 '해당 직업에 합당한 보수를 받을 권리'까지 포함되어 있다고 보기는 어렵다. O|X

해설

직업의 자유에 '해당 직업에 합당한 보수를 받을 권리'까지 포함되어 있다고 보기 어려우므로 이 사건 법령조항이 청구인이 원하는 수준보다 적은 봉급월액을 규정하고 있다고 하여 이로 인해 청구인의 직업선택이나 직업수행의 자유가 침해되었다고 할 수 없다(헌재 2008.12.26, 2007헌마444). [O]

40 판매를 목적으로 모의총포를 소지하는 행위는 일률적으로 영업활동으로 볼 수는 없지만, 소지의 목적이나 정황에 따라 이를 영업을 위한 준비행위로 보아 영업활동의 일환으로 평가할 수 있으므로 직업의 자유의 보호범위에 포함될 수 있다. O|X

해설

판매를 목적으로 모의총포를 소지하는 행위는 일률적으로 영업활동으로 볼 수는 없지만, 소지의 목적이나 정황에 따라 이를 영업을 위한 준비행위로 보아 영업활동의 일환으로 평가할 수 있으므로 직업의 자유의 보호범위에 포함될 수 있다(헌재 2011.11.24, 2011헌바18). [O]

41 운전면허를 받은 사람이 자동차 등을 이용하여 살인 또는 강간 등의 범죄행위를 한 때 필요적으로 운전면허를 취소하도록 규정한 도로교통법은 직업의 자유를 침해한 것이다. O|X

해설

자동차를 이용하여 살인이나 강간 등 중범죄의 경우에 필요적으로 운전면허를 취소하는 것은 직업의 자유를 침해한다(헌재 2015.5.28, 2013헌가6). 그러나 법률유보나 포괄위임금지가 논점이면 이는 합헌이다. [O]

42 학교환경위생정화구역에서 청소년유해물건을 제작·생산·유통하는 것은 직업의 자유에서 보호하지 않는다. O|X

해설

유치원 주변의 일정구역 안에서 해당 업소를 절대적으로 금지하는 것은 그러한 유해성으로부터 청소년을 격리하기 위하여 필요·적절한 방법이며, 그 범위가 유치원 부근 200미터 이내에서 금지되는 것에 불과하므로, 청구인들의 직업의 자유를 침해하지 아니한다(헌재 2013.6.27, 2011헌바8). [X]

43 로스쿨에 입학하는 자들에 대하여 학사 전공별, 출신 대학별로 로스쿨 입학정원의 비율을 각각 규정한 법학전문대학원 설치·운영에 관한 법률 조항은 변호사가 되기 위한 과정에 있어 필요한 전문지식을 습득할 수 있는 로스쿨에 입학하는 것을 제한할 뿐이므로 직업선택의 자유를 제한하는 것으로 보기 어렵다. O|X

해설

로스쿨에 입학하는 자들에 대하여 학사 전공별로, 그리고 출신 대학별로 로스쿨 입학정원의 비율을 각각 규정한 것은 변호사가 되기 위하여 필요한 전문지식을 습득할 수 있는 로스쿨에 입학하는 것을 제한하는 것이기 때문에 직업교육장 선택의 자유 내지 직업선택의 자유를 제한한다고 할 것이다(헌재 2009.2.26, 2007헌마1262). [X]

44 직업의 자유에 관한 2단계 제한은 주관적 조건에 따른 직업결정의 자유 제한으로 우리 헌법재판소는 법조인에게 부과되는 국가시험과 정기간행물간행자의 시설등록, 택시신규허가의 수요조항에 적용하였다. O|X

해설

택시신규허가는 2단계 제한이 아니라 3단계 제한에 해당한다. [X]

45 이륜자동차를 운전하여 고속도로 또는 자동차전용도로를 통행한 자를 처벌하는 것은 퀵서비스 배달업자들의 직업수행의 자유를 제한하는 것이지만, 사고의 위험성과 사고결과의 중대성에 비추어 이를 기본권 침해라고 볼 수는 없다. O|X

해설

이 사건 법률조항에 의하여 이륜차를 이용하여 고속도로 등을 통행할 수 있는 자유를 제한당하고 있다. 이는 행복추구권에서 우러나오는 일반적 행동의 자유를 제한하는 것이다. 그러나 이 사건 법률조항이 청구인들의 거주·이전의 자유를 제한한다고 보기는 어렵다. 또한 직업의 자유를 제한하지도 않는다(헌재 2007.1.17, 2005헌마1111 등). [X]

46 일정한 등록기준을 충족시켜야 등록을 허용하는 건설업의 등록제는 직업선택의 자유를 주관적 사유에 의하여 제한하는 것이다. O|X

해설
등록제는 직업선택을 주관적 사유에 의하여 제한하는 것이다. [O]

47 성인대상 성범죄로 형을 선고받아 확정된 자로 하여금 그 형의 집행을 종료한 날부터 10년 동안 의료기관에 취업할 수 없도록 한 것은, 일정한 직업을 선택함에 있어 기본권 주체의 능력과 자질에 따른 제한이므로 이른바 주관적 요건에 의한 좁은 의미의 직업선택의 자유에 대한 제한에 해당한다. O|X

해설
성인대상 성범죄로 형을 선고받아 확정된 자로 하여금 그 형의 집행을 종료한 날부터 10년 동안 의료기관에 취업할 수 없도록 한 것은, 일정한 직업을 선택함에 있어 기본권 주체의 능력과 자질에 따른 제한이므로 이른바 주관적 요건에 의한 좁은 의미의 직업선택의 자유에 대한 제한에 해당한다(헌재 2016.7.28, 2013헌마436). [O]

48 택시운전자격을 취득한 사람이 강제추행 등 성범죄를 범하여 금고 이상의 형의 집행유예를 선고받은 경우 그 자격을 취소하도록 규정한 여객자동차 운수사업법 관련 조항은 과잉금지원칙에 위배되어 직업의 자유를 침해한다. O|X

해설
운전자격이 취소되더라도 집행유예기간이 경과하면 다시 운전자격을 취득할 수 있으므로 운수종사자가 받는 불이익은 제한적인 반면, 심판대상조항으로 달성되는 입법목적은 매우 중요하므로, 법익의 균형성 요건도 충족된다. 따라서 심판대상은 과잉금지원칙에 위배되지 않는다(헌재 2018.5.31, 2016헌바14 등). [X]

49 우리 헌법에는 소비자 기본권에 관한 근거규정이 있다. O|X

해설
소비자의 권리에 대한 근거에 대해서는 헌법 제124조의 소비자보호운동 조항을 근거로 드는 견해와 헌법 제10조, 제37조 제1항을 근거로 드는 견해가 대립한다. [O]

50 우리나라는 1980년 제8차 개정헌법(제5공화국 헌법)에서부터 소비자보호에 관한 명시적 규정을 두게 되었다. O|X

해설
소비자보호운동에 관한 규정이 신설된 것은 제8차 개정헌법부터이다. [O]

51 특정한 사회 · 경제적 또는 정치적 대의나 가치를 주장 · 옹호하거나 이를 진작시키기 위한 수단으로 선택한 소비자불매운동은 헌법상 보호를 받을 수 없다. O|X

해설
특히 물품 등의 공급자나 사업자 이외의 제3자를 상대로 불매운동을 벌일 경우 그 경위나 과정에서 제3자의 영업의 자유 등 권리를 부당하게 침해하는 것이 아니라면 정당한 소비자보호운동에 해당한다(헌재 2011.12.29, 2010헌바54). 즉, 사회 · 경제적 또는 정치적 대의를 위해서도 불매운동을 할 수 있다. [X]

52 소비자불매운동은 헌법이나 법률의 규정에 비추어 정당하다고 평가되는 범위를 벗어날 경우에는 형사책임이나 민사책임을 피할 수 없다. O|X

해설

집단적으로 이루어진 소비자불매운동 중 정당한 헌법적 허용한계를 벗어나 타인의 업무를 방해하는 결과를 가져오기에 충분한 집단적 행위를 처벌하는 이 사건 법률조항들은 소비자보호운동을 보장하는 헌법의 취지에 반하지 않는다(헌재 2011.12.29, 2010헌바54). 민사책임도 면책되지 않는다. [O]

예상문제

제1항 재산권

01 재산권에 대한 설명으로 옳지 않은 것은? (다툼이 있는 경우 헌법재판소 판례에 의함)

① 헌법 제23조의 재산권 보장은 개인이 현재 누리고 있는 재산권을 개인의 기본권으로 보장하고, 개인이 재산권을 향유할 수 있는 법제도로서의 사유재산제도를 보장한다는 이중적 의미를 가지고 있다.

② 단순한 기대이익·반사적 이익 또는 경제적 기회 등은 재산권에 속하지 않는다.

③ 헌법상의 재산권은 경제적 가치가 있는 모든 공법상 및 사법상의 권리를 뜻한다.

④ 구 상속세 및 증여세법 제45조의3 제1항은 이른바 일감 몰아주기로 수혜법인의 지배주주 등에게 발생한 이익에 대하여 증여세를 부과함으로써 적정한 소득의 재분배를 촉진하고, 시장의 지배와 경제력의 남용 우려가 있는 일감 몰아주기를 억제하려는 것이지만, 거래의 필요성, 영업외손실의 비중, 손익변동 등 구체적인 사정을 고려하지 않은 채, 특수 관계법인과 수혜법인의 거래가 있으면 획일적 기준에 의하여 산정된 미실현 이익을 수혜법인의 지배주주가 증여받은 것으로 보아 수혜법인의 지배주주의 재산권을 침해한다.

해설

① 헌법상 재산권은 개인의 재산상 권리와 개인이 재산권을 향유할 수 있는 법제도로서의 사유재산제도를 보장하는 것이다(헌재 1993. 7.29, 92헌바20).

② 법령에 의하여 구체적 내용이 형성되기 전의 권리, 즉 공무원이 국가 또는 지방자치단체에 의하여 어느 수준의 보수를 청구할 수 있는 권리는 단순한 기대이익에 불과하여 재산권의 내용에 포함된다고 볼 수 없다(헌재 2008.12.26, 2007헌마444).

③ 경제적 가치가 있는 모든 공법상·사법상의 권리를 말하며, 재산 그 자체도 포함된다고 하겠다(헌재 2002.8.29, 2000헌가5 등).

④ 납세의무자의 경제적 불이익이 소득의 재분배 촉진 및 일감 몰아주기 억제라는 공익에 비하여 크다고 할 수 없고, 구 상증세법 제45조의3 제1항은 재산권을 침해하지 아니한다(헌재 2018.6.28, 2016헌바347 등).

정답 ④

02 재산권에 관한 설명으로 가장 적절하지 않은 것은? (다툼이 있는 경우 판례에 의함)

① 헌법이 보장하고 있는 재산권은 '사적 유용성 및 그에 대한 원칙적 처분권을 내포하는 재산가치가 있는 구체적 권리'를 의미하며, 단순한 이익이나 재화의 획득에 관한 기회 등은 재산권보장의 대상이 되지 않는다.

② 공무원연금법상의 연금수급권은 재산권의 성격과 사회보장수급권의 성격이 불가분적으로 혼재되어 있는데, 입법자로서는 연금수급권의 구체적 내용을 정함에 있어 어느 한 쪽의 요소에 보다 중점을 둘 수 있다.

③ 사업계획승인을 받은 민간사업주체가 주택건설 대지면적의 95퍼센트 이상의 사용권원을 확보한 경우 사용권원을 확보하지 못한 대지의 모든 소유자에게 매도청구를 할 수 있도록 하는 주택법 조항은 과잉금지원칙에 위배되지 않으므로 재산권을 침해하지 않는다.

④ 헌법 제23조 제3항이 규정한 '정당한 보상'이란 원칙적으로 피수용 재산의 객관적인 재산가치를 완전하게 보상하는 것을 의미하는바, 공시지가를 기준으로 토지수용으로 인한 손실보상액을 산정하되 개발이익을 배제하고 공시기준일부터 재결 시까지의 시점보정을 인근 토지의 가격변동률과 생산자물가상승률에 의하도록 한 것은 정당보상원칙에 위배되지 않는다.

⑤ 의료보험조합의 적립금은 조합원 개인에게 보장되는 재산권의 내용에 포함된다.

해설

① 헌법 제23조 제1항의 재산권보장에 의하여 보호되는 재산권은 사적유용성 및 그에 대한 원칙적 처분권을 내포하는 재산가치 있는 구체적 권리이다. 그러므로 구체적인 권리가 아닌, 단순한 이익이나 재화의 획득에 관한 기회 등은 재산권보장의 대상이 아니다(헌재 1996.8.29, 95헌바36).

② 공무원연금법상의 퇴직급여, 유족급여 등 각종 급여를 받을 권리, 즉 연금수급권은 일부 재산권으로서의 성격을 지니는 것으로 파악되고 있으나 이는 앞서 본 바와 같이 사회보장수급권의 성격과 불가분적으로 혼재되어 있으므로, 비록 연금수급권에 재산권의 성격이 일부 있다 하더라도 그것은 이미 사회보장법리의 강한 영향을 받지 않을 수 없다 할 것이고, 입법자로서는 연금수급권의 구체적 내용을 정함에 있어 이를 전체로서 파악하여 어느 한 쪽의 요소에 보다 중점을 둘 수 있다 할 것이다(헌재 2009.5.28, 2008헌바107).

③ 심판대상조항은 국토계획법 제49조에 따른 지구단위계획의 결정이 필요한 주택건설사업에서 주택건설대지면적의 95퍼센트 이상의 사용권원을 확보한 민간사업주체에게 매도청구권을 부여하고 있다. 이는 지구단위계획에 따라 승인받은 주택건설사업을 가능하게 하여 주택의 건설·공급을 촉진함으로써 국민의 주거를 안정화하고 주거환경을 개선하기 위한 것으로서 입법목적의 정당성이 인정되고, 공공필요성의 요건도 갖추었다(헌재 2023.8.31, 2019헌바221 등). 따라서 이는 재산권을 침해하지 않는다.

④ 이 사건 토지보상조항이 '부동산 가격공시 및 감정평가에 관한 법률'에 의한 공시지가를 기준으로 토지수용으로 인한 손실보상액을 산정하되, 개발이익을 배제하고 공시기준일부터 재결 시까지의 시점보정을 인근 토지의 가격변동률과 생산자물가상승률에 의하도록 한 것은 공시기준일의 표준지의 객관적 가치를 정당하게 반영하는 것이고 표준지의 선정과 시점보정의 방법이 적정하므로, 이 사건 토지보상조항은 헌법 제23조 제3항이 규정한 정당보상의 원칙에 위배되지 않는다(헌재 2013.12.26, 2011헌바162).

⑤ 적립금에는 사법상의 재산권과 비교될 만한 최소한의 재산권적 특성이 결여되어 있다. 따라서 의료보험조합의 적립금은 헌법 제23조에 의하여 보장되는 재산권의 보호대상이라고 볼 수 없다. 그리고 의료보험수급권은 「의료보험법」상 재산권의 보장을 받는 공법상의 권리이다(헌재 2000.6.29, 99헌마289).

정답 ⑤

03 다음 중 헌법재판소가 재산권으로 인정한 사례를 모두 고른 것은?

㉠ 강제집행권
㉡ 주주권
㉢ 개인택시면허
㉣ 정당한 지목을 등록함으로써 얻는 이익
㉤ 구 민법상 법정혈족관계로 인정되던 계모자 사이의 상속권
㉥ 소멸시효의 기대이익

① ㉠, ㉡, ㉢
② ㉡, ㉢, ㉣
③ ㉡, ㉢, ㉣, ㉤
④ ㉡, ㉢, ㉣, ㉤, ㉥

해설

재산권으로 인정한 사례는 ㉡, ㉢, ㉣, ㉤이다.

㉠ 강제집행권은 국가가 보유하는 통치권의 한 작용으로 민사사법권에 속하는 것이고, 재산권에 해당하지 않는다(헌재 1998.5.28, 96헌마44).

㉡ 주주권은, 비록 주주의 자격과 분리하여 양도·질권 설정·압류할 수 없고 시효에 걸리지 않아 보통의 채권과는 상이한 성질을 갖지만, 다른 한편 주주의 자격과 함께 사용(결의)·수익(담보제공)·처분(양도·상속)할 수 있다는 점에서는 분명히 '사적유용성 및 그에 대한 원칙적 처분권을 내포하는 재산가치 있는 권리'로 볼 수 있으므로 헌법상 재산권 보장의 대상에 해당한다고 볼 것이다(헌재 2008.12.26, 2005헌바34).

㉢ 개인택시운송사업자는 장기간의 모범적인 택시운전에 대한 보상의 차원에서 개인택시면허를 취득하였거나, 고액의 프리미엄을 지급하고 개인택시면허를 양수한 사람들이므로 개인택시면허는 자신의 노력으로 혹은 금전적 대가를 치르고 얻은 재산권이라고 할 수 있다(헌재 2012.3.29, 2010헌마443 등).

㉣ 지목은 단순히 토지에 관한 사실적·경제적 이해관계에만 영향을 미치는 것이 아니라 토지의 사용·수익·처분을 내용으로 하는 토지소유권을 제대로 행사하기 위한 전제요건으로서 토지소유자의 실체적 권리관계에 밀접히 관련되어 있다(헌재 1999.6.24, 97헌마315).

㉤ 구 민법상 법정혈족관계로 인정되던 계모자 사이의 상속권도 헌법상 보호되는 재산권이라고 볼 수 있다(헌재 2011.2.24, 2009헌바89 등).

㉥ '국가의 납입의 고지로 인하여 시효중단의 효력을 종국적으로 받지 않고 계속하여 소멸시효를 누릴 기대이익'은 헌법적으로 보호될만한 재산권적 성질의 것은 아니며 단순한 기대이익에 불과하다고 볼 것이므로 이 사건 법률조항에 의하여 청구인의 재산권이 제한되거나 침해될 여지는 없다(헌재 2004.3.25, 2003헌바22).

정답 ③

04 재산권에 관한 설명으로 가장 적절하지 <u>않은</u> 것은? (다툼이 있는 경우 판례에 의함)

① 상속개시 후 인지 또는 재판확정에 의하여 공동상속인이 된 자가 다른 공동상속인에 대해 그 상속분에 상당한 가액의 지급에 관한 상속분가액지급청구권을 행사하는 경우에도 상속회복청구권에 관한 10년의 제척기간을 적용하도록 한 민법 제999조 제2항의 '상속권의 침해행위가 있은 날부터 10년' 중 제1014조에 관한 부분은 제척기간을 통한 법적 안정성만을 지나치게 중시한 나머지 권리구제의 실효성을 외면한 것이므로 상속개시 후 인지에 의하여 공동상속인이 된 청구인의 재산권을 침해한다.

② 의료급여비용의 지급을 청구한 의료급여기관이 의료법 제33조 제2항을 위반하여 설립된 사무장병원이라는 사실을 수사기관의 수사결과로 확인한 경우 시장·군수·구청장으로 하여금 의료급여 비용의 지급을 보류할 수 있도록 한 의료급여법 제11조의5 제1항 중 '의료법 제33조 제2항'에 관한 부분은 과잉금지원칙에 반하여 의료급여기관 개설자의 재산권을 침해한다고 볼 수 없다.

③ 살처분된 가축의 소유자가 축산계열화사업자인 경우에는 계약 사육농가의 수급권 보호를 위하여 보상금을 계약사육농가에 지급한다고 규정한 가축전염병 예방법 제48조 제1항 제3호 단서는 축산계열화사업자가 가축의 소유자라 하여 살처분 보상금을 오직 계약사육농가에게만 지급하는 방식으로 축산 계열화사업자에 대한 재산권의 과도한 부담을 완화하기에 적절한 보상조치라고 할 수 없으므로 입법형성재량의 한계를 벗어나 가축의 소유자인 축산계열화사업자의 재산권을 침해한다.

④ 퇴역연금 수급자가 지방의회의원에 취임한 경우, 퇴역연금 전부의 지급을 정지하도록 규정한 구 군인연금법 제27조 제1항 제2호 중 '지방의회의원'에 관한 부분은 과잉금지원칙에 위배되어 지방의회 의원에 취임한 퇴역연금 수급자의 재산권을 침해한다.

해설

① 상속개시 후 인지 또는 재판의 확정에 의하여 공동상속인이 된 자의 상속분가액지급청구권의 경우에도 '침해행위가 있은 날부터 10년'의 제척기간을 정하고 있는 것은, 법적 안정성만을 지나치게 중시한 나머지 사후에 공동상속인이 된 자의 권리구제 실효성을 외면하는 것이므로, 심판대상조항은 입법형성의 한계를 일탈하여 청구인의 재산권 및 재판청구권을 침해한다(헌재 2024.6.27, 2021헌마1588).

② 무죄판결이 확정되기 전이라도 하급심 법원에서 무죄판결이 선고되는 경우에는 그때부터 일정 부분에 대하여 의료급여비용을 지급하도록 할 필요가 있다. 지급보류기간동안 의료기관의 개설자가 수인해야 했던 재산권 제한상황에 대한 적절하고 상당한 보상으로서의 이자 내지 지연손해금의 비율에 대해서도 규율이 필요하다. 따라서 재산권을 침해한다(헌재 2024.6.27, 2021헌가19).

③ 축산계열화사업자가 가축의 소유자라 하여 살처분 보상금을 오직 계약사육농가에게만 지급하는 방식은 축산계열화사업자에 대한 재산권의 과도한 부담을 완화하기에 적절한 보상조치라고 할 수 없다. 따라서 심판대상조항은 입법형성재량의 한계를 벗어나 가축의 소유자인 축산계열화사업자의 재산권을 침해한다(헌재 2024.5.30, 2021헌가3).

④ 지방의회의원으로서 받게 되는 보수가 연금에 미치지 못하는 경우에도 연금 전액의 지급을 정지하는 것이 재산권을 과도하게 제한하여 헌법에 위반된다(헌재 2022.1.27, 2019헌바161).

정답 ②

05 재산권에 관한 설명으로 가장 적절하지 <u>않은</u> 것은? (다툼이 있는 경우 판례에 의함)

① 민법 조항에 따른 유류분제도는 피상속인의 증여나 유증에 의한 자유로운 재산처분을 제한하고, 피상속인으로부터 증여나 유증을 받았다는 이유로 유류분반환청구의 상대방이 되는 자의 재산권을 역시 제한한다.

② 헌법이 보장하고 있는 재산권의 범위에는 동산·부동산에 대한 모든 종류의 물권은 물론, 재산가치가 있는 모든 사법상의 채권과 특별법상의 권리 및 재산가치 있는 공법상의 권리 등이 포함된다.

③ 가축전염병 예방법상 가축의 살처분으로 인한 재산권 제약은 가축 소유자가 수인해야 하는 사회적 제약에 속하나, 권리자에게 수인의 한계를 넘어 가혹한 부담이 발생하는 예외적인 경우에는 이를 완화하는 보상규정을 두어야 한다.

④ 입법자가 헌법 제23조 제1항 및 제2항에 의하여 재산권의 내용을 구체적으로 형성하고 공익을 위하여 재산권을 제한하는 과정에서 이를 합헌적으로 규율하고자 하는 조정적 보상은 직접적인 금전적 보상에 의하여야 한다.

⑤ 정책실현목적 부담금은 부담금의 정당화 요건 중 '재정조달 대상인 공적 과제와 납부의무자 집단 사이에 존재하는 관련성' 자체보다 '재정조달 이전 단계에서 추구되는 특정 사회적·경제적 정책목적과 부담금의 부과 사이에 존재하는 상관관계'가 더 중요한 의미를 지닌다.

해설

① 심판대상조항에 따른 유류분제도는 그 구체적 내용에 비추어 볼 때, 피상속인의 증여나 유증에 의한 자유로운 재산처분을 제한하고, 피상속인으로부터 증여나 유증을 받았다는 이유로 유류분반환청구의 상대방이 되는 자의 재산권을 역시 제한한다(헌재 2024.4.25, 2020헌가4 등).

② 재산권의 범위에는 동산·부동산에 대한 모든 종류의 물권은 물론, 재산가치 있는 모든 사법상의 채권과 특별법상의 권리 및 재산가치 있는 공법상의 권리 등이 포함되나, 단순한 기대이익·반사적 이익 또는 경제적인 기회 등은 재산권에 속하지 않는다고 보아야 한다(헌재 1998.7.16, 96헌마246).

③ 가축의 살처분으로 인한 재산권의 제약은 가축의 소유자가 수인해야 하는 사회적 제약의 범위에 속하나, 권리자에게 수인의 한계를 넘어 가혹한 부담이 발생하는 예외적인 경우에는 이를 완화하는 보상규정을 두어야 하고, 그 방법에 관하여는 입법자에게 광범위한 형성의 자유가 부여된다(헌재 2024.5.30, 2021헌가3).

④ 재산권의 침해와 공익간의 비례성을 다시 회복하기 위한 방법은 헌법상 반드시 금전보상만을 해야 하는 것은 아니다. 입법자는 지정의 해제 또는 토지매수청구권제도와 같이 금전보상에 갈음하거나 기타 손실을 완화할 수 있는 제도를 보완하는 등 여러 가지 다른 방법을 사용할 수 있다(헌재 1998.12.24, 89헌마214 등).

⑤ 정책실현목적 부담금의 경우에는, 특별한 사정이 없는 한, 부담금의 부과가 정당한 사회적·경제적 정책목적을 실현하는 데 적절한 수단이라는 사실이 곧 합리적 이유를 구성할 여지가 많다. 그러므로 이 경우에는 '재정조달 대상인 공적 과제와 납부의무자 집단 사이에 존재하는 관련성' 자체보다는 오히려 '재정조달 이전 단계에서 추구되는 특정 사회적·경제적 정책목적과 부담금의 부과 사이에 존재하는 상관관계'에 더 주목하게 된다(헌재 2004.7.15, 2002헌바42).

정답 ④

06 헌법재판소가 재산권으로 인정한 경우를 ○, 인정하지 않은 경우를 ×로 표시한다면 가장 적절한 것은? (다툼이 있는 경우 헌법재판소 판례에 의함)

> ㉠ 상공회의소의 의결권
> ㉡ 국민연금법상 사망일시금
> ㉢ 개인택시면허
> ㉣ 관행어업권
> ㉤ 건강보험수급권
> ㉥ 이동전화번호
> ㉦ 불법적인 사용의 경우에 인정되는 수용청구권

① ㉠(○), ㉡(×), ㉢(○), ㉣(○), ㉤(×), ㉥(×), ㉦(○)
② ㉠(○), ㉡(○), ㉢(×), ㉣(×), ㉤(×), ㉥(○), ㉦(×)
③ ㉠(×), ㉡(○), ㉢(○), ㉣(×), ㉤(○), ㉥(×), ㉦(○)
④ ㉠(×), ㉡(×), ㉢(○), ㉣(○), ㉤(○), ㉥(×), ㉦(×)

해설

㉠ 상공회의소의 의결권 또는 회원권은 상공회의소라는 법인의 의사형성에 관한 권리일 뿐 이를 따로 떼어 헌법상 보장되는 재산권이라고 보기 어렵다(헌재 2006.5.25, 2004헌가1).

㉡ 사망일시금은 사회보험의 원리에서 다소 벗어난 장제부조적·보상적 성격을 갖는 급여로 사망일시금은 헌법상 재산권에 해당하지 아니한다(헌재 2019.2.28, 2017헌마432).

㉢ 개인택시면허의 양도 및 상속을 금지하고 있는바, 개인택시면허는 경제적 가치가 있는 공법상의 권리로서 헌법에 의하여 보장되는 재산권이라고 할 수 있다(헌재 2012.3.29, 2010헌마443).

㉣ 관행어업권은 물권에 유사한 권리로서 공동어업권이 설정되었는지 여부에 관계없이 발생하는 것이고, 그 존속에 있어서도 공동어업권과 운명을 같이 하지 않으며 공동어업권자는 물론 제3자에 대하여서도 주장하고 행사할 수 있는 권리이므로, 헌법상 재산권 보장의 대상이 되는 재산권에 해당한다고 할 것이다(헌재 1999.7.22, 97헌바76 등).

㉤ 보수월액보험료와 소득월액보험료를 모두 부과받는 직장가입자가 보수월액보험료를 납부하고 소득월액보험료만 체납한 경우에도 보험급여가 전면 제한될 수 있으므로, 심판대상조항은 재산권을 제한한다(헌재 2020.4.23, 2017헌바244).

㉥ 청구인들이 오랜 기간 같은 이동전화번호를 사용해 왔다 하더라도 이는 국가의 이동전화번호 관련 정책 및 이동전화사업자와의 서비스 이용계약관계에 의한 것일 뿐, 청구인들이 이동전화번호에 대하여 사적 유용성 및 그에 대한 원칙적 처분권을 내포하는 재산가치 있는 구체적 권리인 재산권을 가진다고 볼 수 없다(헌재 2013.7.25, 2011헌마63 등).

㉦ 이 사건 조항은 종전에 없던 재산권을 새로이 형성한 것에 해당되므로, 역으로 그 형성에 포함되어 있지 않은 것은 재산권의 범위에 속하지 않는다. 즉, 청구인들이 주장하는바, '불법적인 사용의 경우에 인정되는 수용청구권'이란 재산권은 입법자에 의하여 인정된 바 없으므로 재산권에 포함되지 않는다. 그렇다면 이 사건 조항이 재산권을 제한할 수도 없다(헌재 2005.7.21, 2004헌바57).

정답 ④

07 재산권의 제한에 대한 설명으로 가장 적절한 것은? (다툼이 있는 경우 헌법재판소 판례에 의함)

① 대통령이 2016.2.10.경 개성공단의 운영을 즉시 전면 중단하기로 결정하고, 개성공단에 체류 중인 국민들 전원을 대한민국 영토 내로 귀환하도록 한 개성공단 전면중단 조치에 의해 발생한 영업상 손실이나 주식 등 권리의 가치 하락은 헌법 제23조의 재산권보장의 범위에 속한다.

② 통일부장관이 2010.5.24. 발표한 북한에 대한 신규투자 불허 및 진행중인 사업의 투자확대 금지 등을 내용으로 하는 대북조치로 인해 개성공단에서 투자하던 사업자의 토지이용권을 사용·수익하지 못하게 되는 제한이 발생하였으므로, 이러한 대북조치는 헌법 제23조 제3항 소정의 공용 제한에 해당한다.

③ 댐의 저수 이용상황 등이 변경되는 경우 등 댐사용권을 그대로 유지하는 것이 곤란한 경우 댐사용권을 취소·변경할 수 있도록 규정한 구 댐건설 및 주변지역지원 등에 관한 법률 조항은 다목적댐에 관한 독립적 사용권인 댐사용권의 내용과 한계를 정하는 규정인 동시에 사회적 제약을 구체화한 규정이라 보아야 한다.

④ 행정청이 아닌 사업주체가 새로이 설치한 공공시설이 그 시설을 관리할 관리청에 무상으로 귀속되도록 한 구 주택건설촉진법 조항은 재산권의 법률적 수용이라는 법적 외관을 가지고 있으므로 그것이 헌법 제23조 제3항에 따른 정당한 보상의 원칙에 위배되었는지 심사되어야 한다.

해설

① 이 사건 중단조치에 의한 영업중단으로 영업상 손실이나 주식 등 권리의 가치하락이 발생하였더라도 이는 영리획득의 기회나 기업활동의 여건 변화에 따른 재산적 손실일 뿐이므로, 헌법 제23조의 재산권보장의 범위에 속한다고 보기 어렵다(헌재 2022.1.27, 2016헌마364).

② 2010.5.24.자 대북조치가 개성공단에서의 신규투자와 투자확대를 불허함에 따라 청구인이 보유한 개성공단 내의 토지이용권을 사용·수익하지 못하게 되는 제한이 발생하기는 하였으나, 이는 개성공단이라는 특수한 지역에 위치한 사업용 재산이 받는 사회적 제약이 구체화된 것일 뿐이므로, 공익목적을 위해 이미 형성된 구체적 재산권을 개별적, 구체적으로 제한하는 헌법 제23조 제3항 소정의 공용 제한과는 구별된다(헌재 2022.5.26, 2016헌마95). 즉, 사회적 제약일 뿐 공용침해의 정도는 아니라는 의미이다.

③ 댐사용권변경조항은 이미 형성된 구체적인 재산권을 공익을 위하여 개별적이고 구체적으로 박탈·제한하는 것으로서 보상을 요하는 헌법 제23조 제3항의 수용·사용·제한을 규정한 것이라고 볼 수 없고, 적정한 수자원의 공급 및 수재방지 등 공익적 목적에서 건설되는 다목적댐에 관한 독점적 사용권인 댐사용권의 내용과 한계를 정하는 규정인 동시에 공익적 요청에 따른 재산권의 사회적 제약을 구체화하는 규정이라고 보아야 한다(헌재 2022.10.27, 2019헌바44).

④ 심판대상조항은 재산권의 법률적 수용이라는 법적 외관을 가지고 있으나 그 실질은 공공시설의 설치와 그 비용부담자 등에 관하여 규율하고 있는 것이므로, 이를 심사하려면 그것이 헌법 제23조 제3항에 따른 정당한 보상의 원칙에 위배되었는지가 아니라 이러한 공공시설의 설치와 관련한 부담의 부과와 그 소유권의 국가귀속이 재산권에 대한 사회적 제약의 범위 내의 제한인지 여부가 검토되어야 한다(헌재 2015.2.26, 2014헌바177).

정답 ③

08 재산권에 관한 다음 설명 중 옳은 것은? (다툼이 있는 경우 판례에 의함)

① 헌법 제23조 제3항은 "공공필요에 의한 재산권의 수용·사용 또는 제한 및 그에 대한 보상은 법률로써 하되, 완전한 보상을 지급하여야 한다."라고 규정하여 피수용재산의 객관적인 재산가치를 완전하게 보상하여야 함을 선언하고 있다.

② 헌법상 재산권에 관한 규정은 그 내용과 한계가 법률에 의해 구체적으로 형성되는 기본권 형성적 법률유보의 형태를 띠고 있고, 헌법이 보장하는 재산권의 내용과 한계는 국회에 의하여 제정되는 형식적 의미의 법률에 의하여 정해진다.

③ 영리획득의 단순한 기회 또는 기업활동의 사실적·법적 여건 또한 재산권 보장의 대상이 된다.

④ 헌법은 재산권의 사회적 기속성을 명시하고 있으므로 재산 관련 입법에 대하여는 과잉금지의 원칙이 적용되지 않는다.

해설

① 공공필요에 의한 재산권의 수용·사용 또는 제한 및 그에 대한 보상은 법률로써 하되, 정당한 보상을 지급하여야 한다(헌법 제23조 제3항). 헌법에는 정당한 보장이 규정되어 있다.

② 헌법상의 재산권에 관한 규정은 다른 기본권 규정과는 달리 그 내용과 한계가 법률에 의해 구체적으로 형성되는 기본권 형성적 법률유보의 형태를 띠고 있다. 그리하여 헌법이 보장하는 재산권의 내용과 한계는 국회에서 제정되는 형식적 의미의 법률에 의하여 정해지므로, 재산권의 구체적 모습은 재산권의 내용과 한계를 정하는 법률에 의하여 형성된다(헌재 2005.7.21, 2004헌바57).

③ 헌법상 보장된 재산권은 사적 유용성 및 그에 대한 원칙적인 처분권을 내포하는 재산가치 있는 구체적인 권리이므로, 구체적 권리가 아닌 영리획득의 단순한 기회나 기업활동의 사실적·법적 여건은 기업에게는 중요한 의미를 갖는다고 하더라도 재산권 보장의 대상이 아니다(헌재 2018.7.31, 2018헌마753).

④ 청구인은 시장재건축에 있어서 다소 완화된 요건하에서 부여되는 매도청구권 자체의 위헌성을 묻고 있으므로 이는 헌법 제23조 제3항 공용수용의 요건 중 '공공의 필요성'을 갖추었는지에 대한 의문이라고 볼 수 있고, 이에 대한 심사는 실질적으로 헌법 제37조 제2항의 과잉금지원칙에 따라 이루어져야 할 것이다(헌재 2006.7.27, 2003헌바18).

정답 ②

09 재산권에 관한 설명으로 옳지 않은 것을 모두 고른 것은? (다툼이 있는 경우 판례에 의함)

> ㉠ 개성공단 전면 중단 조치에 의한 영업중단으로 인해 발생하는 영업상 손실이나 주식 등 권리의 가치하락으로 인한 손실은 헌법 제23조의 재산권 보장의 범위에 속한다.
> ㉡ 지방의회의원으로 선출되어 받게 되는 보수가 기존의 연금에 미치지 못하는 경우에도 연금 전액의 지급을 정지하도록 정한 구 공무원연금법 조항은 과잉금지원칙에 위배되어 재산권을 침해한다.
> ㉢ 경유를 연료로 사용하는 자동차의 소유자로부터 환경개선부담금을 부과·징수하도록 정한 환경개선비용 부담법 조항은 과잉금지원칙을 위반하여 경유차 소유자의 재산권을 침해한다고 볼 수 없다.
> ㉣ 환매권의 발생기간을 제한하고 있는 공익사업을 위한 토지 등의 취득 및 보상에 관한 법률 조항 중 '토지의 협의취득일 또는 수용의 개시일부터 10년 이내에' 부분의 위헌성은 헌법상 재산권인 환매권의 발생기간을 제한한 것 자체에 있다.

① ㉠, ㉡
② ㉠, ㉢
③ ㉠, ㉣
④ ㉡, ㉢

해설

옳지 않은 것은 ㉠, ㉣이다.

㉠ 헌법상 보장된 재산권은 사적 유용성 및 그에 대한 원칙적인 처분권을 내포하는 재산가치 있는 구체적인 권리이므로, 구체적 권리가 아닌 영리획득의 단순한 기회나 기업활동의 사실적·법적 여건은 기업에게는 중요한 의미를 갖는다고 하더라도 재산권보장의 대상이 아니다(헌재 2022.1.27, 2016헌마364).

㉡ 금치처분을 받은 미결수용자에 대하여 금치기간 중 서신수수, 접견, 전화통화를 제한하는 것은 대상자를 구속감과 외로움 속에 반성에 전념하게 함으로써 수용시설 내 안전과 질서를 유지하기 위한 것이다. … 이 사건 서신수수·접견·전화통화 제한조항은 청구인의 통신의 자유를 침해하지 아니한다(헌재 2016.4.28, 2012헌마549 등).

㉢ 환경개선 부담금은, 경유에 리터당 부과되는 교통·에너지·환경세와 달리 개별 경유차의 오염유발 수준을 고려하므로, 교통·에너지·환경세가 규율하지 못하는 별도의 정책적 목적도 수행한다고 볼 수 있다. 따라서 경유차 소유자가 교통·에너지·환경세 외 환경개선 부담금을 추가 부담한다고 하더라도 그 부담이 지나치다고 보기 어렵다. 이와 같은 점을 고려할 때, 이 사건 법률조항이 과잉금지원칙을 위반하여 청구인의 재산권을 침해한다고 볼 수 없다(헌재 2022.6.30, 2019헌바440).

㉣ 이 사건 법률조항의 위헌성은 환매권의 발생기간을 제한한 것 자체에 있다기보다는 그 기간을 10년 이내로 제한한 것에 있다(헌재 2020.11.26, 2019헌바131).

정답 ③

10 재산권에 관한 설명 중 옳지 않은 것은? (다툼이 있는 경우 판례에 의함)

① 경북대학교 총장임용후보자선거의 후보자로 등록하려면 3,000만원의 기탁금을 납부하고 제1차 투표에서 유효투표수의 100분의 15 이상을 득표한 경우에는 기탁금 선액을, 100분의 10 이상 100분의 15 미만을 득표한 경우에는 기탁금 반액을 반환하고, 반환되지 않은 기탁금은 경북대학교발전 기금에 귀속하도록 정한 경북대학교 총장임용 후보자 선정 규정의 해당 조항은 재산권을 침해하지 않는다.

② '공공필요'의 요건 중 공익성은 추상적인 공익 일반 또는 국가의 이익 이상의 중대한 공익을 요구하므로 기본권 일반의 제한사유인 '공공복리'보다 좁게 보는 것이 타당하다.

③ 사회부조와 같이 수급자의 자기기여 없이 국가가 일방적으로 주는 급부를 내용으로 하는 공법상의 권리도 헌법상의 재산권 보장대상이다.

④ 제5공화국 헌법에는 정당보상이 아닌 이익형량 보상이었다.

해설

① [1] 경북대학교의 경우 총장임용후보자 선정 방식으로 직선제를 채택하고 다양한 방식으로 선거운동을 허용하고 있다. 따라서 이는 과다하다고 할 수 없다.
[2] 100분의 15 이상을 득표한 경우 전액을, 100분의 10 이상을 득표한 경우 반액을 반환하는 규정은 후보자의 진지성과 성실성을 담보하기 위한 최소한의 제한이다(헌재 2022.5.26, 2020헌마1219).

② 오늘날 공익사업의 범위가 확대되는 경향에 대응하여 '공공필요'의 요건 중 공익성은 추상적인 공익 일반 또는 국가의 이익 이상의 중대한 공익을 요구하므로 기본권 일반의 제한사유인 '공공복리'보다 좁게 보는 것이 타당하며, 공익성의 정도를 판단함에 있어서는 공용수용을 허용하고 있는 개별법의 입법목적, 사업내용, 사업이 입법목적에 이바지하는 정도는 물론, 특히 그 사업이 대중을 상대로 하는 영업인 경우에는 그 사업 시설에 대한 대중의 이용·접근가능성도 아울러 고려하여야 한다(헌재 2014.10.30, 2011헌바172).

③ 공법상의 권리가 헌법상의 재산권 보장의 보호를 받기 위해서는 다음과 같은 요건을 갖추어야 한다. 첫째, 공법상의 권리가 권리주체에게 귀속되어 개인의 이익을 위하여 이용가능해야 하며(사적 유용성), 둘째, 국가의 일방적인 급부에 의한 것이 아니라 권리주체의 노동이나 투자, 특별한 희생에 의하여 획득되어 자신이 행한 급부의 등가물에 해당하는 것이어야 하며(수급자의 상당한 자기기여), 셋째, 수급자의 생존의 확보에 기여해야 한다. 이러한 요건을 통하여 사회부조와 같이 국가의 일방적인 급부에 대한 권리는 재산권의 보호대상에서 제외되고, 단지 사회법상의 지위가 자신의 급부에 대한 등가물에 해당하는 경우에 한하여 사법상의 재산권과 유사한 정도로 보호받아야 할 공법상의 권리가 인정된다. 즉 공법상의 법적 지위가 사법상의 재산권과 비교될 정도로 강력하여 그에 대한 박탈이 법치국가원리에 반하는 경우에 한하여, 그러한 성격의 공법상의 권리가 재산권의 보호대상에 포함되는 것이다(헌재 2000.6.29, 99헌마289 - 국민건강보험법 제33조 제2항 등 위헌확인).

④ 정당보상은 현행 헌법과 제3공화국 헌법이며, 이익형량 보상은 제5공화국 헌법이다.

정답 ③

11 재산권에 관한 설명으로 가장 적절하지 않은 것은? (다툼이 있는 경우 판례에 의함)

① 가축전염병 예방법에 따른 가축의 살처분으로 인한 재산권의 제약은 가축의 소유자가 수인해야 하는 사회적 제약의 범위에 속하나, 권리자에게 수인의 한계를 넘어 가혹한 부담이 발생하는 예외적인 경우에는 이를 완화하는 보상규정을 두어야 하고, 그 방법에 관하여는 입법자에게 광범위한 형성의 자유가 부여된다.

② 광업권자는 도로 등 일정한 장소에서는 관할 관청의 허가나 소유자 또는 이해관계인의 승낙이 없으면 광물을 채굴할 수 없도록 규정한 구 광업법 조항은 이미 형성된 구체적인 재산권을 공익을 위하여 개별적·구체적으로 박탈하거나 제한하는 것으로서 보상을 요하는 헌법 제23조 제3항의 수용·사용 또는 제한을 규정한 것이다.

③ 의료급여기관이 의료법 제33조 제2항을 위반하였다는 사실을 수사기관의 수사결과로 확인한 경우 시장·군수·구청장으로 하여금 해당 의료급여기관이 청구한 의료급여비용의 지급을 보류할 수 있도록 규정한 의료급여법 조항 중 '의료법 제33조 제2항'에 관한 부분은 과잉금지원칙에 반하여 의료급여기관 개설자의 재산권을 침해한다.

④ 토지구획정리사업에 있어 학교교지를 환지처분의 공고가 있은 다음 날에 국가 등에 귀속되게 하되, 유상으로 귀속되도록 한 구 토지구획정리사업법 제63조 중 '학교교지'에 관한 부분은 과잉금지원칙에 위배되어 사업시행자의 재산권을 침해한다고 할 수 없다.

해설

① 가축의 살처분으로 인한 재산권의 제약은 가축의 소유자가 수인해야 하는 사회적 제약의 범위에 속하나 권리자에게 수인의 한계를 넘어 가혹한 부담이 발생하는 예외적인 경우에는 이를 완화하는 보상규정을 두어야 하고 그 방법에 관하여는 입법자에게 광범위한 형성의 자유가 부여된다(헌재 2014.4.24, 2013헌바110).

② 광업권이 토지소유권과 독립한 독자적 권리이고 광업의 수행방법이 가지는 특성으로 인하여 광업권은 당해 토지 또는 인접 토지의 통상적인 이용과의 관계에서 충돌이 발생할 가능성이 예정되어 있는바, 구 광업법 조항은 그러한 경우에 충돌하는 권리의 양립을 도모하기 위해, 광업권의 전부 또는 일부를 소멸시키는 대신, 채굴행위를 일부 제한하는 규정이다. 따라서 위 조항은 이미 형성된 구체적인 재산권을 공익을 위하여 개별적·구체적으로 박탈하거나 제한하는 것으로서 보상을 요하는 헌법 제23조 제3항의 수용·사용 또는 제한을 규정한 것이라고 할 수는 없고, 입법자가 광업권에 관한 권리와 의무를 일반·추상적으로 확정하는, 재산권의 내용과 한계를 정하는 규정인 동시에 공익적 요청에 따른 재산권의 사회적 제약을 구체화하는 규정이라고 보아야 한다(헌재 2024.1.25, 2021헌바340).

③ 무죄판결이 확정되기 전이라도 하급심 법원에서 무죄판결이 선고되는 경우에는 그때부터 일정 부분에 대하여 요양급여비용을 지급하도록 할 필요가 있다. 나아가, 사정변경사유가 발생할 경우 지급보류처분이 취소될 수 있도록 한다면, 이와 함께 지급보류기간 동안 의료기관의 개설자가 수인해야 했던 재산권 제한상황에 대한 적절하고 상당한 보상으로서의 이자 내지 지연손해금의 비율에 대해서도 규율이 필요하다. 이러한 사항들은 이 사건 지급보류조항으로 인한 기본권 제한이 입법목적 달성에 필요한 최소한도에 그치기 위해 필요한 조치들이지만, 현재 이에 대한 어떠한 입법적 규율도 없다. 따라서 이 사건 지급보류조항은 과잉금지원칙에 반하여 요양기관 개설자의 재산권을 침해한다(헌재 2023.3.23, 2018헌바433).

④ 국가 등은 사업시행자에게 학교교지 취득의 대가를 지급하는점 사업계획의 단계에서 학교교지의 위치 및 면적에 대하여 미리 계획되고 협의될 것이 요구된다는 점, 국가 등이 학교교지를 취득함으로써 종전 토지 소유자 등이 입은 손실 감보는 효용이 상승된 환지로 인하여 이미 보상이 되었다는 점 등을 고려하면 귀속조항이 과잉금지원칙에 위배되어 사업시행자의 재산권을 침해한다고 할 수 없다(헌재 2021.4.29, 2019헌바444).

정답 ②

12 부담금에 관한 설명으로 가장 적절한 것은? (다툼이 있는 경우 판례에 의함)

① 텔레비전방송수신료는 공영방송사업이라는 특정한 공익사업의 경비조달에 충당하기 위하여 수상기를 소지한 특정 집단에 대하여 부과되는 특별부담금에 해당하여 조세나 수익자부담금과는 구분된다.

② 한강수계 상수원수질개선 및 주민지원 등에 관한 법률이 규정한 '물사용량에 비례한 부담금'은 수도요금과 구별되는 별개의 금전으로서 한강수계로부터 취수된 원수를 정수하여 직접 공급받는 최종 수요자라는 특정 부류의 집단에만 강제적·일률적으로 부과되는 것으로서 사용료에 해당한다.

③ 개발이익환수에 관한 법률상 개발부담금은 '부담금'으로서 국세기본법이나 지방세기본법에서 나열하는 국세나 지방세의 목록에 빠져 있으며, 실질적으로 투기방지와 토지의 효율적인 이용 및 개발이익에 관한 사회적 갈등을 조정하기 위해 정책적 측면에서 도입된 유도적·조정적 성격을 가지는 특별부담금이다.

④ 영화관 관람객이 입장권 가액의 100분의 3을 부담하도록 하고 영화관 경영자는 이를 징수하여 영화진흥위원회에 납부하도록 강제하는 내용의 영화상영관 입장권 부과금 제도는, 영화예술의 질적 향상과 한국영화 및 영화·비디오물산업의 진흥·발전의 토대를 구축하도록 유도하는 유도적 부담금이다.

해설

① 헌법재판소는 수신료의 법적 성격에 관하여, 수신료는 공영방송사업이라는 특정한 공익사업의 경비조달에 충당하기 위하여 수상기를 소지한 특정집단에 대하여 부과되는 특별부담금에 해당한다고 판시하였고, 조세나 수익자부담금과는 구분된다고 보았다(헌재 2024.5.30, 2023헌마820등).

② 물이용부담금은 한강수계의 수질관리를 위한 제반 조치, 주민지원사업 지원 등의 비용에 충당하기 위해 설치된 한강수계관리기금의 재원이 된다(한강수계법 제20조 내지 제22조 참조). 물이용부담금은 상수도의 직접적인 이용 대가로 볼 수 있는 수도요금과 구별되는 별개의 금전이고, 한강수계로부터 취수된 원수를 정수하여 직접 공급받는 최종 수요자 중 하류지역에만 부과되는바(한강수계법 제19조 제1항 단서 제1호), 특정 부류의 집단에만 강제적·일률적으로 부과된다(헌재 2020.8.28, 2018헌바425).

③ 개발부담금은 비록 그 명칭이 '부담금'이고 국세기본법이나 지방세기본법에서 나열하고 있는 국세나 지방세의 목록에 빠져 있다고 하더라도, '국가 또는 지방자치단체가 재정수요를 충족시키기 위하여 반대급부 없이 법률에 규정된 요건에 해당하는 모든 자에 대하여 일반적 기준에 의하여 부과하는 금전급부'라는 조세로서의 특징을 지니고 있다는 점에서 실질적인 조세라 할 것이다(헌재 2020.5.27, 2018헌바465).

④ 이 사건 부과금은 그 부과의 목적이 한국영화산업의 진흥 발전을 위한 각종 사업의 용도로 쓰일 영화발전기금의 재원을 마련하는 것으로서, 그 부과 자체로써 부과금의 부담 주체인 영화상영관 관람객의 행위를 특정한 방향으로 유도하거나 관람객 이외의 다른 사람들과의 형평성 문제를 조정하고자 하는 등의 목적은 없으며, 또한 추구하는 공적 과제가 부과금으로 재원이 마련된 영화발전기금의 집행단계에서 실현되므로 순수한 재정조달목적 부담금에 해당한다(헌재 2008.11.27, 2007헌마860).

정답 ①

13 직업의 자유와 재산권에 관한 설명으로 옳지 않은 것은? (다툼이 있는 경우 헌법재판소 결정례에 의함)

① 직업선택의 자유에 직업 내지 직종에 종사하는데 필요한 전문지식을 습득하기 위한 직업교육장을 임의로 선택할 수 있는 직업교육장 선택의 자유까지 포함되는 것은 아니다.

② 공용수용은 국민의 재산권을 그 의사에 반하여 강제적으로라도 취득해야 할 공익적 필요성이 있을 것, 법률에 의거할 것, 정당한 보상을 지급할 것의 요건을 모두 갖추어야 한다.

③ 객관적 사유에 의한 직업결정의 자유에 대한 제한은 월등하게 중요한 공익을 위하여 명백하고 확실한 위험을 방지하기 위한 경우에만 정당화될 수 있다.

④ 재산권 행사의 대상이 되는 객체가 지닌 사회적인 연관성과 사회적 기능이 크면 클수록 입법자에 의한 보다 더 광범위한 제한이 정당화된다.

해설

① 헌법 제15조에 의한 직업선택의 자유라 함은 자신이 원하는 직업 내지 직종을 자유롭게 선택하는 직업선택의 자유뿐만 아니라 그가 선택한 직업을 자기가 결정한 방식으로 자유롭게 수행할 수 있는 직업수행의 자유를 포함한다. 그리고 직업선택의 자유에는 자신이 원하는 직업 내지 직종에 종사하는데 필요한 전문지식을 습득하기 위한 직업교육장을 임의로 선택할 수 있는 '직업교육장 선택의 자유'도 포함된다(헌재 2009.2.26, 2007헌마1262).

② 우리 헌법의 재산권 보장에 관한 규정의 근본취지에 비추어 볼 때, 공공필요에 의한 재산권의 공권력적, 강제적 박탈을 의미하는 공용수용(公用收用)은 헌법상의 재산권 보장의 요청상 불가피한 최소한에 그쳐야 한다. 즉 공용수용은 헌법 제23조 제3항에 명시되어 있는 대로 국민의 재산권을 그 의사에 반하여 강제적으로라도 취득해야 할 공익적 필요성이 있을 것, 법률에 의거할 것, 정당한 보상을 지급할 것의 요건을 모두 갖추어야 한다(헌재 1995.2.23, 92헌바14).

③ 당사자의 능력이나 자격과 상관없는 객관적 사유에 의한 제한은 월등하게 중요한 공익을 위하여 명백하고 확실한 위험을 방지하기 위한 경우에만 정당화될 수 있고, 따라서 헌법재판소가 이 사건을 심사함에 있어서는 헌법 제37조 제2항이 요구하는바 과잉금지의 원칙, 즉 엄격한 비례의 원칙이 그 심사척도가 된다(헌재 2002.4.25, 2001헌마614).

④ 재산권 행사의 대상이 되는 객체가 지닌 사회적인 연관성과 사회적 기능이 크면 클수록 입법자에 의한 보다 광범위한 제한이 정당화된다(헌재 1998.12.24, 89헌마214 등).

정답 ①

14 경제적 자유권에 대한 설명으로 옳지 않은 것은? (다툼이 있는 경우 판례에 의함)

① 재산권이 헌법에 의하여 보장된다고 하더라도 입법자에 의하여 일단 형성된 구체적 권리가 그 형태로 영원히 지속될 것이 보장된다는 의미는 아니다.

② 보험재정의 공공성을 유지하기 위하여 범죄행위에 기인한 보험사고에 대하여 보험급여를 하지 않는 것은 고의범과 중과실범의 경우로 한정하면 충분하므로 여기에서 더 나아가 경과실범에 의한 보험사고의 경우에까지 의료보험수급권을 부정하는 것은 재산권에 대한 과도한 제한에 해당하여 헌법상의 과잉금지원칙에 위배된다.

③ 심야 학원교습을 금지한 지방자치단체의 조례는 직업수행의 자유를 침해하지 않는다.

④ 물건에 대한 재산권 행사에 비하여 동물에 대한 재산권 행사는 사회적 연관성과 사회적 기능이 적다 할 것이므로 이를 제한하는 경우 입법재량의 범위를 좁게 인정함이 타당하다.

해설

① 재산권이 헌법에 의하여 보장된다고 하더라도 입법자에 의하여 일단 형성된 구체적 권리가 그 형태로 영원히 지속될 것이 보장된다는 의미는 아니다(헌재 1998.12.24, 89헌마214·90헌바16·97헌바78 병합).

② 경과실의 범죄로 인한 사고는 개념상 우연한 사고의 범위를 벗어나지 않으므로 경과실로 인한 범죄행위에 기인하는 보험사고에 대하여 의료보험급여를 부정하는 것은 우연한 사고로 인한 위험으로부터 다수의 국민을 보호하고자 하는 사회보장제도로서의 의료보험의 본질을 침해하여 헌법에 위반된다(헌재 2003.12.18, 2002헌바1).

③ 학원에서의 교습은 보장하면서 심야에 한하여 교습시간을 제한하면서 다른 사교육 유형은 제한하지 않으므로 청구인들의 기본권을 과도하게 제한하는 것이라고 볼 수 없으므로 청구인들의 인격의 자유로운 발현권, 자녀교육권 및 직업수행의 자유를 침해하였다고 볼 수 없다(헌재 2009.10.29, 2008헌마635).

④ 일반적인 물건에 대한 재산권 행사에 비하여 동물에 대한 재산권 행사는 사회적 연관성과 사회적 기능이 매우 크다 할 것이므로 이를 제한하는 경우 입법재량의 범위를 폭넓게 인정함이 타당하다. 그러므로 이 사건 법률조항이 과잉금지원칙을 위반하여 재산권을 침해하는지 여부를 살펴보되 심사기준을 완화하여 적용함이 상당하다(헌재 2013.10.24, 2012헌바431).

▶ 동물, 토지, 농지의 경우는 연관성이 크므로 완화하여 심사한다.

정답 ④

15 재산권에 관한 설명 중 가장 적절한 것은? (다툼이 있는 경우 판례에 의함)

① 의료급여수급권은 저소득 국민에 대한 국가의 지원정책이고 국가에 대한 공법적 청구권이므로 헌법상 재산권에 해당한다.

② 건설공사를 위하여 문화재발굴허가를 받아 매장문화재를 발굴하는 경우 그 발굴비용을 사업시행자로 하여금 부담하게 하는 것은 문화재 보존을 위해 사업시행자에게 일방적인 희생을 강요하는 것이므로 재산권을 침해한다.

③ 토지의 가격이 취득일 당시에 비하여 현저히 상승한 경우 환매금액에 대한 협의가 성립하지 아니한 때에는 사업시행자로 하여금 환매금액의 증액을 청구할 수 있도록 한 공익사업을 위한 토지 등의 취득 및 보상에 관한 법률 조항은 환매권자의 재산권을 침해하지 아니한다.

④ 환매권의 발생기간을 제한하고 있는 공익사업을 위한 토지 등의 취득 및 보상에 관한 법률 조항 중 '토지의 협의취득일 또는 수용의 개시일부터 10년 이내에' 부분의 위헌성은 헌법상 재산권인 환매권의 발생기간을 제한한 것 자체에 있다.

해설

① 의료급여수급권은 공공부조의 일종으로서 순수하게 사회정책적 목적에서 주어지는 권리이므로 개인의 노력과 금전적 기여를 통하여 취득되는 재산권의 보호대상에 포함된다고 보기 어렵다(헌재 2009.9.24, 2007헌마1092).

종류	의료보험수급권	국민건강보험수급권	의료보험적립금	의료급여수급권
인정 여부	○	○	×	×

② 사업시행자가 발굴조사비용 액수를 고려하여 더 이상 사업시행에 나아가지 아니할 선택권이 유보되어 있는 점, 대통령령으로 정하는 예외적인 경우에는 국가 등이 발굴조사비용을 부담할 수 있는 점 및 유실물법에 의한 보상금을 지급토록 하는 규정을 두고 있는 점 등에 비추어 최소침해성 원칙, 법익균형성 원칙에 위반되지 않으므로 재산권을 침해하지 않는다(헌재 2010.10.28, 2008헌바74).

③ 토지의 가격이 취득일 당시에 비하여 현저히 상승한 경우 환매금액에 대한 협의가 성립하지 아니한 때에는 사업시행자로 하여금 환매금액의 증액을 청구할 수 있도록 한 공익사업을 위한 토지 등의 취득 및 보상에 관한 법률 조항은 환매권자의 재산권을 침해하지 아니한다(헌재 2016.9.29, 2014헌바400).

④ 결국 이 사건 법률조항은 헌법 제37조 제2항에 반하여 재산권을 침해한다. 이 사건 법률조항의 위헌성은 환매권의 발생기간을 제한한 것 자체에 있다기보다는 그 기간을 10년 이내로 제한한 것에 있다. 이 사건 법률조항의 위헌성을 제거하는 다양한 방안이 있을 수 있고 이는 입법재량 영역에 속한다(헌재 2020.11.26, 2019헌바131).

정답 ③

16 재산권에 대한 설명으로 옳지 않은 것은? (다툼이 있는 경우 판례에 의함)

① 민법상 취득시효제도는 부동산에 대한 소유권자이면서 오랫동안 권리행사를 태만히 한 자와, 원래 무권리자이지만 소유의 의사로서 평온, 공연하게 부동산을 거의 영구적으로 보이는 20년 동안 점유한 자와의 사이의 권리의 객체인 부동산에 대한 실질적인 이해관계를 취득시효제도의 필요성을 종합하고 상관적으로 비교형량한 것으로 헌법에 합치된다.

② 개발제한구역의 지정으로 말미암아 일부 토지소유자에게 사회적 제약의 범위를 넘는 가혹한 부담이 발생하는 예외적인 경우에 대하여 보상규정을 두지 않은 것은 위헌성이 있다.

③ 일본국에 의하여 광범위하게 자행된 반인도적 범죄행위에 대하여 일본군위안부 피해자들이 일본에 대하여 가지는 배상청구권은 인간으로서의 존엄과 가치의 침해와 직접 관련이 있을 뿐 이를 헌법상 보장되는 재산권이라고 할 수는 없다.

④ 잠수기어업허가를 받아 키조개 등을 채취하는 직업에 종사한다고 하더라도 이는 원칙적으로 자신의 계획과 책임하에 행동하면서 법제도에 의하여 반사적으로 부여되는 기회를 활용하는 것에 불과하므로 잠수기어업허가를 받지 못하여 상실된 이익 등 청구인 주장의 재산권은 헌법 제23조에서 규정하는 재산권의 보호범위에 포함된다고 볼 수 없다.

해설

① 민법상 취득시효제도는 부동산에 대한 소유권자이면서 오랫동안 권리행사를 태만히 한 자와, 원래 무권리자이지만 소유의 의사로서 평온, 공연하게 부동산을 거의 영구적으로 보이는 20년 동안 점유한 자와의 사이의 권리의 객체인 부동산에 대한 실질적인 이해관계를 취득시효제도의 필요성을 종합하고 상관적으로 비교형량한 것으로 헌법에 합치된다(헌재 1993.7.29, 92헌바20).

② 도시계획법 제21조에 규정된 개발제한구역제도 그 자체는 원칙적으로 합헌적인 규정인데, 다만 개발제한구역의 지정으로 말미암아 일부 토지소유자에게 사회적 제약의 범위를 넘는 가혹한 부담이 발생하는 예외적인 경우에 대하여 보상규정을 두지 않은 것에 위헌성이 있는 것이다(헌재 1998.12.24, 89헌마214 등).

③ 일본국에 의하여 광범위하게 자행된 반인도적 범죄행위에 대하여 일본군위안부 피해자들이 일본에 대하여 가지는 배상청구권은 헌법상 보장되는 재산권일 뿐만 아니라, 그 배상청구권의 실현은 무자비하고 지속적으로 침해된 인간으로서의 존엄과 가치 및 신체의 자유를 사후적으로 회복한다는 의미를 가지는 것이므로 피청구인의 부작위로 인하여 침해되는 기본권이 매우 중대하다(헌재 2011.8.30, 2006헌마788).

④ 잠수기어업허가를 받아 키조개 등을 채취하는 직업에 종사한다고 하더라도 이는 원칙적으로 자신의 계획과 책임하에 행동하면서 법제도에 의하여 반사적으로 부여되는 기회를 활용하는 것에 불과하므로 잠수기어업허가를 받지 못하여 상실된 이익 등 청구인 주장의 재산권은 헌법 제23조에서 규정하는 재산권의 보호범위에 포함된다고 볼 수 없다(헌재 2016.10.27, 2013헌마450).

정답 ③

17 재산권보장에 관한 설명으로 가장 적절하지 않은 것은? (다툼이 있는 경우 헌법재판소 판례에 의함)

① 골프장 입장행위에 대하여 1명 1회 입장마다 1만 2천원의 개별소비세를 골프장 경영자에게 부과하는 개별소비세법 해당 조항은 과잉금지원칙에 반하여 재산권을 침해한다고 볼 수 없다.

② 임대사업자가 종전 규정에 의한 세제혜택에 대한 기대를 가졌거나, 종전과 같은 유형의 임대사업자의 지위를 장래에도 유지할 것을 기대하였다 하더라도 이는 단순한 기대이익에 불과하므로, 장기일반민간임대주택 중 아파트를 임대하는 민간매입임대주택과 단기민간임대주택의 임대의무기간이 종료한 날 그 등록이 말소되도록 하는 민간임대주택에 관한 특별법 해당 조항으로 인해 재산권이 제한된다고 볼 수는 없다.

③ 의료급여기관이 의료법 제33조 제2항을 위반하였다는 사실을 수사기관의 수사 결과로 확인한 경우 시장·군수·구청장으로 하여금 해당 의료급여기관이 청구한 의료급여비용의 지급을 보류할 수 있도록 규정한 의료급여법 해당 조항 중 '의료법 제33조 제2항'에 관한 부분은 의료기관을 개설하여 의료급여기관으로 운영하는 의료기관 개설자의 재산권을 제한한다.

④ 대지사용권을 가지지 아니한 구분소유자가 있을 때 그 전유부분의 철거청구권자에게 구분소유권의 매도청구권을 부여한 집합건물의 소유 및 관리에 관한 법률 제7조는 구분소유자의 재산권을 침해한다.

해설

① 개별소비세 부과는 담세력에 상응하는 조세부과를 통해 과세의 형평을 도모하기 위한 것으로서 세율이 자의적이라거나 골프장 이용객수의 과도한 감소를 초래할 정도라고 보이지 아니하며, 사치성이 없다고 볼 수 있는 골프장 입장에 대하여는 개별소비세를 배제할 수 있는 길을 열어놓고 있는 점에 비추어 과잉금지원칙에 위반되어 재산권을 침해하지 않는다(헌재 2024.8.29, 2021헌바34).

② 임대사업자가 종전 규정에 의한 세제혜택 또는 집값 상승으로 인한 이익 취득이라는 기대를 가졌다 하더라도 이는 당시의 법 제도에 대한 단순한 기대이익에 불과하다. 또한 등록말소조항은 단기민간임대주택과 아파트 장기일반민간임대주택의 임대의무기간이 종료한 날 그 등록이 말소되도록 할 뿐, 여기에 더하여 종전 임대사업자가 이미 받은 세제혜택 등을 박탈하는 내용을 담고 있지 아니하다. 따라서 등록말소조항으로 인해 청구인들의 재산권이 제한된다고 볼 수 없다(헌재 2024.2.28, 2020헌마1482).

③ 심판대상조항은 시장·군수·구청장으로 하여금 의료급여기관이 청구한 의료급여비용의 지급을 보류할 수 있도록 하여의료급여비용 지급청구권의 행사를 제한하고 있으므로, 결국 의료기관을 개설하여 의료급여기관으로 운영하는 의료기관 개설자의 재산권을 제한한다(헌재 2024.6.27, 2021헌가19).

④ 심판대상조항은 철거청구권자를 위하여 철거 대신 구분소유권 매도청구권을 부여함으로써, 전유부분을 철거하여야 하는 구분소유자의 불이익을 구제하고 건물 철거에 따른 사회·경제적 손실을 줄이기 위한 것이다. 매도청구권으로 인해 구분소유자의 법적 지위가 다소 불안하다고 하더라도, 이를 두고 대지를 무단 점유하는 구분소유자에게 수인할 수 없는 과도한 제한이라고 할 수는 없다(헌재 2024.6.27, 2023헌가23).

정답 ④

18 재산권에 관한 내용으로 가장 적절하지 않은 것은? (다툼이 있는 경우 판례에 의함)

① 공무원의 경우, 퇴직 후에 범한 범죄에 의하여 퇴직급여 등 수급권을 제한한다면 헌법에 위반된다고 하면서 공무원연금법 제64조 제3항에 대하여 한정위헌결정을 하였다.

② 민간주택건설사업시행자에게 사업부지 내 토지를 취득할 수 있는 매도청구권을 부여하는 것은 토지소유자에게 대지의 매도를 강요하여 재산권을 잃게 한다는 점에서 수용과 유사하나, 시가에 따른 대금을 지급케 하여 정당한 보상을 보장하고 대규모 주택건설이라는 공익사업을 원활하게 추진하려는 공익이 매도청구권행사로 제한받는 사익을 능가하므로 토지소유자의 재산권을 침해하지 않는다.

③ 토지소유자가 건설폐기물처리사업자에게 자기 소유의 토지를 임대한 경우 건설폐기물처리사업자가 이행하지 않은 방치폐기물 처리책임을 승계하도록 하는 것은 토지소유자의 재산권을 침해한다.

④ 공용수용에 관하여 규정하고 있는 헌법 제23조 제3항의 '공공필요'의 의미에 비추어 볼 때, 행정기관이 개발촉진지구 지역개발사업으로 실시계획을 승인하고 이를 고시하기만 하면 고급골프장 사업과 같이 공익성이 낮은 사업에 대하여서까지도 시행자인 민간개발자에게 수용권한을 부여하는 법률조항은 헌법 제23조 제3항에 위반된다.

해설

① 급여제한의 사유가 퇴직 후에 범한 죄에도 적용되는 것으로 보는 것은, 입법목적을 달성하기 위한 방법의 적정성을 결하고, 공무원이었던 사람에게 입법목적에 비추어 과도한 피해를 주어 법익균형성을 잃는 것으로서 과잉금지의 원칙에 위배하여 재산권의 본질적 내용을 침해하는 것으로 헌법에 위반된다 할 것이다(헌재 2002.7.18, 2000헌바57).

② 산업입지 및 개발에 관한 법률 제11조 제1항 등 위헌소원(헌재 2009.9.24, 2007헌바114): 합헌

③ 토지소유자가 건설폐기물처리사업자에게 자기 소유의 토지를 임대한 경우 건설폐기물처리사업자가 이행하지 않은 방치폐기물 처리책임을 승계하도록 하는 것은 토지소유자의 재산권을 침해하지 않는다(헌재 2010.5.27, 2007헌바53).

④ 이 사건에서 문제된 지구개발사업의 하나인 '관광휴양지 조성사업' 중에는 고급골프장, 고급리조트 등의 사업과 같이 입법목적에 대한 기여도가 낮을 뿐만 아니라, 대중의 이용·접근가능성이 작아 공익성이 낮은 사업도 있다. 이 사건 법률조항은 공익적 필요성이 인정되기 어려운 민간개발자의 지구개발사업을 위해서까지 공공수용이 허용될 수 있는 가능성을 열어두고 있어 헌법 제23조 제3항에 위반된다(헌재 2014.10.30, 2011헌바172 등).

정답 ③

19 재산권에 대한 설명으로 옳지 않은 것은? (다툼이 있는 경우 판례에 의함)

① 고엽제후유의증 등 환자지원 및 단체설립에 관한 법률에 의한 고엽제후유증환자 및 그 유족의 보상수급권은 법률에 의하여 비로소 인정되는 권리로서 재산권적 성질을 갖는 것이긴 하지만 그 발생에 필요한 요건이 법정되어 있는 이상 이러한 요건을 갖추기 전에는 헌법이 보장하는 재산권이라고 할 수 없다.

② 정책실현목적 부담금은 추구되는 공적 과제가 부담금 수입의 지출 단계에서 비로소 실현된다고 한다면, 재정조달목적 부담금은 추구되는 공적 과제의 전부 혹은 일부가 부담금의 부과 단계에서 이미 실현된다고 할 것이다.

③ 부담금은 조세에 대한 관계에서 어디까지나 예외적으로만 인정되어야 하며, 어떤 공적 과제에 관한 재정조달을 조세로 할 것인지 아니면 부담금으로 할 것인지에 관하여 입법자의 자유로운 선택권을 허용하여서는 안 된다.

④ 영화관 관람객이 입장권 가액의 100분의 3을 부담하도록 하고 영화관 경영자는 이를 징수하여 영화진흥위원회에 납부하도록 강제하는 내용의 영화상영관 입장권 부과금 제도는 영화관 관람객의 재산권을 침해하지 않는다.

해설

① 고엽제후유증환자의 유족이 보상수급권을 취득하기 위한 요건을 규정한 것인데 청구인들은 이러한 요건을 충족하지 못하였기 때문에 보상수급권이라고 하는 재산권을 현재로서는 취득하지 못하였다고 할 것이다(헌재 2001.6.28, 99헌마516).

② 부담금은 그 부과목적과 기능에 따라 순수하게 재정조달의 목적만 가지는 '재정조달목적 부담금'과 재정조달 목적뿐만 아니라 부담금의 부과 자체로써 국민의 행위를 특정한 방향으로 유도하거나 특정한 공법적 의무의 이행 또는 공공출연의 특별한 이익과 관련된 집단 간의 형평성 문제를 조정하여 특정한 사회·경제정책을 실현하기 위한 '정책실현목적 부담금'으로 구분할 수 있다. 전자의 경우에는 공적 과제가 부담금 수입의 지출 단계에서 비로소 실현되나, 후자의 경우에는 공적 과제의 전부 혹은 일부가 부담금의 부과 단계에서 이미 실현된다(헌재 2008.11.27, 2007헌마860).

③ 부담금은 조세에 대한 관계에서 어디까지나 예외적으로만 인정되어야 하며, 어떤 공적 과제에 관한 재정조달을 조세로 할 것인지 아니면 부담금으로 할 것인지에 관하여 입법자의 자유로운 선택권을 허용하여서는 안 된다. 부담금 납부의무자는 재정조달 대상인 공적 과제에 대하여 일반국민에 비해 '특별히 밀접한 관련성'을 가져야 하며, 부담금이 장기적으로 유지되는 경우에 있어서는 그 징수의 타당성이나 적정성이 입법자에 의해 지속적으로 심사될 것이 요구된다(헌재 2004.7.15, 2002헌바42).
▶ 조세로 해결하는 것이 원칙이다.

④ 특정 공적 과제의 수행을 위하여 영화상영관을 이용하는 관람객이라는 특정 부류의 사람들에게만 일률적으로 부과한다. 따라서 재산권을 침해하지 않는다(헌재 2008.11.27, 2007헌마860).
▶ 문화예술 진흥기금은 위헌이다.

정답 ②

20 재산권에 대한 헌법재판소의 판례와 일치하지 않는 것은?

① 손실보상은 적법한 공용제한의 경우를 전제한 것이며, 위법한 공용제한의 경우는 원칙상 손해배상법의 법리가 적용된다.

② 토지의 협의취득 또는 수용 후 당해 공익사업이 다른 공익사업으로 변경되는 경우에 당해 토지의 원소유자 또는 그 포괄승계인의 환매권을 제한하고, 환매권 행사기간을 변환 고시일부터 기산하도록 한 구 공익사업을 위한 토지 등의 취득 및 보상에 관한 법률 조항은 이들의 재산권을 침해한다.

③ 예비후보자에게 일정액의 기탁금을 납부하게 하고 후보자등록을 하지 않으면 기탁금을 반환받지 못하도록 하는 법률조항은 청구인의 재산권을 침해하지 아니한다.

④ 토지수용시에 개발이익이 포함되지 아니한 공시지가를 기준으로 보상하는 것은 헌법에 위반되지 않는다.

해설

① 손실보상은 적법한 공용제한의 경우를 전제한 것이며, 위법한 공용제한의 경우는 원칙상 손해배상법의 법리가 적용된다(헌재 2005.7.21, 2004헌바57).

② 이 사건 법률조항으로 인하여 제한되는 사익인 환매권은 이미 정당한 보상을 받은 소유자에게 수용된 토지가 목적 사업에 이용되지 않을 경우에 인정되는 것이고, 변환된 공익사업을 기준으로 다시 취득할 수 있어, 이 사건 법률조항으로 인하여 제한되는 사익이 이로써 달성할 수 있는 공익에 비하여 중하다고 할 수 없으므로, 이 사건 법률조항은 과잉금지원칙에 위배되어 청구인의 재산권을 침해한다고 할 수 없다(헌재 2012.11.29, 2011헌바49).

③ 예비후보자에게 일정액의 기탁금을 납부하게 하고 후보자등록을 하지 않으면 기탁금을 반환받지 못하도록 하는 법률조항은 청구인의 재산권을 침해하지 아니한다(헌재 2010.12.28, 2010헌마79).
《주의 이 경우는 하지 않으면, 즉 본인 의지로 안 한 것이니 못한 것, 즉 컷오프와 구별하여야 한다.

④ 개발이익은 공공사업의 시행에 의하여 비로소 발생하는 것이므로 그것이 피수용토지가 수용 당시 갖는 객관적 가치에 포함된다고 볼 수도 없다(헌재 1990.6.25, 89헌마107).

정답 ②

21 조세와 부담금에 대한 헌법재판소 결정으로 옳지 않은 것은?

① 개발사업자는 개발사업을 통해서 이익을 창출함과 동시에 학교 신설의 필요성을 야기한 자로 학교용지 확보라는 공적 과제와 객관적으로 밀접한 관련성을 가지고 있어 학교용지 부담금을 부과시키는 것은 헌법에 위반되지 않는다.

② 내국인 국외여행자에게 2만원의 범위 안에서 대통령령이 정하는 금액을 관광진흥개발기금에 납부하도록 한 국외여행자 납부금은 내국인 중 국외여행자라는 특정집단에게 부과된 재정충당 및 유도적 성격을 지닌 특별부담금이다.

③ 먹는 샘물 수입판매업자에게 수질개선부담금을 부과하는 것은 수돗물 우선정책에 반하는 수입 먹는 샘물의 보급 및 소비를 억제하도록 간접적으로 유도하기 위한 합리적인 이유가 있으므로 평등원칙에 위배되지 않는다.

④ 텔레비전방송 수신료는 한국방송공사의 텔레비전방송을 시청하는 대가이므로 특정 이익의 혜택이나 특정 시설의 사용 가능성에 대한 금전적 급부인 수익자부담금에 해당한다.

해설

① 개발사업자는 개발사업을 통해서 이익을 창출함과 동시에 학교 신설의 필요성을 야기한 자로 학교용지 확보라는 공적 과제와 객관적으로 밀접한 관련성을 가지고 있어 학교용지 부담금을 부과시키는 것은 헌법에 위반되지 않는다(헌재 2005.3.31, 2003헌가20).
▶ 수분양자에게 학교용지부담금을 부과한 것은 위헌이다.

② 내국인 국외여행자에게 2만원의 범위 안에서 대통령령이 정하는 금액을 관광진흥개발기금에 납부하도록 한 국외여행자 납부금은 내국인 중 국외여행자라는 특정집단에게 부과된 재정충당 및 유도적 성격을 지닌 특별부담금이다(헌재 2003.1.30, 2002헌바5).

③ 지하수자원 보전 및 먹는 물 수질개선이라는 입법목적 달성을 위한 적정한 방법이라고 인정된다(헌재 1998.12.24, 98헌가1).

④ '공사의 텔레비전방송을 수신하는 자'가 아니라 '텔레비전방송을 수신하기 위하여 수상기를 소지한 자'가 부과대상이므로 실제 방송시청 여부와 관계없이 부과된다는 점, 그 금액이 공사의 텔레비전방송의 수신정도와 관계없이 정액으로 정해져 있는 점 등을 감안할 때 이를 공사의 서비스에 대한 대가나 수익자부담금으로 보기도 어렵다. 따라서 수신료는 공영방송사업이라는 특정한 공익사업의 경비조달에 충당하기 위하여 수상기를 소지한 특정집단에 대하여 부과되는 특별부담금에 해당한다고 할 것이다(헌재 1999.5.27, 98헌바70). 즉, 수익과 상관없는 부담금이다.

정답 ④

제2항 직업의 자유

01 직업의 자유에 대한 설명으로 옳지 않은 것을 모두 고른 것은? (다툼이 있는 경우 판례에 의함)

> ㉠ 운전면허를 받은 사람이 자동차 등을 이용하여 살인 또는 강간 등 범죄행위를 한 때 필요적으로 운전면허를 취소하도록 규정한 구 도로교통법 조항은 직업의 자유를 침해한다.
> ㉡ 청원경찰이 금고 이상의 형의 선고유예를 받은 경우 당연퇴직되도록 규정한 청원경찰법 조항은 청원경찰의 직업의 자유를 침해하지 않는다.
> ㉢ 변호사시험의 성적 공개를 금지하고 있는 법률조항은 공정한 경쟁을 통하여 직업을 선택할 기회를 배제함으로써 직업선택의 자유를 침해한다.
> ㉣ 성인대상 성범죄로 형을 선고받아 확정된 자에게 그 형의 집행을 종료한 날부터 10년 동안 의료기관을 개설하거나 의료기관에 취업할 수 없도록 한 아동·청소년의 성보호에 관한 법률 조항은 직업선택의 자유를 침해한다.

① ㉠, ㉡　　② ㉠, ㉣
③ ㉡, ㉢　　④ ㉢, ㉣

해설

옳지 않은 것은 ㉡, ㉢이다.

㉠ 운전면허를 받은 사람이 자동차 등을 이용하여 살인 또는 강간 등의 범죄행위를 한 때 필요적으로 운전면허를 취소하도록 규정한 도로교통법은 직업의 자유를 침해한 것이다(헌재 2015.5.28, 2013헌가6).
▶ 평등권도 침해하지만 명확성에 위배되지는 않는다.

㉡ 심판대상조항은 청원경찰이 저지른 범죄의 종류나 내용을 불문하고 범죄행위로 금고 이상의 형의 선고유예를 받게 되면 당연히 퇴직되도록 규정함으로써 그것이 달성하려는 공익의 비중에도 불구하고 청원경찰의 직업의 자유를 과도하게 제한하고 있어 법익의 균형성 원칙에도 위배된다. 따라서, 심판대상조항은 과잉금지원칙에 반하여 직업의 자유를 침해한다(헌재 2018.1.25, 2017헌가26).

구분		주문	
집행유예		합헌	
선고유예	당연퇴직	일반	위헌
		수뢰죄	합헌
	임용결격	합헌	

㉢ 변호사시험 합격자에 대하여 그 성적을 공개하지 않도록 규정하고 있을 뿐이고, 이러한 시험 성적의 비공개가 청구인들의 법조인으로서의 직역선택이나 직업수행에 있어서 어떠한 제한을 두고 있는 것은 아니므로 심판대상조항이 청구인들의 직업선택의 자유를 제한하고 있다고 볼 수 없다(헌재 2015.6.25, 2011헌마769).
▶ 이는 알 권리를 침해한다.

㉣ 이 사건 법률조항은 오직 성범죄 전과에 기초해 10년이라는 일률적인 기간 동안 취업제한의 제재를 부과하며, 이 기간 내에는 취업제한 대상자가 그러한 제재로부터 벗어날 수 있는 어떠한 기회도 존재하지 않는 점, 재범의 위험에 대한 사회적 차원의 대처가 필요하다 해도 이 위험의 경중에 대한 고려가 있어야 하는 점 등에 비추어 침해의 최소성 요건을 충족했다고 보기 힘들다(헌재 2014.1.28, 2012헌마431 등).

정답 ③

02 직업의 자유에 대한 설명으로 옳지 않은 것은? (다툼이 있는 경우 판례에 의함)

① 범죄의 종류와 관계없이 금고 이상의 형의 집행유예를 선고받고 그 유예기간이 지난 후 2년이 경과하지 아니한 자는 변호사가 될 수 없도록 규정한 것은 변호사의 직업선택의 자유를 침해하지 아니한다.

② 학원이나 체육시설에서 어린이통학버스를 운영하는 자로 하여금 어린이통학버스에 반드시 보호자를 동승하여 운행하도록 한 여객자동차 운수사업법 조항은 어린이 등의 안전을 효과적으로 담보하는 중요한 역할을 하는 점 등에 비추어 보면 학원이나 체육시설에서 어린이통학버스를 운영하는 자의 직업수행의 자유를 침해한다고 볼 수 없다.

③ 아동학대 관련 범죄로 형을 선고받아 확정된 자로 하여금 그 형이 확정된 때부터 형의 집행이 종료되거나 집행을 받지 아니하기로 확정된 후 10년 동안 아동 관련 기관인 체육시설 등을 운영하거나 학교에 취업할 수 없도록 제한하는 것은 아동학대 관련 범죄전력자의 직업선택의 자유를 침해하지 아니한다.

④ 변호사가 변리사 업무를 수행하는 경우 변리사 연수교육을 받을 의무를 부과하는 조항은 변호사의 직업수행의 자유를 침해하지 않는다.

해설

① 범죄의 종류와 관계없이 금고 이상의 형의 집행유예를 선고받고 그 유예기간이 지난 후 2년이 경과하지 아니한 자는 변호사가 될 수 없도록 규정한 것은 변호사의 직업선택의 자유를 침해하지 아니한다(헌재 2019.5.30, 2018헌마267).

② 학원이나 체육시설에서 어린이통학버스를 운영하는 자는 어린이통학버스에 보호자를 동승하여 운행하도록 한 부분이 청구인들의 직업수행의 자유를 침해하지 않는다(헌재 2020.4.23, 2017헌마479).

③ 아동학대 관련 범죄전력만으로 재범의 위험성이 있다고 간주하고 일률적·편의적인 시각에서 아동학대 관련 범죄전력자에 대하여 아동 관련 기관인 체육시설 또는 학교에 10년간 취업을 금지하는 것은, 아동학대 관련 범죄전력이 있지만 10년의 기간 안에 재범의 위험성이 해소될 수 있는 자들에게 과도한 기본권 제한에 해당한다(헌재 2018.6.28, 2017헌마130).

④ 연수조항은 변리사에게 연수교육을 받을 의무를 부과함으로써 변리사의 전문성과 윤리의식을 높이고 산업재산권 및 그 권리자를 보호하여 관련 산업의 발전을 도모하기 위한 것으로 목적의 정당성과 수단의 적합성이 인정된다(헌재 2017.12.28, 2015헌마1000).

정답 ③

03 직업의 자유에 대한 설명이다. 아래 ㉠부터 ㉣까지의 설명 중 옳고 그름의 표시(○, ×)가 모두 바르게 된 것은? (다툼이 있는 경우 헌법재판소 결정에 의함)

㉠ 직업의 개념표지들 중 '계속성'과 관련하여 객관적으로도 그러한 활동이 일정기간 계속성을 띠어야 하므로, 휴가기간 중에 하는 일이나 수습직으로서의 활동은 이에 포함되지 않는다.

㉡ 직업의 자유에 '해당 직업에 합당한 보수를 받을 권리'까지 포함되어 있다고 보기 어렵다.

㉢ 성인대상 성범죄로 형을 선고받아 확정된 자에게 그 형의 집행을 종료한 날부터 10년 동안 의료기관을 개설하거나 의료기관에 취업할 수 없도록 한 법률조항은 그의 재범의 위험성이 소멸하지 않았으므로 직업선택의 자유를 침해하지 않는다.

㉣ 제조업의 직접생산공정업무를 근로자파견의 대상업무에서 제외하는 파견근로자 보호 등에 관한 법률 조항은 사용사업주의 직업수행의 자유를 침해한다.

① ㉠(○), ㉡(×), ㉢(×), ㉣(○)

② ㉠(○), ㉡(×), ㉢(○), ㉣(×)

③ ㉠(×), ㉡(○), ㉢(×), ㉣(○)

④ ㉠(×), ㉡(○), ㉢(×), ㉣(×)

해설

㉠ 객관적으로도 그러한 활동이 계속성을 띨 수 있으면 족하다고 해석되므로 휴가기간 중에 하는 일, 수습직으로서의 활동 따위도 이에 포함된다(헌재 2003.9.25, 2002헌마519).

㉡ 직업의 자유에 '해당 직업에 합당한 보수를 받을 권리'까지 포함되어 있다고 보기 어려우므로 이 사건 법령조항이 청구인이 원하는 수준보다 적은 봉급월액을 규정하고 있다고 하여 이로 인해 청구인의 직업선택이나 직업수행의 자유가 침해되었다고 할 수 없다(헌재 2008.12.26, 2007헌마444).

▶ 어느 수준의 보수 ×

㉢ 성인대상 성범죄로 형을 선고받아 확정된 자로 하여금 그 형의 집행을 종료한 날부터 10년 동안 의료기관을 개설하거나 의료기관에 취업할 수 없도록 하여 10년 동안 일률적인 취업제한을 부과하고 있는 것은 침해의 최소성 원칙과 법익의 균형성 원칙에 위배되므로 직업선택의 자유를 침해한다(헌재 2016.3.31, 2013헌마585).

㉣ 제조업의 직접생산공정업무를 근로자파견의 대상업무에서 제외하고, 이에 관하여 근로자파견의 역무를 제공받는 것을 금지하며, 위반 시 처벌하는 규정은 헌법에 위반되지 않는다(헌재 2017.12.28, 2016헌바346).

정답 ④

04 직업의 자유에 대한 설명 중 옳은 것을 모두 고른 것은? (다툼이 있는 경우 판례에 의함)

㉠ 직업의 선택 혹은 수행의 자유는 주관적 공권의 성격이 두드러진 것이므로 사회적 시장경제질서라고 하는 객관적 법질서의 구성요소가 될 수는 없다.

㉡ 로스쿨에 입학하는 자들에 대하여 학사 전공별, 출신 대학별로 로스쿨 입학정원의 비율을 각각 규정한 법학전문대학원 설치·운영에 관한 법률 조항은 변호사가 되기 위한 과정에 있어 필요한 전문지식을 습득할 수 있는 로스쿨에 입학하는 것을 제한할 뿐이므로 직업선택의 자유를 제한하는 것으로 보기 어렵다.

㉢ 어떠한 직업분야에 관하여 자격제도를 만들면서 그 자격요건을 어떻게 설정할 것인가에 관하여는 국가에게 폭넓은 입법재량권이 부여되어 있으므로, 다른 방법으로 직업의 자유를 제한하는 경우에 비하여 유연하고 탄력적인 심사가 필요하다.

㉣ 게임 결과물의 환전업을 영위한 자를 처벌하는 법규정에서 문제되는 게임 결과물의 환전은 이러한 행위를 영업으로 하는 경우 생활의 기본적 수요를 충족시키는 계속적인 소득활동이 될 수 있지만 처벌받는 유해적 행동이기에 게임 결과물의 환전업은 헌법 제15조가 보장하고 있는 직업에 해당하지 않는다.

① ㉠

② ㉢

③ ㉢, ㉣

④ ㉡, ㉢

해설

옳은 것은 ㉢이다.

㉠ 직업의 선택 혹은 수행의 자유는 각자의 생활의 수요를 충족시키는 방편이 되고 또한 개성신장의 바탕이 된다는 점에서 주관적 공권의 성격이 두드러진 것이기는 하나, 다른 한편 국가의 사회질서와 경제질서가 형성된다는 점에서 사회적 시장경제질서라고 하는 객관적 법질서의 구성요소이기도 하다(헌재 1997.4.24, 95헌마273).

㉡ 로스쿨에 입학하는 자들에 대하여 학사 전공별로, 그리고 출신 대학별로 로스쿨 입학정원의 비율을 각각 규정한 것은 변호사가 되기 위하여 필요한 전문지식을 습득할 수 있는 로스쿨에 입학하는 것을 제한하는 것이기 때문에 직업교육장 선택의 자유 내지 직업선택의 자유를 제한한다고 할 것이다(헌재 2009.2.26, 2007헌마1262).

㉢ 어떠한 직업분야에 관하여 자격제도를 만들면서 그 자격요건을 어떻게 설정할 것인가에 관하여는 국가에게 폭넓은 입법재량권이 부여되어 있으므로, 다른 방법으로 직업의 자유를 제한하는 경우에 비하여 유연하고 탄력적인 심사가 필요하다(헌재 2003.9.25, 2002헌마519).

㉣ 게임 결과물의 환전은 게임이용자로부터 게임 결과물을 매수하여 다른 게임이용자에게 이윤을 붙여 되파는 것으로, 이러한 행위를 영업으로 하는 것은 생활의 기본적 수요를 충족시키는 계속적인 소득활동이 될 수 있으므로, 게임 결과물의 환전업은 헌법 제15조가 보장하고 있는 직업에 해당한다(헌재 2010.2.25, 2009헌바38).

정답 ②

05 직업의 자유에 대한 설명으로 가장 적절하지 않은 것은? (다툼이 있는 경우 판례에 의함)

① 판매를 목적으로 모의총포를 소지하는 행위는 일률적으로 영업활동으로 볼 수는 없지만, 소지의 목적이나 정황에 따라 이를 영업을 위한 준비행위로 보아 영업활동의 일환으로 평가할 수 있으므로 직업의 자유의 보호범위에 포함될 수 있다.

② 형의 집행을 유예하는 경우에 사회봉사를 명할 수 있도록 하는 법규정에 의하여 사회봉사명령을 선고받은 이의 일반적 행동의 자유는 제한되지만, 이로 인하여 직업의 자유까지 제한된다고 볼 수 없다.

③ 직업의 자유를 제한함에 있어서도 다른 기본권과 마찬가지로 헌법 제37조 제2항에서 정한 과잉금지의 원칙은 준수되어야 하므로, 직업수행의 자유를 제한하는 법령에 대한 위헌 여부를 심사하는 데 있어서 좁은 의미의 직업선택의 자유에 비하여 다소 완화된 심사기준을 적용할 수는 없다.

④ 이미 국내에서 치과의사면허를 취득하고 외국의 의료기관에서 치과전문의 과정을 이수한 사람들에게 국내에서 전문의 과정을 다시 이수할 것을 요구하는 것은 치과의사의 직업수행의 자유를 침해한다.

해설

① 판매를 목적으로 모의총포를 소지하는 행위는 일률적으로 영업활동으로 볼 수는 없지만, 소지의 목적이나 정황에 따라 이를 영업을 위한 준비행위로 보아 영업활동의 일환으로 평가할 수 있으므로 직업의 자유의 보호범위에 포함될 수 있다(헌재 2011.11.24, 2011헌바18).

② 형의 집행을 유예하면서 사회봉사를 명할 수 있도록 한 이 사건 법률조항에 의한 사회봉사명령이 직접적으로 청구인에게 직업의 선택 및 수행을 금지 또는 제한하는 것은 아니고, 사회봉사명령 이행기간 중에 직업의 선택 및 수행이 사실상 어려워지는 면이 있다 하더라도 이는 사회봉사명령으로 인하여 일반적 행동의 자유가 제한됨에 따라 부수적으로 발생하는 결과일 뿐이므로 이 사건 법률조항이 직업의 자유를 제한한다고 볼 수도 없다(헌재 2012.3.29, 2010헌바100).

③ 헌법재판소는 직업수행의 자유 제한의 경우에는 입법자의 재량의 여지가 많으므로, 그 제한을 규정하는 법령에 대한 위헌 여부를 심사하는 데 있어서 좁은 의미의 직업선택의 자유에 비하여 상대적으로 폭넓은 법률상의 규제가 가능한 것으로 보아 다소 완화된 심사기준을 적용하여 왔다(헌재 2007.5.31, 2003헌마579).

④ 이미 국내에서 치과의사면허를 취득하고 외국의 의료기관에서 치과전문의 과정을 이수한 사람들에게 다시 국내에서 전문의 과정을 다시 이수할 것을 요구하는 것은 지나친 부담을 지우는 것이므로, 심판대상조항은 침해의 최소성원칙에 위배되고 법익의 균형성도 충족하지 못한다. 따라서 심판대상조항은 과잉금지원칙에 위배되어 청구인들의 직업수행의 자유를 침해한다(헌재 2015.9.24, 2013헌마197).

정답 ③

06 단계이론에 관한 내용으로 옳은 것은? (다툼이 있는 경우 판례에 의함)

① 직업선택의 자유를 제한함에 있어서 주관적 사유에 의한 제한은 객관적 사유에 의한 제한보다 더 중요한 공익을 위하여 명백한 위험을 방지하려는 경우에 정당화된다.

② 단계이론은 과잉금지원칙 중 법익의 균형성을 구체화한 것이다.

③ 직업의 자유에 관한 2단계 제한은 주관적 조건에 따른 직업결정의 자유 제한으로 우리 헌법재판소는 법조인에게 부과되는 국가시험과 정기간행물간행자의 시설등록, 택시신규허가의 수요조항에 적용하였다.

④ 직업결정의 자유나 전직의 자유에 비하여 직업종사(직업수행)의 자유에 대하여서는 공익을 위하여 상대적으로 더욱 넓은 법률적 규제가 가능하다고 보는 것이 일반적이다.

해설

① 단계이론은 직업행사의 자유가 1단계이며 주관적 사유에 의한 제한은 2단계이고, 객관적 사유에 의한 제한은 3단계이다. 따라서 3단계인 객관적 사유에 의한 제한이 직업의 자유 제한 정도를 크게 야기하므로 더 중요한 공익이 필요하다.

② 단계이론이란 과잉금지원칙 중에서 특히 침해의 최소성 원칙을 구체화한 것이다. 즉, 직업의 자유를 제한하는 경우 가장 적은 침해를 가져오는 단계에서 제한하여야 하며 입법자가 달성하려는 목적을 경미한 단계의 제한으로 달성할 수 없는 경우에 비로소 다음 단계의 제한을 할 수 있음을 의미한다.

③ 택시신규허가의 수요조항에 대해서는 3단계 제한(객관적 조건에 따른 직업결정의 자유)를 적용하였다. 수요조항이란 택시신규허가를 함에 있어 신규허가를 할 만큼의 수요가 있는가를 심사하여 수요 여부를 허가조건으로 하는 것을 말한다.

④ 직업선택의 자유에는 직업결정의 자유, 직업종사(직업수행)의 자유, 전직의 자유 등이 포함되지만 직업결정의 자유나 전직의 자유에 비하여 직업종사(직업수행)의 자유에 대하여서는 상대적으로 더욱 넓은 법률상의 규제가 가능하다고 할 것이고 따라서 다른 기본권의 경우와 마찬가지로 국가안전보장 · 질서유지 또는 공공복리를 위하여 필요한 경우에는 제한이 가하여질 수 있는 것은 물론이지만 그 제한의 방법은 법률로써만 가능하고 제한의 정도도 필요한 최소한도에 그쳐야 하는 것 또한 의문의 여지가 없이 자명한 것이다(헌법 제37조 제2항). 청구인이 경영하고 있는 당구장업에 대한 신고제도 바로 영업규제의 일환이라고 할 수 있지만 그것은 자격제나 허가제에 비하면 제한의 정도가 훨씬 약한 것이라고 할 수 있다(헌재 1993.5.13, 92헌마80).

정답 ④

07 직업의 자유에 대한 설명으로 옳지 않은 것은? (다툼이 있는 경우 판례에 의함)

① 직업선택의 자유에서 보호되는 직업이란 생활의 기본적인 수요를 충족시키기 위해 행하는 계속적인 소득활동을 의미하므로, 의무복무로서의 현역병은 헌법 제15조가 선택의 자유로서 보장하는 직업이라고 할 수 없다.

② 외국인에게도 직장선택의 자유에 대한 기본권 주체성을 인정한다는 것은 곧바로 이들에게 우리 국민과 동일한 수준의 직장선택의 자유가 보장된다는 것을 의미한다.

③ 직업선택의 자유에는 자신이 원하는 직업 내지 직종에 종사하는 데 필요한 전문지식을 습득하기 위한 직업교육장을 임의로 선택할 수 있는 '직업교육장 선택의 자유'도 포함된다.

④ 세무사 자격 보유 변호사로 하여금 세무사로서 세무대리를 일체 할 수 없도록 전면적으로 금지한 세무사법 조항은 과잉금지원칙을 위반하여 세무사 자격 보유 변호사의 직업선택의 자유를 침해한다.

해설

① 이 사건 심판대상조항들이 현역병의 지원이나 현역병으로의 변경처분 신청 대상에서 이미 공익근무요원의 복무를 마친 사람을 제외하는 것이 직업선택의 자유나 일반적 행동의 자유를 침해한다는 주장이 제기될 수 있으나, 직업선택의 자유에서 보호되는 직업이란 생활의 기본적인 수요를 충족시키기 위해 행하는 계속적인 소득활동을 의미하므로, 의무복무로서의 현역병은 헌법 제15조가 선택의 자유로서 보장하는 직업이라고 할 수 없다(헌재 2010.12.28, 2008헌마527).

② 외국인에게 직장선택의 자유에 대한 기본권 주체성을 인정한다는 것이 곧바로 이들에게 우리 국민과 동일한 수준의 직장선택의 자유가 보장된다는 것을 의미하는 것은 아니라고 할 것이다(헌재 2011.9.29, 2009헌마351).

③ 헌법재판소는 직업선택의 자유의 내용으로 ㉠ 직업결정의 자유, ㉡ 직업종사(수행)의 자유, ㉢ 직업이탈 및 전직의 자유, ㉣ 직장을 선택할 자유, ㉤ 겸직의 자유, ㉥ 경쟁의 자유도 그 내용으로 한다고 판시하였다(헌재 1997.4.24, 95헌마90).

④ 세무사 자격 보유 변호사에 대하여 세무사로서의 세무대리를 할 수 있는 전문성과 능력 여부에 대한 고려 없이 세무사로서의 세무대리를 일체 할 수 없도록 전면 금지하는 것은 세무사 자격 부여의 의미를 상실시키는 것일 뿐만 아니라, 자격제도를 규율하고 있는 법 전체의 체계상으로도 모순된다. 이는 세무사의 자격을 취득함으로써 회복된 직업선택의 자유를 전면적으로 금지하는 것으로서, 입법형성의 재량범위를 벗어나 세무사 자격 보유 변호사의 세무사 자격에 기한 직업선택의 자유를 지나치게 제한하는 것이다(헌재 2018.4.26, 2015헌가19).

▶ 앞으로 변호사시험 합격자에게 세무사 자격을 부여하지 않는 것은 합헌이다.

정답 ②

08 직업의 자유에 관한 내용으로 가장 적절하지 않은 것은? (다툼이 있는 경우 판례에 의함)

① 자동차를 이용한 범죄행위에 대해 운전면허를 필요적으로 취소한 것은 위헌결정되었다.

② 시각장애인에 한하여 안마사 자격인정을 받을 수 있도록 하는 의료법 제61조 제1항 각 "앞을 보지 못하는" 부분은 과잉금지원칙에 위배하여 일반인의 직업선택의 자유를 침해한다.

③ 법원행정처장이 법무사를 충원할 필요가 없다고 하면 법무사시험을 실시하지 아니해도 되도록 규정한 법무사법 시행규칙 제3조 제1항은 법무사법 제4조에 위반하여 직업선택의 자유를 침해하는 것으로 위헌이다.

④ 의료법 제69조는 의료인에게 자신의 기능과 치료방법에 관한 광고와 선전할 기회를 전면적으로 박탈함으로써 표현의 자유를 제한하고 의료인이 다른 의료인과의 영업상 경쟁을 효율적으로 수행하는 것을 방해함으로써 직업수행의 자유를 제한하고 있고 나아가 소비자의 의료정보에 대한 알 권리를 제약하게 된다.

해설

① 자동차 등을 이용하여 범죄행위를 하기만 하면 그 범죄행위가 얼마나 중한 것인지, 그러한 범죄행위를 행함에 있어 자동차 등이 당해 범죄행위에 어느 정도로 기여했는지 등에 대한 아무런 고려 없이 무조건 운전면허를 취소하도록 하고 있으므로 이는 구체적 사안의 개별성과 특수성을 고려할 수 있는 여지를 일체 배제하고 그 위법의 정도나 비난의 정도가 극히 미약한 경우까지도 운전면허를 취소할 수밖에 없도록 하는 것으로 최소침해성의 원칙에 위반된다 할 것이다(헌재 2005.11.24, 2004헌가28).

② 헌재 2006.5.25, 2003헌마715 ; 헌재 2008.10.30, 2006헌마1098

▶ 과거에 판례는 시각장애인에게만 안마사 자격인정을 한 것에 대해서 위헌적으로 보았으나 최근 판례에서는 합헌적으로 보고 있다. 과거 판례와 비교해서 기속력 등에서 논란이 있었으나 헌법재판소는 기속력에 반하지 않는다고 보았다.

③ 헌재 1990.10.15, 89헌마178 결정과 합치. 법무사법 시행규칙 제3조 제1항은 법원행정처장이 법무사를 보충할 필요가 없다고 인정하면 법무사시험을 실시하지 아니해도 된다는 것으로서 상위법인 법무사법 제4조 제1항에 의하여 모든 국민에게 부여된 법무사 자격취득의 기회를 하위법인 시행규칙으로 박탈한 것이어서 평등권과 직업선택의 자유를 침해한 것이다.

④ 이 사건 조항이 보호하고자 하는 공익의 달성 여부는 불분명한 것인 반면, 이 사건 조항은 의료인에게 자신의 기능과 진료방법에 관한 광고와 선전을 할 기회를 박탈함으로써 표현의 자유를 제한하고, 다른 의료인과의 영업상 경쟁을 효율적으로 수행하는 것을 방해함으로써 직업수행의 자유를 제한하고 있고, 소비자의 의료정보에 대한 알 권리를 제약하게 된다. 따라서 보호하고자 하는 공익보다 제한되는 사익이 더 중하다고 볼 것이므로 이 사건 조항은 '법익의 균형성' 원칙에도 위배된다. 결국 이 사건 조항은 헌법 제37조 제2항의 비례의 원칙에 위배하여 표현의 자유와 직업수행의 자유를 침해하는 것이다(헌재 2005.10.27, 2003헌가3).

정답 ②

09 기본권에 관한 다음 설명 중 가장 적절하지 않은 것은? (다툼이 있는 경우 판례에 의함)

① 모든 국민은 원칙적으로 기본권을 행사할 수 있지만 미성년자·심신상실자·행위무능력자 등 일정한 자에 대하여는 법률로서 일정한 제한을 가하고 있다.

② 통신의 자유는 그 성질상 법인도 주체가 될 수 있다.

③ 대한예수교장로회 총회신학연구원은 장로회총회의 단순한 내부기구가 아니라 그와는 별개의 비법인재단이므로 헌법소원심판상의 당사자능력이 있다는 것이 헌법재판소의 입장이다.

④ 경쟁이 없는 자격시험인 한약사시험의 응시자격을 한약학과 외의 학과출신자에게 부여하는 것은 한약학과 졸업예정자의 기본권을 제한 또는 침해하는 것이라고 함이 헌법재판소의 입장이다.

해설

① 미성년자나 심신상실자도 기본권을 가지고 있다. 다만, 여러 가지 제한이 따를 수 있으며, 대표적인 것이 선거연령 제한 등이다.
② 통신의 자유는 법인과 외국인 모두 가질 수 있다.
③ 청구인의 당사자능력은 당해 사건 이전에 있었던 폐쇄명령처분취소소송의 상고심(대판 1998.7.24, 96누14937)에서 청구인은 장로회총회의 단순한 내부기구가 아니라 그와는 별개의 비법인재단에 해당된다고 하여 이를 인정한 바 있고, 이 사건 위헌제청신청사건(98아344)에서도 이를 따르고 있으므로 헌법소원에 있어서도 달리 볼만한 사정이 없어 헌법소원심판상의 당사자능력을 갖추었다고 볼 것이다(헌재 2000.3.30, 99헌바14).
④ 관계법의 개정에 따라 다른 사람들도 할 수 있게 됨으로써 종전에 누리고 있던 독점적 영업이익이 상실된다고 하여도 이는 사실상 기대되던 반사적 이익이 실현되지 않게 된 것에 불과한 것이지 어떠한 헌법상 기본권의 제한 또는 침해의 문제가 생기는 것은 아니라고 하여 부적법 각하결정을 하였다(헌재 2000.1.27, 99헌마660).

정답 ④

10 다음 중 직업선택의 자유 또는 직업의 자유, 영업의 자유를 침해 또는 과도하게 제한하는 것은? (다툼이 있는 경우 판례에 의함)

① 공립학교 학교운영위원회를 당해 학교의 교원대표·학부모대표 및 지역사회인사로만 구성하도록 하여 행정직원이 학교운영위원회의 직원대표로 입후보하는 것을 원천적으로 배제하는 것
② 초벌측량은 비영리법인만 가능하게 한 것
③ 담배제조업 허가기준의 하나로 자본금 300억원 이상을 요구하는 것
④ 대한궁도협회가 궁도경기용품인 궁시(弓矢)에 대한 검정 및 공인제도를 실시하면서 각궁에 대한 공인요건으로 최고가격에 관한 기준을 설정한 것

해설

① 학교운영위원은 무보수 봉사직이므로 그 활동을 생활의 기본적 수요를 충족시키는 계속적인 소득활동으로 보기 어려운바, 이 사건 법률조항이 직업선택의 자유와 관련되는 것은 아니라 할 것이다(헌재 2007.3.29, 2005헌마1144).
② 측량성과의 정확성을 확보한다는 입법목적 달성과는 무관한 수단으로 헌법에 위반된다(헌재 2002.5.30, 2000헌마81).
③ 담배사업법 시행령 제4조 제1항 제1호가 300억원 이상의 자본금을 갖출 것을 허가기준으로 하여 자본금이 그에 미치지 못하는 기업의 담배제조업 진입을 제한함으로써 직업선택의 자유나 중소기업의 활동을 일부 제한하는 측면이 없지 않으나, 직업선택의 자유의 본질적인 내용을 침해하였다거나 합리적 근거 없는 차별에 해당하여 평등권을 침해하였다고 보기 어렵다(대판 2008.4.11, 2008두2019).
④ 대한궁도협회가 궁도경기용품인 궁시(弓矢)에 대한 검정 및 공인제도를 실시하면서 각궁에 대한 공인요건으로 최고가격에 관한 기준을 설정한 것은, 각궁 등 제조업자의 직업선택의 자유를 과도하게 제한하여 시장경제의 기본질서에 반한다고 할 수 없다(대판 2009.10.15, 2008다85345).

정답 ②

11 직업의 자유에 대한 설명으로 옳은 것은? (다툼이 있는 경우 헌법재판소 판례에 의함)

① 운전면허를 받은 사람이 다른 사람의 자동차를 훔친 경우 운전면허를 필요적으로 취소하게 하는 것은, 자동차 운행 과정에서 야기될 수 있는 교통상 위험과 장해를 방지함으로써 안전하고 원활한 교통을 확보하기 위한 것으로서, 자동차 절도라는 불법의 정도에 상응하는 제재수단에 해당하여 직업의 자유를 침해하지 않는다.

② 법령에서 사법시험 시행 전에 선발예정인원을 정하는 정원제를 규정하는 것은 사법시험을 통하여 변호사에게 필요한 자질과 능력을 검증하는 것이 아니라 변호사의 사회적 수급 상황 등을 고려한 것이기에 객관적 사유에 의한 직업의 자유의 제한에 해당한다.

③ 마약류 관리에 관한 법률을 위반하여 금고 이상의 실형을 선고받고, 그 집행이 끝나거나 면제된 날부터 20년이 지나지 않은 것을 택시운송사업의 종사자격의 결격사유 및 취소사유로 정하는 것은, 국민의 생명, 신체, 재산을 보호하고 시민들의 택시이용에 대한 불안감을 해소하며 도로교통에 관한 공공 안전을 확보하기 위한 것으로서, 택시의 특수성을 고려하면 장기간 동안 택시운송사업의 종사자격을 제한하는 것은 직업의 자유를 침해하지 아니한다.

④ 법인의 임원이 학원의 설립·운영 및 과외교습에 관한 법률을 위반하여 벌금형을 선고받은 경우 법인에 대한 학원설립·운영 등록이 효력을 잃도록 한 법률규정은, 학원을 설립하고 운영하는 법인에게 지나치게 과중한 부담을 지우고 있고, 이로 인하여 법인의 등록이 실효되면 해당 임원이 더 이상 임원직을 수행할 수 없게 될 뿐 아니라, 갑작스러운 수업의 중단으로 학습자 역시 불측의 피해를 입을 수밖에 없게 되어 학원법인의 직업수행의 자유를 침해한다.

해설

① 자동차 절취행위에 이르게 된 경위, 행위의 태양, 당해 범죄의 경중이나 그 위법성의 정도, 운전자의 형사처벌 여부 등 제반사정을 고려할 여지를 전혀 두지 아니한 채 다른 사람의 자동차 등을 훔친 모든 경우에 필요적으로 운전면허를 취소하는 것은, 그것이 달성하려는 공익의 비중에도 불구하고 운전면허 소지자의 직업의 자유 내지 일반적 행동의 자유를 과도하게 제한하는 것이다. 그러므로 심판대상조항은 직업의 자유 내지 일반적 행동의 자유를 침해한다(헌재 2017.5.25, 2016헌가6).

② 시험제도란 본질적으로 응시자의 자질과 능력을 측정하는 것이며, 합격자의 결정을 상대평가(정원제)와 절대평가 중 어느 것에 의할 것인지는 측정방법의 선택의 문제일 뿐이고, 이 사건 법률조항이 사법시험의 합격자를 결정하는 방법으로 정원제를 취한 이유는 상대평가라는 방식을 통하여 응시자의 자질과 능력을 검정하려는 것이므로 이는 객관적 사유가 아닌 주관적 사유에 의한 직업선택의 자유의 제한이다(헌재 2010.5.27, 2008헌바110).

③ 마약류 관리에 관한 법률을 위반하여 금고 이상의 실형을 선고받고, 그 집행이 끝나거나 면제된 날부터 20년이 지나지 않은 것을 택시운송사업의 종사자격의 결격사유 및 취소사유로 정하는 것은, 구체적 사안의 개별성과 특수성을 고려할 수 있는 여지를 일체 배제하고 그 위법의 정도나 비난 가능성의 정도가 미약한 경우까지도 획일적으로 20년이라는 장기간 동안 택시운송사업의 운전업무 종사자격을 제한하는 것이므로 침해의 최소성 원칙에 위배되며, 법익의 균형성 원칙에도 반한다. 따라서 심판대상조항은 청구인들의 직업선택의 자유를 침해한다(헌재 2015.12.23, 2014헌바446).

④ 사회통념상 벌금형을 선고받은 피고인에 대한 사회적 비난 가능성이 그리 높다고 보기 어려운데도, 이 사건 등록실효조항은 법인의 임원이 학원법을 위반하여 벌금형을 선고받으면 일률적으로 법인의 등록을 실효시키고 있고, 법인으로서는 대표자인 임원이건 그렇지 아니한 임원이건 모든 임원 개개인의 학원법위반범죄와 형사처벌 여부를 항시 감독하여야만 등록의 실효를 면할 수 있게 되므로 학원을 설립하고 운영하는 법인에게 지나치게 과중한 부담을 지우고 있다. 그러므로 법인의 임원이 학원의 설립·운영 및 과외교습에 관한 법률을 위반하여 벌금형을 선고받은 경우 법인에 대한 학원설립·운영 등록이 효력을 잃도록 한 법률규정은 학원법인의 직업수행의 자유를 침해한다(헌재 2015.5.28, 2012헌마653).

정답 ④

제3항 소비자의 권리

01 소비자의 권리와 관련된 다음의 설명 중 옳지 않은 것은?

① 우리나라에서는 1980년 제8차 개정헌법(제5공화국 헌법)에서부터 소비자 보호에 관한 명시적 규정을 두게 되었다.
② 국가는 등록된 소비자단체의 건전한 육성·발전을 위하여 필요할 경우 금전적 지원을 제외한 적절한 지원을 할 수 있다.
③ 소비자는 물품 및 용역을 선택함에 있어 필요한 지식과 정보를 제공받을 권리, 신속·공정한 절차에 따라 적절한 피해보상을 받을 권리 등을 가진다.
④ 국가는 물품 또는 용역의 잘못된 소비 혹은 과다한 소비로 인한 위해를 방지하기 위하여 필요할 경우 광고의 내용 및 방법에 관한 기준을 정하여야 한다.

해설

① 소비자의 권리는 현대적 기본권이다.
② 소비자기본법 제32조

> **소비자기본법 제32조【보조금의 지급】** 국가 또는 지방자치단체는 등록소비자단체의 건전한 육성·발전을 위하여 필요하다고 인정될 때에는 보조금을 지급할 수 있다.

③ 소비자기본법 제4조 제2호·제5호

> **소비자기본법 제4조【소비자의 기본적 권리】** 소비자는 다음 각 호의 기본적 권리를 가진다.
> 2. 물품등을 선택함에 있어서 필요한 지식 및 정보를 제공받을 권리
> 5. 물품등의 사용으로 인하여 입은 피해에 대하여 신속·공정한 절차에 따라 적절한 보상을 받을 권리

④ 소비자기본법 제11조

> **소비자기본법 제11조【광고의 기준】** 국가는 물품등의 잘못된 소비 또는 과다한 소비로 인하여 발생할 수 있는 소비자의 생명·신체 또는 재산에 대한 위해를 방지하기 위하여 다음 각 호의 어느 하나에 해당하는 경우에는 광고의 내용 및 방법에 관한 기준을 정하여야 한다.

정답 ②

02 소비자불매운동에 대한 설명으로 옳지 않은 것은? (다툼이 있는 경우 판례에 의함)

① 소비자불매운동이란 하나 또는 그 이상의 운동주도세력이 소비자의 권익을 향상시킬 목적으로 개별 소비자들로 하여금 시장에서 특정 상품의 구매를 억지하거나 제3자로 하여금 그렇게 하도록 설득하는 조직화된 행위를 의미한다.

② 소비자불매운동은 원칙적으로 공정한 가격으로 양질의 상품 또는 용역을 적절한 유통구조를 통해 적절한 시기에 안전하게 구입하거나 사용할 소비자의 제반 권익을 증진할 목적에서 행해지는 소비자보호운동의 일환으로서 헌법 제124조를 통하여 제도로서 보장된다.

③ 특정한 사회, 경제적 또는 정치적 대의나 가치를 주장·옹호하거나 이를 진작시키기 위한 수단으로 선택한 소비자불매운동도 헌법상 보호를 받을 수 있다.

④ 소비자불매운동은 헌법이나 법률의 규정에 비추어 정당하다고 평가되는 범위를 벗어날 경우에는 형사책임은 면책될 수 있으나 민사책임을 피할 수 없다.

해설

① 소비자불매운동이란, '하나 또는 그 이상의 운동주도세력이 소비자의 권익을 향상시킬 목적으로 개별 소비자들로 하여금 시장에서 특정 상품의 구매를 억지하거나 제3자로 하여금 그렇게 하도록 설득하는 조직화된 행위'를 의미한다(헌재 2011.12.29, 2010헌바54).

② 소비자가 구매력을 무기로 상품이나 용역에 대한 자신들의 선호를 시장에 실질적으로 반영하기 위한 집단적 시도인 소비자불매운동은 본래 '공정한 가격으로 양질의 상품 또는 용역을 적절한 유통구조를 통해 적절한 시기에 안전하게 구입하거나 사용할 소비자의 제반 권익을 증진할 목적'에서 행해지는 소비자보호운동의 일환으로서 헌법 제124조를 통하여 제도로서 보장된다(대판 2013.3.14, 2010도410).

③ 일반 시민들이 특정한 사회, 경제적 또는 정치적 대의나 가치를 주장·옹호하거나 이를 진작시키기 위한 수단으로서 소비자불매운동을 선택하는 경우도 있을 수 있고, 이러한 소비자불매운동 역시 반드시 헌법 제124조는 아니더라도 헌법 제21조에 따라 보장되는 정치적 표현의 자유나 헌법 제10조에 내재된 일반적 행동의 자유의 관점 등에서 보호받을 가능성이 있으므로, 단순히 소비자불매운동이 헌법 제124조에 따라 보장되는 소비자보호운동의 요건을 갖추지 못하였다는 이유만으로 이에 대하여 아무런 헌법적 보호도 주어지지 아니한다거나 소비자불매운동에 본질적으로 내재되어 있는 집단행위로서의 성격과 대상 기업에 대한 불이익 또는 피해의 가능성만을 들어 곧바로 형법 제314조 제1항의 업무방해죄에서 말하는 위력의 행사에 해당한다고 단정하여서는 아니 된다(대판 2013.3.14, 2010도410).

④ 헌법이 보장하는 소비자보호운동이란 '공정한 가격으로 양질의 상품 또는 용역을 적절한 유통구조를 통해 적절한 시기에 안전하게 구입하거나 사용할 소비자의 제반 권익을 증진할 목적으로 이루어지는 구체적 활동'을 의미한다. 위 소비자보호운동의 일환으로서, 구매력을 무기로 소비자가 자신의 선호를 시장에 실질적으로 반영하려는 시도인 소비자불매운동은 모든 경우에 있어서 그 정당성이 인정될 수는 없고, 헌법이나 법률의 규정에 비추어 정당하다고 평가되는 범위에 해당하는 경우에만 형사책임이나 민사책임이 면제된다고 할 수 있다(헌재 2011.12.29, 2010헌바54). 즉, 범위를 벗어날 경우에는 형사책임과 민사책임 모두 피할 수 없다.

정답 ④

제3장 | 정치적 기본권

필수 OX

01 국민투표의 대상으로 외교·국방·통일 기타 국가안위에 관한 중요정책을 명시한 것은 현행 헌법부터이다. O|X

해설
국민투표의 대상으로 외교·국방·통일 기타 국가안위에 대한 국민투표라 하여 구체적으로 규정한 것은 제8차 개정헌법부터이다. 또한 중요정책에 대한 국민투표라 해도 이는 제2차 개정에서 신설되었다. [×]

02 대법원은 국민투표무효의 소송에서 국민투표에 관하여 국민투표법에 위반하는 사실이 있는 경우 국민투표의 결과에 영향을 미치지 않았더라도 국민투표의 전부 또는 일부의 무효를 판결할 수 있다. O|X

해설
대법원은 제92조의 규정에 의한 소송에 있어서 국민투표에 관하여 이 법 또는 이 법에 의하여 발하는 명령에 위반하는 사실이 있는 경우라도 국민투표의 결과에 영향이 미쳤다고 인정하는 때에 한하여 국민투표의 전부 또는 일부의 무효를 판결한다(국민투표법 제93조). [×]

03 대의기관의 선출주체가 곧 대의기관의 의사결정에 대한 승인주체가 되는 것이 원칙이나, 국민투표권자의 범위가 대통령선거권자·국회의원선거권자와 반드시 일치할 필요는 없다. O|X

해설
대의기관의 선출주체가 곧 대의기관의 의사결정에 대한 승인주체가 되는 것은 당연한 논리적 귀결이므로, 국민투표권자의 범위는 대통령선거권자·국회의원선거권자와 일치되어야 한다(헌재 2014.7.24, 2009헌마256 등). [×]

04 헌법개정안에 대한 국민투표제를 처음 도입한 것은 제3공화국(1962년) 헌법이다. O|X

해설
국민투표제가 최초로 도입된 것은 제2차 개헌이며, 헌법개정안에 대한 국민투표제가 처음 도입된 것은 제3공화국이다. [O]

05 국민투표의 효력에 관하여 이의가 있는 투표인은 투표인 10만인 이상의 찬성을 얻어 중앙선거관리위원회 위원장을 피고로 하여 투표일로부터 20일 이내에 대법원에 제소할 수 있다. O|X

해설
국민투표의 효력에 관하여 이의가 있는 투표인은 투표인 10만인 이상의 찬성을 얻어 중앙선거관리위원회 위원장을 피고로 하여 투표일로부터 20일 이내에 대법원에 제소할 수 있다(국민투표법 제92조). [O]

06 헌법상의 국민투표권과 지방자치법상의 주민투표권은 다른 성질을 갖는 권리이다. O|X

해설
국민투표권은 헌법상 권리이나 주민투표권은 법률상의 권리이다. [O]

07 제도적 보장은 재판규범도 안 되고 헌법소원도 안 된다. O|X

해설
제도적 보장도 헌법규정으로 재판규범은 인정되나, 권리가 아니어서 헌법소원은 인정되지 않는다. [X]

08 제도적 보장은 기본권 보장보다 입법형성권이 넓다. O|X

해설
제도적 보장은 최소한만 보장하면 되니 기본권 보장보다 입법형성권이 넓다. [O]

09 제도적 보장이란 것은 그 제도의 폐지나 본질적 침해를 방지하고자 하는 소극적 · 최소한도의 보장을 의미하는 것으로서 그 본질적 내용이 입법에 의하여 결정된다. O|X

해설
제도적 보장의 본질적 내용은 입법이 아닌 헌법에 의하여 결정된다. [X]

10 제도적 보장은 모든 국가권력을 구속하고 재판규범으로서 기능하기 때문에 비록 기본권과 달리 최소한의 보장이 원칙이나 폭넓은 입법형성의 자유를 주지는 않는다. O|X

해설
제도적 보장은 최소한의 보장이 원칙이라 폭넓은 입법형성의 자유를 부여한다. [X]

11 제도적 보장은 헌법개정에 의해서도 폐지될 수 없으며, 법률로는 그 내용의 개정이 불가능하다. O|X

해설
제도적 보장은 최소한 본질적인 내용만이 헌법에 의하여 보장된다. 따라서 헌법개정으로는 폐지될 수 있으며, 법률로 폐지할 순 없으나 내용을 개정할 순 있다. [X]

12 제2차 개헌에서 정당에 관한 규정이 신설되었다. O|X

해설
정당에 관한 규정이 신설된 것은 제2차 개헌이 아니라 제2공화국이다. [X]

13 국무위원은 현행법상 정당의 당원이 될 수 없다. O|X

해설
대통령, 국무총리, 국무위원, 국회의원, 지방의회의원, 선거에 의하여 취임하는 지방자치단체의 장 등은 공무원이지만 정당의 당원이 될 수 있다(정당법 제22조 제1항). [X]

14 지방법원의 판사는 현행법상 정당의 당원이 될 수 없다. O|X

해설
지방법원 판사는 공무원으로 정당가입이나 정치활동이 금지된다(정당법 제22조 제1항). [O]

15 초 · 중등학교 교원에 대해서는 정당가입과 선거운동의 자유를 금지하면서 대학교원에게는 이를 허용한다 하더라도, 이는 양자 간 직무의 본질이나 내용 그리고 근무태양이 다른 점을 고려할 때 합리적인 차별이라고 할 것이므로, 헌법상의 평등권을 침해한 것이라고 할 수 없다. O|X

해설

초 · 중등학교 교원에 대해서는 정당가입과 선거운동의 자유를 금지하면서 대학교원에게는 이를 허용한다 하더라도, 이는 양자 간 직무의 본질이나 내용 그리고 근무태양이 다른 점을 고려할 때 합리적인 차별이라고 할 것이므로, 헌법상의 평등권을 침해한 것이라고 할 수 없다(헌재 2004.3.25, 2001헌마710). [O]

16 선거관리위원회의 심사는 형식적인 심사인바, 요건을 구비하면 등록시켜야 한다. O|X

해설

실질적 요건이 문제되는 경우에는 선거관리위원회가 아니라 헌법재판소가 판단하여야 한다. [O]

17 대의기관의 결의와 소속 국회의원의 제명에 관한 결의는 서면이나 대리인에 의하여 의결할 수 없다. O|X

해설

대의기관의 결의와 소속 국회의원의 제명에 관한 결의는 서면이나 대리인에 의하여 의결할 수 없다(정당법 제32조 제1항). [O]

18 정당이 그 소속 국회의원을 제명하기 위해서는 당헌이 정하는 절차를 거치는 외에 그 소속 국회의원 전원의 2분의 1 이상의 찬성이 있어야 한다. O|X

해설

정당이 그 소속 국회의원을 제명하기 위해서는 당헌이 정하는 절차를 거치는 외에 그 소속 국회의원 전원의 2분의 1 이상의 찬성이 있어야 한다(정당법 제33조). [O]

19 정당이 그 소속 국회의원을 제명하는 경우 당헌이 정하는 절차 외에도 그 소속 국회의원 전원의 3분의 2 이상의 찬성이 있어야 하며, 무기명투표를 원칙으로 하되 예외적인 경우에는 서면에 의하여 의결할 수 있다. O|X

해설

전원의 2분의 1 이상이며, 서면결의는 허용되지 않는다(정당법 제32조, 제33조). [X]

20 공직선거법은 정당이 당내경선을 실시하는 경우 경선후보자로서 당해 정당의 후보자로 선출되지 아니한 자는 설사 후보자로 선출된 자가 사퇴 · 사망 · 피선거권 상실 또는 당적의 이탈 · 변경 등으로 그 자격을 상실한 때에도 당해 선거의 같은 선거구에서는 후보자로 등록될 수 없다고 규정하고 있다. O|X

해설

정당이 당내경선을 실시하는 경우 경선후보자로서 당해 정당의 후보자로 선출되지 아니한 자는 당해 선거의 같은 선거구에서는 후보자로 등록될 수 없다. 다만, 후보자로 선출된 자가 사퇴 · 사망 · 피선거권 상실 또는 당적의 이탈 · 변경 등으로 그 자격을 상실한 때에는 그러하지 아니하다(공직선거법 제57조의2 제2항). [X]

21 헌법재판소는 정당이 국회의원총선거에 참여하여 의석을 얻지 못하고 유효투표총수의 2% 이상을 득표하지 못한 경우 당해 선거관리위원회는 그 등록을 취소하는 규정은 위헌이라 판시하였다. O|X

해설

일정기간 동안 공직선거에 참여할 기회를 수회 부여하고 그 결과에 따라 등록취소 여부를 결정하는 등 덜 기본권 제한적인 방법을 상정할 수 있고, 정당법에서 법정의 등록요건을 갖추지 못하게 된 정당이나 일정기간 국회의원선거 등에 참여하지 아니한 정당의 등록을 취소하도록 하는 등 입법목적을 실현할 수 있는 다른 법적 장치도 마련되어 있으므로, 정당등록취소조항은 침해의 최소성 요건을 갖추지 못하였다(헌재 2014.1.28, 2012헌마431). [O]

22 민주적 기본질서 위배란 민주적 기본질서에 대한 단순한 위반이나 저촉을 의미하는 것이 아니라 정당의 목적이나 활동이 민주적 기본질서에 대한 실질적 해악을 끼칠 수 있는 추상적 · 구체적 위험성을 초래하는 경우를 가리킨다. O|X

해설

민주적 기본질서 위배란 민주적 기본질서에 대한 단순한 위반이나 저촉을 의미하는 것이 아니라 정당의 목적이나 활동이 민주적 기본질서에 대한 실질적 해악을 끼칠 수 있는 구체적 위험성을 초래하는 경우를 가리킨다(헌재 2014.12.19, 2013헌다1). [X]

23 우리 헌법에는 정당의 해산에 대한 제소권자로 대통령이라고 되어 있다. O|X

해설

정당의 목적이나 활동이 민주적 기본질서에 위배될 때에는 정부는 헌법재판소에 그 해산을 제소할 수 있고, 정당은 헌법재판소의 심판에 의하여 해산된다(헌법 제8조 제4항). [X]

24 민주적 기본질서를 부정하는 정당이라도 헌법재판소가 그 위헌성을 확인하여 해산결정을 할 때까지는 존속한다. O|X

해설

헌법재판소의 결정은 창설적 효력을 가지게 된다. 따라서 헌법재판소가 해산결정을 내리기 전까지 당해 정당은 존속할 수 있다. [O]

25 헌법재판소가 정당해산결정을 한 때에는 그 해산결정의 통지를 받은 중앙선거관리위원회가 그 정당의 등록을 말소하고 이를 관보에 공고함으로써 정당해산의 효력이 발생한다. O|X

해설

헌법재판소가 정당해산결정을 한 때 해산의 효력이 발생하며 선거관리위원회가 등록을 말소하는 것은 확인적 효력밖에 없다. [X]

26 정당의 목적이나 조직이 민주적 기본질서에 위배될 때에는 정부는 헌법재판소에 그 해산을 제소할 수 있고, 정당은 헌법재판소의 심판에 의하여 해산된다. O|X

해설

정당의 목적이나 활동이 민주적 기본질서에 위배될 때에는 정부는 헌법재판소에 그 해산을 제소할 수 있고, 정당은 헌법재판소의 심판에 의하여 해산된다(헌법 제8조 제4항). [X]

27 "정당은 그 목적 · 조직과 활동이 민주적이어야 하며, 국민의 정치적 의사형성에 참여하는 데 필요한 조직을 가져야 한다."는 규정은, 정당의 자유에 대한 한계로 작용하는 한도에서 정당의 자유의 구체적인 내용을 제시한다고는 할 수 있으나, 정당의 자유의 헌법적 근거를 제공하는 근거규범은 아니다. O|X

해설
정당의 자유의 근거는 헌법 제8조 제1항이며, 지문은 제8조 제2항으로 규제의 근거이다. [O]

28 헌법재판소는 정당해산심판의 청구를 받은 때에는 직권 또는 청구인의 신청에 의하여 종국결정의 선고시까지 피청구인의 활동을 정지하는 결정을 할 수 있다. O|X

해설
헌법재판소는 정당해산심판의 청구를 받은 때에는 직권 또는 청구인의 신청에 의하여 종국결정의 선고시까지 피청구인의 활동을 정지하는 결정을 할 수 있다(헌법재판소법 제57조). [O]

29 정당은 그 대의기관의 결의로써 해산할 수 있으며, 이에 따라 정당이 해산한 때에는 그 대표자는 지체 없이 그 뜻을 국회에 신고하여야 한다. O|X

해설
정당이 해산한 때에는 그 대표자는 지체 없이 그 뜻을 관할 선거관리위원회에 신고하여야 한다(정당법 제45조 제2항). [X]

30 어떤 정당이 위헌정당이라는 이유로 해산이 되면 공직선거법이 정한 바에 따라 해당 정당에 소속된 모든 국회의원의 의원직이 상실된다. O|X

해설
공직선거법에는 정당이 해산되는 경우 국회의원의 의원직 상실에 관한 규정이 없다. [X]

31 헌법재판소는 위헌정당해산결정으로 정당이 해산되는 경우 정당해산결정의 실효성을 위해 지역구 의원이냐 비례대표 의원이냐를 불문하고 해산된 정당 소속의 국회의원과 지방의회의원은 그 자격을 상실한다고 결정하였다. O|X

해설
헌법재판소의 해산결정으로 해산되는 정당 소속 국회의원의 의원직 상실은 위헌정당해산제도의 본질로부터 인정되는 기본적 효력이다(헌재 2014.12.19, 2013헌다1). 판례는 지방의회의원에 대해선 언급이 없다. [X]

32 정당해산심판절차에서는 정당해산심판의 성질에 반하지 않는 한도에서 헌법재판소법 제40조에 따라 민사소송에 관한 법령이 준용될 수 있지만, 민사소송에 관한 법령이 준용되지 않아 법률의 공백이 생기는 부분에 대하여는 헌법재판소가 정당해산심판의 성질에 맞는 절차를 창설할 수 있다. O|X

해설
정당해산심판절차에 민사소송에 관한 법령을 준용할 수 있도록 규정한 헌법재판소법 제40조 제1항 전문 중 '정당해산심판의 절차'에 관한 부분(준용조항)은 재판청구권을 침해하지 않는다(헌재 2014.2.27, 2014헌마7). [O]

33 헌법재판소의 정당해산결정에 대해서는 재심을 허용하지 아니함으로써 얻을 수 있는 법적 안정성의 이익이 재심을 허용함으로써 얻을 수 있는 구체적 타당성의 이익보다 더 중하다고 할 것이므로, 헌법재판소의 정당해산결정은 그 성질상 재심에 의한 불복이 허용될 수 없다. O|X

해설

정당해산심판절차에서는 재심을 허용하지 아니함으로써 얻을 수 있는 법적 안정성의 이익보다 재심을 허용함으로써 얻을 수 있는 구체적 타당성의 이익이 더 크므로 재심을 허용하여야 한다. 한편, 이 재심절차에서는 원칙적으로 민사소송법의 재심에 관한 규정이 준용된다(헌재 2016.5.26, 2015헌아20). [×]

34 경찰청장으로 하여금 퇴직 후 2년간 정당의 설립과 가입을 금지하는 것은 경찰청장의 정당설립의 자유와 피선거권 및 직업의 자유를 침해하는 것이다. O|X

해설

경찰청장의 경우는 정당의 자유만 문제되고, 검찰총장의 경우에 모든 공직취임이 제한되는바 관련 기본권이 정당의 자유, 피선거권 및 공무담임권 등이 침해된다. [×]

35 입법자는 정당설립의 자유를 최대한 보장하는 방향으로 입법하여야 하고, 헌법재판소는 정당설립의 자유를 제한하는 법률의 합헌성을 심사할 때에 헌법 제37조 제2항에 따라 엄격한 비례심사를 하여야 한다. O|X

해설

입법자는 정당설립의 자유를 최대한 보장하는 방향으로 입법하여야 하고, 헌법재판소는 정당설립의 자유를 제한하는 법률의 합헌성을 심사할 때에 헌법 제37조 제2항에 따라 엄격한 비례심사를 하여야 한다(헌재 2014.1.28, 2012헌마431). [O]

36 정당해산심판제도는 정부의 일방적인 행정처분에 의해 진보적 야당이 등록취소되어 사라지고 말았던 우리 현대사에 대한 반성의 산물로서 도입된 것으로서, 발생사적 측면에서 정당을 보호하기 위한 절차로서의 성격이 부각된다. O|X

해설

정당해산은 제1공화국 때 진보당이 억울하게 행정처분으로 해산되었던 역사적 반성의 산물이다. [O]

37 정당의 당원은 같은 정당의 타인의 당비를 부담할 수 없으며, 타인의 당비를 부담한 자와 타인으로 하여금 자신의 당비를 부담하게 한 자는 당비를 낸 것이 확인된 날부터 1년간 당해 정당의 당원자격이 정지된다. O|X

해설

정당의 당원은 같은 정당의 타인의 당비를 부담할 수 없으며, 타인의 당비를 부담한 자와 타인으로 하여금 자신의 당비를 부담하게 한 자는 당비를 낸 것이 확인된 날부터 1년간 당해 정당의 당원자격이 정지된다(정당법 제31조 제2항). [O]

38 정당해산심판의 사유로서 헌법 제8조 제4항의 민주적 기본질서는 최대한 엄격하고 협소한 의미로 이해해야 하고, 따라서 현행 헌법이 채택하고 있는 민주주의의 구체적인 모습과 동일하게 보아야 한다. O|X

해설

민주적 기본질서를 부정하지 않는 한 정당은 다양한 스펙트럼의 이념적 지향을 자유롭게 추구할 수 있다. 민주적 기본질서 위배란 민주적 기본질서에 대한 단순한 위반이나 저촉을 의미하는 것이 아니라 정당의 목적이나 활동이 민주적 기본질서에 대한 실질적 해악을 끼칠 수 있는 구체적 위험성을 초래하는 경우를 가리킨다(헌재 2014.12.19, 2013헌다1). [×]

39 당론과 다른 견해를 가진 소속 국회의원을 당해 교섭단체의 필요에 따라 다른 상임위원회로 전임하는 조치는 특별한 사정이 없는 한 헌법상 용인될 수 있는 강제에 속한다. O|X

해설

당론과 다른 견해를 가진 소속 국회의원을 당해 교섭단체의 필요에 따라 다른 상임위원회로 전임(사·보임)하는 조치는 특별한 사정이 없는 한 헌법상 용인될 수 있는 "정당 내부의 사실상 강제"의 범위 내에 해당한다고 할 것이다(헌재 2003.10.30, 2002헌라1). [O]

40 일사부재리의 원칙은 형벌 간에 적용되므로 정부는 동일한 정당에 대하여 동일한 사유로 다시 위헌정당의 해산을 제소할 수 있다. O|X

해설

위헌정당이 아니라는 결정이 내려진 경우에는 동일 정당에 대해 동일 사유로 다시 제소할 수 없다(헌법재판소법 제39조). [X]

41 정치자금법상 기탁금이라 함은 정치자금을 정당에 기부하고자 하는 개인이나 단체가 정치자금법의 규정에 의하여 선거관리위원회에 기탁하는 금전이나 유가증권 그 밖의 물건을 말한다. O|X

해설

외국인, 국내외 법인 또는 단체는 정치자금을 기부할 수 없다. 누구든지 국내외 법인 또는 단체와 관련된 자금으로 정치자금을 기부할 수 없다(정치자금법 제31조). [X]

42 정당에 대한 재정적 후원을 금지하고 이를 위반시 형사처벌하는 정치자금법 조항은 정당 후원회를 금지함으로써 불법 정치자금 수수로 인한 정경유착을 막고 정당의 정치자금 조달의 투명성을 확보하여 정당 운영의 투명성과 도덕성을 제고하기 위한 것이므로, 정당의 정당활동의 자유를 침해하지 않는다. O|X

해설

정당제 민주주의하에서 정당에 대한 재정적 후원이 전면적으로 금지됨으로써 정당이 스스로 재정을 충당하고자 하는 정당활동의 자유와 국민의 정치적 표현의 자유가 제한되는 불이익은 더욱 크다(헌재 2015.12.23, 2013헌바168). [X]

43 정치자금법상 회계보고된 자료의 열람기간을 3개월로 한정한 것은 헌법에 위반된다. O|X

해설

정치자금의 투명성 강화 및 부정부패 근절에 대한 국민적 요구가 커지고 선거관리위원회가 데이터 생성·저장·유통 기술 발전을 이용해 업무부담을 줄일 수 있다는 점 등을 고려해 위 선례를 변경하고 이 사건 열람기간제한 조항에 대하여 위헌결정을 하였다(헌재 2021.5.27, 2018헌마1168). [O]

44 대통령선거에 출마할 정당의 후보자를 선출하거나 정당대표를 선출하는 당내경선은 정당 내부의 행사에 불과하므로, 정당의 당내경선에 관한 선거운동을 위하여 후보자에게 제공된 금품은 정치자금에 해당하지 않는다. O|X

해설

당내경선에 관한 선거운동을 위하여 후보자에게 제공된 금품도 정치자금에 해당한다. [X]

45 대통령선거경선후보자가 당내경선 과정에서 탈퇴함으로써 후원회를 둘 수 있는 자격을 상실한 때에는 후원회로부터 후원받은 후원금 전액을 국고에 귀속하도록 하고 있는 구 정치자금법 조항은 평등권을 침해한다. O|X

해설

대통령선거경선후보자가 후보자가 될 의사를 갖고 당내경선후보자로 등록을 하고 선거운동을 한 경우라고 한다면, 비록 경선에 참여하지 아니하고 포기하였다고 하여도 대의민주주의의 실현에 중요한 의미를 가지는 정치과정이라는 점을 부인할 수 없다. 그렇다면 이와 같이 당내경선에 참여하였는지 여부를 기준으로 하여 대통령선거경선후보자를 차별하는 것은 합리적인 이유가 있는 차별이라고 보기 어려울 뿐 아니라 오히려 후원회 제도 및 대통령선거경선후보자 제도를 두고 있는 취지에 배치되는 불합리한 차별취급이라고 할 것이다(헌재 2009.12.29, 2007헌마1412). [O]

46 정당에 보조금을 배분함에 있어 교섭단체의 구성 여부에 따라 차등을 두는 정치자금에 관한 법률 제18조 제1항 내지 제3항은 평등원칙에 위반되지 아니한다. O|X

해설

교섭단체의 구성 여부에 따라 보조금의 배분규모에 차이가 있더라도 그러한 차등 정도는 각 정당 간의 경쟁 상태를 현저하게 변경시킬 정도로 합리성을 결여한 차별이라고 보기 어렵다. … 헌법에 위반되지 아니한다(헌재 2006.7.27, 2004헌마655). [O]

47 현행법에 따르면 후원회 지정권자에 기초자치단체장도 포함된다. O|X

해설

현행법에 따르면 기초자치단체장의 경우 후보자 및 예비후보자는 후원회 지정권자에 포함되나 현역인 기초자치단체장은 포함되지 않는다(정치자금법 제6조 참조). [X]

48 출입국관리법 제10조의 규정에 따른 영주의 체류자격 취득일 후 3년이 경과한 19세 이상의 외국인으로서 일정한 요건을 갖춘 자는 그 구역에서 선거하는 지방자치단체의 의회의원 및 장의 선거권이 있다. O|X

해설

18세 이상으로서 출입국관리법 제10조에 따른 영주의 체류자격 취득일 후 3년이 경과한 외국인으로서 같은 법 제34조에 따라 해당 지방자치단체의 외국인등록대장에 올라 있는 사람은 그 구역에서 선거하는 지방자치단체의 의회의원 및 장의 선거권이 있다(공직선거법 제15조 제2항 제3호). [X]

49 공직선거법상 지방선거에서의 외국인의 선거권은 법률상의 권리이다. O|X

해설

헌법상 외국인에게 선거권이 인정되지는 않는다. 외국인의 선거권은 공직선거법에서 인정되는 법률상의 권리이다. [O]

50 선거권자의 연령을 선거일 현재를 기준으로 산정하도록 한 공직선거법 규정은 평등권을 침해한다고 볼 수 없다. O|X

해설

국민 각자의 생일을 기준으로 하여 각 공직선거별로 선거권이 있는지 여부를 명확하게 판단할 수 있다. 이 사건 심판대상조항과 달리 선거권 연령 산정 기준일을 선거일 이전이나 이후의 특정한 날로 정할 경우, 이를 구체적으로 언제로 할지에 관해 자의적인 판단이 개입될 여지가 있다. 따라서 선거일 현재를 기준으로 산정한 것은 헌법에 위배되지 않는다(헌재 2021.9.30, 2018헌마300). [O]

51 헌법 제24조는 모든 국민은 법률이 정하는 바에 의하여 선거권을 가진다고 규정함으로써 법률유보의 형식을 취하고 있는데, 이것은 국민의 선거권이 법률이 정하는 바에 따라서 인정될 수 있다는 포괄적인 입법권의 유보하에 있음을 의미하는 것이다. O|X

해설

헌법 제24조는 모든 국민은 '법률이 정하는 바에 의하여' 선거권을 가진다고 규정함으로써 법률유보의 형식을 취하고 있지만, 이것은 국민의 선거권이 '법률이 정하는 바에 따라서만 인정될 수 있다'는 포괄적인 입법권의 유보하에 있음을 의미하는 것이 아니다. 국민의 기본권을 법률에 의하여 구체화하라는 뜻이며 선거권을 법률을 통해 구체적으로 실현하라는 의미이다(헌재 2007.6.28, 2004헌마644 등). [X]

52 지역농협은 사법인에서 볼 수 없는 공법인적 특성을 많이 가지고 있으므로, 지역농협의 조합장선거에서 조합장을 선출하거나 조합장으로 선출될 권리, 조합장선거에서 선거운동을 하는 것도 헌법에 의하여 보호되는 선거권의 범위에 포함된다. O|X

해설

지역농협의 조합장선거에서 조합장을 선출하거나 조합장으로 선출될 권리, 조합장선거에서 선거운동을 하는 것은 헌법에 의하여 보호되는 선거권의 범위에 포함되지 않는다(헌재 2017.7.27, 2016헌바372). [X]

53 부재자투표는 선거인명부에 오를 자격이 있는 국내거주자에게만 인정되고, 재외국민이나 단기해외체류자 등 국외거주자에게는 선거기술상의 이유로 인정하기가 어렵다. O|X

해설

선거권의 제한은 그 제한을 불가피하게 요청하는 개별적, 구체적 사유가 존재함이 명백할 경우에만 정당화될 수 있으며, 막연하고 추상적 위험이라든지 국가의 노력에 의해 극복될 수 있는 기술상의 어려움이나 장애 등의 사유로는 그 제한이 정당화될 수 없다(헌재 2007.6.28, 2004헌마644). [X]

54 서울시장이 관악구의 국회의원으로 출마하기 위해서는 선거일 전 120일까지 그 직에서 사퇴하여야 한다. O|X

해설

지방자치단체의 장은 선거구역이 당해 지방자치단체의 관할구역과 같거나 겹치는 지역구국회의원선거에 입후보하고자 하는 때에는 당해 선거의 선거일 전 120일까지 그 직을 그만두어야 한다(공직선거법 제53조). [O]

55 지역구국회의원선거에서 후보자가 유효투표총수의 100분의 10 이상을 득표한 경우에는 기탁금 전액에서 일정 비용을 공제한 나머지 금액을 기탁자에게 반환한다. O|X

해설

후보자가 당선되거나 사망한 경우와 유효투표총수의 100분의 15 이상을 득표한 경우에는 기탁금 전액을 선거일 후 30일 이내에 기탁자에게 반환한다(공직선거법 제57조 제1항 제1호 가목). 따라서 100분의 15 이상 득표한 경우에는 전액반환이기 때문에 오답이다. [X]

56 지역구국회의원선거에서 예비후보자의 기탁금액수를 해당 선거의 후보자등록시 납부해야 하는 기탁금의 100분의 20으로 설정한 것은 입법재량의 범위를 벗어난 것으로 볼 수 없다. O|X

해설

예비후보자의 기탁금은 본선거 기탁금의 일부를 미리 납부하는 것에 불과하고 기탁금액수가 과다하다고 할 수 없다(헌재 2015.7.30, 2012헌마402). [O]

57 선거범죄로 인하여 당선이 무효로 된 때를 비례대표지방의회의원의 의석 승계 제한사유로 규정한 것은 궐원된 비례대표지방의회의원 의석을 승계받을 후보자명부상의 차순위 후보자의 공무담임권을 침해한다. O|X

해설

심판대상조항이 정하고 있는 승계의 예외사유는, 그로 인하여 불이익을 입게 되는 소속 정당이나 후보자명부상의 차순위 후보자의 귀책사유에서 비롯된 것이 아니라 당선인의 선거범죄에서 비롯된 것이라는 점에서 자기책임의 범위를 벗어나는 제재라고 할 것이다(헌재 2009.10.29, 2009헌마350). [O]

58 국회의원지역선거구의 공정한 획정을 위하여 중앙선거관리위원회에 국회의원선거구획정위원회를 둔다. O|X

해설

국회의원선거구획정위원회는 중앙선거관리위원회에 두되, 직무에 관하여 독립의 지위를 가진다(공직선거법 제24조 제2항). [O]

59 국회의원지역선거구구역표 중 인구편차 상하 33⅓%의 기준을 넘어서는 선거구에 관한 부분은 지나친 투표가치의 불평등을 야기하여 위 선거구가 속한 지역에 주민등록을 마친 청구인들의 선거권과 평등권을 침해한다. O|X

해설

심판대상 선거구구역표 중 인구편차 상하 33⅓%의 기준을 넘어서는 선거구에 관한 부분은 위 선거구가 속한 지역에 주민등록을 마친 청구인들의 선거권 및 평등권을 침해한다(헌재 2014.10.30, 2012헌마192). [O]

60 헌법재판소 판례에 따르면 선거구획정시 특단의 불가피한 사정이 없는 한 인접지역이 1개의 선거구를 구성하도록 함이 상당하다. O|X

해설

인접지역이 아닌 지역을 1개의 선거구로 구성하는 경우 특별한 사정이 없는 한 입법재량의 범위를 일탈한 자의적인 선거구 획정이어서 헌법에 반한다(헌재 1995.12.27, 95헌마224 등). [O]

61 선거구구역표는 전체가 불가분의 일체를 이루는 것으로서 어느 한 부분에 위헌적 요소가 있다면 선거구구역표 전체가 위헌적 하자가 있는 것으로 보는 것이 상당하다. O|X

해설

선거구구역표는 전체가 불가분의 일체를 이루는 것으로서 어느 한 부분에 위헌적인 요소가 있다면, 선거구구역표 전체가 위헌의 하자를 갖는 것이다(헌재 2014.10.30, 2012헌마192). [O]

62 대통령선거에 있어서 최고득표자가 2인 이상인 때에는 국회의 재적의원 과반수가 출석한 공개회의에서 출석과반수의 득표를 한 자를 당선자로 한다. O|X

해설

대통령선거에 있어서 최고득표자가 2인 이상인 때에는 국회의 재적의원 과반수가 출석한 공개회의에서 다수표를 얻은 자를 당선자로 한다(헌법 제67조). [X]

63 대통령선거에 있어서는 후보자가 1인인 때에는 그 득표수가 선거권자총수의 3분의 1 이상에 달하여야 당선인으로 결정한다. O|X

해설

투표자가 아닌 선거권자임을 주의하여야 한다. [O]

64 국회의원선거에 있어서 선거의 효력에 관하여 이의가 있는 선거인 · 정당(후보자를 추천한 정당에 한한다) 또는 후보자는 선거일로부터 45일 이내에 헌법재판소에 소를 제기할 수 있다. O|X

해설

대통령선거 및 국회의원선거에 있어서 선거의 효력에 관하여 이의가 있는 선거인·정당 또는 후보자는 선거일부터 30일 이내에 당해 선거구 선거관리위원회위원장을 피고로 하여 대법원에 소를 제기할 수 있다(공직선거법 제222조 제1항). [X]

65 정당제도의 헌법적 기능을 고려하면 무소속후보자와 정당소속후보자 간의 합리적이고 상대적인 차별은 가능하나 정당후보자에게 별도로 정당연설회를 할 수 있도록 하는 것은 위헌이다. O|X

해설

정당추천후보자에게 무소속후보자보다 더 많은 연설회를 가질 수 있도록 하고 연설회의 개최시기 등에 있어서 우월적 지위를 준 것은 결국 무소속후보자와 정당추천후보자에게 선거연설을 허용하는 기회 등의 등가성을 비교하여 볼 때 선거의 당락에 영향을 줄 수 있을 정도의 심히 불평등한 것이다(헌재 1992.3.13, 92헌마37 등). [O]

66 예비후보자의 배우자가 함께 다니는 사람 중에서 지정한 자도 선거운동을 위하여 명함교부 및 지지호소를 할 수 있도록 한 공직선거법 관련 조항 중 '배우자' 관련 부분이 배우자가 없는 예비후보자의 평등권을 침해하는 것은 아니다. O|X

해설

배우자가 그와 함께 다니는 사람 중에서 지정한 1명까지 보태어 명함을 교부하고 지지를 호소할 수 있도록 함으로써 배우자 유무에 따른 차별효과를 지나치게 커지게 한다(헌재 2013.11.28, 2012헌가10). [X]

67 공무원이 선거운동의 기획행위를 하는 모든 경우를 금지하는 것은 공무원의 정치적 중립성에서 나오는 공익이 정치적 표현의 자유보다 크기 때문에 헌법에 위반되지 아니한다. O|X

해설

이 사건 법률조항은 공무원의 지위를 이용하지 아니한 행위에까지 적용되는 한 기본권을 침해하여 헌법에 위반된다(헌재 2008.5.29, 2006헌마1096). [X]

68 지방의회의원선거에서 선거권을 갖는 외국인은 누구라도 해당 선거에서 선거운동을 할 수 없다. O|X

해설

대한민국 국민이 아닌 자. 다만, 제15조 제2항 제3호에 따른 외국인이 해당 선거에서 선거운동을 하는 경우에는 그러하지 아니하다(선거법 제60조). 즉, 지방선거는 가능하다고 규정되어 있다. [X]

69 선거에 관한 소송은 다른 쟁송에 우선하여 신속히 재판하여야 하며, 수소법원은 소가 제기된 날로부터 180일 이내에 처리하여야 한다. O|X

해설

선거에 관한 소청이나 소송은 다른 쟁송에 우선하여 신속히 결정 또는 재판하여야 하며, 소송에 있어서는 수소법원은 소가 제기된 날부터 180일 이내에 처리하여야 한다(공직선거법 제225조). [O]

70 한국철도공사의 상근직원은 상근임원과 달리 그 직을 유지한 채 공직선거에 입후보하여 자신을 위한 선거운동을 할 수 있음에도, 상근직원이 타인을 위한 선거운동을 할 수 없도록 전면적으로 금지하는 공직선거법 규정은 상근직원의 선거운동의 자유를 침해한다. O|X

해설

선거운동이 금지되는 다수의 기관 중, 한국철도공사의 상근직원에 대하여 선거운동을 금지하고 이를 위반한 경우 처벌하는 심판대상조항이 선거운동의 자유를 지나치게 제한하여 헌법에 위반된다(헌재 2018.2.22, 2015헌바124). [O]

71 지방공단 상근직원이 특정 경선후보자의 당선 또는 낙선을 위한 경선운동을 금하는 것은 그로 인한 부작용과 폐해를 고려할 때 헌법에 위반되지 않는다. O|X

해설

심판대상조항이 직급에 따른 업무의 내용과 수행하는 개별·구체적인 직무의 성격에 대한 검토 없이 모든 상근직원의 경선운동을 금지하고 이에 위반한 경우 처벌하는 것은 정치적 표현의 자유를 지나치게 제한하는 것이다(헌재 2021.4.29, 2019헌가11). [X]

72 선거일 당일날 선거운동을 금하는 것은 후보자의 선거운동의 자유를 침해하는 것으로 헌법에 위반된다. O|X

해설

선거일 선거운동은 유권자의 선택에 직접적으로 영향을 미칠 가능성이 크다. 이때 무분별한 문자메시지 등으로 경쟁 후보자에 대한 비판이나 비난 등이 이어질 경우 유권자가 선거일 당일에 평온과 냉정을 유지하는 데에 어려움을 겪으면서 자유롭고 합리적인 의사결정에 악영향을 받을 수 있으므로, 규제의 필요성이 인정된다(헌재 2021.12.23, 2018헌바152). [X]

73 공무원이 선거에서 특정 정당 또는 특정인을 지지하기 위하여 타인에게 정당에 가입하도록 권유하는 행위를 한 경우 징역형을 부과하는 것은 헌법에 위반되지 않는다. O|X

해설

공무원이 선거에서 특정 정당 또는 특정인을 지지하기 위하여 타인에게 정당에 가입하도록 권유하는 행위를 한 경우 3년 이하의 징역형과 자격정지형을 병과하도록 규정한 지방공무원법은 헌법에 위반되지 않는다. '공무원의 정치적 중립성'과 '선거의 공정성'을 위함이다(헌재 2021.2.25, 2019헌바58). [O]

74 공직선거법상 기부행위 제한의 적용을 받는 자에 '후보자가 되고자 하는 자'까지 포함하면서 기부행위의 제한기간을 폐지하여 기부행위를 상시 제한하도록 한 것은 '후보자가 되려는 자'를 다른 후보자들과 합리적 이유 없이 동일하게 취급하여 평등권을 침해한다. O|X

해설

기부행위를 상시 제한하는 것은 합리성인 필요에 따라 평등권을 침해하지 않는다(헌재 2014.2.27, 2013헌바106). [X]

75 비례대표국회의원에 입후보하기 위하여 기탁금으로 1,500만원을 납부하도록 한 규정은 그 액수가 고액이라 거대정당에게 일방적으로 유리하고, 다양해진 국민의 목소리를 제대로 대표하지 못하여 사표를 양산하는 다수대표제의 단점을 보완하기 위하여 도입된 비례대표제의 취지에도 반하는 것이다. O|X

해설

지역구국회의원선거에서의 기탁금과 동일한 고액의 기탁금을 설정하고 있다. 이는 후보자 추천의 진지성과 선거관리의 효율성 확보 등의 입법목적을 달성하기 위해 필요한 최소한의 액수보다 지나치게 과다한 액수라 하지 않을 수 없다(헌재 2016.12.29, 2015헌마1160). [O]

76 선거범죄로 당선이 무효로 된 자에게 이미 반환받은 기탁금과 보전받은 선거비용을 다시 반환하도록 한 구 공직선거법 조항은 공무담임권을 침해하지 않는다. O|X

해설

이들에게 제재를 가한다고 하더라도 자력이 부족한 국민의 입후보를 곤란하게 하는 효과를 갖지는 아니한다는 점에서 이들에게 선거비용을 보전해주지 않는 것이 선거공영제의 취지에 어긋난다고 볼 수 없다(헌재 2011.4.28, 2010헌바232). [O]

77 출구조사는 300미터 거리에서 100미터로 다시 50미터로 제한되었다. O|X

해설

옳은 지문이다. 과거 300미터에서 오늘날 50미터까지 변경되었다. [O]

78 여론조사 결과의 공표금지는 선거일 전 6일부터 선거일의 투표마감시각까지이다. O|X

해설

누구든지 선거일 전 6일부터 선거일의 투표마감시각까지 선거에 관하여 정당에 대한 지지도나 당선인을 예상하게 하는 여론조사의 경위와 그 결과를 공표하거나 인용하여 보도할 수 없다(공직선거법 제108조 제1항). [O]

79 투표일에 실제로 투표권을 행사할지 말지를 자유롭게 결정할 수 있어야 한다는 것이 비밀선거원칙의 핵심내용이다. O|X

해설

이는 자유선거에 관한 내용이다. [X]

80 기부의 권유 · 요구에 대한 과태료를 그 가액의 50배로 한정하는 것은 헌법에 위반된다. O|X

해설

이 사건 심판대상조항은 그 의무위반행위에 대하여 부과되는 과태료의 기준 및 액수가 책임원칙에 부합되지 않게 획일적일 뿐만 아니라 지나치게 과중하여 입법목적을 달성함에 필요한 정도를 일탈함으로써 과잉금지원칙에 위반된다(헌재 2009.3.26, 2007헌가22). [O]

81 지방자치단체의 직제폐지로 인한 지방공무원의 직권면직규정은 합리적인 면직기준을 구체적으로 정함과 동시에 그 공정성을 담보할 수 있는 절차를 마련하는 경우 직업공무원제도를 위반하고 있다고는 볼 수 없다. O|X

해설

행정의 효율성 및 생산성 제고 차원에서는 행정수요가 소멸하거나 조직의 비대화로 효율성이 저하되는 경우 직제를 폐지하거나 인원을 축소하는 것은 불가피한 선택에 해당할 것이다. 그렇다면 이 사건 규정이 직업공무원제도를 위반하고 있다고는 볼 수 없다(헌재 2004.11.25, 2002헌바8). [O]

82 공무원의 신분이나 직무와 관련이 없는 범죄의 경우에도 퇴직급여 등을 제한하는 것은 공무원범죄를 예방하고 공무원이 재직 중 성실히 근무하도록 유도하는 입법목적을 달성하는 데 적합한 수단이라고 볼 수 없다. O|X

해설

공무원의 신분이나 직무상 의무와 관련이 없는 범죄의 경우에도 퇴직급여 등을 제한하는 것은, 공무원범죄를 예방하고 공무원이 재직 중 성실히 근무하도록 유도하는 입법목적을 달성하는 데 적합한 수단이라고 볼 수 없다(헌재 2007.3.29, 2005헌바33). [O]

83 선거에서의 공무원의 정치적 중립의무는 국회의원이나 지방의회의원에게는 요구되지 않지만, 대통령에게는 요구된다. O | X

해설

모든 공무원을 의미한다. 다만, 국회의원과 지방의회의원은 정당의 대표자이자 선거운동의 주체로서의 지위로 말미암아 선거에서의 정치적 중립성이 요구될 수 없으므로, 공직선거법 제9조의 '공무원'에 해당하지 않는다(헌재 2004.5.14, 2004헌나1). [O]

84 공무원의 선거에서의 중립을 요구하는 공직선거법의 조항은 정치활동 중 '선거에 영향을 미치는 행위'만을 금지하고 있으므로, 선거영역에서의 특별법으로서 일반법인 국가공무원법 조항에 우선하여 적용된다고 할 것이다. O | X

해설

공직선거법이 사안에서는 국가공무원법에 대한 특별규정이다. 따라서 선거중립의무가 우선한다(헌재 2008.1.17, 2007헌마700). [O]

85 선거활동에 관하여 대통령의 정치활동의 자유와 선거중립의무가 충돌하는 경우에는 어느 하나가 강조되거나 우선되어서는 아니 된다. O | X

해설

공직선거법이 사안에서는 국가공무원법에 대한 특별규정이다. 따라서 선거중립의무가 우선한다(헌재 2008.1.17, 2007헌마700). [X]

86 공무원노동조합의 설립 최소단위를 '행정부'로 규정하여 노동부만의 노동조합 결성을 제한한 것은 단결권 및 평등권을 침해하지 않는다. O | X

해설

노조는 단결권의 주체가 될 수 있으나, 지식경제부(현 산업통상자원부) 공무원노조는 공무원노조의 설립 최소단위가 행정부로 되어 있어 행정부 공무원노조의 지부에 불과하여 단결권의 주체가 될 수 없다(헌재 2008.12.26, 2005헌마971). [O]

87 국민이 공무원으로 임용된 경우에 있어서 그가 정년까지 근무할 수 있는 권리는 헌법의 공무원 신분보장규정에 의하여 보호되는 기득권으로서 그 침해 내지 제한은 신뢰보호의 원칙에 위배되지 않는 범위 내에서만 가능하다고 할 것이고, 이 원칙에 위배되는 것은 입법형성권의 한계를 벗어난 위헌적인 것이라 할 것이다. O | X

해설

국민이 공무원으로 임용된 경우에 있어서 그가 정년까지 근무할 수 있는 권리는 헌법의 공무원 신분보장규정에 의하여 보호되는 기득권으로서 그 침해 내지 제한은 신뢰보호의 원칙에 위배되지 않는 범위 내에서만 가능하다고 할 것이고, 이 원칙에 위배되는 것은 입법형성권의 한계를 벗어난 위헌적인 것이라 할 것이다(헌재 1994.4.28, 91헌바15). [O]

88 공무원시험에서 산업기사 이상의 자격증 소지자에 대하여 가산점을 주고, 기능사 자격증 소지자에게는 가산점을 주지 않는 규정은 공무담임권 및 평등권 침해이다. O | X

해설

이는 7급 공무원 업무의 전문성을 감안한 공익적 판단에 의한 것으로 헌법에 위반되지 않는다(헌재 2003.9.25, 2003헌마30). [X]

89 공무원이 국가 또는 지방자치단체에 대하여 어느 수준의 보수를 청구할 수 있는 권리는 헌법상 보장된 공무원의 재산권이다. O|X

해설

법령에 의하여 구체적 내용이 형성되기 전의 권리, 즉 공무원이 국가 또는 지방자치단체에 의하여 어느 수준의 보수를 청구할 수 있는 권리는 단순한 기대이익에 불과하여 재산권의 내용에 포함된다고 볼 수 없다(헌재 2008.12.26, 2007헌마444). [×]

90 헌법 제25조의 공무담임권의 보호영역에는 특별한 사정도 없이 공무원이 특정의 장소에서 근무하는 것이나 특정의 보직을 받아 근무하는 것을 포함하는 일종의 '공무수행의 자유'까지는 포함되지 않는다. O|X

해설

공무담임권의 보호영역에는 일반적으로 공직취임의 기회보장, 신분박탈, 직무의 정지가 포함되는 것일 뿐, 여기서 더 나아가 공무원이 특정의 장소에서 근무하는 것 또는 특정의 보직을 받아 근무하는 것을 포함하는 일종의 '공무수행의 자유'까지 그 보호영역에 포함된다고 보기는 어렵다(헌재 2008.6.26, 2005헌마1275). [O]

91 공무원의 임용 및 퇴직과 관련하여 당연퇴직사유를 임용결격사유와 동일하게 취급하는 것은 헌법 제25조의 공무담임권 침해이다. O|X

해설

선고유예로 당연퇴직을 시키는 것은 위헌이나 선고유예를 임용결격사유로 삼는 것은 헌법에 위반되지 않는다(헌재 2002.8.29, 2001헌마788 등). [O]

92 공무담임권은 원하는 경우에 언제나 공직에 취임할 수 있는 현실적 권리를 보장하는 것이 아니라, 공무담임의 기회보장적 성격을 갖는 것이다. O|X

해설

피선거권과 공직취임권 모두가 이에 해당한다. 공무담임권은 현실적인 권리라기보다는 기회보장적인 성격이 강하다고 볼 수 있다(헌재 2002.8.29, 2001헌마788 등). [O]

93 공무원이 특정의 장소에서 근무하는 것 또는 특정의 보직을 받아 근무하는 것을 포함하는 일종의 공무수행의 자유도 그 보호영역에 포함된다. O|X

해설

공무원이 특정의 장소에서 근무하는 것 또는 특정의 보직을 받아 근무하는 것을 포함하는 일종의 '공무수행의 자유'까지 그 보호영역에 포함된다고 보기는 어렵다(헌재 2008.6.26, 2005헌마1275). [×]

94 지역구국회의원 예비후보자에게 지역구국회의원이 납부할 기탁금의 100분의 20에 해당하는 금액을 기탁금으로 납부하도록 하는 것은 예비후보자의 공무담임권을 침해하고, 비례대표 기탁금 조항은 비례대표국회의원후보자가 되어 국회의원에 취임하고자 하는 자의 공무담임권을 침해한다. O|X

해설

예비후보자의 기탁금은 본선거 기탁금의 일부를 미리 납부하는 것에 불과하고 기탁금액수가 과다하다고 할 수 없다(헌재 2015.7.30, 2012헌마402). [×]

95 공무원의 재임 기간 동안 충실한 공무수행을 담보하기 위하여 공무원의 퇴직급여 및 공무상 재해보상을 보장할 것까지 공무담임권의 보호영역에 포함된다고 보기는 어렵다. O|X

해설

충실한 공직수행을 담보하기 위하여 이들을 위한 퇴직급여제도를 마련할 것까지 그 보호영역으로 한다고 볼 수는 없다(헌재 2014.6.26, 2012헌마459). [O]

96 국립대학 총장후보자에 지원하려는 사람에게 접수시 1,000만원의 기탁금을 납부하도록 하고, 지원서 접수시 기탁금 납입 영수증을 제출하도록 하는 것은 총장후보자 지원자들의 무분별한 난립을 방지하려는 것으로 총장후보자에 지원하려는 자의 공무담임권을 침해하지 않는다. O|X

해설

이 사건 기탁금조항의 1,000만원이라는 액수는 자력이 부족한 교원 등 학내 인사와 일반 국민으로 하여금 총장후보자 지원 의사를 단념토록 하는 정도에 해당한다(헌재 2018.4.26, 2014헌마274). [X]

97 총장임용후보자선거를 직선제 방식으로 진행하는 경우 기탁금으로 1,000만원을 납부하게 하는 것은 필요성과 적정성을 인정할 수 있다. O|X

해설

대구교육대학교 총장임용후보자선거는 직선제 방식으로서 후보자에게 다양한 선거운동방법이 허용되는 등 선거 과열의 우려가 큰 편이므로 기탁금 납부 제도의 필요성과 적정성은 인정되었으나, 최다득표자조차 기탁금의 반액은 반환받지 못할 정도로 기탁금의 반환 요건이 지나치게 까다롭게 규정된 부분은 과잉금지원칙에 위반되어 청구인의 재산권을 침해한다고 보았다(헌재 2021.12.23, 2019헌마825). [O]

98 채용 예정 분야의 해당 직급에 근무한 실적이 있는 군인을 전역한 날부터 3년 이내에 군무원으로 채용하는 경우 특별채용시험으로 채용할 수 있도록 하는 것은 현역 군인으로 근무했던 전문성과 경험을 즉시 군무원 업무에 활용하기 위한 것으로 청구인의 공무담임권을 침해하지 않는다. O|X

해설

채용 예정 분야의 해당 직급에 근무한 실적이 있는 군인을 전역한 날부터 3년 이내에 군무원으로 채용하는 경우 특별채용시험으로 채용할 수 있도록 하는 것은 현역 군인으로 근무했던 전문성과 경험을 즉시 군무원 업무에 활용하기 위한 것으로 청구인의 공무담임권을 침해하지 않는다(헌재 2016.10.27, 2015헌마734). [O]

99 국방부 등의 보조기관에 근무할 수 있는 기회를 현역군인에게만 부여하고 군무원에게는 부여하지 않는 법률조항은 군무원의 공무담임권을 침해하지 않는다. O|X

해설

공무담임권의 보호영역에는 일반적으로 공직취임의 기회보장, 신분박탈, 직무의 정지가 포함되는 것일 뿐, 여기서 더 나아가 공무원이 특정의 장소에서 근무하는 것 또는 특정의 보직을 받아 근무하는 것을 포함하는 일종의 '공무수행의 자유'까지 그 보호영역에 포함된다고 보기는 어렵다(헌재 2008.6.26, 2005헌마1275). [O]

100 부사관으로 최초로 임용되는 사람의 최고연령을 27세로 정한 법률조항은 부사관이라는 공직취임의 기회를 제한하고 있으나, 군조직의 특수성, 군조직 내에서 부사관의 상대적 지위 및 역할 등을 고려할 때 공무담임권을 침해한다고 볼 수 없다. O|X

해설

군조직은 위계질서의 확립과 기강확보가 어느 조직보다 중요시되는 특수성을 고려할 필요가 있다. 소위도 27세로 정해져 있어 연령과 체력의 보편적 상관관계 등을 고려할 때 적합해 보인다(헌재 2014.9.25, 2011헌마414). [O]

101 헌법 제25조의 공무담임권은 공무원의 재임 기간 동안 충실한 공직수행을 담보하기 위하여 공무원의 퇴직급여 및 공무상 재해보상 보장까지 그 보호영역으로 하고 있으므로, 공무원연금법이 선출직 지방자치단체의 장을 위한 별도의 퇴직급여제도를 마련하지 않은 것은 사회보장수급권을 침해한다. O|X

해설

충실한 공직수행을 담보하기 위하여 이들을 위한 퇴직급여제도를 마련할 것까지 그 보호영역으로 한다고 볼 수는 없다(헌재 2014.6.26, 2012헌마459). [X]

102 대법원 판례에 의하면 공무원의 사퇴는 사퇴의 의사표시를 한 때 발생하는 것이 아니라, 임명권자가 면직의 의사표시를 한 때 발생한다. O|X

해설

임명권자의 의사표시 전에 직장을 무단이탈한 경우에는 사직이 아니라 파면을 해도 된다(대판 1962.11.15, 62누165). [O]

103 승진가능성이라는 것은 공직신분의 유지나 업무수행과 같은 법적 지위에 직접 영향을 미치는 것이 아니고 간접적, 사실적 또는 경제적 이해관계에 영향을 미치는 것에 불과하여 공무담임권의 보호영역에 포함된다고 보기는 어렵다. O|X

해설

승진가능성이라는 것은 청구인들의 공직신분의 유지나 업무수행과 같은 법적 지위에 직접 영향을 미치는 것이 아니고 간접적, 사실적 또는 경제적 이해관계에 영향을 미치는 것에 불과하여 공무담임권의 보호영역에 포함된다고 보기는 어렵다(헌재 2010.3.25, 2009헌마538). [O]

104 헌법은 자치단체의 종류를 광역자치단체와 기초자치단체로 구분하고 있다. O|X

해설

지방자치단체의 종류는 법률로 정한다(헌법 제117조 제2항). 즉, 법률로 구분하고 있다. [X]

105 기초지방자치단체는 광역지자체의 지휘와 감독을 받는다. 이는 취소·정지권과 직무이행명령 등으로 실현된다. 지방의회의원과 지방자치단체장을 선출하는 지방선거 사무는 지방자치단체의 존립을 위한 자치사무에 해당하므로, 원칙적으로 지방자치단체가 처리하고 그에 따른 비용도 지방자치단체가 부담하여야 한다. O|X

해설

지방의회의원과 지방자치단체장을 선출하는 지방선거 사무는 지방자치단체의 존립을 위한 자치사무에 해당하므로, 원칙적으로 지방자치단체가 처리하고 그에 따른 비용도 지방자치단체가 부담하여야 한다(헌재 2008.6.26, 2005헌라7). [O]

106 지방자치의 헌법적 보장은 특정 지방자치단체의 존속을 보장한다는 것은 아니기 때문에, 국회가 법률로써 특정 지방자치단체를 폐지하여 다른 지방자치단체에 병합하더라도 헌법이 보장하는 지방자치제도의 본질적 내용을 침해하는 것은 아니다. O|X

해설

자치제도의 보장은 지방자치단체에 의한 자치행정을 일반적으로 보장한다는 것뿐이고 특정 자치단체의 존속을 보장한다는 것은 아니며 지방자치단체의 폐치·분합에 있어 지방자치권의 존중은 위에서 본 법정절차의 준수로 족한 것이다(헌재 1995.3.23, 94헌마175). [O]

107 지방자치법에 규정된 주민의 조례제정 · 개폐청구권 및 주민투표권은 헌법상 보장된 지방자치제도의 본질적 내용을 이룬다. O|X

해설

우리의 지방자치법이 비록 주민에게 주민투표권(제14조)과 조례의 제정 및 개폐청구권(제15조) 및 감사청구권(제16조)를 부여함으로써 주민이 지방자치사무에 직접 참여할 수 있는 길을 열어 놓고 있다 하더라도 이러한 제도는 어디까지나 입법자의 결단에 의하여 채택된 것일 뿐, 헌법이 이러한 제도의 도입을 보장하고 있는 것은 아니다(헌재 2001.6.28, 2000헌마735). [X]

108 읍 · 면 · 동은 지방자치단체에 해당하지 아니한다. O|X

해설

우리나라는 광역(시 · 도), 기초(구 · 시 · 군)까지만 지방자치가 허용되며, 읍 · 면 · 동까지는 지방자치에 해당하지 않는다. [O]

109 지방자치단체의 장은 지방의회에서 재의결된 사항이 법령에 위반된다고 인정하는 때에는 대법원에 소를 제기할 수 있다. O|X

해설

지방자치단체의 장은 제3항에 따라 재의결된 사항이 법령에 위반된다고 판단되면 재의결된 날부터 20일 이내에 대법원에 소를 제기할 수 있다(지방자치법 제192조 제4항). [O]

110 지방자치단체의 자치권이 미치는 관할 구역의 범위에는 육지는 물론 바다도 포함되므로 공유수면에 대한 지방자치단체의 자치권한이 존재한다. O|X

해설

지방자치법 제4조 제1항에 규정된 지방자치단체의 구역은 주민 · 자치권과 함께 자치단체의 구성요소이며, 자치권이 미치는 관할 구역의 범위에는 육지는 물론 바다도 포함되므로, 공유수면에 대한 지방자치단체의 자치권한이 존재한다(헌재 2015.7.30, 2010헌라2). [O]

111 법률의 위임이 없더라도 지역자치에 관한 사항인 한 주민들의 의무부과에 관한 것을 내용으로 하는 조례제정은 허용이 된다. O|X

해설

주민의 권리를 제한하고 의무를 부과하는 것임이 분명하므로 지방자치법 제15조 단서의 규정에 따라 그에 관한 법률의 위임이 있어야만 적법하다(대판 1997.4.25, 96추251). [X]

112 지방자치단체가 주민에게 의무를 부과하는 조례를 제정하는 경우 법률의 포괄적 위임으로 족하다는 것이 헌법재판소의 입장이다. O|X

해설

조례의 제정권자인 지방의회는 선거를 통해서 그 지역적인 민주적 정당성을 지니고 있는 주민의 대표기관이고 헌법이 지방자치단체에 포괄적인 자치권을 보장하고 있는 취지로 볼 때, 조례에 대한 법률의 위임은 법규명령에 대한 법률의 위임과 같이 반드시 구체적으로 범위를 정하여 할 필요가 없으며 포괄적인 것으로 족하다(헌재 1995.4.20, 92헌마264 등). [O]

113 대법원의 심리 결과 조례안의 일부가 법령에 위반되어 위법한 경우 그 조례안에 대한 지방의회의 재의결 전부의 효력이 부인되는 것은 아니다. O|X

해설

그 일부만의 효력배제는 자칫 전체적인 의결내용을 지방의회의 당초의 의도와는 다른 내용으로 변질시킬 우려가 있으며, 또 재의요구가 있는 때에는 재의요구에서 지적한 이의사항이 의결의 일부에 관한 것이라고 하여도 의결 전체가 실효되고 재의결만이 의결로서 효력을 발생하는 것이어서 의결의 일부에 대한 재의요구나 수정재의 요구가 허용되지 않는 점에 비추어 보아도 재의결의 내용 전부가 아니라 그 일부만이 위법한 경우에도 대법원은 의결 전부의 효력을 부인할 수밖에 없다(대판 1992.7.28, 92추31). [X]

114 주무부장관이 지방자치단체사무에 관한 시 · 도지사의 명령이나 처분에 대하여 시정명령을 할 수 있는 경우는 기관위임사무에 한정된다. O|X

해설

명령이나 처분에 대하여 시정명령을 할 수 있는 경우는 기관위임사무가 아니라 고유사무와 단체위임사무이다. [X]

115 지방의회의원에게는 회기 중에 지급되는 회기수당 이외에도 매월 의정활동비가 지급된다. O|X

해설

지방의원의 경우 과거에는 무보수 명예직이었으나 현재는 매월 의정활동비가 지급되고 있다. [O]

116 주민소환투표가 발의되어 공고되었다는 이유만으로 곧바로 주민소환투표 대상자의 권한행사가 정지되도록 한 것은 주민소환투표 대상자의 공무담임권을 침해하는 것이 아니다. O|X

해설

주민소환투표가 발의되어 공고되었다는 이유만으로 곧바로 주민소환투표 대상자의 권한행사가 정지되도록 한 것은 주민소환투표 대상자의 공무담임권을 침해하는 것이 아니다(헌재 2009.3.26, 2007헌마843). [O]

117 주민소환투표의 청구시 청구사유를 명시하지 아니하고 있는 주민소환에 관한 법률 해당 규정은 주민소환 대상자의 공무담임권을 침해한다. O|X

해설

지방자치단체장에 대한 주민소환의 청구사유에 관하여 아무런 규정을 두지 않은 것은 주민소환투표 대상자의 공무담임권을 침해하는 것이 아니다(헌재 2009.3.26, 2007헌마843). [X]

118 주민투표법 조항이 주민투표권 행사를 위한 요건으로 주민등록을 요구함으로써 국내거소신고만 할 수 있고 주민등록을 할 수 없는 국내거주 재외국민에 대하여 주민투표권을 인정하지 아니한 것은 헌법에 위반된다. O|X

해설

이 사건 법률조항 부분은 주민등록만을 요건으로 주민투표권의 행사 여부가 결정되도록 함으로써 '주민등록을 할 수 없는 국내거주 재외국민'을 '주민등록이 된 국민인 주민'에 비해 차별하고 있고, 나아가 '주민투표권이 인정되는 외국인'과의 관계에서도 차별을 행하고 있는바, 그와 같은 차별에 아무런 합리적 근거도 인정될 수 없으므로 국내거주 재외국민의 헌법상 기본권인 평등권을 침해하는 것으로 위헌이다(헌재 2007.6.28, 2004헌마643). [O]

119 자치권이 미치는 관할 구역의 범위에는 육지는 물론 바다도 포함되는바 지방자치단체의 영토고권이 인정된다. O|X

해설

마치 국가가 영토고권을 가지는 것과 마찬가지로 지방자치단체에게 자신의 관할 구역 내에 속하는 영토·영해·영공을 자유로이 관리하고 관할 구역 내의 사람과 물건을 독점적·배타적으로 지배할 수 있는 권리가 부여되어 있다고 할 수는 없다. 청구인이 주장하는 지방자치단체의 영토고권은 우리나라 헌법과 법률상 인정되지 아니한다(헌재 2006.3.30, 2003헌라2). [X]

120 지방의회의 의결이 법령에 위반된다고 판단되어 주무부장관이나 시·도지사로부터 재의요구 지시를 받은 지방자치단체의 장이 재의를 요구하지 아니한 경우에는 주무부장관이나 시·도지사는 대법원에 직접 제소할 수 있다. O|X

해설

주무부장관이나 시·도지사는 재의결된 사항이 법령에 위반된다고 판단됨에도 불구하고 해당 지방자치단체의 장이 소(訴)를 제기하지 아니하면 그 지방자치단체의 장에게 제소를 지시하거나 직접 제소 및 집행정지결정을 신청할 수 있다(지방자치법 제192조 제5항). [O]

121 중앙행정기관의 자치사무에 관한 감사범위는 위법성 감사에 한정되며, 이를 넘어선 포괄적인 감사는 지방자치권의 본질을 침해하는 것이다. O|X

해설

전반기 또는 후반기 감사와 같은 포괄적·사전적 일반감사나 위법사항을 특정하지 않고 개시하는 감사 또는 법령위반사항을 적발하기 위한 감사는 모두 허용될 수 없다(헌재 2009.5.28, 2006헌라6). [O]

122 국회가 지방선거의 선거비용을 지방자치단체가 부담하도록 공직선거법을 개정한 것은 지방자치단체의 자치권한을 침해하는 것이라고 볼 수 있다. O|X

해설

지방의회의원과 지방자치단체장을 선출하는 지방선거 사무는 지방자치단체의 존립을 위한 자치사무에 해당하므로, 원칙적으로 지방자치단체가 처리하고 그에 따른 비용도 지방자치단체가 부담하여야 한다(헌재 2008.6.26, 2005헌라7). [X]

123 지방자치단체의 수를 조정하기 위한 통폐합은 가능하지만, 모든 지방자치단체를 폐지하는 것은 지방자치제도의 성격상 금지된다. O|X

해설

모든 지방자치단체를 폐지하는 것은 본질을 훼손하는 것이기에 금지된다. [O]

124 감사과정에서 사전에 감사대상으로 특정되지 않은 사항에 관하여 위법사실이 발견된 경우, 당초 특정된 감사대상과 관련성이 있어 함께 감사를 진행해도 감사대상 지방자치단체가 절차적인 불이익을 받을 우려가 없고, 해당 감사대상을 적발하기 위한 목적으로 감사가 진행된 것으로 볼 수 없는 사항에 대하여는 감사대상의 확장 내지 추가가 허용된다. O|X

해설

자치사무의 합법성 통제라는 감사의 목적이나 감사의 효율성 측면을 고려할 때, 당초 특정된 감사대상과 관련성이 인정되는 것으로서 당해 절차에서 함께 감사를 진행하더라도 감사대상 지방자치단체가 절차적인 불이익을 받을 우려가 없고, 해당 감사대상을 적발하기 위한 목적으로 감사가 진행된 것으로 볼 수 없는 사항에 대하여는 감사대상의 확장 내지 추가가 허용된다(헌재 2023.3.23, 2020헌라5). [O]

125 광역지방자치단체가 자치사무에 대한 감사에 착수하기 위해서는 감사대상을 특정하여야 하나, 특정된 감사대상을 사전에 통보할 것까지 요구된다고 볼 수는 없다. O|X

해설

연간 감사계획에 포함되지 아니하고 사전조사가 수행되지 아니한 감사의 경우 지방자치법에 따른 감사의 절차와 방법 등에 관한 사항을 규정하는 '지방자치단체에 대한 행정감사규정' 등 관련 법령에서 감사대상이나 내용을 통보할 것을 요구하는 명시적인 규정이 없다. 광역지방자치단체가 자치사무에 대한 감사에 착수하기 위해서는 감사대상을 특정하여야 하나, 특정된 감사대상을 사전에 통보할 것까지 요구된다고 볼 수는 없다(헌재 2023.3.23, 2020헌라5). [O]

예상문제

제1절 직접참정권

01 권력분립원칙에 관한 설명 중 가장 적절하지 않은 것은? (다툼이 있는 경우 판례에 의함)

① 특정한 국가기관을 구성함에 있어 입법부, 행정부, 사법부가 그 권한을 나누어 가지거나 기능적인 분담을 하는 것은 권력분립의 원칙에 반하는 것이 아니라 권력분립의 원칙을 실현하는 것으로 볼 수 있다.

② 지방의회 사무직원의 임용권을 지방자치단체의 장에게 부여하도록 규정한 것은 지방의회와 지방자치단체의 장 사이의 상호견제와 균형의 원리에 비추어 헌법상 권력분립원칙에 위반된다.

③ 정치적 사건을 담당하게 될 특별검사의 임명에 대법원장을 관여시키는 것이 헌법상 권력분립의 원칙에 어긋난다거나 입법재량의 범위에 속하지 않는다고는 할 수 없다.

④ 권력분립원칙이란 국가권력의 기계적 분립과 엄격한 절연을 의미하는 것이 아니라 권력 상호간의 견제와 균형을 통한 국가권력의 통제를 의미한다.

⑤ 고위공직자범죄수사처를 독립된 형태로 설치하도록 규정한 것은 고위공직자범죄수사처가 행정부 소속의 중앙행정기관으로서 여러 기관에 의한 통제가 충실히 이루어질 수 있으므로 권력분립의 원칙에 위배되지 않는다.

해설

①④ 헌법상 권력분립의 원칙이란 국가권력의 기계적 분립과 엄격한 절연을 의미하는 것이 아니라, 권력 상호 간의 견제와 균형을 통한 국가권력의 통제를 의미하는 것이다. 따라서 특정한 국가기관을 구성함에 있어 입법부, 행정부, 사법부가 그 권한을 나누어 가지거나 기능적인 분담을 하는 것은 권력분립의 원칙에 반하는 것이 아니라 권력분립의 원칙을 실현하는 것으로 볼 수 있다(현재 2008.1.10, 2007헌마1468).

② 지방자치단체의 장에게 지방의회 사무직원의 임용권을 부여하고 있는 심판대상조항은 지방자치법 제101조, 제105조 등에서 규정하고 있는 지방자치단체의 장의 일반적 권한의 구체화로서 우리 지방자치의 현황과 실상에 근거하여 지방의회 사무직원의 인력수급 및 운영 방법을 최대한 효율적으로 규율하고 있다고 할 것이다. 심판대상조항에 따른 지방의회 의장의 추천권이 적극적이고 실질적으로 발휘된다면 지방의회 사무직원의 임용권이 지방자치단체의 장에게 있다고 하더라도 그것이 곧바로 지방의회와 집행기관 사이의 상호견제와 균형의 원리를 침해할 우려로 확대된다거나 또는 지방자치제도의 본질적 내용을 침해한다고 볼 수는 없다(현재 2014.1.28, 2012헌바216).

▶ 현재는 지방의회 의장이 임명하는 것으로 개정되었다.

③ 정치적 중립성을 엄격하게 지켜야 할 대법원장의 지위에 비추어 볼 때 정치적 사건을 담당하게 될 특별검사의 임명에 대법원장을 관여시키는 것이 과연 바람직한 것인지에 대하여 논란이 있을 수 있으나, 그렇다고 국회의 이러한 정치적·정책적 판단이 헌법상 권력분립원칙에 어긋난다거나 입법재량의 범위에 속하지 않는다고는 할 수 없다(현재 2008.1.10, 2007헌마1468).

⑤ 수사처는 '고위공직자범죄수사처 설치 및 운영에 관한 법률'이라는 입법을 통해 도입되었으므로 의회는 법률의 개폐를 통하여 수사처에 대한 시원적인 통제권을 가지고, 수사처 구성에 있어 입법부, 행정부, 사법부를 비롯한 다양한 기관이 그 권한을 나누어 가지므로 기관 간 견제와 균형이 이루어질 수 있으며, 국회, 법원, 헌법재판소에 의한 통제가 가능할 뿐 아니라 행정부 내부적 통제를 위한 여러 장치도 마련되어 있다. … 수사처의 권한 행사에 대하여는 여러 기관으로부터의 통제가 충실히 이루어질 수 있으므로, 단순히 수사처가 독립된 형태로 설치되었다는 이유만으로 권력분립원칙에 반한다고 볼 수 없다(현재 2021.1.28, 2020헌마264).

정답 ②

02 정치적 기본권에 관한 설명으로 옳고 그름의 표시(○, ×)가 모두 바르게 된 것은? (다툼이 있는 경우 판례에 의함)

㉠ 국가공무원 복무규정 조항이 금지하는 정치적 주장을 표시 또는 상징하는 행위에서의 '정치적 주장'이란 정당활동이나 선거와 직접적으로 관련되거나 특정 정당과의 밀접한 연계성을 인정할 수 있는 경우 등 정치적 중립성을 훼손할 가능성이 높은 주장에 한정된다고 해석되므로, 명확성원칙에 위배되지 아니한다.
㉡ 국가공무원법 제65조 제1항 중 그 밖의 정치단체에 관한 부분은 명확성원칙에 위배되어 공무원의 정치적 표현의 자유 및 결사의 자유를 침해한다.
㉢ 피성년후견인인 국가공무원은 당연퇴직한다고 규정한 국가공무원법 조항은 성년후견이 개시되지는 않았으나 동일한 정도의 정신적 장애가 발생한 국가공무원의 경우와 비교할 때 사익의 제한 정도가 과도하여 과잉금지원칙에 위반되므로 공무담임권을 침해한다.
㉣ 금고 이상의 선고유예를 받고 그 기간 중에 있는 자를 임용 결격 사유로 삼고 위 사유에 해당하는 자가 임용되더라도 이를 당연무효로 하는 구 국가공무원법 조항은, 입법자의 재량을 일탈하여 공무담임권을 침해한 것이라고 볼 수 없다.

① ㉠(○), ㉡(○), ㉢(○), ㉣(○)
② ㉠(○), ㉡(×), ㉢(○), ㉣(×)
③ ㉠(○), ㉡(×), ㉢(×), ㉣(○)
④ ㉠(×), ㉡(○), ㉢(×), ㉣(○)

해설

㉠ 규정들이 금지하는 '정치적 주장을 표시 또는 상징하는 행위'에서의 '정치적 주장'이란, 정당활동이나 선거와 직접적으로 관련되거나 특정 정당과의 밀접한 연계성을 인정할 수 있는 경우 등 공무원의 정치적 중립성을 훼손할 가능성이 높은 주장에 한정된다고 해석되므로, 명확성원칙에 위배되지 아니한다(헌재 2012.5.31, 2009헌마705).
㉡ 초·중등학교의 교육공무원이 정치단체의 결성에 관여하거나 이에 가입하는 행위를 금지한 것은 표현의 자유 및 결사의 자유를 침해한다. 이는 그 밖의 정치단체라는 불명확한 개념을 사용하고 있고, 이는 표현의 내용에 근거한 규제이므로 엄격한 기준의 명확성의 원칙에 부합하여야 한다. 모든 사회적 활동은 정치와 관련이 되는데 정치단체와 비정치단체를 구별할 기준을 도출해 낼 수도 없다(헌재 2020.4.23, 2018헌마551).

구분	정치단체	정치적 행위	정치활동	정치적 주장
주문	위헌	위헌	합헌	합헌

㉢ 휴직을 명하고 그 기간이 끝났음에도 불구하고 직무를 감당할 수 없게 된 때에 직권면직을 통하여도 입법목적을 달성할 수 있다. 따라서 침해의 최소성에 반하여 공무담임권을 침해한다(헌재 2022.12.22, 2020헌가8).
㉣ 공직에 대한 국민의 신뢰보장이라는 공익과 비교하여 임용결격공무원의 사익 침해가 현저하다고 보기 어렵다. 따라서 이 사건 법률조항은 입법자의 재량을 일탈하여 공무담임권을 침해한 것이라고 볼 수 없다(헌재 2016.7.28, 2014헌바437).

구분		주문	
집행유예		합헌	
선고유예	당연퇴직	일반	위헌
		수뢰죄	합헌
	임용결격	합헌	

정답 ①

03 참정권에 대한 설명으로 옳지 않은 것은? (다툼이 있는 경우 판례에 의함)

① 대통령선거경선 후보자가 당내경선 과정에서 탈퇴함으로써 후원회를 둘 수 있는 자격을 상실한 때에는 후원회로부터 후원받은 후원금 전액을 국고에 귀속하도록 하고 있는 구 정치자금법 조항은 평등권을 침해한다.

② 헌법 제24조는 모든 국민은 '법률이 정하는 바에 의하여' 선거권을 가진다고 규정함으로써 법률유보의 형식을 취하고 있지만, 이것은 국민의 기본권을 법률에 의하여 구체화하라는 뜻이며 선거권을 법률을 통해 구체적으로 실현하라는 의미이다.

③ 부재자투표 종료시간을 오후 4시까지로 정한 것은 투표시간을 지나치게 짧게 정한 것으로 직장업무 및 학교수업 때문에 사실상 투표가 곤란한 부재자투표자의 선거권을 침해한다.

④ 헌법 제25조의 공무담임권의 보호영역에는 특별한 사정도 없이 공무원이 특정의 장소에서 근무하는 것이나 특정의 보직을 받아 근무하는 것을 포함하는 일종의 '공무수행의 자유'까지 포함되지 않는다.

해설

① 당내경선에 참여하였는지 여부를 기준으로 하여 대통령선거경선 후보자를 차별하는 것은 합리적인 이유가 있는 차별이라고 보기 어려울 뿐 아니라 오히려 후원회 제도 및 대통령선거경선 후보자 제도를 두고 있는 취지에 배치되는 불합리한 차별취급이라고 할 것이다(헌재 2009.12.29, 2007헌마1412).

② 헌법 제24조는 모든 국민은 '법률이 정하는 바에 의하여' 선거권을 가진다고 규정함으로써 법률유보의 형식을 취하고 있지만, 이것은 국민의 기본권을 법률에 의하여 구체화하라는 뜻이며 선거권을 법률을 통해 구체적으로 실현하라는 의미이다(헌재 2015.1.28, 2012헌마409). 즉, 선거권 자체를 법률로 정하라는 의미는 아니다. 반드시 부여하여야 하는데 이를 어떻게 구체화할 것인가를 법률로 정하라는 의미이다.

③ 부재자투표의 투표종료시간을 오후 4시까지로 정한 것은 수단의 적정성, 법익균형성을 갖추고 있으므로 청구인의 선거권이나 평등권을 침해하지 않으며, 부재자투표의 투표개시시간을 일과시간 이내인 오전 10시부터로 정한 것은 수단의 적정성, 법익균형성을 갖추지 못하므로 과잉금지원칙에 위배하여 청구인의 선거권과 평등권을 침해하는 것이다(헌재 2012.2.23, 2010헌마601).

④ 헌법 제25조의 공무담임권의 보호영역에는 특별한 사정도 없이 공무원이 특정의 장소에서 근무하는 것이나 특정의 보직을 받아 근무하는 것을 포함하는 일종의 '공무수행의 자유'까지 포함되지 않는다(헌재 2014.1.28, 2011헌마239).

정답 ③

04 참정권에 관한 헌법재판소의 판시 내용 중 옳지 않은 것을 모두 고른 것은?

㉠ 재외국민과 단기해외체류자 등 국외거주자의 부재자투표권을 부인하는 것은 선거의 공정성을 확보하기 위한 것이므로 선거권의 침해는 아니다.
㉡ 공무원이 금고 이상의 선고유예 판결을 받으면 과실범의 경우까지도 당연퇴직케 하는 것은 공무담임권의 침해이다.
㉢ 지방자치단체의 장이 임기 중 그 직을 사퇴하고 다른 공직선거에 출마하지 못하게 제한하는 것은 행정임무수행의 안정성과 효율성 유지를 위한 합리성 있는 제한이다.
㉣ 헌법상의 국민투표권과 지방자치법상의 주민투표권은 다른 성질을 갖는 권리이다.
㉤ 지역구국회의원선거에서 예비후보자의 기탁금 액수를 해당 선거의 후보자등록시 납부해야 하는 기탁금의 100분의 20으로 설정한 것은 입법재량의 범위를 벗어난 것으로 볼 수 있다.

① ㉠, ㉡, ㉤　　② ㉠, ㉢, ㉣
③ ㉠, ㉢, ㉤　　④ ㉡, ㉢, ㉣

해설

옳지 않은 것은 ㉠, ㉢, ㉤이다.

㉠ 선거인명부에 오를 자격이 있는 국내거주자에 대해서만 부재자신고를 허용함으로써 재외국민과 단기해외체류자 등 국외거주자 전부에 대해 국정선거권의 행사 가능성을 부인하고 있는 법 제38조 제1항은 정당한 입법목적을 갖추지 못한 것으로 헌법 제37조 제2항에 위반하여 국외거주자의 선거권과 평등권을 침해하고 보통선거원칙에 위반된다(헌재 2007.6.28, 2004헌마644).

㉡ 오늘날 누구에게나 위험이 상존하는 교통사고 관련 범죄 등 과실범의 경우마저 당연퇴직의 사유에서 제외하지 않고 있으므로 최소침해성의 원칙에 반한다(헌재 2002.8.29, 2001헌마788).

㉢ 지방자치단체의 장이 임기 중 그 직을 사퇴하고 다른 공직선거에 출마하지 못하게 제한하는 것은 민주주의의 실현에 미치는 불리한 효과는 매우 큰 반면에, 이 사건 조항을 통하여 달성하려는 공익적 효과는 상당히 작다고 판단되므로, 피선거권의 제한을 정당화하는 합리적인 이유를 인정할 수 없다고 하겠다. 따라서 이 사건 조항은 보통선거원칙에 위반되어 청구인들의 피선거권을 침해하는 위헌적인 규정이다(헌재 1999.5.27, 98헌마214).

㉣ 지방자치법 제13조의2에서 규정한 주민투표권은 그 성질상 선거권, 공무담임권, 국민투표권과 전혀 다른 것이어서 이를 법률이 보장하는 참정권이라고 할 수 있을지언정 헌법이 보장하는 참정권이라고 할 수는 없다(헌재 2001.6.28, 2000헌마735).

㉤ 지역구국회의원선거에서 예비후보자의 기탁금 액수를 해당 선거의 후보자등록시 납부해야 하는 기탁금의 100분의 20으로 설정한 것은 입법재량의 범위를 벗어난 것으로 볼 수 없다(헌재 2015.7.30, 2012헌마402).

정답 ③

05 국민투표권에 관한 헌법재판소의 판시 내용으로 가장 적절하지 않은 것은?

① 국민투표권이란 국민이 국가의 특정한 사안에 대해 직접 결정권을 행사하는 권리로서, 각종 선거에서의 선거권 및 피선거권과 더불어 국민의 참정권의 한 내용을 이루는 헌법상 기본권이다.

② 대법원은 국민투표에 관하여 국민투표법 또는 동법에 의하여 발하는 명령에 위반하는 사실이 있는 경우라도 국민투표의 결과에 영향을 미쳤다고 인정하는 때에 한하여 국민투표의 전부 또는 일부의 무효를 판결한다.

③ 대의기관의 선출주체가 곧 대의기관의 의사결정에 대한 승인주체가 되는 것이 원칙이나, 국민투표권자의 범위가 대통령선거권자·국회의원선거권자와 반드시 일치할 필요는 없다.

④ 헌법 제130조 제2항에 의한 헌법개정에 대한 국민투표는 대통령 또는 국회가 제안하고 국회의 의결을 거쳐 확정된 헌법개정안에 대하여 주권자인 국민이 최종적으로 그 승인 여부를 결정하는 절차이다.

해설

① 국민투표권이란 국민이 국가의 특정 사안에 대해 직접 결정권을 행사하는 권리로서, 각종 선거에서의 선거권 및 피선거권과 더불어 국민의 참정권의 한 내용을 이루는 헌법상 기본권이다(헌재 2014.7.24, 2010헌마394).

② 대법원은 제92조의 규정에 의한 소송에 있어서 국민투표에 관하여 이 법 또는 이 법에 의하여 발하는 명령에 위반하는 사실이 있는 경우라도 국민투표의 결과에 영향이 미쳤다고 인정하는 때에 한하여 국민투표의 전부 또는 일부의 무효를 판결한다(국민투표법 제93조).

③ 헌법 제72조의 중요정책 국민투표와 헌법 제130조의 헌법개정안 국민투표는 대의기관인 국회와 대통령의 의사결정에 대한 국민의 승인절차에 해당한다. 대의기관의 선출주체가 곧 대의기관의 의사결정에 대한 승인주체가 되는 것은 당연한 논리적 귀결이므로, 국민투표권자의 범위는 대통령선거권자·국회의원선거권자와 일치되어야 한다(헌재 2014.7.24, 2009헌마256).

④ 헌법 제130조 제2항에 의한 헌법개정에 대한 국민투표는 대통령 또는 국회가 제안하고 국회의 의결을 거쳐 확정된 헌법개정안에 대하여 주권자인 국민이 최종적으로 그 승인 여부를 결정하는 절차이다(헌재 2014.7.24, 2010헌마394).

정답 ③

06 국민투표에 대한 설명으로 옳은 것은? (다툼이 있는 경우 판례에 의함)

① 국민투표의 대상으로 외교·국방·통일 기타 국가안위에 관한 중요정책을 명시한 것은 제7차 개정헌법부터이다.
② 헌법상 국민에게 특정 국가정책에 관하여 국민투표에 회부할 것을 요구할 권리가 인정된다.
③ 대통령은 헌법 제72조상의 국민투표부의권을 행사하여 헌법을 개정할 수 있다.
④ 헌법 제72조의 국민투표권은 대통령이 어떠한 정책을 국민투표에 부의한 경우에 비로소 행사가 가능한 기본권이다.

해설

① 현행 헌법이 아니라 제5공화국 헌법 내용이며, 현행 헌법은 이를 계승하였다.
② 특정의 국가정책에 대하여 다수의 국민들이 국민투표를 원하고 있음에도 불구하고 대통령이 이러한 희망과는 달리 국민투표에 회부하지 아니한다고 하여도 이를 헌법에 위반된다고 할 수 없고 국민에게 특정의 국가정책에 관하여 국민투표에 회부할 것을 요구할 권리가 인정된다고 할 수도 없다(헌재 2005.11.24. 2005헌마579 등).
③ 제72조로 헌법을 개정할 수는 없다.

> **헌법 제72조** 대통령은 필요하다고 인정할 때에는 외교·국방·통일 기타 국가안위에 관한 중요정책을 국민투표에 붙일 수 있다.

④ 헌법 제130조의 경우 반드시 해야 하는 국민투표이나, 헌법 제72조의 국민투표는 대통령이 투표에 부의한 경우에 비로소 행사가 가능하다.

정답 ④

제2절 정당제도

01 헌법상 정당제도에 관한 설명으로 가장 적절하지 않은 것은?

① 정당의 목적이나 조직이 민주적 기본질서에 위배될 때에는 정부는 헌법재판소에 그 해산을 제소할 수 있고, 정당은 헌법재판소의 심판에 의하여 해산된다.
② 정당은 그 목적·조직과 활동이 민주적이어야 한다.
③ 정당은 국민의 정치적 의사형성에 참여하는데 필요한 조직을 가져야 한다.
④ 정당은 법률이 정하는 바에 의하여 국가의 보호를 받으며, 국가는 법률이 정하는 바에 의하여 정당운영에 필요한 자금을 보조할 수 있다.

해설

① 헌법 제8조 제4항

> **헌법 제8조** ④ 정당의 목적이나 활동이 민주적 기본질서에 위배될 때에는 정부는 헌법재판소에 그 해산을 제소할 수 있고, 정당은 헌법재판소의 심판에 의하여 해산된다.

②③ 헌법 제8조 제2항

> **헌법 제8조** ② 정당은 그 목적·조직과 활동이 민주적이어야 하며, 국민의 정치적 의사형성에 참여하는데 필요한 조직을 가져야 한다.

④ 헌법 제8조 제3항

> **헌법 제8조** ③ 정당은 법률이 정하는 바에 의하여 국가의 보호를 받으며, 국가는 법률이 정하는 바에 의하여 정당운영에 필요한 자금을 보조할 수 있다.

정답 ①

02 정당에 대한 설명으로 옳지 않은 것은? (다툼이 있는 경우 판례에 의함)

① 정당설립의 자유는 비록 헌법 제8조 제1항 전단에 규정되어 있지만 국민 개인과 정당의 기본권이라 할 수 있다.
② 입법자는 정당설립의 자유를 최대한 보장하는 방향으로 입법하여야 하고, 헌법재판소는 정당설립의 자유를 제한하는 법률의 합헌성을 심사할 때에 헌법 제37조 제2항에 따라 엄격한 비례심사를 하여야 한다.
③ 정당의 해산을 명하는 헌법재판소의 결정은 국회가 정당법에 따라 집행한다.
④ 정당 소속 국회의원의 활동 중에서도 국민의 대표자의 지위가 아니라 그 정당에 속한 유력한 정치인의 지위에서 행한 활동으로서 정당과 밀접하게 관련되어 있는 행위들은 정당의 활동이 될 수 있다.

해설

① 정당설립의 자유는 비록 헌법 제8조 제1항 전단에 규정되어 있지만 국민 개인과 정당의 '기본권'이라 할 수 있고, 당연히 이를 근거로 하여 헌법소원심판을 청구할 수 있다고 보아야 할 것이다(헌재 2006.3.30, 2004헌마246).
② 입법자는 정당설립의 자유를 최대한 보장하는 방향으로 입법하여야 하고, 헌법재판소는 정당설립의 자유를 제한하는 법률의 합헌성을 심사할 때에 헌법 제37조 제2항에 따라 엄격한 비례심사를 하여야 한다(헌재 2014.1.28, 2012헌마431).
③ 정당의 해산을 명하는 헌법재판소의 결정은 중앙선거관리위원회가 정당법에 따라 집행한다(헌법재판소법 제60조).
▶ 정당해산을 집행하는 것이 중앙선거관리위원회라는 것을 아는지가 포인트로, 매우 쉬운 문제이다.
④ 정당 소속의 국회의원 등은 비록 정당과 밀접한 관련성을 가지지만 헌법상으로는 정당의 대표자가 아닌 국민 전체의 대표자이므로 그들의 행위를 곧바로 정당의 활동으로 귀속시킬 수는 없겠으나, 가령 그들의 활동 중에서도 국민의 대표자의 지위가 아니라 그 정당에 속한 유력한 정치인의 지위에서 행한 활동으로서 정당과 밀접하게 관련되어 있는 행위들은 정당의 활동이 될 수도 있을 것이다(헌재 2014.12.19, 2013헌다1).

정답 ③

03 정당제도에 대한 설명으로 옳지 않은 것은? (다툼이 있는 경우 판례에 의함)

① 헌법 제8조 제1항 전단의 '정당설립의 자유'는 헌법 제21조 제1항의 '결사의 자유'의 특별규정이다.
② 정당의 시·도당 하부조직의 운영을 위하여 당원협의회 등의 사무소를 두는 것을 금지한 정당법 조항은 고비용 저효율의 정당구조를 개선하기 위한 것으로 정당활동의 자유를 침해하지 않는다.
③ 임기만료에 의한 국회의원선거에 참여하여 의석을 얻지 못하고 유효투표총수의 100분의 2 이상을 득표하지 못한 정당에 대해 그 등록을 취소하도록 한 정당법 조항은 정당설립의 자유를 침해한다.
④ 정당에 대한 재정적 후원을 금지하고 이를 위반시 형사처벌하는 정치자금법 조항은 정당 후원회를 금지함으로써 불법 정치자금 수수로 인한 정경유착을 막고 정당의 정치자금 조달의 투명성을 확보하여 정당운영의 투명성과 도덕성을 제고하기 위한 것이므로, 정당의 정당활동의 자유를 침해하지 않는다.

해설

① 정당설립의 자유는 헌법 제8조 제1항 전단에 규정되어 있지만, 국민 개인과 정당 그리고 '권리능력 없는 사단'의 실체를 가지고 있는 등록취소된 정당에게 인정되는 '기본권'이다. 이 사건 심판대상조항들에 의해 제한되는 기본권은 헌법 제21조 제1항의 '결사의 자유'의 특별규정으로서 헌법 제8조 제1항 전단의 '정당설립의 자유'이다(헌재 2014.1.28, 2012헌마431).
② 정당의 시·도당 하부조직의 운영을 위하여 당원협의회 등의 사무소를 두는 것을 금지한 정당법 조항은 고비용 저효율의 정당구조를 개선하기 위한 것으로 정당활동의 자유를 침해하지 않는다(헌재 2016.3.31, 2013헌가22).
③ 임기만료에 의한 국회의원선거에 참여하여 의석을 얻지 못하고 유효투표총수의 100분의 2 이상을 득표하지 못한 정당에 대해 그 등록을 취소하도록 한 정당법 조항은 정당설립의 자유를 침해한다(헌재 2014.1.28, 2012헌마431).
④ 정당제 민주주의하에서 정당에 대한 재정적 후원이 전면적으로 금지됨으로써 정당이 스스로 재정을 충당하고자 하는 정당활동의 자유와 국민의 정치적 표현의 자유에 대한 제한이 매우 크다고 할 것이므로, 이 사건 법률조항은 정당의 정당활동의 자유와 국민의 정치적 표현의 자유를 침해한다(헌재 2015.12.23, 2013헌바168).

정답 ④

04 정당에 대한 설명으로 옳은 것은? (다툼이 있는 경우 판례에 의함)

① 헌법재판소의 정당해산결정에 대해서는 재심을 허용하지 아니함으로써 얻을 수 있는 법적 안정성의 이익이 재심을 허용함으로써 얻을 수 있는 구체적 타당성의 이익보다 더 중하다고 할 것이므로, 헌법재판소의 정당해산결정은 그 성질상 재심에 의한 불복이 허용될 수 없다.

② 헌법재판소가 정당설립의 자유를 제한하는 법률의 합헌성을 심사하는 경우 헌법 제37조 제2항에 따라 엄격한 비례심사를 하여야 한다.

③ 경찰청장으로 하여금 퇴직 후 2년간 정당의 설립과 가입을 금지하는 것은 경찰청장의 정당설립의 자유와 피선거권 및 직업의 자유를 침해하는 것이다.

④ 정당은 그 대의기관의 결의로써 해산할 수 있으며, 이에 따라 정당이 해산한 때에는 그 대표자는 지체 없이 그 뜻을 국회에 신고하여야 한다.

해설

① 정당해산심판절차에서는 재심을 허용하지 아니함으로써 얻을 수 있는 법적 안정성의 이익보다 재심을 허용함으로써 얻을 수 있는 구체적 타당성의 이익이 더 크므로 재심을 허용하여야 한다(헌재 2016.5.26, 2015헌아20).
▶ 부정한다 ×, 제한적으로 허용한다 ×

② 입법자는 정당설립의 자유를 최대한 보장하는 방향으로 입법하여야 하고, 헌법재판소는 정당설립의 자유를 제한하는 법률의 합헌성을 심사할 때에 헌법 제37조 제2항에 따라 엄격한 비례심사를 하여야 한다(헌재 2014.1.28, 2012헌마431).

③ 이 사건 법률조항은 정당의 자유를 제한함에 있어서 갖추어야 할 적합성의 엄격한 요건을 충족시키지 못한 것으로 판단되므로 이 사건 법률조항은 정당설립 및 가입의 자유를 침해하는 조항이다(헌재 1999.12.23, 99헌마135).
▶ 경찰청장의 경우에는 모든 공직에 취임이 금지되는 것은 아니어서, 피선거권과 직업의 자유를 침해하지 않는다(검찰총장의 경우에는 침해).

④ 정당법 제45조 제2항

> 정당법 제45조 【자진해산】 ② 제1항의 규정에 의하여 정당이 해산한 때에는 그 대표자는 지체 없이 그 뜻을 관할 선거관리위원회에 신고하여야 한다.

정답 ②

05 정당에 대한 설명으로 가장 적절하지 않은 것은? (다툼이 있는 경우 판례에 의함)

① 당론과 다른 견해를 가진 소속 국회의원을 당해 교섭단체의 필요에 따라 다른 상임위원회로 전임(사임·보임)하는 조치는 특별한 사정이 없는 한 헌법상 용인될 수 있는 정당 내부의 사실상 강제의 범위 내에 해당한다.

② "정당은 그 목적·조직과 활동이 민주적이어야 하며, 국민의 정치적 의사형성에 참여하는데 필요한 조직을 가져야 한다."는 헌법 제8조 제2항은 정당에 대하여 정당의 자유의 한계를 부과함과 동시에 입법자에 대하여 그에 필요한 입법을 해야 할 의무를 부과하고 있으나, 정당의 자유의 헌법적 근거를 제공하는 근거규범으로서 기능하는 것은 아니다.

③ 정당의 창당준비위원회는 중앙당의 경우에는 200명 이상의, 시·도당의 경우에는 100명 이상의 발기인으로 구성한다.

④ 정당설립의 자유는 등록된 정당에게만 인정되는 기본권이므로 등록이 취소되어 권리능력 없는 사단의 실체만을 가지고 있는 정당에게는 인정되지 않는다.

해설

① 당론과 다른 견해를 가진 소속 국회의원을 당해 교섭단체의 필요에 따라 다른 상임위원회로 전임(사·보임)하는 조치는 특별한 사정이 없는 한 헌법상 용인될 수 있는 "정당 내부의 사실상 강제"의 범위 내에 해당한다고 할 것이다(헌재 2003.10.30, 2002헌라1).

② 헌법 제8조 제2항은 헌법 제8조 제1항에 의하여 정당의 자유가 보장됨을 전제로 하여, 그러한 자유를 누리는 정당의 목적·조직·활동이 민주적이어야 한다는 요청, 그리고 그 조직이 국민의 정치적 의사형성에 참여하는데 필요한 조직이어야 한다는 요청을 내용으로 하는 것으로서, 정당에 대하여 정당의 자유의 한계를 부과하는 것임과 동시에 입법자에 대하여 그에 필요한 입법을 해야 할 의무를 부과하고 있다. 그러나 이에 나아가 정당의 자유의 헌법적 근거를 제공하는 근거규범으로서 기능한다고는 할 수 없다(헌재 2004.12.16, 2004헌마456).

▶ 제1항은 자유의 근거, 제2항은 규제의 근거

③ 정당법 제6조

정당법 제6조 【발기인】 창당준비위원회는 중앙당의 경우에는 200인 이상의, 시·도당의 경우에는 100인 이상의 발기인으로 구성한다.

④ 정당설립의 자유는 그 성질상 등록된 정당에게만 인정되는 기본권이 아니라 청구인과 같이 등록정당은 아니지만 권리능력 없는 사단의 실체를 가지고 있는 정당에게도 인정되는 기본권이라고 할 수 있다(헌재 2006.3.30, 2004헌마246).

정답 ④

06 정당에 관한 설명으로 옳지 않은 것은? (다툼이 있는 경우 헌법재판소 판례에 의함)

① 정당등록취소조항에 의하여 등록취소된 정당의 명칭과 같은 명칭을 등록취소된 날부터 최초로 실시하는 임기만료에 의한 국회의원선거의 선거일까지 정당의 명칭으로 사용할 수 없도록 한 정당법 조항은 정당활동과 무관하여 정당설립의 자유를 침해하지 않는다.

② 초·중등학교 교원에 대해서는 정당가입의 자유를 금지하면서 대학의 교원에게 이를 허용한다 하더라도, 이는 양자 간 직무의 본질이나 내용 그리고 근무태양이 다른 점을 고려한 합리적인 차별이라고 할 것이므로 평등원칙에 위배된다고 할 수 없다.

③ 정당이 아닌 단체에 정당만큼의 선거운동이나 정치활동을 허용하지 아니하였다 하여 곧 그것이 그러한 단체의 평등권이나 정치적 의사표현의 자유를 제한한 것이라고는 말할 수 없다.

④ 정당이 그 목적을 달성하기 위하여 행하는 고유한 기능과 통상적인 활동은 선거에 있어서도 보장되어야 하며, 따라서 그로 인하여 무소속후보자와 정당후보자 간에 차별이 생긴다 하더라도 그것은 불합리한 차별이라고 할 수 없다.

해설

① 정당명칭사용금지조항은 정당등록취소조항에 의하여 등록이 취소된 정당의 명칭을 등록취소된 날부터 최초로 실시하는 임기만료에 의한 국회의원선거의 선거일까지 정당의 명칭으로 사용할 수 없게 하는 조항인바, 이는 앞서 본 정당등록취소조항을 전제로 하고 있으므로 같은 이유에서 정당설립의 자유를 침해한다고 할 것이다(헌재 2014.1.28, 2012헌마431 등).

② 양자 간 직무의 본질이나 내용 그리고 근무태양이 다른 점을 고려할 때 합리적인 차별이라고 할 것이므로 청구인이 주장하듯 헌법상의 평등권을 침해한 것이라고 할 수 없다(헌재 2004.3.25, 2001헌마710).

③ 정당이 아닌 단체에게 정당만큼의 선거운동이나 정치활동을 허용하지 아니하였다 하여 곧 그것이 그러한 단체의 평등권이나 정치적 의사표현의 자유를 제한한 것이라고는 말할 수 없다(헌재 1995.5.25, 95헌마105).

④ 정당이 그 목적을 달성하기 위하여 행하는 고유한 기능과 통상적인 활동은 선거에 있어서도 보장되어야 하며 따라서 그로 인하여 무소속후보자와 정당후보자 간에 차별이 생긴다 하더라도 그것은 불합리한 차별이라고 할 수 없다(헌재 1996.8.29, 96헌마99).

정답 ①

07 정당해산심판에 관한 설명으로 옳은 것은? (다툼이 있는 경우 헌법재판소 결정례에 의함)

① 자유민주적 기본질서를 부정하고 이를 적극적으로 제거하려는 조직도, 국민의 정치적 의사 형성에 참여하는 한 '정당의 자유'의 보호를 받는 정당에 해당하며 오로지 헌법재판소가 그의 위헌성을 확인한 경우에만 정당은 정치생활의 영역으로부터 축출될 수 있다.

② 헌법 제8조 제4항에서 말하는 민주적 기본질서의 위배란, 정당의 목적이나 활동이 우리 사회의 민주적 기본질서에 대하여 실질적인 해악을 끼칠 수 있는 구체적 위험성을 초래하는 경우뿐만 아니라 민주적 기본질서에 대한 단순한 위반이나 저촉까지도 포함하는 넓은 개념이다.

③ "정당의 목적이나 활동이 민주적 기본질서에 위배될 때"라는 헌법 제8조 제4항의 정당해산 요건이 충족되면, 헌법재판소는 해당 정당의 위헌적 문제성을 해결할 수 있는 다른 대안적 수단이 있는 경우라 하더라도 강제적 정당해산결정을 할 수 있다.

④ 헌법재판소의 결정으로 정당이 해산되는 경우에 정당해산결정의 실효성을 위해서 해산된 정당 소속의 국회의원과 지방의회의원은 당연히 그 자격을 상실한다.

해설

① 헌법은 정당의 금지를 민주적 정치과정의 개방성에 대한 중대한 침해로서 이해하여 오로지 제8조 제4항의 엄격한 요건하에서만 정당설립의 자유에 대한 예외를 허용하고 있다. 이에 따라 자유민주적 기본질서를 부정하고 이를 적극적으로 제거하려는 조직도, 국민의 정치적 의사형성에 참여하는 한, '정당의 자유'의 보호를 받는 정당에 해당하며, 오로지 헌법재판소가 그의 위헌성을 확인한 경우에만 정당은 정치생활의 영역으로부터 축출될 수 있다(헌재 1999.12.23, 99헌마135).

② 민주적 기본질서의 '위배'란, 민주적 기본질서에 대한 단순한 위반이나 저촉을 의미하는 것이 아니라, 민주사회의 불가결한 요소인 정당의 존립을 제약해야 할 만큼 그 정당의 목적이나 활동이 우리 사회의 민주적 기본질서에 대하여 실질적인 해악을 끼칠 수 있는 구체적 위험성을 초래하는 경우를 가리킨다(헌재 2014.12.19, 2013헌다1).

③ 헌법 제8조 제4항의 명문규정상 요건이 구비된 경우에도 해당 정당의 위헌적 문제성을 해결할 수 있는 다른 대안적 수단이 없고, 정당해산결정을 통하여 얻을 수 있는 사회적 이익이 정당해산결정으로 인해 초래되는 정당활동 자유 제한으로 인한 불이익과 민주주의 사회에 대한 중대한 제약이라는 사회적 불이익을 초과할 수 있을 정도로 큰 경우에 한하여 정당해산결정이 헌법적으로 정당화될 수 있다(헌재 2014.12.19, 2013헌다1).

④ 엄격한 요건 아래 위헌정당으로 판단하여 정당해산을 명하는 것은 헌법을 수호한다는 방어적 민주주의 관점에서 비롯된 것이므로, 이러한 비상상황에서는 국회의원의 국민 대표성은 부득이 희생될 수밖에 없다. 헌법재판소의 해산결정으로 해산되는 정당 소속 국회의원의 의원직 상실은 위헌정당해산제도의 본질로부터 인정되는 기본적 효력이다(헌재 2014.12.19, 2013헌다1). 다만, 지방의원에 대해서 판례는 언급한 적이 없다.

정답 ①

08 정당해산심판제도에 관한 설명 중 가장 적절한 것은? (다툼이 있는 경우 판례에 의함)

① 정당해산심판절차에서는 정당해산심판의 성질에 반하지 않는 한도에서 헌법재판소법 제40조에 따라 민사소송에 관한 법령이 준용될 수 있지만, 민사소송에 관한 법령이 준용되지 않아 법률의 공백이 생기는 부분에 대하여는 헌법재판소가 정당해산심판의 성질에 맞는 절차를 창설할 수 있다.

② 정당의 활동은 정당 기관의 행위나 주요 정당관계자의 행위로서 그 정당에게 귀속시킬 수 있는 활동 일반을 의미하며 일반 당원의 활동은 제외한다.

③ 정당해산결정의 파급효과를 고려할 때, 재심을 허용하지 아니함으로써 얻을 수 있는 법적 안정성의 이익보다 재심을 허용함으로써 얻을 수 있는 구체적 타당성의 이익이 더 큰 경우에 한하여 제한적으로 인정된다.

④ 정당해산결정이 선고되면, 대체정당의 결성이 금지되나 동일한 당명을 사용하는 것은 가능하다.

해설

① 정당해산심판절차에 민사소송에 관한 법령을 준용할 수 있도록 규정한 헌법재판소법 제40조 제1항 전문 중 '정당해산심판의 절차'에 관한 부분(준용조항)은 재판청구권을 침해하지 않는다(헌재 2014.2.27, 2014헌마7).
② '정당의 활동'이란, 정당 기관의 행위나 주요 정당관계자, 당원 등의 행위로서 그 정당에게 귀속시킬 수 있는 활동 일반을 의미한다(헌재 2014.12.19, 2013헌다1).
③ 정당해산심판은 원칙적으로 해당 정당에게만 그 효력이 미치며, 정당해산결정은 대체정당이나 유사정당의 설립까지 금지하는 효력을 가지므로 오류가 드러난 결정을 바로잡지 못한다면 장래 세대의 정치적 의사결정에까지 부당한 제약을 초래할 수 있다. 따라서 정당해산심판절차에서는 재심을 허용하지 아니함으로써 얻을 수 있는 법적 안정성의 이익보다 재심을 허용함으로써 얻을 수 있는 구체적 타당성의 이익이 더 크므로 재심을 허용하여야 한다. 한편, 이 재심절차에서는 원칙적으로 민사소송법의 재심에 관한 규정이 준용된다(헌재 2016.5.26, 2015헌아20).
④ 헌법재판소의 결정에 의하여 해산된 정당의 명칭과 같은 명칭은 정당의 명칭으로 다시 사용하지 못한다(정당법 제41조 제2항).

정답 ①

09 정당해산심판에 대한 설명으로 옳은 것은? (다툼이 있는 경우 판례에 의함)

① 헌법재판소는 정당해산심판의 청구를 받은 때에는 청구인의 신청에 의해서만 종국결정의 선고시까지 피청구인의 활동을 정지하는 결정을 할 수 있다.
② 정당해산심판은 헌법재판소법에 특별한 규정이 있는 경우를 제외하고는 헌법재판의 성질에 반하지 아니하는 한도 내에서 민사소송에 관한 법령과 행정소송법을 함께 준용한다.
③ 정당의 목적이나 활동이 민주적 기본질서에 위배되는 것이 헌법이 정한 정당해산의 요건이므로, 정당해산결정시 비례의 원칙 충족 여부에 대하여 판단할 필요가 있다.
④ 어떤 정당이 위헌정당이라는 이유로 해산이 되면 공직선거법이 정한 바에 따라 해당 정당에 소속된 모든 국회의원의 의원직이 상실된다.

해설

① 헌법재판소는 정당해산심판의 청구를 받은 때에는 직권 또는 청구인의 신청에 의하여 종국결정의 선고시까지 피청구인의 활동을 정지하는 결정을 할 수 있다(헌법재판소법 제57조).
② 정당해산은 민사소송을 준용할 뿐 행정소송법을 준용하지는 않는다(헌법재판소법 제40조 참조).
③ 강제적 정당해산은 헌법상 핵심적인 정치적 기본권인 정당활동의 자유에 대한 근본적 제한이므로, 헌법재판소는 이에 관한 결정을 할 때 헌법 제37조 제2항이 규정하고 있는 비례원칙을 준수해야만 한다(헌재 2014.12.19, 2013헌다1).
④ 어떤 정당이 위헌정당으로 해산된 경우 국회의원직은 어떻게 되는가에 대한 법조문이 없어 학설이 대립한다. 이에 대해 헌법재판소는 헌법재판소의 해산결정으로 해산되는 정당 소속 국회의원의 의원직 상실은 위헌정당해산 제도의 본질로부터 인정되는 기본적 효력이다라고 판시하였다(헌재 2014.12.19, 2013헌다1). 따라서 '공직선거법이 정한 바에 따라' 부분이 틀린 지문이다.

정답 ③

10 정당에 대한 설명으로 옳지 않은 것은? (다툼이 있는 경우 판례에 의함)

① 국회의원선거에 참여하여 의석을 얻지 못하고 유효투표총수의 100분의 2 이상을 득표하지 못한 정당에 대해 그 등록을 취소하도록 한 구 정당법의 정당등록취소조항은 정당설립의 자유를 침해한다.

② "누구든지 2 이상의 정당의 당원이 되지 못한다."라고 규정하고 있는 정당법 조항은 정당의 정체성을 보존하고 정당 간의 위법·부당한 간섭을 방지함으로써 정당정치를 보호·육성하기 위한 것으로서, 정당 당원의 정당 가입·활동의 자유를 침해한다고 할 수 없다.

③ 헌법재판소의 결정에 의하여 해산된 정당의 명칭과 동일한 명칭은 해산된 날부터 최초로 실시하는 임기만료에 의한 국회의원선거의 선거일까지만 정당의 명칭으로 사용할 수 없다.

④ 정당의 시·도당 하부조직의 운영을 위하여 당원협의회 등의 사무소를 두는 것을 금지한 구 정당법 조항은 정당활동의 자유를 침해하지 않는다.

해설

① 정당법에서 법정의 등록요건을 갖추지 못하게 된 정당이나 일정기간 국회의원선거 등에 참여하지 아니한 정당의 등록을 취소하도록 하는 등 입법목적을 실현할 수 있는 다른 법적 장치도 마련되어 있으므로, 정당등록취소조항은 침해의 최소성 요건을 갖추지 못하였다(헌재 2014.1.28, 2012헌마431).

② 심판대상조항은 정당의 정체성을 보존하고 정당 간의 위법·부당한 간섭을 방지함으로써 정당정치를 보호·육성하기 위한 것으로 볼 수 있다. 이러한 입법목적은 국민의 정치적 의사형성에 중대한 영향을 미치는 정당의 헌법적 기능을 보호하기 위한 것으로 정당하고, 복수 당적 보유를 금지하는 것은 입법목적 달성을 위한 적합한 수단에 해당한다(헌재 2022.3.31, 2020헌마1729). 따라서 정당의 당원인 청구인들의 정당 가입·활동의 자유를 침해한다고 할 수 없다.

③ 헌법재판소의 결정에 의하여 해산된 정당의 명칭과 같은 명칭은 정당의 명칭으로 다시 사용하지 못한다(정당법 제41조 제2항). 제44조 제1항의 규정에 의하여 등록취소된 정당의 명칭과 같은 명칭은 등록취소된 날부터 최초로 실시하는 임기만료에 의한 국회의원선거의 선거일까지 정당의 명칭으로 사용할 수 없다(정당법 제41조 제4항).

④ 과거 지구당의 고비용 저효율의 정당구조를 개선하기 위해 사무소를 설치할 수 없도록 하는 것이므로 이는 정당활동의 자유를 침해하지 아니한다(헌재 2016.3.31, 2013헌가22).

정답 ③

11 정당해산심판에 대한 설명으로 옳지 않은 것은? (다툼이 있는 경우 판례에 의함)

① 정당해산심판의 사유로서 정당의 활동은 정당 기관의 행위나 주요 정당관계자, 당원 등의 행위로서 그 정당에 귀속시킬 수 있는 활동 일반을 의미하므로, 정당대표나 주요 관계자의 행위라 하더라도 개인적 차원의 행위에 불과한 것은 이에 포함된다고 보기는 어렵다.

② 헌법재판소의 결정으로 정당이 해산될 경우에 정당의 기속성이 강한 비례대표국회의원은 의원직을 상실하나, 국민이 직접 선출한 지역구국회의원은 의원직을 상실하지 않는다.

③ 강제적 정당해산은 헌법상 핵심적인 정치적 기본권인 정당활동의 자유에 대한 근본적인 제한이므로, 헌법재판소는 이에 관한 결정을 할 때 헌법 제37조 제2항이 규정하는 비례원칙을 준수하여야 한다.

④ 헌법 제8조 제4항에서 말하는 민주적 기본질서의 '위배'란, 민주적 기본질서에 대한 단순한 위반이나 저촉을 의미하는 것이 아니라, 민주사회의 불가결한 요소인 정당의 존립을 제약해야 할 만큼 그 정당의 목적이나 활동이 우리 사회의 민주적 기본질서에 대하여 실질적인 해악을 끼칠 수 있는 구체적 위험성을 초래하는 경우를 가리킨다.

해설

① 당원의 행동으로 해산되기 위해서는 그 행동이 당의 명령이나 당수의 지시에 의한 것이어야 한다. 정당의 기본방침에 반하여 일부 당원의 탈선 정도로는 해산사유가 될 수 없다(헌재 2014.12.19, 2013헌다1).

② 엄격한 요건 아래 위헌정당으로 판단하여 정당해산을 명하는 것은 헌법을 수호한다는 방어적 민주주의 관점에서 비롯된 것이므로, 이러한 비상상황에서는 국회의원의 국민 대표성은 부득이 희생될 수밖에 없다. 헌법재판소의 해산결정으로 해산되는 정당 소속 국회의원의 의원직 상실은 위헌정당해산제도의 본질로부터 인정되는 기본적 효력이다(헌재 2014.12.19, 2013헌다1).

③ 강제적 정당해산은 핵심적인 정치적 기본권인 정당활동의 자유에 대한 근본적 제한이므로 헌법 제37조 제2항이 규정하고 있는 비례의 원칙을 준수해야만 한다(헌재 2014.12.19, 2013헌다1).

④ 민주적 기본질서 위배란 민주적 기본질서에 대한 단순한 위반이나 저촉을 의미하는 것이 아니라 정당의 목적이나 활동이 민주적 기본질서에 대한 실질적 해악을 끼칠 수 있는 구체적 위험성을 초래하는 경우를 가리킨다(헌재 2014.12.19, 2013헌다1).

정답 ②

12 현행법상 정당 또는 정당해산심판에 대한 설명으로 가장 적절한 것은? (다툼이 있는 경우 판례에 의함)

① 해산의 대상이 되는 정당은 등록을 필한 기성정당에 한하지 않고, 정당의 방계조직·위장조직·대체정당 등도 헌법재판소의 해산결정으로만 해산될 수 있다.

② 헌법재판소가 정당해산의 결정을 하는 때에는 재판관 과반수의 찬성을 요한다.

③ 정당이 그 소속 국회의원을 제명하기 위해서는 당헌이 정하는 절차를 거치는 외에 그 소속 국회의원 전원의 3분의 2 이상의 찬성이 있어야 한다.

④ 헌법재판소의 해산결정으로 위헌정당이 해산되는 경우에 그 정당 소속 국회의원이 그 의원직을 유지하는지 상실하는지에 대하여 헌법이나 법률에 명문의 규정이 없으나, 정당해산제도의 취지 등에 비추어 볼 때 헌법재판소의 정당해산결정이 있는 경우 그 정당 소속 국회의원의 의원직은 당선 방식을 불문하고 모두 상실되어야 한다.

해설

① 해산의 대상이 되는 정당은 등록을 필한 기성정당(시·도당, 전문위원회, 청년부, 정당훈련원, 출판부와 같은 정당의 하부조직도 포함)에 한하며, 정당의 방계조직·위장조직·대체정당 등은 일반결사로 이해되어 행정처분으로 해산가능하다.

② 헌법재판소에서 법률의 위헌결정, 탄핵의 결정, 정당해산의 결정 또는 헌법소원에 관한 인용결정을 할 때에는 재판관 6인 이상의 찬성이 있어야 한다(헌법 제113조 제1항).

③ 정당이 그 소속 국회의원을 제명하기 위해서는 당헌이 정하는 절차를 거치는 외에 그 소속 국회의원 전원의 2분의 1 이상의 찬성이 있어야 한다(정당법 제33조).

④ 헌법재판소의 해산결정으로 해산되는 정당 소속 국회의원의 의원직 상실은 위헌정당해산제도의 본질로부터 인정되는 기본적 효력이다(헌재 2014.12.19, 2013헌다1).

정답 ④

13 우리나라 정당제도에 관한 설명 중 옳은 것은?

① 대한민국 국민이 아닌 자도 당원이 될 수 있다.

② 정당의 목적이나 활동이 민주적 기본질서에 위배될 때에는 국회의 소추의결에 의한 헌법재판소의 심판에 의하여 해산된다.

③ 정당이 선거관리위원회의 등록취소나 헌법재판소의 위헌결정에 의하여 해산된 경우 같은 명칭은 정당의 명칭으로 다시 사용하지 못한다.

④ 정당이 헌법재판소의 결정으로 해산된 때에는 그 정당의 대표 및 간부는 해산된 정당의 강령 또는 기본정책과 유사한 것으로 정당을 창당하지 못한다.

해설

① 정당법 제22조 제2항

> **정당법 제22조 【발기인 및 당원의 자격】** ② 대한민국 국민이 아닌 자는 당원이 될 수 없다.

② 헌법 제8조 제4항

> **헌법 제8조** ④ 정부의 제소에 의한 헌법재판소의 심판에 의하여 해산된다.

③ 등록취소의 경우에는 이러한 제한 규정이 없으므로 다시 사용가능하다.

> **정당법 제41조 【유사명칭 등의 사용금지】** ② 헌법재판소의 결정에 의하여 해산된 정당의 명칭과 같은 명칭은 다시 사용하지 못한다.

④ 정당이 헌법재판소의 결정으로 해산된 때에는 그 정당의 대표자 및 간부는 해산된 정당의 강령(또는 기본정책)과 동일하거나 유사한 것으로 정당을 창당하지 못한다(정당법 제40조).

정답 ④

14 정치자금에 관한 법률에 대한 다음 설명 중 옳고 그름의 표시(○, ×)가 모두 바르게 된 것은? (다툼이 있는 경우 판례에 의함)

> ㉠ 교섭단체를 구성하지 못한 5석 이상의 의석을 가진 정당에 대하여는 100분의 5씩 보조금을 지급한다.
> ㉡ 외국인, 법인은 정치자금을 기부할 수 없다.
> ㉢ 정당에 국고보조금을 배분함에 있어 교섭단체의 구성 여부에 따라 차등을 두는 것은 평등원칙에 위반되지 않는다.
> ㉣ 경상보조금을 지급받은 정당은 그 경상보조금 총액의 100분의 30 이상은 정책연구소에, 100분의 10 이상은 시·도당에 배분·지급하여야 하며, 100분의 10 이상은 여성정치발전을 위하여 사용하여야 한다.
> ㉤ 국회의원 개인은 후원회를 둘 수 있지만 정당은 후원회를 둘 수 없다.
> ㉥ 광역지방자치단체의 장 선거의 후보자는 지정권자가 될 수 있으나, 기초자치단체의 경우는 그러지 아니한다.

① ㉠(○), ㉡(×), ㉢(○), ㉣(○), ㉤(○), ㉥(×)

② ㉠(×), ㉡(○), ㉢(○), ㉣(×), ㉤(○), ㉥(○)

③ ㉠(×), ㉡(○), ㉢(×), ㉣(×), ㉤(×), ㉥(○)

④ ㉠(○), ㉡(○), ㉢(○), ㉣(○), ㉤(×), ㉥(×)

해설

㉠ 보조금 지급 당시 제1항 규정에 의한 배분·지급대상이 아닌 정당으로서 5석 이상의 의석을 가진 정당에 대하여는 100분의 5씩을 지급한다(정치자금법 제27조 제2항).

㉡ 정치자금법 제31조

> **정치자금법 제31조【기부의 제한】** ① 외국인, 국내·외의 법인 또는 단체는 정치자금을 기부할 수 없다.

㉢ 현행의 보조금 배분비율은 의석수 비율보다는 오히려 소수 정당에 유리하고, 득표수 비율과는 큰 차이가 나지 않아 결과적으로 교섭단체 구성 여부에 따른 차이가 크게 나타나지 않고 있다. 위와 같은 사정들을 종합해 볼 때, 교섭단체의 구성 여부에 따라 보조금의 배분규모에 차이가 있더라도 그러한 차등 정도는 각 정당 간의 경쟁 상태를 현저하게 변경시킬 정도로 합리성을 결여한 차별이라고 보기 어렵다(헌재 2006.7.27, 2004헌마655).

㉣ 경상보조금을 지급받은 정당은 그 경상보조금 총액의 100분의 30 이상은 정책연구소에, 100분의 10 이상은 시·도당에 배분·지급해야 하며, 100분의 10 이상은 여성정치발전을 위하여, 100분의 5 이상은 청년정치발전을 위하여 사용하여야 한다(정치자금법 제28조 제2항).

㉤ 정당제 민주주의하에서 정당에 대한 재정적 후원이 전면적으로 금지됨으로써 정당이 스스로 재정을 충당하고자 하는 정당활동의 자유와 국민의 정치적 표현의 자유에 대한 제한이 매우 크다고 할 것이므로, 이 사건 법률조항은 정당의 정당활동의 자유와 국민의 정치적 표현의 자유를 침해한다(헌재 2015.12.23, 2013헌바168).

㉥ 과거에는 광역지방자치단체에만 둘 수 있었고 기초자치단체에는 둘 수 없었으나, 최근 개정법에 따르면 기초자치단체에도 둘 수 있게 바뀌었다. 정치자금법 제6조 제7호에서는 지방자치단체의 장 선거의 후보자에 있어서 광역지방자치단체, 기초자치단체를 구분하지 않고 있다.

정답 ④

15 헌법의 총강에 대한 설명으로 옳지 않은 것은?

① 대한민국의 국가형태와 주권의 소재를 명시하고 있다.
② 헌법은 정당운영에 필요한 자금에 대한 국가보조가 의무임을 명시하고 있다.
③ 국군과 공무원의 정치적 중립성에 대하여 서술하고 있다.
④ 헌법상 국제법과 조약에 따른 외국인의 지위 보장에 대하여 밝히고 있다.

해설

① 헌법 제1조

> **헌법 제1조** ① 대한민국은 민주공화국이다.
> ② 대한민국의 주권은 국민에게 있고, 모든 권력은 국민으로부터 나온다.

② 정당은 법률이 정하는 바에 의하여 국가의 보호를 받으며, 국가는 법률이 정하는 바에 의하여 정당운영에 필요한 자금을 보조할 수 있다(헌법 제8조 제3항).

≪주의 의무로 규정되지 않고 보조할 수 있다고 되어 있다는 점이다. 즉, 헌법에는 재량으로 규정되어 있다.

③ 국군은 국가의 안전보장과 국토방위의 신성한 의무를 수행함을 사명으로 하며, 그 정치적 중립성은 준수된다(헌법 제5조 제2항).

④ 외국인은 국제법과 조약이 정하는 바에 의하여 그 지위가 보장된다(헌법 제6조 제2항).

정답 ②

16 정치자금에 대한 설명으로 옳은 것은? (다툼이 있는 경우 판례에 의함)

① 헌법은 "선거에 관한 경비는 법률이 정하는 경우를 제외하고는 정당 또는 후보자에게 부담시킬 수 없다."라고 규정함으로써 선거공영제를 채택하고 있다.

② 당비는 정당의 당헌·당규 등에 의하여 정당의 당원이 부담하는 금전으로서 유가증권이나 그 밖의 물건을 제외한다.

③ 대통령선거에 출마할 정당의 후보자를 선출하거나 정당대표를 선출하는 당내경선은 정당 내부의 행사에 불과하므로, 정당의 당내경선에 관한 선거운동을 위하여 후보자에게 제공된 금품은 정치자금에 해당하지 않는다.

④ 법인 또는 단체는 정치자금을 기부할 수 있다.

해설

① 선거공영제의 내용은 우리의 선거문화와 풍토, 정치문화 및 국가의 재정상황과 국민의 법감정 등 여러 가지 요소를 종합적으로 고려하여 입법자가 정책적으로 결정할 사항으로서 넓은 입법형성권이 인정되는 영역이라고 할 것이다(헌재 2011.4.28, 2010헌바232). 선거에 관한 경비는 법률이 정하는 경우를 제외하고는 정당 또는 후보자에게 부담시킬 수 없다(헌법 제116조 제2항).

② 당비라 함은 명목 여하에 불구하고 정당의 당헌·당규 등에 의하여 정당의 당원이 부담하는 금전이나 유가증권 그 밖의 물건을 말한다(정치자금법 제3조).

③ 정치자금법 제3조 제1호

> 정치자금법 제3조 【정의】 이 법에서 사용하는 용어의 정의는 다음과 같다.
> 1. 정치자금의 종류는 다음 각 목과 같다.
> 가. 당비
> 나. 후원금
> 다. 기탁금
> 라. 보조금
> 마. 정당의 당헌·당규 등에서 정한 부대수입
> 바. 정치활동을 위하여 정당(중앙당창당준비위원회를 포함한다), 공직선거법에 따른 후보자가 되려는 사람, 후보자 또는 당선된 사람, 후원회·정당의 간부 또는 유급사무직원, 그 밖에 정치활동을 하는 사람에게 제공되는 금전이나 유가증권 또는 그 밖의 물건
> 사. 바목에 열거된 사람(정당 및 중앙당창당준비위원회를 포함한다)의 정치활동에 소요되는 비용

④ 외국인, 국내·외의 법인 또는 단체는 정치자금을 기부할 수 없다(정치자금법 제31조 제1항).

정답 ①

제3절 선거제도

01 선거제도에 대한 설명으로 가장 적절하지 않은 것은? (다툼이 있는 경우 판례에 의함)

① 정당에 배분된 비례대표국회의원의석수가 그 정당이 추천한 비례대표국회의원후보자수를 넘는 때에는 그 넘는 의석은 공석으로 한다.

② 선거공영제의 내용은 우리의 선거문화와 풍토, 정치문화 및 국가의 재정상황과 국민의 법감정 등 여러 가지 요소를 종합적으로 고려하여 입법자가 정책적으로 결정할 사항으로서 넓은 입법형성권이 인정되는 영역이다.

③ 대통령선거에서 최고득표자가 2인이어서 국회가 당선인을 결정한 경우 이는 비공개회의에서 무기명으로 선출하여야 한다.

④ 선거운동기간 전에 개별적으로 대면하여 말로 하는 선거운동을 금지하고 처벌하는 공직선거법 해당 조항은 정치적 표현의 자유를 침해한다.

해설

① 정당에 배분된 비례대표국회의원의석수가 그 정당이 추천한 비례대표국회의원후보자수를 넘는 때에는 그 넘는 의석은 공석으로 한다(공직선거법 제189조 제5항).

② 선거공영제의 내용은 우리의 선거문화와 풍토, 정치문화 및 국가의 재정상황과 국민의 법감정 등 여러 가지 요소를 종합적으로 고려하여 입법자가 정책적으로 결정할 사항으로서 넓은 입법형성권이 인정되는 영역이다(헌재 2011.4.28, 2010헌바232).

③ 대통령선거에서 최고득표자가 2인 이상인 때에는 중앙선거관리위원회의 통지에 의하여 국회는 재적의원 과반수가 출석한 공개회의에서 다수표를 얻은 자를 당선인으로 결정하고, 국회에서 당선인이 결정된 때에는 국회의장이 이를 공고하고, 지체 없이 당선인에게 당선증을 교부하여야 한다(공직선거법 제187조 제2항·제3항). 비공개회의가 아니라 공개회의이다.

④ 심판대상조항은 입법목적을 달성하는 데 지장이 없는 선거운동방법, 즉 돈이 들지 않는 방법으로서 '후보자 간 경제력 차이에 따른 불균형 문제'나 '사회·경제적 손실을 초래할 위험성'이 낮은, 개별적으로 대면하여 말로 지지를 호소하는 선거운동까지 금지하고 처벌함으로써, 과잉금지원칙에 반하여 선거운동 등 정치적 표현의 자유를 과도하게 제한하고 있다. 결국 이 사건 선거운동기간조항 중 선거운동기간 전에 개별적으로 대면하여 말로 하는 선거운동에 관한 부분, 이 사건 처벌조항 중 '그 밖의 방법'에 관한 부분 가운데 개별적으로 대면하여 말로 하는 선거운동을 한 자에 관한 부분은 과잉금지원칙에 반하여 선거운동 등 정치적 표현의 자유를 침해한다(헌재 2022.2.24, 2018헌바146).

정답 ③

02 선거권과 선거제도에 대한 설명으로 옳은 것을 모두 고른 것은? (다툼이 있는 경우 판례에 의함)

㉠ 후보자가 1인인 때에는 그 득표수가 투표자총수의 3분의 1 이상에 달하여야 당선인으로 결정한다.
㉡ 집행유예자와 수형자의 선거권 제한은 범죄자가 범죄의 대가로 선고받은 자유형의 본질에서 당연히 도출되는 것이 아니므로, 범죄자의 선거권 제한 역시 보통선거원칙에 기초하여 필요 최소한의 정도에 그쳐야 한다.
㉢ 선거운동의 자유는 선거권 행사의 전제 내지 선거권의 중요한 내용을 이룬다고 할 수 있으므로, 선거운동의 제한은 후보자에 관한 정보에 자유롭게 접근할 수 있는 권리를 제한하는 것으로서 선거권, 곧 참정권의 제한으로 파악될 수도 있다.
㉣ 후보자의 배우자가 그와 함께 다니는 사람 중에서 지정한 1명에게도 명함을 교부할 수 있도록 한 공직선거법 규정은 평등권을 침해하지 않는다.

① ㉠, ㉡ ② ㉠, ㉣
③ ㉡, ㉢ ④ ㉡, ㉢, ㉣

해설

옳은 것은 ㉡, ㉢이다.

㉠ 대통령선거에 있어서는 중앙선거관리위원회가 유효투표의 다수를 얻은 자를 당선인으로 결정하고, 이를 국회의장에게 통지하여야 한다. 다만, 후보자가 1인인 때에는 그 득표수가 선거권자총수의 3분의 1 이상에 달하여야 당선인으로 결정한다(공직선거법 제187조 제1항).
▶ 선거권자 ×, 유효투표총수 ×

㉡ 집행유예자와 수형자의 선거권 제한은 범죄자가 범죄의 대가로 선고받은 자유형의 본질에서 당연히 도출되는 것이 아니므로, 범죄자의 선거권 제한 역시 보통선거원칙에 기초하여 필요 최소한의 정도에 그쳐야 한다(헌재 2014.1.28, 2012헌마409).

구분	1년 미만, 집행유예자	1년 이상
선거권 ×	위헌	합헌

㉢ 선거권이 제대로 행사되기 위하여는 후보자에 대한 정보의 자유교환이 필연적으로 요청된다 할 것이므로, 선거운동의 자유는 선거권 행사의 전제 내지 선거권의 중요한 내용을 이룬다고 할 수 있다. 그러므로 선거운동의 제한은 후보자에 관한 정보에 자유롭게 접근할 수 있는 권리를 제한하는 것이므로 선거권, 곧 참정권의 제한으로 귀결된다(헌재 1999.6.24, 98헌마153).

㉣ 후보자의 배우자가 그와 함께 다니는 사람 중에서 지정한 1명도 명함교부를 할 수 있도록 한 것은 배우자의 유무라는 우연한 사정에 근거하여 합리적 이유 없이 배우자 없는 후보자와 배우자 있는 후보자를 차별취급하므로 평등권을 침해한다(헌재 2016.9.29, 2016헌마287).

정답 ③

03 선거권에 대한 설명으로 옳지 않은 것은? (다툼이 있는 경우 판례에 의함)

① 주민등록과 국내거소신고를 기준으로 지역구국회의원선거권을 인정하는 것은 해당 국민의 지역적 관련성을 확인하는 합리적인 방법으로, 주민등록이 되어 있지 않고 국내거소신고도 하지 않은 재외국민의 임기만료지역구국회의원선거권을 인정하지 않은 것은 선거권을 침해한다고 볼 수 없다.

② 국회의원선거 연령의 하한을 규정한 법률조항에 대한 위헌심사는 입법자가 입법목적 달성을 위해 선택한 수단이 현저하게 불합리하고 불공정하며 자의적인 입법인지의 여부로 판단한다.

③ 선거운동기간 중 공개장소에서 비례대표국회의원후보자의 연설·대담을 금지하는 공직선거법 조항은 비례대표국회의원후보자의 선거운동의 자유 및 정당활동의 자유를 침해한다.

④ 보통선거의 원칙에 따라 연령에 의하여 선거권을 제한하는 것은, 국정 참여 수단으로써의 선거권 행사는 일정한 수준의 정치적인 판단능력이 전제되어야 하기 때문이다.

해설

① 전국을 단위로 선거를 실시하는 대통령선거와 비례대표국회의원선거에 투표하기 위해서는 국민이라는 자격만으로 충분한 데 반해, 특정한 지역구의 국회의원선거에 투표하기 위해서는 '해당 지역과의 관련성'이 인정되어야 한다. 주민등록과 국내거소신고를 기준으로 지역구국회의원선거권을 인정하는 것은 해당 국민의 지역적 관련성을 확인하는 합리적인 방법이다. 따라서 선거권조항과 재외선거인 등록신청조항이 재외선거인의 임기만료지역구국회의원선거권을 인정하지 않은 것이 재외선거인의 선거권을 침해하거나 보통선거원칙에 위배된다고 볼 수 없다(헌재 2014.7.24, 2009헌마256).

② 입법자는 우리의 현실상 19세 미만의 미성년자의 경우, 아직 정치적·사회적 시각을 형성하는 과정에 있거나, 일상생활에 있어서도 현실적으로 부모나 교사 등 보호자에게 의존할 수밖에 없는 상황이므로 독자적인 정치적 판단을 할 수 있을 정도로 정신적·신체적 자율성을 충분히 갖추었다고 보기 어렵다고 보고, 선거권 연령을 19세 이상으로 정한 것이다(헌재 2013.7.25, 2012헌마174).

③ 구 공직선거법은 제69조나 제70조를 두어 선거운동기간 중 소속 정당의 정강·정책이나 후보자의 정견 등을 전국적인 영향력을 발휘하는 매체인 신문광고나 방송광고 등을 통해 유권자에게 알릴 수 있도록 하고 있는바, 비례대표국회의원후보자에게 공개장소에서의 연설이나 대담을 금지하고 있더라도 이것이 선거운동의 자유를 침해하는 것이라고 볼 수 없다(헌재 2006.7.27, 2004헌마217).

④ 보통선거의 원칙은 일정한 연령에 도달한 사람이라면 누구라도 당연히 선거권을 갖는 것을 요구하는데 그 전제로서 일정한 연령에 이르지 못한 국민에 대하여는 선거권을 제한하는바, 선거권 행사는 일정한 수준의 정치적인 판단능력이 전제되어야 하기 때문이다(헌재 2013.7.25, 2012헌마174).

정답 ③

04 선거의 기본원칙에 관한 설명으로 옳지 않은 것은? (다툼이 있는 경우 판례에 의함)

① 주민등록법상 주민등록을 할 수 없는 재외국민의 선거권 행사를 전면적으로 부정하고 있는 것은 재외국민의 선거권과 평등권을 침해하고 보통선거원칙에 위배된다.

② 비례대표국회의원선거의 경우 기탁금을 1,500만원을 부담하는 것은 과다하다고 볼 수 없다.

③ 1년 미만의 수형자와 집행유예자에게 선거권을 부여하지 않는 것은 헌법에 위반된다.

④ 국회의원선거구획정위원회는 중앙선거관리위원회에 두어 독립성을 보장한다.

해설

① 주민등록이 되어 있는지 여부에 따라 선거인명부에 오를 자격을 결정하여 그에 따라 선거권 행사 여부가 결정되도록 함으로써, 주민등록법상 주민등록을 할 수 없는 재외국민의 선거권 행사를 전면적으로 부정하고 있는 공직선거법 제37조 제1항은 그에 대한 정당한 목적을 찾기 어려우므로 헌법 제37조 제2항에 위반하여 재외국민의 선거권과 평등권을 침해하고 보통선거원칙에 위배된다(헌재 2007.6.28, 2004헌마644).
② 비례대표국회의원의 기탁금을 1,500만원으로 규정한 것에 대해 목적은 정당하고 방법은 적정하나, 최소성 원칙에 위배되어 공무담임권 등을 침해한다고 하여 헌법불합치 결정을 하였다(헌재 2016.12.29, 2015헌마509).
③ 집행유예자의 경우 교정시설에 구금되지 않고 일반인과 동일한 사회생활을 하고 있으므로, 그들의 선거권을 제한해야 할 필요성이 크지 않다(헌재 2014.1.28, 2012헌마409).
④ 국회의원선거구획정위원회는 중앙선거관리위원회에 두되, 직무에 관하여 독립의 지위를 가진다(공직선거법 제24조 제2항).

정답 ②

05 선거제도에 관한 설명 중 옳은 것은? (다툼이 있는 경우 판례에 의함)

① 재력과 인종과 종교에 상관없이 국민이면 누구나 선거권을 가진다는 것은 평등선거의 원칙을 구체화한 것이다.
② 선거법상 요구되는 기탁금이 지나치게 고액이면, 실질적으로 선거가 재력을 요건으로 하게 되는 결과를 초래하므로 보통선거의 원칙에 반한다.
③ 출입국관리법상의 영주 체류자격 취득일 후 3년이 경과한 19세 이상의 외국인에게는 국회의원선거권이 인정된다.
④ 시·도지사 선거의 선거소송은 고등법원에서 제1심을 관할한다.

해설

① 평등선거는 1표를 가진다는 것이 포인트이다. 재력과 인종, 종교에 상관없이 누구나 선거권을 가지는 것은 보통선거의 원칙을 말한다.
② 기탁금을 마련할 재력이 없는 경우 출마가 불가능하기 때문에 보통선거의 원칙에 반한다.
③ 공직선거법상 일정 외국인은 지방의원·지방자치단체의 장 선거권을 가지나 국회의원·대통령 선거권은 없다.
④ 시·도지사 선거의 선거소송 관할법원은 대법원이다(공직선거법 제222조 제2항).

정답 ②

06 선거제도에 대한 설명으로 가장 적절하지 않은 것은? (다툼이 있는 경우 판례에 의함)

① 지역구국회의원 예비후보자에게 지역구국회의원이 납부할 기탁금의 100분의 20에 해당하는 금액을 기탁금으로 납부하도록 정한 공직선거법 조항은 공무담임권을 침해하지 않는다.
② 소선거구 다수대표제를 규정하여 다수의 사표가 발생한다 하더라도 그 이유만으로 헌법상 요구된 선거의 대표성의 본질을 침해한다고 할 수 없다.
③ 헌법재판소는 시·도의회의원 지역선거구 획정과 관련하여 헌법이 허용하는 인구편차의 기준을 인구편차 상하 50%(인구비례 3:1)로 변경하였다.
④ 헌법 제24조는 모든 국민은 법률이 정하는 바에 의하여 선거권을 가진다고 규정함으로써 법률유보의 형식을 취하고 있는데, 이것은 국민의 선거권이 법률이 정하는 바에 따라서 인정될 수 있다는 포괄적인 입법권의 유보하에 있음을 의미하는 것이다.

해설

① 예비후보자의 기탁금은 본선거 기탁금의 일부를 미리 납부하는 것에 불과하고 기탁금 액수가 과다하다고 할 수 없다(헌재 2015.7.30, 2012헌마402).

② 이 사건 법률조항이 소선거구 다수대표제를 규정하여 다수의 사표가 발생한다 하더라도 그 이유만으로 헌법상 요구된 선거의 대표성의 본질을 침해한다거나 그로 인해 국민주권원리를 침해하고 있다고 할 수 없고, 청구인의 평등권과 선거권을 침해한다고 할 수 없다(헌재 2016.5.26, 2012헌마374).

③ 인구편차 상하 33⅓%(인구비례 2 : 1)의 기준을 적용할 경우 자치구·시·군의원의 지역대표성과 각 분야에 있어서의 지역 간 불균형 등 2차적 요소를 충분히 고려하기 어려운 반면, 인구편차 상하 50%(인구비례 3 : 1)를 기준으로 하는 방안은 2차적 요소를 보다 폭넓게 고려할 수 있다(헌재 2018.6.28, 2014헌마189).

④ 헌법 제24조는 모든 국민은 '법률이 정하는 바에 의하여' 선거권을 가진다고 규정함으로써 법률유보의 형식을 취하고 있지만, 이것은 국민의 선거권이 '법률이 정하는 바에 따라서만 인정될 수 있다'는 포괄적인 입법권의 유보하에 있음을 의미하는 것이 아니다. 국민의 기본권을 법률에 의하여 구체화하라는 뜻이며 선거권을 법률을 통해 구체적으로 실현하라는 의미이다(헌재 2007.6.28, 2004헌마644 등).

정답 ④

07 우리 헌법상 선거제도에 관한 설명으로 옳은 것은? (다툼이 있는 경우 판례에 의함)

① 헌법은 제24조에서 선거권에 관하여, 제25조에서 공무담임권에 관하여 규정하고 있으며, 제41조 제1항과 제67조 제1항에서 보통·평등·직접·비밀·자유선거를 규정하고 있다.

② 우리 헌법이 채택하고 있는 선거공영제는 국가가 선거를 관리하고 그에 소요되는 선거비용을 원칙적으로 정당 또는 후보자의 기탁금에서 공제함으로써 선거의 형평을 기하고 선거비용을 경감하며 나아가 공명선거를 실현하려는 제도이다.

③ 국회의원지역선거구의 공정한 획정을 위하여 중앙선거관리위원회에 국회의원선거구획정위원회를 둔다.

④ 선거운동의 자유는 선거의 공정성이라는 또 다른 가치를 위하여 무제한 허용될 수는 없는 것이고, 선거운동이 허용되거나 금지되는 사람의 인적 범위는 입법자가 재량의 범위 내에서 직무의 성질과 내용 등 제반 사정을 종합적으로 검토하여 정할 사항이므로 제한입법의 위헌 여부에 대하여는 다소 완화된 심사기준이 적용되어야 한다.

해설

① 비록 우리 헌법이 자유선거의 원칙에 관하여 명문의 규정을 두고 있지는 않지만, 일반적으로 헌법에 내재하는 당연한 선거원칙으로 해석하고 있으며, 헌법재판소 역시 이를 인정하고 있다(헌재 1994.7.29, 93헌가4 등).

② 선거공영제는 국가가 선거를 관리하고 그에 소요되는 선거비용을 원칙적으로 정당 또는 후보자가 아닌 국가부담을 원칙으로 하는 제도이다. 이는 선거의 형평을 기하고 선거비용을 절감하여 나아가 공명선거를 실현하려는 제도이다.

③ 공직선거법 제24조 제2항

> **공직선거법 제24조 【국회의원선거구획정위원회】** ② 국회의원선거구획정위원회는 중앙선거관리위원회에 두되, 직무에 관하여 독립의 지위를 가진다.

④ 선거운동은 국민주권 행사의 일환일 뿐 아니라 정치적 표현의 자유의 한 형태로서 민주사회를 구성하고 움직이게 하는 요소이므로 그 제한입법의 위헌 여부에 대하여는 엄격한 심사기준이 적용되어야 할 것이다(헌재 2018.2.22, 2015헌바124).

정답 ③

08 선거권과 선거의 원칙에 관한 다음 설명 중 옳은 것은? (다툼이 있는 경우 헌법재판소 결정 및 대법원 판례에 의함)

① 주민등록과 국내거소신고를 기준으로 지역구 국회의원 선거권을 인정하는 것은 해당 국민의 지역적 관련성을 확인하는 합리적인 방법이라고 볼 수 없다.

② 평등선거의 원칙은 평등의 원칙이 선거제도에 적용된 것으로서 투표의 수적(數的) 평등, 즉 복수투표제 등을 부인하고 모든 선거인에게 1인 1표(one man, one vote)를 인정함을 의미할 뿐, 투표의 성과가치의 평등까지 의미하는 것은 아니다.

③ 자신의 개인 소셜 네트워크 서비스 계정에 언론의 인터넷기사나 타인의 게시글을 단순히 '공유하기'한 행위만으로는 특정 선거에서 특정 후보자의 당선 또는 낙선을 도모하려는 목적의사가 명백히 드러났다고 단정할 수는 없다.

④ 현행 헌법은 대통령선거에 관하여 국민의 보통·평등·직접·비밀선거의 원칙을 규정하고 있고, 국회의원선거에 관하여는 위 원칙들에 관한 규정이 없으나, 헌법해석상 당연히 적용되는 것으로 보아야 한다.

해설

① 주민등록과 국내거소신고를 기준으로 지역구 국회의원선거권을 인정하는 것은 해당 국민의 지역적 관련성을 확인하는 합리적인 방법으로, 주민등록이 되어 있지 않고 국내거소신고도 하지 않은 재외국민의 임기만료 지역구 국회의원 선거권을 인정하지 않은 것은 선거권을 침해한다고 볼 수 없다(헌재 2014.7.24, 2009헌마256). 즉, 합리적인 방법이다.

② 평등선거의 원칙은 평등의 원칙이 선거제도에 적용된 것으로서 투표의 수적 평등, 즉 복수투표제 등을 부인하고 모든 선거인에게 1인 1표(one man, one vote)를 인정함을 의미할 뿐만 아니라, 투표의 성과가치의 평등, 즉 1표의 투표가치가 대표자 선정이라는 선거의 결과에 대하여 기여한 정도에 있어서도 평등하여야 함(one vote, one value)을 의미한다(헌재 1995.12.27, 95헌마224 등).

③ 공직선거법 제58조 제1항에 정한 '선거운동'은 특정 선거에서 특정 후보자의 당선 또는 낙선을 도모한다는 목적의사가 객관적으로 인정될 수 있는 능동적이고 계획적인 행위를 말한다. 이에 해당하는지는 행위를 하는 주체의 의사가 아니라 외부에 표시된 행위를 대상으로 객관적으로 판단하여야 한다. 공직선거법상 선거운동을 할 수 없는 공립학교 교원이 '페이스북'과 같은 누리소통망(일명 '소셜 네트워크 서비스')을 통해 자신의 정치적 견해나 신념을 외부에 표출하였고, 그 내용이 선거와 관련성이 인정된다고 하더라도, 그 이유만으로 섣불리 선거운동에 해당한다고 속단해서는 아니 된다. 한편 타인의 페이스북 게시물을 공유하는 목적은 상당히 다양하고, '공유하기' 기능에는 정보확산의 측면과 단순 정보저장의 측면이 동시에 존재한다. 따라서 특별한 사정이 없는 한 언론의 인터넷 기사나 타인의 게시글을 단순히 '공유하기'한 행위만으로는 특정 선거에서 특정 후보자의 당선 또는 낙선을 도모하려는 목적의사가 명백히 드러났다고 단정할 수는 없다(대판 2019.11.28, 2017도13629).

④ 국회는 국민의 보통·평등·직접·비밀선거에 의하여 선출된 국회의원으로 구성한다(헌법 제41조 제1항). 즉, 국회의원선거에도 당연히 위 원칙이 규정되어 있다.

정답 ③

09 '선거권'과 '선거운동의 자유'에 대한 설명으로 가장 적절하지 않은 것은? (다툼이 있는 경우 판례에 의함)

① 사회복무요원이 선거운동을 할 경우 경고처분 및 연장복무를 하게 하는 병역법 조항은 사회복무요원의 정치적 중립성을 유지하며 업무전념성을 보장하고자 하는 것으로서 선거운동의 자유를 침해하지 않는다.

② 육군훈련소에서 군사교육을 받고 있는 자에 대하여 제19대 대통령선거 대담·토론회의 시청을 금지한 행위는 과잉금지원칙에 위배되어 선거권을 침해한다.

③ 선거의 공정성은 국민의 정치적 의사를 정확하게 반영하는 선거를 실현하기 위한 수단적 가치이고 그 자체가 헌법적 목표는 아니므로, 이를 이유로 선거에서 표현의 자유가 과도하게 제한되어서는 안 된다.

④ 선거운동의 개념은 '특정한' 또는 적어도 '특정될 수 있는' 후보자의 당선이나 낙선을 위한 행위여야 한다는 것을 전제로 하고 있는데, 특정 정당을 지지하거나 반대하는 행위도 당선·낙선시키고자 하는 정당 후보자가 특정될 수 있다면 선거운동의 개념에 포함시킬 수 있다.

해설

① 사회복무요원은 직무수행 중이 아닌 경우에도 정치적 중립성에 대한 국민의 신뢰를 유지할 필요가 있으므로, 선거운동의 내용 및 방법, 근무시간중에 이루어지는지 여부를 불문하고 일체의 선거운동을 금지하는 것이 과도하다고 볼 수 없다. 일정한 기간 동안 의무복무를 하는 사회복무요원의 특수한 지위를 감안할 때, 경고처분 및 복무기간 연장보다 이들의 기본권을 덜 침해하면서 입법목적 달성을 위하여 동등하게 실효적인 다른 수단을 상정하기 어렵다. 따라서 심판대상조항은 침해의 최소성 원칙에 반하지 아니한다(헌재 2016.10.27, 2016헌마252).

② 이 사건 시청금지행위는 보충역을 병력자원으로 육성하고 병영생활에 적응시키기 위한 군사교육의 일환으로 이루어졌다. 대담·토론회가 이루어진 시각을 고려하면 육군훈련소에서 군사교육을 받고 있는 청구인 윤○○이 이를 시청할 경우 교육훈련에 지장을 초래할 가능성이 높았던 점, 육군훈련소 내 훈련병 생활관에는 텔레비전이 설치되어 있지 않았던 점, 청구인 윤○○은 다른 수단들을 통해서 선거정보를 취득할 수 있었던 점 등을 고려하면, 이 사건 시청금지행위가 청구인 윤○○의 선거권을 침해한다고 볼 수 없다(헌재 2020.8.28, 2017헌마813).

③ 선거의 공정성은 국민의 정치적 의사를 정확하게 반영하는 선거를 실현하기 위한 수단적 가치이고, 그 자체가 헌법적 목표는 아니다. 그러므로 선거의 공정성은 정치적 표현의 자유에 대한 전면적·포괄적 제한을 정당화할 수 있는 공익이라고 볼 수 없고, 선거의 공정성이 정치적 표현의 자유를 보장하는 전제 조건이 되는 것도 아니므로 이를 이유로 선거에서 표현의 자유가 과도하게 제한되어서는 안 된다(헌재 2023.3.23, 2023헌가4).

④ 선거운동이라 함은 특정 후보자의 당선 내지 이를 위한 득표에 필요한 모든 행위 또는 특정 후보자의 낙선에 필요한 모든 행위 중 당선 또는 낙선을 위한 것이라는 목적의사가 객관적으로 인정될 수 있는 능동적, 계획적 행위를 말하는 것이다(헌재 2013.12.26, 2011헌바153).

정답 ②

10 선거에 대한 설명으로 옳지 않은 것은? (다툼이 있는 경우 판례에 의함)

① 예비후보자의 선거비용을 보전하지 않도록 규정한 공직선거법 해당 조항은 선거운동의 자유를 침해한다.

② 대통령선거·지역구국회의원선거 및 지방자치단체의 장 선거의 후보자는 점자형 선거공보를 작성·제출하여야 하되, 책자형 선거공보에 그 내용이 음성·점자 등으로 출력되는 인쇄물 접근성 바코드를 표시하는 것으로 대신할 수 있다.

③ 선거일 현재 선거범으로서 100만원 이상의 벌금형의 선고를 받고 그 형이 확정된 후 5년 또는 형의 집행유예의 선고를 받고 그 형이 확정된 후 10년을 경과하지 아니한 사람은 선거권이 없다.

④ 선거일 현재 5년 이상 국내에 거주하고 있는 40세 이상의 국민은 대통령의 피선거권이 있으며, 이 경우 공무로 외국에 파견된 기간과 국내에 주소를 두고 일정기간 외국에 체류한 기간은 국내거주기간으로 본다.

해설

① 선거비용의 상당 부분을 공적으로 부담하고 있거나 선거비용액의 상한을 제한하여 전체적으로 후보자의 부담을 경감시켜주고 있는 점을 고려한다면 예비후보자 선거비용을 후보자가 부담한다고 하더라도 그것이 지나치게 다액이라서 선거공영제의 취지에 반하는 정도에 이른다고 할 수는 없다. 그러므로 선거비용 보전 제한조항은 침해의 최소성 원칙에 반하지 않는다(헌재 2018.7.26, 2016헌마524등). 따라서 선거운동의 자유를 침해하지 않는다.

② 대통령선거·지역구국회의원선거 및 지방자치단체의 장선거의 후보자는 점자형 선거공보를 작성·제출하여야 하되, 책자형 선거공보에 그 내용이 음성·점자 등으로 출력되는 인쇄물 접근성 바코드를 표시하는 것으로 대신할 수 있다(공직선거법 제65조 제4항).

③ 공직선거법 제18조 제1항 제3호

④ 선거일 현재 5년 이상 국내에 거주하고 있는 40세 이상의 국민은 대통령의 피선거권이 있다. 이 경우 공무로 외국에 파견된 기간과 국내에 주소를 두고 일정기간 외국에 체류한 기간은 국내거주기간으로 본다(공직선거법 제16조 제1항).

정답 ①

11 선거권에 관한 설명으로 가장 적절하지 않은 것은? (다툼이 있는 경우 헌법재판소 판례에 의함)

① 선거에 관한 여론조사의 결과에 영향을 미치게 하기 위하여 둘 이상의 전화번호를 착신전환 등의 조치를 하여 같은 사람이 두 차례 이상 응답하는 등의 행위로 100만원 이상의 벌금형의 선고를 받고 그 형이 확정된 후 5년을 경과하지 아니한 자는 선거권이 없다고 규정한 공직선거법 조항은, 공정한 선거를 보장하고 선거범에 대하여 사회적 제재를 부과하며 일반국민에 대하여 선거의 공정성에 대한 의식을 제고하려는 것으로 선거권을 침해하지 아니한다.

② 재외투표기간 개시일에 임박하여 또는 재외투표기간 중에 재외선거사무 중지결정이 있었고 그에 대한 재개결정이 없었던 예외적인 상황에서 재외투표기간 개시일 이후에 귀국한 재외선거인 및 국외부재자신고인이 국내에서 선거일에 투표할 수 있도록 하는 절차를 마련하지 않은 것이, 재외투표기간 개시일 이후에 귀국한 재외선거인등의 선거권을 침해하는 것은 아니다.

③ 사전투표관리관이 투표용지의 일련번호를 떼지 아니하고 선거인에게 교부하도록 정한 공직선거법 조항은 사전투표자들의 선거권을 침해하지 아니한다.

④ 사전투표관리관이 투표용지에 자신의 도장을 찍는 경우 도장의 날인을 인쇄날인으로 갈음할 수 있도록 한 공직선거관리규칙 조항은 현저히 불합리하거나 불공정하여 사전투표자의 선거권을 침해한다고 볼 수 없다.

해설

① 법원이 벌금 100만원 이상의 형을 선고한다면, 여기에는 피고인의 행위가 선거의 공정을 침해할 우려가 높다는 판단과 함께 피고인의 선거권을 일정 기간 박탈하겠다는 판단이 포함되어 있다고 보아야 한다. 선거권 제한을 통하여 달성하려는 선거의 공정성 확보라는 공익이 선거권을 행사하지 못함으로써 침해되는 개인의 사익보다 크다. 따라서 선거권제한조항은 선거권을 침해하지 아니한다(현재 2022.3.31, 2019헌마986).

② 심판대상조항이 재외투표기간 개시일에 임박하여 또는 재외투표기간 중에 재외선거사무 중지결정이 있었고 그에 대한 재개결정이 없었던 예외적인 상황에서 재외투표기간 개시일 이후에 귀국한 재외선거인등이 국내에서 선거일에 투표할 수 있도록 하는 절차를 마련하지 아니한 것은 과잉금지원칙을 위반하여 청구인의 선거권을 침해한다(현재 2022.1.27, 2020헌마895).

③ 위조용지 식별을 용이하게 하기 위해서는 일련번호를 투표용지로부터 분리하지 않는 게 유리한데, 바코드 방식의 일련번호는 육안으로는 식별이 어렵기에 더 이상 숫자식 일련번호 방식에서와 같은 이유에서 비밀투표 침해를 막기 위한 목적으로 반드시 일련번호를 떼어낼 필요는 없게 되었다(현재 2023.10.6, 2022헌마231).

④ 사전투표관리관이 투표용지에 자신의 도장을 찍는 방식이 아닌 인쇄날인으로 갈음할 수 있도록 하여도 위조된 투표지의 유입가능성이 증대된다고 볼 수 없다. 따라서 심판대상조항이 현저히 불합리하여 선거권을 침해한다고 볼 수 없다(현재 2023.10.26, 2022헌마232등).

정답 ②

12 선거제도에 대한 설명으로 옳은 것은? (다툼이 있는 경우 판례에 의함)

① 선거연령을 20세에서 19세로 낮춘 것은 헌법재판소의 위헌결정에 따른 것이다.

② 비례대표제를 채택하는 경우 직접선거의 원칙은 의원의 선출뿐만 아니라 정당의 비례적인 의석확보도 선거권자의 투표에 의하여 직접 결정될 것을 요구하는바, 비례대표의원의 선거는 지역구의원의 선거와는 별도의 선거이므로 이에 관한 유권자의 별도의 의사표시, 즉 정당명부에 대한 별도의 투표가 있어야 한다.

③ 25세 이상의 국민은 대통령선거와 국회의원선거에서 피선거권이 있다.

④ 국회의원을 후원회지정권자로 정하면서 지방의회의원을 후원회지정권자에서 제외하는 구 정치자금법 해당 조항은, 지방의회의원에게 소요되는 정치자금이 국회의원에 비해 적고 후원회의 설치 및 운영을 허용할 필요도 크지 않으므로, 평등권을 침해한다고 보기 어렵다.

해설

① 판례는 선거연령을 20세로 정한 조항도 합헌(헌재 2001.6.28, 2000헌마111)결정을 하였으나, 이후 공직선거법이 개정되어 18세가 되었다. 참고로 19세로 정한 것도 합헌(헌재 2013.7.25, 2012헌마174)결정을 하였다.

② 비례대표의원의 선출에 있어서는 정당의 명부작성행위가 최종적·결정적인 의의를 지니게 되고, 선거권자들의 투표행위로써 비례대표의원의 선출을 직접·결정적으로 좌우할 수 없으므로 직접선거의 원칙에 위배된다(헌재 2001.7.19, 2000헌마91 등).

③ 대통령으로 선거될 수 있는 자는 국회의원의 피선거권이 있고 선거일 현재 40세에 달하여야 한다(헌법 제67조 제4항).

④ 지방의회의원은 주민의 대표자이자 지방의회의 구성원으로서 주민들의 다양한 의사와 이해관계를 통합하여 지방자치단체의 의사를 형성하는 역할을 하므로, 지방의회의원의 전문성을 확보하고 원활한 의정활동을 지원하기 위해서는 지방의회의원들에게도 후원회를 허용하여 정치자금을 합법적으로 확보할 수 있는 방안을 마련해 줄 필요가 있다(헌재 2022.11.24, 2019헌마528 등). 따라서 평등권을 침해한다.

정답 ②

13 현행 선거제도에 대한 설명으로 옳은 것은?

① 현재 국회의 의원정수는 300인으로 한다.

② 정당이 비례대표국회의원선거에 후보자를 추천하는 때에는 그 후보자 중 100분의 30 이상을 여성으로 추천하여야 하며, 그 후보자명부의 순위의 매 홀수에는 여성을 추천하여야 한다.

③ 대통령선거에 있어서 최고득표자가 2인 이상인 때에는 국회의 재적의원 과반수가 출석한 공개회의에서 출석과반수의 득표를 한 자를 당선자로 한다.

④ 국회의원 및 지방의회의원은 국회의원선거구획정위원회 및 자치구·시·군의원 선거구획정위원회의 위원이 될 수 있다.

해설

① 공직선거법 제21조 제1항

> **공직선거법 제21조 【국회의 의원정수】** ① 국회의 의원정수는 지역구국회의원 254명과 비례대표국회의원 46명을 합하여 300명으로 한다.

② 공직선거법 제47조 제3항

> **공직선거법 제47조 【정당의 후보자추천】** ③ 정당이 비례대표국회의원선거 및 비례대표지방의회의원선거에 후보자를 추천하는 때에는 그 후보자 중 100분의 50 이상을 여성으로 추천하되, 그 후보자명부의 순위의 매 홀수에는 여성을 추천하여야 한다.

③ 공직선거법 제187조 제2항

> **공직선거법 제187조【대통령당선인의 결정·공고·통지】** ② 최고득표자가 2인 이상인 때에는 중앙선거관리위원회의 통지에 의하여 국회는 재적의원 과반수가 출석한 공개회의에서 다수표를 얻은 자를 당선인으로 결정한다.

④ 공직선거법 제24조의3 제3항

> **공직선거법 제24조의3【자치구·시·군의원선거구획정위원회】** ③ 지방의회의원 및 정당의 당원은 자치구·시·군의원선거구획정위원회의 위원이 될 수 없다.

정답 ①

14 선거에 대한 설명으로 옳지 않은 것은? (다툼이 있는 경우 판례에 의함)

① 한국철도공사의 상근직원은 상근임원과 달리 그 직을 유지한 채 공직선거에 입후보하여 자신을 위한 선거운동을 할 수 있음에도, 상근직원이 타인을 위한 선거운동을 할 수 없도록 전면적으로 금지하는 공직선거법 규정은 상근직원의 선거운동의 자유를 침해한다.

② 지역구 국회의원 예비후보자의 기탁금 반환 사유를 예비후보자의 사망, 당내경선 탈락으로 한정하고 있는 구 공직선거법 해당 조항은 재산권을 침해한다.

③ 지역농협은 사법인에서 볼 수 없는 공법인적 특성을 많이 가지고 있으므로, 지역농협의 조합장선거에서 조합장을 선출하거나 조합장으로 선출될 권리, 조합장선거에서 선거운동을 하는 것도 헌법에 의하여 보호되는 선거권의 범위에 포함된다.

④ 1년 이상의 징역형을 선고받고 그 집행이 종료되지 아니한 사람의 선거권을 제한하는 공직선거법 규정은 형사적·사회적 제재를 부과하고 준법의식을 강화한다는 공익이, 형 집행기간 동안 선거권을 행사하지 못하는 수형자 개인의 불이익보다 작다고 할 수 없어 수형자의 선거권을 침해하지 아니한다.

해설

① 선거운동이 금지되는 다수의 기관 중, 한국철도공사의 상근직원에 대하여 선거운동을 금지하고 이를 위반한 경우 처벌하는 심판대상조항이 선거운동의 자유를 지나치게 제한하여 헌법에 위반된다(헌재 2018.2.22, 2015헌바124).

② 예비후보자가 본선거에서 정당후보자로 등록하려 하였으나 자신의 의사와 관계없이 정당 공천관리위원회의 심사에서 탈락하여 본선거의 후보자로 등록하지 아니한 것은 후보자 등록을 하지 못할 정도에 이르는 객관적이고 예외적인 사유에 해당한다. 따라서 이러한 사정이 있는 예비후보자가 납부한 기탁금은 반환되어야 함에도 불구하고, 심판대상조항이 이에 관한 규정을 두지 아니한 것은 입법형성권의 범위를 벗어난 과도한 제한이라고 할 수 있다(헌재 2018.1.25, 2016헌마541). 따라서 재산권을 침해한다.

③ 사법인적 성격을 지니는 농협·축협의 조합장 선거에서 조합장을 선출하거나 선거운동을 하는 것은 헌법에 의하여 보호되는 선거권의 범위에 포함되지 않는다(헌재 2012.2.23, 2011헌바154). 이는 결사의 자유의 보호범위에 속한다.

④ 1년 이상의 징역의 형의 선고를 받고 그 집행이 종료되지 아니한 사람의 선거권을 제한하는 공직선거법 제18조 제1항 제2호 본문 중 1년 이상의 징역의 형의 선고를 받고 그 집행이 종료되지 아니한 사람에 관한 부분은 청구인들의 선거권을 침해하지 않는다(헌재 2017.5.25, 2016헌마292).

정답 ③

제4절 직업공무원제도 및 공무담임권

01 다음 중 공무원제도에 관한 헌법재판소의 입장이라고 볼 수 없는 것은?

① 금융기관 임·직원이 직무와 관련하여 수재행위를 한 경우 공무원의 뇌물죄와 마찬가지로 별도의 배임행위가 없더라도 이를 처벌하도록 한 것은 헌법에 위반된다.

② 정부관리기업체의 간부직원을 직무와 관련한 수재행위에 관하여 형법상 공무원에 해당하는 뇌물죄로 처벌하는 것은 헌법에 위반되지 않는다.

③ 공무원이 금고 이상의 형의 선고유예를 받은 경우에 공무원직에서 당연히 퇴직하도록 규정하는 것은 헌법에 위반된다.

④ 공무원이 형사사건으로 기소되기만 하면 필요적으로 직위해제처분하도록 하는 것은 헌법에 위반된다.

해설

① 금융기관의 임·직원에게는 공무원에 버금가는 정도의 청렴성과 업무의 불가매수성이 요구되고, 이들이 직무와 관련하여 금품수수 등의 수재(收財)행위를 하였을 경우에는 별도의 배임행위가 있는지를 불문하고 형사제재를 가함으로써 금융업무와 관련된 각종 비리와 부정의 소지를 없애고, 금융기능의 투명성·공정성을 확보할 필요가 있으므로 특정경제범죄 가중처벌 등에 관한 법률 제5조 제1항에서 금융기관의 임·직원의 직무와 관련한 수재행위에 대하여 일반 사인과는 달리 공무원의 수뢰죄와 동일하게 처벌한다고 하더라도 거기에는 합리적인 근거가 있다(헌재 1999.5.27, 98헌바26).

② 정부관리기업체의 간부직원을 직무와 관련한 수재행위에 관하여 형법상 공무원에 해당하는 뇌물죄로 처벌하는 것은 헌법에 위반되지 않는다(헌재 2002.11.28, 2000헌바75).

③ 이 사건 법률조항은 금고 이상의 선고유예의 판결을 받은 모든 범죄를 포괄하여 규정하고 있을 뿐 아니라, 심지어 오늘날 누구에게나 위험이 상존하는 교통사고 관련 범죄 등 과실범의 경우마저 당연퇴직의 사유에서 제외하지 않고 있으므로 최소침해성의 원칙에 반한다. 따라서 공무담임권을 침해하고 있는 것으로 판단된다(헌재 2002.8.29, 2001헌마788).

구분		주문	
집행유예		합헌	
선고유예	당연퇴직	일반	위헌
		수뢰죄	합헌
	임용결격	합헌	

④ 형사사건으로 기소되기만 하면 그가 국가공무원법 제33조 제1항 제3호 내지 제6호에 해당하는 유죄판결을 받을 고도의 개연성이 있는가의 여부에 무관하게 경우에 따라서는 벌금형이나 무죄가 선고될 가능성이 큰 사건인 경우에 대해서까지도 당해 공무원에게 일률적으로 직위해제처분을 하지 않을 수 없도록 한 이 사건 규정은 헌법 제37조 제2항의 비례의 원칙에 위반되어 직업의 자유를 과도하게 침해하고 헌법 제27조 제4항의 무죄추정의 원칙에도 위반된다(헌재 1998.5.28, 96헌가12).

▶ 필요적 직위해제는 위헌이고, 임의적 직위해제는 합헌이다.

정답 ①

02 공무원의 선거중립의무에 관한 헌법재판소의 결정과 합치되지 않는 것은?

① 선거활동에 관하여 대통령의 정치활동의 자유와 선거중립의무가 충돌하는 경우에는 어느 하나가 강조되거나 우선되어서는 아니 된다.

② 공무원의 정치적 중립의무에 대한 공직선거법 제9조의 '공무원'에는 원칙적으로 적극적인 정치활동을 통하여 국가에 봉사하는 정치적 공무원도 포함된다.

③ 대통령은 소속 정당을 위하여 정당활동을 할 수 있는 사인으로서의 지위와 국민 모두에 대한 봉사자로서 공익실현의 의무가 있는 헌법기관으로서의 지위를 동시에 갖는데 최소한 전자의 지위와 관련하여서는 기본권 주체성을 갖는다.

④ 공무원의 선거에서의 중립을 요구하는 공직선거법의 조항은 정치활동 중 '선거에 영향을 미치는 행위'만을 금지하고 있으므로, 선거영역에서의 특별법으로서 일반법인 국가공무원법 조항에 우선하여 적용된다고 할 것이다.

해설

① 선거활동에 관하여 대통령의 정치활동의 자유와 선거중립의무가 충돌하는 경우에는 후자가 강조되고 우선되어야 한다(헌재 2008.1.17, 2007헌마700).

② 공직선거법 제9조의 '공무원'이란, 위 헌법적 요청을 실현하기 위하여 선거에서의 중립의무가 부과되어야 하는 모든 공무원, 즉 구체적으로 '자유선거원칙'과 '선거에서의 정당의 기회 균등'을 위협할 수 있는 모든 공무원을 의미한다(헌재 2004.5.14, 2004헌나1).
▶ 전체 공무원에서 의원은 제외한다.

③ 공권력 작용이 넓은 의미의 국가 조직영역 내에서 공적 과제를 수행하는 주체의 권한 내지 직무영역을 제약하는 성격이 강한 경우에는 그 기본권 주체성이 부정될 것이지만, 그것이 일반 국민으로서 국가에 대하여 가지는 헌법상의 기본권을 제약하는 성격이 강한 경우에는 기본권 주체성을 인정할 수 있다(헌재 2008.1.17, 2007헌마700).

④ 국가공무원법 조항은 정무직 공무원들의 일반적 정치활동을 허용하는 데 반하여, 공직선거법 제9조 제1항은 그들로 하여금 정치활동 중 '선거에 영향을 미치는 행위'만을 금지하고 있으므로, 위 법률조항은 선거영역에서의 특별법으로서 일반법인 국가공무원법 조항에 우선하여 적용된다고 할 것이다(헌재 2008.1.17, 2007헌마700).

정답 ①

03 공무담임권에 대한 설명으로 옳은 것은? (다툼이 있는 경우 판례에 의함)

① 경찰대학의 입학자격을 만 17세 이상 21세 미만으로 규정한 것은 나이에 따른 공무담임권의 침해이다.

② 공직의 경우 공무담임권은 직업선택의 자유에 대하여 특별기본권이어서 직업의 자유의 적용을 배제한다.

③ 대통령선거에서 후보자등록 요건으로 5억원의 기탁금 납부를 규정한 것은 합헌이다.

④ 현역군인에게만 국방부의 보조기관 등에 보해질 수 있는 기회를 부여하고 군무원에게는 이러한 기회를 박탈하였더라도, 이를 헌법 제25조의 공무담임권에 포함된 '공무수행의 자유'를 침해한 것이라고는 볼 수 없다.

해설

① 경찰대학의 학사운영에 관한 규정에서 입학자격을 만 17세 이상 21세 미만으로 규정한 것은 공무담임권을 침해하는 것이 아니다(헌재 2009.7.30, 2007헌마991).

② 직업선택의 자유와 공무담임권이 경합할 경우 공무원직에 관한 한 공무담임권은 직업의 자유에 우선하여 적용되는 특별법적 규정이고, … 공무담임권은 이 사건 법률조항에 의하여 제한되는 청구인들의 기본권이 아니므로, 직업의 자유 또한 이 사건 법률조항에 의하여 제한되는 기본권으로서 고려되지 아니한다(헌재 1999.12.23, 99헌마135).

③ 대통령 선거에 있어서 5억원의 기탁금의 납부를 규정한 공직선거법 제56조 제1항 제1호는 헌법에 위반된다(헌재 2008.11.27, 2007헌마1024).

④ 공무담임권의 보호영역에는 일반적으로 공직취임의 기회보장, 신분박탈, 직무의 정지가 포함되는 것일 뿐, 여기서 더 나아가 공무원이 특정의 장소에서 근무하는 것 또는 특정의 보직을 받아 근무하는 것을 포함하는 일종의 '공무수행의 자유'까지 그 보호영역에 포함된다고 보기는 어렵다. 따라서 이 사건 법률조항이 특정직공무원으로서 군무원인 청구인들의 공무담임권을 제한하는 것은 아니다(헌재 2008.6.26, 2005헌마1275).

정답 ②

04 공무담임권에 관한 설명으로 가장 적절한 것은? (다툼이 있는 경우 판례에 의함)

① 공무담임권은 공직취임의 기회균등을 요구하지만, 취임한 뒤 승진할 때에도 균등한 기회 제공을 요구하지는 않는다.

② 지방자치단체 공무원이 연구기관이나 교육기관 등에서 연수하기 위한 휴직기간은 2년 이내로 한다고 규정한 지방공무원법 조항은 연수휴직 기간의 상한을 제한하는 내용으로, 공직취임의 기회를 배제하거나 공무원 신분을 박탈하는 것과 관련이 없으므로, 휴직조항으로 인하여 법학전문대학원에 진학하려는 9급 지방공무원의 공무담임권이 침해될 가능성을 인정하기 어렵다.

③ 국방부 등의 보조기관에 근무할 수 있는 기회를 현역군인에게만 부여하고 군무원에게는 부여하지 않는 법률조항은 군무원의 공무담임권을 침해한다.

④ 공무원의 재임 기간 동안 충실한 공무수행을 담보하기 위하여 공무원의 퇴직급여 및 공무상 재해보상을 보장할 것까지 공무담임권의 보호영역에 포함된다고 본다.

해설

① 공무담임권은 공직취임의 기회균등뿐만 아니라 취임한 뒤 승진할 때에도 균등한 기회 제공을 요구한다(헌재 2018.7.26, 2017헌마1183).

▶ 승진 ×, 승진의 균등한 기회 O

② 교육받을 권리로부터 공무원이 휴직하여 법학전문대학원에서 수학할 것을 보장받을 권리가 도출된다고 할 수 없으므로 휴직조항으로 인하여 교육받을 권리가 침해될 가능성은 없다. 휴직조항은 공직 취임이나 공무원 신분과 관련이 없으므로 공무담임권을 제한하지 않는다(헌재 2024.2.28, 2020헌마1377). 즉, 각하로 판시되었다.

③ 공무담임권의 보호영역에는 일반적으로 공직취임의 기회보장, 신분박탈, 직무의 정지가 포함되는 것일 뿐, 여기서 더 나아가 공무원이 특정의 장소에서 근무하는 것 또는 특정의 보직을 받아 근무하는 것을 포함하는 일종의 '공무수행의 자유'까지 그 보호영역에 포함된다고 보기는 어렵다(헌재 2008.6.26, 2005헌마1275).

④ 헌법 제25조의 공무담임권이 공무원의 재임 기간 동안 충실한 공무수행을 담보하기 위하여 공무원의 퇴직급여 및 공무상 재해보상을 보장할 것까지 그 보호영역으로 하고 있다고 보기 어렵다(헌재 2003.11.27, 2003헌바39).

정답 ②

05 공무원제도에 관한 설명으로 가장 적절하지 <u>않은</u> 것은? (다툼이 있는 경우 판례에 의함)

① 선거에서 중립의무가 있는 구 공직선거 및 선거부정방지법 제9조의 공무원 이란 원칙적으로 국가와 지방자치단체의 모든 공무원, 즉 좁은 의미의 직업공무원은 물론이고, 대통령, 국무총리, 국무위원, 지방자치단체의 장을 포함한다.

② 국회의원과 지방의회의원은 정당의 대표자이자 선거운동의 주체로서의 지위로 말미암아 선거에서의 정치적 중립성이 요구될 수 없으므로 구 공직선거 및 선거부정방지법 제9조의 공무원에 해당하지 않는다.

③ 선거에서 대통령의 중립의무는 헌법 제7조 제2항이 보장하는 직업공무원제도로부터 나오는 헌법적 요청이다.

④ 직업공무원제도는 헌법과 법률에 의하여 공무원의 신분이 보장되는 공직구조에 관한 제도이며, 여기서 말하는 공무원에는 정치적 공무원이라든가 임시적 공무원은 포함되지 않는다.

해설

① 공무원이란 원칙적으로 국가와 지방자치단체의 모든 공무원, 즉 좁은 의미의 직업공무원은 물론이고, 적극적인 정치활동을 통하여 국가에 봉사하는 정치적 공무원(예컨대, 대통령, 국무총리, 국무위원, 도지사, 시장, 군수, 구청장 등 지방자치단체의 장)을 포함하며, 특히 직무의 기능이나 영향력을 이용하여 선거에서 국민의 자유로운 의사형성과정에 영향을 미치고 정당 간의 경쟁관계를 왜곡할 가능성은 정부나 지방자치단체의 집행기관에 있어서 더욱 크다고 판단되므로, 대통령, 지방자치단체의 장 등에게는 다른 공무원보다도 선거에서의 정치적 중립성이 특히 요구된다(헌재 2004.5.14, 2004헌나1).

② 공무원 중에서 국회의원과 지방의회의원은 정치활동의 자유가 보장되고(국가공무원법 제3조 제3항, 제65조, '국가공무원법 제3조 제3항의 공무원의 범위에 관한 규정' 제2조 제4호) 선거에서의 중립의무 없이 선거운동이 가능하므로 국회의원과 지방의회의원은 위 공무원의 범위에 포함되지 않는다(헌재 2004.5.14, 2004헌나1).

③ 선거에서의 공무원의 정치적 중립의무는 '국민 전체에 대한 봉사자'로서의 공무원의 지위를 규정하는 헌법 제7조 제1항, 자유선거원칙을 규정하는 헌법 제41조 제1항 및 제67조 제1항 및 정당의 기회균등을 보장하는 헌법 제116조 제1항으로부터 나오는 헌법적 요청이다. 공선법 제9조는 이러한 헌법적 요청을 구체화하고 실현하는 법규정이다(헌재 2004.5.14, 2004헌나1).
▶ 즉, 제7조 제2항이 아니라 제7조 제1항이다.

④ 공무원은 국가 또는 공공단체와 근로관계를 맺고 이른바 공법상 특별권력관계 내지 특별행정법관계 아래 공무를 담당하는 것을 직업으로 하는 협의의 공무원을 말하며 정치적 공무원이라든가 임시적 공무원은 포함되지 않는 것이다(헌재 1989.12.18, 89헌마32 등).

정답 ③

기본권 각론

제3편

해커스경찰 **박철한 경찰헌법 실전문제집**

06 공무원제도에 대한 설명으로 옳지 않은 것은? (다툼이 있는 경우 판례에 의함)

① 교육의원후보자가 되려는 사람으로 하여금 5년 이상의 교육경력 또는 교육행정경력을 갖추도록 규정한 법률조항은 전문성이 담보된 교육의원이 교육위원회의 구성원이 되도록 하여 헌법 제31조 제4항이 보장하고 있는 교육의 자주성 · 전문성 · 정치적 중립성을 보장하면서도 지방자치의 이념을 구현하기 위한 것으로서 공무담임권을 침해하는 것이라 볼 수 없다.

② 공무담임권의 보호영역에는 공직취임기회의 자의적인 배제뿐만 아니라 공무원 신분의 부당한 박탈이나 권한의 부당한 정지, 승진시험의 응시제한이나 이를 통한 승진기회의 보장 등이 포함된다.

③ "지방자치단체의 장은 다른 지방자치단체의 장의 동의를 얻어 그 소속 공무원을 전입할 수 있다."라는 지방공무원법 규정은 해당 공무원 본인의 동의가 필요하다는 것을 전제로 해석할 때 헌법에 합치한다.

④ "공무원은 직무의 내외를 불문하고 그 품위가 손상되는 행위를 하여서는 안 된다."라고 한 국가공무원법 규정은 '품위' 등 그 용어의 사전적 의미가 명백하고 그 수범자인 평균적인 공무원은 이를 충분히 예측할 수 있어 명확성원칙에 위배되지 않는다.

해설

① 지방교육에 있어서 경력요건과 교육전문가의 참여 범위에 관한 입법재량의 범위를 일탈하여 그 합리성이 결여되어 있다거나 필요한 정도를 넘어 청구인들의 공무담임권을 침해하는 것이라 볼 수 없다(헌재 2020.9.24, 2018헌마444).

② '승진시험의 응시제한'이나 이를 통한 승진기회의 보장 문제는 공직신분의 유지나 업무수행에는 영향을 주지 않는 단순한 내부 승진인사에 관한 문제에 불과하여 공무담임권의 보호영역에 포함된다고 보기는 어렵다고 할 것이다(헌재 2010.3.25, 2009헌마538).

③ 이 법률은 양 단체장의 동의로 소속공무원을 전입할 수 있다고 규정되어 있는바 이는 할 수 있다는 재량의 여지를 두고 있으므로 우리 헌법재판소는 이를 합헌적으로 해석하여 소속 공무원의 동의까지 요하는 것으로 해석하고 합헌결정하였다(헌재 2002.11.28, 98헌바101).

④ 이 사건 법률조항이 공무원 징계사유로 규정한 품위손상행위는 '주권자인 국민으로부터 수임받은 공무를 수행함에 손색이 없는 인품에 어울리지 않는 행위를 함으로써 공무원 및 공직 전반에 대한 국민의 신뢰를 떨어뜨릴 우려가 있는 경우'를 일컫는 것으로 해석할 수 있고, 그 수범자인 평균적인 공무원은 이를 충분히 예측할 수 있다. 따라서 이 사건 법률조항은 명확성원칙에 위배되지 아니한다(헌재 2016.2.25, 2013헌바435).

정답 ②

07 공무담임권에 관한 다음 설명 중 옳은 것은? (다툼이 있는 경우 판례에 의함)

① 헌법재판소는 공무원임용시험령 제16조 중 5급 공개 경쟁채용시험의 응시연령 상한을 32세까지로 한 부분이 응시자의 공무담임권을 침해하지 않는다고 결정하였다.

② 공직선거법은 정당이 당내경선을 실시하는 경우 경선후보자로서 당해 정당의 후보자로 선출되지 아니한 자는 설사 후보자로 선출된 자가 사퇴·사망·피선거권 상실 또는 당적의 이탈·변경 등으로 그 자격을 상실한 때에도 당해 선거의 같은 선거구에서는 후보자로 등록될 수 없다고 규정하고 있다.

③ 국립대학교 총장임용후보자 선거시 투표에서 일정 수 이상을 득표한 경우에만 기탁금 전액이나 일부를 후보자에게 반환하고, 반환되지 않은 기탁금은 국립대학교 발전기금에 귀속시키는 기탁금귀속조항에 대해서는 재산권보다 공무담임권을 중심으로 살핀다.

④ 지방자치단체의 장이 금고 이상의 형을 선고받고 그 형이 확정되지 아니한 경우 부단체장이 그 권한을 대행하도록 규정한 지방자치법 조항은 지방자치단체장의 공무담임권을 침해한다.

해설

① 이 사건 시행령 조항이 5급 공채시험 응시연령의 상한을 '32세까지'로 제한하고 있는 것은 기본권 제한을 최소한도에 그치도록 요구하는 헌법 제37조 제2항에 부합된다고 보기 어렵다(헌재 2008.5.29, 2007헌마1105).

② 다만, 후보자로 선출된 자가 사퇴·사망·피선거권 상실 또는 당적의 이탈·변경 등으로 그 자격을 상실한 때에는 그러하지 아니하다(공직선거법 제57조의2 제2항 단서).

③ 이 사건 기탁금귀속조항은 후보자가 사망하거나 제1차 투표에서 유효투표수의 100분의 15이상을 득표한 경우에는 기탁금 전액을, 제1차 투표에서 유효투표수의 100분의 10 이상 100분의 15 미만을 득표한 경우에는 기탁금 반액을 후보자에게 반환하고, 반환되지 않은 기탁금은 경북대학교 발전기금에 귀속되도록 하고 있다. 이하에서는 이 사건 기탁금귀속조항이 후보자의 재산권을 침해하는지 여부에 대하여 살핀다(헌재 2022.5.26, 2020헌마1219).

▶ 기탁금 자체보다는 귀속조항을 의미하기 때문에 이는 재산권을 주된 기본권으로 봐야 한다.

④ 판결이 선고되었다는 사실만을 유일한 요건으로 하여, 형이 확정될 때까지의 불확정한 기간 동안 자치단체장으로서의 직무를 정지시키는 불이익을 가하고 있으며, 그와 같이 불이익을 가함에 있어 필요 최소한에 그치도록 엄격한 요건을 설정하지도 않았으므로, 위 무죄추정의 원칙에 위배된다(헌재 2010.9.2, 2010헌마418).

정답 ④

08 '공무담임권'에 관한 설명으로 가장 적절한 것은? (다툼이 있는 경우 판례에 의함)

① 현역군인에게만 국방부의 보조기관 등에 보해질 수 있는 기회를 부여하고 군무원에게는 이러한 기회를 박탈하였더라도, 이를 헌법 제25조의 공무담임권에 포함된 '공무수행의 자유'를 침해한 것이라고는 볼 수 없다.

② 공무원이 감봉의 징계처분을 받은 경우, 그 집행이 끝난 날로부터 12월 간 승진임용을 제한하였더라도, 공무원의 승진기회의 보장까지 헌법 제25조의 공무담임권의 보호영역에 포함되지는 않으므로 이를 공무담임권에 대한 제한이라고는 할 수 없다.

③ 지역구 국회의원선거에서 선거방송 대담·토론회의 참가자격을 제한한 공직선거법 조항은 선거운동의 자유를 일부 제한하는 측면이 있더라도, 국가·공공단체의 구성원으로서 그 직무를 담당할 수 있는 권리인 헌법 제25조의 공무담임권을 제한하는 것이라고는 할 수 없다.

④ 국가정보원 공무원이나 경찰공무원·소방공무원과 비교하여 군인사법상 부사관의 최초 임용연령을 27세까지로 차별한 경우, 평등권에 관한 심사에서 공무담임권에 대한 심사까지 중첩적으로 이루어질 것이므로 헌법 제25조의 공무담임권 침해 여부는 별도로 판단할 필요가 없다.

해설

① 공무담임권의 보호영역에는 일반적으로 공직취임의 기회보장, 신분박탈, 직무의 정지가 포함되는 것일 뿐, 여기서 더 나아가 공무원이 특정의 장소에서 근무하는 것 또는 특정의 보직을 받아 근무하는 것을 포함하는 일종의 '공무수행의 자유'까지 그 보호영역에 포함된다고 보기는 어렵다. 따라서 이 사건 법률조항이 특정직공무원으로서 군무원인 청구인들의 공무담임권을 제한하는 것은 아니다(헌재 2008.6.26, 2005헌마1275).

② 공무담임권은 국민이 국가나 공공단체의 구성원으로서 직무를 담당할 수 있는 권리를 뜻하고, 여기서 직무를 담당한다는 것은 공무담임에 관하여 능력과 적성에 따라 평등한 기회를 보장받는 것을 의미한다. 승진임용은 신규임용과 함께 공무원을 임용하는 방법 중 하나이므로, 공무담임권은 공직취임의 기회 균등뿐만 아니라 취임한 뒤 승진할 때에도 균등한 기회 제공을 요구한다(헌재 2018.7.26, 2017헌마1183 참조). 이 사건 법률조항 중 '승진임용'에 관한 부분 및 승진제한규정(이하 두 조항을 통틀어 '이 사건 승진조항'이라 한다)에 따르면 감봉의 징계처분을 받은 경우 그 집행이 끝난 날로부터 12월 동안 승진임용이 제한된다. 따라서 이 사건 승진조항은 공무담임권을 제한한다(헌재 2022.3.31, 2020헌마211).

③ 공무담임권이란 국가, 공공단체의 구성원으로서 그 직무를 담당할 수 있는 권리이므로 주된 선거방송 대담·토론회의 참가가 제한되어 사실상 선거운동의 자유가 일부 제한되는 측면이 있다고 하여 그로써 바로 국가기관의 공직에 취임할 수 있는 권리가 직접 제한된다고 보기는 어렵다고 할 것이므로, 이 사건 법률조항은 공무담임권을 제한하는 것이라고 볼 수 없다(헌재 2011.5.26, 2010헌마451).

④ 청구인들은 최근 국가정보원 공무원이나 경찰·소방공무원의 연령상한제의 조정 등을 이유로 평등권 침해도 주장하고 있으나, 이들 공무원의 조직 및 임용 자격과 군 조직 및 부사관의 임용 요건이 비교의 대상이 된다고 보기 어려울 뿐만 아니라, 공무담임권의 내용 자체가 일반적으로 국민이 공무담임에 관한 자의적이지 않고 평등한 기회를 보장받음을 의미하는 것이어서 공무담임권과 평등권 심사는 중첩적으로 이루어지는 면이 있으므로, 공무담임권에 관한 심사에서 평등권에 대한 심사를 같이 하고 별도로 평등권 침해 여부는 판단하지 아니한다(헌재 2014.9.25, 2011헌마414).

정답 ③

제5절 지방자치제도

01 현행 헌법상 지방자치제도에 관한 다음 설명 중 옳은 것은? (다툼이 있는 경우 판례에 의함)

① 조례에 의한 형벌의 규정이 지역에 따라 불평등한 것이 되더라도 이는 헌법이 지방자치제를 보장하고 있는 데에서 오는 불가피한 결과이므로 헌법위반이 아니다.

② 지역주민은 지방의회의 의원을 선출하고, 자치단체의 장은 지방의회가 선출한다.

③ 광역지방자치단체(특별시와 광역시 및 도)와 기초지방자치단체(시와 군 및 구)의 관계는 상명하복관계이다.

④ 감사원이 지방자치단체의 자치사무에 대하여 합목적성 감사까지 하는 것은 지방자치제도의 본질적 내용을 침해하는 것이다.

해설

① 조례에 의하여 과태료를 규정할 수는 있으나, 벌칙을 규정하는 것은 죄형법정주의 위반으로 볼 수 있다.

② 지방의회의원 및 자치단체의 장 모두 주민이 선출한다.

③ 기초지방자치단체는 광역지방자치단체의 지휘와 감독을 받는다. 이는 취소·정지권과 직무이행명령 등으로 실현된다.

④ 감사원이 지방자치단체에 대하여 자치사무의 합법성뿐만 아니라 합목적성에 대하여도 감사한 행위는 감사원법에 근거한 것이며, 근거규정인 감사원법 규정이 지방자치단체의 고유한 권한을 유명무실하게 할 정도로 지나친 제한을 함으로써 지방자치권의 본질적 내용을 침해하였다고는 볼 수 없다(헌재 2008.5.29, 2005헌라3).

정답 ③

02 지방자치제도에 대한 설명으로 옳은 것을 모두 고른 것은? (다툼이 있는 경우 판례에 의함)

㉠ 국가가 영토고권을 가지는 것과 마찬가지로 지방자치단체에게 자신의 관할 구역 내에 속하는 영토·영해·영공을 자유로이 관리하고 관할 구역 내의 사람과 물건을 독점적·배타적으로 지배할 수 있는 영토고권은 우리나라 헌법과 법률상 인정되지 않는다.
㉡ 지방의회의 경우 국회와 마찬가지로 의장이나 부의장을 법적으로 불신임할 수는 없다.
㉢ 조례제정은 원칙적으로 자치사무와 단체위임사무에 한정되며, 기관위임사무에 관해 조례를 제정할 수 없으나, 기관위임사무도 개별법령에서 위임한 경우에는 예외적으로 가능하다.
㉣ 지방의회의원과 지방자치단체장을 선출하는 지방선거 사무는 지방자치단체의 존립을 위한 자치사무에 해당하므로, 원칙적으로 지방자치단체가 처리하고 그에 따른 비용도 지방자치단체가 부담하여야 한다.

① ㉠, ㉡
② ㉢, ㉣
③ ㉠, ㉡, ㉣
④ ㉠, ㉢, ㉣

해설
옳은 것은 ㉠, ㉢, ㉣이다.
㉠ 국가가 영토고권을 가지는 것과 마찬가지로 지방자치단체에게 자신의 관할 구역 내에 속하는 영토·영해·영공을 자유로이 관리하고 관할 구역 내의 사람과 물건을 독점적·배타적으로 지배할 수 있는 권리가 부여되어 있다고 할 수는 없다. 청구인이 주장하는 지방자치단체의 영토고권은 우리나라 헌법과 법률상 인정되지 아니한다(헌재 2006.3.30, 2003헌라2).
㉡ 지방자치법 제62조 제1항·제2항

> **지방자치법 제62조【의장·부의장 불신임의 의결】** ① 지방의회의 의장이나 부의장이 법령을 위반하거나 정당한 사유 없이 직무를 수행하지 아니하면 지방의회는 불신임을 의결할 수 있다.
> ② 제1항의 불신임 의결은 재적의원 4분의 1 이상의 발의와 재적의원 과반수의 찬성으로 한다.

㉢ 기관위임사무에 있어서도 그에 관한 개별법령에서 일정한 사항을 조례로 정하고 있는 경우에는 위임받은 사항에 관하여 개별법령의 취지에 부합하는 범위 내에서 이른바 위임조례를 정할 수 있다(대판 1999.9.17, 99추30).
㉣ 지방의회의원과 지방자치단체장을 선출하는 지방선거 사무는 지방자치단체의 존립을 위한 자치사무에 해당하므로, 원칙적으로 지방자치단체가 처리하고 그에 따른 비용도 지방자치단체가 부담하여야 한다(헌재 2008.6.26, 2005헌라7).

정답 ④

03 지방자치에 관한 헌법의 규정과 다른 설명은?

① 헌법은 지방자치단체가 법률의 범위 안에서 자치에 관한 규정을 제정할 수 있는 근거규정을 마련하고 있다.
② 헌법은 자치단체의 종류를 광역자치단체와 기초자치단체로 구분하고 있지 않다.
③ 헌법은 자치단체에 의회를 둔다고 규정하고 있다.
④ 헌법은 지방의회의 조직·권한·의원선거와 지방자치단체의 장의 선임방법 기타 지방자치단체의 조직과 운영에 관한 사항은 법률로 정한다고 규정하고 있다.

해설
① 법률이 아닌 법령의 범위 안이다.

> **헌법 제117조** ① 지방자치단체는 주민의 복리에 관한 사무를 처리하고 재산을 관리하며, 법령의 범위 안에서 자치에 관한 규정을 제정할 수 있다.

② 지방자치단체의 종류는 법률로 정한다고 규정하고 있기 때문에 법률유보사항이다(헌법 제117조 제2항).

> **헌법 제117조** ② 지방자치단체의 종류는 법률로 정한다.

③ 헌법 제118조 제1항

> **헌법 제118조** ① 지방자치단체에 의회를 둔다.

④ 헌법 제118조 제2항

> **헌법 제118조** ② 지방의회의 조직·권한·의원선거와 지방자치단체의 장의 선임방법 기타 지방자치단체의 조직과 운영에 관한 사항은 법률로 정한다.

정답 ①

04 다음 지방자치의 내용 중 옳지 않은 것은? (다툼이 있는 경우 판례에 의함)

① 연간 감사계획에 포함되지 아니하고 사전조사가 수행되지 아니한 감사의 경우 지방자치법에 따른 감사의 절차와 방법 등에 관한 관련 법령에서 감사대상이나 내용을 통보할 것을 요구하는 명시적인 규정이 없어, 광역지방자치단체가 기초지방자치단체의 자치사무에 대한 감사에 착수하기 위해서는 감사대상을 특정하여야 하나, 특정된 감사대상을 사전에 통보할 것까지 요구된다고 볼 수는 없다.
② 지방자치단체는 법인격 없는 사단으로 한다.
③ 지방자치단체의 명칭과 구역을 바꾸거나 지방자치단체를 폐지하거나 설치하거나 나누거나 합칠 때에는 법률로 정한다.
④ 지방자치단체의 장은 주민에게 과도한 부담을 주거나 중대한 영향을 미치는 지방자치단체의 주요 결정사항 등에 대하여 주민투표에 부칠 수 있다.

해설

① 연간 감사계획에 포함되지 아니하고 사전조사가 수행되지 아니한 감사의 경우 지방자치법에 따른 감사의 절차와 방법 등에 관한 사항을 규정하는 '지방자치단체에 대한 행정감사규정' 등 관련 법령에서 감사대상이나 내용을 통보할 것을 요구하는 명시적인 규정이 없다. 광역지방자치단체가 자치사무에 대한 감사에 착수하기 위해서는 감사대상을 특정하여야 하나, 특정된 감사대상을 사전에 통보할 것까지 요구된다고 볼 수는 없다(헌재 2023.3.23, 2020헌라5).

② 법인격이 있으므로 법인격 없는 사단은 옳지 않은 지문이다. 또한 사단이 아니라 공법인이다.

> **지방자치법 제3조 【지방자치단체의 법인격과 관할】** ① 지방자치단체는 법인으로 한다.

③ 지방자치법 제5조 제1항

> **지방자치법 제5조 【지방자치단체의 명칭과 구역】** ① 지방자치단체의 명칭과 구역은 종전과 같이 하고, 명칭과 구역을 바꾸거나 지방자치단체를 폐지하거나 설치하거나 나누거나 합칠 때에는 법률로 정한다.
> ② 제1항에도 불구하고 지방자치단체의 구역변경 중 관할 구역 경계변경(이하 "경계변경"이라 한다)과 지방자치단체의 한자 명칭의 변경은 대통령령으로 정한다.

④ 지방자치법 제18조 제1항

> **지방자치법 제18조 【주민투표】** ① 지방자치단체의 장은 주민에게 과도한 부담을 주거나 중대한 영향을 미치는 지방자치단체의 주요 결정사항 등에 대하여 주민투표에 부칠 수 있다.

정답 ②

05 지방자치제도에 대한 설명으로 옳지 않은 것은? (다툼이 있는 경우 판례에 의함)

① 주무부장관이 지방자치단체사무에 관한 시·도지사의 명령이나 처분에 대하여 시정명령을 할 수 있는 경우는 기관위임사무에 한정된다.

② 헌법이 지방자치제도를 보장한다는 의미는 자치행정을 일반적으로 보장한다는 의미일 뿐 특정 자치단체의 존속을 보장한다는 의미는 아니다.

③ 지방자치단체의 자치권이 미치는 관할 구역의 범위에는 육지는 물론 바다도 포함되므로 공유수면에 대한 지방자치단체의 자치권한이 존재한다.

④ 조례가 규율하는 특정 사항에 관하여 그것을 규율하는 국가의 법령이 이미 존재하는 경우에도 조례가 법령과 별도의 목적에 기하여 규율함을 의도하는 것으로서 그 적용에 의하여 법령의 규정이 의도하는 목적과 효과를 전혀 저해하는 바가 없는 때에는 그 조례가 국가의 법령에 위반되는 것은 아니다.

해설

① 주무부장관 또는 시·도지사는 지방자치단체의 장의 명령·처분이 위법하거나(자치사무), 위법·부당한(단체위임사무) 경우에는 그 시정을 명하고, 기간 내에 시정하지 않을 때에는 이를 취소·정지할 수 있다. 즉, 시정명령은 자치사무나 단체위임사무이지 기관위임사무는 이에 해당하지 않는다.

> **지방자치법 제188조【위법·부당한 명령이나 처분의 시정】** ① 지방자치단체의 사무에 관한 지방자치단체의 장의 명령이나 처분이 법령에 위반되거나 현저히 부당하여 공익을 해친다고 인정되면 시·도에 대해서는 주무부장관이, 시·군 및 자치구에 대해서는 시·도지사가 기간을 정하여 서면으로 시정할 것을 명하고, 그 기간에 이행하지 아니하면 이를 취소하거나 정지할 수 있다.

② 헌법이 지방자치제도를 보장한다는 의미는 자치행정을 일반적으로 보장한다는 의미일 뿐 특정 자치단체의 존속을 보장한다는 의미는 아니다(헌재 1995.3.23, 94헌마175).

③ 지방자치법 제4조 제1항에 규정된 지방자치단체의 구역은 주민·자치권과 함께 지방자치단체의 구성요소로서 자치권을 행사할 수 있는 장소적 범위를 말하며, 자치권이 미치는 관할 구역의 범위에는 육지는 물론 바다도 포함되므로, 공유수면에 대한 지방자치단체의 자치권한이 존재한다(헌재 2006.8.31, 2003헌라1).

④ 조례가 규율하는 특정 사항에 관하여 그것을 규율하는 국가의 법령이 이미 존재하는 경우에도 조례가 법령과 별도의 목적에 기하여 규율함을 의도하는 것으로서 그 적용에 의하여 법령의 규정이 의도하는 목적과 효과를 전혀 저해하는 바가 없는 때에는 그 조례가 국가의 법령에 위반되는 것은 아니다(대판 2006.10.12, 2006추38). 이를 수정법률선점이론이라고 한다.

정답 ①

06 현재 지방자치법상의 지방자치제도에 관한 다음 설명 중 옳지 않은 것은? (다툼이 있는 경우 판례에 의함)

① 지방자치단체의 장은 주민투표부의권을 가진다.

② 법률의 위임이 없더라도 지역자치에 관한 사항인 한 주민들의 의무 부과에 관한 것을 내용으로 하는 조례제정은 허용이 된다.

③ 지방자치단체의 18세 이상의 주민은 일정요건을 갖추어 지방자치단체의 장에게 조례의 제정이나 개폐를 청구할 수 있다.

④ 감사과정에서 사전에 감사대상으로 특정되지 않은 사항에 관하여 위법사실이 발견된 경우, 당초 특정된 감사대상과 관련성이 있어 함께 감사를 진행해도 피감기관이 절차적인 불이익을 받을 우려가 없고, 해당 감사대상을 적발하기 위한 목적으로 감사가 진행된 것으로 볼 수 없는 사항에 대하여는 감사대상의 확장 내지 추가가 허용된다.

해설

① 지방자치법 제18조 제1항

> **지방자치법 제18조【주민투표】** ① 지방자치단체의 장은 주민에게 과도한 부담을 주거나 중대한 영향을 미치는 지방자치단체의 주요 결정사항 등에 대하여 주민투표에 부칠 수 있다.

② 지방자치법 제28조 제1항

> **지방자치법 제28조【조례】** ① 지방자치단체는 법령의 범위에서 그 사무에 관하여 조례를 제정할 수 있다. 다만, 주민의 권리 제한 또는 의무 부과에 관한 사항이나 벌칙을 정할 때는 법률의 위임이 있어야 한다.

③ 지방자치법 제19조 제1항

> **지방자치법 제19조【조례의 제정과 개정·폐지 청구】** ① 주민은 지방자치단체의 조례를 제정하거나 개정하거나 폐지할 것을 청구할 수 있다.

④ 자치사무의 합법성 통제라는 감사의 목적이나 감사의 효율성 측면을 고려할 때, 당초 특정된 감사대상과 관련성이 인정되는 것으로서 당해 절차에서 함께 감사를 진행하더라도 감사대상 지방자치단체가 절차적인 불이익을 받을 우려가 없고, 해당 감사대상을 적발하기 위한 목적으로 감사가 진행된 것으로 볼 수 없는 사항에 대하여는 감사대상의 확장 내지 추가가 허용된다(헌재 2023.3.23, 2020헌라5).

정답 ②

07 조례에 관한 설명 중 판례의 입장과 다른 것은?

① 지방자치단체는 개별법령에서 일정한 사항을 조례로 정하도록 위임하고 있는 경우에는 기관위임사무에 있어서도 조례를 제정할 수 있다.

② 조례에 대한 법률의 위임은 구체적으로 범위를 정하여야 할 필요가 없으며 포괄적인 것으로 족하다.

③ 조례가 규율하는 특정 사항에 관하여 그것을 규율하는 국가의 법령이 이미 존재하는 경우라도 반드시 조례가 국가의 법령에 위반되는 것은 아니다.

④ 대법원의 심리 결과 조례안의 일부가 법령에 위반되어 위법한 경우 그 조례안에 대한 지방의회의 재의결 전부의 효력이 부인되는 것은 아니다.

해설

① 기관위임사무에 있어서도 그에 관한 개별법령에서 일정한 사항을 조례로 정하고 있는 경우에는 위임받은 사항에 관하여 개별법령의 취지에 부합하는 범위 내에서 이른바 위임조례를 정할 수 있다(대판 1999.9.17, 99추30).

② 조례는 주민이 직접 선출한 지방의회의원들이 제정한 것으로 포괄위임이 허용된다.

③ 수정법률선점이론에 관한 내용이다. 즉, 과거에는 법이 존재한 경우 조례가 그 영역에 들어오면 무조건 위법이라 보았으나, 최근에는 법규의 취지나 목적을 잘 살펴 지방자치단체가 그 영역의 특수한 사정을 고려할 필요가 인정될 경우에 법률의 규제보다 엄격하게 규제하는 것은 허용된다(대판 2006.10.12, 2006추38 - 정선군 세 자녀 이상 양육비지원조례).

④ 의결의 일부에 대한 효력배제는 의결기관인 지방의회의 고유권한을 침해하는 것이 될 뿐 아니라, 전체적인 의결내용을 지방의회의 의도와는 다른 내용으로 변질시킬 우려도 있고, 재의요구가 있는 때에는 일부에 관한 것이라고 하여도 의결 전체가 실효되고 재의결만이 의결로서 효력을 발생하는 것이어서 의결의 일부에 대한 재의요구나 수정재의요구가 허용되지 않는 점(지방자치법 제19조 제3항)에 비추어 보면, 의결의 내용 일부만이 위법한 경우에도 대법원은 의결 전부의 효력을 부인할 수밖에 없다고 할 것이다(대판 1992.7.28, 92추31 ; 대판 2000.11.10, 2000추36 등).

정답 ④

08 지방자치제도에 관한 설명으로 옳지 않은 것은? (다툼이 있을 경우 판례에 의함)

① 의장 또는 부의장이 법령을 위반하거나 정당한 이유 없이 직무를 수행하지 아니하는 때에는 지방의회는 불신임을 의결할 수 있다.

② 지방자치단체의 장은 조례안의 일부에 이의가 있을 경우 그 일부에 대해서 지방의회의 재의를 요구할 수 있다.

③ 지방자치단체의 장의 임기는 4년이며 계속 재임은 3기에 한한다.

④ 중앙행정기관장 또는 시·도지사는 지방자치단체의 사무에 관하여 조언·권고·지도를 할 수 있다.

해설

① 국회와 달리 지방의회는 불신임을 의결할 수 있다.

② 조례안의 일부거부나 수정거부는 허용되지 않는다.

③ 장기집권 과정에서 형성된 사조직이나 파벌 등이 엽관제적 인사로 연결되어 공무원들의 사기 저하, 부정부패와 낭비적인 지방행정 등이 이루어질 소지가 높아 결국 지역발전의 걸림돌이 될 수 있다(헌재 2006.2.23, 2005헌마403).

④ 지방자치법 제184조 제1항

> 지방자치법 제184조【지방자치단체의 사무에 대한 지도와 지원】① 중앙행정기관의 장이나 시·도지사는 지방자치단체의 사무에 관하여 조언 또는 권고하거나 지도할 수 있으며, 이를 위하여 필요하면 지방자치단체에 자료 제출을 요구할 수 있다.

정답 ②

09 지방자치제도에 관한 설명 중 옳고 그름의 표시(○, ×)가 모두 바르게 된 것은? (다툼이 있는 경우 판례에 의함)

> ㉠ 조례의 제정권자인 지방의회는 선거를 통해서 그 지역적인 민주적 정당성을 지니고 있는 주민의 대표기관이고 헌법이 지방자치단체에 포괄적인 자치권을 보장하고 있는 취지로 볼 때, 조례에 대한 법률의 위임은 법규명령에 대한 법률의 위임과 같이 반드시 구체적으로 범위를 정하여 할 필요가 없으며 포괄적인 것으로 족하다.
> ㉡ 주민자치제를 본질로 하는 민주적 지방자치제도가 안정적으로 뿌리내린 현 시점에서 지방자치단체의 장 선거권을 지방의회의원 선거권, 나아가 국회의원 선거권 및 대통령 선거권과 구별하여 하나는 법률상의 권리로, 나머지는 헌법상의 권리로 이원화하는 것은 허용될 수 없으므로 지방자치단체의 장 선거권 역시 다른 선거권과 마찬가지로 헌법 제24조에 의해 보호되는 기본권으로 인정하여야 한다.
> ㉢ 헌법상 지방자치제도보장의 핵심영역 내지 본질적 부분이 특정 지방자치단체의 존속을 보장하는 것이 아니며 지방자치단체에 의한 자치행정을 일반적으로 보장하는 것이므로, 현행법에 따른 지방자치단체의 중층구조 또는 지방자치단체로서 특별시·광역시 도와 함께 시·군 및 구를 계속하여 존속하도록 할지 여부는 결국 입법자의 입법형성권의 범위에 들어가는 것으로 보아야 한다.
> ㉣ 지방자치단체가 자치조례를 제정할 수 있는 사항은 지방자치단체의 고유사무인 자치사무와 개별법령에 의하여 지방자치단체에 위임된 단체위임사무에 한하고, 국가사무가 지방자치단체의 장에게 위임된 기관위임사무는 원칙적으로 자치조례의 제정범위에 속하지 않는다.

	㉠	㉡	㉢	㉣
①	×	○	○	×
②	○	×	○	○
③	○	○	×	○
④	○	○	○	○

해설

㉠ 조례의 제정권자인 지방의회는 선거를 통해서 그 지역적인 민주적 정당성을 지니고 있는 주민의 대표기관이고 헌법이 지방자치단체에 포괄적인 자치권을 보장하고 있는 취지로 볼 때, 조례에 대한 법률의 위임은 법규명령에 대한 법률의 위임과 같이 반드시 구체적으로 범위를 정하여 할 필요가 없으며 포괄적인 것으로 족하다(헌재 1995.4.20, 92헌마264 등).

㉡ 지방자치단체의 장 선거권 역시 다른 선거권과 마찬가지로 헌법 제24조에 의해 보호되는 기본권으로 인정하여야 한다(헌재 2016.10.27, 2014헌마797).

㉢ 지방자치단체의 중층구조 또는 지방자치단체로서 특별시·광역시 및 도와 함께 시·군 및 구를 계속하여 존속하도록 할지 여부는 결국 입법자의 입법형성권의 범위에 들어가는 것으로 보아야 한다. 같은 이유로 일정구역에 한하여 당해 지역 내의 지방자치단체인 시·군을 모두 폐지하여 중층구조를 단층화하는 것 역시 입법자의 선택범위에 들어가는 것이다(헌재 2006.4.27, 2005헌마1190).

㉣ 지방자치단체가 조례를 제정할 수 있는 사항은 지방자치단체의 고유사무인 자치사무와 개별 법령에 의하여 지방자치단체에 위임된 단체위임사무에 한하고, 국가사무가 지방자치단체의 장에게 위임되거나 상위 지방자치단체의 사무가 하위 지방자치단체의 장에게 위임된 기관위임사무에 관한 사항은 원칙적으로 조례의 제정범위에 속하지 않는다(대판 2014.2.27, 2012추145).

정답 ④

제4장 | 청구권적 기본권

필수 OX

01 법률 · 명령 · 규칙의 제정 · 개정 또는 폐지에 대한 청원을 할 수 있으나 재판에 간섭하는 청원은 수리되지 않는다. O|X

해설
감사 · 수사 · 재판 · 행정심판 · 조정 · 중재 등 다른 법령에 의한 조사 · 불복 또는 구제절차가 진행 중인 사항은 처리를 하지 아니할 수 있다(청원법 제6조 제2호). [O]

02 청원법에 따르면 청원을 관장하는 기관이 청원을 접수한 때에는 특별한 사유가 없는 한 90일 이내에 그 처리결과를 청원인에게 통지하여야 한다. O|X

해설
청원기관의 장은 청원을 접수한 때에는 특별한 사유가 없으면 90일 이내에 처리결과를 청원인에게 알려야 한다(청원법 제21조 제2항). [O]

03 헌법재판소 판례에 의하면 국가기관은 심판서나 재결서에 준하여 청원에 대한 처리결과와 처리이유를 통지하여야 한다. O|X

해설
그에 대한 재결이나 결정할 의무까지 있는 것은 아니고, 또한 처리결과를 통지할 경우에 법률에 특별한 규정이 없는 한 처리이유까지 밝혀야 할 필요는 없다. [X]

04 국회에 청원을 하려는 자는 의원의 소개를 받거나 국회규칙으로 정하는 기간 동안 국회규칙으로 정하는 일정한 수 이상의 국민의 동의를 받아 청원서를 제출하여야 한다. O|X

해설
국회에 청원을 하려는 자는 의원의 소개를 받거나 국회규칙으로 정하는 기간 동안 국회규칙으로 정하는 일정한 수 이상의 국민의 동의를 받아 청원서를 제출하여야 한다(국회법 제123조 제1항). [O]

05 정부에 제출되는 정부의 정책에 관계되는 청원의 심사는 청원법에 따라 국무회의의 심사를 거칠 수 있다. O|X

해설
정부에 제출되는 정부의 정책에 관계되는 청원의 심사는 청원법에 따라 국무회의의 심사를 거쳐야 한다(헌법 제89조). 국무회의 심의는 거칠 수 있는 게 아니라 거쳐야 한다. [X]

06 모해청원, 반복청원, 이중청원, 국가기관권한사항청원, 개인사생활사항청원 등의 경우에는 수리되지 않는다. O|X

해설
국가기관권한사항에 관한 청원은 불수리 사안에 들어가지 않는다. 오히려 이는 청원사항에 들어간다(청원법 제5조 제5호). [X]

07 사법경찰관이 위험발생의 염려가 없음에도 불구하고 소유권 포기가 있다는 이유로 사건종결 전에 압수물을 폐기한 행위는 적법절차원칙에 반하고, 공정한 재판을 받을 권리를 침해한다. O|X

해설
이 사건 법률조항은 재판이나 청문의 절차도 밟지 아니하고 압수한 물건에 대한 피의자의 재산권을 박탈하여 국고귀속시킴으로써 몰수형을 집행한 것과 같은 효과를 발생시키는 것은 적법절차의 원칙과 무죄추정의 원칙에 위반된다(헌재 1997.5.29, 96헌가17). [O]

08 형의 집행 및 수용자의 처우에 관한 법률 시행령에서 수형자와 소송대리인인 변호사의 접견을 일반 접견에 포함시켜 시간은 30분 이내로, 횟수는 월 4회로 제한하는 것은 수형자의 재판청구권을 침해한다. O|X

해설
심판대상조항들은 법률전문가인 변호사와의 소송상담의 특수성을 고려하지 않고 소송대리인인 변호사와의 접견을 그 성격이 전혀 다른 일반 접견에 포함시켜 접견 시간 및 횟수를 규정함으로써 수형자의 재판청구권을 지나치게 제한하여 위헌이다(헌재 2015.11.26, 2012헌마858). [O]

09 현행 헌법은 신속한 재판을 받을 권리를 명문으로 규정하고 있다. O|X

해설
모든 국민은 신속한 재판을 받을 권리를 가진다. 형사피고인은 상당한 이유가 없는 한 지체 없이 공개재판을 받을 권리를 가진다(헌법 제27조 제3항). [O]

10 헌법에 명문의 규정이 없으나, 공정한 재판을 받을 권리는 국민의 기본권으로 보장되고 있음이 명백하다. O|X

해설
신속한 재판과 공개재판은 헌법에 규정이 있으나 공정한 재판을 받을 권리는 규정되어 있지 않다. 다만, 공정한 재판을 받을 권리도 당연히 국민의 기본권으로 보장된다. [O]

11 군사시설 중 전투용에 공하는 시설을 손괴한 일반 국민이 항상 군사법원에서 재판받도록 하는 군사법원법 조항은 헌법과 법률이 정한 법관에 의한 재판을 받을 권리를 침해한다. O|X

해설
'전투용에 공하는 시설'을 손괴한 일반 국민이 군사법원에서 재판받도록 규정하고 있는, 구 군사법원법 제2조 제1항 제1호 중 '구 군형법 제1조 제4항 제4호' 가운데 '구 군형법 제69조 중 전투용에 공하는 시설의 손괴죄를 범한 내국인에 대하여 적용되는 부분'은, 헌법에 위반된다(헌재 2013.11.28, 2012헌가10). [O]

12 국민참여재판을 받을 권리가 헌법 제27조의 재판을 받을 권리에 당연히 포함된다고 할 수 없다. O|X

해설
우리 헌법상 헌법과 법률이 정한 법관에 의한 재판을 받을 권리는 직업법관에 의한 재판을 주된 내용으로 하는 것이므로 국민참여재판을 받을 권리가 헌법 제27조 제1항에서 규정한 재판을 받을 권리의 보호범위에 속한다고 볼 수 없다(헌재 2009.11.26, 2008헌바12). [O]

13 헌법 제27조 제4항의 "형사피고인은 상당한 이유가 없는 한 유죄의 판결이 확정될 때까지는 무죄로 추정된다."라는 규정은 재판청구권을 보장하기 위한 구체적 규정이라 할 수 있다. O | X

해설

재판청구권이 아닌 신체의 자유를 보장하기 위한 규정이다. [×]

14 재판을 받을 권리는 국민의 권리이므로 외국인에 대하여는 상호주의에 입각하여 부여한다. O | X

해설

재판을 받을 권리는 외국인에 대하여 평등주의에 입각하여 국민과 같이 인정된다. [×]

15 재판의 심리는 법원의 결정으로 공개하지 않을 수 있지만, 선고는 반드시 공개하여야 한다. O | X

해설

재판의 심리와 판결은 공개한다. 다만, 심리는 국가의 안전보장 또는 안녕질서를 방해하거나 선량한 풍속을 해할 염려가 있을 때에는 법원의 결정으로 공개하지 아니할 수 있다(헌법 제109조). [O]

16 국민의 형사재판 참여에 관한 법률에 따라 심리에 관여한 배심원은 재판장의 설명을 들은 후 유 · 무죄에 관하여 평의를 하고 원칙적으로 다수결에 따라 평결을 하여야 한다. O | X

해설

설명을 들은 후 유 · 무죄에 관하여 평의하고, 전원의 의견이 일치하면 그에 따라 평결한다(국민의 형사재판 참여에 관한 법률 제46조 제2항). [×]

17 국민의 형사재판 참여에 관한 법률에 따라 심리에 관여한 배심원들의 평결과 의견은 법원을 기속하지 아니한다. O | X

해설

제2항부터 제4항까지의 평결과 의견은 법원을 기속하지 아니한다(국민의 형사재판 참여에 관한 법률 제46조 제5항). [O]

18 국민참여재판제도의 취지와 배심원의 권한 및 의무 등 여러 사정을 종합적으로 고려할 때 배심원의 연령을 만 20세로 한 것은 입법형성권의 범위를 벗어난 것으로 볼 수 있다. O | X

해설

심판대상조항이 우리나라 국민참여재판제도의 취지와 배심원의 권한 및 의무 등 여러 사정을 종합적으로 고려하여 만 20세에 이르기까지 교육 및 경험을 쌓은 자로 하여금 배심원의 책무를 담당하도록 정한 것은 입법형성권의 한계 내의 것으로 자의적인 차별이라고 볼 수 없다(헌재 2021.5.27, 2019헌가19). [×]

19 형사실체법상으로 직접적인 보호법익의 주체로 해석되지 않는 자는 문제되는 범죄 때문에 법률상 불이익을 받게 되는 자라 하더라도 헌법상 형사피해자의 재판절차진술권의 주체가 될 수 없다. O | X

해설

형사피해자에 대해서는 보호법익을 기준으로 할 것이 아니라 문제되는 범죄 때문에 법률상 불이익을 받게 되는 자라면 형사피해자의 재판절차진술권을 인정하여야 한다. [×]

20 '민주화운동 관련자 명예회복 및 보상심의위원회'의 보상금 등 지급결정에 동의한 때 재판상 화해의 성립을 간주함으로써 법관에 의하여 법률에 의한 재판을 받을 권리를 제한하는 법규정은 재판청구권을 침해하지 않는다. O|X

해설

기본권 보호의무에 위반하지만, 재판청구권을 침해하지는 않는다(헌재 2018.8.30, 2014헌바180). [O]

21 디엔에이감식시료채취영장 발부 과정에서 형이 확정된 채취대상자에게 자신의 의견을 밝히거나 영장 발부 후 불복할 수 있는 절차 등에 관하여 규정하지 않은 것은 재판청구권을 침해하지 않는다. O|X

해설

영장절차 조항이 디엔에이감식시료채취영장 발부 과정에서 자신의 의견을 진술할 기회를 절차적으로 보장하고 있지 않을 뿐만 아니라, 발부 후 그 영장발부에 대하여 불복할 수 있는 구제절차를 마련하고 있지 않아 헌법에 위반된다(헌재 2018.8.30, 2016헌마344). [X]

22 영상물에 수록된 미성년 피해자 진술에 있어 원진술자에 대한 피고인의 반대신문권을 실질적으로 배제하여 피고인의 방어권을 과도하게 제한하는 것은 과잉금지원칙에 반한다. O|X

해설

미성년 피해자의 2차 피해를 방지하는 것은 성폭력범죄에 관한 형사절차를 형성함에 있어 결코 포기할 수 없는 중요한 가치라 할 것이나, 피고인의 반대신문권을 보장하면서도 성폭력범죄의 미성년 피해자를 보호할 수 있는 조화적인 방법을 상정할 수 있음에도, 심판대상조항이 영상물에 수록된 미성년 피해자 진술에 있어 원진술자에 대한 피고인의 반대신문권을 실질적으로 배제하여 피고인의 방어권을 과도하게 제한하는 것은 과잉금지원칙에 반한다(헌재 2021.12.23, 2018헌바524). [O]

23 국가 또는 지방자치단체라 하더라도 대등한 지위에서 사(私)경제의 주체로 활동하였을 경우 국가배상법이 적용될 수 없다는 것이 판례의 입장이다. O|X

해설

국가배상청구권이 성립되는 공무원의 직무상 행위는 공무원이 사인의 자격으로 행하는 사법상의 행위를 제외한 권력행위와 비권력적 관리행위만을 의미한다고 보아야 한다. 사법상의 행위는 국가가 사인과 동등한 자격으로 행하는 행위이므로 손해가 발생한 경우에는 민사상 책임을 지면 될 것이다. [O]

24 공무원 개인에게 경과실이 있는 경우라면 국가 및 공무원 개인 모두에게 배상책임이 있다는 것이 판례의 입장이다. O|X

해설

공무원에게 경과실뿐인 경우에는 공무원 개인은 손해배상책임을 부담하지 아니한다고 해석하는 것이 헌법 제29조 제1항 본문과 단서 및 국가배상법 제2조의 입법취지에 조화되는 올바른 해석이다(대판 1996.2.15, 95다38677). [X]

25 5·18 민주화운동과 관련하여 보상금 지급 결정에 동의하면 정신적 손해까지도 재판상 화해가 성립된 것으로 보는 광주민주화운동 관련자 보상 등에 관한 법률은 국가배상청구권을 침해한다. O|X

해설

정신적 손해를 고려할 수 있는 내용이 포함되지 않아 국가배상청구권을 침해한다(헌재 2021.5.27, 2019헌가17). [O]

26 국가배상책임의 성립요건으로서 공무원의 고의 또는 과실을 규정한 구 국가배상법 제2조 제1항 본문 중 '고의 또는 과실로' 부분은 헌법에 위반되지 않는다. O|X

해설

국가배상책임의 성립요건으로서 공무원의 고의 또는 과실을 규정한 구 국가배상법 제2조 제1항 본문 중 '고의 또는 과실로' 부분은 합헌이라는 결정을 선고하였다(헌재 2020.3.26, 2016헌바55). [O]

27 국가배상 성립요건의 공무원 개념은 국가공무원과 지방공무원의 신분을 가진 자에 한하고 공무를 수탁받은 사인(私人)은 해당하지 않는다. O|X

해설

국가배상청구에 있어서 공무원이란 최광의의 공무원을 의미하므로 국가공무원법과 지방공무원법상의 공무원의 신분을 가진 자뿐만 아니라 사인으로서 공무를 위탁받아 실질적으로 공무를 수행하는 모든 자를 포함한다. [X]

28 형사보상을 받을 자가 같은 원인에 대하여 다른 법률에 따라 손해배상을 받은 경우에 그 손해배상의 액수가 형사보상 및 명예회복에 관한 법률에 따라 받을 보상금의 액수와 같거나 그보다 많을 때에는 보상하지 아니한다. O|X

해설

다른 법률에 따라 손해배상을 받을 자가 같은 원인에 대하여 이 법에 따른 보상을 받았을 때에는 그 보상금의 액수를 빼고 손해배상의 액수를 정하여야 한다(형사보상 및 명예회복에 관한 법률 제6조 제3항). [O]

29 보상의 결정이나 보상의 청구를 기각한 결정에 대하여는 즉시항고를 할 수 있다. O|X

해설

보상결정에 대하여는 1주일 이내에 즉시항고를 할 수 있다. 청구기각결정에 대하여는 즉시항고를 할 수 있다(형사보상 및 명예회복에 관한 법률 제20조). [O]

30 형사소송법에 의한 일반절차 또는 재심이나 비상상고절차에서 무죄재판을 받은 자가 미결구금을 당하였을 때에는 국가에 대하여 그 구금에 관한 보상을 청구할 수 있다. O|X

해설

상소권회복에 의한 상소, 재심 또는 비상상고의 절차에서 무죄재판을 받아 확정된 사건의 피고인이 원판결에 의하여 구금되거나 형 집행을 받았을 때에는 구금 또는 형의 집행에 대한 보상을 청구할 수 있다(형사보상 및 명예회복에 관한 법률 제2조 제2항). [O]

31 면소나 공소기각의 재판을 받은 경우에는 무죄재판의 경우와는 달리 형사보상을 청구할 수 없다. O|X

해설

면소 또는 공소기각의 재판을 할 만한 사유가 없었더라면 무죄재판을 받을 만한 현저한 사유가 있었을 경우에는 가능하다(형사보상 및 명예회복에 관한 법률 제26조). [X]

32 형사보상책임은 관계기관의 고의나 과실을 요하지 아니한다. O|X

해설

형사보상청구권은 법관의 고의·과실을 요하지 않는다. 즉, 결과를 발생시킨 사법작용에 대한 원인책임을 추궁하지 않는다. [O]

33 외국인과 법인은 형사보상청구권의 주체가 될 수 없다. O|X

해설

형사보상청구권은 무죄와 구금을 요건으로 한다. 따라서 법인은 구금이 되지 않아 주체가 될 수 없으나, 외국인은 가능하다. [X]

34 형사보상은 형사피고인 등의 신체의 자유를 제한한 것에 대하여 사후적으로 그 손해를 보상하는 것인바, 구금으로 인하여 침해되는 가치는 객관적으로 평가하기 어려운 것이므로, 그에 대한 보상을 어떻게 할 것인지는 국가의 경제적, 사회적, 정책적 사정들을 참작하여 입법재량으로 결정할 수 있는 사항이고, 이러한 점에서 헌법 제28조에서 규정하는 '정당한 보상'은 헌법 제23조 제3항에서 재산권의 침해에 대하여 규정하는 '정당한 보상'과 동일한 의미를 가진다. O|X

해설

헌법 제28조의 정당한 보상과 헌법 제23조 재산권에서 정당한 보상은 다른 의미이다(헌재 2010.10.28, 2008헌마514). 형사보상은 신체의 자유에 대한 제한으로 침해되는 가치를 객관적으로 산정할 수가 없기 때문이다. [X]

35 형사보상의 청구에 대하여 한 보상의 결정에 대하여는 불복을 신청할 수 없도록 하여 형사보상의 결정을 단심재판으로 규정한 형사보상 및 명예회복에 관한 법률 조항은 형사보상청구권 및 재판청구권을 침해한다. O|X

해설

불복을 허용한다고 하여 상급심에 과도한 부담을 줄 가능성은 별로 없다고 할 것이므로, 이 사건 불복금지조항은 형사보상청구권 및 재판청구권의 본질적 내용을 침해하는 것으로 헌법에 위반된다(헌재 2010.10.28, 2008헌마514 등). [O]

36 형사보상의 청구는 무죄재판이 확정된 때로부터 3년 이내에 하여야 한다. O|X

해설

보상청구는 무죄재판이 확정된 사실을 안 날부터 3년, 무죄재판이 확정된 때부터 5년 이내에 하여야 한다(형사보상 및 명예회복에 관한 법률 제8조). [X]

37 범죄피해자 보호법에서 유족구조금을 지급받을 수 있는 유족에 사실상 혼인관계에 있는 배우자는 제외된다. O|X

해설

범죄피해자 보호법에서 사실상 혼인관계에 있는 배우자는 법률혼과 동일하게 취급된다(범죄피해자 보호법 제19조 제1항 제1호). [X]

38 구조금의 지급에 관한 사항을 심의·결정하기 위하여 지방법원에 범죄피해구조심의회를 둔다. O|X

해설

구조금 지급에 관한 사항을 심의·결정하기 위하여 각 지방검찰청에 범죄피해구조심의회를 두고 법무부에 범죄피해구조본부심의회를 둔다(범죄피해자 보호법 제24조 제1항). [X]

39 국가는 피해자 또는 유족이 당해 범죄피해를 원인으로 하여 손해배상을 받은 때에는 그 금액의 한도 내에서 구조금을 지급하지 아니한다. O|X

해설

국가는 구조피해자나 유족이 해당 구조대상 범죄피해를 원인으로 하여 손해배상을 받았으면 그 범위에서 구조금을 지급하지 아니한다(범죄피해자 보호법 제21조 제1항). [O]

40 대한민국의 영역 안에서 과실에 의한 행위로 사망하거나 장해 또는 중상해를 입은 경우에도 범죄피해자구조청구권이 인정된다. O|X

해설

"구조대상 범죄피해"란 대한민국의 영역 안에서 또는 대한민국의 영역 밖에 있는 대한민국의 선박이나 항공기 안에서 행하여진 사람의 생명 또는 신체를 해치는 죄에 해당하는 행위(형법 제9조, 제10조 제1항, 제12조, 제22조 제1항에 따라 처벌되지 아니하는 행위를 포함하며, 같은 법 제20조 또는 제21조 제1항에 따라 처벌되지 아니하는 행위 및 과실에 의한 행위는 제외한다)로 인하여 사망하거나 장해 또는 중상해를 입은 것을 말한다(범죄피해자 보호법 제3조 제1항 제4호). [×]

예상문제

제1절 청원권

01 청원권에 관한 설명으로 옳지 않은 것은? (다툼이 있는 경우 헌법재판소 판례에 의함)

① 모든 국민은 법률이 정하는 바에 의하여 국가기관에 문서로 청원할 권리를 가진다.

② 국회에 청원을 하려는 자는 의원의 소개를 받거나 국회규칙으로 정하는 기간 동안 국회규칙으로 정하는 일정한 수 이상의 국민의 동의를 받아 청원서를 제출하여야 한다.

③ 교도소 수형자의 서신을 통한 청원을 아무런 제한 없이 허용한다면 수용자가 이를 악용하여 검열 없이 외부에 서신을 발송하는 탈법수단으로 이용할 수 있게 되므로 이에 대한 검열은 수용 목적을 달성하기 위한 불가피한 것으로서 청원권의 본질적 내용을 침해하는 것은 아니다.

④ 청원이 단순한 호소나 요청이 아닌 구체적인 권리행사로서의 성질을 갖더라도 그에 대한 국가기관의 거부행위가 당연히 헌법소원의 대상이 되는 공권력의 행사라고 할 수는 없다.

해설

① 모든 국민은 법률이 정하는 바에 의하여 국가기관에 문서로 청원할 권리를 가진다(헌법 제26조 제1항).

② 국회에 청원을 하려는 자는 의원의 소개를 받거나 국회규칙으로 정하는 기간 동안 국회규칙으로 정하는 일정한 수 이상의 국민의 동의를 받아 청원서를 제출하여야 한다(국회법 제123조 제1항).

③ 서신을 통한 수용자의 청원을 아무런 제한 없이 허용한다면 수용자가 이를 악용하여 검열 없이 외부에 서신을 발송하는 탈법수단으로 이용할 수 있게 되므로 이에 대한 검열은 수용 목적 달성을 위한 불가피한 것으로서 청원권의 본질적 내용을 침해한다고 할 수 없다(헌재 2001.11.29, 99헌마713).

④ 청구인의 청원이 단순한 호소나 요청이 아닌 구체적인 권리행사로서의 성질을 갖는 경우라면 그에 대한 위 피청구인의 거부행위는 청구인의 법률관계나 법적 지위에 영향을 미치는 것으로서 당연히 헌법소원의 대상이 되는 공권력의 행사라고 할 수 있을 것이다(헌재 2004.10.28, 2003헌마898).

정답 ④

02 청원에 대한 설명으로 가장 적절하지 않은 것은? (다툼이 있는 경우 판례에 의함)

① 법률·명령·조례·규칙 등의 제정·개정 또는 폐지는 청원법상 청원사항에 해당하지 않는다.

② 다수 청원인이 공동으로 청원을 하는 경우에는 그 처리결과를 통지받을 3명 이하의 대표자를 선정하여 이를 청원서에 표시하여야 한다.

③ 헌법은 '정부에 제출 또는 회부된 정부의 정책에 관계되는 청원의 심사'를 국무회의의 심의 사항으로 규정하고 있다.

④ 청원법에 따르면 청원을 관장하는 기관이 청원을 접수한 때에는 특별한 사유가 없는 한 90일 이내에 그 처리결과를 청원인에게 통지하여야 한다.

해설

① 청원법 제5조 제3호

> **청원법 제5조 【청원사항】** 국민은 다음 각 호의 어느 하나에 해당하는 사항에 대하여 청원기관에 청원할 수 있다.
> 3. 법률·명령·조례·규칙 등의 제정·개정 또는 폐지

② 다수 청원인이 공동으로 청원(이하 "공동청원"이라 한다)을 하는 경우에는 그 처리결과를 통지받을 3명 이하의 대표자를 선정하여 이를 청원서에 표시하여야 한다(청원법 제11조 제3항).

③ 헌법 제89조 제15호

> **헌법 제89조** 다음 사항은 국무회의의 심의를 거쳐야 한다.
> 15. 정부에 제출 또는 회부된 정부의 정책에 관계되는 청원의 심사

④ 청원법 제21조 제2항·제3항

> **청원법 제21조 【청원의 처리 등】** ② 청원기관의 장은 청원을 접수한 때에는 특별한 사유가 없으면 90일 이내(제13조 제1항에 따른 공개청원의 공개 여부 결정기간 및 같은 조 제2항에 따른 국민의 의견을 듣는 기간을 제외한다)에 처리결과를 청원인(공동청원의 경우 대표자를 말한다)에게 알려야 한다. 이 경우 공개청원의 처리결과는 온라인청원시스템에 공개하여야 한다.
> ③ 청원기관의 장은 부득이한 사유로 제2항에 따른 처리기간에 청원을 처리하기 곤란한 경우에는 60일의 범위에서 한 차례만 처리기간을 연장할 수 있다. 이 경우 그 사유와 처리예정기한을 지체 없이 청원인(공동청원의 경우 대표자를 말한다)에게 알려야 한다.

정답 ①

제2절 재판청구권

01 재판청구권에 관한 설명으로 가장 적절하지 않은 것은? (다툼이 있는 경우 판례에 의함)

① 현행 헌법은 신속한 재판을 받을 권리를 명문으로 규정하고 있다.

② 헌법재판소 판례는 형사피해자가 검사의 불기소처분에 대하여 헌법소원을 제기할 수 있는 근거로 헌법 제27조 제5항 규정의 재판절차진술권을 들고 있다.

③ 현행 헌법은 군사법원의 설치에 관한 근거규정을 두고 있다.

④ 교통범칙자에 대한 경찰서장의 통고처분은 법관의 판단을 받지 않고 행정기관인 경찰서장의 처분으로 재판청구권을 침해한다고 판례는 보고 있다.

해설

① 헌법 제27조 제3항

> **헌법 제27조** ③ 모든 국민은 신속한 재판을 받을 권리를 가진다. 형사피고인은 상당한 이유가 없는 한 지체 없이 공개재판을 받을 권리를 가진다.

② 헌법재판소 판례는 형사피해자가 검사의 불기소처분에 대하여 헌법소원을 제기할 수 있는 근거로 헌법 제27조 제5항 규정의 재판절차진술권을 들고 있다(헌재 1989.12.22, 89헌마145 ; 헌재 1990.6.25, 89헌마234 등).

③ 헌법 제110조 제1항

> **헌법 제110조** ① 군사재판을 관할하기 위하여 특별법원으로서 군사법원을 둘 수 있다.

④ 교통범칙자에 대한 경찰서장의 통고처분은 그것이 법관이 아닌 행정공무원에 의한 것이지만, 당사자의 승복을 발효요건으로 하고 있으며 불응시에는 정식재판의 절차가 보장되므로 재판청구권의 침해가 될 수 없다(통설)(헌재 1998.5.28, 96헌바4).

정답 ④

02 재판청구권에 대한 설명으로 가장 적절하지 않은 것은? (다툼이 있는 경우 판례에 의함)

① 과학기술의 발전으로 인해 기존의 확정판결에서 인정된 사실과는 다른 새로운 사실이 드러난 경우를 민사소송법상 재심의 사유로 인정하고 있지 않는 민사소송법 조항은 입법자의 합리적인 재량의 범위를 벗어나 재판청구권을 침해한다고 할 수 없다.

② 사법보좌관에 의한 소송비용액 확정결정절차를 규정한 법원조직법 조항은 소송비용액 확정절차의 경우에 이의절차등 법관에 의한 판단을 거치도록 하고 있기 때문에 헌법 제27조 제1항에 위반되지 않는다.

③ 헌법과 법률이 정한 법관에 의한 재판을 받을 권리는 직업법관에 의한 재판을 주된 내용으로 하는 것이므로, 국민참여재판을 받을 권리가 헌법 제27조 제1항에서 규정한 재판을 받을 권리의 보호범위에 속한다고 볼 수 없다.

④ 수형자가 국선대리인인 변호사를 접견하는데 교도소장이 그 접견내용을 녹음 기록하였다고 해도 재판을 받을 권리를 침해하는 것은 아니다.

해설

① 과학의 진전을 통하여 기존의 확정판결에서 인정된 사실과는 다른 새로운 사실이 발견된다 하더라도, 이는 확정판결 이후 언제라도 일어날 수 있는 일이므로 이를 재심사유로 인정하는 것은 확정판결에 기초하여 형성된 복잡·다양한 사법적(私法的) 관계들을 항시 불안전한 상태로 두는 것이라 할 수 있다. 또한, 시효제도 등 다소간 실체적 진실의 희생이나 양보하에 법적 안정성을 추구하는 여러 법적 제도들이 있다는 점 등을 함께 고려해 볼 때, 이 사건 법률조항은 입법자의 합리적인 재량의 범위를 벗어나 재판청구권 내지 평등권을 침해한다고 할 수 없다(헌재 2009.4.30, 2007헌바121).

② 사법보좌관에게 소송비용액 확정결정절차를 처리하도록 한 이 사건 조항이 그 입법재량권을 현저히 불합리하게 또는 자의적으로 행사하였다고 단정할 수 없으므로 헌법 제27조 제1항에 위반된다고 할 수 없다(헌재 2009.2.26, 2007헌바8 등).

③ 우리 헌법상 헌법과 법률이 정한 법관에 의한 재판을 받을 권리는 직업법관에 의한 재판을 주된 내용으로 하는 것이므로 국민참여재판을 받을 권리가 헌법 제27조 제1항에서 규정한 재판을 받을 권리의 보호범위에 속한다고 볼 수 없다(헌재 2009.11.26, 2008헌바12).

④ 수형자와 국선대리인의 접견을 녹음하는 행위는 변호인의 조력받을 권리가 아닌 재판받을 권리를 침해하는 것이다(헌재 2013.9.26, 2011헌마398 – 헌법소원사건).

정답 ④

03 재판청구권에 대한 설명으로 옳지 않은 것은? (다툼이 있는 경우 판례에 의함)

① 통고처분에 대해 별도로 행정소송을 인정하지 않더라도 헌법이 보장하는 법관에 의한 재판을 받을 권리를 침해하는 것은 아니다.

② 즉시항고 제기기간을 3일로 제한하고 있는 형사소송법 규정은 당사자의 재판청구권을 침해한다.

③ 특별검사가 공소제기한 사건의 재판기간과 상소절차 진행기간을 일반사건보다 단축하는 것은 공정한 재판을 받을 권리를 침해하지 않는다.

④ 국민의 재판청구에 대하여 법원은 신속한 재판을 하여야 할 헌법 및 법률상 작위의무가 존재한다.

해설

① 통고처분에 대하여 이의가 있으면 통고내용을 이행하지 않음으로써 고발되어 형사재판절차에서 통고처분의 위법·부당함을 얼마든지 다툴 수 있기 때문에 관세법 제38조 제3항 제2호가 법관에 의한 재판받을 권리를 침해한다든가 적법절차의 원칙에 저촉된다고 볼 수 없다(헌재 1998.5.28, 96헌바4).

② 즉시항고 제기기간을 3일보다 조금 더 긴 기간으로 정한다고 해도 피수용자의 신병에 관한 법률관계를 조속히 확정하려는 이 사건 법률조항의 입법목적이 달성되는 데 큰 장애가 생긴다고 볼 수 없으므로, 이 사건 법률조항은 피수용자의 재판청구권을 침해한다(헌재 2015.9.24, 2013헌가21).

③ 이 사건 법률 제10조가 공정한 재판을 받을 권리를 침해한다 할 수 없고, 이 사건 법률에 의한 특별검사에 의하여 공소제기된 사람을 일반 형사재판을 받는 사람에 비하여 달리 취급하였다 하여 평등권을 침해한다 할 수 없다(헌재 2008.1.10, 2007헌마1468).

④ 헌법 제27조 제3항 제1문에 의거한 신속한 재판을 받을 권리의 실현을 위해서는 구체적인 입법형성이 필요하고, 신속한 재판을 위한 어떤 직접적이고 구체적인 청구권이 이 헌법규정으로부터 직접 발생하지 아니하므로, 보안관찰처분들의 취소청구에 대해서 법원이 그 처분들의 효력이 만료되기 전까지 신속하게 판결을 선고해야 할 헌법이나 법률상의 작위의무가 존재하지 아니한다(헌재 1999.9.16, 98헌마75).

정답 ④

04 재판절차진술권에 관한 설명으로 가장 적절하지 않은 것은? (다툼이 있는 경우 판례에 의함)

① 직계혈족, 배우자, 동거친족, 동거가족 또는 그 배우자간의 권리행사방해죄에 대해 법관으로 하여금 여러 사정을 전혀 고려할 수 없도록 하고 획일적으로 형면제 판결을 선고하도록 하는 형법 조항은 형사피해자가 법관에게 적절한 형벌권을 행사하여 줄 것을 청구할 수 없도록 하는 것으로서 입법재량을 일탈하여 현저히 불합리하거나 불공정하므로 형사피해자의 재판절차진술권을 침해한다.

② 헌법 제27조 제5항에 정한 형사피해자의 개념은 반드시 형사실체법상의 보호법익을 기준으로 한 피해자개념에 한정하여 결정할 것이 아니라, 형사실체법상으로는 직접적인 보호법익의 향유주체로 해석되지 않는 자라 하더라도 문제된 범죄행위로 말미암아 법률상 불이익을 받게 되는 자의 뜻으로 이해하여야 한다.

③ 재정신청에 대한 결정을 할 때 구두변론 실시 여부를 법관의 재량에 맡기고 있는 형사소송법 조항은 재정신청 절차를 신속하고 원활하게 진행함으로써 관계 당사자 사이의 법률관계를 확정하여 사회 안정을 도모한다는 공익보다 재정신청인이 받게 되는 불이익이 크다고 볼 수 있으므로 피해자의 재판절차진술권을 침해한다.

④ 재판절차진술권에 관한 헌법 제27조 제5항이 정한 법률유보는 법률에 의한 기본권의 제한을 목적으로 하는 자유권적 기본권에 대한 법률유보의 경우와는 달리, 기본권으로서의 재판절차진술권을 보장하고 있는 헌법규범의 의미와 내용을 법률로써 구체화하기 위한 이른바 기본권 형성적 법률유보에 해당한다.

⑤ 공정거래위원회는 독점규제 및 공정거래에 관한 법률이 추구하는 법 목적에 비추어 행위의 위법성과 가벌성이 중대하고 피해의 정도가 현저하여 형벌을 적용하지 아니하면 법 목적의 실현이 불가능하다고 봄이 객관적으로 상당한 사안에 있어서 당연히 고발을 하여야 할 의무가 있고, 이러한 작위의무에 위반한 고발권의 불행사는 명백히 자의적인 것으로서 피해자의 재판절차진술권을 침해하는 것이다.

해설

① 심판대상조항은 재산범죄의 가해자와 피해자 사이의 일정한 친족관계를 요건으로 하여 일률적으로 형을 면제하도록 규정하고 있는바, 적용대상 친족의 범위가 지나치게 넓고, 심판대상조항이 준용되는 재산범죄들 가운데 불법성이 경미하다고 보기 어려운 경우가 있다는 점에서 제도적 취지에 부합하지 않는 결과를 초래할 우려가 있고, 미성년자나 질병, 장애 등으로 가족과 친족 사회 내에서 취약한 지위에 있는 구성원에 대한 경제적 착취를 용인할 우려가 있다(헌재 2024.6.27, 2020헌마468 등). 따라서, 이는 재판청구권을 침해한다.

② 헌법 제27조 제5항에서 형사피해자의 재판절차진술권을 독립된 기본권으로 보장한 취지는 피해자 등에 의한 사인소추를 전면 배제하고 형사소추권을 검사에게 독점시키고 있는 현행 기소독점주의의 형사소송체계 아래에서 형사피해자로 하여금 당해 사건의 형사재판절차에 참여할 수 있는 청문의 기회를 부여함으로써 형사사법의 절차적 적정성을 확보하기 위한 것이므로, 위 헌법조항의 형사피해자의 개념은 반드시 형사실체법상의 보호법익을 기준으로 한 피해자개념에 한정하여 결정할 것이 아니라 형사실체법상으로는 직접적인 보호법익의 향유주체로 해석되지 않는 자라 하더라도 문제된 범죄행위로 말미암아 법률상 불이익을 받게 되는 자의 뜻으로 풀이하여야 할 것이다(헌재 1997.2.20, 96헌마76).

③ 재정신청절차의 효율적 진행과 법률관계의 신속한 확정으로 형사피해자와 피의자의 법적 안정성을 조화시킨다는 심판대상조항의 입법목적은 정당하고, 이를 위해 법관에게 재량을 부여한 입법수단도 적절하다. … 심판대상조항이 청구인의 재판절차진술권과 재판청구권을 침해한다고 볼 수 없다(헌재 2018.4.26, 2016헌마1043).

④ 재판절차진술권에 관한 헌법 제27조 제5항이 정한 법률유보는 법률에 의한 기본권의 제한을 목적으로 하는 자유권적 기본권에 대한 법률유보의 경우와는 달리 기본권으로서의 재판절차진술권을 보장하고 있는 헌법규범의 의미와 내용을 법률로써 구체화하기 위한 이른바 기본권 형성적 법률유보에 해당한다(헌재 1993.3.11, 92헌마48).

⑤ 공정거래위원회는 심사의 결과 인정되는 공정거래법위반행위에 대하여 일응 고발을 할 것인가의 여부를 결정할 재량권을 갖는다고 보아야 할 것이나, 공정거래법이 추구하는 법목적에 비추어 행위의 위법성과 가벌성이 중대하고 피해의 정도가 현저하여 형벌을 적용하지 아니하면 법목적의 실현이 불가능하다고 봄이 객관적으로 상당한 사안에 있어서는 공정거래위원회로서는 그에 대하여 당연히 고발을 하여야 할 의무가 있고 이러한 작위의무에 위반한 고발권의 불행사는 명백히 자의적인 것으로서 당해 위반행위로 인한 피해자의 평등권과 재판절차진술권을 침해하는 것이라고 보아야 한다(헌재 1995.7.21, 94헌마136).

정답 ③

05 재판청구권에 관한 설명으로 가장 적절하지 않은 것은? (다툼이 있는 경우 헌법재판소 판례에 의함)

① 기피신청에 대한 결정이 확정되기 전에 기피신청을 당한 법관으로 하여금 소송절차를 정지하지 않고 종국판결을 선고할 수 있도록 하는 민사소송법 제48조 단서 중 '종국판결을 선고하거나'에 관한 부분은 공정한 재판을 받을 권리를 침해하지 않는다.

② 전자문서 등재사실을 통지한 날부터 1주 이내에 확인하지 아니하는 때에는 통지한 날부터 1주가 지난 날에 송달된 것으로 보는 민사소송 등에서의 전자문서 이용 등에 관한 법률 제11조 제4항 단서는 재판청구권을 침해한 것이라 할 수 없다.

③ 검사의 불기소처분에 대한 항고권자를 고소인·고발인으로 한정한 검찰청법 제10조 제1항 전문은 고소하지 않은 범죄피해자가 검찰항고를 하지 못하게 하므로 재판청구권을 제한한다.

④ 피고인이 정식재판을 청구한 사건에 대하여는 약식명령의 형보다 중한 다른 종류의 형을 선고하지 못하도록 하는 형사소송법 제457조의2 제1항은 공정한 재판을 받을 권리를 침해하지 아니한다.

해설

① 기피신청의 효과가 일부 제한되더라도 본안사건의 종국판결에 대한 불복 내지는 법관의 회피·제척제도와 같이, 공정한 재판을 받을 권리를 실효적으로 보장받기 위해 필요한 다른 절차들이 마련되어 있다. 따라서 심판대상조항은 청구인의 공정한 재판을 받을 권리를 침해하지 않는다(헌재 2024.8.29, 2021헌바146).

② 심판대상조항은 소송지연을 방지함과 동시에 민사소송 등에서의 전자문서 이용을 활성화함으로써 소송당사자의 편의 증진 및 권리 실현에 이바지하고자 하는 것이다. 소송당사자가 전자소송 진행에 대한 동의를 하여야 전자적 송달제도가 사용되는 점, 현대사회에서는 컴퓨터와 휴대전화의 이용이 보편화된 점을 고려할 때 재판청구권을 침해한 것이라 할 수 없다(헌재 2024.7.18, 2022헌바4).

③ 청구인이 재정신청을 할 수 없는 것은 재정신청을 하려면 원칙적으로 검찰항고를 거치도록 규정한 형사소송법 제260조 제2항 때문이고, 검찰항고권자를 고소인·고발인으로 한정한 심판대상조항은 이 같은 기본권 제한과 간접적인 연관이 있는 것에 불과하다. 따라서 심판대상조항으로 인하여 청구인의 재판청구권이 제한된다고 보기 어렵다(헌재 2024.7.18, 2021헌마248). 헌법소원심판을 청구함으로써 시정받을 기회도 있다. 따라서 평등권을 침해하지도 않는다.

④ 기존 불이익변경금지조항을 형종상향금지조항으로 변경하였다. 이는 범죄구성요건의 제정이나 형벌의 가중에 해당한다고 볼 수 없어 형벌불소급의 원칙에 위배되지 아니한다(헌재 2023.2.23, 2018헌바513).

정답 ③

06 재판청구권에 관한 내용으로 옳은 것은? (다툼이 있는 경우 판례에 의함)

① 영상물에 수록된 미성년 피해자 진술에 있어 원진술자에 대한 피고인의 반대신문권을 실질적으로 배제하여 피고인의 방어권을 과도하게 제한하는 것은 과잉금지원칙에 반한다.

② 구속기간을 제한하는 법률조항은 미결구금의 부당한 장기화로 인한 인권의 침해를 억제하기 위하여 미결구금기간의 한계를 설정하는 것이지만, 법원의 심리기간을 제한하고 나아가 피고인의 공격방어권을 제한함으로써 피고인의 공정한 재판을 받을 권리를 침해한다.

③ 피청구인인 검사가 헌법소원심판 청구인에 대한 형사재판에서 청구인에 대한 사법경찰관 및 검사 작성의 피의자신문조서 원본을 제출하지 않고 그 일부 내용을 삭제한 복사문서(초본 형태의 피의자신문조서)를 증거로 제출한 행위는 청구인의 공정한 재판을 받을 권리를 침해한다.

④ 재판청구권에는 유죄의 확정판결 후에 중대한 사실오인이 있을 경우, 재심을 청구하여 그 확정판결의 부당함을 시정하고 구제를 받을 수 있는 재심청구권이 당연히 포함된다.

해설

① 미성년 피해자의 2차 피해를 방지하는 것은 성폭력범죄에 관한 형사절차를 형성함에 있어 결코 포기할 수 없는 중요한 가치라 할 것이나, 피고인의 반대신문권을 보장하면서도 성폭력범죄의 미성년 피해자를 보호할 수 있는 조화적인 방법을 상정할 수 있음에도, 심판대상조항이 영상물에 수록된 미성년 피해자 진술에 있어 원진술자에 대한 피고인의 반대신문권을 실질적으로 배제하여 피고인의 방어권을 과도하게 제한하는 것은 과잉금지원칙에 반한다(헌재 2021.12.23, 2018헌바524).
▶ 아청법은 합헌, 성폭법, 반대진술권 배제는 위헌

② 이 사건 법률조항에서 말하는 '구속기간'은 '법원이 피고인을 구속한 상태에서 재판할 수 있는 기간'을 의미하는 것이지, '법원이 형사재판을 할 수 있는 기간' 내지 '법원이 구속사건을 심리할 수 있는 기간'을 의미한다고 볼 수 없다. 이 사건 법률조항에 의한 구속기간의 제한과 구속기간 내에 심리를 마쳐 판결을 선고하는 법원의 실무관행이 맞물려 피고인의 공정한 재판을 받을 권리가 사실상 침해되는 결과가 발생한다 하더라도, 그러한 침해의 근본적인 원인은 이 사건 법률조항을 그 입법목적에 반하여 그릇되게 해석·적용하는 법원의 실무관행에 있다 할 것이며, 비록 위와 같은 법원의 실무관행으로 말미암아 결과적으로 피고인의 공정한 재판을 받을 권리가 침해될 수 있다 하더라도, 이로써 그 자체로는 피고인의 공정한 재판을 받을 권리를 침해하지 아니하며, 오히려 피고인의 또 다른 기본권인 신체의 자유를 두텁게 보장하고 있는 이 사건 법률조항이 헌법에 위반된다고 할 수는 없다(헌재결 2001.6.28, 99헌가14).

③ 헌재 2004.9.23, 2000헌마453(검사의 피의자신문조서 일부 내용 삭제 제출행위 등 위헌확인 ⇨ 각하): 헌법재판소는 "피청구인이 검사 및 사법경찰관 작성의 피의자신문조서의 내용 중 일부를 삭제한 복사문서(피의자신문조서초본)를 증거로 제출한 행위는 형사소송법 제294조에 규정되어 있는 검사의 증거신청에 해당하는 것으로, 이러한 피청구인의 증거신청에 대하여 청구인은 형사소송법 및 형사소송규칙에 규정되어 있는 '증거결정에 관한 의견진술', '증거조사에 관한 이의신청', '보관서류송부신청' 등을 통하여 재판절차에서 피의자신문조서초본의 증거능력을 부정하고, 그 원본이나 등본을 현출시킬 수 있도록 제도적으로 보장되어 있고, 또한 법원도 이에 대하여 형사소송법에 규정되어 있는 증거법 규정 등에 의하여 충분한 사법적 심사를 할 수 있으며, 또 법원이 청구인의 주장을 받아들이지 않고 판결을 선고하더라도 청구인으로서는 채증법칙 위반 등을 이유로 상소를 하여 다툴 수 있는 등 피청구인이 피의자신문조서초본을 증거신청한 것에 대하여는 청구인에 대한 형사재판절차에서 그 적법성에 대하여 충분한 사법적 심사가 가능하므로 피청구인의 위와 같은 증거신청 자체에 대하여는 독립하여 헌법소원심판의 청구대상이 될 수 없다."라고 하여 소원각하결정을 하였다.

④ 재심은 확정판결에 대한 특별한 불복방법이고, 확정판결에 대한 법적 안정성의 요청은 미확정판결에 대한 그것보다 훨씬 크다고 할 것이므로 재심을 청구할 권리가 헌법 제27조에서 규정한 재판을 받을 권리에 당연히 포함된다고 할 수 없다(헌재 1996.3.28, 93헌바27 ; 헌재 2000.6.29, 99헌바66·67·68·69·70·86 병합).

정답 ①

07 재판청구권에 관한 설명 중 가장 적절하지 않은 것은? (다툼이 있는 경우 판례에 의함)

① 군사시설 중 전투용에 공하는 시설을 손괴한 일반 국민이 평시에 군사법원에서 재판을 받도록 하는 것은 법관에 의한 재판을 받을 권리를 침해하는 것이다.

② 취소소송의 제소기간을 처분 등이 있음을 안 때로부터 90일 이내로 규정한 것은 지나치게 짧은 기간이라고 보기 어렵고 행정법 관계의 조속한 안정을 위해 필요한 방법이므로 재판청구권을 침해하지 않는다.

③ 재심제도의 규범적 형성에 있어서는 재판의 적정성과 정의의 실현이라는 법치주의의 요청에 의해 입법자의 입법형성의 자유가 축소된다.

④ 헌법과 법률이 정한 법관에 의한 재판을 받을 권리는 직업법관에 의한 재판을 주된 내용으로 하는 것이므로 국민참여재판을 받을 권리는 그 보호범위에 속하지 않는다.

해설

① '전투용에 공하는 시설'을 손괴한 일반 국민이 군사법원에서 재판받도록 규정하고 있는, 구 군사법원법 제2조 제1항 제1호 중 '구 군형법 제1조 제4항 제4호' 가운데 '구 군형법 제69조 중 전투용에 공하는 시설의 손괴죄를 범한 내국인에 대하여 적용되는 부분'은, 헌법에 위반된다(헌재 2013.11.28, 2012헌가10).
▶ 시설은 위헌, 기밀은 합헌

② 취소소송의 제소기간을 처분 등이 있음을 안 때로부터 90일 이내로 규정한 것은 지나치게 짧은 기간이라고 보기 어렵고 행정법 관계의 조속한 안정을 위해 필요한 방법이므로 재판청구권을 침해하지 않는다(헌재 2018.6.28, 2017헌바66).

③ 어떤 사유를 재심사유로 하여 재심을 허용할 것인가 하는 것은 입법자가 확정된 판결에 대한 법적 안정성, 재판의 신속, 적정성, 법원의 업무부담 등을 고려하여 결정하여야 할 입법정책의 문제이며, 재심청구권도 입법형성권의 행사에 의하여 비로소 창설되는 법률상의 권리일 뿐, 청구인의 주장과 같이 헌법 제27조 제1항, 제37조 제1항에 의하여 직접 발생되는 기본적 인권은 아니다(헌재 2000.6.29, 99헌바66 등). 따라서 입법형성의 자유가 상당히 넓은 편이다.

④ 헌법과 법률이 정한 법관에 의한 재판을 받을 권리는 직업법관에 의한 재판을 주된 내용으로 하는 것이므로 국민참여재판을 받을 권리는 그 보호범위에 속하지 않는다(헌재 2009.11.26, 2008헌바12).

정답 ③

08 재판청구권에 관한 설명으로 가장 적절하지 않은 것은? (다툼이 있는 경우 헌법재판소 판례에 의함)

① 상속개시 후 인지 또는 재판의 확정에 의하여 공동상속인이 된 자의 상속분가액지급청구권의 제척기간을 정하고 있는 민법 제999조 제2항의 '상속권의 침해행위가 있은 날부터 10년' 중 민법 제1014조에 관한 부분은 입법형성의 한계를 일탈하여 재판청구권을 침해한다.

② 피고인이 정식재판을 청구한 사건에 대하여는 약식명령의 형보다 중한 종류의 형을 선고하지 못한다고 규정하고 있는 형사소송법 조항은 공정한 재판을 받을 권리를 침해한다고 볼 수 없다.

③ 조세범 처벌절차법에 따른 통고처분을 행정쟁송의 대상에서 제외시킨 국세기본법 제55조 제1항 단서 제1호는 재판청구권을 침해한다고 할 수 없다.

④ 시장·군수·구청장은 급여비용의 지급을 청구한 의료급여기관이 의료법 또는 약사법 해당 조항을 위반하였다는 사실을 수사기관의 수사결과로 확인한 경우에는 해당 의료급여기관이 청구한 급여비용의 지급을 보류할 수 있다고 규정하고 있는 의료급여법 해당 조항은 의료급여기관 개설자의 재판청구권을 침해한다.

해설

① 상속개시 후 인지에 의하여 공동상속인이 된 자가 다른 공동상속인에 대해 그 상속분에 상당한 가액의 지급에 관한 청구권(상속분가액지급청구권)을 행사하는 경우에도 상속회복청구권에 관한 10년의 제척기간을 적용하도록 한 민법 조항이 청구인의 재산권과 재판청구권을 침해하여 헌법에 위반된다(헌재 2024.6.27, 2021헌마1588).

② 심판대상조항이 약식명령에 대하여 피고인만이 정식재판을 청구한 사건에 불이익변경금지원칙을 적용하지 아니하였다는 이유만으로 재판청구권에 관한 합리적인 입법형성권의 범위를 일탈하여 공정한 재판을 받을 권리를 침해한다고 볼 수 없다(헌재 2024.5.30, 2021헌바6 등).

③ '조세범 처벌절차법'에 따른 통고처분에 대하여 형사절차와 별도의 행정쟁송절차를 두는 것은 신속한 사건 처리를 저해할 수 있고, 절차의 중복과 비효율을 초래할 수 있다. 위와 같은 점을 종합하여 보면, '조세범 처벌절차법'에 따른 통고처분에 대하여 행정쟁송을 배제하고 있는 입법적 결단이 현저히 불합리하다고 보기 어렵다. 따라서 심판대상조항이 청구인의 재판청구권을 침해한다고 할 수 없다(헌재 2024.4.25, 2022헌마251).

④ 심판대상조항은 의료급여비용의 지급보류처분에 관한 실체법적 근거규정으로서 권리구제절차 내지 소송절차에 관한 규정이 아니므로, 이로 인하여 재판청구권이 침해될 여지는 없다. 지급보류기간동안 의료기관의 개설자가 수인해야 했던 재산권 제한상황에 대한 적절하고 상당한 보상으로서의 이자 내지 지연손해금의 비율에 대해서도 규율이 필요하다. 따라서 재산권을 침해한다(헌재 2024.6.27, 2021헌가19).

정답 ④

09 재판청구권에 관한 다음 설명 중 가장 적절하지 않은 것은? (다툼이 있는 경우 헌법재판소 결정례 및 대법원 판례에 의함)

① 재판청구권은 재판절차를 규율하는 법률과 재판에서 적용될 실체적 법률이 모두 합헌적이어야 한다는 의미에서의 법률에 의한 재판을 받을 권리뿐만 아니라, 비밀재판을 배제하고 일반 국민의 감시하에서 심리와 판결을 받음으로써 공정한 재판을 받을 권리를 포함하고 있다.

② 공공단체인 한국과학기술원의 총장이 교원소청심사결정에 대하여 행정소송을 제기하지 못하도록 한 것은 사건의 한 당사자에게 일방적인 불이익을 주는 것으로 재판청구권을 침해하는 것이다.

③ 국민의 형사재판 참여에 관한 법률에서의 배심원은 사실인정과 양형과정에 모두 참여한다는 점에서 배심제와 구별되고, 배심원의 의견은 권고적 효력만을 가질 뿐이라는 점에서 배심제나 참심제와 구별된다.

④ 획일적인 궐석재판의 허용이나, 미결수용자가 수감되어 있는 동안 수사 또는 재판을 받을 때에도 사복을 입지 못하게 하고 재소자용 의류를 입게 하는 것, 검사가 증인으로 수감된 자를 매일 소환하는 것 모두 공정한 재판을 받을 권리를 침해하는 것이다.

해설

① 공정한 재판을 받을 권리는 헌법에 명문규정은 없지만 옳은 지문이다.

② 교원의 인사를 둘러싼 분쟁을 신속하게 해결하고 궁극적으로는 한국과학기술원 또는 광주과학기술원의 설립취지를 효과적으로 실현하기 위한 것이다. 따라서 공법인 형태로 국가의 출연으로 설립된 한국과학기술원이나 광주과학기술원의 경우, 한국과학기술원 총장이나 광주과학기술원에 교원소청심사결정에 대해 행정소송을 제기하지 못하도록 하더라도 재판청구권을 침해하는 것이 아니다(헌재 2022. 10.27, 2019헌바117).

③ 국민의 형사재판 참여에 관한 법률 제12조 제1항, 제46조 제5항

> **국민의 형사재판 참여에 관한 법률 제12조【배심원의 권한과 의무】** ① 배심원은 국민참여재판을 하는 사건에 관하여 사실의 인정, 법령의 적용 및 형의 양정에 관한 의견을 제시할 권한이 있다.
>
> **제46조【재판장의 설명·평의·평결·토의 등】** ⑤ 제2항 내지 제4항의 평결과 의견은 법원을 기속하지 아니한다.

④ 무죄추정의 원칙에 반하고 인간으로서의 존엄과 가치에서 유래하는 인격권과 행복추구권, 공정한 재판을 받을 권리를 침해하는 것이다(헌재 1999.5.27, 97헌마137 등).

▶ 재소자용 의류를 안에서 입는 것은 합헌으로 보고 있으나 재판과정, 즉 밖에서 입는 것은 헌법위반으로 보고 있다.

정답 ②

10 헌법 제27조의 재판을 받을 권리에 관한 다음 설명 중 가장 적절한 것은? (다툼이 있는 경우 판례에 의함)

① '재판'을 받을 권리에 '대법원의 재판'을 받을 권리가 포함된다는 것이 헌법재판소의 입장이다.

② 재판을 받을 권리는 국민의 권리이므로 외국인에 대하여는 상호주의에 입각하여 부여한다.

③ 행정심판은 헌법적 근거가 있기 때문에 그 심판에 관하여 정식재판의 길이 열려 있지 않더라도 헌법에 위반되지 않는다.

④ 재판의 심리는 법원의 결정으로 공개하지 않을 수 있지만, 선고는 반드시 공개하여야 한다.

해설

① 재판을 받을 권리가 사건의 경중을 가리지 않고 모든 사건에 대하여 대법원을 구성하는 법관에 의한 균등한 재판을 받을 권리를 의미한다거나 또는 상고심 재판을 받을 권리를 의미하는 것이라고 할 수는 없고, 심급제도는 원칙적으로 입법자의 형성의 자유에 속하는 사항이다. 이 사건 상고심 절차에 관한 특례법 조항은 비록 국민의 재판청구권을 제약하고 있기는 하지만 심급제도와 대법원의 기능에 비추어 볼 때, 헌법이 요구하는 대법원의 최고법원성을 존중하면서 민사, 가사, 행정 등 소송사건에 있어서 상고심 재판을 받을 수 있는 객관적 기준을 정함에 있어 개별적 사건에서의 권리구제보다 법령해석의 통일을 더 우위에 둔 규정으로서 그 합리성이 있다고 할 것이므로 헌법에 위반되지 아니한다(헌재 2002.10.31, 2001헌바40).

② 재판받을 권리는 상호주의가 아닌 평등주의로 외국인에게도 당연히 인정된다.

③ 헌법 제107조 제3항은 "재판의 전심절차로서 행정심판을 할 수 있다. 행정심판의 절차는 법률로 정하되, 사법절차가 준용되어야 한다."고 규정하고 있으므로, 입법자가 행정심판을 전심절차가 아니라 종심절차로 규정함으로써 정식재판의 기회를 배제하거나, 어떤 행정심판을 필요적 전심절차로 규정하면서도 그 절차에 사법절차가 준용되지 않는다면 이는 헌법 제107조 제3항, 나아가 재판청구권을 보장하고 있는 헌법 제27조에도 위반된다(헌재 2000.6.1, 98헌바8).

④ 재판의 심리와 판결은 공개한다. 다만, 심리는 국가의 안전보장 또는 안녕질서를 방해하거나 선량한 풍속을 해할 염려가 있을 때에는 법원의 결정으로 공개하지 아니할 수 있다(헌법 제109조). 즉, 심리는 비공개로 할 수 있으나 재판은 반드시 공개해야 한다. 참고로 국회에서의 비공개회의는 원칙적으로 결과도 공개하지 않는다.

정답 ④

11 헌법 제27조의 재판을 받을 권리에 대한 다음 설명 중 옳지 않은 것은? (다툼이 있는 경우 판례에 의함)

① 재판청구권은 공권력이나 사인에 의해서 기본권이 침해당하거나 침해당할 위험에 처해있을 경우 이에 대한 구제나 그 개방을 요청할 수 있는 권리라는 점에서 다른 기본권의 보장을 위한 기본권이라는 성격을 가지고 있다.

② 헌법 제27조 제4항의 "형사피고인은 상당한 이유가 없는 한 유죄의 판결이 확정될 때까지는 무죄로 추정된다."라는 규정은 재판청구권을 보장하기 위한 구체적 규정이라 할 수 있다.

③ 세월호피해지원법에 따라 배상금 등을 지급받은 경우 또다시 소송으로 다툴 수 없게 한 것은 재판청구권을 침해하지 않는다.

④ 재판청구권은 기본권의 침해에 대한 구제절차가 반드시 헌법소원의 형태로 독립된 헌법재판기관에 의하여 이루어질 것만을 요구하지는 않는다.

해설

① 재판청구권은 기본권 보장을 위한 기본권이라 한다.

② 무죄추정은 재판청구권을 위한 것이 아니라 신체의 자유를 보장하기 위한 헌법규정이다.

③ 세월호피해지원법에 따라 배상금 등을 지급받고도 또다시 소송으로 다툴 수 있도록 한다면, 신속한 피해구제와 분쟁의 조기종결 등 세월호피해지원법의 입법목적은 달성할 수 없게 된다. 따라서 재판청구권을 침해하지는 않는다(헌재 2017.6.29, 2015헌마654).
▶ 일반적 행동자유권 침해

④ 재판청구권은 사실관계와 법률관계에 관하여 최소한 한 번의 재판을 받을 기회가 제공될 것을 국가에게 요구할 수 있는 절차적 기본권을 뜻하므로 기본권의 침해에 대한 구제절차가 반드시 헌법소원의 형태로 독립된 헌법재판기관에 의하여 이루어질 것만을 요구하지는 않는다. 따라서 헌법재판소법 제68조 제1항은 청구인의 재판청구권을 침해하였다고 볼 수 없다(헌재 1997.12.24, 96헌마172 등).

정답 ②

12 재판청구권에 관한 다음 설명 중 가장 적절하지 않은 것은? (다툼이 있는 경우 판례에 의함)

① 형사실체법상으로 직접적인 보호법익의 주체로 해석되지 않는 자는 문제되는 범죄 때문에 법률상 불이익을 받게 되는 자라 하더라도 헌법상 형사피해자의 재판절차진술권의 주체가 될 수 없다.

② 법원은 국민의 재판청구권에 근거하여 법령에 정한 국민의 정당한 재판청구행위에 대하여만 재판을 할 의무를 부담하고 법령이 규정하지 아니한 재판청구행위에 대하여는 그 의무가 없다.

③ '민주화운동 관련자 명예회복 및 보상심의위원회'의 보상금 등 지급결정에 동의한 때 재판상 화해의 성립을 간주함으로써 법관에 의하여 법률에 의한 재판을 받을 권리를 제한하는 법규정은 재판청구권을 침해하지 않는다.

④ 헌법에 명문의 규정이 없으나, 공정한 재판을 받을 권리는 국민의 기본권으로 보장되고 있음이 명백하다.

해설

① 이는 보호법익을 기준으로 할 것이 아니라 문제되는 범죄 때문에 법률상 불이익을 받게 되는 자라면 형사피해자의 재판절차진술권을 인정하여야 한다(헌재 2003.9.25, 2002헌마533).

② 재판청구권은 권리보호절차의 개설과 개설된 절차에의 접근의 효율성에 관한 절차법적 요청으로서, 권리구제절차 내지 소송절차를 규정하는 절차법에 의하여 구체적으로 형성·실현되며, 또한 이에 의하여 제한된다(헌재 2002.10.31, 2000헌가12).

③ 보상금 등 지급결정에 동의한 때 재판상 화해의 성립을 간주하는 것은 재판청구권을 침해하지 않으나, 민주화보상법상 보상금에는 정신적 손해에 대한 배상이 포함되어 있지 않은 것은 국가의 기본권 보호의무를 규정한 헌법 취지에 반하는 것이다(헌재 2018.8.30, 2014헌바180).

④ 명문규정은 없으나 헌법 제27조에 근거하여 공정한 재판은 당연히 국민의 기본권으로 보장된다.

정답 ①

13 재판을 받을 권리에 대한 설명으로 옳지 않은 것은? (다툼이 있는 경우 판례에 의함)

① 현역병의 군대 입대 전 범죄에 대한 군사법원의 재판권을 규정하고 있는 군사법원법의 관련 규정은 현역 복무 중인 군인의 재판청구권을 침해하지 아니한다.

② 특수임무수행자 보상에 관한 법률에 규정된 재판상 화해 조항에 의하면 보상금 등의 지급결정은 신청인이 동의한 때에는 특수임무수행 또는 이와 관련한 교육훈련으로 입은 피해에 대하여 민사소송법의 규정에 따른 재판상 화해가 성립된 것으로 본다고 하였는데, 이는 재판청구권을 침해하지 아니한다.

③ 재정신청절차의 신속하고 원활한 진행을 위하여 구두변론의 실시 여부를 법관의 재량에 맡기는 것은 재판청구권을 침해하지 않는다.

④ 국가배상심의회의 배상결정에 신청인이 동의한 때에는 재판상의 화해가 성립한 것으로 보아 재심의 소에 의하여 취소 또는 변경되지 않는 한 그 효력을 다툴 수 없도록 하였다고 하더라도 이는 신청인의 의사에 기한 것이므로, 신청인의 재판청구권을 과도하게 제한한다고 볼 수 없다.

해설

① 형사재판은 유죄인정과 양형이 복합되어 있는데 양형은 일반적으로 재판받을 당시, 즉 선고시점의 피고인의 군인신분을 주요 고려요소로 해 군의 특수성을 반영할 수 있어야 하므로, 이러한 양형은 군사법원에서 담당하도록 하는 것이 타당하다(헌재 2009.7.30, 2008헌바162).

② 특수임무수행자보상심의위원회는 관련분야의 전문가들로 구성되고, 위원에 대한 지휘·감독 규정이 없는 등 독립성이 보장되어 위원회에서 결정되는 보상액과 법원의 그것 사이에 별다른 차이가 없게 된 점 등을 볼 때 청구인들의 재판청구권을 침해한다고 볼 수 없다(헌재 2009.4.30, 2006헌마1322).

③ 재정신청은 수사와 유사한 성격을 가지는 재판절차이다. 이런 특성에 비추어 볼 때 재정신청절차는 일률적으로 구두변론절차를 거치도록 하기보다는 법원이 구체적 사정을 고려하여 필요한 경우에만 구두변론을 실시할 수 있도록 하는 것이 바람직하고 합리적이다(헌재 2018.4.26, 2016헌마1043).

④ 배상결정절차에 있어서 심의회의 제3자성·독립성이 희박한 점, 심의절차의 공정성·신중성도 결여되어 있는 점, 심의회에서 결정되는 배상액이 법원의 그것보다 하회하는 점, 신청인의 배상결정에 대한 동의에 재판청구권을 포기할 의사까지 포함되는 것으로 볼 수 없는 점을 종합하여 볼 때 이 사건 법률조항이 위에서 본 바와 같은 입법목적을 달성하기 위하여 동의된 배상결정에 재판상의 화해와 같은 강력하고 최종적인 효력까지 부여하여 재판청구권을 제한하는 것은 신청인의 재판청구권을 과도하게 제한하는 것으로서 위헌이다(헌재 1995.5.25, 91헌가7).

정답 ④

제3절 국가배상청구권

01 국가배상청구권에 관한 설명 중 옳은 것은? (다툼이 있는 경우 판례에 의함)

① 헌법은 영조물의 설치·관리의 하자로 인한 손해발생의 경우 국가배상청구권을 명시적으로 인정하고 있다.

② 국가배상청구권이 원칙적으로 양도나 압류의 대상이 되는 점에서 국가배상법은 사법이다.

③ 공무원 개인에게 경과실이 있는 경우라면 국가 및 공무원 개인 모두에게 배상책임이 있다는 것이 판례의 입장이다.

④ 국가배상청구에 있어서도 오랜 기간의 경과로 인한 과거사실 증명의 곤란으로부터 채무자를 구제하고 또 권리행사를 게을리 한 자에 대한 제재 및 장기간 불안정한 상태에 놓이게 되는 가해자를 보호하기 위하여 소멸시효제도의 적용은 필요하므로 헌법에 위반되지 아니한다.

해설

① 헌법에는 공무원의 경우만 규정되어 있고, 영조물 책임은 국가배상법 제5조에 규정되어 있다.

> **헌법 제29조** ① 공무원의 직무상 불법행위로 손해를 받은 국민은 법률이 정하는 바에 의하여 국가 또는 공공단체에 정당한 배상을 청구할 수 있다.

② 국가배상법은 국가와 우리 국민 간의 문제로 공법관계이다. 다만, 판례는 실무에서 이를 사법관계로 보아 해결하고 있다. 그러나 양도나 압류가 된다고 해서 전부 사법으로 볼 수는 없으므로 옳지 않은 지문이다.

③ 공무원이 직무수행 중 불법행위로 타인에게 손해를 입힌 경우 국가 등이 국가배상책임을 부담하는 외에 공무원 개인도 고의 또는 중과실이 있는 경우에는 불법행위로 인한 손해배상책임을 진다고 할 것이지만, 공무원에게 경과실뿐인 경우에는 공무원 개인은 손해배상책임을 부담하지 아니한다고 해석하는 것이 헌법 제29조 제1항 본문과 단서 및 국가배상법 제2조의 입법취지에 조화되는 올바른 해석이다(대판 1996.2.15, 95다38677).

④ 국가배상청구에 있어서도 오랜 기간의 경과로 인한 과거사실에 대한 증명의 곤란으로부터 채무자를 구제하고 또 권리행사를 게을리 한 자에 대한 제재 및 장기간 불안정한 상태에 놓이게 되는 가해자의 보호를 위하여 소멸시효제도의 적용은 필요하다(헌재 2011.9.29, 2010헌바116).

정답 ④

02 국가배상청구권에 대한 설명으로 옳은 것은? (다툼이 있는 경우 판례에 의함)

① 신청인이 동의한 때 배상심의회의 배상결정에 민사소송법 규정에 의한 재판상의 화해 효력을 부여한 것은 행정상의 손해배상에 관한 분쟁을 신속히 종결·이행시키기 위한 것으로 헌법에 위반되지 아니한다.

② 국가배상 성립요건의 직무집행판단은 행위자의 주관적 의사를 고려하여 실질적으로 직무집행 행위인지에 따라 판단해야 한다.

③ 인권침해가 극심하게 이루어진 긴급조치 발령과 그 집행과 같이 국가의 의도적·적극적 불법행위에 대하여는 국가배상청구의 요건을 완화하여 공무원의 고의 또는 과실에 대한 예외를 인정하여야 한다.

④ 5·18 민주화운동과 관련하여 사망하거나 행방불명된 자 및 상이를 입은 자 또는 그 유족이 적극적·소극적 손해의 배상에 상응하는 보상금 등 지급결정에 동의하였다는 사정만으로 재판상 화해의 성립을 간주하는 것은 국가배상청구권에 대한 과도한 제한이다.

해설

① 신청인이 동의한 때 배상심의회의 배상결정에 민사소송법 규정에 의한 재판상의 화해 효력을 부여한 것은, 신청인의 재판청구권을 과도하게 제한하는 것이어서 헌법 제37조 제2항에서 규정하고 있는 기본권 제한입법에 있어서의 과잉입법금지의 원칙에 반할 뿐 아니라, 권력을 입법·행정 및 사법 등으로 분립한 뒤 실질적 의미의 사법작용인 분쟁해결에 관한 종국적인 권한은 원칙적으로 이를 헌법과 법률에 의한 법관으로 구성되는 사법부에 귀속시키고 나아가 국민에게 그러한 법관에 의한 재판을 청구할 수 있는 기본권을 보장하고자 하는 헌법의 정신에도 충실하지 못한 것이다(헌재 1995.5.25, 91헌가7).

② 이를 판단함에 있어서는 행위 자체의 외관을 객관적으로 관찰하여 공무원의 직무행위로 보여질 때에는 비록 그것이 실질적으로 직무행위가 아니거나 또는 행위자로서는 주관적으로 공무집행의 의사가 없었다고 하더라도 그 행위는 공무원이 '직무를 집행함에 당하여' 한 것으로 보아야 한다(대판 2005.1.14, 2004다26805).

③ 청구인들이 심판대상조항의 위헌성을 주장하게 된 계기를 제공한 국가배상청구 사건은, 인권침해가 극심하게 이루어진 긴급조치 발령과 그 집행을 근거로 한 것이므로 다른 일반적인 법 집행 상황과는 다르다는 점에서 이러한 경우에는 국가배상청구 요건을 완화하여야 한다는 주장이 있을 수 있다. 그러나 위와 같은 경우라 하여 국가배상청구권 성립요건에 공무원의 고의 또는 과실에 대한 예외가 인정되어야 한다고 보기는 어렵다(헌재 2020.3.26, 2016헌바55 등).

④ 심판대상조항은 정신적 손해에 대해 적절한 배상이 이루어지지 않은 상태에서, 5·18민주화운동과 관련하여 사망하거나 행방불명된 자 및 상이를 입은 자 또는 그 유족이 적극적·소극적 손해의 배상에 상응하는 보상금 등 지급결정에 동의하였다는 사정만으로 재판상 화해의 성립을 간주하고 있다. 이는 국가배상청구권에 대한 과도한 제한이다(헌재 2021.5.27, 2019헌가17).

정답 ④

03 대한민국의 과거사 정리 과업과 관련한 기본권 침해 여부에 대해 가장 적절하지 <u>않은</u> 것은? (다툼이 있는 경우 헌법재판소 판례에 의함)

① 특수임무수행 등으로 인하여 입은 피해에 대해 특수임무수행자보상심의회의 보상금 등 지급결정에 대해 동의한 때에는 재판상 화해가 성립된다고 보는 특수임무수행자 보상에 관한 법률상 조항은 재판청구권을 침해하지 않는다.

② 5·18 민주화운동 보상심의위원회의 보상금지급결정에 동의하면 정신적 손해에 관한 부분도 재판상 화해가 성립된 것으로 보는 구 광주민주화운동 관련자 보상에 관한 법률상 조항은 국가배상청구권을 침해한다.

③ 진실·화해를 위한 과거사 정리 기본법상 민간인 집단희생사건, 중대한 인권침해·조작의혹사건에 민법상 소멸시효 조항의 객관적 기산점이 적용되도록 하는 것은 청구인들의 국가배상청구권을 침해한다.

④ 부마민주항쟁을 이유로 30일 미만 구금된 자를 보상금 또는 생활지원금의 지급대상에서 제외하는 부마민주항쟁 관련자의 명예훼손 및 보상등에 관한 법률상 조항은 청구인의 평등권을 침해한다.

해설

① 특수임무수행자보상심의위원회는 관련 분야의 전문가들로 구성되고, 위원에 대한 지휘·감독 규정이 없는 등 독립성이 보장되어 위원회에서 결정되는 보상액과 법원의 그것 사이에 별다른 차이가 없게 된 점 등을 볼 때 청구인들의 재판청구권을 침해한다고 볼 수 없다(헌재 2009.4.30, 2006헌마1322).

② 정신적 손해를 고려할 수 있는 내용이 포함되지 않아 국가배상청구권을 침해한다(헌재 2021.5.27, 2019헌가17).

③ 국가가 소속 공무원들의 조직적 관여를 통해 불법적으로 민간인을 집단 희생시키거나 장기간의 불법구금·고문 등에 의한 허위자백으로 유죄판결을 하고 사후에도 조작·은폐를 통해 진상규명을 저해하였음에도 불구하고, 그 불법행위 시점을 소멸시효의 기산점으로 삼는 것은 피해자와 가해자 보호의 균형을 도모하는 것으로 보기 어렵고, 발생한 손해의 공평·타당한 분담이라는 손해배상제도의 지도원리에도 부합하지 않는다. 그러므로 진실·화해를 위한 과거사정리 기본법 제2조 제1항 제3호·제4호에 규정된 사건에 민법 제166조 제1항, 제766조 제2항의 '객관적 기산점'이 적용되도록 하는 것은 합리적 이유가 인정되지 않는다(헌재 2018.8.30, 2014헌바148 등).

④ 부마항쟁보상법은 부마민주항쟁 관련자에 대하여 간이한 절차로 손해배상을 받을 수 있게 특별한 절차를 마련한 것으로 입법형성의 영역에 속한다. 생명·신체의 손상을 입은 경우에만 보상금을 지급하도록 한 것은 불합리하지 않다(헌재 2019.4.11, 2016헌마418).

정답 ④

제4절 형사보상청구권

01 형사보상청구권에 관한 설명 중 옳지 않은 것은? (다툼이 있는 경우 판례에 의함)

① 형사소송법에 의한 일반절차 또는 재심이나 비상상고절차에서 무죄재판을 받은 자가 미결구금을 당하였을 때에는 국가에 대하여 그 구금에 관한 보상을 청구할 수 있다.

② 군사법원법상 비용보상청구권의 제척기간을 무죄판결이 확정된 날부터 6개월로 규정한 것은 헌법에 위반된다.

③ 형사보상제도는 국가배상법상의 손해배상과는 그 근거와 요건을 달리하므로 형사보상금을 수령한 피고인은 다시 국가배상법에 의한 손해배상을 청구할 수 있다.

④ 면소나 공소기각의 재판을 받은 경우에는 무죄재판의 경우와는 달리 형사보상을 청구할 수 없다.

해설

① 형사보상 및 명예회복에 관한 법률 제2조 제1항

> **형사보상 및 명예회복에 관한 법률 제2조【보상 요건】** ① 형사소송법에 따른 일반 절차 또는 재심이나 비상상고 절차에서 무죄재판을 받아 확정된 사건의 피고인이 미결구금을 당하였을 때에는 이 법에 따라 국가에 대하여 그 구금에 대한 보상을 청구할 수 있다.

② 무죄판결이 확정된 피고인은 국가에 대하여 소송비용 등의 보상을 청구할 수 있는 비용보상청구권을 갖게 되는데, 헌법재판소는 비용보상청구권의 제척기간을 '무죄판결이 확정된 날부터 6개월'로 정한 구 군사법원법 조항이 헌법에 위반된다고 하였다(헌재 2023.8.31, 2020헌바252).

③ 형사보상 및 명예회복에 관한 법률 제6조 제1항

> **형사보상 및 명예회복에 관한 법률 제6조【손해배상과의 관계】** ① 이 법은 보상을 받을 자가 다른 법률에 따라 손해배상을 청구하는 것을 금지하지 아니한다.

④ 형사소송법에 따라 면소 또는 공소기각의 재판을 받은 자는 면소 또는 공소기각의 재판을 할 만한 사유가 없었더라면 무죄의 재판을 받을 만한 현저한 사유가 있었을 경우에는 국가에 대하여 구금에 대한 보상을 청구할 수 있다(형사보상 및 명예회복에 관한 법률 제26조 제1항).

정답 ④

02 형사보상청구권에 대한 설명으로 옳은 것은? (다툼이 있는 경우 판례에 의함)

① 보상청구는 무죄재판을 한 법원의 상급법원에 대하여 하여야 한다.

② 보상을 청구하는 경우에는 국가배상을 청구할 수 없다.

③ 보상청구는 무죄재판이 확정된 사실을 안 날부터 3년, 무죄재판이 확정된 때부터 5년 이내에 하여야 한다.

④ 외국인의 경우 형사보상청구권은 해당 국가의 상호보증이 있는 경우에만 적용된다.

해설

① 보상청구는 무죄재판을 한 법원에 대하여 하여야 한다(형사보상 및 명예회복에 관한 법률 제7조).

② 이 법은 보상을 받을 자가 다른 법률에 따라 손해배상을 청구하는 것을 금지하지 아니한다(형사보상 및 명예회복에 관한 법률 제6조 제1항).

③ 보상청구는 무죄재판이 확정된 사실을 안 날부터 3년, 무죄재판이 확정된 때부터 5년 이내에 하여야 한다(형사보상 및 명예회복에 관한 법률 제8조).

④ 형사보상청구의 경우 외국인은 국민과 평등하게 인정되며, 범죄피해자구조청구권의 경우 외국인의 경우 상호주의에 의해 적용된다.

정답 ③

03 형사보상청구권에 관한 설명으로 가장 적절하지 않은 것은? (다툼이 있는 경우 판례에 의함)

① 형사보상청구권은 국가의 공권력 작용에 의하여 신체의 자유를 침해받은 국민에 대해 금전적인 보상을 청구할 권리를 인정하는 것이므로, 형사보상청구권이 제한됨으로 인하여 침해되는 국민의 기본권은 단순히 금전적인 권리에 불과한 것이라기보다는 실질적으로 국민의 신체의 자유와 밀접하게 관련된 중대한 기본권이다.

② 형사보상의 구체적 내용과 금액 및 절차에 관한 사항은 입법자가 정하여야 할 사항으로 형사보상금을 일정한 범위 내로 한정하고 있는 형사보상법 조항은 형사보상청구권을 침해한다고 볼 수 없다.

③ 형사보상청구를 무죄재판이 확정된 때로부터 1년 이내에 하도록 규정한 형사보상법 조항은 그 청구기간이 지나치게 단기간이어서 입법목적 달성에 필요한 정도를 넘어선 것이다.

④ 형사보상청구에 대하여 한 보상의 결정에 대하여는 불복을 신청할 수 없도록 하여 형사보상의 결정을 단심재판으로 규정한 형사보상법 조항은 형사보상청구권 및 재판청구권을 침해한다고 볼 수 없다.

해설

① 형사보상청구권은 국가의 공권력 작용에 의하여 신체의 자유를 침해받은 국민에 대해 금전적인 보상을 청구할 권리를 인정하는 것이므로 형사보상청구권이 제한됨으로 인하여 침해되는 국민의 기본권은 단순히 금전적인 권리에 불과한 것이라기보다는 실질적으로 국민의 신체의 자유와 밀접하게 관련된 중대한 기본권이라고 할 것이다(헌재 2010.7.29, 2008헌가4).

② 형사보상청구권은 헌법 제28조에 따라 '법률이 정하는 바에 의하여' 행사되므로 그 내용은 법률에 의해 정해지는바, 형사보상의 구체적 내용과 금액 및 절차에 관한 사항은 입법자가 정하여야 할 사항이다(헌재 2010.10.28, 2008헌마514).

③ 아무런 합리적인 이유 없이 그 청구기간을 1년이라는 단기간으로 제한한 것은 입법목적 달성에 필요한 정도를 넘어선 것이라고 할 것이다. 따라서 이 사건 법률조항은 입법재량의 한계를 일탈하여 청구인의 형사보상청구권을 침해한 것이다(헌재 2010.7.29, 2008헌가4).

④ 불복을 허용하더라도 즉시항고는 절차가 신속히 진행될 수 있고 사건수도 과다하지 아니한데다 그 재판내용도 비교적 단순하므로 불복을 허용한다고 하여 상급심에 과도한 부담을 줄 가능성은 별로 없다고 할 것이어서, 이 사건 불복금지조항은 형사보상청구권 및 재판청구권을 침해한다고 할 것이다(헌재 2010.10.28, 2008헌마514 등).

정답 ④

04 형사보상에 관한 설명으로 가장 적절하지 않은 것은? (다툼이 있는 경우 판례에 의함)

① 헌법상 형사보상청구권은 국가의 형사사법절차에 내재하는 불가피한 위험에 의하여 국민의 신체의 자유에 관하여 형사사법기관의 귀책사유로 인해 피해가 발생한 경우 국가에 대하여 정당한 보상을 청구할 수 있는 권리로서, 실질적으로 국민의 재판청구권과 밀접하게 관련된 중대한 기본권이다.

② 판결 주문에서 무죄가 선고된 경우뿐만 아니라 판결 이유에서 무죄로 판단된 경우에도 미결구금 가운데 무죄로 판단된 부분의 수사와 심리에 필요하였다고 인정된 부분에 관하여는 보상을 청구할 수 있다.

③ 원판결의 근거가 된 가중처벌규정에 대하여 헌법재판소의 위헌결정이 있었음을 이유로 개시된 재심절차에서, 공소장의 교환적 변경을 통해 위헌결정된 가중처벌규정보다 법정형이 가벼운 처벌규정으로 적용 법조가 변경되어 피고인이 무죄판결을 받지는 않았으나 원판결보다 가벼운 형으로 유죄판결이 확정됨에 따라 원판결에 따른 구금형 집행이 재심판결에서 선고된 형을 초과하게 된 경우, 재심판결에서 선고된 형을 초과하여 집행된 구금에 대하여 보상요건을 규정하지 아니한 형사보상 및 명예회복에 관한 법률 제26조 제1항은 평등권을 침해한다.

④ 피고인이 대통령긴급조치 제9호 위반으로 제1, 2심에서 유죄판결을 선고받고 상고하여 상고심에서 구속집행이 정지된 한편 대통령긴급조치 제9호가 해제됨에 따라 면소판결을 받아 확정된 다음 사망한 경우 피고인의 처는 형사보상을 청구할 수 있다.

해설

① 헌법상 형사보상청구권은 국가의 형사사법절차에 내재하는 불가피한 위험에 의하여 국민의 신체의 자유에 관하여 피해가 발생한 경우 형사사법기관의 귀책사유를 따지지 않고 국가에 대하여 정당한 보상을 청구할 수 있는 권리로서, 실질적으로 국민의 신체의 자유와 밀접하게 관련된 중대한 기본권이다(헌재 2022.2.24, 2018헌마998 등).

《주의 본인의 귀책사유는 따지지만 국가기관, 즉 형사사법기관의 귀책사유는 따지지 않는다. 꼭 구별해야 하는 문제이다.

② 판결 주문에서 무죄가 선고된 경우뿐만 아니라 판결 이유에서 무죄로 판단된 경우에도 미결구금 가운데 무죄로 판단된 부분의 수사와 심리에 필요하였다고 인정된 부분에 관하여는 보상을 청구할 수 있고, 다만 형사보상법 제4조 제3호를 유추적용하여 법원의 재량으로 보상청구의 전부 또는 일부를 기각할 수 있을 뿐이다(대결 2016.3.11, 2014모2521).

③ 위헌결정된 가중처벌규정보다 법정형이 가벼운 처벌규정으로 적용법조가 변경되어 피고인이 무죄재판을 받지는 않았으나 원판결보다 가벼운 형으로 유죄판결이 확정된 경우, 재심판결에서 선고된 형을 초과하여 집행된 구금에 대하여 보상요건을 전혀 규정하지 아니한 '형사보상 및 명예회복에 관한 법률' 제26조 제1항이 평등원칙을 위반하여 청구인들의 평등권을 침해한다(헌재 2022.2.24, 2018헌마998).

④ 피고인이 대통령긴급조치 제9호 위반으로 제1, 2심에서 유죄판결을 선고받고 상고하여 상고심에서 구속집행이 정지된 한편 대통령긴급조치 제9호가 해제됨에 따라 면소판결을 받아 확정된 다음 사망하였는데, 그 후 피고인의 처(妻) 甲이 형사보상을 청구한 사안에서, 甲은 대통령긴급조치 제9호 위반으로 피고인이 구금을 당한 데 대한 보상을 청구할 수 있다(대결 2013.4.18, 2011초기689).

정답 ①

제5절 범죄피해자구조청구권

01 범죄피해자구조청구권에 대한 설명으로 가장 적절하지 않은 것은? (다툼이 있는 경우 판례에 의함)

① 범죄피해자구조금을 받을 권리는 그 구조결정이 해당 신청인에게 송달된 날로부터 2년간 행사하지 않으면 시효로 인하여 소멸된다.

② 범죄피해자구조청구권의 대상이 되는 범죄피해에 해외에서 발생한 범죄피해의 경우를 포함하고 있지 아니한 것이 현저하게 불합리한 자의적 차별이라고 볼 수 없어 평등의 원칙에 위배되지 아니한다.

③ 범죄피해자 보호법에서 제척기간을 범죄피해가 발생한 날부터 5년으로 정하더라도, 5년이라는 기간이 지나치게 단기라든지 불합리하여 범죄피해자의 구조청구권 행사를 현저히 곤란하게 하거나 사실상 불가능하게 하는 것으로는 볼 수 없다.

④ 구조금의 지급에 관한 사항을 심의·결정하기 위하여 지방법원에 범죄피해구조심의회를 둔다.

해설

① 구조금을 받을 권리는 그 구조결정이 해당 신청인에게 송달된 날부터 2년간 행사하지 아니하면 시효로 인하여 소멸된다(범죄피해자 보호법 제31조).

② 국가의 주권이 미치지 못하고 국가의 경찰력 등을 행사할 수 없거나 행사하기 어려운 해외에서 발생한 범죄에 대하여는 국가에 그 방지책임이 있다고 보기 어렵다. 따라서 범죄피해자구조청구권의 대상이 되는 범죄피해에 해외에서 발생한 범죄피해의 경우를 포함하고 있지 아니한 것이 현저하게 불합리한 자의적인 차별이라고 볼 수 없어 평등원칙에 위반되지 아니한다(헌재 2011.12.29, 2009헌마354).

③ 5년이라는 기간이 지나치게 단기라든지 불합리하여 범죄피해자의 구조청구권 행사를 현저히 곤란하게 하거나 사실상 불가능하게 하는 것으로는 볼 수 없다. 비록 범죄피해자 보호법 제25조가 그 신청기간을 범죄피해발생일부터 10년으로 확장하였지만, 이 역시 입법재량의 범위 내라고 할 수 있을 뿐이고, 종래 그 기간을 5년으로 정한 것 자체가 불합리하다고 보기는 어렵다고 할 것이다(헌재 2011.12.29, 2009헌마354).

④ 범죄피해자 보호법 제24조 제1항

> 범죄피해자 보호법 제24조【범죄피해자구조심의회 등】① 구조금의 지급에 관한 사항을 심의·결정하기 위하여 지방검찰청에 범죄피해구조심의회를 둔다.

정답 ④

기본권 각론 제3편 해커스경찰 박철한 경찰헌법 실전문제집

02 범죄피해자구조청구권에 관한 내용으로 옳은 것은? (다툼이 있는 경우 판례에 의함)

① 구조대상 범죄피해를 받은 사람 또는 그 유족과 가해자 사이의 관계, 그 밖의 사정을 고려하여 구조금의 전부 또는 일부를 지급하는 것이 사회통념에 위배된다고 인정될 때에는 구조금의 전부 또는 일부를 지급하지 아니한다.

② 정당행위, 정당방위에 기한 피해는 제외된다. 긴급피난, 과실에 의한 행위의 경우는 청구가 가능하다.

③ 친족 간의 범죄인 경우에는 대통령령이 정하는 바에 의하여 구조금의 전부 또는 일부를 지급하지 아니한다.

④ 범죄피해자구조청구권은 국민의 권리로서 외국인에게는 인정되지 않는 권리이므로 외국인이 범죄피해자 보호법에 따른 범죄피해구조금을 신청할 수는 없다.

해설

① "아니한다"가 아니라 "아니할 수 있다"이다.

> **범죄피해자 보호법 제19조【구조금을 지급하지 아니할 수 있는 경우】** ⑥ 구조피해자 또는 그 유족과 가해자 사이의 관계, 그 밖의 사정을 고려하여 구조금의 전부 또는 일부를 지급하는 것이 사회통념에 위배된다고 인정될 때에는 구조금의 전부 또는 일부를 지급하지 아니할 수 있다.

② "구조대상 범죄피해"란 대한민국의 영역 안에서 또는 대한민국의 영역 밖에 있는 대한민국 선박 또는 항공기 안에서 행하여진 사람의 생명 또는 신체를 해치는 죄에 해당하는 행위(형법 제9조, 제10조 제1항, 제12조, 제22조 제1항에 따라 처벌되지 아니하는 행위를 포함하며, 같은 법 제20조 또는 제21조 제1항에 따라 처벌되지 아니하는 행위 및 과실에 의한 행위를 제외한다)로 인하여 사망하거나 장해 또는 중상해를 입는 것을 말한다(범죄피해자 보호법 제3조 제1항 제4호).

③ 친족 간의 범죄인 경우에는 대통령령이 정하는 바에 의하여 구조금의 전부 또는 일부를 지급하지 아니한다(범죄피해자 보호법 제19조).

④ 이 법은 외국인이 구조피해자이거나 유족인 경우에는 해당 국가의 상호보증이 있는 경우에만 적용한다(범죄피해자 보호법 제23조). 따라서 상호보증이 있는 경우에는 외국인의 경우도 신청할 수 있다.

정답 ③

제5장 | 사회권적 기본권

필수 OX

01 검정고시로 고등학교 졸업학력을 취득한 사람들의 수시모집지원을 제한하는 내용의 피청구인 국립교육대학교 등의 2017학년도 신입생 수시모집 입시요강은 검정고시 출신자인 청구인들의 균등하게 교육을 받을 권리를 침해한다. O|X

해설
교육대학교 등 11개 대학교의 '2017학년도 신입생 수시모집 입시요강'이 검정고시로 고등학교 졸업학력을 취득한 사람들의 수시모집지원을 제한하는 것은 교육을 받을 권리를 침해한다(헌재 2017.12.28, 2016헌마649). [O]

02 사회적 기본권의 성격을 가지는 연금수급권은 국가에 대하여 적극적으로 급부를 요구하는 것이므로 헌법규정만으로 실현될 수 없고, 법률에 의한 형성을 필요로 한다. O|X

해설
사회적 기본권의 성격을 가지는 연금수급권은 국가에 대하여 적극적으로 급부를 요구하는 것이므로 헌법규정만으로 실현될 수 없고, 법률에 의한 형성을 필요로 한다(헌재 1999.4.29, 97헌마333). [O]

03 업무상 질병으로 인한 업무상 재해에 있어 업무와 재해 사이의 상당인과관계에 대한 입증책임을 이를 주장하는 근로자나 그 유족에게 부담시키는 산업재해보상보험법 조항이 해당 근로자나 그 유족의 사회보장수급권을 침해한다고 볼 수 없다. O|X

해설
업무상 질병으로 인한 업무상 재해에 있어 업무와 재해 사이의 상당인과관계에 대한 입증책임을 이를 주장하는 근로자나 그 유족에게 부담시키는 것이 사회보장수급권을 침해한다고 볼 수 없다(헌재 2015.6.25, 2014헌바269). [O]

04 도시환경정비사업의 시행으로 인하여 철거되는 주택의 소유자를 위하여 임시수용시설을 설치하도록 규정하지 않은 도시 및 주거환경정비법 조항은 위 도시환경정비사업의 시행으로 철거되는 주택의 소유자에 대하여 최소한의 물질적 생활도 보장하지 않는 것이므로 인간다운 생활을 할 권리를 침해하는 것이다. O|X

해설
도시환경정비사업의 시행으로 인하여 철거되는 주택의 소유자를 위하여 임시수용시설을 설치하도록 규정하지 않은 도시 및 주거환경정비법 조항은 이주대책이나 주거대책의 실시 여부 및 내용에 대해서는 폭넓은 입법재량이 인정되는데, 도시환경정비사업에서 이주대책 등을 실시하지 않는 데에는 합리적인 이유가 있으므로 이는 평등의 원칙에 위반되지 아니한다(헌재 2014.3.27, 2011헌바396). [X]

05 국가는 노인의 특성에 적합한 주택정책을 복지향상차원에서 개발하여 노인으로 하여금 쾌적한 주거활동을 할 수 있도록 노력하여야 할 의무를 부담한다. O|X

해설
국가는 주택개발정책 등을 통하여 모든 국민이 쾌적한 주거생활을 할 수 있도록 노력하여야 한다(헌법 제35조 제3항). [O]

06 헌법에 의하면 국가는 재해를 예방하고 그 위험으로부터 국민을 보호하기 위하여 노력하여야 한다. O|X

해설

국가는 재해를 예방하고 그 위험으로부터 국민을 보호하기 위하여 노력하여야 한다(헌법 제34조 제6항). [O]

07 헌법재판소 판례에 의하면 인간다운 생활을 할 권리로부터 인간의 존엄에 상응하는 생활에 필요한 "최소한의 물질적인 생활"의 유지에 필요한 급부를 요구할 수 있는 구체적인 권리가 상황에 따라서 직접 도출될 뿐 아니라 동 기본권으로부터 직접 그 이상의 급부를 내용으로 하는 구체적인 권리가 발생한다는 것이다. O|X

해설

다수의 견해와 법령(국민기초생활 보장법)은 최소한의 물질적인 생활뿐만 아니라 문화적인 생활까지 보호해야 한다고 하지만 헌법재판소의 경우에는 최소한의 물질적인 생활만 보장해야 한다고 보았다(헌재 2014.3.27, 2013헌바198). 즉, 그 이상까지는 아니다. [X]

08 국민연금의 급여수준은 납입한 연금보험료의 금액을 기준으로 결정하여야 하며, 한 사람의 수급권자에게 여러 종류의 수급권이 발생한 경우에는 중복하여 지급해야 한다. O|X

해설

국민연금의 급여수준은 수급권자가 최저생활을 유지하는 데 필요한 금액을 기준으로 결정해야 할 것이지 납입한 연금보험료의 금액을 기준으로 결정하거나 여러 종류의 수급권이 발생하였다고 하여 반드시 중복하여 지급해야 할 것은 아니다(헌재 2000.6.1, 97헌마190). [X]

09 사회연대의 원칙은 사회보험체계 내에서의 소득의 재분배를 정당화하는 근거이며, 사회보험에의 강제가입의무를 정당화하고, 재정구조가 취약한 보험자와 재정구조가 건전한 보험자 사이의 재정조정을 가능하게 한다. O|X

해설

보험료의 형성에 있어서 사회연대의 원칙은 보험료와 보험급여 사이의 개별적 등가성의 원칙에 수정을 가하는 원리일 뿐만 아니라, 사회보험체계 내에서의 소득의 재분배를 정당화하는 근거이며, 보험의 급여수혜자가 아닌 제3자인 사용자의 보험료 납부의무(소위 '이질부담')를 정당화하는 근거이기도 하다. 또한 사회연대의 원칙은 사회보험에의 강제가입의무를 정당화하며, 재정구조가 취약한 보험자와 재정구조가 건전한 보험자 사이의 재정조정을 가능하게 한다(헌재 2000.6.29, 99헌마289). [O]

10 사립학교 교원에 대한 명예퇴직수당은 장기근속자의 조기퇴직을 유도하기 위한 특별장려금이라고 할 것이고 사회보장 수급권에 해당하지 않는다. O|X

해설

사립학교 교원에 대한 명예퇴직수당은 장기근속자의 조기퇴직을 유도하기 위한 특별장려금이라고 할 것이고 장기근속자의 사회복귀나 노후 복지보장과 같은 사회보장과는 직접적인 관련이 있다고 보기 어렵다(헌재 2007.4.26, 2003헌마533). [O]

11 참전명예수당은 국가보훈적 성격과 수급자의 생활보호를 위한 사회보장적 의미를 동시에 가지는바, 참전유공자 중 70세 이상자에게만 참전명예수당을 지급하는 규정은 헌법상 평등권, 인간다운 생활을 할 권리, 행복추구권 등을 침해한다. O|X

해설

특별한 희생이나 무공을 요건으로 하지 않는 이 사건 참전명예수당을 신설하면서 새로이 창출되는 국가재정부담을 고려하여 70세 이상 참전유공자에게만 지급하도록 한 이 사건 법률조항이 헌법상 사회보장·사회복지의 이념에 명백히 반하는 입법형성권의 행사로서 70세가 되지 않은 청구인들의 평등권을 침해한다고 보기 어렵다(헌재 2003.7.24, 2002헌마522). [X]

12 공무원연금제도와 산업재해보상보험제도는 사회보장 형태로서 사회보험이라는 점에 공통점이 있을 뿐, 보험가입자, 보험관계의 성립 및 소멸, 재정조성 주체 등에서 큰 차이가 있어, 공무원연금법상의 유족급여수급권자와 산업재해보상보험법상의 유족급여수급권자가 본질적으로 동일한 비교집단이라고 보기 어렵다. O|X

해설

공무원연금제도와 산재보험제도는 사회보장 형태로서 사회보험이라는 점에 공통점이 있을 뿐, 보험가입자, 보험관계의 성립 및 소멸, 재정조성 주체 등에서 큰 차이가 있어, 공무원연금법상의 유족급여수급권자와 산재보험법상의 유족급여수급권자가 본질적으로 동일한 비교집단이라고 보기 어렵다(헌재 2014.5.29, 2012헌마555). [O]

13 교사의 수업권은 헌법상 보장되는 기본권이 아니며 설령 보장된다고 하더라도 학생의 수학권을 위한 제약이 불가피하다. O|X

해설

국민의 수학권과 교사의 수업의 자유는 다 같이 보호되어야 하겠지만 그중에서도 국민의 수학권이 더 우선적으로 보호되어야 한다(헌재 1992.11.12, 89헌마88). [O]

14 헌법 제31조 제6항은 '교육제도와 그 운영에 관한 기본적인 사항은 법률로 정한다.'고 규정함으로써 국가는 모든 학교제도의 조직, 계획, 운영, 감독에 관한 포괄적인 권한을 부여받았기 때문에, 사립학교 운영의 자유는 헌법상의 기본권으로 인정되지 아니한다. O|X

해설

사립학교 운영의 자유는 헌법 제10조, 제31조 제1항, 제4항에서 도출되는 기본권이다(헌재 2013.11.28, 2009헌바206 등). [X]

15 교원지위법정주의(헌법 제31조 제6항)에 의하여 입법자가 법률로 정하여야 할 교원지위의 기본적 사항에는 대학교원의 신분이 부당하게 박탈되지 않도록 하는 최소한의 절차적 보장에 관한 사항이 포함되어야 한다. O|X

해설

교수의 기간임용제 자체가 헌법에 위반되는 것은 아니나, 객관적인 기준의 재임용거부 사유와 재임용에서 탈락하게 되는 교원이 자신의 입장을 진술할 수 있는 기회 그리고 재임용거부를 사전에 통지하는 규정 등이 없으며, 나아가 재임용이 거부되었을 경우 사후에 그에 대해 다툴 수 있는 제도적 장치를 전혀 마련하지 않고 있는 이 사건 법률조항은, 현대사회에서 대학교육이 갖는 중요한 기능과 그 교육을 담당하고 있는 대학교원의 신분의 부당한 박탈에 대한 최소한의 보호요청에 비추어 볼 때 헌법 제31조 제6항에서 정하고 있는 교원지위법정주의에 위반된다고 볼 수밖에 없다(헌재 2003.2.27, 2000헌바26). [O]

16 학교운영지원비는 운영상 교원연구비와 같은 교사의 인건비 일부와 학교회계직원의 인건비 일부 등 의무교육과정의 인적 기반을 유지하기 위한 비용을 충당하는 데 사용되고 있으므로 의무교육 무상의 범위에 포함되어야 한다. O|X

해설

학교운영지원비는 기본적으로 학부모의 자율적 협찬금의 성격을 갖고 있음에도 그 조성이나 징수의 자율성이 완전히 보장되지 않아 기본적이고 필수적인 학교교육에 필요한 비용에 가깝게 운영되고 있다는 점 등을 고려해보면 이 사건 세입조항은 헌법 제31조 제3항에 규정되어 있는 의무교육의 무상원칙에 위배되어 헌법에 위반된다(헌재 2012.8.23, 2010헌바220).

▶ 운영회비는 무상이어야 하지만, 급식비는 무상이 아니어도 된다. [O]

17 학교교육에 있어서 교원의 수업권은 직업의 자유에 의하여 보장되는 기본권이지만, 원칙적으로 학생의 학습권은 교원의 수업권에 대하여 우월한 지위에 있다. 교원의 고의적인 수업거부행위는 학생의 학습권과 정면으로 상충하는 것인바, 수업권의 우월적 지위가 인정되는 예외적인 경우에만 수업거부행위는 헌법상 정당화된다. O|X

해설

교원이 고의로 수업을 거부할 자유는 어떠한 경우에도 인정되지 아니하며, 교원은 계획된 수업을 지속적으로 성실히 이행할 의무가 있다(대판 2007.9.20, 2005다25298). [×]

18 헌법 제31조 제1항의 교육을 받을 권리의 내용에는 교원으로서 교육권인 수업권이 포함된다. O|X

해설

수업권을 기본권으로 보는 경우도 있고 그렇지 않은 경우도 있다. 다만, 기출에서는 부정적으로 보고 있다. [×]

19 학부모의 자녀교육권과 학생의 교육을 받을 권리에는 학교교육이라는 국가의 공교육 급부의 형성과정에 균등하게 참여할 권리로서의 참여권이 내포되어 있다. O|X

해설

교육받을 권리에 기초하여 교육기회 보장을 위한 국가의 적극적 행위를 요구할 수 있다고 하더라도, 이는 학교교육을 받을 권리로서 그에 필요한 교육시설 및 제도 마련을 요구할 권리이지 특정한 교육제도나 교육과정을 요구할 권리는 아니며(헌재 2005.11.24, 2003헌마173), 학교교육이라는 국가의 공교육 급부의 형성과정에 균등하게 참여할 권리로서의 참여권이 내포되어 있다고 할 수 없다(헌재 2019.11.28, 2018헌마1153). [×]

20 헌법 제31조의 '능력에 따라 균등한 교육을 받을 권리'는 학교교육 밖에서의 사적인 교육영역에까지 균등한 교육이 이루어지도록 개인이 별도로 교육을 시키거나 받는 행위를 국가가 금지하거나 제한할 수 있는 근거를 부여하는 수권규범이 아니다. O|X

해설

헌법 제31조의 '능력에 따라 균등한 교육을 받을 권리'는 학교교육 밖에서의 사적인 교육영역에까지 균등한 교육이 이루어지도록 개인이 별도로 교육을 시키거나 받는 행위를 국가가 금지하거나 제한할 수 있는 근거를 부여하는 수권규범이 아니다(헌재 2000.4.27, 98헌가16 등). [O]

21 대학입학지원자가 모집정원에 미달하였음에도 불구하고 대학이 정한 수학능력이 없다는 이유로 지원자에 대해 불합격처분을 한 것은 교육을 받을 권리에 대한 침해로서 무효이다. O|X

해설

대학입학지원서가 모집정원에 미달한 경우라도 대학이 정한 수학능력이 없는 자에 대해 불합격처분을 한 것은 교육법 제111조 제1항에 위반되지 아니하여 무효라 할 수 없고 또 위 학교에서 정한 수학능력에 미달하는 지원자를 불합격으로 한 처분이 재량권의 남용이라고 볼 수 없다(대판 1983.6.28, 83누193). [×]

22 대학수학능력시험의 문항 수 기준 70%를 한국교육방송공사 교재와 연계하여 출제하는 것은 대학수학능력시험을 준비하는 자들의 교육을 받을 권리를 제한하지만, 사교육비를 줄이고 학교교육을 정상화하려는 것으로 과잉금지원칙에 위배되지 않아 이들의 교육을 받을 권리를 침해하지 않는다. O|X

해설

2018학년도 수능시험의 문항 수 기준 70%를 EBS 교재와 연계하여 출제한다는 '2018학년도 대학수학능력시험 시행기본계획'이 학생들의 자유로운 인격발현권을 침해하지 않으므로 학생인 청구인들의 심판청구를 기각한다. 교육부와 한국교육과정평가원이 학교교육을 정상화하고 사교육비를 경감할 목적으로 수능과 EBS 교재 연계를 합헌적으로 보았다(헌재 2018.2.22, 2017헌마691). 교육받을 권리가 아니라 자유로운 인격발현권을 제한한다. [×]

23 고졸검정고시 또는 고입검정고시에 합격했던 자가 해당 검정고시에 다시 응시할 수 없게 됨으로써 제한되는 주된 기본권은 자유로운 인격발현권인데, 이러한 응시자격 제한은 검정고시제도 도입 이후 허용되어 온 합격자의 재응시를 경과조치 등 없이 무조건적으로 금지하는 것이어서 과잉금지원칙에 위배된다. O|X

해설

고졸검정고시 또는 고등학교 입학자격 검정고시에 합격했던 자는 해당 검정고시에 다시 응시할 수 없도록 응시자격을 제한한 전라남도 교육청 공고는 교육을 받을 권리를 침해한다(헌재 2012.5.31, 2010헌마139). 주된 기본권은 자유로운 인격발현권이 아니라 교육받을 권리이다. [X]

24 교원의 노동권, 노동조합 등에 관하여는 헌법 제31조 제6항의 교원지위법정주의 조항이 헌법 제33조의 노동3권 조항보다 우선하여 적용된다. O|X

해설

헌법 제10조(행복추구권)보다는 헌법 제21조(결사의 자유), 헌법 제21조보다는 헌법 제33조(단결권), 그리고 헌법 제33조보다는 헌법 제31조 제6항(교원지위법정주의)이 우선 적용된다. [O]

25 실직자도 근로3권의 주체가 될 수 있다. O|X

해설

교원노조법 제2조 제1호 및 제4호 라목 본문에서 말하는 '근로자'에는 특정한 사용자에게 고용되어 현실적으로 취업하고 있는 자뿐만 아니라, 일시적으로 실업상태에 있는 자나 구직 중인 자도 노동3권을 보장할 필요성이 있는 한 그 범위에 포함된다(대판 2004.2.27, 2001두8568). [O]

26 계속근로기간 1년 미만인 근로자가 퇴직급여를 청구할 수 있는 권리가 근로의 권리에 의하여 보장된다고 보기는 어렵다. O|X

해설

근로자가 퇴직급여를 청구할 수 있는 권리도 헌법상 바로 도출되는 것이 아니라 퇴직급여법 등 관련 법률이 구체적으로 정하는 바에 따라 비로소 인정될 수 있는 것이므로 계속근로기간 1년 미만인 근로자가 퇴직급여를 청구할 수 있는 권리가 헌법 제32조 제1항에 의하여 보장된다고 보기는 어렵다(헌재 2011.7.28, 2009헌마408). [O]

27 최저임금을 청구할 수 있는 권리가 바로 근로의 권리에 의하여 보장된다고 보기는 어렵다. O|X

해설

헌법 제32조 제1항 후단은 "국가는 사회적·경제적 방법으로 근로자의 고용의 증진과 적정임금의 보장에 노력하여야 하며, 법률이 정하는 바에 의하여 최저임금제를 시행하여야 한다."라고 규정하고 있어서 근로자가 최저임금을 청구할 수 있는 권리도 헌법상 바로 도출되는 것이 아니라 최저임금법 등 관련 법률이 구체적으로 정하는 바에 따라 비로소 인정될 수 있다(헌재 2012.10.25, 2011헌마307). [O]

28 연차유급휴가는 근로자의 건강하고 문화적인 생활의 실현에 이바지할 수 있도록 여가를 부여하는 데 그 목적이 있는 것으로, 인간의 존엄성을 보장하기 위한 합리적인 근로조건에 해당하므로 연차유급휴가에 관한 권리는 근로의 권리의 내용에 포함된다. O|X

해설

연차유급휴가는 근로자의 정신적·육체적 휴양의 필요성에 기초한 것으로 기본적으로는 상당기간 계속되는 근로의무의 이행과 불가분의 관계에 있고(헌재 2015.5.28, 2013헌마619 참조), 직전 연도의 근속과 출근에 대한 근로 보상적인 성격을 가지고 있음을 부인하기 어렵다(헌재 2020.9.24, 2017헌바433). [O]

29 하나의 사업 또는 사업장에 2개 이상의 노동조합이 있는 경우 단체교섭에 있어 그 창구를 단일화하도록 하고 교섭대표가 된 노동조합에게만 단체교섭권을 부여하고 있는 교섭창구단일화제도는 노사의 자율성을 부정하는 것이므로 단체교섭권을 침해하는 것이다. O|X

해설

헌법재판소는 2012년 4월 24일 전원의 일치된 의견으로 하나의 사업 또는 사업장에 2개 이상의 노동조합이 있는 경우 단체교섭에 있어 그 창구를 단일화하도록 하여 교섭대표가 된 노동조합에게만 단체교섭권을 부여하고 있는 '노동조합 및 노동관계조정법' 제29조 제2항, 제29조의2 제1항이 청구인들의 기본권을 침해하지 않는다(헌재 2012.4.24, 2011헌마338). [×]

30 근로의 권리는 사회적 기본권으로서, 국가에 대하여 직접 일자리(직장)를 청구하거나 일자리에 갈음하는 생계비의 지급청구권을 의미하는 것이 아니라, 고용증진을 위한 사회적 · 경제적 정책을 요구할 수 있는 권리에 그치는 것이다. O|X

해설

근로의 권리는 사회적 기본권으로서, 국가에 대하여 직접 일자리(직장)를 청구하거나 일자리에 갈음하는 생계비의 지급청구권을 의미하는 것이 아니라, 고용증진을 위한 사회적·경제적 정책을 요구할 수 있는 권리에 그친다(헌재 2002.11.28, 2001헌바50). [O]

31 헌법 제32조 제6항에 의하여 법률이 정하는 바에 의하여 우선적으로 근로의 기회가 부여되는 대상이 누구인가에 대하여 헌법재판소는 국가유공자, 상이군경, 전몰군경의 유가족, 국가유공자의 유가족, 상이군경의 유가족이 포함된다고 판시하고 있다. O|X

해설

위 조항의 대상자는 조문의 문리해석대로 '국가유공자', '상이군경', 그리고 '전몰군경의 유가족'이라고 봄이 상당하다. 따라서 '국가유공자의 가족'의 경우 그러한 가산점의 부여는 헌법이 직접 요청하고 있는 것이 아니라 입법정책으로서 채택된 것이라 볼 것이다(헌재 2006.2.23, 2004헌마675). [×]

32 모든 국민은 인간다운 생활을 할 권리를 가지며 국가는 생활능력 없는 국민을 보호할 의무가 있다는 헌법의 규정은 모든 국가기관을 기속하지만, 그 기속의 의미는 적극적 · 형성적 활동을 하는 입법부 또는 행정부의 경우와 헌법재판에 의한 사법적 통제기능을 하는 헌법재판소에 있어서 동일하지 아니하다. O|X

해설

헌법의 규정이, 입법부나 행정부에 대하여는 국민소득, 국가의 재정능력과 정책 등을 고려하여 가능한 범위 안에서 최대한으로 모든 국민이 물질적인 최저생활을 넘어서 인간의 존엄성에 맞는 건강하고 문화적인 생활을 누릴 수 있도록 하여야 한다는 행위의 지침, 즉 행위규범으로서 작용하지만, 헌법재판에 있어서는 다른 국가기관, 즉 입법부나 행정부가 국민으로 하여금 인간다운 생활을 영위하도록 하기 위하여 객관적으로 필요한 최소한의 조치를 취할 의무를 다하였는지를 기준으로 국가기관의 행위의 합헌성을 심사하여야 한다는 통제규범으로 작용하는 것이다(헌재 1997.5.29, 94헌마33). [O]

33 국가 또는 지방자치단체의 정책결정에 관한 사항이나 기관의 관리 · 운영에 관한 사항으로서 근무조건과 직접 관련되지 아니하는 사항을 공무원노동조합의 단체교섭대상에서 제외하고 있는 공무원의 노동조합 설립 및 운영 등에 관한 법률 제8조 제1항 단서 중 '직접' 부분은 명확성원칙에 위반된다. O|X

해설

근무조건과 '직접' 관련되어 교섭대상이 되는 사항은 공무원이 공무를 제공하는 조건이 되는 사항 그 자체를 의미하는 것이므로, 이 사건 규정에서 말하는 공무원노조의 비교섭대상은 정책결정에 관한 사항과 기관의 관리·운영에 관한 사항 중 그 자체가 공무를 제공하는 조건이 되는 사항을 제외한 사항이 될 것이다(헌재 2013.6.27, 2012헌바169). [×]

34 공무원의 노동조합 설립 및 운영 등에 관한 법률이 공무원인 노동조합원의 쟁의행위를 처벌하면서 사용자 측인 정부교섭대표의 부당노동행위에 대하여는 그 구제수단으로서 민사상의 구제절차를 마련하는 데 그치고 형사처벌까지 규정하지 아니하는 것이 공무원의 단체교섭권을 침해하여 헌법에 위반된다고 할 수는 없다. ○|×

해설

노동조합 및 노동관계조정법상 단체교섭 거부, 단체협약 불이행 및 구제명령 불이행에 대한 형사처벌 조항의 적용을 배제하고 있는 공노법 제17조 제3항 중 '제89조 제2호', '제90조 중 제81조' 부분이 헌법이 부여한 입법재량권의 한계를 일탈하여 공무원 노동조합의 단체교섭권을 침해하고, 일반 노동조합에 비하여 공무원 노동조합을 합리적 이유 없이 차별함으로써 헌법 제11조 소정의 평등의 원칙에 위배된다고 볼 수 없다(헌재 2008.12.26, 2005헌마971). [○]

35 공무원들의 어느 행위가 국가공무원법 제66조 제1항에 규정된 '집단행위'에 해당하려면, 그 행위가 반드시 같은 시간, 장소에서 행하여져야 하는 것은 아니지만, 공익에 반하는 어떤 목적을 위한 다수인의 행위로서 집단성이라는 표지를 갖추어야만 한다고 해석함이 타당하므로, 공무원들이 순차적으로 각각 다른 시간대에 릴레이 1인 시위를 하거나 여럿이 단체를 결성하여 그 단체 명의로 의사를 표현하는 경우에는 국가공무원법 제66조 제1항이 금지하는 집단행위에 해당한다. ○|×

해설

이 사건 행위 중 릴레이 1인 시위, 릴레이 언론기고, 릴레이 내부 전산망 게시는 모두 후행자가 선행자에 동조하여 동일한 형태의 행위를 각각 한 것에 불과하고, 여럿이 같은 시간에 한 장소에 모여 집단의 위세를 과시하는 방법으로 의사를 표현하거나 여럿이 단체를 결성하여 그 단체 명의로 의사를 표현하는 경우, 여럿이 가담한 행위임을 표명하는 경우 또는 정부활동의 능률을 저해하기 위한 집단적 태업행위에 해당한다거나 이에 준할 정도로 행위의 집단성이 있다고 보기 어렵다(대판 2017.4.13, 2014두8469). [×]

36 소위 '소극적 단결권'이란 헌법 제33조 제1항의 단결권에 포함되지 아니하므로, 근로자가 노동조합에 가입하지 아니할 권리 내지 이미 가입한 노동조합에서 탈퇴할 권리는 노동조합의 지위를 약화시키려는 정치적 논리일 뿐 헌법상 기본권으로서 보호되는 권리라고 볼 수 없다. ○|×

해설

판례는 소극적 단결권은 단결권에서 보호되지 않으며, 결사의 자유나 일반적 행동자유에서 보장될 수 있다고 판시하고 있다(헌재 2005.11.24, 2002헌바95 등). [×]

37 근로의 권리란 '일할 자리에 관한 권리'와 '일할 환경에 관한 권리'를 말하며, 후자는 건강한 작업환경, 일에 대한 정당한 보수, 합리적인 근로조건의 보장 등을 요구할 수 있는 권리 등을 의미하는바, 직장변경의 횟수를 제한하고 있는 법률조항은 '일할 자리에 관한 권리'로서의 근로의 권리를 제한하는 것이다. ○|×

해설

직업의 자유 중 이 사건에서 문제되는 직장선택의 자유는 인간의 존엄과 가치 및 행복추구권과도 밀접한 관련을 가지는 만큼 단순히 국민의 권리가 아닌 인간의 권리로 보아야 할 것이므로 외국인도 제한적으로라도 직장선택의 자유를 향유할 수 있다고 보아야 한다(헌재 2011.9.29, 2007헌마1083 등). 즉, 근로의 권리가 아니다. [×]

38 환경영향평가 대상사업의 경우 그 대상지역 안의 주민들이 환경침해를 받지 아니하고 쾌적한 환경에서 생활할 수 있는 환경상의 이익은 주민 개개인에 대하여 개별적으로 보호되는 직접적 · 구체적 이익이다. ○|×

해설

위 주민들이 위 변경승인처분과 관련하여 갖고 있는 위와 같은 환경상의 이익은 주민 개개인에 대하여 개별적으로 보호되는 직접적 · 구체적인 이익이라고 보아야 할 것이다(대판 2001.7.27, 99두2970). [○]

39 환경소송에도 민법상 불법행위의 법리가 적용되기 때문에 원고에게 엄격한 인과관계의 입증책임이 요구된다. O|X

해설

판례는 김양식장 사안에서 피해자가 폐수의 발생과 양식장의 피해를 입증하게 되면 가해자인 공장 측이 안전농도 내임을 증명한다고 하여 이를 개연성이론이라고 한다(대판 1984.6.12, 81다558). [X]

40 헌법재판소의 결정에 의하면 호주제도는 남성에게 호주가 되는 우선적인 지위를 인정함으로써 합리적 근거 없이 아내의 지위를 남편보다 하위에, 어머니의 지위를 아버지보다 하위에 각각 위치하게 하는 정당성 없는 남녀차별을 초래하여 성별에 의한 차별을 금지한 헌법 제11조 제1항과 개인의 자율적 의사와 양성의 평등에 기초한 혼인생활과 가족생활의 자유로운 형성을 보장하는 헌법 제36조 제1항에 각각 위반된다. O|X

해설

결론적으로 전래의 어떤 가족제도가 헌법 제36조 제1항이 요구하는 개인의 존엄과 양성평등에 반한다면 헌법 제9조를 근거로 그 헌법적 정당성을 주장할 수는 없다(헌재 2005.2.3, 2001헌가9 등). [O]

41 육아휴직제도의 헌법적 근거를 헌법 제36조 제1항에서 구한다고 하더라도 육아휴직신청권은 헌법 제36조 제1항 등으로부터 개인에게 직접 주어지는 헌법적 차원의 권리라고 볼 수는 없다. O|X

해설

양육권은 헌법상 권리이지만 육아휴직신청권은 헌법상 권리로 볼 수 없다(헌재 2008.10.30, 2005헌마1156). [O]

42 출생 직후의 자(子)에게 성을 부여할 당시 부(父)가 이미 사망하였거나 부모가 이혼하여 모(母)가 단독으로 친권을 행사하고 양육할 것이 예상되는 경우에도 부의 성을 사용할 것이 강제되도록 한 법률조항은 헌법에 합치하지 아니한다. O|X

해설

이 사건 법률조항이 부성주의를 규정한 것 자체는 헌법에 위반된다고 할 수 없으나 가족관계의 변동 등으로 구체적인 상황하에서는 부성의 사용을 강요하는 것이 개인의 가족생활에 대한 심각한 불이익을 초래하는 것으로 인정될 수 있는 경우에도 부성주의에 대한 예외를 규정하지 않고 있는 것은 인격권을 침해하고 개인의 존엄과 양성의 평등에 반하는 것이어서 헌법 제10조, 제36조 제1항에 위반된다(헌재 2005.12.22, 2003헌가5 등). [O]

43 의료급여수급자와 건강보험가입자는 사회보장의 한 형태로서 의료보장의 대상인 점에서 공통점이 있고, 그 선정방법, 법적 지위, 재원조달방식, 자기기여 여부 등에서는 차이가 있기는 하지만 본질적으로는 동일한 비교집단으로 볼 수 있으므로 의료급여수급자를 대상으로 선택병의원제도 및 비급여항목 등을 건강보험의 경우와 달리 규정하고 있는 것은 평등권을 침해하는 것이다. O|X

해설

의료급여수급자와 건강보험가입자는 본질적으로 동일한 비교집단이라 보기 어렵고 의료급여수급자를 대상으로 선택병의원제 및 비급여 항목 등을 달리 규정하고 있는 것을 두고, 본질적으로 동일한 것을 다르게 취급하고 있다고 볼 수는 없다(헌재 2009.11.26, 2007헌마734). [X]

44 가정폭력 가해자인 전 배우자라도 직계혈족으로서 그 자녀의 가족관계증명서와 기본증명서를 사실상 자유롭게 발급받아서 거기에 기재된 가정폭력 피해자인 청구인의 개인정보를 무단으로 취득이 가능하게 한 것은 헌법에 위반된다. O|X

해설

가정폭력 가해자에 대하여 특별한 제한을 두지 아니한 관계로, 가정폭력 가해자인 전 배우자라도 직계혈족으로서 그 자녀의 가족관계증명서와 기본증명서를 사실상 자유롭게 발급받아서 거기에 기재된 가정폭력 피해자인 청구인의 개인정보를 무단으로 취득하게 되는 위헌성을 지적하고 이 사건 법률조항에 대하여 헌법불합치를 선언하였다(헌재 2020.8.28, 2018헌마927). [O]

예상문제

제1절 인간다운 생활을 할 권리

01 사회적 기본권에 관한 다음 설명 중 옳지 않은 것은? (다툼이 있는 경우 판례에 의함)

① 모든 국민은 인간다운 생활을 할 권리를 가지며 국가는 생활능력 없는 국민을 보호할 의무가 있다는 헌법의 규정은 헌법재판에 있어서는 다른 국가기관, 즉 입법부나 행정부가 국민으로 하여금 인간다운 생활을 영위하도록 하기 위하여 객관적으로 필요한 최소한의 조치를 취할 의무를 다하였는지를 기준으로 국가기관의 행위의 합헌성을 심사하여야 한다는 통제규범으로 작용하는 것이다.

② 국가는 사회적 기본권에 의하여 제시된 국가의 의무와 과제를 언제나 국가의 현실적인 재정·경제 능력의 범위 내에서 다른 국가과제와의 조화와 우선순위결정을 통하여 이행할 수밖에 없다.

③ 국가는 노인과 청소년의 복지향상을 위한 정책을 실시할 의무를 진다.

④ 산업재해보상보험의 생활보장적 성격을 감안하더라도 사용자가 제공하지 않는 통상의 출퇴근에서 발생한 재해를 업무상 재해로 인정하여 근로자를 보호해 줄 수 있는 헌법적 근거는 없다.

해설

① 모든 국민은 인간다운 생활을 할 권리를 가지며 국가는 생활능력 없는 국민을 보호할 의무가 있다는 헌법의 규정은 입법부와 행정부에 대하여는 국민소득, 국가의 재정능력과 정책 등을 고려하여 가능한 범위 안에서 최대한으로 모든 국민이 물질적인 최저생활을 넘어서 인간의 존엄성에 맞는 건강하고 문화적인 생활을 누릴 수 있도록 하여야 한다는 행위의 지침, 즉 행위규범으로서 작용하지만, 헌법재판에 있어서는 다른 국가기관, 즉 입법부나 행정부가 국민으로 하여금 인간다운 생활을 영위하도록 하기 위하여 객관적으로 필요한 최소한의 조치를 취할 의무를 다하였는지의 여부를 기준으로 국가기관의 행위의 합헌성을 심사하여야 한다는 통제규범으로 작용하는 것이다(헌재 1997.5.29, 94헌마33).

② 국가는 사회적 기본권에 의하여 제시된 국가의 의무와 과제를 언제나 국가의 현실적인 재정·경제능력의 범위 내에서 다른 국가과제와의 조화와 우선순위결정을 통하여 이행할 수밖에 없다. 그러므로 사회적 기본권은 입법과정이나 정책결정과정에서 사회적 기본권에 규정된 국가목표의 무조건적인 최우선적 배려가 아니라 단지 적절한 고려를 요청하는 것이다(헌재 2002.12.18, 2002헌마52).

③ 국가는 노인과 청소년의 복지향상을 위한 정책을 실시할 의무를 진다(헌법 제34조 제4항).

④ 사업장 규모나 재정여건의 부족 또는 사업주의 일방적 의사나 개인 사정 등으로 출퇴근용 차량을 제공받지 못하거나 그에 준하는 교통수단을 지원받지 못하는 비혜택근로자는 비록 산재보험에 가입되어 있다 하더라도 출퇴근 재해에 대하여 보상을 받을 수 없는데, 이러한 차별을 정당화할 수 있는 합리적 근거를 찾을 수 없다(헌재 2016.9.29, 2014헌바254).

▶ 지문은 보호해 줄 헌법적 근거가 없다. 즉, 업무상 재해로 인정하지 않아도 된다는 내용이다. 다만, 판례는 차별을 정당화할 합리적 근거가 없다고 하였으니 인정하지 않으면 헌법 위반이라고 보았다. 따라서 이는 옳지 않은 지문이다.

정답 ④

02 사회적 기본권에 대한 설명으로 옳지 않은 것은? (다툼이 있는 경우 판례에 의함)

① 헌법은 국가의 재해예방의무에 대해서 아무런 규정을 두고 있지 않다.

② 국가가 장애인의 복지를 향상해야 할 의무가 있다고 하여, '장애인을 위한 저상버스의 도입'과 같은 구체적인 국가의 행위의무를 도출할 수는 없다.

③ 헌법상의 사회보장권은 그에 관한 수급요건, 수급자의 범위, 수급액 등 구체적인 사항이 법률에 규정됨으로써 비로소 구체적인 법적 권리로 형성되는 것이다.

④ 사회연대의 원칙은 사회보험체계 내에서의 소득의 재분배를 정당화하는 근거이며, 사회보험에의 강제가입의무를 정당화하고 재정구조가 취약한 보험자와 재정구조가 건전한 보험자 사이의 재정조정을 가능하게 한다.

해설

① 국가는 재해를 예방하고 그 위험으로부터 국민을 보호하기 위하여 노력하여야 한다(헌법 제34조 제6항).

② 장애인의 복지를 향상해야 할 국가의 의무가 다른 다양한 국가과제에 대하여 최우선적인 배려를 요청할 수 없을 뿐 아니라, 나아가 헌법의 규범으로부터는 '장애인을 위한 저상버스의 도입'과 같은 구체적인 국가의 행위의무를 도출할 수 없는 것이다. 국가에게 헌법 제34조에 의하여 장애인의 복지를 위하여 노력을 해야 할 의무가 있다는 것은, 장애인도 인간다운 생활을 누릴 수 있는 정의로운 사회질서를 형성해야 할 국가의 일반적인 의무를 뜻하는 것이지, 장애인을 위하여 저상버스를 도입해야 한다는 구체적 내용의 의무가 헌법으로부터 나오는 것은 아니다(헌재 2002.12.18, 2002헌마52).

③ 헌법상의 사회보장권은 그에 관한 수급요건, 수급자의 범위, 수급액 등 구체적인 사항이 법률에 규정됨으로써 비로소 구체적인 법적 권리로 형성된다고 보아야 할 것이다(헌재 1995.7.21, 93헌가14).

④ 보험료의 형성에 있어서 사회연대의 원칙은 보험료와 보험급여 사이의 개별적 등가성의 원칙에 수정을 가하는 원리일 뿐만 아니라, 사회보험체계 내에서의 소득의 재분배를 정당화하는 근거이며, 보험의 급여수혜자가 아닌 제3자인 사용자의 보험료 납부의무(소위 '이질부담')를 정당화하는 근거이기도 하다. 또한 사회연대의 원칙은 사회보험에의 강제가입의무를 정당화하며, 재정구조가 취약한 보험자와 재정구조가 건전한 보험자 사이의 재정조정을 가능하게 한다(헌재 2000.6.29, 99헌마289).

정답 ①

03 인간다운 생활을 할 권리에 관한 설명으로 옳은 것은? (다툼이 있는 경우 헌법재판소 판례에 의함)

① 보건복지부장관이 최저생계비를 고시함에 있어서 장애인가구와 비장애인가구를 구분하지 않고 일률적으로 동일한 최저생계비를 적용한 것은 자의적인 것으로 볼 수는 없다.

② 생계급여를 지급함에 있어 '개별가구 또는 개인의 여건'에 관한 조건 부과 유예 대상자의 범위를 정할 때 '대학원에 재학 중인 사람' 또는 '부모에게 버림받아 부모를 알 수 없는 사람'에 대하여 조건 부과 유예사유를 두지 않은 것은 인간다운 생활을 할 권리를 침해한 것이다.

③ 모든 국민은 인간다운 생활을 할 권리를 가지며 국가는 생활능력 없는 국민을 보호할 의무가 있다는 헌법의 규정은 모든 국가기관을 기속하므로, 그 기속의 의미는 적극적·형성적 활동을 하는 입법부 또는 행정부의 경우와 헌법재판에 의한 사법적 통제기능을 하는 헌법재판소에 있어서 동일하다.

④ 경과실로 인한 범죄행위에 기인하는 보험사고에 대하여 의료보험급여를 부정하는 것이 사회보장제도로서의 의료보험의 본질을 침해하는 것은 아니다.

해설

① 장애인가구는 비장애인가구와 비교하여 각종 법령 및 정부시책에 따른 각종 급여 및 부담감면으로 인하여 최저생계비의 비목에 포함되는 보건의료비, 교통·통신비, 교육비, 교양·오락비, 비소비지출비를 추가적으로 보전받고 있다. 이러한 사정들에 비추어 보면, 생활능력 없는 장애인가구 구성원의 인간다운 생활을 할 권리가 침해되었다고 할 수 없다(헌재 2004.10.28, 2002헌마328).

② '대학원에 재학 중인 사람' 또는 '부모에게 버림받아 부모를 알 수 없는 사람'이 조건 제시 유예사유에 해당하면 자활사업 참여 없이 생계급여를 받을 수 있다. 여기에, 고등교육법과 '법학전문대학원 설치·운영에 관한 법률'이 장학금제도를 규정하고 있는 점, 생계급여 제도 이외에도 의료급여와 같은 각종 급여제도 등을 통하여서도 인간의 존엄에 상응하는 생활에 필요한 '최소한의 물질적인 생활'을 유지하는 데 도움을 받을 수 있는 점 등을 종합하여 보면, 이 사건 시행령조항은 청구인의 인간다운 생활을 할 권리도 침해하지 않는다(헌재 2017.11.30, 2016헌마448).

③ 모든 국민은 인간다운 생활을 할 권리를 가지며 국가는 생활능력 없는 국민을 보호할 의무가 있다는 헌법의 규정은 모든 국가기관을 기속하지만, 그 기속의 의미는 적극적·형성적 활동을 하는 입법부 또는 행정부의 경우와 헌법재판에 의한 사법적 통제기능을 하는 헌법재판소에 있어서 동일하지 아니하다(헌재 1997.5.29, 94헌마33).

④ 경과실의 범죄로 인한 사고는 개념상 우연한 사고의 범위를 벗어나지 않으므로 경과실로 인한 범죄행위에 기인하는 보험사고에 대하여 의료보험급여를 부정하는 것은 우연한 사고로 인한 위험으로부터 다수의 국민을 보호하고자 하는 사회보장제도로서의 의료보험의 본질을 침해하여 헌법에 위반된다(헌재 2003.12.18, 2002헌바1).

정답 ①

04 사회보장수급권에 관한 설명 중 가장 적절하지 않은 것은? (다툼이 있는 경우 판례에 의함)

① 공무원연금법상 퇴직연금의 수급자가 사립학교교직원연금법 제3조의 학교기관으로부터 보수 기타 급여를 지급받고 있는 경우, 그 기간 중 퇴직연금의 지급을 정지하도록 한 것은 기본권 제한의 입법한계를 일탈한 것으로 볼 수 없다.

② 사회보장수급권은 헌법 제34조 제1항에 의한 인간다운 생활을 보장하기 위한 사회적 기본권 중의 핵심적인 것이고 의료보험수급권은 바로 이러한 사회적 기본권에 속한다.

③ 공무원연금법상의 연금수급권은 국가에 대하여 적극적으로 급부를 요구하는 것이므로 헌법규정만으로는 실현될 수 없고, 법률에 의한 형성을 필요로 한다.

④ 국민연금의 급여수준은 납입한 연금보험료의 금액을 기준으로 결정하여야 하며, 한 사람의 수급권자에게 여러 종류의 수급권이 발생한 경우에는 중복하여 지급해야 한다.

해설

① 구 군인연금법과 사학연금법이 유기적이고 호환적인 체계에서 통일적으로 기능하여 근무 직역이 이동되는 경우 재직기간의 합산 및 연금액의 이체가 가능한 점 등에 비추어 볼 때, 대통령령에 규정될 내용은 퇴역연금의 전액이 지급정지될 것임을 쉽게 예측할 수 있다 할 것이다. 따라서 이 사건 정지조항이 헌법상 위임입법의 한계를 일탈하였다 할 수 없다(헌재 2007.10.25, 2005헌바68).

② 판례는 공무원연금법 사건에서는 법률적 차원의 권리에 불과하다고 판시하고, 의료보험수급권사건에서는 사회적 기본권에 속한다고 판시하였다(헌재 2003.12.18, 2002헌바1).

③ 사회보장수급권은 헌법 제34조 제1항 및 제2항 등으로부터 개인에게 직접 주어지는 헌법적 차원의 권리라거나 사회적 기본권의 하나라고 볼 수는 없고, 다만 그 수급요건, 수급자의 범위, 수급액 등 구체적인 사항이 규정될 때 비로소 형성되는 법률적 차원의 권리에 불과하다 할 것이다(헌재 2003.7.24, 2002헌바51).

④ 국민연금의 급여수준은 수급권자가 최저생활을 유지하는 데 필요한 금액을 기준으로 결정해야 할 것이지 납입한 연금보험료의 금액을 기준으로 결정하거나 여러 종류의 수급권이 발생하였다고 하여 반드시 중복하여 지급해야 할 것은 아니다(헌재 2000.6.1, 97헌마190).

정답 ④

05 사회적 기본권에 대한 설명으로 옳지 않은 것은? (다툼이 있는 경우 판례에 의함)

① 교원 재임용의 심사요소로 학생교육·학문연구·학생지도를 언급하되 이를 모두 필수요소로 강제하지 않는 사립학교법 제53조의2 제7항 전문은 교원의 신분에 대한 부당한 박탈을 방지함과 동시에 대학의 자율성을 도모한 것으로서 교원지위법정주의에 위반되지 아니한다.

② 국가 또는 지방자치단체의 정책결정에 관한 사항이나 기관의 관리·운영에 관한 사항으로서 근무조건과 직접 관련되지 아니하는 사항을 공무원노동조합의 단체교섭대상에서 제외하고 있는 공무원의 노동조합 설립 및 운영 등에 관한 법률 제8조 제1항 단서 중 '직접' 부분은 명확성원칙에 위반된다.

③ 사적자치에 의해 규율되는 사인 사이의 법률관계에서 계약갱신을 요구할 수 있는 권리나 보증금을 우선하여 변제받을 수 있는 권리 등은 헌법 제34조의 인간다운 생활을 할 권리의 보호대상에 포함되지 않는다.

④ 휴직자에게 직장가입자의 자격을 유지시켜 휴직전월의 표준보수월액을 기준으로 보험료를 부과하는 것은 사회국가원리에 위배되지 않는다.

해설

① 학교법인은 여러 심사요소를 고려하여 다양한 교육수요에 적합한 강의전담교원과 연구전담교원을 재량적으로 임용할 수 있으므로 이 사건 법률조항은 교원지위법정주의에 위반되지 아니한다(학생교육 · 학문연구 · 학생지도가 강제요소가 아닌 것이다)(헌재 2014.4.24, 2012헌바336).

② 이 사건 규정에서 말하는 공무원노조의 비교섭대상은 정책결정에 관한 사항과 기관의 관리 · 운영에 관한 사항 중 그 자체가 공무를 제공하는 조건이 되는 사항을 제외한 사항이 될 것이다. 따라서 이 사건 규정상의 '직접'의 의미가 법집행기관의 자의적인 법집행을 초래할 정도로 불명확하다고 볼 수 없으므로 명확성원칙에 위반된다고 볼 수 없다(헌재 2013.6.27, 2012헌바169).

③ 헌법 제34조 제1항의 인간다운 생활을 할 권리는 인간의 존엄에 상응하는 최소한의 물질적인 생활의 유지에 필요한 급부를 요구할 수 있는 권리일 뿐, 사적자치에 의해 규율되는 사인 사이의 법률관계에서 계약갱신을 요구할 수 있는 권리나 보증금을 우선하여 변제받을 수 있는 권리 등은 헌법 제34조 제1항에 의한 보호대상이 아니므로, 이 사건 법률조항들이 청구인의 인간다운 생활을 할 권리를 침해한다고 볼 수 없다(헌재 2014.3.27, 2013헌바198).

④ 일시적 · 잠정적 근로관계의 중단에 불과한 휴직제도의 본질, 휴직자에 대한 보험급여의 필요성 등을 고려할 때 합리적인 입법재량으로 볼 수 있다(헌재 2003.6.26, 2001헌마699).

정답 ②

06 인간다운 생활을 할 권리에 관한 설명으로 가장 적절하지 않은 것은? (다툼이 있는 경우 헌법재판소 판례에 의함)

① 공영방송은 사회 · 문화 · 경제적 약자나 소외계층이 마땅히 누려야 할 문화에 대한 접근기회를 보장하여 인간다운 생활을 할 권리를 실현하는 기능을 수행하므로 우리 헌법상 그 존립가치와 책무가 크다.

② 재요양을 받는 경우에 재요양 당시의 임금을 기준으로 휴업급여를 산정하도록 한 구 산업재해보상보험법 제56조 제1항과 재요양 당시 임금이 없으면 최저임금액을 기준으로 휴업급여를 지급하도록 한 산업재해보상보험법 제56조 제2항은 근로자의 인간다운 생활을 할 권리를 침해한다.

③ 자동차사고 피해가족 중 유자녀에 대한 대출을 규정한 구 자동차손해배상 보장법 시행령 제18조 제1항 제2호 중 '유자녀의 경우에는 생계유지 및 학업을 위한 자금의 대출' 부분은 유자녀가 자신에 대한 양육비용을 국가에게 상환할 채무를 부담하기로 약속하고 자금을 지원받는 것이므로 유자녀의 아동으로서의 인간다운 생활을 할 권리를 침해하지 않는다.

④ 공무원에게 재해보상을 위하여 실시되는 급여의 종류로 휴업급여 또는 상병보상연금 규정을 두고 있지 않은 공무원 재해보상법 제8조는 공무원의 인간다운 생활을 할 권리를 침해하지 않는다.

해설

① 공영방송은 민주주의를 실현하기 위한 필수조건인 다양하고 민주적인 여론을 매개하고, 공적 정보를 제공함으로써 시민의 알 권리를 보장하며, 사회 · 문화 · 경제적 약자나 소외계층이 마땅히 누려야 할 문화에 대한 접근기회를 보장하여 인간다운 생활을 할 권리를 실현하는 기능을 수행하므로 우리 헌법상 그 존립가치와 책무가 크다(헌재 2024.5.30, 2023헌마820 등).

② 재요양은 최초 상병진단 시로부터 시간적 · 의학적으로 단절되어 있으므로 재요양 당시의 임금 수준은 최초 상병진단시의 임금 수준과 어느 정도 차이가 날 수밖에 없고, 휴업급여는 요양 또는 재요양을 전제로 지급되는 급여이므로 요양의 필요성 인정 여부와 상관없이 최초 진폐 진단시의 임금을 기준으로 휴업급여를 지급하는 것은 휴업급여의 본질에 부합하지 아니하며 다른 재해근로자와의 형평에도 어긋난다(헌재 2024.4.25, 2021헌바316). 따라서 인간다운 생활을 할 권리를 침해하지 아니한다.

③ 유자녀에 대하여 적기에 경제적 지원을 하는 동시에 자동차 피해지원사업의 지속가능성을 확보할 필요가 있는 점 등을 고려하여 유자녀 대출 상환의무가 헌법에 위배되지 않는다고 판단하였다(헌재 2024.4.25, 2021헌마473).

④ 공무상 질병 또는 부상으로 인한 공무원의 병가 및 공무상 질병휴직 기간에는 봉급이 전액 지급되고, 그 휴직기간이 지나면 직무에 복귀할 수도 있으며, 직무 복귀가 불가능하여 퇴직할 경우 장해급여를 지급받을 수도 있다. 장해급여가 지급될 수 있는 요건을 충족하지 못하는 경우에도 요양급여와 함께 공무원연금법에 따른 퇴직일시금 또는 퇴직연금이 지급된다(헌재 2024.2.28, 2020헌마1587). 즉, 아예 안 주는 것이 아니라 다른 혜택이 있으므로 이를 현저히 불합리하다고 볼 수는 없다.

정답 ②

제2절 교육을 받을 권리

01 교육에 관한 기본권에 대한 설명으로 옳지 않은 것은? (다툼이 있는 경우 판례에 의함)

① 초등학교 교육과정의 편제와 수업시간은 교육현장을 가장 잘 파악하고 교육과정에 대해 적절한 수요예측을 할 수 있는 해당 부처에서 정하도록 할 필요가 있으므로, 초·중등교육법 제23조 제2항이 교육과정의 기준과 내용에 관한 기본적인 사항을 교육부장관이 정하도록 위임한 것 자체가 교육제도 법정주의에 반한다고 보기 어렵다.

② 사립학교법인이 의무의 부담을 하고자 할 때 관할청의 허가를 받도록 하는 사립학교법 규정은 사립학교 운영의 자유를 침해하지 않는다.

③ 대학의 자치의 주체를 기본적으로 대학으로 본다고 하더라도 교수나 교수회의 기본권 주체성이 부정된다고 볼 수 없다.

④ 헌법 제31조 제1항에서 보장되는 교육의 기회균등권은 모든 국민에게 균등한 교육을 받게 하고 특히 경제적 약자가 실질적인 평등교육을 받을 수 있도록 국가에게 적극적 정책을 실현할 것을 요구하므로, 헌법 제31조 제1항으로부터 국민이 직접 실질적 평등교육을 위한 교육비를 청구할 권리가 도출된다.

해설

① 초등학교 교육과정의 편제와 수업시간은 교육현장을 가장 잘 파악하고 교육과정에 대해 적절한 수요예측을 할 수 있는 해당 부처에서 정하도록 할 필요가 있으므로, 초·중등교육법 제23조 제2항이 교육과정의 기준과 내용에 관한 기본적인 사항을 교육부장관이 정하도록 위임한 것 자체가 교육제도 법정주의에 반한다고 보기 어렵다(헌재 2016.2.25, 2013헌마838).

② 허가를 받아 자유롭게 처리할 수 있는 점 등을 보면 합리적인 입법한계를 일탈하였거나 기본권의 본질적인 부분을 침해하였다고 볼 수 없다(헌재 2001.1.18, 99헌바63).

③ 대학의 자치의 주체를 기본적으로 대학으로 본다고 하더라도 교수나 교수회의 주체성이 부정된다고 볼 수는 없고, 가령 학문의 자유를 침해하는 대학의 장에 대한 관계에서는 교수나 교수회가 주체가 될 수 있고, 또한 국가에 의한 침해에 있어서는 대학 자체 외에도 대학 전 구성원이 자율성을 갖는 경우도 있을 것이므로 문제되는 경우에 따라서 대학, 교수, 교수회 모두가 단독 혹은 중첩적으로 주체가 될 수 있다고 보아야 할 것이다(헌재 2006.4.27, 2005헌마1047 등).

④ 실질적인 평등교육을 실현해야 할 국가의 적극적인 의무가 인정되지만, 이러한 의무조항으로부터 국민이 직접 실질적 평등교육을 위한 교육비를 청구할 권리가 도출되는 것은 아니다(헌재 2003.11.27, 2003헌바39).

무상교육	사례
인정	수업료, 입학금, 인건비, 시설유지비, 신규시설투자비
부정	급식, 사립유치원의 인건비, 교육비

정답 ④

02 교육을 받을 권리에 대한 설명으로 가장 적절하지 않은 것은? (다툼이 있는 경우 헌법재판소 판례에 의함)

① 대학수학능력시험의 문항 수 기준 70%를 한국교육방송공사 교재와 연계하여 출제하는 것이 대학수학능력시험을 준비하는 자들의 능력에 따라 균등하게 교육을 받을 권리를 직접 제한한다고 보기는 어렵다.

② 학문의 자유와 대학의 자율성에 따라 대학이 학생의 선발 및 전형 등 대학입시제도를 자율적으로 마련할 수 있다 하더라도 이를 내세워 국민의 교육받을 권리를 침해할 수 없다.

③ 학교폭력예방 및 대책에 관한 법률에서 학교폭력 가해학생에 대하여 수개의 조치를 병과할 수 있도록 하고, 출석정지기간의 상한을 두지 아니한 부분은 과잉금지원칙에 위배되어 청구인들의 학습의 자유를 침해한다.

④ 2년제 전문대학의 졸업자에게만 대학·산업대학 또는 원격대학의 편입학 자격을 부여하고, 3년제 전문대학의 2년 이상 과정 이수자에게는 편입학 자격을 부여하지 않는 것은 교육을 받을 권리를 침해하지 않는다.

해설
① 2018학년도 수능시험의 문항 수 기준 70%를 EBS 교재와 연계하여 출제한다는 '2018학년도 대학수학능력시험 시행기본계획'이 학생들의 자유로운 인격발현권을 침해하지 않으므로 학생인 청구인들의 심판청구를 기각한다. 교육부와 한국교육과정평가원이 학교 교육을 정상화하고 사교육비를 경감할 목적으로 이를 합헌적으로 보았다(헌재 2018.2.22, 2017헌마691). 균등하게 교육받을 권리는 제한하지 않는다.
② 헌법 제22조 제1항이 보장하고 있는 학문의 자유와 헌법 제31조 제4항에서 보장하고 있는 대학의 자율성에 따라 대학이 학생의 선발 및 전형 등 대학입시제도를 자율적으로 마련할 수 있다 하더라도, 이러한 대학의 자율적 학생 선발권을 내세워 국민의 '균등하게 교육을 받을 권리'를 침해할 수 없으며, 이를 위해 대학의 자율권은 일정부분 제약을 받을 수 있다(헌재 2017.12.28, 2016헌마649).
③ 출석정지조치를 취함에 있어 기간의 상한을 두고 있지 않다고 하더라도, 가해학생의 학습의 자유에 대한 제한이 입법 목적 달성에 필요한 최소한의 정도를 넘는다고 볼 수 없다(헌재 2019.4.11, 2017헌바140).
④ '각자의 능력에 따라 교육시설에 입학하여 배울 수 있는 권리'의 대상인 국가의 교육시설은 물적·인적 한계 등으로 말미암아 입학자격 조건을 정하는 데 있어서 능력에 따른 차별이 가능한 영역인바, 3년제 전문대학의 2년 이상의 이수자에게 의무교육기관이 아닌 대학에의 일반 편입학을 허용하지 않는다고 하여 청구인의 교육을 받을 권리를 본질적으로 침해하고 있다고 보기 어렵다(헌재 2010.11.25, 2010헌마144).

정답 ③

03 교육을 받을 권리에 관한 설명으로 옳은 것은? (다툼이 있는 경우 판례에 의함)

① 대학의 자율성에 대한 침해 여부를 심사함에 있어서는 대학의 자치보장을 위하여 엄격한 심사를 하여야 하므로, 입법자가 입법형성의 한계를 넘는 자의적인 입법을 하였는지 여부만을 판단하여서는 아니 된다.
② 초·중등학교 교사인 청구인들이 교육과정에 따라 학생들을 가르치고 평가하여야 하는 법적인 부담이나 제약을 받는다면 이는 헌법상 보장된 기본권에 대한 제한이라고 볼 수 있다.
③ 교육을 받을 권리는 국가에 의한 교육조건의 개선·정비와 교육기회의 균등한 보장을 적극적으로 요구할 수 있는 권리이지만, 그로부터 위와 같은 작위의무가 헌법해석상 바로 도출되는 것은 아니다.
④ 대학입학지원자가 모집정원에 미달하였음에도 불구하고 대학이 정한 수학능력이 없다는 이유로 지원자에 대해 불합격 처분을 한 것은 교육을 받을 권리에 대한 침해로서 무효이다.

해설
① 국가는 헌법 제31조 제6항에 따라 모든 학교제도의 조직·계획·운영·감독에 관한 포괄적인 권한, 즉 학교제도에 관한 전반적인 형성권과 규율권을 부여받는다. 다만, 그 규율의 정도는 그 시대와 각급 학교의 사정에 따라 다를 수밖에 없으므로 교육의 본질을 침해하지 않는 한 궁극적으로는 입법권자의 형성의 자유에 속한다. 따라서 대학의 자율에 대한 침해 여부를 심사함에 있어서는 입법자가 입법형성의 한계를 넘는 자의적인 입법을 하였는지 여부를 판단하여야 한다(헌재 2014.4.24, 2011헌마612).
② 교사인 청구인들이 이 사건 교육과정에 따라 학생들을 가르치고 평가하여야 하는 법적인 부담이나 제한을 받는다고 하더라도 이는 헌법상 보장된 기본권에 대한 제한이라고 보기 어려워 기본권 침해 가능성이 인정되지 아니한다(헌재 2021.5.27, 2018헌마1108).
③ 헌법 제31조 제1항은 국민의 교육을 받을 권리를 보장하고 있지만 그 권리는 통상 국가에 의한 교육조건의 개선·정비와 교육기회의 균등한 보장을 적극적으로 요구할 수 있는 권리로 이해되고 있을 뿐이고, 그로부터 위와 같은 작위의무가 헌법해석상 바로 도출된다고 볼 수 없다(헌재 2006.10.26, 2004헌마13).
④ 대학입학지원서가 모집정원에 미달한 경우라도 대학이 정한 수학능력이 없는 자에 대해 불합격처분을 한 것은 교육법 제111조 제1항에 위반되지 아니하여 무효라 할 수 없다(대판 1983.6.28, 83누193).

정답 ③

04 교육을 받을 권리에 대한 설명으로 옳지 않은 것은? (다툼이 있는 경우 판례에 의함)

① 학생에게도 국가의 간섭을 받지 아니하고 자신의 능력과 개성, 적성에 맞는 학교를 자유롭게 선택할 권리가 인정된다.

② 학부모의 자녀교육권과 학생의 교육을 받을 권리에는 학교교육이라는 국가의 공교육 급부의 형성과정에 균등하게 참여할 권리로서의 참여권이 내포되어 있다.

③ 헌법 제31조 제3항에 따른 의무교육 무상의 범위는 모든 학생이 의무교육을 받음에 있어서 경제적인 차별 없이 수학하는 데 반드시 필요한 비용에 한한다.

④ 헌법 제31조 제6항의 교육제도 법정주의는 교육의 영역에서 의회유보의 원칙을 규정한 것임과 동시에 국가에 대해 학교제도에 관한 포괄적인 규율권한을 부여한 것이다.

해설

① 헌법은 국가의 교육권한과 부모의 교육권의 범주 내에서 학생에게도 자신의 교육에 관하여 스스로 결정할 권리, 즉 자유롭게 교육을 받을 권리를 부여하고, 학생은 국가의 간섭을 받지 아니하고 자신의 능력과 개성, 적성에 맞는 학교를 자유롭게 선택할 권리를 가진다(헌재 2012.11.29, 2011헌마827).

② 교육받을 권리에 기초하여 교육기회 보장을 위한 국가의 적극적 행위를 요구할 수 있다고 하더라도, 이는 학교교육을 받을 권리로서 그에 필요한 교육시설 및 제도 마련을 요구할 권리이지 특정한 교육제도나 교육과정을 요구할 권리는 아니며(헌재 2005.11.24, 2003헌마173), 학교교육이라는 국가의 공교육 급부의 형성과정에 균등하게 참여할 권리로서의 참여권이 내포되어 있다고 할 수 없다(헌재 2019.11.28, 2018헌마1153).

③ 헌법 제31조 제3항에 규정된 의무교육의 무상원칙에 있어서 의무교육 무상의 범위는 원칙적으로 헌법상 교육의 기회균등을 실현하기 위해 필수불가결한 비용, 즉 모든 학생이 의무교육을 받음에 있어서 경제적인 차별 없이 수학하는 데 반드시 필요한 비용에 한한다(헌재 2012.4.24, 2010헌바164).

④ 헌법 제31조 제6항은 "학교교육 및 평생교육을 포함한 교육제도와 그 운영, 교육재정 및 교원의 지위에 관한 기본적인 사항은 법률로 정한다."라고 하여 교육제도 법정주의를 규정하고 있는바, 교육제도 법정주의는 소극적으로는 교육의 영역에서 본질적이고 중요한 결정은 입법자에게 유보되어야 한다는 의회유보의 원칙을 규정한 것이지만, 한편 적극적으로는 헌법이 국가에 학교제도를 통한 교육을 시행하도록 위임하고 있다는 점에서 학교제도에 관한 포괄적인 국가의 규율권한을 부여한 것이기도 하다(헌재 2012.11.29, 2011헌마827).

정답 ②

05 교육을 받을 권리에 관한 내용으로 가장 적절하지 않은 것은? (다툼이 있는 경우 판례에 의함)

① 학교폭력 가해학생에 대해 일정한 조치가 내려졌을 경우 그 조치가 적절하였는지 여부에 대해 가해학생 학부모가 의견을 제시할 수 있는 권리는 학부모의 자녀교육권의 내용에 포함되지 않는다.

② 헌법은 제31조에서 학교교육 및 평생교육을 포함한 교육제도와 그 운영, 교육재정 및 교원의 지위에 관한 기본적 사항을 법률로 정하도록(제6항) 한 것이므로 입법자가 법률로 정하여야 할 교원지위의 기본적 사항에는 교원의 신분이 부당하게 박탈되지 않도록 하는 최소한의 보호의무에 관한 사항이 포함된다.

③ 부모의 자녀의 학교선택권은 미성년인 자녀의 교육을 받을 권리를 실효성 있게 보장하기 위한 것이므로, 미성년인 자녀의 교육을 받을 권리의 근거규정인 헌법 제31조 제1항에서 헌법적 근거를 찾을 수 있다.

④ 운영회비 납부는 학교교육에 필수불가결한 내용으로 이는 무상의 범위에 포함된다.

해설

① 학교가 학생에 대해 불이익 조치를 할 경우 해당 학생의 학부모가 의견을 제시할 권리는 자녀교육권의 일환으로 보호된다. 학교폭력예방법 제17조 제5항이 학교폭력 가해학생에 대한 조치 전에 자녀교육권의 일환으로 그 보호자에게 의견 진술의 기회를 부여하는 것처럼, 가해학생에 대해 일정한 조치가 내려졌을 경우 그 조치가 적절하였는지 여부에 대해 의견을 제시 할 수 있는 권리 또한 그 연장선상에서 학부모의 자녀교육권의 내용에 포함된다(헌재 2013.10.24, 2012헌마832).

② 교육은 개인의 잠재적인 능력을 계발하여 줌으로써 개인이 각 생활영역에서 개성을 신장할 수 있도록 해 주며, 국민으로 하여금 민주시민의 자질을 길러줌으로써 민주주의가 원활히 기능하기 위한 정치문화의 기반을 조성할 뿐만 아니라, 학문연구결과 등의 전수의 장이 됨으로써 우리 헌법이 지향하고 있는 문화국가의 실현을 위한 기본적 수단이다. 교육이 수행하는 이와 같은 중요한 기능에 비추어 우리 헌법은 제31조에서 학교교육 및 평생교육을 포함한 교육제도와 그 운영, 교육재정 및 교원의 지위에 관한 기본적 사항을 법률로 정하도록(제6항) 한 것이다. 따라서, 입법자가 법률로 정하여야 할 교원지위의 기본적 사항에는 교원의 신분이 부당하게 박탈되지 않도록 하는 최소한의 보호의무에 관한 사항이 포함된다(헌재 2003.2.27, 2000헌바26).

③ 친권자에게는 미성년자인 자녀를 보호하고 교육할 의무가 있는 데서도 알 수 있듯이(민법 제913조 참조), 부모는 아직 성숙하지 못하고 인격을 닦고 있는 초·중·고등학생인 자녀를 교육시킬 교육권을 가지고 있으며, 그 교육권의 내용 중 하나로서 자녀를 교육시킬 학교선택권이 인정된다. 이러한 부모의 학교선택권은 미성년인 자녀의 교육을 받을 권리를 실효성 있게 보장하기 위한 것이므로, 미성년인 자녀의 교육을 받을 권리의 근거규정인 헌법 제31조 제1항에서 헌법적 근거를 찾을 수 있을 것이다(헌재 1995.2.23, 91헌마204).

《주의 부모의 자녀교육권은 대부분 헌법 제36조에서 근거를 찾으나 이 경우 헌법 제31조에서 그 근거를 찾고 있다.

④ 의무교육이 실질적으로 균등하게 이루어지기 위한 본질적 항목으로 수업료나 입학금의 면제, 학교와 교사 등 인적·물적 기반 및 그 기반을 유지하기 위한 인건비와 시설유지비, 신규시설투자비 등의 재원마련 및 의무교육의 실질적인 균등보장을 위해 필수불가결한 비용은 무상의 범위에 포함된다(헌재 2012.8.23, 2010헌바220).

정답 ①

06 교육을 받을 권리에 대한 설명으로 옳지 않은 것은? (다툼이 있는 경우 판례에 의함)

① 자율형 사립고등학교를 후기학교로 정하여 신입생을 일반고와 동시에 선발하도록 하는 한편, 자율형 사립고등학교를 지원한 학생에게 평준화지역 후기학교에 중복지원 할 수 없도록 한 것은 학교법인의 사학운영의 자유를 침해한다.

② 대학의 신입생 수시모집 입시요강이 검정고시로 고등학교 졸업학력을 취득한 사람들의 수시모집 지원을 제한하는 것은 검정고시 출신자들을 합리적인 이유 없이 차별하는 것으로 해당 대학에 지원하려는 검정고시 출신자들의 균등하게 교육을 받을 권리를 침해한다.

③ 대학 구성원이 아닌 사람의 도서관 이용에 관하여 대학도서관의 관장이 승인 또는 허가할 수 있도록 한 것은 교육을 받을 권리가 국가에 대하여 특정한 교육제도나 시설의 제공을 요구할 수 있는 권리를 뜻하는 것은 아니라는 점에서 대학 구성원이 아닌 자의 교육을 받을 권리가 침해된다고 볼 수 없다.

④ 의무교육의 무상성에 관한 헌법 규정은 교육을 받을 권리를 보다 실효성 있게 보장하기 위해 의무교육 비용을 학령아동 보호자의 부담으로부터 공동체 전체의 부담으로 이전하라는 명령일 뿐 의무교육의 모든 비용을 조세로 해결해야 함을 의미하는 것은 아니므로, 학교용지 부담금의 부과대상을 수분양자가 아닌 개발사업자로 정하는 것은 의무교육의 무상원칙에 위배되지 않는다.

해설

① 자사고의 경우 교육과정 등을 고려할 때 후기학교보다 먼저 특정한 재능이나 소질을 가진 학생을 선발할 필요성은 적다. 따라서 이 사건 동시선발 조항이 자사고를 후기학교로 규정함으로써 과학고와 달리 취급하고, 일반고와 같이 취급하는 데에는 합리적인 이유가 있으므로 청구인 학교법인의 평등권을 침해하지 아니한다(헌재 2019.4.11, 2018헌마221). 다만, 중복금지조항이 위헌이다.

② 고졸검정고시 또는 고등학교 입학자격 검정고시에 합격했던 자는 해당 검정고시에 다시 응시할 수 없도록 응시자격을 제한한 전라남도 교육청 공고는 교육을 받을 권리를 침해한다(헌재 2012.5.31, 2010헌마139).

③ 대학구성원이 아닌 자에게 대학도서관에서의 도서 대출 또는 열람실 이용을 제한한 서울교육대학교의 회신은 교육받을 권리를 침해하지 않는다(헌재 2016.11.24, 2014헌마977).

④ 개발사업자는 개발사업을 통해서 이익을 창출함과 동시에 학교신설의 필요성을 야기한 자로 학교용지확보라는 공적 과제와 객관적으로 밀접한 관련성을 가지고 있다(헌재 2008.9.25, 2007헌가1).

정답 ①

제3절 근로의 권리와 근로3권

01 근로의 권리에 대한 설명으로 옳지 않은 것은? (다툼이 있는 경우 판례에 의함)

① 모든 국민은 근로의 의무를 진다. 국가는 근로의 의무의 내용과 조건을 민주주의원칙에 따라 법률로 정한다.

② 근로의 권리는 사회적 기본권으로서, 국가에 대하여 직접 일자리(직장)를 청구하거나 일자리에 갈음하는 생계비의 지급청구권을 의미하는 것이 아니라, 고용증진을 위한 사회적·경제적 정책을 요구할 수 있는 권리에 그치는 것이다.

③ 해고예고제도는 근로관계의 존속이라는 근로자보호의 본질적 부분과 관련되는 것이 아니므로, 해고예고제도를 둘 것인지 여부, 그 내용 등에 대해서는 상대적으로 넓은 입법형성의 여지가 있다.

④ 헌법 제32조 제1항의 근로의 권리는 국가에 대하여 근로의 기회를 제공하는 정책을 수립해줄 것을 요구할 수 있는 권리도 내포하므로 노동조합도 그 주체가 될 수 있다.

해설

① 모든 국민은 근로의 의무를 진다. 국가는 근로의 의무의 내용과 조건을 민주주의원칙에 따라 법률로 정한다(헌법 제32조 제2항).

② 근로의 권리는 사회적 기본권으로서 국가에 대하여 직접 일자리를 청구하거나 일자리에 갈음하는 생계비의 지급청구권을 의미하는 것이 아니라 고용증진을 위한 사회적·경제적 정책을 요구할 수 있는 권리에 그친다(헌재 2011.7.28, 2009헌마408).

③ 해고예고제도는 근로관계의 존속 그 자체를 보호하는 제도라고 하기는 어렵고, 따라서 근로관계의 존속이라는 근로자보호의 본질적 부분과 관련되는 것이 아니기 때문에, 해고예고제도를 둘 것인지 여부, 그 내용 등에 대해서는 상대적으로 넓은 입법형성의 여지가 있다고 할 수 있다(헌재 2001.7.19, 99헌마663).

④ 헌법 제32조 제1항이 규정한 근로의 권리는 근로자를 개인의 차원에서 보호하기 위한 권리로서 개인인 근로자가 그 주체가 되는 것이고 노동조합은 그 주체가 될 수 없다(헌재 2009.2.26, 2007헌바27).

노동조합	근로의 권리	근로 3권
주체성	×	○

정답 ④

02 근로의 권리 및 근로3권에 대한 설명으로 옳지 않은 것은? (다툼이 있는 경우 판례에 의함)

① 형법상 업무방해죄는 모든 쟁의행위에 대하여 무조건 적용되는 것이 아니라, 단체행동권의 내재적 한계를 넘어 정당성이 없다고 판단되는 쟁의행위에 대하여만 적용되는 조항임이 명백하다고 할 것이므로, 그 목적이나 방법 및 절차상 한계를 넘어 업무방해의 결과를 야기시키는 쟁의행위에 대하여만 이 사건 법률조항을 적용하여 형사처벌하는 것은 헌법상 단체행동권을 침해하였다고 볼 수 없다.

② 교육공무원에게 근로3권을 일체 허용하지 않고 전면적으로 부정하는 것은 입법형성권의 범위를 벗어난다.

③ '65세 이후 고용된 자'에게 실업급여에 관한 고용보험법의 적용을 배제하는 것은 근로의 의사와 능력의 존부에 대한 합리적인 판단을 결여한 것이다.

④ 노동조합이 비과세 혜택을 받을 권리는 헌법 제33조 제1항이 당연히 예상한 권리에 포함된다고 보기 어렵고, 위 헌법조항으로부터 그러한 권리가 파생된다거나 이에 상응하는 국가의 조세법규범 정비의무가 발생한다고 보기도 어렵다.

해설

① 형법상 업무방해죄는 모든 쟁의행위에 대하여 무조건 적용되는 것이 아니라, 단체행동권의 내재적 한계를 넘어 정당성이 없다고 판단되는 쟁의행위에 대하여만 적용되는 조항임이 명백하다고 할 것이므로, 그 목적이나 방법 및 절차상 한계를 넘어 업무방해의 결과를 야기시키는 쟁의행위에 대하여만 이 사건 법률조항을 적용하여 형사처벌하는 것은 헌법상 단체행동권을 침해하였다고 볼 수 없다(헌재 2010.4.29, 2009헌바168).

② 교육공무원인 대학교원에 대하여 보더라도, 교육공무원의 직무수행의 특성과 헌법 제33조 제1항 및 제2항의 정신을 종합해 볼 때, 교육공무원에게 근로3권을 일체 허용하지 않고 전면적으로 부정하는 것은 합리성을 상실한 과도한 것으로서 입법형성권의 범위를 벗어나 헌법에 위반된다(헌재 2018.8.30, 2015헌가38).

③ 우리의 사회보장체계는 65세 이후에는 소득상실이라는 사회적 위험이 보편적으로 발생한다고 보고, 고용에 대한 지원이나 보장보다 노령연금이나 기초연금과 같은 사회보장급여 체계를 통하여 노후생활이 안정될 수 있도록 설계하고 있는 것이다. 그렇다면 실업급여 대상 여부를 65세라는 연령에 기초하고 있는 심판대상조항이 지나치게 자의적인 것이라고 보기는 어렵다. 심판대상조항이 '65세 이후 고용' 여부를 기준으로 실업급여 적용 여부를 달리한 것은 합리적 이유가 있다고 할 것이므로, 이로 인해 청구인의 평등권이 침해되었다고 보기 어렵다(헌재 2018.6.28, 2017헌마238).

④ 근로3권을 규정한 헌법 제33조 제1항으로부터 노동조합이 조세법상 비과세 혜택을 받을 권리가 파생한다거나 이에 상응하는 국가의 조세법규범 정비의무가 발생한다고 보기도 어렵다(헌재 2009.2.26, 2007헌바27).

정답 ③

03 근로기본권에 대한 설명으로 옳지 않은 것은? (다툼이 있는 경우 판례에 의함)

① 청원경찰은 일반근로자일 뿐 공무원이 아니므로, 이들의 근로3권을 전면적으로 제한하는 것은 헌법에 위반된다.

② 근로의 권리란 '일할 자리에 관한 권리'와 '일할 환경에 관한 권리'를 말하며, 후자는 건강한 작업환경, 일에 대한 정당한 보수, 합리적인 근로조건의 보장 등을 요구할 수 있는 권리 등을 의미하는바, 직장변경의 횟수를 제한하고 있는 법률조항은 '일할 자리에 관한 권리'로서의 근로의 권리를 제한하는 것이다.

③ 근로의 권리란 인간이 자신의 의사와 능력에 따라 근로관계를 형성하고, 타인의 방해를 받음이 없이 근로관계를 계속 유지하며, 근로의 기회를 얻지 못한 경우에는 국가에 대하여 근로의 기회를 제공하여 줄 것을 요구할 수 있는 권리를 말한다.

④ 근로의 권리는 사회적 기본권으로서, 국가에 대하여 직접 일자리를 청구하거나 일자리에 갈음하는 생계비의 지급청구권을 의미하는 것이 아니다.

해설

① 청원경찰에 대하여 직접행동을 수반하지 않는 단결권과 단체교섭권을 인정하더라도 시설의 안전 유지라는 입법목적 달성에 지장이 된다고 단정할 수 없다. 교원과 일부 공무원도 단결권과 단체교섭권을 인정받고 있는 상황에서 일반근로자인 청원경찰의 근로3권을 모두 제한하는 것은 사회의 변화에도 맞지 않는다(헌재 2017.9.28, 2015헌마653).

② 근로의 권리란 "일할 자리에 관한 권리"와 "일할 환경에 관한 권리"를 말하며, 후자는 건강한 작업환경, 일에 대한 정당한 보수, 합리적인 근로조건의 보장 등을 요구할 수 있는 권리 등을 의미하는바, 직장변경의 횟수를 제한하고 있는 이 사건 법률조항은 위와 같은 근로의 권리를 제한하는 것은 아니라 할 것이다(헌재 2011.9.29, 2007헌마1083 등). 이는 직업의 자유를 제한하는 규정이다.

③ 근로의 권리란 인간이 자신의 의사와 능력에 따라 근로관계를 형성하고, 타인의 방해를 받음이 없이 근로관계를 계속 유지하며, 근로의 기회를 얻지 못한 경우에는 국가에 대하여 근로의 기회를 제공하여 줄 것을 요구할 수 있는 권리를 말한다(헌재 2007.8.30, 2004헌마670).

④ 헌법 제32조 제1항이 규정하는 근로의 권리는 사회적 기본권으로서 국가에 대하여 직접 일자리를 청구하거나 일자리에 갈음하는 생계비의 지급청구권을 의미하는 것이 아니라 고용증진을 위한 사회적·경제적 정책을 요구할 수 있는 권리에 그치며, 근로의 권리로부터 국가에 대한 직접적인 직장존속청구권이 도출되는 것도 아니다(헌재 2011.7.28, 2009헌마408).

정답 ②

04 근로의 권리에 관한 내용으로 옳은 것은? (다툼이 있는 경우 판례에 의함)

① 공무원노동조합은 정책결정에 관한 사항이나 임용권의 행사 등 근무조건과 직접 관련이 없는 사항에 대해서는 정부 측 교섭대표 및 지방자치단체의 장과 교섭하고 단체협약을 체결한다.

② 근로조건개선을 위하여 노동관계법령의 개폐를 쟁점으로 하는 파업은 정당한 쟁의행위로 인정된다.

③ 연차유급휴가는 최소한의 인간의 존엄성을 보장하기 위한 핵심적인 근로조건에 해당하므로 근로연도 중도퇴직자의 중도퇴직 전 근로에 대해 유급휴가를 보장하지 않는 것이 근로의 권리를 침해하는지 여부는 과잉금지의 원칙에 의해 엄격히 심사되어야 한다.

④ 필수공익사업장에서의 노동쟁의를 노동위원회의 직권으로 중재에 회부함으로써 파업에 이르기 전에 노사분쟁을 해결하는 강제중재제도를 채택한 것은 헌법상 정당한 목적을 추구하기 위한 필요하고 적합한 수단이 아니므로 과잉금지원칙에 위배된다는 것이 판례이다.

해설

① 근무조건과 '직접' 관련되지 않는 국가 또는 지방자치단체의 정책결정이나 임용권의 행사와 같은 기관의 관리·운영에 관한 사항은 행정기관이 전권을 가지고 자신의 권한과 책임하에 집행해야 할 사항을 교섭대상에서 배제하고 있는 공무원노조법 조항은 공무원노조의 단체교섭권에 대한 과도한 제한이라고 보기 어렵다(헌재 2013.6.27, 2012헌바16).

② 순수한 정치적 파업은 허용되지 않으나 노동관계법령의 개폐 등과 같은 근로자의 지위 등에 직접 관계되는 사항을 쟁점으로 하는 산업적 정치파업은 가능하다고 보는 것이 다수설이다.

③ 근로연도 중도퇴직자의 중도퇴직 전 근로에 대해 유급휴가를 보장하지 않음으로써 근로의 권리를 침해하는지 여부는 이것이 현저히 불합리하여 헌법상 용인될 수 있는 재량의 범위를 명백히 일탈하고 있는지 여부에 달려있다고 할 수 있다. 계속근로기간 1년 이상인 근로자가 근로연도 중도에 퇴직한 경우 중도퇴직 전 1년 미만의 근로에 대하여 유급휴가를 보장하지 않는 것은 입법재량의 범위를 현저히 일탈한 것이라고 볼 수는 없으므로 근로의 권리를 침해하지 않는다(헌재 2015.5.28, 2013헌마619).

④ 이 사건 법률조항들에 의한 직권중재의 대상은 도시철도를 포함한 철도, 수도, 전기, 가스, 석유정제 및 석유공급, 병원, 한국은행, 통신의 각 사업에 한정되어 있다. 태업, 파업 또는 직장폐쇄 등의 쟁의행위가 이러한 필수공익사업에서 발생하게 되면 비록 그것이 일시적이라 하더라도 그 공급중단으로 커다란 사회적 혼란을 야기함은 물론 국민의 일상생활 심지어는 생명과 신체에까지 심각한 해악을 초래하게 되고 국민경제를 현저히 위태롭게 하므로, 현재의 우리나라의 노사여건하에서는 위와 같은 필수공익사업에 한정하여 쟁의행위에 이르기 이전에 노동쟁의를 신속하고 원만하게 타결하도록 강제중재제도를 인정하는 것은 공익과 국민경제를 유지, 보전하기 위한 최소한의 필요한 조치로서 과잉금지의 원칙에 위배되지 아니한다(헌재 2003.5.15, 2001헌가31).

정답 ②

05 근로의 권리 및 근로3권에 대한 설명으로 가장 적절한 것은? (다툼이 있는 경우 판례에 의함)

① 소위 '소극적 단결권'이란 헌법 제33조 제1항의 단결권에 포함되지 아니하므로, 근로자가 노동조합에 가입하지 아니할 권리 내지 이미 가입한 노동조합에서 탈퇴할 권리는 노동조합의 지위를 약화시키려는 정치적 논리일 뿐 헌법상 기본권으로서 보호되는 권리라고 볼 수 없다.

② 법률이 정하는 주요 방위사업체에 종사하는 근로자의 근로3권은 법률이 정하는 바에 의하여 제한하거나 인정하지 않을 수 있다.

③ 고용노동부 고시로 사용자가 근로자에게 지급하여야 할 최저임금액을 정한 것은 불가분의 긴밀한 관계를 형성하고 있는 사용자와 근로자 사이의 상반되는 사적 이해를 조정하기 위한 것으로서, 개인의 본질적이고 핵심적인 자유영역에 관한 것이라기보다 사회적 연관관계에 놓여 있는 경제활동을 규제하는 사항에 해당한다고 볼 수 있으므로 그 위헌성 여부를 심사함에 있어서는 완화된 심사기준이 적용된다.

④ 청원경찰에 대한 신분보장과 그 업무의 공공성, 업무수행의 특수성 등을 고려할 때, 군인이나 경찰관과 마찬가지로 청원경찰에 대하여도 단체행동권뿐만 아니라 단결권과 단체교섭권도 제한할 필요성이 충분히 인정된다.

해설

① 가입한 노동조합을 탈퇴할 자유는 근로자에게 보장된 단결권의 내용에 포섭되는 권리로서가 아니라 헌법 제10조의 행복추구권에서 파생되는 일반적 행동의 자유 또는 제21조 제1항의 결사의 자유에서 그 근거를 찾을 수 있다(헌재 2005.11.24, 2002헌바95).

② 헌법 제33조 제3항은 "근로3권"이 아니라 "단체행동권"만을 제한하거나 인정하지 않을 수 있다고 규정하고 있다.

주체	공무원	주요방위산업체
제한되는 기본권	근로3권	단체행동권

③ 각 최저임금 고시 부분이 사용자가 근로자에게 지급하여야 할 최저임금액을 정한 것은 불가분의 긴밀한 관계를 형성하고 있는 사용자와 근로자 사이의 상반되는 사적 이해를 조정하기 위한 것으로서, 개인의 본질적이고 핵심적인 자유 영역에 관한 것이라기보다 사회적 연관관계에 놓여 있는 경제활동을 규제하는 사항에 해당한다고 볼 수 있으므로 그 위헌성 여부를 심사함에 있어서는 완화된 심사기준이 적용된다(헌재 2019.12.27, 2017헌마1366).

④ 청원경찰과 같이 무기를 휴대하고 국가중요시설의 경비 업무를 수행하는 특수경비원의 경우에도, 쟁의행위가 금지될 뿐 단결권과 단체교섭권은 제한되지 않는다(경비업법 제15조 제3항). 교원과 일부 공무원도 단결권과 단체교섭권을 인정받고 있는 상황에서 일반근로자인 청원경찰의 근로3권을 모두 제한하는 것은 사회의 변화에도 맞지 않는다(헌재 2017.9.28, 2015헌마653).

정답 ③

06 근로의 권리에 관한 헌법재판소의 입장으로 옳지 않은 것은?

① 계속근로기간 1년 미만인 근로자가 퇴직급여를 청구할 수 있는 권리가 근로의 권리에 의하여 보장된다고 보기는 어렵다.

② 근로자의 단결권이 근로자 단결체로서 사용자와의 관계에서 특별한 보호를 받아야 할 경우에는 근로3권에 관한 헌법 제33조가 우선적으로 적용되지만, 그렇지 않은 통상의 결사 일반에 대한 문제일 경우에는 헌법 제21조 제2항이 적용되므로 노동조합에도 헌법 제21조 제2항의 결사에 대한 허가제금지원칙이 적용된다.

③ 공항, 항만 등 국가중요시설의 경비업무를 담당하는 특수경비원에게 경비업무의 정상적인 운영을 저해하는 일체의 쟁의행위를 금지하는 경비업법의 해당 조항은 특수경비원의 단체행동권을 박탈하여 근로3권을 규정하고 있는 헌법 제33조 제1항에 위배된다.

④ 최저임금을 청구할 수 있는 권리가 바로 근로의 권리에 의하여 보장된다고 보기는 어렵다.

해설

① 근로자가 퇴직급여를 청구할 수 있는 권리도 헌법상 바로 도출되는 것이 아니라 퇴직급여법 등 관련 법률이 구체적으로 정하는 바에 따라 비로소 인정될 수 있는 것이므로 계속근로기간 1년 미만인 근로자가 퇴직급여를 청구할 수 있는 권리가 헌법 제32조 제1항에 의하여 보장된다고 보기는 어렵다(헌재 2011.7.28, 2009헌마408).

② 근로자의 단결권이 근로자 단결체로서 사용자와의 관계에서 특별한 보호를 받아야 할 경우에는 헌법 제33조가 우선적으로 적용되지만, 그렇지 않은 통상의 결사 일반에 대한 문제일 경우에는 헌법 제21조 제2항이 적용되므로 노동조합에도 헌법 제21조 제2항의 결사에 대한 허가제금지원칙이 적용된다(헌재 2012.3.29, 2011헌바53).

③ 특수경비원 업무의 강한 공공성과 특히 특수경비원은 소총과 권총 등 무기를 휴대한 상태로 근무할 수 있는 특수성 등을 감안할 때, 특수경비원의 신분이 공무원이 아닌 일반근로자라는 점에만 치중하여 특수경비원에게 근로3권, 즉 단결권, 단체교섭권, 단체행동권 모두를 인정하여야 한다고 보기는 어렵고, 적어도 특수경비원에 대하여 단결권, 단체교섭권에 대한 제한은 전혀 두지 아니하면서 단체행동권 중 '경비업무의 정상적인 운영을 저해하는 일체의 쟁의행위'만을 금지하는 것은 입법목적 달성에 필요불가결한 최소한의 수단이라고 할 것이어서 … 과잉금지원칙에 위배되지 아니하므로 헌법에 위반되지 아니한다(헌재 2009.10.29, 2007헌마1359).

④ 헌법 제32조 제1항 후단은 "국가는 사회적·경제적 방법으로 근로자의 고용의 증진과 적정임금의 보장에 노력하여야 하며, 법률이 정하는 바에 의하여 최저임금제를 시행하여야 한다."라고 규정하고 있어서 근로자가 최저임금을 청구할 수 있는 권리도 헌법상 바로 도출되는 것이 아니라 최저임금법 등 관련 법률이 구체적으로 정하는 바에 따라 비로소 인정될 수 있다(헌재 2012.10.25, 2011헌마307).

정답 ③

07 공무원의 근로3권에 대한 설명으로 옳지 않은 것은? (다툼이 있는 경우 판례에 의함)

① 국가공무원 중 사실상 노무에 종사하는 공무원은 노동운동을 할 수 있다.

② 5급 이상 공무원의 노동조합가입을 금지하고 6급 이하의 공무원 중에서도 인사·보수 등 행정기관의 입장에 서는 자 등의 노동조합가입을 금지하는 것은 공무원들의 단결권을 침해하지 않는다.

③ 국가는 헌법 제32조의 근로의 권리, 사회국가원리 등에 근거하여 실업방지 및 부당한 해고로부터 근로자를 보호하여야 할 의무가 있다. 그리고 우리 헌법상 국가는 근로관계의 존속보호를 위하여 최소한의 보호를 제공하여야 할 의무를 지고 있다. 그러므로 국가가 법률로 국가보조연구기관을 통폐합함에 있어 재산상의 권리·의무만 승계시키고, 근로관계의 당연승계조항을 두고 있지 아니한 것은 위헌이다.

④ 공무원노동조합이 체결하는 단체협약의 내용 중 법령·조례 또는 예산에 의해 규정되는 것은 단체협약으로서의 효력이 인정되지 않는다.

해설

① 국가공무원법 제66조 제1항은 근로3권이 보장되는 공무원의 범위를 사실상 노무에 종사하는 공무원에 한정하고 있으나, 이는 헌법 제33조 제2항에 근거한 것이고, 전체 국민의 공공복리와 사실상 노무에 공무원의 직무의 내용, 노동조건 등을 고려해 보았을 때 입법자에게 허용된 입법재량권의 범위를 벗어난 것이라 할 수 없다(헌재 2007.8.30, 2003헌바51).

② 5급 이상의 공무원과 6급 이하의 공무원 중 '지휘감독권 행사자' 등을 그 업무의 공공성·공익성이 큰 점 등을 고려하여 노동조합 가입대상에서 제외한 것이 공무원들의 단결권을 침해한다고 볼 수 없다(헌재 2008.12.26, 2005헌마971 등).

③ 근로의 권리를 직접적인 일자리 청구권으로 이해하는 것은 사회주의적 통제경제를 배제하고, 사기업 주체의 경제상의 자유를 보장하는 우리 헌법의 경제질서 내지 기본권 규정들과 조화될 수 없다. 마찬가지 이유로 근로의 권리로부터 국가에 대한 직접적인 직장존속청구권을 도출할 수도 없다. 단지 사용자의 처분에 따른 직장상실에 대하여 최소한의 보호를 제공하여야 할 의무를 국가에 지우는 것이다. 그러므로 국가가 법률로 국가보조연구기관을 통폐합함에 있어 재산상의 권리·의무만 승계시키고, 근로관계의 당연승계조항을 두고 있지 아니한 것은 위헌이 아니다(헌재 2002.11.28, 2001헌바50).

④ 제9조에 따라 체결된 단체협약의 내용 중 법령·조례 또는 예산에 의하여 규정되는 내용과 법령 또는 조례에 의하여 위임을 받아 규정되는 내용은 단체협약으로서의 효력을 가지지 아니한다(공무원의 노동조합 설립 및 운영 등에 관한 법률 제10조 제1항).

정답 ③

08 공무원에 관한 다음 설명 중 옳지 않은 것은? (다툼이 있는 경우 판례에 의함)

① 국가공무원법이 '공무 외의 일을 위한 집단행위'라고 포괄적이고 광범위하게 규정하고 있다 하더라도, 이는 공무가 아닌 어떤 일을 위하여 공무원들이 하는 모든 집단행위를 의미하는 것이 아니라, '공익에 반하는 목적을 위한 행위로서 직무전념의무를 해태하는 등의 영향을 가져오는 집단적 행위'라고 해석된다.

② 집단행위의 의미에 관한 이러한 해석이 수범자인 공무원이 구체적으로 어떠한 행위가 여기에 해당하는지를 충분히 예측할 수 없을 정도로 그 적용범위가 모호하다거나 불분명하다고 할 수 있어 공무원의 집단행위 금지 규정이 명확성의 원칙에 반한다고 볼 수 있다.

③ 공무원들이 순차적으로 각각 다른 시간대에 릴레이 1인 시위를 하거나 여럿이 단체를 결성하여 그 단체 명의로 의사를 표현하는 경우에는 국가공무원법 제66조 제1항이 금지하는 집단행위에 해당하지 않는다.

④ 실제 여럿이 모이는 형태로 의사표현을 하는 것은 아니지만 발표문에 서명날인을 하는 등의 수단으로 여럿이 가담한 행위임을 표명하는 경우 또는 일제 휴가나 집단적인 조퇴, 초과근무 거부 등과 같이 정부활동의 능률을 저해하기 위한 집단적 태업행위로 볼 수 있는 경우에 속하거나 이에 준할 정도로 행위의 집단성이 인정되어야 국가공무원법 제66조 제1항에 해당한다.

해설

①④ 대판 2017.4.13, 2014두8469

② 집단행위의 의미에 관한 이러한 해석이 수범자인 공무원이 구체적으로 어떠한 행위가 여기에 해당하는지를 충분히 예측할 수 없을 정도로 그 적용범위가 모호하다거나 불분명하다고 할 수 있어 공무원의 집단행위 금지 규정이 명확성의 원칙에 반한다고 볼 수 없고, 또한 위 규정이 그 적용범위가 지나치게 광범위하거나 포괄적이어서 공무원의 표현의 자유를 과도하게 제한한다고 볼 수 없으므로, 위 규정이 과잉금지의 원칙에 반한다고 볼 수도 없다(대판 2017.4.13, 2014두8469).

③ 이 사건 행위 중 릴레이 1인 시위, 릴레이 언론기고, 릴레이 내부 전산망 게시는 모두 후행자가 선행자에 동조하여 동일한 형태의 행위를 각각 한 것에 불과하고, 여럿이 같은 시간에 한 장소에 모여 집단의 위세를 과시하는 방법으로 의사를 표현하거나 여럿이 단체를 결성하여 그 단체 명의로 의사를 표현하는 경우, 여럿이 가담한 행위임을 표명하는 경우 또는 정부활동의 능률을 저해하기 위한 집단적 태업행위에 해당한다거나 이에 준할 정도로 행위의 집단성이 있다고 보기 어렵다(대판 2017.4.13, 2014두8469).

정답 ②

제4절 환경권

01 환경권에 관한 설명 중 가장 적절한 것은? (다툼이 있는 경우 판례에 의함)

① 환경소송에도 민법상 불법행위의 법리가 적용되기 때문에 원고에게 엄격한 인과관계의 입증책임이 요구된다.

② 사법상의 권리로서의 환경권을 인정하는 명문의 규정이 없는 경우에도 헌법상의 환경권에 기하여 직접 방해배제청구권을 행사할 수 있다는 것이 대법원의 입장이다.

③ 환경권의 내용과 행사에 관하여는 법률로 정한다.

④ 환경권은 물질적 공해로부터 보호받을 권리를 의미하므로 소음, 진동 등으로부터의 보호는 포함되지 않는다.

해설

① 환경소송에 있어서는 피해자의 권리구제의 실효성을 위하여 인과관계의 입증책임을 완화시켜 줄 필요성이 있다. 따라서 판례(대판 1979.1.23, 78다1653)는 개연성이론을 적용하고, 학설은 입증책임전환이론까지 주장한다.

② 대법원은 사법상의 권리로서의 환경권을 인정하는 명분의 법규정이 없는 한 환경권 규정에 기한 직접적인 방해배제청구권을 인정할 수 없다고 판시한다(대판 1995.9.15, 95다23378).

③ 헌법 제35조

헌법 제35조 환경권의 내용과 행사에 관하여는 법률로 정한다.

④ 환경권의 보호대상에는 자연환경뿐만 아니라 대기·물·소음·진동·악취 등의 생활환경도 당연히 포함된다(환경정책기본법 제3조).

정답 ③

02 환경권에 관한 판례 내용으로 옳지 않은 것은?

① 공해를 원인으로 한 손해배상청구소송에 있어서는 가해자 측이 배출한 어떤 유해한 원인물질이 피해자 측에 도달하여 피해자에게 손해가 발생하였다면 가해자 측에서 그 무해함을 입증하지 못하는 한 책임을 면할 수 없다.

② 환경영향평가대상지역 안의 주민들의 경우에는 주민들이 갖고 있는 환경상의 이익이 주민 개개인에 대하여 개별적으로 보호되는 직접적, 구체적인 이익이지만 밖의 주민들의 경우는 원고적격을 인정받기 위해서는 입증이 필요하다.

③ 헌법이 환경권으로써 보장하는 환경의 범위를 넓게 보면 자연적 환경 외에 인공적 환경을 포함할 수 있고, 따라서 교육환경도 환경권의 보호대상이 될 수 있다.

④ 대법원도 헌법상 환경권의 구체적 권리성을 인정하여 사립대학교의 교육환경을 유지할 수 있는 범위 내로 건축예정인 아파트의 층수를 제한한 바 있다.

해설

① 이를 개연성이론이라고 한다. 따라서 우리 판례는 폐수가 배출되고, 이 폐수가 김양식장에 도달하였으며, 김에 피해가 있었다는 사실이 모순 없이 증명된 이상 피고가 공장폐수 중에는 김의 생육에 악영향을 끼칠 수 있는 원인물질이 들어 있지 않으며, 원인물질이 들어 있다 하더라도 그 해수혼합률이 안전농도 범위 내에 속한다는 사실을 반증으로 들어 인과관계를 부정하지 못하는 한 그 불이익은 피고에게 돌려야 마땅할 것이다(대판 1984.6.12, 81다558).

② 환경영향평가대상지역 안의 주민들의 경우에는 주민들이 갖고 있는 환경상의 이익이 주민 개개인에 대하여 개별적으로 보호되는 직접적, 구체적인 이익이지만 밖의 주민들의 경우는 원고적격을 인정받기 위해서는 입증이 필요하다(대판 2001.7.27, 99두2970).

③ 환경권의 범위는 자연적 환경뿐만 아니라 인공적인 환경 그리고 교육환경도 보호대상에 포함된다는 것이 일반적인 견해이다.

④ 헌법상 환경권에 근거하여 곧바로 문제를 해결할 수 없으며 민법에 근거하여 문제를 해결하였다(대판 1995.9.15, 95다23378 - 부산대사건).

정답 ④

03 헌법상 환경권 등에 관한 다음 설명 중 옳지 않은 것은? (다툼이 있는 경우 판례에 의함)

① 국가가 사인인 제3자에 의한 국민의 환경권 침해에 대해서 적극적으로 기본권 보호조치를 취할 의무를 지는 경우 헌법재판소가 이를 심사할 때에는 과잉금지원칙을 심사기준으로 삼아야 한다.

② 공직선거 선거운동시 확성장치 사용에 따른 소음 규제기준이 부재한 것은 청구인의 건강하고 쾌적한 환경에서 생활할 권리를 침해한다.

③ 국가는 주택개발정책 등을 통하여 모든 국민이 쾌적한 주거생활을 할 수 있도록 노력하여야 한다.

④ 환경권을 행사함에 있어 국민은 국가로부터 건강하고 쾌적한 환경을 향유할 수 있는 자유를 침해당하지 않을 권리를 행사할 수 있고, 일정한 경우 국가에 대하여 건강하고 쾌적한 환경에서 생활할 수 있도록 요구할 수 있는 권리가 인정되기도 하는바, 환경권은 그 자체 종합적인 기본권으로서의 성격을 지닌다.

해설

① 일정한 경우 국가는 사인인 제3자에 의한 국민의 환경권 침해에 대해서도 적극적으로 기본권 보호조치를 취할 의무를 지나, 헌법재판소가 이를 심사할 때에는 국가가 국민의 기본권적 법익 보호를 위하여 적어도 적절하고 효율적인 최소한의 보호조치를 취했는가 하는 이른바 과소보호금지원칙의 위반 여부를 기준으로 삼아야 한다(헌재 2008.7.31, 2006헌마711).

② 확성장치의 최고출력 내지 소음을 제한하는 등 사용시간과 사용지역에 따른 수인한도 내에서 확성장치의 최고출력 내지 소음 규제기준에 관한 규정을 두지 아니한 것은, 국민이 건강하고 쾌적하게 생활할 수 있도록 노력하여야 할 국가의 기본권 보호의무를 과소하게 이행한 것으로서, 청구인의 건강하고 쾌적한 환경에서 생활할 권리의 침해를 가져온다(헌재 2019.12.27, 2018헌마730).

③ 국가는 주택개발정책 등을 통하여 모든 국민이 쾌적한 주거생활을 할 수 있도록 노력하여야 한다(헌법 제35조 제3항).

④ 환경권을 행사함에 있어 국민은 국가로부터 건강하고 쾌적한 환경을 향유할 수 있는 자유를 침해당하지 않을 권리를 행사할 수 있고, 일정한 경우 국가에 대하여 건강하고 쾌적한 환경에서 생활할 수 있도록 요구할 수 있는 권리가 인정되기도 하는바, 환경권은 그 자체 종합적 기본권으로서의 성격을 지닌다(헌재 2019.12.27, 2018헌마730).

정답 ①

04 환경권에 관한 설명으로 옳지 않은 것은? (다툼이 있는 경우 헌법재판소 판례에 의함)

① 환경침해는 사인에 의해서 빈번하게 유발되므로 입법자가 그 허용 범위에 관해 정할 필요가 있다는 점을 고려하면 일정한 경우 국가는 사인인 제3자에 의한 국민의 환경권 침해에 대해서도 적극적으로 기본권 보호조치를 취할 의무를 진다.

② '건강하고 쾌적한 환경에서 생활할 권리'를 보장하는 환경권의 보호대상이 되는 환경에는 자연환경뿐만 아니라 인공적 환경과 같은 생활환경도 포함되므로, 일상생활에서 소음을 제거·방지하여 정온한 환경에서 생활할 권리는 환경권의 한 내용을 구성한다.

③ 국민은 국가로부터 건강하고 쾌적한 환경을 향유할 수 있는 자유를 침해당하지 않을 권리를 행사할 수 있고, 일정한 경우 국가에 대하여 건강하고 쾌적한 환경에서 생활할 수 있도록 요구할 수 있는 권리가 인정되기도 하는바, 환경권은 그 자체로 종합적 기본권으로서의 성격을 지닌다.

④ 공직선거법이 주거지역에서의 최고출력 내지소음을 제한하는 등 대상지역에 따른 수인한도 내에서 공직선거운동에 사용되는 확성장치의 최고출력 내지 소음 규제기준을 두고 있지 않았다고 하여 국가의 기본권 보호의무를 과소하게 이행한 것은 아니다.

해설

① 국가가 국민의 기본권을 적극적으로 보장하여야 할 의무가 인정된다는 점, 헌법 제35조 제1항이 국가와 국민에게 환경보전을 위하여 노력하여야 할 의무를 부여하고 있는 점, 환경침해는 사인에 의해서 빈번하게 유발되므로 입법자가 그 허용 범위에 관해 정할 필요가 있다는 점, 환경피해는 생명·신체의 보호와 같은 중요한 기본권적 법익 침해로 이어질 수 있다는 점 등을 고려할 때, 일정한 경우 국가는 사인인 제3자에 의한 국민의 환경권 침해에 대해서도 적극적으로 기본권 보호조치를 취할 의무를 진다(헌재 2019.12.27, 2018헌마730).

② '건강하고 쾌적한 환경에서 생활할 권리'를 보장하는 환경권의 보호대상이 되는 환경에는 자연환경뿐만 아니라 인공적 환경과 같은 생활환경도 포함되므로(환경정책기본법 제3조), 일상생활에서 소음을 제거·방지하여 '정온한 환경에서 생활할 권리'는 환경권의 한 내용을 구성한다(헌재 2019.12.27, 2018헌마730).

③ 환경권을 행사함에 있어 국민은 국가로부터 건강하고 쾌적한 환경을 향유할 수 있는 자유를 침해당하지 않을 권리를 행사할 수 있고, 일정한 경우 국가에 대하여 건강하고 쾌적한 환경에서 생활할 수 있도록 요구할 수 있는 권리가 인정되기도 하는바, 환경권은 그 자체 종합적 기본권으로서의 성격을 지닌다(헌재 2019.12.27, 2018헌마730).

④ 확성장치의 최고출력 내지 소음을 제한하는 등 사용시간과 사용지역에 따른 수인한도 내에서 확성장치의 최고출력 내지 소음 규제기준에 관한 규정을 두지 아니한 것은, 국민이 건강하고 쾌적하게 생활할 수 있도록 노력하여야 할 국가의 기본권 보호의무를 과소하게 이행한 것으로서, 청구인의 건강하고 쾌적한 환경에서 생활할 권리의 침해를 가져온다(헌재 2019.12.27, 2018헌마730).

정답 ④

05 환경권에 관한 설명으로 가장 적절하지 않은 것은? (다툼이 있는 경우 헌법재판소 판례에 의함)

① 헌법 제35조 제1항은 국민의 환경권의 보장, 국가와 국민의 환경보전의무를 규정하고 있는데, 이는 국가뿐만 아니라 국민도 오염방지와 오염된 환경의 개선에 관한 책임을 부담함을 의미한다.

② 구 동물보호법 해당 규정이 동물장묘업 등록에 관하여 장사 등에 관한 법률 제17조 외에 다른 지역적 제한사유를 규정하지 않은 것은 환경권을 보호해야 하는 입법자의 의무를 과소하게 이행한 것이다.

③ 비사업용자동차의 타인광고를 제한하는 것은, 자동차 이용 광고물의 난립을 방지하여 도시미관과 도로안전 등을 확보함으로써 국민이 안전하고 쾌적한 환경에서 생활할 수 있도록 하기 위한 것이다.

④ 보조금 지원을 받아 배출가스저감장치를 부착한 자동차소유자가 자동차 등록을 말소하려면 배출가스저감장치 등을 서울특별시장등에게 반납하여야 한다고 규정한 구 수도권 대기환경개선에 관한 특별법 규정 중 '배출가스저감장치'에 관한 부분은 지역주민의 건강을 보호하고 쾌적한 생활환경을 조성하기 위한 것이다.

⑤ 교정시설 내 자살사고는 이를 방지할 필요성이 매우 크고, 그에 비해 수용자에게 가해지는 불이익은 채광·통풍이 다소 제한되는 정도에 불과하므로 교도소장이 교도소 독거실 내 화장실 창문과 철격자 사이에 안전 철망을 설치한 행위는 수용자의 환경권을 침해하지 않는다.

해설

① 헌법 제35조 제1항은 국민의 환경권의 보장, 국가와 국민의 환경보전의무를 규정하고 있다. 이는 국가뿐만 아니라 국민도 오염방지와 오염된 환경의 개선에 관한 책임을 부담함을 의미한다(헌재 2012.8.23, 2010헌바167).

② 동물장묘업 등록에 관하여 다른 지역적 제한사유를 규정하지 않았다는 사정만으로 청구인들의 환경권을 보호하기 위한 입법자의 의무를 과소하게 이행하였다고 평가할 수는 없다(헌재 2020.3.26, 2017헌마1281).

③ 심판대상조항이 비사업용자동차의 타인광고를 제한하는 것은, 자동차 이용 광고물의 난립을 방지하여 도시미관과 도로안전 등을 확보함으로써 국민이 안전하고 쾌적한 환경에서 생활할 수 있도록 하기 위한 것이다(헌재 2022.1.27, 2019헌마327).

④ 심판대상조항은 더 이상 보조금 지원 목적에 사용되지 않는 배출가스저감장치를 회수함으로써 대기환경개선에 소요되는 자원을 재활용하고 그에 투입되는 예산을 절감하며, 나아가 대기오염이 심각한 수도권지역의 대기환경을 개선하고 대기오염원을 체계적으로 관리함으로써 지역주민의 건강을 보호하고 쾌적한 생활환경을 조성하기 위한 것이다(헌재 2019.12.27, 2015헌바45).

⑤ 이 사건 설치행위는 수용자의 자살을 방지하여 생명권을 보호하고 교정시설 내의 안전과 질서를 보호하기 위한 것으로 환경권을 침해하지 않는다(헌재 2014.6.26, 2011헌마150).

정답 ②

06 환경권에 관한 설명으로 가장 적절하지 않은 것은? (다툼이 있는 경우 헌법재판소 판례에 의함)

① LPG를 연료로 사용할 수 있는 자동차 또는 그 사용자의 범위를 제한하고 있는 액화석유가스의 안전관리 및 사업법 시행규칙 제40조는 LPG를 운송연료로 사용할 수 있는 자동차 또는 그 사용자의 범위를 제한하는 규정일 뿐이므로 청구인들의 환경권을 제한한다고 볼 수 없다.

② 일상생활에서 접하게 되는 토양에서 유해중금속 등의 화학물질을 제거·방지하여 건강한 환경에서 생활할 권리는 환경권의 한 내용을 구성한다.

③ 동물보호법, 장사 등에 관한 법률, '동물장묘업의 시설설치 및 검사기준' 등 관계규정에서 동물장묘시설의 설치제한 지역을 상세하게 규정하고, 매연, 소음, 분진, 악취 등 오염원 배출을 규제하기 위한 상세한 시설 및 검사기준을 두고 있는 등의 사정을 고려할 때, 구 동물보호법 해당 조항이 동물장묘업 등록에 관하여 장사 등에 관한 법률 제17조 외에 다른 지역적 제한사유를 규정하지 않았다는 사정만으로 해당 지역에 거주하는 청구인들의 환경권을 침해한다고 볼 수는 없다.

④ 기후위기 대응을 위한 탄소중립·녹색성장 기본법 시행령 제3조 제1항은 같은 법 제8조 제1항의 위임을 받아 2030년 중장기 감축목표의 구체적인 비율의 수치를 정한 것으로서, 과소보호금지원칙에 반하여 기본권 보호의무를 위반하였으므로 청구인들의 환경권을 침해하였다.

해설

① 이 사건 시행규칙조항은 LPG를 운송연료로 사용할 수 있는 자동차 또는 그 사용자의 범위를 제한하는 규정일 뿐이므로, 위 청구인들의 환경권을 제한한다고 볼 수 없다(헌재 2017.12.28, 2015헌마997).

② 일상생활에서 접하게 되는 토양에서 유해중금속 등의 화학물질을 제거·방지하여 건강한 환경에서 생활할 권리는 환경권의 한 내용을 구성한다(헌재 2024.4.25, 2020헌마107).

③ 심판대상조항에서 동물장묘업 등록에 관하여 '장사 등에 관한 법률' 제17조 외에 다른 지역적 제한사유를 규정하지 않았다는 사정만으로 청구인들의 환경권을 보호하기 위한 입법자의 의무를 과소하게 이행하였다고 평가할 수는 없다. 따라서 심판대상조항은 청구인들의 환경권을 침해하지 않는다(헌재 2020.3.26, 2017헌마1281)

④ 탄소중립기본법 시행령 제3조 제1항은 같은 법 제8조 제1항의 위임을 받아 2030년 중장기 감축목표의 구체적인 비율의 수치를 정한 것일 뿐이므로, 과소보호금지원칙에 반하여 기본권 보호의무를 위반하였다고 볼 수 없어 청구인들의 환경권 등 기본권을 침해하지 않는다(헌재 2024.8.29, 2020헌마389 등).

▶ 판례는 이 사건에서 위헌으로 보았는데 이는 2030년까지 감축목표를 규정한 것은 합헌이나 이후는 전혀 구체적인 규정이 없어 위헌으로 보았다. 즉, 2030년 이후에 관한 규정이 없다고 보아 위헌으로 본 것으로 30년까지를 위헌으로 본 것은 아니었다.

정답 ④

제5절 혼인과 가족제도

01 다음 설명 중 옳지 않은 것은? (다툼이 있는 경우 헌법재판소 판례에 의함)

① 헌법 제36조 제3항은 "모든 국민은 보건에 관하여 국가의 보호를 받는다."라고 규정하여 국가의 국민보건에 관한 보호의무를 명시하고 있으므로 국가는 국민보건의 양적·질적 향상을 위하여 제반 인적·물적 의료시설을 확충하는 등 높은 수준의 국민보건증진 의료정책을 수립·시행하여야 한다.

② 흡연권, 즉 흡연자들이 자유롭게 흡연할 권리는 인간의 존엄과 행복추구권을 규정한 헌법 제10조와 사생활의 자유를 규정한 헌법 제17조에 의하여 뒷받침된다.

③ 건강보험은 사적인 자율영역에 맡겨질 수 있는 성격의 문제가 아니라 경제적인 약자에게도 기본적인 의료서비스를 제공하기 위한 국가의 사회보장·사회복지 증진의무의 일부로서 공공복리를 위한 것이다. 그러므로 국가가 보험자인 국민건강보험공단의 설립을 통하여 달성하고자 하는 과제는 헌법상 정당하며, 소득재분배와 위험분산의 효과를 거두려는 사회보험의 목표는 임의가입의 형식으로 운영하는 한 달성하기 어렵고 법률로써 가입을 강제하고 소득수준에 따라 차등을 둔 보험료를 부과함으로써만 이루어질 수 있다.

④ 국민의 보건에 관한 권리는 국민이 자신의 건강을 유지하는 데 필요한 국가적 급부와 배려까지 요구할 수 있는 권리를 포함하는 것은 아니다.

해설

① 헌법 제36조 제3항은 "모든 국민은 보건에 관하여 국가의 보호를 받는다."고 규정하여 국가의 국민보건에 관한 보호의무를 명시하고 있으므로 국가는 국민보건의 양적·질적 향상을 위하여 제반 인적·물적 의료시설을 확충하는 등 높은 수준의 국민보건증진 의료정책을 수립·시행하여야 한다(헌재 1993.11.25, 92헌마87).

② 흡연권은 인간의 존엄과 행복추구권을 규정한 헌법 제10조와 사생활의 자유를 규정한 헌법 제17조에 의하여 뒷받침된다(헌재 2004.8.26, 2003헌마457).

③ 건강보험은 사적인 자율영역에 맡겨질 수 있는 성격의 문제가 아니라 경제적인 약자에게도 기본적인 의료서비스를 제공하기 위한 국가의 사회보장·사회복지 증진의무의 일부로서 공공복리를 위한 것이다. 그러므로 국가가 보험자인 국민건강보험공단의 설립을 통하여 달성하고자 하는 과제는 헌법상 정당하며, 소득재분배와 위험분산의 효과를 거두려는 사회보험의 목표는 임의가입의 형식으로 운영하는 한 달성하기 어렵고 법률로써 가입을 강제하고 소득수준에 따라 차등을 둔 보험료를 부과함으로써만 이루어질 수 있다(헌재 2003.10.30, 2000헌마801).

④ 헌법 제36조 제3항이 규정하고 있는 국민의 보건에 관한 권리는 국민이 자신의 건강을 유지하는 데 필요한 국가적 급부와 배려를 요구할 수 있는 권리를 말하는 것이다(헌재 2012.2.23, 2011헌마123).

정답 ④

02 코로나19 팬데믹 상황에서의 기본권 제한에 관한 설명으로 가장 적절하지 않은 것은? (다툼이 있는 경우 판례에 의함)

① 감염병의 유행은 일률적이고 광범위한 기본권 제한을 허용하는 면죄부가 될 수 없고, 감염병의 확산으로 인하여 의료자원이 부족할 수도 있다는 막연한 우려를 이유로 확진환자 등의 국가시험응시를 일률적으로 금지하는 것은 직업선택의 자유를 과도하게 제한한 것이다.

② 고위험자의 정의나 판단기준을 정하고 있지 않다고 하더라도, 시험장 출입 시 또는 시험 중에 37.5도 이상의 발열이나 기침 또는 호흡곤란 등의 호흡기 증상이 있는 응시자 중 국가시험 주관부서의 판단에 따른 고위험자를 의료기관에 일률적으로 이송하도록 하는 것은 피해의 최소성을 충족한다.

③ 감염병예방법에 근거한 집합제한 조치로 인하여 일반음식점 영업이 제한되어 영업이익이 감소되었다고 하더라도, 일반음식점 운영자가 소유하는 영업시설·장비 등에 대한 구체적인 사용·수익 및 처분권한을 제한받는 것은 아니므로, 보상규정의 부재가 일반음식점 운영자의 재산권을 제한한다고 볼 수 없다.

④ 코로나19 팬데믹 사태로 약사가 환자에게 의약품을 교부함에 있어 그 교부방식을 환자와 약사가 협의하여 결정할 수 있도록 한시적 예외를 인정하였다고 해도 의약품의 판매장소를 약국 내로 제한하는 것은 국민의 건강과 직접 관련된 보건의료 분야라는 점을 고려할 때, 과잉금지원칙을 위반하여 약국개설자의 직업수행의 자유를 침해한다고 볼 수 없다.

해설

① 이 사건 알림 중 코로나19 확진환자의 시험 응시를 금지한 부분은 청구인들의 직업선택의 자유를 침해한다(헌재 2023.2.23, 2020헌마1736).

② 이 사건 고위험자 이송은 시험장 출입 시 또는 시험 중에 37.5도 이상의 발열이나 기침 또는 호흡곤란 등의 호흡기 증상이 있는 응시자 중 고위험자를 의료기관에 이송하도록 하면서도 고위험자의 정의나 판단기준을 정하고 있지 않다. 따라서 고위험자의 분류 및 이송이 반드시 감염병 확산 방지와 적정한 시험 운영 및 관리를 위하여 필요한 범위 내에서 최소한으로만 이루어질 것이 보장된다고 볼 수 없다(헌재 2023.2.23, 2020헌마1736). 따라서 이는 헌법에 위반된다.

③ 감염병예방법 제49조 제1항 제2호에 근거한 집합제한 조치로 인하여 청구인들의 일반음식점 영업이 제한되어 영업이익이 감소되었다 하더라도, 청구인들이 소유하는 영업 시설·장비 등에 대한 구체적인 사용·수익 및 처분권한을 제한받는 것은 아니므로, 보상규정의 부재가 청구인들의 재산권을 제한한다고 볼 수 없다(헌재 2023.6.29, 2020헌마1669).

④ 최근 코로나19 팬데믹(pandemic) 사태로 인하여 보건복지부 고시로 의사·환자 간 비대면 진료·처방이 한시적으로 허용되고, 약사가 환자에게 의약품을 교부함에 있어 그 교부방식을 환자와 약사가 협의하여 결정할 수 있도록 한시적 예외가 인정되었지만, 의약품 판매는 국민의 건강과 직접 관련된 보건의료 분야라는 점을 고려할 때 선례조항이 의약품의 판매장소를 약국으로 제한하는 것은 여전히 불가피한 측면이 있다(헌재 2023.3.23, 2021헌바400). 따라서 이는 헌법에 위반되지 않는다.

정답 ②

03 출생등록과 관련된 내용으로 가장 적절하지 않은 것은? (다툼이 있는 경우 헌법재판소 결정에 의함)

① 태어난 즉시 '출생등록될 권리'는 '출생 후 아동이 보호를 받을 수 있을 최대한 빠른 시점'에 아동의 출생과 관련된 기본적인 정보를 국가가 관리할 수 있도록 등록할 권리이다.

② 대한민국 국민으로 태어난 아동은 태어난 즉시 '출생등록될 권리'를 가지며, 이러한 권리는 '법 앞에 국민으로 인정받을 권리'로서 법률로써 제한할 수 있을 뿐이다.

③ 태어난 즉시 '출생등록될 권리'는 입법자가 출생등록제도를 통하여 형성하고 구체화하여야 할 권리이며, 입법자는 출생 등록제도를 형성함에 있어 단지 출생등록의 이론적 가능성을 허용하는 것에 그쳐서는 아니되며, 실효적으로 출생등록될 권리가 보장되도록 하여야 한다.

④ 혼인 중인 여자와 남편 아닌 남자 사이에서 출생한 자녀의 경우에 모와 생부를 차별하여 혼인 외 출생자의 신고의무를 모에게만 부과하고, 남편 아닌 남자인 생부에게 자신의 혼인 외 자녀에 대해서 출생신고를 하도록 규정하지 아니한 것은 합리적인 이유가 있어 생부의 평등권을 침해하지 아니한다.

해설

① 태어난 즉시 '출생등록될 권리'는 '출생 후 아동이 보호를 받을 수 있을 최대한 빠른 시점'에 아동의 출생과 관련된 기본적인 정보를 국가가 관리할 수 있도록 등록할 권리이다(헌재 2023.3.23, 2021헌마975).

② 현대사회에서 개인이 국가가 운영하는 제도를 이용하려면 주민등록과 같은 사회적 신분을 갖추어야 하고, 사회적 신분의 취득은 개인에 대한 출생신고에서부터 시작한다. 대한민국 국민으로 태어난 아동은 태어난 즉시 '출생등록될 권리'를 가진다. 이러한 권리는 '법 앞에 인간으로 인정받을 권리'로서 모든 기본권 보장의 전제가 되는 기본권이므로 법률로써도 이를 제한하거나 침해할 수 없다(대결 2020.6.8, 2020스575).

③ 태어난 즉시 '출생등록될 권리'는 입법자가 출생등록제도를 통하여 형성하고 구체화하여야 할 권리이다. 그러나 태어난 즉시 '출생등록될 권리'의 실현은 일반적인 사회적 기본권과 달리 국가 자원 배분의 문제와는 직접적인 관련이 없고, 이를 제한하여야 할 다른 공익을 상정하기 어려우며, 출생등록이 개인의 인격 발현에 미치는 중요한 의미를 고려할 때, 입법자는 출생등록제도를 형성함에 있어 단지 출생등록의 이론적 가능성을 허용하는 것에 그쳐서는 아니되며, 실효적으로 출생등록될 권리가 보장되도록 하여야 한다(헌재 2023.3.23, 2021헌마975).

④ 생부는 그 출생자와의 혈연관계에 대한 확인이 필요할 수도 있고, 그 출생자의 출생사실을 모를 수도 있다는 점에 있으며, 이에 따라 가족관계등록법은 모를 중심으로 출생신고를 규정하고, 모가 혼인 중일 경우에 그 출생자는 모의 남편의 자녀로 추정하도록 한 민법의 체계에 따르도록 규정하고 있는 점에 비추어 합리적인 이유가 있다. 그렇다면, 심판대상조항들은 생부인 청구인들의 평등권을 침해하지 않는다(헌재 2023.3.23, 2021헌마975).

정답 ②

04 혼인·가족제도 내지 가족생활에 관한 설명 중 옳은 것은? (다툼이 있는 경우 판례에 의함)

① 양계 혈통을 모두 성으로 반영하기는 곤란한 점, 부성의 사용에 관한 사회 일반의 의식, 성의 사용이 개인의 구체적인 권리·의무에 영향을 미치지 않는 점 등을 고려할 때 재혼이나 이혼의 경우에 부성의 사용을 강제하여도 이는 헌법에 위반되지 않는다.

② 입양신고시 신고사건 본인이 시·읍·면에 출석하지 아니하는 경우에는 신고사건 본인의 신분증명서를 제시하도록 한 가족관계등록법 규정은 입양당사자의 가족생활의 자유를 침해한다고 보기 어렵다.

③ 비속이 존속을 고소하지 못하게 하는 것은 합리적 이유가 있어 헌법상 평등원칙에 위반된다.

④ 종합부동산세의 세대별 합산과세가 혼인한 자를 독신자, 사실혼 관계의 부부 등과 차별취급하는 것은 합리적 근거가 있다.

해설

① 부성주의 자체는 위헌이 아니나 판례는 재혼이나 입양의 경우에도 부성주의를 강제하는 것은 헌법에 위반된다고 보았다. 사안의 경우에는 재혼이나 입양 등의 경우를 말하니 이 경우는 부성주의가 헌법에 위반된다고 보아야 한다(헌재 2005.12.22, 2003헌가5 등).

② 신분증명서를 부정사용하여 입양신고가 이루어질 경우 형법에 따라 형사처벌되고, 그렇게 이루어진 허위입양은 언제든지 입양무효확인의 소를 통하여 구제받을 수 있다. 비록 출석하지 아니한 당사자의 신분증명서를 요구하는 것이 허위의 입양을 방지하기 위한 완벽한 조치는 아니라고 하더라도 이 사건 법률조항이 원하지 않는 가족관계의 형성을 방지하기에 전적으로 부적합하거나 매우 부족한 수단이라고 볼 수는 없다. 따라서 이 사건 법률조항이 입양당사자의 가족생활의 자유를 침해한다고 보기 어렵다(헌재 2022.11.24, 2019헌바108).

③ 이 사건 법률조항은 그 차별에 있어서 합리적인 이유가 있으므로, 헌법 제11조 제1항의 평등원칙에 위반되지 아니한다(헌재 2011.2.24, 2008헌바56).

④ 종합부동산세의 산정에 있어서 세대별로 소유하고 있는 과세대상의 공시가격을 합산하여 과세기준 금액을 계산하는 세대별 합산규정은 헌법 제36조 제1항에 위배된다(헌재 2008.11.13, 2006헌바112 등 - 종합부동산세 사건).

정답 ②

05 혼인과 가족생활의 보장에 관한 설명 중 가장 적절하지 않은 것은? (다툼이 있는 경우 판례에 의함)

① 1991.1.1.부터 그 이전에 성립된 계모자 사이의 법정혈족관계를 소멸시키도록 한 민법 부칙 조항은 계자의 친부와 계모의 혼인에 따라 가족생활을 자유롭게 형성할 권리를 침해하지 않는다.

② 헌법재판소는 원칙적으로 3년 이상 혼인 중인 부부만이 친양자 입양을 할 수 있도록 규정하여 독신자는 친양자 입양을 할 수 없도록 한 것이 독신자의 가족생활의 자유를 침해하지 않는다고 하면서, 편친 가정에 대한 사회적 편견 내지 불안감 때문에 독신자 가정에서 양육되는 자녀는 성장 과정에서 사회적으로 어려움을 겪게 될 가능성이 높다는 점을 그 근거의 하나로 제시하고 있다.

③ 헌법 제36조 제1항이 국가에게 자녀 양육을 지원할 의무를 부과하고 있고 해당 헌법 조항에서 육아휴직제도의 헌법적 근거를 찾을 수 있으므로, 육아휴직신청권은 헌법으로부터 개인에게 직접 주어지는 헌법적 차원의 권리라고 볼 수 있다.

④ 헌법에서 규정하는 '혼인'이란 양성이 평등하고 존엄한 개인으로서 자유로운 의사의 합치에 의하여 생활공동체를 이루는 것을 의미하므로, 법적으로 승인되지 아니한 사실혼은 헌법 제36조 제1항의 보호범위에 포함된다고 보기 어렵다.

해설

① 이 사건 법률조항은 계자의 친부와 계모의 혼인의사를 일률적으로 계자에 대한 입양 또는 그 대리의 의사로 간주하기는 어려우므로, 계자의 친부와 계모의 혼인에 따라 가족생활을 자유롭게 형성할 권리를 침해하지 아니하고, 또한 개인의 존엄과 양성평등에 반하는 전래의 가족제도를 개선하기 위한 입법이므로 가족제도를 보장하는 헌법 제36조 제1항에 위반된다고 볼 수도 없다(헌재 2011.2.24, 2009헌바89 등).

② 독신자 가정은 기혼자 가정과 달리 기본적으로 양부 또는 양모 혼자서 양육을 담당해야 하며, 독신자를 친양자의 양친으로 하면 처음부터 편친가정을 이루게 하고 사실상 혼인 외의 자를 만드는 결과가 발생하므로, 독신자 가정은 기혼자 가정에 비하여 양자의 양육에 있어 불리할 가능성이 높다(헌재 2013.9.26, 2011헌가42).

③ 육아휴직신청권은 헌법 제36조 제1항 등으로부터 개인에게 직접 주어지는 헌법적 차원의 권리라고 볼 수는 없고, 입법자가 입법의 목적, 수혜자의 상황, 국가예산, 전체적인 사회보장수준, 국민정서 등 여러 요소를 고려하여 제정하는 입법에 적용요건, 적용대상, 기간 등 구체적인 사항이 규정될 때 비로소 형성되는 법률상의 권리이다(헌재 2008.10.30, 2005헌마1156).

④ 헌법 제36조 제1항에서 규정하는 '혼인'이란 양성이 평등하고 존엄한 개인으로서 자유로운 의사의 합치에 의하여 생활공동체를 이루는 것으로서 법적으로 승인받은 것을 말하므로, 법적으로 승인되지 아니한 사실혼은 헌법 제36조 제1항의 보호범위에 포함된다고 보기 어렵다(헌재 2014.8.28, 2013헌바119).

정답 ③

06 혼인 및 가족제도에 관한 설명으로 가장 적절하지 않은 것은? (다툼이 있는 경우 헌법재판소 판례에 의함)

① 민법 시행 이전의 "여호주가 사망하거나 출가하여 호주상속이 없이 절가된 경우, 유산은 그 절가된 가(家)의 가족이 승계하고 가족이 없을 때는 출가녀(出家女)가 승계한다."는 구 관습법이 절가된 가의 유산 귀속순위를 정함에 있어 합리적 이유 없이 출가한 여성을 그 가적에 남아 있는 가족과 차별하여 평등원칙에 위배되었다고 볼 수 없다.

② 8촌 이내의 혈족 사이에서는 혼인할 수 없도록 하는 민법 조항 및 이를 위반한 혼인을 무효로 하는 민법 조항은 가족질서를 보호하고 유지한다는 공익이 매우 중요하여 법익균형성에 위반되지 아니하므로 혼인의 자유를 침해하지 않는다.

③ 헌법 제36조 제1항은 혼인과 가족에 관련되는 공법 및 사법의 모든 영역에 영향을 미치는 헌법원리 내지 원칙규범으로서의 성격도 가지는데, 이는 적극적으로는 적절한 조치를 통해서 혼인과 가족을 지원하고 제삼자에 의한 침해 앞에서 혼인과 가족을 보호해야 할 국가의 과제를 포함하며, 소극적으로는 불이익을 야기하는 제한조치를 통해서 혼인과 가족을 차별하는 것을 금지해야 할 국가의 의무를 포함한다.

④ 민법 조항에 중혼을 혼인취소의 사유로 정하면서 그 취소청구권의 제척기간 또는 소멸사유를 규정하지 않았더라도 현저히 입법재량의 범위를 일탈하여 후혼배우자의 인격권 및 행복추구권을 침해하지 아니한다.

⑤ 혼인 종료 후 300일 이내에 출생한 자를 전남편의 친생자로 추정하는 민법 제844조 제2항 중 "혼인관계종료의 날로부터 300일 내에 출생한 자"에 관한 부분은 모가 가정생활과 신분관계에서 누려야 할 인격권, 혼인과 가족생활에 관한 기본권을 침해한다.

해설

① 헌법재판소의 재판부가 새로 구성될 때마다 구 관습법의 위헌성에 관하여 달리 판단한다면, 구 관습법의 적용을 기초로 순차 형성된 무수한 법률관계를 불안정하게 함으로써 국가 전체의 법적 안정성이 무너지는 결과를 초래할 수도 있다. 이상과 같은 사정을 종합하여 보면, 민법 시행으로 폐지된 이 사건 관습법이 절가된 가의 유산 귀속순위를 정함에 있어 합리적 이유 없이 출가한 여성을 그 가적에 남아 있는 가족과 차별하여 평등원칙에 위배되었다고 볼 수 없다(헌재 2016.4.28, 2013헌바396).

② 무효조항은 근친혼의 구체적 양상을 살피지 아니한 채 8촌 이내 혈족 사이의 혼인을 일률적·획일적으로 혼인무효사유로 규정하고, 혼인관계의 형성과 유지를 신뢰한 당사자나 그 자녀의 법적 지위를 보호하기 위한 예외조항을 두고 있지 않으므로, 입법목적 달성에 필요한 범위를 넘는 과도한 제한으로서 침해의 최소성을 충족하지 못한다(헌재 2022.10.27, 2018헌바115).

③ 헌법 제36조 제1항은 혼인과 가족에 관련되는 공법 및 사법의 모든 영역에 영향을 미치는 헌법원리 내지 원칙규범으로서의 성격도 가지는데, 이는 적극적으로는 적절한 조치를 통해서 혼인과 가족을 지원하고 제삼자에 의한 침해 앞에서 혼인과 가족을 보호해야 할 국가의 과제를 포함하며, 소극적으로는 불이익을 야기하는 제한조치를 통해서 혼인과 가족을 차별하는 것을 금지해야 할 국가의 의무를 포함한다(헌재 2002.8.29, 2001헌바82).

④ 중혼을 혼인취소사유로 규정함으로써 이미 후혼배우자의 인격권 및 행복추구권을 어느 정도 보호하고 있는 것이며, 이에 더하여 중혼 취소청구권의 소멸에 관하여 아무런 규정을 두지 않았다 하더라도 그것이 현저히 불합리하여 입법재량의 범위를 일탈하였다고 보기 어렵다(헌재 2014.7.26, 2011헌바275).

⑤ 종료 후 300일 이내에 출생한 자녀를 전남편(夫)의 친생자로 추정하는 민법 제844조 제2항 중 "혼인관계종료의 날로부터 300일 내에 출생한 자"에 관한 부분(이하 '심판대상조항')이, 입법재량의 한계를 일탈하여 모(母)가 가정생활과 신분관계에서 누려야 할 인격권, 혼인과 가족생활에 관한 기본권을 침해하여 헌법에 합치되지 아니한다(헌재 2015.4.30, 2013헌마623).

정답 ②

제6장 | 국민의 의무

필수 OX

01 납세의 의무, 국방의 의무, 근로의 의무는 제헌헌법에서부터 규정되었고, 교육을 받게 할 의무는 1962년 제3공화국 헌법에서 처음 규정되었다. O|X

해설

납세의 의무, 국방의 의무, 근로의 의무는 제헌헌법에서부터 규정되었고, 교육을 받게 할 의무는 1962년 제3공화국 헌법에서 처음 규정되었다. [O]

02 헌법재판소는 국방의 의무는 군복무에 임하는 등의 직접적인 병력형성의무만을 가리키므로, 예비군법, 민방위기본법 등에 의한 간접적인 병력형성의무는 이에 포함되지 않는다고 보고 있다. O|X

해설

국방의 의무는 직접적인 병력형성의무인 병력제공의 의무뿐만 아니라 예비군법에 따른 예비군복무의무, 민방위기본법에 의한 민방위응소의무 등에 의한 간접적인 병력형성의 의무가 포함된다. 이러한 국방의 의무 중에서 병력제공의 의무는 대한민국 남성만이 부담한다. [X]

03 헌법 제39조 제2항의 병역의무 이행으로 인한 '불이익한 처우'란 단순한 사실상·경제상의 불이익을 모두 포함하는 것이 아니라 법적인 불이익을 의미한다. O|X

해설

헌법재판소는 이 조항에서 금지하는 불이익한 처우란 단순한 사실상·경제상의 불이익을 포함하는 것이 아니라 단지 법적인 불이익만을 의미한다고 판시하였다(헌재 1999.12.23, 98헌마363). [O]

04 군복무로 인한 휴직기간을 법무사시험의 일부 면제에 관한 법무사법 제5조의2 제1항의 공무원 근무경력에 산입하지 아니한 것은 병역의무의 이행으로 인한 불이익처우금지를 규정한 헌법 제39조 제2항을 위반한 것이다. O|X

해설

군복무로 인한 휴직기간에는 법무사로서의 업무수행에 필요한 법률지식을 습득하고 실무처리능력을 배양하기 어려우므로, 그 기간을 공무원 근무경력에 산입하지 않은 것이 헌법 제39조 제2항에 위반된다고 할 수 없다(대판 2006.6.30, 2004두4802). [X]

05 현역을 마친 예비역이 병역법에 의하여 병력동원훈련 등을 위하여 소집되어 실역에 복무하는 동안 군형법의 적용을 받는 것은 헌법 제39조 제2항에서 규정한 '병역의무의 이행에 따른 불이익'에 해당하지 않는다. O|X

해설

현역을 마친 예비역이 동원훈련소집을 받는 것은 법률이 정하는 바에 따른 국민의 국방의 의무의 이행에 해당하므로(헌법 제39조 제1항), 이를 가리켜 병역의무의 이행으로 불이익한 처우를 받는 것이라고는 할 수 없다(헌재 1999.2.25, 97헌바3). [O]

06 납세의무자는 자신이 납부한 세금을 국가가 효율적으로 사용하는가를 감시할 수 있으므로, 재정 사용의 합법성과 타당성을 감시하는 납세자의 권리는 헌법에 열거되지 않은 기본권이다. O|X

해설

납세는 권리가 아닌 국민의 의무로 납세자의 권리는 헌법상 존재하지 않는다(헌재 2005.11.24, 2005헌마579 등). [X]

예상문제

01 국민의 기본의무에 관한 설명 중 옳은 것을 모두 고른 것은? (다툼이 있는 경우 판례에 의함)

> ㉠ 납세의 의무는 역사적으로 국민의 재산권의 보장을 위한 소극적 성격을 가지는 동시에 국민주권주의 사상하에서는 국가공동체의 재정적 기초의 형성을 의미하는 적극적 성격을 가진다.
> ㉡ 공무원시험의 응시자격을 '군복무를 필한 자'라고 하여 군복무 중에는 그 응시기회를 제한하는 것은 병역의무의 이행을 이유로 불이익을 주는 것이다.
> ㉢ 병역의무는 국민 전체의 인간으로서의 존엄과 가치를 보장하기 위한 것이므로, 양심적 병역거부자의 양심의 자유가 국방의 의무보다 우월한 가치라고 할 수 없다.
> ㉣ 학교운영지원비를 학교회계 세입항목에 포함시키도록 하는 것은 헌법 제31조 제3항에 규정되어 있는 의무교육의 무상원칙에 위반되지 않는다.

① ㉠, ㉡ ② ㉠, ㉢
③ ㉡, ㉣ ④ ㉢, ㉣

해설

옳은 것은 ㉠, ㉢이다.

㉠ 납세의무는 재산권을 보장한다는 소극적 성격을 가질 뿐만 아니라 국가재정을 형성하는 적극적 성격도 모두 가지고 있다.

㉡ 이 사건 공고는 현역군인 신분자에게 다른 직종의 시험응시기회를 제한하고 있으나, 이는 병역의무 그 자체를 이행하느라 받는 불이익으로서 병역의무 중에 입는 불이익에 해당될 뿐, 병역의무 이행을 이유로 한 불이익은 아니다. 그렇다면 이 사건 공고로 인하여 현역군인이 타 직종에 시험응시를 하지 못하는 것은 헌법 제39조 제2항에서 금지하는 '불이익한 처우'라 볼 수 없다(헌재 2007.5.31, 2006헌마627).

㉢ 병역의무는 국민 전체의 인간으로서의 존엄과 가치를 보장하기 위한 것이므로, 양심적 병역거부자의 양심의 자유가 국방의 의무보다 우월한 가치라고 할 수 없다(헌재 2004.10.28, 2004헌바61).

㉣ 학교운영지원비는 그 운영상 교원연구비와 같은 교사의 인건비 일부와 학교회계직원의 인건비 일부 등 의무교육과정의 인적 기반을 유지하기 위한 비용을 충당하는 데 사용되고 있다는 점, 학교회계의 세입상 현재 의무교육기관에서는 국고지원을 받고 있는 입학금, 수업료와 함께 같은 항에 속하여 분류되고 있음에도 불구하고 학교운영지원비에 대해서만 학생과 학부모의 부담으로 남아있다는 점, 학교운영지원비는 기본적으로 학부모의 자율적 협찬금의 외양을 갖고 있음에도 그 조성이나 징수의 자율성이 완전히 보장되지 않아 기본적이고 필수적인 학교교육에 필요한 비용에 가깝게 운영되고 있다는 점 등을 고려해보면 이 사건 세입조항은 헌법 제31조 제3항에 규정되어 있는 의무교육의 무상원칙에 위배되어 헌법에 위반된다(헌재 2012.8.23, 2010헌바220).

정답 ②

02 납세의 의무에 관한 다음 내용 중 옳지 않은 것은? (다툼이 있을 경우 판례에 의함)

① 부부자산소득합산과세는 혼인한 부부를 비례의 원칙에 반하여 사실혼 관계의 부부나 독신자에 비하여 차별하는 것으로서 헌법 제36조 제1항에 위반된다.

② 납세의무자는 자신이 납부한 세금을 국가가 효율적으로 사용하는가를 감시할 수 있으므로, 재정 사용의 합법성과 타당성을 감시하는 납세자의 권리는 헌법에 열거되지 않은 기본권이다.

③ 조세의 부과·징수로 인해 납세의무자의 사유재산에 관한 이용·수익 처분권이 중대한 제한을 받게 되는 경우에는 재산권의 침해가 될 수 있다.

④ 과세의 대상이 되는 행위를 할 때에는 외국인에 대해서도 과세할 수 있다.

해설

① 소득세법 제61조 제1항이 자산소득합산과세의 대상이 되는 혼인한 부부를 혼인하지 않은 부부나 독신자에 비하여 차별취급하는 것은 헌법상 정당화되지 아니하기 때문에 헌법 제36조 제1항에 위반된다(헌재 2002.8.29, 2001헌바82).

② 청구인이 주장하는 재정 사용의 합법성과 타당성을 감시하는 납세자의 권리를 헌법에 열거되지 않은 기본권으로 볼 수 없으므로 그에 대한 침해의 가능성 역시 인정될 수 없다(헌재 2005.11.24, 2005헌마579).

③ 조세의 부과·징수로 인해 납세의무자의 사유재산에 관한 이용·수익 처분권이 중대한 제한을 받게 되는 경우에는 재산권의 침해가 될 수 있다(헌재 1997.12.24, 96헌가19).

④ 외국인도 납세의 의무는 부담한다. 그러나 국방의 의무는 외국인의 경우 원칙적으로 제외된다.

정답 ②

03 국민의 기본의무에 관한 설명으로 가장 적절한 것은? (다툼이 있는 경우 판례에 의함)

① 향토예비군설치법에 따라 예비군훈련소집에 응하여 훈련을 받는 것은 국민이 마땅히 하여야 할 의무를 다하는 것일 뿐 국가나 공익목적을 위하여 특별한 희생을 하는 것이라고 할 수 없다.

② 국가정보원이 주관하는 신규채용경쟁시험에서 '남자는 병역을 필한 자'로 제한하여, 현역군인 신분자의 시험응시기회를 제한하는데, 이는 병역의무를 이행하느라 받는 불이익이므로 헌법 제39조 제2항에서 금지하는 '불이익한 처우'에 해당한다.

③ 헌법은 국방의 의무를 국민에게 부과하면서 병역의무의 이행을 이유로 불이익한 처우를 하는 것을 금지하고 있는데, 여기서 '불이익한 처우'라 함은 법적인 불이익뿐만이 아니라 사실상, 경제상의 불이익을 모두 포함하는 것으로 이해해야 한다.

④ 공중보건의사에 편입되어 군사교육에 소집된 사람에게 사회복무 요원과 달리 군사교육 소집기간 동안의 보수를 지급하지 않도록 규정한 군인보수법 조항은 공중보건의사의 경우 사회복무요원과 같은 보충역으로서 대체복무를 한다는 점에서 양자를 달리 취급할 합리적인 이유가 없으므로 공중보건의사의 평등권을 침해한다.

해설

① 헌법 제39조 제1항은 "모든 국민은 법률이 정하는 바에 의하여 국방의 의무를 진다."고 규정하고 있는바, 이러한 국방의 의무는 외부 적대세력의 직·간접적인 침략행위로부터 국가의 독립을 유지하고 영토를 보전하기 위한 의무로서, 헌법에서 이러한 국방의 의무를 국민에게 부과하고 있는 이상 향토예비군설치법에 따라 예비군훈련소집에 응하여 훈련을 받는 것은 국민이 마땅히 하여야 할 의무를 다하는 것일 뿐, 국가나 공익목적을 위하여 특별한 희생을 하는 것이라고 할 수 없다(헌재 2003.6.26, 2002헌마484).

② 이 사건 공고는 현역군인 신분자에게 다른 직종의 시험응시기회를 제한하고 있으나 이는 병역의무 그 자체를 이행하느라 받는 불이익으로서 병역의무 중에 입는 불이익에 해당될 뿐, 병역의무의 이행을 이유로 한 불이익은 아니므로 이 사건 공고로 인하여 현역군인이 타 직종에 시험응시를 하지 못하는 것은 헌법 제39조 제2항에서 금지하는 '불이익한 처우'라 볼 수 없다(헌재 2007.5.31, 2006헌마627).

③ 헌법 제39조 제2항은 병역의무를 이행한 사람에게 보상조치를 취할 의무를 국가에게 지우는 것이 아니라, 법문 그대로 병역의무의 이행을 이유로 불이익한 처우를 하는 것을 금지하고 있을 뿐이다. 그리고 이 조항에서 금지하는 '불이익한 처우'라 함은 단순한 사실상, 경제상의 불이익을 모두 포함하는 것이 아니라 법적인 불이익을 의미하는 것으로 이해하여야 한다(헌재 2003.6.26, 2002헌마484).

④ 심판대상조항이 공중보건의사로 편입되어 군사 교육 소집된 자에게 군사교육 소집기간 동안의 보수를 지급하지 않도록 규정하였다고 하더라도 이는 한정된 국방예산의 범위 내에 서 효율적인 병역 제도의 형성을 위하여 공중보건의사의 신분, 복무 내용, 복무 환경, 전체 복무기간 동안의 보수 수준 및 처우, 군사교육의 내용 및 기간 등을 종합적으로 고려하여 결정한 것이므로, 평등권을 침해한다고 보기 어렵다(헌재 2020.9.24, 2017헌마643).

정답 ①

2026 대비 최신개정판

해커스경찰 박철한 경찰헌법 실전문제집

개정 4판 1쇄 발행 2025년 4월 30일

지은이	박철한 편저
펴낸곳	해커스패스
펴낸이	해커스경찰 출판팀
주소	서울특별시 강남구 강남대로 428 해커스경찰
고객센터	1588-4055
교재 관련 문의	gosi@hackerspass.com 해커스경찰 사이트(police.Hackers.com) 교재 Q&A 게시판 카카오톡 플러스 친구 [해커스경찰]
학원 강의 및 동영상강의	police.Hackers.com
ISBN	979-11-7244-594-2 (13360)
Serial Number	04-01-01